中国西部民族文化通志（33 卷）

哲学卷	伦理卷	心理卷	宗教卷
政治卷	历史卷	古籍卷	法律卷
社会卷	妇女卷	婚姻家庭卷	游牧卷
农耕卷	建筑卷	交通卷	贸易卷
科技卷	生态卷	教育卷	饮食卷
服饰卷	体育卷	娱乐卷	旅游卷
节日卷	礼仪卷	禁忌卷	文学卷
艺术卷	影视卷	工艺美术卷	傩文化卷
吉祥物卷			

教育部人文社会科学
重点研究基地重大项目成果

中国西部民族文化通志

瞿明安　何明　主编

生态卷

崔明昆　赵文娟　韩汉白　杨索　编著

云南出版集团
云南人民出版社

国家出版基金资助项目

教育部人文社会科学重点研究基地重大项目

教育部人文社会科学重点研究基地云南大学西南边疆少数民族研究中心项目

总　序

21 世纪之初，中国政府启动了西部大开发的战略部署，将西部各民族的繁荣发展推到了中国现代化建设的前沿阵地，使其成为中国西部发展史上最值得大书特书的一页。国发〔2000〕33 号《国务院关于实施西部大开发若干政策措施的通知》中规定，中国西部开发的政策适用范围，包括重庆、四川、贵州、云南、西藏、陕西、甘肃、宁夏、青海、新疆、内蒙古、广西等 12 个省区市（统称为西部地区）。根据以上区域划分的原则，在中国西部地区主要分布着 49 个少数民族，即维吾尔族、哈萨克族、乌孜别克族、塔塔尔族、塔吉克族、柯尔克孜族、俄罗斯族、回族、土族、裕固族、东乡族、保安族、撒拉族、锡伯族、蒙古族、达斡尔族、鄂温克族、鄂伦春族、藏族、门巴族、珞巴族、羌族、傣族、哈尼族、基诺族、佤族、景颇族、德昂族、布朗族、拉祜族、阿昌族、傈僳族、独龙族、怒族、白族、纳西族、普米族、彝族、苗族、瑶族、布依族、水族、侗族、土家族、壮族、仫佬族、仡佬族、毛南族、京族等。在西部大开发的过程中，西部少数民族的现实状况和未来发展趋势将直接影响中国西部经济社会发展的总体进程。2001 年国务院西部开发办《关于西部大开发若干政策措施的实施意见》中规定，其他地区的民族自治州（湖南湘西土家族苗族自治州、湖北恩施土家族苗族自治州、吉林延边朝鲜族自治州），在实际工作中比照有关政策措施予以照顾。

西部大开发分别包括对西部地区自然资源的开发利用与可持续发展，以及对人文资源的开发利用与保护传承两个方面的内容。而在人文资源的开发利用与保护传承方面，如何充分有效地认识和发掘西部少数民族文化资源的价值和功能，使其在西部大开发中发挥积极的作用就是其中一项十分重要的内容。从应用民族学的角度来看，西部少数民族文化资源的开发利用与保护传承包括多种不同的表现形式，既有从经济发展和提高人民物质生活水平的需要出发对民族饮食、民族服饰、民族建筑、民族生产方式、民族贸易、民族旅游等文化资源的开发利用与保护传承，也有从构建和谐社会的需要出发对民族政治、民族法律、民族道德、民族宗教、民族心理等社会结构及文化要素的调适、引导和传承，还有从提高全民族文化素质和满足人们精神生活需要出发对民族教育、民族科技、民族文学、民族艺术、民族古籍等传统知识及文化要素进行的传承、改造和创新。在对西部少数民族文化资源进行开发利用与保护传承的过程中，应正确处理好突出经济效益的开发利用与关注社会效益的保护传承两者之间的关系，做到开发利用与保护传承两者并重，或在开发利用的过程中高度关注民族文化资源的保护传承。可以说，西部少数民族文化资源的开发利用与保护传承是一项巨大的社会系统工程，它与西部地区自然资源的开发利用及可持续发展具有同等重要的价值。

面对西部大开发这一前所未有的宏伟规划，作为以民族群体及其文化为研究对象的中国民族学研究者，如何在西部少数民族文化资源开发利用与保护传承的过程中发挥独特的作用，就成了当代中国学术界高度关注的现实问题。其实，早在西部大开发之前的 20 世纪 80 年代中期，中国的部分民族学研究者就参与了由国务院委托中国科学院牵头组织的有关西部大开发的前期研究准备工作，为 20 世纪末和 21 世纪初西部少数民族经济社会的发展献计献策。随着 21 世纪初西部大开发的正式启动，中国民族学研究者再一次站在了西部少数民族文化资源开发利用与保护传承的前沿阵地，除了直接参与西部各省区市政府部门有关当地少数民族经济社会发展的应用对策研究以外，为了正确认识把握西部少数民族的历史和现状，继承和弘扬西部少数民族的优良文化传统，还有不少学者撰写了一些与西部少数民族文化有关的著作，在研究西部少数民族文化方面取得了初步的成果。然而，在肯定以上事实的同时也应该承认，目前有关中国西部少数民族文化研究的成果仍处于零散、单一、粗浅的初期阶段，在学术界尚未形成大的气候和雄厚的优势，远远适应不了西部大开发对精神文化产品的客观现实需要。为了改变这种被动的状态，我们策划并组织全国的有关学者撰写了这套《中国西部民族文化通志》，以便为西部大开发提供精神文化方面的优秀产品，同时也为西部少数民族文化资源的保护传承献上一份厚礼。与国内其他同类的书籍相比，本通志在研究对象、学术取向和书写范式等方面具有以下几个鲜明的特点：

第一，坚持民族学的文化概念，系统深入地研究中国西部少数民族文化的各种构成要素。有关文化概念的界定问题，在不同学科的认知体系中往往存在着较大的差异。在一般人们的视野中，文化主要是指文学、艺术、教育、新闻、传播、伦理道德、思想观念等反映经济基础的意识形态。而从民族学的角度来看，文化则是指整个人类及其各个民族生活方式的总和，包括物质文化、行为文化、制度文化和精神文化等不同的构成要素，是人与自然、人与人、人与社会互动的产物。这两种不同的看法其实就与文化概念的狭义和广义之分相关。本通志坚持民族学的广义文化概念，将中国西部少数民族的各种文化构成要素划分为33个方面，相应形成了哲学卷、伦理卷、心理卷、宗教卷、政治卷、历史卷、古籍卷、法律卷、社会卷、妇女卷、婚姻家庭卷、游牧卷、农耕卷、建筑卷、交通卷、贸易卷、科技卷、生态卷、教育卷、饮食卷、服饰卷、体育卷、娱乐卷、旅游卷、节日卷、礼仪卷、禁忌卷、文学卷、艺术卷、影视卷、工艺美术卷、傩文化卷、吉祥物卷等33个分卷，几乎涵盖了中国西部少数民族文化的方方面面，由此形成一个宏大而多元的文化体系。除了从总体上将西部少数民族的各种文化现象划分为以上不同的构成要素以外，各个分卷的专题民族文化志则更进一步地将某一种特定的文化现象进行细致入微的分解。通过这种层层深入的描述和解析，使中国西部少数民族文化的各种鲜明特点得以充分地显现出来，为人们正确地认识了解中国西部少数民族文化的本质特征和表现形式提供系统翔实的文本资料。

第二，对中国西部少数民族文化进行整体的研究，为中国民族学西部学派的形成奠定坚实的基础。中国民族学以往的研究曾显现出一个鲜明的倾向，就是绝大多数学者的精力和时间都投入了对某些单一民族及其文化的研究，对田野调查报告或民族志的关注超越了对文化整体的认识。在对中国少数民族的历史和现状缺乏了解的背景条件下，对各个单一民族及其文化开展的调查研究不仅是非常迫切需要的，而且也符合现代民族学的学科发展规律。而在对各个单一民族及其文化所进行的田野调查和民族志资料积累发展到一定程度的时候，对中国少数民族文化进行宏观和微观相结合的整体研究，就自然而然地成了当代中国民族学学科发展的必然趋势。本通志的研究对象和学术取向就是这一学科发展趋势的具体体现。与国内已出版的各个单一民族的文化志有所不同的是，本通志各个分卷的民族文化志都不是只单独涉及西南、西北和内蒙古等地区各个单一民族，而是打破原有的地区和民族界限，将西南、西北和内蒙古等西部地区所有少数民族的特定文化现象作为一个有机的整体来看待。通过对各种文化现象的描述和概括来认识中国西部少数民族文化的总体特点，在此基础上建立中国民族学西部学派。所谓中国民族学西部学派，就是在中国民族学研究者中以西部少数民族文化为整体研究对象的学术群体和学术取向。它既从学科发展的角度关注整个中国西部少数民族文化的构成要素和总体特点，同时又从应用实践的角度重视中国西部少数民族文化资源的开发利用与保护传承，以便在基础研究和应用研究方面构建当代中国民族学的学科体系。可以说，本通志的出版就是中国民族学西部学派正式形成的标志，同时也为今后中国民族学的学科建设和发展打下了坚实的基础。

第三，把描述性与解释性有机地结合起来，使中国西部少数民族的各种文化现象得以较完整地呈现出来。以往志书的一个鲜明特征就是完整地记录和描述某一特定的事项，即古人所谓的“述而不作”。而本通志的设计和写作则突破了这一窠臼，即注重描述性与解释性两者之间的有机结合。本通志各个分卷主要包括导论和正文两个部分，其中各个分卷的导论是具体专题民族文化志的核心和灵魂。每一种具体的民族文化均有其基本特点、形成因素、表现形式、特定内涵、价值取向、应用功能等方面的重要内容。本通志各个专题民族文化志的导论部分，需要作者具有扎实的理论功底和素养，熟练地运用民族学有关民族文化的相关理论方法来进行高度的概括和分析，使人们对纷繁复杂的中国西部民族文化现象有一个较高层次的感悟和较全面的理解，为进一步认识中国西部民族文化的具体构成要素提供总体的思维模式和分析框架。而本通志各分卷的正文部分则是具体专题民族文化志的主体内容。它们分别对每一种涉及的具体民族文化要素进行层层深入的描述和解释，充分展现中国西部民族文化各种构成要素所具有的特色鲜明的表现形式、内在含义，以及与其他文化要素之间的互动关系。其显著效果就是使被描述、解释的内容显现得细致入微和丰富多样，以便加深人们对这些特定民族文化现象的认识程度。

第四，把横向的民族志资料与纵向的历史文献相结合，充分显现出中国西部少数民族传统文化形成和发展的特点。通常情况下，民族文化志书写的特点都是侧重于横向的研究，即对某一特定时期的民族文化现象进行全面客观的描述，很少涉及历史上这种特定民族文化现象形成、发展、变化的过程和特点。本通志则在这一方面有所突破，即分别从横向和纵向两个方面入手，既描述某一种民族文化现象的具体表现形式和鲜明特征，同时又对这种民族文化现象在历史上的演变乃至在现代社会中发生的变化进行简要的概括和分析，使得各个专题民族文化志能够融贯古今，使其显现出本身应有的资料价值和学术价值。而在横向与纵向相结合的书写过程中，则以横向的民族志描述为主，以纵向的历史演变为辅。通过阅读本通志，既可以从文化体系的角度认识和了解中国西部少数民族传统文化的基本特征、表现形式、形成因素、价值取向、象征意义、社会功能等，也可以从历史发展的角度洞察中国西部少数民族传统文化在历史上的演变以及在现实生活中的状态和未来发展的趋势，让读者从各种不同的民族文化构成要素中充分体悟中国西部少数民族文化的多样性和复杂性。

本通志由云南大学西南边疆少数民族研究中心的瞿明安教授和何明教授担任主编，组织了以云南大学为主、其他院校和科研单位为辅的研究团队。分别由云南大学、中山大学、北京师范大学、四川大学、中央民族大学、中南民族大学、广西民族大学、云南民族大学、贵州民族大学、云南师范大学、云南农业大学、云南省社会科学院、云南行政学院、武汉工商学院、中国妇女儿童博物馆、云南人民出版社等国内十五所大学、科研机构和出版社长期从事民族文化研究的三十余位知名专家学者领衔撰写，参与人员近百人。全套通志约一千六百万字，可以说是目前国内规模最大、体系最完整的一套专题民族文化志，在中国民族学界尚属首次出版，堪称传世之作。这也是一项重大的基础建设工程，对于继承和发扬中国西部少数民族的优良文化传统，增强各民族的自豪感和自信心，提高中国民族学的整体研究水平具有重要的学术价值。

本通志的编辑和出版得到了有关方面的大力支持和帮助。其中云南人民出版社人文读物编辑部尹杰主任最早提出了编写这套通志的构想，并在具体策划和编辑过程中付出了辛勤的劳动，云南人民出版社刘大伟社长对本通志的出版给予了全力的支持，责任编辑李萍女士为通志的编辑出版敢担其责、倾心尽力。云南大学西南边疆少数民族研究中心将本通志申报立项为瞿明安主持的 2010 年教育部人文社会科学重点研究基地重大项目（批准号：10JJD850007）。本通志还得到了云南出版集团和云南大学的大力支持，在此表示衷心的感谢！

《中国西部民族文化通志》编委会

2013 年 10 月 31 日

目　录

导 论

中国西部是世界上生态环境多样性最为丰富的地区之一：既有高耸的世界屋脊，也有低洼的盆地；既有奔腾不息的大江大河，也有分布广泛的湖泊沼泽；既有类型多样的高原，也有辽阔无垠的海疆；既有茂密的热带雨林，也有世界上发育最好、最典型的亚热带常绿阔叶林；既有一望无际的草原，也有茫茫荒漠戈壁。总之，这里分布着几乎世界上所有的地形地貌和生态系统的类型。多样化的生态环境，孕育了丰富的民族和民族文化。这里是世界上民族和民族文化多样性最为富集的地区之一。毫无疑问，这一地区也成为研究生态环境和民族文化相互作用的理想之地。

一、民族生态学：研究西部民族生态文化的学科

环境与文化的关系是学术界的研究热点，也是分歧最大、争论最为激烈的问题。从古代的地理环境决定论到近代的文化决定论，再到现在的可能论（或然论）以及生态人类学，都反映了人们对这一问题的持续关注和兴趣。也就是说，研究生态环境和民族文化的关系可以有多种视角，不同的学科有不同的研究理论和方法。生态人类学的产生，为这一问题的研究提供了人类学的视角。《中国西部民族文化通志·生态卷》以生态人类学，具体讲，以生态人类学的分支学科民族生态学为写作视角。

（一）民族生态学的起源

民族生态学，顾名思义，是研究民族或民族文化与环境之间相互关系的学科，是民族学与生态学的一个交叉学科。从学科的归类来讲，民族生态学既可以归入民族学，也可以归入生物学。在民族学领域，民族生态学属于生态人类学的分支学科；在生物学领域，民族生态学属于人类生态学的一个分支。本文所指的民族生态学即是民族学意义上的民族生态学，即从民族学的视角探讨民族文化与生态环境之间的相互关系。

作为一门交叉学科，民族生态学最早来源于民族学界而不是生物学界。20世纪50年代，美国学者康克林（H. Conklin）在一篇关于东南亚刀耕火种的研究论文中首先使用了“民族生态学研究”（ethnoecological approach）的概念①。作为民族生态学的主要创始人，康克林从攻读博士学位开始就在东南亚从事田野调查，其博士论文以菲律宾吕宋岛上的哈努诺人（Hanunóo）的民间植物分类知识为研究对象，并于1954年完成了题为《哈努诺人与植物界的关系》的博士论文②。在论文中，康克林向人们展示了哈努诺人丰富的植物学知识：在哈努诺人的语言中，“有150多个名称表示植物的各个部分和属性。这些名称为辨认植物和讨论区分各类植物提供了类目，而且还往往表明药用和营养等方面的植物特性”③。“哈努诺人的1625种植物类中的每一种都有专门的全名，它至少在一种组成成分中与一切其他名称不同。植物的全名是由一个到五个字词单位组成的。最普通的形式是双名组合”④。哈努诺人的植物学知识因康克林的研究资料被列维－斯特劳斯在《野性的思维》一文中大量引用而在人类学界名声大噪⑤。另外，康克林在进行植物传统知识调查的过程中观察到，植物的花，或植物的内部构造中，丰富多彩的颜色在哈努诺人的民间植物的分类中起着十分重要的作用。因此，他在民族植物学田野调查期间对哈努诺人的颜色分类与认知也进行了专题研究，并于1955年发表了题为《哈努诺人的颜色分类》的论文⑥。这也是民族生态学研究的又一代表之作，并为人类学家开展颜色研究树立了榜样。康克林的研究表明，哈努诺人使用

---

① Quoted from Virginia D. Nazarea, “A View from a Point: Ethnoecology as Situated Knowledge,” in Virginia D. Nazarea, ed., *Ethnoecology-Situated Knowledge/Located Lives*, Tucson: The University of Arizona Press, 1999.

② H. Conklin, “The Relation of the Hanunóo to the Plant World,” PhD Dissertation in Anthropology, Yale University, 1954.

③ H. Conklin, “The Relation of the Hanunóo to the Plant World,” PhD Dissertation in Anthropology, Yale University, 1954. 转引自［法］列维－斯特劳斯著，李幼蒸译《野性的思维》，商务印书馆1997年版。

④ H. Conklin, “The Relation of the Hanunóo to the Plant World,” PhD Dissertation in Anthropology, Yale University, 1954. 转引自［法］列维－斯特劳斯著，李幼蒸译《野性的思维》，商务印书馆1997年版。

⑤ ［法］列维－斯特劳斯著，李幼蒸译《野性的思维》，商务印书馆1997年版。

⑥ H. Conklin, “Hanunóo Color Categories,” *Southwestern Journal of Anthropology*, vol. 11, 1955.

两种不同的层次来区分颜色。第一层次是关于颜色的一般分类。这一层次的颜色具有明显的对立性，包括四种固定的颜色：黑色、白色、红色和绿色。第二层次包括上百种的特殊颜色。这一层次中的一些颜色会有交叉重叠（例如金黄色和橙色）。第二层次的所有颜色都被包含在第一层次之中。日常生活中人们主要使用第一层次的颜色术语，只有当特别需要时才会使用第二层次的颜色术语①。康克林的上述研究不仅为创立民族生态学这一学科打下了基础，还向人们展示了他者文化中所具有的关于"环境要素"的专门词汇及其分类认知体系，揭示了不同环境条件下人们认知上的多样性。

康克林在民族生态学领域的具有开拓性的研究是以结构语言学为工具的，他的研究结果回答了包括众多民族学研究者在内的学者有关"无文字的民族为何拥有如此丰富的关于自然的知识"的疑问。因此，康克林的研究对象属于特定文化传统中的环境知识。随后，以结构语言学为手段，探讨传统社会中的环境知识在美国人类学界逐渐形成风气。这直接导致了人类学中的一个理论流派——认知人类学的产生，同时也催生了民族生态学。

（二）狭义与广义上的民族生态学

认知人类学是主要研究隐藏在文字、故事、文化遗物等中的文化知识的学科，其目的是探讨人类文化和人类思想之间的关系问题②。认知人类学家所要了解的是：作为群体的人们是如何理解和组织周围世界中的物质现象、事件和经验的，其中包括对具体的客观事物（如野生动植物的分类）和抽象事物（如正义）的理解③。民族生态学作为认知人类学的一个亚领域，主要探讨的是特定环境中的人群或民族对环境的感知以及对人和环境之间相互关系的看法，属于对特定文化背景中环境知识的研究。

无论是认知人类学还是民族生态学，都是一门有着一套独特的理论和研究方法的学科。从理论上来讲，其对"文化"概念的理解与传统的民族学不同。认知人类学或民族生态学把文化看成一种抽象的模型。这一模型存在于

---

① H. Conklin, "Hanunóo Color Categories," *Southwestern Journal of Anthropology*, vol. 11. 1955.

② Robertson Tara and Beasley Duke, "Cognitive Anthropology," http: //cognet. mit. edu/Entry/casson.

③ Roy G. D' Andrade, *The Development of Cognitive Anthropology*, London: Cambridge University Press, 1995.

行为者的心灵之中，并为社会中每一个成员所共享，即“文化是隐藏在人类行为后面的观念模式”，是“判断事物的标准。该标准决定了人们是如何感知周围世界的，并决定了人们如何行动”。这与泰勒（Edward Teller）关于文化的经典定义“文化……是一个复合的整体，它包括知识、信仰、艺术、道德、法律、习俗以及作为社会成员的人所获得的其他任何能力和习惯”的表述有着很大的差异。核心概念的变化反映了理论目标的转换。对认知人类学或民族生态学来说，简单描述所观察到的文化现象已不能满足要求，新的目标是发现隐藏在文化现象背后的认知模式。因而，对于认知人类学或民族生态学者来说，田野调查不是根据事先确定好的、民族志者的文化范畴来收集资料，而是强调通过原住民自己的观点来认识他们心目中的世界①。从研究视角来讲，就是被哈里斯（Marvin Harris）称为“主位”的研究法，即研究者站在局内人的立场对待所研究的文化。因此，民族生态学的这种方法实质上也是一种文化分析的方法。具体地讲，这也是一种以语言学调查为主的研究方法。这种语言学的调查早期具有强烈的形式主义和操作倾向，强调语言调查的客观性，试图建立一套能用于语言描写的客观的“发现程序”。早期的认知人类学或民族生态学的研究，如对动植物名称以及颜色词的研究，带有明显的形式主义和操作主义倾向②。通过研究一个民族的语言中用以描述它们“叫什么”（对事物的命名）以及“做什么”的词汇，研究者就能成功地避免民族志研究者的偏见而了解当地人对事物的分类系统或模式，从而系统地表述生成该文化中人们所接受的行为规则。据此理论和方法完成的民族志就是所谓的“新民族志”（new ethnography）。

认知人类学意义上的“民族生态学”在北美大陆兴起的同时，人类学界的另一种意义上的民族生态学也在悄然形成，这就是苏联的“民族生态学”。20 世纪 70 年代中后期，苏联民族学界出现了民族生态学这一术语③。苏联学者科兹洛夫于 20 世纪 80 年代初期发表了题为《民族生态学的基本问题》的论文，并对民族生态学做出了定义，认为民族生态学是一门介于民族志学和人类生态学之间的边缘科学，研究的内容涉及民族地理学、民族人类学和民

① Robertson Tara and Beasley Duke, “Cognitive Anthropology,” http://cognet.mit.edu/Entry/casson.

② 黄锦章《语言研究和认知人类学》，《上海财经大学学报》2002 年第 4 期。

③ 任国英《俄罗斯生态民族学研究综述》，《世界民族》2009 年第 5 期。

族人口学的研究范围。民族生态学主要研究民族群体和整个民族在所居住地区的自然条件和社会文化条件下谋取生存的传统方式和特点等问题。另外，作者还讨论了人类生态学的起源及其与民族生态学的关系[①]。1983 年，作者又撰写了《民族生态学的任务》一文，进一步阐述了民族生态学的研究内容，将研究人对环境的适应，包括人的机体适应和精神（心理）适应列为民族生态学的研究领域，并认为人对环境的心理适应机制比有机体适应机制更起作用，适应更为迅速[②]。苏联解体后，俄罗斯继承了苏联的民族生态学的学术传统，并在理论上有所突破，主要表现在对民族及民族生态学的阐释上。他们从生态学的角度理解民族和民族生态学。例如，他们借用生态学中的种群概念，把民族看成一个生物种群、一种自然生态现象。由于俄罗斯学者把民族视为一种自然现象，因而把民族学归入自然科学[③]。由此可见，苏联及俄罗斯的民族生态学与认知人类学意义上的民族生态学的概念差距甚远。为了区分，将认知人类学意义上的民族生态学称为“狭义民族生态学”，把苏联及俄罗斯的民族生态学称为“广义民族生态学”。广义民族生态学直接影响了中国学者对民族生态学概念的理解[④]。

在中国，首先将民族生态学作为一个分支学科引入民族学研究的是尹绍亭先生。1988 年，尹绍亭先生在研究基诺族刀耕火种时使用了民族生态学的概念，并指出中国的学者以往在这一领域研究中存在的偏差[⑤]。尹绍亭先生把基诺族的刀耕火种看成一个“民族生态系统”，并分析了该系统的结构和功能、变革及其问题[⑥]。1993 年，宋蜀华先生在关注民族地区经济发展的同时，强调要加强对民族地区生态平衡和民族文化调适问题的研究，倡导开展生态民族学研究，指出生态民族学是应用民族学的一个分支学科，是从生态学角度研究民族共同体及其文化与其所处自然生态环境之间关系的学科，亦即研

---

① ［苏］科兹洛夫著，王友玉译《民族生态学的基本问题》，《国外社会科学》1984 年第 9 期；黄汶《民族生态学》，《社会科学》1985 年第 7 期。

② ［苏］科兹洛夫著，黄德兴译《民族生态学的任务》，《国外社会科学文摘》1984 年第 3 期。

③ 任国英《俄罗斯生态民族学研究综述》，《世界民族》2009 第 5 期。

④ 崔明昆编著《民族生态学理论方法与个案研究》，知识产权出版社 2014 年版。

⑤ 尹绍亭《基诺族刀耕火种的民族生态学研究》，《农业考古》1988 年第 1 期。

⑥ 尹绍亭《基诺族刀耕火种的民族生态学研究》，《农业考古》1988 年第 1 期；尹绍亭《基诺族刀耕火种的民族生态学研究》（续），《农业考古》1988 年第 2 期。

究族群与生态环境互相影响的特点、方式及规律，并探寻合理地利用和改造生态环境的方式[①]。宋先生对“生态民族学”概念的阐释为后来的中国学者对民族生态学的理解提供了极大的启示。例如，有学者在此基础上区分了生态民族学和民族生态学两个概念，指出民族生态学主要是从生态学的角度，即应用生态学的原理和研究方法来探讨民族文化和生态环境之间的相互关系，也即应用生态学的原理，阐明不同民族的生产方式、生活方式、文化习俗等对环境的影响以及解决环境问题的生态途径。其目的在于合理利用资源，促进民族地区的经济发展，充分体现与环境效益的统一，进而保证经济的可持续发展[②]。

本书对西部民族生态文化的研究主要使用的是狭义民族生态学的概念，同时也兼有广义民族生态学的含义。如前所述，民族生态学的研究对象为特定环境中的人群，即当地人对环境的感知，也就是我们通常讲的“传统生态知识”或“本土生态知识”。研究方法为“主位”研究法，即研究者站在局内人的立场对待所研究的文化而不是相反。试想一下，如果我们在进行西部民族生态文化的研究中使用的是“客位”法，即应用（自然科学）生态学观点来看待民族生态文化，就会得出这些文化是不科学的，许多甚至是迷信的结论。举个例子，对于环境中的植物，不同背景的人会有不同的认识，即使在自然科学领域，植物也会有不同的含义：对于生态学家来说，植物是诸多环境要素之一，是自然界中的有机物和氧气的制造者，是生态系统中的初级生产者；对于地理学家来说，植物（或植被）是众多自然景观中特征最为明显、最容易识别的要素之一；对于林业学家来说，植物是可供人类利用、可以产生经济效益的自然资源之一。而对于原住民来说，植物不仅仅是生活的必需品，许多还是有灵性的，甚至因被视为村寨、家族或祖先灵魂的附体物而成为崇拜的对象。这就是植物崇拜。对于原住民的这种观点，我们不应简单地将其看成是迷信，否则的话，民族生态学的研究也就失去其存在的价值。大量的民族生态学研究表明，传统生态知识在环境保护，甚至国家创新体系

---

① 宋蜀华《我国民族地区现代化建设中民族学与生态环境和传统文化关系的研究》，《民族学研究》1995 年第 11 辑。

② 冯金朝、周宜君、刘裕明等《民族院校理科学科建设的新趋势——关于民族生态学》，《中央民族大学学报》（自然科学版）2004 年第 3 期。

中具有十分重要的作用[①]。这也就是我们开展民族生态学研究，编著《中国西部民族文化通志·生态卷》的意义所在。

二、西部生态环境：孕育西部民族生态文化的独特平台

西部包括12个省区市，生态环境复杂，地理景观多样，生态系统类型丰富，地表形态和区域差异及动态变化十分显著。在西北干旱地区，冰川进退，沙漠扩张，黄土积蚀并有水系、绿洲的演变；在东南方，有湿热山区的喀斯特和丹霞地貌的演化，也有滨海珊瑚礁和红树林的发育；在青藏高原，有巨大山系的形成，冰川冻土的变化。这些都在地表塑造了宏伟的、千姿百态的自然景观，并保留着清晰可见的自然演变形迹[②]。正是这片五彩斑斓的土地孕育了丰富多彩的民族和民族文化。为了探讨西部生态环境和民族文化的关系，有必要对西部生态环境的主要特征进行归纳。

（一）地貌特征明显

西部的地貌特征与中国地貌的总轮廓基本一致，即西高东低，呈阶梯状展布，自西向东呈阶梯状逐级下降的态势。由于区域范围较小，这种阶梯状的变化更为明显[③]。

1. 第一阶梯

西面的青藏高原平均海拔在4000米以上，不仅是西部的制高点，也是整个中国地形阶梯中最高的一级。高原周围耸立着一系列高大的山脉，南侧有世界最高的喜马拉雅山，海拔平均在6000米左右，超过8000米以上的高峰有七座，以中尼边界上的世界最高峰珠穆朗玛峰著称；北侧有昆仑山、阿尔金山和祁连山绵延；东部有岷山、邛崃山和横断山等排列。地势以巨大落差降低，与第二级地形阶梯相接。

高原内部分布着一系列近东西向或西北—东南向的山脉，海拔均在5000—6000米以上，主要有可可西里山、巴颜喀拉山、唐古拉山、念青唐古拉山、冈底斯山等。在这些山脉之间，分布着地表起伏平缓、面积广阔的高原和盆地，并有星罗棋布的湖泊。高原边缘为长江、黄河等亚洲著名大河的发源地。山巅白雪皑皑，高原上牧草如茵，湖光山色，交相辉映。

---

① 武夷山《重视传统知识在国家创新体系中的地位》，《科学与科学技术管理》2003年第1期。

② 赵济、陈传康主编《中国地理》，高等教育出版社1999年版。

③ 赵济、陈传康主编《中国地理》，高等教育出版社1999年版。

2. 第二阶梯

青藏高原以北、以东，地势显著降低，构成了西部的第二级地形阶梯。它东以大兴安岭、太行山、巫山、雪峰山一线为界，主要由广阔的高原和盆地组成，其间也分布着一系列高大山地。与青藏高原西北部毗邻的是中国最大的塔里木盆地，海拔在1000米左右；再往北是准噶尔盆地，海拔在500米左右；两大盆地之间耸立着东西向的天山山地，海拔在4000—5000米，部分山峰高逾6000米，山地内部还分布着许多断陷盆地。青藏高原东北侧与祁连山北麓相接的是河西走廊和阿拉善高原，海拔在1000—1500米之间。这些盆地和高原由于深居内陆，干燥少雨，盆地中戈壁、沙漠广布，而高山之巅则冰雪晶莹。青藏高原东缘以东的第二级地形阶梯上，自北而南分布着内蒙古高原、鄂尔多斯高原、黄土高原和云贵高原，海拔在1000—2000米不等。由于地表组成物质和内、外营力的不同，地表形态差别极为显著：有的地势起伏和缓，牧草丛生；有的荒漠广布，沙丘累累；有的沟壑纵横，梁、峁遍布；有的坝子众多，喀斯特地貌广布。高原上山地盘亘，如阴山、六盘山、吕梁山、秦岭、大巴山、大娄山、武陵山、苗岭等，海拔大多在1500—2500米之间，少数高峰达3000米以上。四川盆地海拔较低，大部分在500米以下。

3. 第三阶梯

西部的第三阶梯主要位于第二级地形阶梯西南部边缘的延伸部分。向东，从横断山经云南高原、贵州高原而至广西南部平原，海拔由4500米降到不足100米，形成了西部第三级阶梯的主体。广西的地貌主要由丘陵和盆地构成。其西部和西北部山地属云贵高原，东北部多属南岭山地，东南部则属于四面断续环山、中间低下的盆地格局。盆底海拔通常在100米上下，至多不超过200米。由于都阳山、大明山与大瑶山组合成一南凸弧形山脉从中部分隔，广西盆地实际上分为北部的桂中盆地与南部的右江盆地、南宁盆地、郁江平原、浔江平原、北部湾滨海平原等若干较小的地貌单元。这是西南区海拔最低、地势最平坦、石灰岩分布面积最广、喀斯特地貌发育最完善、农业自然条件最优越的地区。在广西的东部是海岸线。海岸线以东为宽阔的大陆架浅海，是大陆向海洋平缓延伸的部分，水深多在100—200米，为重要渔场。大陆架上岛屿星罗棋布。

西部这种西高东低阶梯状层层下降的地势，对河流的影响最显著。中国著名的江河大都发源于第一、二级地形阶梯上，自西向东奔流，沟通了东西之间的交通，加强了沿海与内陆的联系。在地势呈阶梯状急剧下降的地段，河流下切，坡大流急，峡谷栉比，水力资源丰富，适于大型水利枢纽工程的梯级开发。

（二）生态系统类型丰富

从总体上来讲，由于西北部深入大陆腹地，加上高耸的青藏高原阻挡了印度洋的暖流，降雨量少，属于干旱气候；西南部为高度超过3000米的青藏高原，具有高原气候的特点；沿青藏高原的东南部向东、东南方向延伸，随着海拔高度和纬度的降低，进入亚热带气候、热带气候区域。

决定生态系统分布的主要因素是气候，尤其是气候中热量（温度）和水分（降雨）以及它们之间的组合。热量主要与纬度和海拔高度有关，随着纬度或海拔的增加，气温下降；降雨主要与经度相关，即与海陆的相对位置关系密切。西部地区范围大、地形地貌特殊、气候复杂多样，生态系统从南到北或从东南到西北（从广西沿海到新疆西北部），仍表现出了明显的纬度地带性。例如，从云南的南部和广西的沿海岸到新疆的北部或内蒙古的西北部，随着纬度或海拔的增加，出现了各种类型的生态系统：云南西双版纳的热带雨林、热带季雨林，怒江、澜沧江、金沙江等干热河谷中的萨瓦纳群落；广西北仑河口的热带红树林；云南南部的南亚热带常绿阔叶林；云贵高原及四川、重庆的中亚热带常绿阔叶林；秦岭南面的北亚热带常绿阔叶林，秦岭以北的落叶阔叶林；内蒙古的温带草原；新疆的温带荒漠。生态系统的经度地带性在南部不明显，在北部的温带区域表现明显：从东至西依次出现呼伦贝尔的草甸草原、内蒙古中部的典型草原、内蒙古西部的荒漠草原、新疆东部的草原荒漠、新疆中西部的典型荒漠。由于青藏高原的隆起，使得中国西部的地带性生态系统出现了变形，又由于青藏高原海拔高度变化明显、经纬度跨度大，所以生态系统的分布既表现出了一定的垂直地带性，也具有了一定水平地带性的特征，即为垂直地带性与水平地带性的结合。因此，从青藏高原的南坡向西和西北依次出现低海拔的山地雨林、中山常绿阔叶林、亚高山针叶林、高山高寒草原或草甸、高山荒漠以及阿尔泰山的苔原等生态系统类型，使西部成为世界自然地带生态系统变化的一个缩影。

三、西部民族生态文化：适应独特生态环境的产物

从生态人类学的角度来讲，生态环境是孕育人类和文化的土壤，而文化则是人类适应自然的产物。地史学和考古学的研究表明，地质时期的新生代与人类息息相关，因为在第三纪，喜马拉雅造山运动形成了如今巨大的褶皱山系，长期淹没在古地中海中的西藏地区迅速隆起，哺乳动物获得极大发展，出现了灵长类以及类人猿亚目，被子植物的繁茂也为许多动物提供了长期可靠的食物来源。到第四纪，人类开始产生，也就开始出现了原始文化。

关于人类起源的动因，目前学术界有多种解释。一般认为，冰川作用引起气候变冷，动植物群落大量灭绝，森林大量减少，变为苔原或草原，从而迫使人类的树栖祖先下地直立行走。人类的祖先虽因环境的变化而下地，但他们不能马上离开其熟悉的森林，他们的食物来源也不能立即完全脱离树叶和果实，他们更不能很快地适应干冷的气候，而要逐暖湿地区而居。而对于最古老的人类诞生于何处，他们是独立的多起源，还是诞生在一个起源地，然后四处迁移的问题，学术界还没有最终的答案①。但考古学和人类学研究的进展，使人们把目光投向热带和亚热带。特别是一些学者力主“人类起源的亚洲说”引人关注。例如，我国著名的考古学家贾兰坡先生就持这一观点②。这是因为在亚洲的一些地区发现了腊玛古猿的化石。腊玛古猿是目前已知的最接近人的猿，是人类的直系猿型祖先③。在西部发现的最古老的腊玛古猿化石产自云南开远小龙潭。它是腊玛古猿的早期类型，距今约1200万年。后又在云南禄丰发现了它的晚期类型的化石，距今800万年—600万年。在此期间，人们在距禄丰60多公里的元谋，发现了距今170万年的直立人牙齿化石、一些石器、大量炭屑及成批的哺乳动物化石。这是迄今所知中国境内最古老的人类遗存。根据对上述遗址的环境分析可知，从禄丰猿到元谋人都生活在亚热带的森林草原环境中，附近有湖泊等充足的水源。特别有意思的是，发现早期腊玛古猿化石的开远小龙潭、发现晚期腊玛古猿化石的禄丰和发现古人类化石的元谋，依次将这几个地点两两相比：从时间上看，与在前一个地点发现的化石相比，在后一个地点发现的化石距今更近；从方位上看，后一个地点位于前一个地点的西北方。这是否表示由于环境的变化（如冰期的

---

① 赵济、陈传康主编《中国地理》，高等教育出版社1999年版。

② 贾兰坡著《中国大陆上的远古居民》，天津人民出版社1978年版。

③ 过去认为腊玛古猿是人类的直系祖先，现在认为它们可能是古猿和人类的共同祖先，或是猩猩的祖先——远古的雌性猩猩。参见：汪宁生著《云南考古》（增订本），云南人民出版社1992年第2版；杜文赞《腊玛古猿人科归属与人猿分野之争》，《化石》1989年第4期。

缓和或水源的消失）和人类能力的提高，人类进行了有意识的迁徙？考古学家发现，四川巫山存在与元谋人时代相近的古人类化石，地点在向北推移。在湖北郧县龙骨洞和郧西县白龙洞发现的人类牙齿化石和石器，被测定为晚于元谋人而早于蓝田人。其地点恰在巫山正北处200公里。陕西蓝田县公主岭的蓝田人化石距今约110万年，地点又在郧西的西北处①。

上述人类遗址的环境中大都包括充足的水源，气候比较温暖。陕西蓝田公主岭遗址发现的动物化石中有许多热带和亚热带动物，带有浓厚的南方动物群色彩。而到稍晚的陈家窝遗址时代（约60万年前），草原动物数量就超过了森林动物，说明当时的森林草原景观已变为以草原为主了，气候也开始由湿变干。进入旧石器中期后，人类的分布更为广泛。这从所发现的古人类化石遗址的地域分布中即可看出。在西部，较有代表性的如陕西大荔人、山西丁村人、许家窑人；在南方，则有湖北长阳人、广东马坝人等。从人类学角度讲，人类已从直立人过渡到智人。大约在距今5万年的时候，人类文化进入了旧石器时代晚期，古人类被称为晚期智人或现代人，因为他们无论从体质上还是从相貌上都已与今人相差无几。在中国，他们的文化遗迹南到两广，北到哈尔滨，西到青海，东至辽东、江浙一线，已星罗棋布②。由此可见，西部在人类以及中国文化的起源上具有十分重要的作用。

西部的早期文明由于长期适应不同的生态环境，形成了今天差异明显的生态文化。仅就生计方式而言，从南至北，从东到西，西部少数民族的生计文化包括了中国几乎所有的类型。

（一）海洋渔业生计

生活于广西壮族自治区东兴市江平镇的沥尾、巫头和山心三岛的京族是我国22个人口较少民族之一，同时又是我国唯一一个从事海洋渔业生产的少数民族。当地属热带气候，雨量充沛，树木常青。南邻北部湾渔场，盛产鱼、虾、蟹、贝等各种海产品。有鱼类700多种，其中经济价值较高、产量较丰富的达200多种。京族三岛所在的珍珠港，群山环抱，水深浪静，是珠蚌生长最为理想的地方，是驰名中外的“南珠”产地之一。此外，还盛产海马、海龙等名贵药材③。京族在长期适应浅海的生产过程中，形成了独具特色的海

① 赵济、陈传康主编《中国地理》，高等教育出版社1999年版。
② 赵济、陈传康主编《中国地理》，高等教育出版社1999年版。
③ 王恩涌、胡兆量、周尚意编著《中国文化地理》，科学出版社2008年版。

洋生计方式，主要表现在渔农（养殖业）结合方面。京族先民长期采取浅海捕捞和杂海渔业的谋生方式。浅海捕捞主要使用拉网、塞网、渔箔、鱼笼等传统捕捞工具在近海作业，杂海渔业则使用竹筏、麻网、鱼钩、鱼叉、蟹耙等工具从事简单的近海渔业生产。京族人在生产中积累了丰富的海上渔业经验，对于潮水的变化规律和鱼群洄游规律掌握得较准确。渔民称每次潮期的第一天的涨潮为“一眼子”或“一眼水”。每月都有两个潮期，每个潮期均为 15 天（15 个“眼子”）。每个潮期的前 8 天为涨水期，后 7 天为落水期。京族人总是按照潮水的涨和落的规律来安排渔业作业①。京族世世代代维系着海洋渔业生计，形成了丰富的海洋生态文化。

（二）采集渔猎生计

采集渔猎生计方式主要分布在内蒙古东北部的鄂温克族和鄂伦春族中。鄂温克族和鄂伦春族在内蒙古主要居住在呼伦贝尔草原腹地及大兴安岭森林深处和内江流域的丘陵平原地带。这里森林繁茂、河流密布，为渔猎采集提供了条件。他们在大兴安岭的森林中狩猎，在河的上游或小的支流中捕鱼。因为狩猎不是每天都能成功，所以捕鱼就成了狩猎的必要补充。另外，鄂温克族的雅库特人除了狩猎外还兼有放牧驯鹿的生计方式。

（三）畜牧生计

畜牧生计是西部少数民族的一种主要的生计方式。之所以这样讲，是因为其分布面积广，囊括了西部的广大地区。它东起内蒙古东北部的大兴安岭西坡、西到准噶尔盆地西缘、南到横断山脉中段（云南省香格里拉市）的广大地区，占据了整个的西北部和青藏高原。从事这一生计方式的有蒙古族、哈萨克族、裕固族、塔吉克族、藏族和部分鄂温克族及达斡尔族。人们依靠繁殖、饲养牲畜并利用其产品（肉、乳、皮、毛等）为生，是西部少数民族对特殊生态环境（干旱或高寒）适应的结果。其生态学原理是将人们无法直接利用的草、灌木的能量变成食物（肉、奶、血）并储存在大型动物身上，直至人们需要食用或交换时才予启用。由于单位面积上获取的能量较少，所以畜牧民族的人口密度较低。草地上的牲畜数量受其生态系统内的种群数量调节：当草场上的牲畜数量超过草场的承载力时，其种群数量就会自动下降；反之，当牲畜的种群数量低于草场的承载力时，其种群的数量就会上升。这

① 符达升、过竹、韦坚平等著《京族风俗志》，中央民族学院出版社 1993 年版。

就是草原生态系统的负反馈调节机制。为了维持牲畜种群数量的稳定，游牧就产生了。通常来讲，在西部的平地或海拔高度变化小的区域，其游牧以水平移动为主，如内蒙古草原等；在高海拔地区，如青藏高原等，由于海拔高度变化大，其游牧为垂直移动。

按照林耀华先生经济文化类型的划分，这一生计方式可分为四个类型：以部分鄂温克族为代表的苔原畜牧型，以蒙古族为代表的戈壁草原游牧型，以哈萨克族为典型的盆地草原游牧型，以藏族为典型的高山草场畜牧型。在苔原畜牧类型里，牧民们所养的牲畜主要是高度适应当地生态环境的驯鹿。这种牲畜同时具有乘骑和运输的功能。戈壁草原游牧型是畜牧生计最为发达的形态，羊和马是主要畜种。在东部水草丰美的地方，人们也放牧牛群，而在这一个类型所处地带的西部，由于戈壁的特点更为鲜明，植被相对稀疏，所以适应地理条件的骆驼就有着重要的意义。盆地草原游牧型的生计特征近似于戈壁草原型，但生态环境和文化特质上的差异却使它能够自成一个类型。这里的牧场坐落在回环四合的大盆地里，较为丰富的水源潜存着发展农业的可能性。哈萨克族所住的毡房与蒙古包有着相同的功能，但在结构上却表现出了圆顶圆柱形的特殊风格，毡房内各个部分的划分也更为严格。这一类型中牧民食物构成里的粮食比重略高于戈壁草原型，而且其食物制作中更多地使用烤、炸等方法。高山草场畜牧型以繁殖牦牛和犏牛为主，牧民也多在海拔较低的地方种些青稞等作为人畜过冬时的粮草①。

（四）农耕生计

农耕生计方式在西部分布范围广，经纬度跨度大。它西起帕米尔高原东坡、东到广西、北起内蒙古东北部、南到西双版纳的广大区域，但其主体部分仍在作为中国干湿地域分野的大兴安岭至青藏高原以东的湿润地区。该区域内生态环境类型多样、生态文化内容丰富。按照林耀华先生经济文化类型的划分，这一生计方式可分为六种类型。

1. 山林刀耕火种型

这一类型主要集中在青藏高原与云贵高原结合部的横断山系南段。行政区划主要在藏东南、滇西北至滇东南沿国境线地段。生计方式属于这一类的民族有门巴族、珞巴族、独龙族、怒族、佤族、德昂族、景颇族、基诺族以

① 林耀华主编《民族学通论》，中央民族大学出版社 1997 年版。

及部分傈僳族、苗族、瑶族等[1]。在我国，刀耕火种起源于低纬度地区，逐渐向北方扩散。考古学的研究表明，历史上这一生计方式曾分布于黄土高原[2]。

刀耕火种作为山地居民的一种耕作方式，长时间以来背负着“毁林开荒”和“破坏生态环境”等恶名。对此提出质疑的第一位学者是美国人类学家康克林。1954 年，康克林撰文驳斥了当时十分流行的一种错误观点，即把刀耕火种看成是“随意”的、“毁灭性”的和“原始”的生计方式，并首次倡导应用民族生态学的概念研究刀耕火种[3]。在中国，尹绍亭先生是应用民族生态学方法从事刀耕火种研究的第一人。他对刀耕火种的技术及其过程展开系统的研究，以翔实的调查资料为依据阐明了刀耕火种是山地居民对热带、亚热带森林环境的一种生计适应方式，是一个有着独特的能量交换和物质循环的人类生态系统，同时亦是一种蕴含着丰富生态智慧和传统知识的农耕文化[4]。

2. 山地耕牧型

它分布在青藏高原的东南斜坡、雅鲁藏布江谷地和云贵高原中西部山区。生计方式属于这一类型的主要有羌族、纳西族、彝族、白族、普米族、拉祜族和部分藏族及澜沧江东岸的傈僳族。从事这一类型生计的民族，多在山区经营旱作农业，种植小麦、荞麦、青稞、玉米、马铃薯等耐旱耐寒作物，同时拥有牛、羊、猪、鸡等畜禽。他们的牛、羊多在村舍附近的山坡上放牧，猪没有严格的棚圈。这些民族的住房多系土墙木顶，但房屋的承重部分是墙中的木架，土墙只起到御寒和隔离的作用。火塘设在屋内，不少人还乐于把家畜圈在居室里过夜[5]。

3. 山地耕猎型

这一类型在西部主要分布在云贵高原中部以东的山区。其西端经由语言谱系较为复杂的土家族和仡佬族地区而与耕牧类型接触。从事这一类型生计的主要有讲汉藏语系苗瑶语族语言的苗族、瑶族、畲族等民族。处在这一类

---

① 林耀华主编《民族学通论》，中央民族大学出版社 1997 年版。

② 王建革《人口、生态与我国刀耕火种区的演变》，《农业考古》1997 年第 1 期。

③ Virginia D. Nazarea, “A View from a Point: Ethnoecology as Situated Knowledge,” in Virginia D. Nazarea ed., *Ethnoecology-Situated Knowledge/Located Lives*, Tucson: The University of Arizona Press, 1993.

④ 尹绍亭著《人与森林——生态人类学视野中的刀耕火种》，云南教育出版社 2000 年版。

⑤ 林耀华主编《民族学通论》，中央民族大学出版社 1997 年版。

型中的民族多以锄类农具垦殖山田，栽培水稻、玉米、小麦、红薯、豆等作物。他们的住房依山而建，为不发达的干栏式。负载重物，多用背篓。服饰当中特别注重头部的装饰。民间文学里广泛流传着史诗和山歌。其题材多取自盘瓠（盘古）的传说，或表现打猎、爱情等。宗教信仰中的祖先崇拜色彩甚浓①。

4. 丘陵稻作型

它的分布地区以云南中南部以及贵州、广西为中心。生计方式属于这一类型的各个民族如傣族、壮族、侗族、水族、仡佬族、毛南族等多讲汉藏语系壮侗语族诸语言。水稻种植与干栏式建筑的结合是丘陵稻作型的基本文化丛，而渔捞活动也往往是一个重要的补充特征。属于这一类型的各个民族均嗜米食，喜酸辣，服装尚黑白两色（至少在老年人身上是如此），运输或行走中善用小船和竹排，负重多以肩挑。居民除崇信普遍存在的各种原始信仰外，也多有信佛教或道教者②。

5. 绿洲耕牧型

它分布在塔里木、准噶尔两大盆地边缘，经河西走廊到宁夏的地带以及青藏高原东北坡的河湟地区。从事这一类型生计的除回族和俄罗斯族外，多为讲阿尔泰语系诸语族语言的民族，计有维吾尔族、乌孜别克族、塔塔尔族、东乡族、保安族、撒拉族和部分裕固族、达斡尔族、锡伯族等民族。他们在干旱地区的绿洲上，主要依靠人工灌溉系统种植小麦、水稻、玉米、马铃薯和棉花等农作物。品质优良的瓜果是这一区域内的特产。此类型的农耕生活中普遍杂有浓厚的畜牧因素，肉、奶、皮革、毛等畜产品在各族人民的衣食中占有颇为重要的位置。居民住房多为土木或砖木结构，平顶和圆顶建筑较为多见。活跃的商业及经商的传统，使得这一类型呈现出与其他类型中的各民族迥然不同的特点。伊斯兰教以及与此有关的一系列生态文化特征普遍存在于这一类型中③。

6. 平原集约农耕型

这一生计方式在西部主要分布在关中、四川两个盆地及其周边地区。生计方式属于这个类型的，除汉族之外，还有散居在上述地区的满族、回族、

---

① 林耀华主编《民族学通论》，中央民族大学出版社 1997 年版。

② 林耀华主编《民族学通论》，中央民族大学出版社 1997 年版。

③ 林耀华主编《民族学通论》，中央民族大学出版社 1997 年版。

维吾尔族及蒙古族。这一类型生计方式的特点是：在单位土地面积上密集地投入劳动力和技术，以此作为增加产品产量的主要手段。有些地方还对农副产品进行深加工，并因此而产生了密集的乡镇企业。稠密的人口以村落为单位聚居是这一类型的特征，每个村落事实上都是进行多种经营的单位。

西部地域辽阔，生态环境多样，尤其是随着纬度、经度或海拔高度的变化，生态系统的分布表现出了较强的水平地带性或垂直地带性规律，因而几乎囊括了中国乃至世界上所有的生态系统类型。复杂的生态环境和多样性的生态系统，孕育了众多的民族文化和丰富多彩的生态文化。因此，以生计方式为代表的生态文化是很难用上述几个类型进行概括的，还有许多的过渡类型并没有被包括在其中。也正是如此，在本志书各章的写作中，很难用一个统一的要素来展开对各种生态文化的描述，比较切实可行的办法就是作者根据提纲，以具体的研究对象来展开写作。如“第一章　水文化”、“第二章　山谷文化”、“第三章　植物文化”和“第六章　动物文化”，以文化的载体，即环境要素来展开论述；而“第四章　森林文化”、“第五章　草原文化”和“第七章　采集渔猎文化”则按生计方式来展开论述。即便是按生计方式来展开的论述，也很难用一种或几种生计方式来加以统一，这不仅是由于生计方式具有多样性，而且各种生计类型之间还存在着交叉性与过渡性。不管怎样，这种以生态环境和民族文化的互动关系为线索编写《中国西部民族文化通志·生态卷》的做法，反映了民族生态学的研究取向，这不仅有重要的理论价值，而且对西部的生态环境和民族文化的保护以及西部的可持续发展都具有重要的现实意义。同时，由于本志书的地域性强，而许多民族又是跨地域分布的，这对资料的选用造成了一定的困难。因此，在资料的选取上，本志书在尽量选取西部地域范围内的相关资料的同时，对涉及一些跨地域分布民族的相关资料，也采取了较为灵活的办法加以处理。如鄂温克族、鄂伦春族的资料主要分别来自内蒙古自治区的鄂温克族自治旗、鄂伦春自治旗，但也有部分选自黑龙江的大兴安岭，虽然参照中国的西部大开发政策适用范围，大兴安岭已经不属于西部地区，但从自然地理的角度来讲，大兴安岭位于黑龙江和内蒙古北部，是内蒙古高原与松辽平原的分水岭，从这种意义上来讲，将生活在大兴安岭的鄂温克族、鄂伦春族的相关资料纳入本志书也在情理之中。

第一章　水文化

水是生命之源、万物之灵，是生命赖以生存的重要自然资源。生命科学认为，地球上的生命起源于约35亿年前的海水中，生物的进化经历了从水生到陆生的发展过程。地球表面除了高山、丘陵和平原之外，71%为海洋所覆盖；在人体中，水的比重占70%，大脑组织中水的比重达80%，而血液里水的比重则高达90%。无论是生命的孕育，还是生命的维系，都离不开水。可以说，没有水，就没有宇宙间形形色色的生命。

水同样是农业的命脉和人类文明的摇篮。综观全球人类文明史，人类的祖先大多是在沿河地区产生并发展起来的：尼罗河孕育了古埃及文明，幼发拉底河和底格里斯河造就了古巴比伦文明，恒河催生了古印度文明，黄河与长江则哺育了华夏文明。在西方，《圣经》开篇描绘了伊甸园中的一条河流，然后才出现始祖亚当和夏娃，之后又是诺亚方舟让其先祖在滔滔大水中绝处逢生。在我国，水生万物的哲学观念，几乎是中华民族一种普遍的心理意识。古代先贤们很早就认识到水对人类生存和文明进步的意义，领悟出许多充满智慧的哲思。管子曰："水者何也？万物之本原也，诸生之宗室也。"孔子曰："逝者如斯夫，不舍昼夜。""智者乐水，仁者乐山。"孟子曰："源泉混混，不舍昼夜，盈科而后进，放乎四海。有本者如是，是之取尔。"老子曰："上善若水。水善利万物而不争，处众人之所恶，故几于道。"庄子曰："水静犹明，而况精神！圣人之心静乎！"

水是物质的载体，同时也是精神的载体，人类社会发展的足迹就是一部水文化发展的历史。我国西部地区水资源丰富。同时，西部12个省区市分布有49个少数民族，民族文化多样性突出。各个民族在长期利用和管理水资源以求得生存与发展的实践中，创造了丰富多彩的水文化。水文化是人们创造的以水为载体的各种文化现象的总和，是民族文化中以水为轴心的文化集合体。一个民族的水文化通常包括这个民族利用水资源的技术、管理水资源的制度和对水资源的认识与信仰等三个方面的内容，是技术、制度、信仰三元结构的有机整合。其中，对水资源、水环境的认识与信仰处于核心地位。它是一个民族千百年实践经验的理性总结，是这个民族宇宙观、世界观和价值观的重要组成部分，对一个民族水文化的最终形成及其持续发展发挥着关键作用①。

第一节　水观

水与人们的生活息息相关，与社会的发展紧密相连。西部各民族在认识水、治理水、开发水和保护水的过程中，逐渐形成了对水的独特认知和观念。一方面，水不仅造就了天地万物，而且是人类生存和文明进步最为重要的物质基础；另一方面，水患洪灾和因缺水引发的久旱干涸也给人类带来无穷无尽的灾难，使人们面临饥荒和死亡。水带给人们的福泽和灾祸，使得人们对水既依赖又畏惧，往往借助神话传说来对水加以人格化和神灵化，同时通过各种崇拜仪式和宗教祭祀来寻求与自然的沟通，借以祈福纳吉、禳灾避祸。

一、水与创世神话

西部许多民族中都流传着关于水的神话传说，而这些神话传说常常将天地万物、人类或族群的起源与水联系在一起。这类神话被称为水生型创世神话。这类神话包含了万物源于水、人祖生于水的古老信仰观念，既有原生形态，又有次生形态②。

（一）原生态水生型创世神话

原生态水生型创世神话，是指由水这种自然物质直接形成了天地、生成了人类，它是水生型创世神话最原始的形态。水有江、河、湖、海、井、泉、溪流等存在形式，亦有气、雾、云、雨、雪等变化形式，由此衍生出种类繁多、变化多端的神话群。原生态水生型创世神话较少见诸典籍，而多以口头流传的形式存活于民间③。

---

① 郭家骥《西双版纳傣族的水信仰、水崇拜、水知识及相关用水习俗研究》，《贵州民族研究》2009 年第 3 期。

② 向柏松著《中国水崇拜》，上海三联书店 1999 年版。

③ 向柏松《南方民族水生型创世神话与民俗文化》，《民族文学研究》2003 年第 4 期。

哈尼族的神话是这样描述开天辟地和万物诞生的：远古年代，世间只有一片混沌的雾，后来雾生汪洋大海，大海生巨鱼。大鱼见世间上无天、下无地，空荡而冷清，便把右鳍往上一甩，变成了天；把左鳍往下一甩，变成了地；把身子一摆，从脊背里变出了七对神和一对人，从此才有了天地、神和人类。[①]《兄妹传人类》中这样叙述：地上有了人之后，从第一代到第二十一代是人、鬼、神不分的洪荒年代。第二十三代，人的眼睛是直的，膝盖朝后，嘴像鸭子嘴。天神发现了这种情况，便用洪水毁灭了人类。只有兄妹俩因为一位好心天神的帮助，躲在葫芦里而幸免于难。兄妹二人虽然历尽千辛万苦，却没有找到其他人。天神决定让二人结为夫妻，来繁衍人类。兄妹二人只好在天神的授意下结为夫妻。由此人类得以繁衍，人的相貌也变得正常了[②]。

彝族的《彝族古歌·天地论》中说：天、地、万物是云丝、雾线编成的。另一创世史诗《门米间扎节》说："云彩来造天，雾露来造地……雾露和云彩，造天的时候，天像一顶篾帽，地像一扇簸箕。"这一创世史诗把天地说成像篾帽、簸箕之类的编织物。而用云雾作为原材料来编织天地，反映了彝族云雾生成天地万物的观念。彝族典籍《六祖史诗》说："人祖来自水，我祖水中生。"说明彝族创世神话中既包含了水生天地的观念，又包含了水生人类的观念[③]。流传于楚雄州姚安、大姚、永仁一带的彝族创世史诗《梅葛》中讲，天神撒下三把雪，落地变成三代人：第一代是独脚人，长一尺二寸，独自一人不会走。这一代人，月下能生存，太阳一出就晒死。第二代是长一丈三尺的巨人，穿树叶为衣，吃山果为食，做活就想睡，一睡就是几百年，最终被淘汰了。第三代是两眼朝上的直眼人，后来得罪天神，被洪水淹死，只剩下好心的兄妹。妹妹喝了哥哥的洗澡水，怀孕生下怪葫芦，从葫芦中走出现代的各族人[④]。

傣族的创世神话说：远古时期，没有天地、没有日月，整个太空充满着翻腾滚动的气体、烟雾和狂风，下面是漂满了泡沫的茫茫大海。狂风不停地刮了亿万年，把气体、烟雾和泡沫搅拌在一起，凝结形成了一个大圆球。大

① 谷德明著《中国少数民族神话》，中国民间文艺出版社 1987 年版。

② 谷德明著《中国少数民族神话》，中国民间文艺出版社 1987 年版。

③ 向柏松《南方民族水生型创世神话与民俗文化》，《民族文学研究》2003 年第 4 期。

④ 杨甫旺《彝族洪水神话的文化时空性——以创世史诗〈查姆〉为例》，《楚雄师范学院学报》2011 年第 1 期。

圆球在太空中翻滚了亿万年后又形成了傣族的创世神王——英叭神。英叭用巨手搓下身上的污垢，与水混合做成一个圆球。这个圆球随着英叭的吼声不断长大，最终形成了地球。完成了开天辟地后，英叭又搓下身上的污垢，与自己的汗水搅和后做成了男神“布桑该”和女神“雅桑该”，并送给他们一个仙葫芦，命令他们到大地上来创造万物和人类。男女二神来到凡间，剖开葫芦，大地上立即长出了花草树木，诞生了飞禽走兽，但是没有人。他俩又用泥巴和水造人，“布桑该”捏了三千个男人，“雅桑该”捏了三千个女人，再将水、土、风、火四种物质的精灵灌注到泥人身上，使得三千对男女泥人获得了生命。这三千对男女便结成了夫妻，繁衍下今天的人类[①]。

纳西族《么些族的故事》说：亘古之时，天上有了三滴白露，其中一滴白露变化出了黄海，黄海中孕育出了纳西族的原始第一代——“海失海故”。另一部史诗《古事记》则说：“天上边出了喃喃的声音，（地）下边出了嘘嘘的气息，声与气配合化育，生出三滴白露，一滴滴到湖心里，化出了九个黄湖，黄湖生下了莫哉此此——纳西族的原始第四代。”[②]

景颇族创世神话《开天辟地》说：远古时代，世界是一片蒸腾的雾气，没有天，没有地，整个世界都是混混沌沌的。不知过了多少年，雾气升腾……世界朦朦胧胧的，有了一些光亮，开始显现不太明显的轮廓。

苗族《苗族古歌》说：“雾罩生最早，雾罩生白泥，白泥生成天；雾罩生黑泥，黑泥变成地……天地才又生成万物。”神话认为，天是白色的云雾化成白泥而构成的，地是黑色的云雾化成黑泥而构成的，同样包含了水生天地的观念。

布依族《赛胡细妹造人烟》说：“很古的时候，世间只有清清气，凡尘只有浊浊气，清气浊气乱纷纷，清气呼呼蒸腾腾，浊气卜卜往上升，清气浊气同相碰，粘连成个葫芦形。”另一则神话《混沌王和盘果王》中也有类似的说法：远古的时候，宇宙间混沌渺茫，混沌王哈气成雾、扇气成风，宇宙仍是混沌一气、天地相连。盘果王一鞭子把宇宙劈成两半，上浮者成为天，下沉者成为地，天上有日月星辰，地上有河流山川。这样，天地就形成了[③]。

毛南族的神话是这样叙述的：盘和古是兄妹，两个人种了一个大葫芦，

---

① 云南省民族事务委员会编《傣族文化大观》，云南民族出版社 1999 年版。

② 伍雄尚著《纳西族哲学思想论丛》，民族出版社 1990 年版。

③ 转引自向柏松著《中国水崇拜》，上海三联书店 1999 年版。

后来洪水来时，两个人就躲在葫芦里，浮在水上。洪水退后，世界上只有他们两人。如何再造人类呢？兄妹商量，总认为不宜成婚。后来约定，两人各扛一片石磨到山顶上，各自把石磨从山上滚下来，如果滚下的石磨上下合在一起，就证明有姻缘。石磨滚到山下后果真合在一起，于是兄妹成婚，生了一个包衣小孩。他俩把小孩剁成碎块，让乌鸦、老鹰啄去撒在四方，三天以后到处便有了人①。

土家族的神话《兄妹开亲》亦有相似的说法：古时候，人类得罪了雷公。雷公下了七天七夜的大雨，把世上的人都淹死了，只有躲在葫芦里的伏羲兄妹二人得以幸免。洪水退后，兄妹二人碰见了火神快卡快，火神让他们兄妹成亲，繁衍人类，可是二人坚决不肯。经过一番周折，二人商定绕大山追，如果迎面追上了就成亲。于是一人在前面跑，一人在后面追，追了很久还是追不上。后来在路上遇到了野猫、野牛、乌龟等动物，乌龟指点男的回头跑，二人很快就迎面相遇了。兄妹成亲后生下一个大肉球，他们用天神的剪刀把肉球剪碎，扔向四面八方，变成了后来各民族的祖先②。

从上述西部各民族的创世神话中可以看出，无论是开天辟地或是人祖诞生，都与水密切相关。水生万物，洪水滔天和原始先民在灾后由兄妹或人与神、人与兽结为夫妻，重新繁衍后代，一直是各民族水生型创世神话不变的母题。水由此被当作万物的始源、创世的圣物，被赋予了恒久的生命力和生殖力而受到人们的顶礼膜拜。

（二）次生态水生型创世神话

次生态水生型创世神话由原生态水生型创世神话演化而来，虽然仍然蕴含水生人祖的观念，但水不再能够直接孕育人类，而必须通过与女子的接触间接地发挥作用。依据神话中女子与水接触方式的不同，可以将其分为浴水受孕生子和饮水受孕生子两大类别③。

1. 浴水受孕生子

在此类神话中，女子通过身体接触水或水中之物，感染了水的生殖力而受孕。《华阳国志·南中志》载：“哀牢，山名也。其先有一妇人，名曰沙壶，依哀牢山下居，以捕鱼自给。忽于水中触一沈木，遂感而有娠。度十月，产

---

① 谷德明著《中国少数民族神话》，中国民间文艺出版社 1987 年版。

② 谷德明著《中国少数民族神话》，中国民间文艺出版社 1987 年版。

③ 向柏松著《中国水崇拜》，上海三联书店 1999 年版。

子男十人。"《后汉书·西南夷列传》中载："西南夷者，在蜀郡徼外。有夜郎国。……夜郎者，初有女子浣于遁水，有三节大竹流入足间，闻其中有号声，剖竹视之，得一男儿，归而养之。及长，有才武，自立为夜郎侯，以竹为姓。"《史记·殷本纪》载："殷契，母曰简狄，有娀氏之女，为帝喾次妃。三人行浴，见玄鸟堕其卵，简狄取吞之，因孕生契。"无论是女子浴水触物生子，还是浴水吞物生子，水都是两性感孕的媒介。

壮族创世神话中描述：天地形成之后，地上只有布洛陀和姆六甲。于是，他便找姆六甲商量造人。姆六甲笑而不答，布洛陀一气之下跑到东海去，久久不归。姆六甲备感孤寂，天天登山望归。布洛陀心中也很想念姆六甲，当他在东海远远望见山顶的姆六甲时，不禁思情激荡，便含了一口水，使劲朝她喷去。不料，这口水竟"变成七彩虹，彩虹跨万里，一头出自布洛陀的嘴，一头连着姆六甲的身"。不久，姆六甲便怀孕了，九十天后吐出了"黄泥"，夫妻二人用黄泥捏成了一个泥人，传下了人种①。

哈尼族神话《刚背阿利和刚背阿布》说：兄妹俩遵照天神"常到河里去洗澡"的授意，哥哥在上游，妹妹在下游，各自洗各自的，谁也不看谁。洗了几次澡之后，妹妹刚背阿布发现自己的肚子渐渐大了起来。过了不久，她便生下了两个肉葫芦。

柯尔克孜族史诗《玛纳斯》中描述：在克什米尔，一对兄妹被汗王杀死，两人的骨灰被撒在溪流中。这条溪流恰好流经汗王的花园，汗王公主和女仆等四十个姑娘饮用后都怀了孕，生下了四十个孩子，二十个男孩，二十个女孩。这便是柯尔克孜人的祖辈（在柯尔克孜语中，柯尔即四十，克孜即姑娘）②。

2. *饮水受孕生子*

女子饮水或食用水中之物而受孕生子，亦是西部民族水生神话中常见的情节。彝族创世史诗《梅葛》中说：兄妹二人不好意思结婚，在属狗的那一天，哥哥在河头洗澡；在属猪的那一天，妹妹在河尾捧水喝。一个月喝一次，喝了九个月后，妹妹生下了一个大葫芦，里面走出了汉族、彝族、傣族和苗族。

---

① 《布洛陀》，载欧阳若修等著《壮族文学史》（一），广西人民出版社 1986 年版。

② 转引自王政《水——中国少数民族生殖文化的典型母题》，《民族艺术研究》1997 年第 4 期。

傣族神话《象姑娘》说：在远古时期，有一个老猎人带着一个女儿在森林中狩猎为生。老猎人死后，其女儿无依无靠，只能在森林中采集野菜、野果为生。一天，她在森林中走得又渴又累，突然发现一个大象脚印中积满了清水，便俯下身去畅饮一空，感觉十分舒适。但她回去不久便有了身孕，原来这潭清水是洁白神象的尿液。十个月后，她生下一女，取名为象姑娘。象姑娘长大后历经千辛万苦找到了她的神象父亲。父亲送她一对白牙，里面装满了人类衣食住行需要的全部东西。象姑娘返回人间后，与一个年轻勇敢的猎人结婚成家，过上了幸福美满的生活，并繁衍出了子孙后代①。

独龙族神话《马葛棒》中亦有类似的情节：很久很久以前，有个女子去竹林中采笋，回家途中感到饥渴，喝了大象脚印中积留的水，不久便怀孕了。五个月后，生下了一个儿子，取名马葛棒。马葛棒刚生下来第一天，就能吃一碗饭，两天就会说话，三天就会走路，四天就会跑，五天就长得跟大人一样，会上山砍柴、打猎②。

土家族至今流传着女子食水中之物而生人的创世神话：始母卵玉把天地射开后，世上没有人烟。想到自己无儿无女，她伤心地哭了。女娲娘娘劝卵玉不要哭，让她沿着黄河一直走，如果看到有八个桃子从上游漂流下来时，务必捡起来吞掉；即使是一朵桃花，也要捡起来吞掉，这样世上就会有人烟了。卵玉遵照女娲娘娘的话，吞食了上游漂下来的八个桃子和一朵桃花，果然有了身孕。怀胎三年零六个月后，卵玉终于生下了八儿一女，从此世上就有了人种③。

上述各类与水相关的女子受孕生子神话，均是水生型创世神话与其他蕴含着不同生殖崇拜观念的创世神话相融合的产物。在这类神话中，女子虽然是孕育生殖的主体，但水一直是致孕生子的媒介，其所蕴含的仍然是水生人祖的观念。

二、水崇拜

水为万物之源，文化的起源与文明的兴衰无不与水密切相关。中国五千年的历史亦以农耕经济为主。农业对水的倚重，使得各个民族对水产生了高

---

① 转引自郭家骥《西双版纳傣族的水信仰、水崇拜、水知识及相关用水习俗研究》，《贵州民族研究》2009年第3期。

② 李子贤编《云南少数民族神话选·开天辟地》，云南人民出版社1990年版。

③ 陶阳、钟秀著《中国创世神话》，上海人民出版社1989年版。

度的敬仰和崇拜，形成了种类多样的水崇拜衍变形式。

（一）水崇拜的内涵

恩格斯曾经指出，历史中的决定性因素，归根结底是直接生活的生产和再生产。而生产本身又有两类：一类是生活资料即食物、衣服、住房以及为此所必需的工具的生产；另一类是人类自身的生产，即族群的繁衍[①]。水与天地万物、作物丰歉的紧密联系，使得人们对水的神秘力量充满了敬畏和崇拜。为了促成植物尤其是农作物的丰收，获取生存所需的生活资料，人们便要向掌管雨水的神灵祈求充沛适量的雨水。这就构成了水崇拜的原始内涵之一：祈雨求丰年。同时，在人们看来，水是生命的源泉，为了求得人类自身的繁衍，保障族群的延续，人们便向水和水神祈求生殖的力量。这便构成了水崇拜的原始内涵之二：祈求生殖繁衍[②]。

水是农业生产的命脉，而农作物的收成又直接关系到人类的生存。考古资料和文献资料证明，我们的祖先很早就认识到适时适量而降的雨水对农作物生长所起到的决定性作用。然而，降雨时多时少，多则成涝，少则成旱，都会对农业生产和人类生存带来威胁。原始先民们相信，水是由神灵所掌管控制的，水神既能够带给人们充沛的雨水，使得风调雨顺、五谷丰登，同时也可能引发水患洪灾、久旱干涸，给人们带来灾难。因此，人们总会定期或不定期地举行祭祀水神的各种仪式和活动，祈求风调雨顺、天降甘霖，同时祈愿禳灾避祸、安康丰产。从这一意义上来说，崇水或崇雨意识的产生正是在农业经济背景下产生的。

从自然界诸多直观的生命现象中，原始先民领悟到了水与植物生长、水与动物存活有着直接的关系，水与一切事物的“生命”和延续息息相关。从相似律的思维方式和“万物有灵”的原始宗教出发，人们把水视为一种具有生命力和生殖力的神秘物质加以崇拜，通过各种模拟巫术和仪式活动向水和水神祈求生殖繁育的力量，使人类得以繁衍生息、延续种群。

（二）水崇拜的对象

作为一种自然崇拜，水崇拜最初的对象是神化了的水体、水体的各种形式（如江、河、湖、海、井、泉、溪等），以及与雨水有关的自然现象（如

---

① 参见中共中央马克思、恩格斯、列宁、斯大林著作编译局编《马克思恩格斯选集》（第四卷），人民出版社 1972 年版。

② 参见向柏松著《中国水崇拜》，上海三联书店 1999 年版。

雷、电、风、云、虹、雾等），后来发展为水神崇拜。此外，其他自然崇拜、动物崇拜中的对象由于兼有司掌雨水的功能，也可视为水崇拜的对象[①]。依据向柏松的观点，水崇拜的对象大致可以分为以下几类。

1. 河川水神

河流带给人类诸多的恩惠，世界上几条大河的沿岸都成了人类古老文明的发源地。同时，河流也带给人类毁灭性的灾难，河水泛滥往往危及人们的生命和财产。人们对河流既敬又畏，并把降雨与河流联系起来，认为降雨是司水的河川水神所为，无论祈雨或止雨都要祭祀河流。

我国西部地区河流众多，西南片区的独龙江、怒江、澜沧江、珠江、元江、雅鲁藏布江、狮泉河等，以及西北片区的额尔齐斯河、伊犁河和阿克苏河等，都是重要的国际河流和连接水道，亦是沿河地区和流域内各民族河神传说的主题，崇拜献祭和祈雨镇水的主要对象。

2. 气象水神

适时充沛的雨水，直接影响着农业的生产和收成。雨是水崇拜最主要的对象之一。其他气象现象，例如风、云、雷、电、虹、雾和雪等，因为与降雨相关，同样成了崇拜的对象。

3. 动物水神

一些生存于水中和具有水生习性的动物，如鱼、鳄、水蛇、龟、虾、蛙等，或是与降雨气象有着某种联系的动物，如各种鸟类，由于被认为具有司水降雨的功能而同样被纳入了水崇拜的范畴。这些以司雨水为主要职责的动物被称作动物水神。动物水神后来经过人形化的演变，成为半人半兽或完全人形化的水神。

龙是在水崇拜观念基础上形成的幻想中的动物，是水崇拜庞杂的动物水神群不断实现整合的产物。龙的形象由多种动物组合而成，而这些动物大多被奉为水神，因此龙便成了能够呼风唤雨、兴云布雨，具有更强神力的崇拜对象。

4. 人物水神

人物水神或取自神话传说，或源于历史史实，但仍与水或动物水神有着密切的联系：黄帝、蚩尤是融合部落首领和动物水神的人物水神；后羿射日

---

① 向柏松著《中国水崇拜》，上海三联书店 1999 年版。

和夸父追日神话的实质乃是驱旱祈雨；女娲得名于其补天治水的神迹；李冰父子闻名于兴修都江堰水利工程；屈原投江而死被奉为江神，为了纪念他，有的地方至今仍保留着每年端午节划龙舟和食粽子的习俗。

5. 兼职司水神灵

一些自然神、动物神或人物神，除了各自的基本神职外，还兼有司雨水的职能。山与石由于与水的关系紧密，同样被奉为掌控雨水的神灵而为人们所崇拜。

（三）水崇拜的仪式

如前所述，水崇拜的原始内涵有二：一是祈雨求丰年，二是祈求生育繁衍。人们举行的各种祭祀活动和崇拜仪式，表达的正是其求生存、求繁衍的根本需求和强烈渴望。

1. 祈雨仪式

按照表现形式来划分，祈雨仪式可分为巫术祈雨和祭祀祈雨两大类别，二者往往相互融会、相互渗透。巫术祈雨要么通过模拟祈求对象（水神）的形象和行为动作（降雨行为）以求得降雨，要么通过模拟祈求对象并给予象征性的惩罚以求得降雨。祭祀祈雨则是以牺牲、乐舞等来取悦神灵，求其降雨①。

聚居在红河上游新平、元江两地的花腰傣，在每年农历四月第一个属马日，便要到江边欢度隆重的“四月节”。助祭的村民会用稻草编制长约两米的“草龙”，并将其悬挂在江边祭祀江龙的祭棚中。女巫“雅摩”端坐其下，手摇黑扇，口念祭词；祭司“伙色”杀鸡宰牛，在神树脚下状如鹅卵的三块圆石处点香、洒酒献祭，祈求司水的江龙恩泽福佑，使得风调雨顺、收获丰足。祭祀仪式结束后，全村男女老幼围聚共餐，欢歌起舞，与神同乐。

《春秋繁露》中记载了以蛙祈雨的巫术：“旱时取五蛤蟆置方池中，进酒、脯祝天，再拜请雨。”广西北部壮族每年正月都要举办青蛙节，又名“蛙婆节”或“蚂拐节”，举行请蛙神、祭蛙神、葬蛙神等仪式。正月初一清早，青年男子在锣鼓声中成群结队来到田野中寻找青蛙。第一个找到青蛙的男子被称为“蛙郎”，被找到的那只青蛙则被视为能呼风唤雨、赐给人间吉祥的“天娘”。青蛙被迎进寨子后，放入一个小棺材内。人们把棺材抬到村寨的凉亭，

① 向柏松著《中国水崇拜》，上海三联书店 1999 年版。

用酒肉、糯米饭、香火等进行祭奠，安排蛙郎和青少年们守灵。其间，每天要由蛙郎率领青年们抬着青蛙游村串户，祝福各家人畜兴旺、五谷丰登。每家都要向祝福的队伍赠送米、钱、粽子、彩蛋，作为祭蛙婆的供品。最后，经过半个多月的祭奠，还要为青蛙下葬。主祭人首先挖出去年所埋青蛙，验看骨骸：蛙骨呈白色，预示棉花丰收；呈黄色，预兆五谷丰登；呈黑色，预兆旱涝灾害，需预先防备。青蛙下葬后，人们在坟场四周插上彩旗，在坟前焚香、献酒、供猪羊、立长幡，举行庄重的葬礼仪式。人们认为青蛙是雷神之女，为其下葬，送其升天，是为了恳请雷神降雨，赐给吉祥[①]。

贵州水族的“敬霞”是以石祈雨的活动。在水族语言中，“霞”为雨水神石之意，或称“尼霞”。在水稻栽插后，人们便择日举行“祭霞”仪式。祭霞组织多以血缘氏族村社为主，内部划分为八至十二股。霞神石分真霞和假霞两种。对真霞要秘密祭祀，严防被盗，以免“粮水受亏”。秘祭多在祭日子夜举行，各股头人在主祭者导引下把藏匿于石洞或埋于地下的霞神石找出，对其进行祭祀念咒，并以酒浇淋，祭毕又秘密收藏。公开祭祀在祭日午后举行，祭前统一扎大龙和小龙各一条，各股宰猪备米酒、糯米饭。祭祀仪式由熟悉水书、会念祝咒的德高望重者主持。在念完祭词之后，主祭指令站立在祭坛边竹竿上的公鸡啼鸣，引导上苍降雨。接着“猪婿”做出逗弄母猪的示意动作，众人用竹片向戽斗洒泥水。在将母猪宰杀进行血祭后，各股轮流用米酒浇淋神石，祈求风调雨顺，使得“粮水好，人丁旺”[②]。

一些游牧民族往往通过取出走兽腹中之石的方式来祈雨。杨瑀《山居新语》说：“蒙古人有能祈雨者，辄念咒语，多获应验。石子名‘酬答’，乃走兽腹中之石，大者如鸡子，小者不一，但得牛马者为贵，恐亦是牛黄、狗宝之类。”方观承的《从军杂记》也记载了此种巫术：“蒙古、西域祈雨以楂达石浸水中，咒之，辄验。楂达生驼羊腹中，圆者如卵，扁者如虎胫，在肾似鹦鹉嘴者良，色有黄白。驼羊有此则渐羸瘁，生剖得者尤灵。”[③]

居住在怒江峡谷的怒族逢久旱无雨，便要举行求雨仪式。家家户户都要捐献食物作为祭品。村中除老弱病残者之外的村民都要到水塘边祭祀，时间长达两三天。仪式由德高望重、嗓音洪亮的巫师“德西”主持。祭祀归来，

---

① 向柏松著《中国水崇拜》，上海三联书店 1999 年版。

② 潘朝霖《猪与水族雨水神“霞”》，《贵州民族研究》1999 年第 1 期。

③ 转引自向柏松著《中国水崇拜》，上海三联书店 1999 年版。

走在人群最前面的德西，身穿蓑衣，手敲铜鼓，口念求雨之文，走到村头止步站立。路旁的村民们把早就备好的一盆盆清水朝德西和其他参加祈雨的人身上泼去，意在通过泼水模拟下雨以感应水灵降雨。

傣族、阿昌族、德昂族、布朗族和佤族等民族中盛行的泼水节，其实质亦是驱旱祈雨。以傣族为例，每年傣历六月（公历4月）中旬，就要欢度傣历新年，即泼水节。节日清晨，男女老幼提着桶、端着盆，来到街上，相互泼水。由于水象征着吉祥与祝福，可以驱邪除魔、保佑平安，所以哪怕被浇淋得浑身湿透，人们也喜笑颜开。傣族古歌《十二月》在叙述泼水节的来历时，描绘了亚热带旱季逢雨的情景："五月到了，遍地烧起燎原大火，干枯的树枝堆拢来，茂密的野草一起割倒。六月下了一场急雨，带来了欢乐的新生命，辽阔的大地啊，正是播种的季节。"①气候炎热，野火燎原，又正值播种的季节，迫切需要雨水，所以泼水实际上是一种驱旱祈雨的模拟巫术，通过泼水助天降雨，祈求丰收，后来才发展为相互泼水祝福的习俗。

贵州的侗族、苗族和仡佬族等均有祭祀雷神祈雨的习俗。侗族普遍崇拜雷神，称雷神为"雷婆"。每逢久旱不雨，便设坛宰牛杀猪献祭雷神，祈求神灵早降甘霖。苗族的祭祀活动根据旱灾的严重程度分为大祭和小祭。大祭以牛为牺牲，小祭以猪献祭。祭祀仪式由巫师主持，进献酒肉、米饭后，便敲鼓摇铃，念咒行法，恳请雷神接受祭物，降雨禳灾。仡佬族奉雷神为司雨神灵，但凡遇旱便向雷神求雨。一些村寨专门设有雷王庙，每逢农历五月初五雷王的诞辰日，村民们都要插上五色纸旗，杀牛祭祀。

四川阿坝州的羌族在天旱时，便由巫师"许"或"释比"主持祈雨的祭祀活动。祈雨前必须"禁山"，即禁止任何人上山砍柴、挖药或捕猎。禁令一经公布，各寨即联合派人上山巡逻，若遇违禁者，将给予痛殴，直至流血为止。当地人认为这种自我惩罚的行为，可以取悦于神灵，而使雨露降临。然后由巫师主持祈雨的法事。若不奏效，则由各寨派人，在巫师带领下到附近最高的"神山"顶上敲锣、打鼓和呼喊祈雨。汶川的一些地方在祈雨时，还要施行一种被称为"赶旱魃"的模拟巫术。首先由一人装扮成鬼怪"旱魃"，然后藏匿于树丛中，巫师率众人敲锣、呼喊，遍山进行搜寻。此人被发现时，

① 杨丽珍《试论傣族和东南亚的泼水节及其传说》，载中国民间文艺研究会上海分会编《民间文艺集刊》（第三集），上海文艺出版社1982年版。

必须在前奔走，巫师率众在后追赶，直至此人精疲力竭被捉为止。这象征着旱魃已经被赶走，甘露即可降临[1]。

2. 求子仪式

原始先民从作物生长与雨水的关系中，联想到了人类的生育与水的关联，把水视为具有强大生命力和生殖力的神秘物质而加以顶礼膜拜。同时，也从人类的生殖现象推想到雨水生成的奥秘，创造了以男女的交媾来刺激自然界降雨的巫术。在对水的崇拜中，祈雨求丰收和乞子求繁衍常常是相互交融、难分彼此的。上文所述的花腰傣“四月节”、壮族“蛙婆节”、水族的“敬霞”，以及傣族、阿昌族、德昂族、布朗族和佤族等民族的泼水节，都兼有求雨水和求生殖的双重含义。

云南永宁纳西族有洗浴、喝水求子的习俗。久婚不育的妇女，须由巫师、丈夫和伴娘陪同，来到有水的山洞。巫师先行巫术，然后求子的妇女和伴娘进入洞中水池洗浴。浴毕，求子妇女还要来到被称作“久木鲁”的石头旁喝水。久木鲁意为乞子石，尖端有凹坑，坑内积满了水。巫师拿来一根上下穿通的竹管，插入水中，让求子妇女含着竹管吸饮石坑内的水，吸饮三次方告结束。据说，经过如此洗浴、饮水后的妇女，就能怀孕生育[2]。

在壮族地区，凡是婚后不育的家庭，都要请命理先生来算命。当命理先生用布洛陀创造的六十甲子来推算，认为不育的原因是命犯时辰时，则必须请师公来解。届时，要用白鸭一只、猪肉一块、鸡蛋一个、清水一碗。然后，师公烧香念咒请神，杀白鸭以其血淋入盛清水的碗中，并交给不生育的夫妇各服半碗，认为这样就可以生儿育女了[3]。

由于有的石头状如鸟卵，有的石峰、石柱、石凹、石穴等酷似男女生殖器官，加之石神具有兴云布雨的神性，而云雨为性交的隐喻，与生殖互为因果，西南很多民族都有向石求子的习俗。云南峨山县太和村的彝族认为石神主宰生育，每年农历二月第一个属牛日祭“米夏哈”（祭龙）时，都要祭祀石神乞子。祭祀时村民在两棵“龙树”前各置椭圆形的石头一块（据说是一公一母），宰杀猪、鸡献祭，连祭三天，村人聚石前会餐。在祭祀的第二天，

① 李绍明《羌族以白石为中心的多神崇拜》，载宋恩常编《中国少数民族宗教》（初编），云南人民出版社 1985 年版。

② 严汝娴、宋兆麟著《永宁纳西族的母系制》，云南人民出版社 1983 年版。

③ 转引自廖明君《壮族水崇拜与生殖崇拜》，《民族文学研究》2001 年第 2 期。

由两个已婚但尚未生育的男青年，各抢其中一石，围着龙树绕圈跑，其他男青年向他们的身上泼水，以此祈求神灵赐子①。

在广西钦州一带壮族地区，人们普遍认为，妇女久婚未能生育，乃命中无子，必须通过“借命”才能生育。届时，请一个知晓巫术的妇女，择吉日寻一棵开杈的树木，焚香祷告，以为寄命，当地人称为“契木”。随后，则由求子妇女捡一石块投至路中，待有育之妇人跨过之后，再将石块捡起夹进树杈中，认为这样做就可以借他人之命而生育②。

贵州三都水族地区，不育或生育怪胎的妇女，都要去敬岩石，以求得生育或求得婴孩平安成长。白族历史上崇拜巨石，至今仍残存巨石崇拜的遗俗。在剑川石宝山石窟的莲座上，供着一个形似女性生殖器的石头。每年石宝山会期间，久婚不育的妇女都要远道而来，焚香拜祭，祈求子嗣。南诏遗址太和村的一块巨石，人称女儿石，也是人们祈求生育的对象。云南永宁的摩梭人把泸沽湖西部的一处凹崖视为女性生殖器，向其乞子。四川木里县俄哑乡纳西族把阿布山岩穴的石坑视为女性生殖器，向其求子。丽江象山脚下的一座圆锥形大石曾被视为男根，当地白族妇女曾向此石乞子③。石神生殖崇拜源于石神司雨水的神性，是云雨与性、生殖沟通的产物，本质上仍属于水崇拜的范畴。

第二节　水与居住

水不仅是生命的源泉，亦是人类文明的摇篮。在约300万年的人类历史中，人类选择自然所迈出的第一步便是逐水草而居。正如美国人类学家拉尔夫·林顿在《文化树》一书中所指出的，早期城市都处于河谷和海滨地带，因为稠密的人口需要相当数量的剩余食物和运输的便利④。正是意识到了水对于人类生存和发展农业、运输等活动的重要性，古代民族或族群大都选择傍水、临水而居，在河流的冲积平原地区建立早期的农耕文明。尔后，无论是

---

① 何耀华《彝族的自然崇拜》，载宋恩常编《中国少数民族宗教》（初编），云南人民出版社1985年版。

② 廖明君《壮族石崇拜文化》，《广西民族研究》1999年第2期。

③ 向柏松著《中国水崇拜》，上海三联书店1999年版。

④ 王铭铭主编《西方人类学名著提要》，江西人民出版社2004年版。

由于战争因素、政治因素、经济因素、文化压制因素或是环境的恶化，使得一些民族或族群大规模迁徙、流动。其迁移、流动依然是循着由山脉和河流所构成的通道而进行的。

一、水与民族的迁徙

综观世界历史，凡具有悠久农业文明历史的地区，都曾发生过远古人群从河流上游及山地向下游冲积平原地区迁徙的历史过程。考古材料和历史文献记载表明，中国远古人群曾有过总体由西向东、由南向北的迁徙过程。而至冲积平原农耕文明中心产生以后，民族或族群迁徙的总体趋势便发生了变化，开始逐渐呈现由北而南、由东而西的迁徙趋势。“早期的古代民族或族群在江河上游必定会选择经由山脉和河谷构成的通道，向下游及冲积平原地区迁徙。同时，其中某些部分必定会受阻或滞留于某些山区，尤其是以高山峡谷地貌为主的复杂的地形过渡地带。而当冲积平原农耕文明中心产生之后，历史上，一些民族或族群主要因受到排斥或扩张的压力，也必定会选择经由山脉和河谷构成的通道，远避冲积平原，而向冲积平原边缘的地形过渡地带移动。并以这个地带的复杂地形，既作为屏障又作为通衢，而在其中长期栖息和流动，或迁移到他地。这一运动模式作用的结果，不仅形成民族或族群在中心与边缘带状分布的格局，而且，还使那些具有屏障和通衢双重性的地带，成为‘民族走廊’。”① 在一条民族走廊中，往往包含若干由山川构成的、纵横的天然通道和一些易于封闭的相对隔绝地带。民族走廊对于在其中活动的民族或族群而言，既有山水交通之便，亦有山水屏障之用；既可为迁徙、流动的通道，亦可为避居、封锁的庇护地，以求民族及其社会文化的自我保存。

在费孝通先生所提出的“藏彝走廊”“西北走廊”“南岭走廊”等的基础之上，李星星提出了“二纵三横”的“民族走廊”架构（“二纵”即“藏彝走廊”和“土家—苗瑶走廊”两条南北纵向的民族走廊；“三横”即“壮侗走廊”“阿尔泰走廊”“古氐羌走廊”三条东西横向的民族走廊），并描述了同一语族不同语支族群沿着不同走廊运动的大致迁徙路线②。

---

① 李星星《论“民族走廊”及“二纵三横”的格局》，《中华文化论坛》2005 年第 3 期。

② 以下关于“二纵三横”民族走廊的论述均摘录自李星星《论“民族走廊”及“二纵三横”的格局》，《中华文化论坛》2005 年第 3 期。

（一）藏彝走廊

藏彝走廊位于青藏高原东缘中国地势第三级台阶向第二级台阶过渡的地带上，呈西北—东南走向，以藏东川西北高原峡谷地区大体呈西北—东南走向的山川为其自然地理基础。该走廊北起甘青交界的西倾山南侧阿尼玛卿山至岷山一线，即青海果洛藏族自治州至甘肃甘南藏族自治州交界地区；南抵滇西高黎贡山、怒山及云岭南端，金沙江南侧至乌蒙山西侧一线，即云南腾冲、保山、永平、洱源、宾川、元谋一线；其西界沿巴颜喀拉山西侧，南抵横断山系西北伯舒拉岭、他念他翁山、芒康山之北端，即大体在青海鄂陵湖、玉树至西藏昌都、察隅一线；其东界由北而南自岷山东侧沿龙门山、邛崃山、大凉山外侧，直抵乌蒙山以西，即大体在甘南宕昌，四川平武、北川、九顶山、宝兴、天全、峨边、马边至云南昭通、会泽一线。

古藏缅语民族或族群从青藏高原借道藏彝走廊东进南下，主要有五条通道：其一，自青藏高原沿阿尼玛卿山（积石山）两侧，从黄河大拐弯处东进，从甘南洮河上游地区南进，入川西北草原地区。一部分在岷山西侧沿岷江上游南下，另一部分则从黄河南侧进入大渡河上游，并沿大渡河南下。这大体是羌语支族群所选的道路。其二，在青海玉树地区金沙江东侧及巴颜喀拉山南麓，东入雅砻江上游，再向雅砻江下游、金沙江流域，以及大渡河、安宁河流域运动。这大体是羌语支及部分彝语支族群所选的道路。其三，在青海巴颜喀拉山西侧，沿金沙江、澜沧江及两江之间的芒康山、云岭山麓，南出云南剑川、洱源地区，之后沿哀牢山、元江一线运动。这大体是彝语支族群所选的路线。其四，从青海与西藏交界的唐古拉山脉东段两侧，沿怒江、澜沧江上游及两江之间的他念他翁山、怒山山麓，南出云南保山、腾冲一带，再由腾冲往西，经缅甸之密支那进入独龙江流域，或从保山一带东进洱海地区，再入澜沧江下游和元江流域。这大体是缅语支和部分彝语支族群所选的路线。其五，在藏东沿雅鲁藏布江北侧、念青唐古拉山南侧，东入藏东南察隅地区，再顺察隅河可转入印度，并通过印缅边界一些山口入缅甸，沿缅甸钦敦江来到独龙江流域。这大体是缅语支所选的道路。

（二）土家—苗瑶走廊

土家—苗瑶走廊位于四川盆地东侧地势第二级台阶向第一级台阶过渡的地带上，呈东北—西南走向，以大体呈东北—西南走向的山川为其自然地理基础。该走廊北起巫山、长江一线；南抵乌江、沅江上游湘、黔、桂交界地区；南端接珠江上游北盘江、南盘江地区，即与“壮侗走廊”接触或交会。其东界在武陵山、雪峰山西北端一侧，大体在鄂西长阳、湘西慈利、隆回至桂北越城岭一线；其西界沿长江与乌江，大体在渝东南石柱、彭水至黔东北务川、思南，乃至黄平、都匀一线。

土家—苗瑶走廊主要有以下五条通道：其一，在长江巫山峡区借峡道南入走廊，北接大巴山及汉水中游地区，南经鄂西清江流域，入沅江和乌江流域。这大体是古土家语族群所选的路线。其二，从长江入清江，进入鄂西清江流域，并与沅江上游西水流域相汇，亦可转至乌江流域，向南入黔东北及黔东南。这大体是古土家语及部分苗语支族群所选的路线。土家语族群多走水路，苗语支族群则多择山路。其三，从长江溯乌江及其支流与沅江流域相接，由此南下入黔。这大体也是土家语及苗语支族群所选的路线。其四，从洞庭湖区溯沅江及武陵山道进入走廊，并溯沅江上游支流及两侧山道南下，抵黔东南苗岭及黔桂交界地区。这大体是古苗语支族群所选的道路。其五，从洞庭湖区于沅江东侧，沿雪峰山—越城岭—都庞岭—萌渚岭山麓，南下湘、桂、黔交界地带，并入桂东山区。这大体是古瑶语支族群所选的道路。

（三）壮侗走廊

壮侗走廊即费孝通先生所说的南岭走廊，位于东南珠江、闽江流域与长江流域分水岭地区，略呈东—西走向，以南岭一系列东北—西南走向的山脉及丘陵，以及大体呈西—东走向的珠江支流为其自然地理基础。该走廊东起闽南武夷山区，西迄珠江支流北盘江、南盘江上游地区，即黔、桂、滇交界地区，直抵乌蒙山；其北界在南岭北侧一线，其南界大约以北回归线为界。壮侗走廊中段北侧，即在长江流域与珠江流域分水的苗岭南麓一带，与土家—苗瑶走廊相交。西端延伸部分与藏彝走廊南端延伸部分相望。

古壮侗语民族或族群借壮侗走廊西进，主要有两条东西向的通道：其一，溯珠江而上，沿珠江支流红水河北侧向西，经苗岭南侧，入黔南、黔西及滇东地区。这大体是古侗水语支族群所选的路线。其二，沿红水河南侧及郁江往西，经左江、右江流域，入越南及滇东。这大体是古壮傣语支族群所选的路线。

（四）阿尔泰走廊

阿尔泰走廊位于长城以北，呈东—西走向，以平阔的蒙古高原及草原、沙漠为其自然地理基础。该走廊东起东北大兴安岭及辽河上游一线；西迄西北阿尔泰山及天山西端一线；其南界在燕山、阴山、河西走廊北侧至塔里木河一线；其北界在额尔古纳河、贝加尔湖南侧至阿尔泰山一线。阿尔泰走廊大体相当于费孝通先生所指的西北走廊。

阿尔泰走廊至少有两条东—西向的大道，或分南北两路：其一，亦即北路。其东端，越大兴安岭，可进入东北松嫩平原，或沿小兴安岭进入三江（黑龙江、松花江、乌苏里江）平原，并转入俄罗斯西部滨海地区。其西端，沿天山北侧，以及沿阿尔泰山南侧，可分两路西出，经哈萨克丘陵，通往西伯利亚及东欧平原。其二，亦即南路。其东端，从大兴安岭南侧及辽河上游地区向东，可入东北辽河平原，并直至长白山区和朝鲜半岛。其西端，沿天山南侧，可西出帕米尔山口，再沿兴都库什山两侧，往东南入印度河流域，往西南入伊朗高原，直至西亚。或者，在兴都库什山北侧顺锡尔河、阿姆河，经里海、咸海都拉平原，可西进东欧平原及黑海沿岸。阿尔泰走廊历史上主要为阿尔泰语系突厥语族、蒙古语族、通古斯语族各族群东西运动的地域。

（五）古氐羌走廊

古氐羌走廊位于长江、黄河流域分野的秦岭地区，呈西北—东南走向，以东西走向的秦岭山脉及渭河、汉水等河流为其自然地理基础。该走廊西起岷山北麓洮河、渭河上游及白龙江流域、汉水上游地区，亦即甘肃临夏、甘南和陇西地区，略偏甘肃岷县、陇西一线；东迄秦岭、大巴山东端，略在陕西商南至湖北武当、房县一线；其北界沿渭河一线，南界在大巴山脉南侧一线。古氐羌走廊西端与藏彝走廊北端大体衔接，并部分重合，因而亦为藏缅语族尤其是其中的古氐羌族群所取的东进路线。其西端延伸部分接青海河湟地区及河西走廊，并由此遥接阿尔泰走廊西段。其东南端则与土家—苗瑶走廊衔接。

古氐羌走廊主要通道有三：其一，于渭河上游地带西接河西走廊，东沿渭河进入关中平原。这大体为古羌族群东进路线。其二，在洮、岷地区，西接河湟及祁连山南麓；东取岷山—米仓山—大巴山—巫山山麓，或取汉水上游河谷通道，可东入长江、汉水下游地区即江汉平原；其东南端接土家—苗瑶走廊。这大体为古氐、羌族群运动路线。土家族部分先民即取此道进入土家—苗瑶走廊。其三，沿岷山北麓东入或从渭河流域经陇南南下，至白龙江、西汉水流域及嘉陵江上游地区；再向东即接大巴山、汉水通道；向南则与藏彝走廊东界部分重合，即沿龙门山东侧，接四川盆地西北部边缘地带。这大体为氐人族群运动路线。

从以上对民族走廊的论述中可以看出，几乎所有的民族或族群都是沿着大江、大河、河谷或山谷地带迁徙流转的。除了考古材料和文献资料的佐证，很多少数民族的口头传说和谱牒、巫经等文献记录，都表明其祖先曾跋山涉水，历尽千辛万苦迁徙到现在的居住地。例如，据水族的传说，他们的祖先最初居住在广西，三个兄弟分别迁徙，大哥溯江（红水河）而上，三弟顺清水江而下，老二渡红水河经广西南丹至贵州荔波县，尔后又迁至三都。又如，傣族创世史诗《巴塔麻嘎捧尚罗·迁徙篇》中讲述了傣族先民在两位女王的带领下，历尽千辛万苦寻找适合生存的地方。文中多次提到“沿着河边走，顺着水流行”，并且要寻找的地方一定是大平坝，为水多地肥、适合稻谷生长的地方。刀国栋在《傣族历史与文化漫谈》中也曾谈到傣族原来居住在三江并流的地方。这三江分别称为“喃咪赛罕”“喃咪兰掌”“喃恐”，人们将其统称为“喃三咪”，即“三江水”。后来因这三江并流的地方山大坡陡，随着人口的繁衍，生活逐渐困难，他们才慢慢地往下游迁徙，最后定居在三江流域的中部和南部地区①。德宏傣族认为他们的祖先为寻找更好的生存空间，沿怒江而下，来到了美丽的德宏。直到今天，德宏傣族在新居落成后，还要举行一个独特的迁居仪式。新房的主人事先邀请村寨中德高望重的老人与和尚到新房“做堂”、诵经，以图吉利。老人们进入新房后，马上将门关起。这时，新房的男主人身披蓑衣，头戴棕叶做的帽子，挎着砍刀，带领全家老小，抱着被褥，挑着水桶，抬着家具，蹲候在紧闭的新房门外，请求屋里的老人准许他们进入新房。男主人叩门询问：“尊敬的大爹在家吗?”老人反问：“你们来自何处?”男主人答：“我们来自很远的地方，就是那怒江上游，美丽的酸芭蕉寨，不知绕过了多少森林、翻过了多少高山、走过了多少村镇，我们想在这里歇脚安身，种田种地讨生活。”问答结束后，老人打开房门，欢迎其迁入新居②。这一问一答，反映出傣族的祖先为了寻求更好的耕作环境，曾沿着河流迁徙流转，最终定居在美丽富饶的德宏平坝中。

二、水与聚落选址

聚落是建立在特定自然地理环境基础之上，融物质设施与精神观念为一

① 刀国栋著《傣族历史与文化漫谈》，云南民族出版社 1992 年版。

② 《民族问题五种丛书》云南省编辑委员会编《德宏傣族社会历史调查》（三），云南民族出版社 1987 年版。

体的人造环境系统，是由人群、住所、公共场所等诸多要素组合在一起的地域共同体。聚落位置的选择是聚落生活中的一件大事，与聚落的生存和兴衰息息相关，因而历来受到人们的重视。数千年来，人们倚赖于神秘的风水意识和观念，追求着理想的居住环境，注重与自然和谐相处。“风水”一词，出自晋代郭璞的《葬经》，其风水定义为：“气乘风则散，界水则止。古人聚之使不散，行之使有止，故谓之风水。风水之法，得水为上，藏风次之。”在古人看来，风水直接影响着族群或家族的兴旺和发达，因此在选择聚落或居所的基址时首先要考虑风水问题。风水术（亦称堪舆术）是产生于封建时代的一种相地术，限于当时的历史条件而渗入了一些迷信的色彩，但其同时折射出古人“天人合一”、与自然有机结合的朴素唯物观念和宇宙哲学。在中国哲学中，“气”是构成自然万物的基本要素，重浊的气属阴，轻清的气属阳，阴阳结合则生成宇宙万物。民间风水师在选择聚落或居室位置时，往往认为蕴藏山水之气的地方最为理想。他们首先注意环境中各种要素的相互关系，为了达到“聚气”的目的，提出要素组合的理想状态为：山峦要由远及近构成环绕的空间（因环绕的空间能使风停留、包含着气）；在限定的范围内，要有流动的水（表明气的运动）；同时强调环绕区与外部环境的临界处应较为狭窄，以利于藏气和防护[①]。因此，“山环水抱必有气”，“前要照（以水为照）、后要靠（以山为靠）”，“山水聚合、藏风得水、负阴抱阳、背山面水”等便成了风水理论中选择理想的聚落或居室位置时必须讲究和遵循的重要原则。一块风水宝地往往背山面水，地势北高南低，以山为依托，主山左右两侧呈环抱状，合抱平旷之地，呈背阴向阳的内敛型盆地或台地。且盆地或台地前要有水流，较远处有山作为屏障，由外部进入这一盆地或谷地的狭窄水道为水口。现代地理学的研究表明，这样的地形中存在着“卡拉奇风效应”，即气流上山在迎风坡凝结为云雨，后在背风坡下沉造成的一种增温减湿现象。这样的地理条件易于形成微气候，从而为居住者创造良好的生态环境。

我国西部地区自然环境复杂、民族众多、文化多元，各民族在适应特定地域自然地理环境和本民族传统生产、生活方式的过程中，依据对居住地的地形、地貌、水流和方位等的认知，形成了独特的聚落风水观和丰富多彩的聚落形态。在聚落选址上，由于受到汉族风水观念的影响，一些少数民族同

---

① 梁雪《从聚落选址看中国人的风水观》，《新建筑》1988 年第 4 期。

样讲求“负阴抱阳、背山面水”，而水在其中更是成了不可或缺的重要元素。

在西南地区，同源于古代百越民族的傣族、侗族、壮族、水族、布依族、毛南族和仡佬族等少数民族，由于百越先民悠久的稻作历史和稻作取食模式而使其对水产生了崇敬与依赖，他们对生存环境中水的选择与偏爱便成为族群的集体记忆和遗传因子中的重要部分，集中体现于聚落选址和布局中的亲水、崇水情结。傣族秉承其祖先越人的居住特征，大都滨水、临水而居。不论是大的聚居区还是分散的小聚居区，其居住地带均有河流流经。这些地区水源充足，便于水稻的种植和灌溉。在长期的生产生活实践中，傣族人民将水与土地、森林、粮食和生命等联系起来，形成了一系列对水的重要性的特殊认识。诚如傣族谚语所云，“建寨要有林和箐，建勐要有河与沟”，“树美需有叶，地肥需有水”，“先有水沟后有田”。人们认为人与自然的关系是和谐共处的关系，有了森林才会有水，有了水才会有田地，有了田地才会有粮食，而有了粮食才会有人的生命。正是基于这样的认识，傣族选择寨址时首先要考虑三个条件：一是要有水源；二是要有山林，因为有了山林的涵养，水源才能长流不涸；三是要有可以开垦良田的平坝[①]。“林—水—田—粮—人”形成了一个相互依存、相互影响的生态体系。傣族村寨不可或缺的几大要素：一是位于村寨周围丘陵和山地上的“竜林”，为村寨保护神的居所，护佑着村寨的平安；二是位于村寨左右两侧的坟林，为人们过世后的安息之所和祖先灵魂的居住之地；三是位于村寨入口或寨中地势较高处的佛寺；四是各家各户的竹楼和庭院周围的花木和竹林；五是位于寨脚的大片水田。

侗族同样继承了百越先民“非有城郭邑里也，处溪谷之间，篁竹之中”，“山行而水处”的聚落选址传统，在依山傍水的河谷地带聚族而居。侗族村寨聚落的位置选择和形态布局充分体现了侗族人民对水的珍惜崇敬之情、对水资源的有效利用和对水环境的精心创造。与侗寨相关的水环境大致可以分为三类：一是线性、流动的溪流，通常为村寨发展的脉络；二是面状、静止的堰塘，常为村寨中的重要组成部分；三是呈点状分布的泉井，乃是村寨的重要水源。复杂多变的地形造就了侗寨与溪流的和谐关系，大致可分为“环”“穿”“过”三种基本形式。环式村寨指村寨建立在曲水三面围合的半岛上。其村落布局特点是村寨周边三个方向临水，生活、生产取水、排水便捷。水

① 刀国栋著《傣族历史文化漫谈》，云南民族出版社 1992 年版。

岸限定了村寨的空间范围，溪流使村寨与外界有一定的防范距离。穿式村寨指溪流穿寨而过，房屋沿溪岸修建，两岸由小型风雨桥连接，一般还辅以数座独木桥。溪流在穿式村寨中起到了两重作用：一方面，溪流将村寨分割，使临水界面增加，用水更为方便；另一方面，溪流是村寨发展的脉络，房屋可沿两岸延伸，桥的联系则使村寨布局仍能保持一定的内聚性。过式村寨建于流量甚大、水面较宽的河流一边的缓坡上，背山面水。房屋朝向河流，幢幢相邻，呈线状布局。由于河流较宽，不便架桥，多以舟楫为渡。全寨沿岸常设数个寨门，有的以风水古树为门。侗寨水环境的另一特色是堰塘穿插于房屋之间。塘内养鱼，既调节了小气候，又方便了生活。散落寨中的堰塘使房屋保持了一定的间距，有助于采光通风，火灾时亦能提供消防用水。侗族的饮用水和部分生活用水多取自井水和泉水，丰富的地下水源使侗乡拥有许多历史悠久的泉井。例如，贵州从江县贯洞村有一口约400年历史的“牛头井”，泉水从石雕的牛嘴中喷涌而出，为全村人提供饮用水。泉井边通常有池塘或小溪，以供泉水的溢排和蓄积。一村数井在侗寨较为常见，人们还专门修建木构四柱双坡的井亭，对泉井加以保护。这也是侗族水文化的一种表现形式①。

水乃生命之源，西北地区气候干旱、水资源匮乏的客观环境使人们对水更为珍视。在有水资源可利用的地方，人们都喜欢近水而居。甘肃、青海、新疆游牧区的藏族、蒙古族、裕固族、哈萨克族、柯尔克孜族、乌孜别克族等民族为了适应草原生态环境，选择了“逐水草而居”的迁徙型生计方式。在四处是沙漠戈壁的新疆地区，维吾尔族人民利用天山融雪水汇聚成的河、沟、湖以及人造的“坎儿井”引水灌溉，发展绿洲农业。在聚落位置选择和庭院建设中，维吾尔族人民很重视周边地区的水资源条件。新疆绿洲中民居的最佳形态是位于向阳的缓坡地带，前有农田，后靠北山，周围有溪水流过。朝阳之势，便于获得良好的日照；缓坡之地，既可避免洪水之灾，又可使聚落中的人们获得开阔的视野；村前农田，提供了定居生活最为重要的生产资料；背靠山峦，可以阻挡强劲的季风；流水经过，既有利于享受夏日拂过水面的凉风，又便于人畜饮水和农田灌溉；庭院内外的树木植被，既可涵养水源、保持水土，还可获得部分薪柴。蒙古族牧民落居选址时，多喜择山之南

---

① 朱馥艺《侗族建筑与水》，《华中建筑》1996年第1期。

水之北，即居山临水之地。哈萨克族在确定毡房搭建点时，强调“先选择草场，后考虑住房”，“在山坡上扎毡房，把山坡下当草场”。宁夏西海固地区丘陵起伏、沟壑纵横，当地人在村落选址和房舍修建方面，倾向于选择背靠西山或北山能够挡风采光的地带或西面山峰环围的向阳地带。这恰与汉族民间风水学说中“背山面水”的居住观念不谋而合。西北地区不仅水资源匮乏，而且水系年际流量及降雨季节分配不均。在雨量丰沛的季节，人们的家园常常遭受洪水威胁，因此，人们禁忌将聚落建立在近河地段或易发洪水的峡谷地带。聚落选址，既要便于用水，又要不易受河流决堤、洪水泛滥之害。喜水而近，惧水而远，因地制宜地合理选择聚落位置。这些都是各民族在长期适应自然环境的实践中所积累的朴素知识和经验，其要旨在于营造人与自然和谐共生的人居环境①。

三、水与民居建筑

作为人类历史上出现最早的建筑类型，民居的产生与发展是自然、社会、经济和文化等因素综合影响的结果。由于地理环境、气候条件、建筑材料、构造技术、民情风俗、生活习惯等多种因素的差异，不同地区、不同民族的民居逐渐形成了独特的建造风格。但从功能要求上看，民居建筑大都遵循天人合一的理念。正是因为充分认识到了水元素在生产、生活、交通和防卫等方面的重要作用，各民族传统民居的营造在聚落选址、总体布局、室内外环境设计上都体现出喜水、亲水、崇水的环境观念和生态意识。与此同时，在建筑材料的选择和建造技术与方法的采用上，亦考虑到了雨水泄流、防潮御洪的功用。

（一）水与西南民居建筑

所谓“南越巢居，北朔穴居”，由于居住地自然地理环境的差异，造成了“巢居”与“穴居”这两种南北迥然不同的建筑模式。聚居于我国西南部云南、贵州、广西等省区的傣族、壮族、侗族、布依族、仡佬族、景颇族、哈尼族、佤族、苗族、瑶族等少数民族，为了适应当地湿热多雨的气候，主要使用干栏式民居。“干栏”一词是壮泰民族语言的音译，“干”的意思是崖洞、空洞，“栏”是房子，“干栏”意为悬空的房子。其雏形为原始的巢居形

① 马宗保、马晓琴《人居空间与自然环境的和谐共生——西北少数民族聚落生态文化浅析》，《黑龙江民族丛刊》2007 年第 4 期。

式。干栏式建筑渊源于古老的百越文化，是古老的越人为了适应居住的地理环境而创造出来的。考古发现证明，越人当时居住在河网密布的地区，地势低洼潮湿，洪泛频繁且虫蛇猛兽众多。为了免遭瘴疠、湿气的侵袭和毒蛇虫兽的攻击，同时为了防止洪水涌入房屋，人们创造出了这种高高架起的房屋。有关干栏式建筑的功用，历史文献中已有不少记载。如《魏书·僚传》载："僚人，依树积木，以居其上，名曰干栏，干栏大小，随其家口人数。"《新唐书·南平僚传》中载："土气多瘴疠，山有毒草及沙虱、蝮蛇，人并楼居，登梯而上，号曰干栏。"可见，干栏式建筑产生的主要原因与水密切相关，其建筑形式和特点亦充分体现出防潮、抗洪的功能。

傣族传统的干栏式民居——竹楼底层架空高度约为两米，不仅有利于通风散热、防潮除湿，可有效保持房屋的干燥，而且将房屋高高架离地面，还具有防洪抗洪的卓越功效。傣族大多聚居于热带、亚热带坝区，这些地区每年雨量集中，常遇洪水泛滥。竹楼底层架空，使得较小的洪水无法淹及楼上，而底层无墙不仅避免了水淹墙倒的情况发生，而且有利于洪水通过，从而降低了危险性。竹楼的建筑材料主要是竹木混合，楼上有开敞通风的前廊和晒台。而竹楼屋面的覆盖材料，无论是早期的草排（用当地生长的茅草编制而成）还是后期常用的方形缅瓦，均如竹子的缝隙一样，具有良好的透气性，利于散热通风。竹楼的屋顶为人字形木架构造，屋脊较短，屋面坡度较陡，四坡坡度基本相等且坡面近似方形，下有披屋面（偏厦），呈重檐式。这样的屋顶不仅便于雨水泄流，而且具有很好的遮阳作用。可以说，竹楼是水居民族的智慧结晶，是人们适应潮湿多雨居住环境的产物。

"干"的原意是指用树枝、木桩等障碍物来设围。"干栏"是侗族宅居古时的称谓，在经历了漫长的历史进程后，现已形成其特有的吊脚楼式干栏民居。这种吊脚楼式干栏，如果房址所处的地面高度基本在同一水平面上，便采用底层全部架空的形式；如果是在山坡上或者河岸边，因基址地面不在同一水平面上，则采用吊脚楼形式，凌空的部分用木桩来支撑。侗族的吊脚楼多采用杉木搭建，通常有两三层，两端有偏厦，四面逐层悬挑，呈现出下小上大的外观形态。由于侗族聚居地区多为山区且气候多雨潮湿，为防湿气、毒蛇虫兽的侵袭，底层多架空不住人，只用来饲养家禽，安置柴草，放置农具和重物等。二层为主体使用层，是侗家人饮食起居之所，由堂屋、宽廊、卧室等构成。内设卧室，外人一般不可入内。卧室的外面是堂屋，设有火塘，既是全家人炊饮、烤火取暖和休息的地方，也是接人待客的场所。堂屋的另一侧是与其相连的宽宽的走廊，廊外设有半人高的栏杆，内置一大排长凳，家人常于此休息。这里也是侗家女儿们梳妆打扮的地方。第三层也就是阁楼层，比较宽敞且透风干燥，主要贮存粮食或堆放杂物，有些人家还会再做分割布置，隔出一两间做儿女的居室。侗族这种独特的吊脚楼式的民居，不但适应了当地温湿多雨的气候和山区起伏变化的地理环境，而且外形也十分美观大方。

侗族有句俗话“有寨必有鼓楼，有河必有风雨桥”。鼓楼是侗族村寨的标志和象征，是侗族民居建筑中极具代表性的公共建筑。侗家人在建寨子前会先建好鼓楼或者先确定鼓楼的位置，然后在其周围各建居宅。鼓楼造型丰富多样，有组合式、密檐塔楼式、门阙式、厅堂阁楼式等，其中以密檐塔楼式最为常见。鼓楼由阁底、塔身、亭顶三部分组成，阁底属实用性部分，是供人们使用的主要场所，一般为空透性的四方形空间，少数为六边形，中间设有圆形的大火塘，四周放置着宽大而结实的长木凳，供人们歇坐，可容纳百余人。处于中部的塔身部分为装饰性楼层，多重檐结构，气势恢宏。而在瓦面及封檐板上栩栩如生的花鸟鱼虫、飞禽走兽等彩绘，以及亭顶的葫芦状宝顶等象征物，正是人们崇水、亲水情结的直接表达。鼓楼在侗族民众生活中占有极其重要的地位，是村寨的公共活动中心，侗家人从习俗礼仪、娱乐社交到要事议定、制订款约等都离不开鼓楼。遇有大事、要事，便派人登上楼顶的小阁敲打皮鼓，召集人们在鼓楼聚集，共同商议决定。此外，凡是全寨性的祭祀活动或时令节庆时，全族的男女老少都聚集到鼓楼里，男女歌队对唱“大歌”，在鼓楼前的坪场上吹奏芦笙，欢歌起舞。

风雨桥是可与鼓楼相媲美的侗族建筑，是侗族民居建筑中具有强烈的地域特征和民族文化特色的又一公共建筑。由于侗寨多建在依山傍水之地，桥便成为侗家人必需而又十分常见的交通通道。风雨桥也被侗家人称为“花桥”，是一种集桥、廊、亭三者为一体的桥梁建筑。其多取材于当地盛产的杉木。风雨桥从结构上可以分为亭阁式和鼓楼式两种。亭阁式风雨桥在侗族地区较为常见，如贵州肇兴地区的侗寨多为此造型结构的风雨桥。在比较宽阔的河面上或是与寨门合二为一的风雨桥，往往会在大桥长廊上加盖三至五层的四檐四角或六檐六角的鼓楼式建筑，形成壮观的鼓楼式花桥。比如闻名遐迩的广西三江侗族自治县的程阳桥。风雨桥的桥墩采用的是重数百斤至数吨不等的青条石，从河底垒成石墩台。桥墩通常为六面石柱体，使上下游的水流方向均呈铁犁头形的分水角，从而大大减少洪水对桥体的冲击力。桥的顶部以及飞檐上装饰着飞龙、吉祥鸟、葫芦串等图腾物，是侗族水文化和水崇拜的又一表征。风雨桥不仅具有重要的交通通道的作用，同时也是侗家人遮阳避雨、休息纳凉和娱乐社交的重要场所①。

（二）水与西北民居建筑

为了适应西北地区干旱少雨的自然环境条件，在同大自然的长期斗争中，维吾尔族、哈萨克族、柯尔克孜族、乌孜别克族、藏族、蒙古族、裕固族等民族根据当地特殊的地理环境，创造出不同风格的民居建筑，而水资源始终是影响聚落分布和民居形态的重要因素。

在新疆地区，有水源的地方才有绿洲，有绿洲的地方才有聚落。荒漠中的水源有两类形态：一类是呈线状的河流，另一类是呈点（面）状的泉、井和湖泊。相应地，坐落于绿洲上的聚落有两类分布形式：其一为带状分布，即线状河流出山后沿岸形成的各绿洲如串珠般毗邻，延伸成带。有的沿各条河流的山前冲洪积扇发育成巨型横向绿洲带，有的沿河流方向发育成纵向绿洲带。其二为散点状分布，点状水系形成的绿洲呈散点状分布②。在民居的建筑形态上，为了适应干旱少雨、夏热冬寒的温带荒漠性气候，总体要求是需具有较好的抗暑防寒性能。由于新疆地域辽阔，南北疆气候存在明显差异，显现在民居构造上，环境因素被放大了许多。如在阿勒泰、伊犁等富山林地区有木构井干式民居，在吐鲁番地区多为土筑土拱式民居，而和田等地则多为土木混合的“阿以旺”（意为“明亮的处所”）式民居。就建筑材料而言，就地取材的生土成了首选。生土为未焙烧的土壤，具有良好的生态性能。其一，生土不易生虫蚁，且具有吸湿作用，可调节室内湿度，提高居室的舒适度。其二，生土材料热稳定性好，有出色的蓄热与隔热性能。生土具有较强的蓄热性，可保证房屋冬暖夏凉。生土反射的浅色光可提高对日光的反射率，降低热辐射，起到隔热保温作用。其三，生土材料重复利用率高，使用耐久。生土建筑拆除后能回收再生，亦可作为改良农田土壤的肥料施用。其四，生土材料对环境影响较小。在维吾尔族民居建筑中，生土的构筑有直接掏挖生

① 夏斐、唐文《侗族民居建筑特色及其文化内涵探析》，《艺术探索》2009 年第 2 期。

② 岳邦瑞、李玥宏、王军《水资源约束下的绿洲乡土聚落形态特征研究》，《干旱区资源与环境》2011 年第 10 期。

土层、生土夯实或用土坯砌筑房屋等技法。保存至今的吐鲁番交河、高昌故城遗址便是生土建筑的范例。现今在吐鲁番常见的土拱式民居亦是这几种建筑技法的集中体现：用于抵御炎热的地下室或半地下室是对生土层的直接挖掘；而民居的外墙和院墙则采用生土夯筑，即筑墙时以木板夹持在墙两边，中间填土夯实后再将木板撤去；其余墙体与土拱则以生土坯砌制。土坯以生土为原料，根据不同的木模脱制成大小、长短、薄厚不一的土块。按需垒放叠压形成土墙。土块不同的码放顺序可呈现出错落有致的图案，构成生土文化独有的建筑艺术特色。在民居布局中，如何蓄水、护水和取水成了人们首先考虑的重要因素。院落中没有水，维吾尔族便想方设法开渠挖沟引入渠水，让奔流不息的溪水连接大大小小的院落。同时，在院落构成上多采用最大化接触水系的“窄院落”和“亭空间”，街道空间亦突出亲水性的取水口。穿院而过的渠水赋予质朴厚重的院墙以灵性与生机，构成了维吾尔族民居中独特的景观文化①。

甘青牧区的藏族、蒙古族、裕固族、哈萨克族、达斡尔族、柯尔克孜族、乌孜别克族等民族为了适应草原生态环境和“逐水草而居”的生计方式，民居形式通常为简便的“帐房”（亦称帐篷）和“冬窝子”（亦称冬居）。帐房是纯牧区牧民春秋季游牧时的住所。每年 6 月春季来临之时，牧民们赶着熬过漫长冬季的牛羊一起离开冬季的驻牧地，开始“逐水草而居”的游牧生活，寻找丰美的草场放牧。为适应这种流动性的生产、生活方式，牧民的民居便形成了既简单轻便又容易拆迁的活动住所——帐房。以青藏高原和甘南的藏族为例，帐房通常建在近水源处的向阳避风坡地上，分为布帐房和牛毛帐房两种，两者在结构、造型和功能上并无太大差别，只是布帐房稍小、较轻便，且更富有装饰性。牛毛帐房的使用最为普遍，其以牦牛毛织成的毡子拼缝而成，厚 2—3 毫米，可以撑张、收卷，面积 20—40 平方米不等，略呈长方形。帐房内部用两根木杆支撑出房顶，高 2—3 米，外部四周低于帐顶，分上下两层用几十条牛毛绳用力向四周拉张，再将牛毛绳牢牢拴在固定于帐房四周的木橛子上。为了防止冷风或雨水进入帐房，帐内底部四周用石头和草、泥巴砌成一道 30—40 厘米高的矮墙。帐房内陈设简单，地面中央设灶，灶旁铺牛、羊皮隔潮并供坐卧休息，顺矮墙依次摆放食品、燃料、杂物等。帐房朝

① 朱贺琴《维吾尔族民居建筑中的文化生态》，《新疆社会科学》2010 年第 2 期。

阳的一面开有一扇毡子小门供牧民进出，为解决采光和排烟问题，帐顶设有活动的天窗，根据需要移动毡片开、闭天窗。作为一种民居形式，帐房易建易拆，便于移动，而且遇暴风和雨雪不漏、不卷、不裂，结实耐用，可谓是游牧民族在严酷的自然环境下，为适应生产生活而创造的一种独具风格的移动住宅。冬窝子是纯牧区牧民冬季放牧时的住所。每年 9、10 月份冬季来临时，牧民们便收卷起帐房，打点行装，赶着牛羊来到冬季驻牧地——冬窝子。冬窝子的选址与帐房一样，都是在草场好、近水源、向阳避风的山间坡地或平地上。建筑在坡地上的冬窝子一般为保暖性较好的半地穴式建筑，先将坡地斜面挖出一块较为平整的地面和一面山墙，其他三面山墙用黄泥掺以树枝和草夯筑而成。向阳的一面山墙上开设有门，其他两面山墙上开设有小窗。房顶搭椽子，覆以树枝、劈柴、灌木、麦草等，再用胶泥抹平，保温效果极好。为适应多雨雪的气候，屋顶有一定的倾斜度。内部陈设与帐房无异，只是有的冬窝子被间隔为二或三个房间，正房设有连锅炕，灶周围铺牛羊皮隔潮后亦可当床，是家人吃饭、睡觉、会客和休息的地方。侧房则多作为储藏室堆放燃料、杂物、草料及牧业用具等，整体布置简单而紧凑①。

第三节　水与生计

水不仅是农业生产的命脉，同时也是人们日常生活中必不可少的重要资源。西部各民族在长期适应所处自然环境的过程中，充分利用海洋、江河、溪流、湖泊等水环境来获取自身所需的生存资料，积累了丰富的利用水的知识和经验，掌握了大量利用水的方法和技能。这些知识、经验、方法和技能构成了各民族水文化的重要组成部分，并在现实生活中不断得以传承和发展。

一、海洋与生计

在北部湾畔的广西壮族自治区东兴市江平镇，坐落着巫头、山心和沥尾三个海岛渔村，以京族为主体的少数民族世代在此聚居、繁衍。这三个海岛由此亦被称为“京族三岛”。这里有优良的亚热带海洋自然环境和丰富的海产资源，为海洋文化和民间习俗的形成与发展创造了客观条件，使京族成为我

① 桑吉才让《甘南藏族民居建筑述略》，《西北民族学院学报》（哲学社会科学版）1999 年第 4 期。

国少有的以海洋渔业经济为主的少数民族。

（一）以浅海捕捞为主的渔业生产

京族在长期的浅海生产过程中，积淀了丰富的海洋文化，形成了以浅海渔业捕捞为主的生产方式。过去，由于生产技术比较落后，京族先民长期采取浅海捕捞和杂海渔业的原始谋生方式。浅海捕捞主要使用拉网、塞网、鲎网、渔箔、鱼笼等传统捕捞工具，杂海渔业则以较为原始的竹筏、麻网、鱼钩、鱼叉、蟹耙等工具从事简单的近海作业。由于各地所处的地理条件不同，从事的渔业作业也有所区别：沥尾主要以拉网捕鱼，山心主要以渔箔捕鱼，巫头主要以渔箔和塞网捕鱼。恒望、红坎、潭吉、竹山等地也有渔箔、拉网、塞网、鲎网等。除此之外，各村京族挖沙虫、扒螺、拾贝等杂海作业也较为普遍。拉网有大、小两种，大的拉网需四五十人操网，小的也要二三十人操网。大拉网高八九尺、长百余丈，整幅网身由六张缯网缀连而成，网眼细密。拉大网是京族最具特色的群体性操作渔业生产方式，充分体现了该民族的团结互助和同心协力。其操作程序大致为：探察海域，观测鱼情，选择作业地点；以竹筏或小艇将渔网徐徐放下，自滩边向海面围成一个半月形的大包围圈；分两组，各执网纲一头，合力向滩岸拉收；两组人一边拉一边徐徐靠拢，直到网尽起鱼。京族人海上渔业经验十分丰富，对于潮水的变化和鱼群洄游规律也了如指掌。渔民称每次潮期的第一天的涨潮为“一眼子”或“一眼水”。每月都有两个潮期，每个潮期均为十五天，每个潮期的前八天为涨水期，后七天为落水期。京族人总是按照潮水涨和落的规律来安排渔业作业[①]。

京族过去的渔业生产，绝大多数都是几家或十几家合伙互助经营，拉网、塞网、鲎网等生产工具均是共同占有和共同使用的，只有少数渔业生产项目由单户开展作业。京族人在共同的生产劳动中，逐渐形成了一种特殊的劳动组织。该组织设有一个“头人”，称作“网头”。网头以下的劳动成员称作“网丁”。网头由网丁民主推举产生，通常为劳动力强、渔业生产经验丰富，且捕鱼技术较全面的老渔民。网头的主要职责是组织和安排网丁进行渔业生产，负责承租和添置渔网，并指定网丁保管渔网。此外，还负责主持渔业生产中所举行的宗教仪式等等。在共同劳动中，网头起着带头和领导的作用；而在产品分配时，网头和网丁平等地分享劳动所得，并不享有其他特权。在

① 任才茂《京族海洋民俗探论》，《贺州学院学报》2012 年第 1 期。

日常生活中，网丁若发生意外事故或生活困难，大家都会互相帮忙，共渡难关。网丁若要退出组织也可领出股金，不受限制。除了庆祝本民族的重大节日——哈节外，每年农历腊月二十日至二十八日，渔业互助组织的网头还要率领同伙作业的网丁拜神，隆重举行“做年晚福”的仪式，祈求海公、海婆保佑来年出海平安，收获丰足。到了正月初一这天，大家宰猪饮酒，欢聚一堂。京族人称之为“还愿”①。

（二）以鱼类加工和制盐为主的手工业

京岛附近海域水藻丰富，是天然的鱼类产卵区和培育场，滨海鱼类品种繁多，因此鱼类加工业较为发达，其中尤以制鱼汁和晒咸鱼最为普遍。“鲶汁”“米壹丝”和“风吹米壹”是京族最有特色的美食。鲶汁是用小鱼腌制而成的上等蘸汁。山心村的鲶汁产量最丰，素有“鲶汁之乡”的美称。用米壹丝（干米粉）炒海螺肉、蟹肉或煮成米壹丝螺肉汤，嫩滑爽口，风味独特。京族人腌制晒干的咸鱼、鱿鱼、墨鱼、沙虫、虾米等海产品，不仅可加工成日常食用的美味可口的菜肴，也可加工成重大节日和喜庆活动必不可少的佳肴。

京族三岛一带海盐资源丰富，除了渔业和鱼类加工，京族也从事盐业生产。盐业分为晒生盐和煮熟盐两种，其中生盐的产量较多，居主要地位。生盐晒制主要以户为单位，以水车和风车为主要工具。晒生盐在盐田中进行，制作时把海水引进“水塘”，经“沙幅”到“石田”，最后晒成生盐。京族过去熟盐生产十分普遍，家家户户都会煮，尤以山心、巫头二地更为突出。生产工具有盐耙、水推、沙耙、沙压等。除沙耙的齿用铁制作外，其他工具全是用木头制作的②。所谓“靠山吃山，靠海吃海”，无论是浅海捕捞、海产品加工，还是海水养殖抑或是制盐业，都是京族人应对独特的海洋生态环境所形成的生存策略和生计选择。

二、水与稻作

稻作农耕作为前工业社会人类食物生产方式的一种，是人类对特定的自然环境和自然资源适应的结果，是具体由生态环境要素、社会文化要素、技

---

① 廖国一《东兴京族海洋文化资源开发——环北部湾地区边境旅游研究系列论文之一》，《西南民族大学学报》（人文社科版）2005 年第 1 期。

② 廖国一《东兴京族海洋文化资源开发——环北部湾地区边境旅游研究系列论文之一》，《西南民族大学学报》（人文社科版）2005 年第 1 期。

术要素等诸多要素构成的一个有机的系统。我国西部地区地域辽阔、气候类型多样，地势结构和气候特征的不同加剧了南北地表热量和水分组合的差异，形成了南北各类植物不同的生长环境。在垂直方向上，复杂的山原地貌又使每一个局部区域与多种气候类型相结合，构成土地利用和农业生产的多样性和复杂性，形成了“立体农业”的环境条件①。依据不同的地形地势和气候条件，我国西部地区的水田稻作大致可以分为坝区稻作和梯田稻作两大类别。

（一）水与坝区稻作

西部峰峦叠嶂的群山之中，星罗棋布地散落着因地壳运动形成的各种断陷盆地，俗称坝子。这些海拔高低不等、面积大小不一的坝子，地势较低，土壤肥沃，土层深厚，灌溉便利。多属于亚热带季风气候类型，长夏无冬，雨量充沛，年降雨量一般在1000—1700毫米之间，全年无四季之分，只有明显的干季和湿季。优越的自然条件，为水稻、热带和亚热带作物的栽培创造了理想的环境②。特殊的生态环境和气候条件，有利于各民族的先民把普通的野生稻驯化为人工栽培稻，并逐渐形成了以稻作农业为本源的生计模式。汉族、傣族、壮族、侗族、水族、布依族、毛南族、仫佬族、白族、蒙古族、回族等民族，都是坝区稻作型的代表。

水是水稻栽培的前提和基础，没有水利灌溉，稻作农业便成了无本之木；而没有完整的水利管理制度，稻作社会就难以维系和发展。以坝区稻作的典型代表——傣族为例，在长期的稻作实践中，傣家人利用天然河流和开沟挖渠人工灌溉农田，积累了丰富的知识和经验，形成了良好的协作习惯，建立了一整套较为完备的灌溉系统和管理体系。其具体包含如下几个方面的内容。其一，有一套严密的垂直管理系统。新中国成立前，西双版纳勐的景洪坝子有由“闷遮乃”“闷澜兴”“闷邦法”“勐扉颠”“闷回老”“闷回卡”“闷回解”“闷澜肯”“闷澜永”“闷澜哈”“闷澜坎”“闷澜东”“闷回广”等13条水沟组成的一个全勐性的大灌溉区，纵横浇灌全勐81个村寨4万亩稻田。在管理上，上至召片领直辖的宣慰司署、各勐司署，下至各个村寨，都设有水利专管人员。宣慰司的内务总管“召龙帕萨”是理财官兼水利官，为水利的最高管理者。分布在各勐的各条大沟渠，都设有“板闷龙”和“板闷囡”

① 管彦波著《云南稻作源流史》，民族出版社2005年版。

② 黄泽著《西南民族节日文化》，云南教育出版社1995年版。

正、副二职的水利监，由召片领直辖之议事庭视各条水沟的灌区大小分别加封其“叭”“鲊”级官衔，行使管水权。水沟经过的每个村又设管水员“板闷”一人，在正、副水利监指挥下，管理本村的水利事务。这样，从最上层的召龙帕萨到板闷龙、板闷囡再到板闷，形成了一个自上而下的垂直管理系统。其二，有组织地定期维修水利设施。每年公历四五月（傣历六七月）雨季来临之前，都要由召片领直辖之议事庭庭长下达一道维修水利设施的命令，由各级水利官员和村社头人组织全体农民修沟补渠，以保证稻田用水。放水灌溉前，板闷龙还要用放竹筏的方式检查主要沟渠是否畅通，然后择日祭祀水神。其三，公平合理地分水、用水。在曼远村，水沟修好后，要由主管水利的官员会同村社头人，根据各家水田的多少、位置的高低和距离主要渠道的远近，确定每块田的用水量，然后根据不同的用水量在一块块特制的分水木板上砍开大小不同的口子，将其横置在沟与田或高田与低田的交接处，水便经木槽口适量、均衡地流入各家稻田。而在景洪坝，每个村寨的水利官板闷都掌握着一个特制的、刻有“伴、斤、两、钱”（测定流量大小的特殊单位，而非重量单位）度数的圆锥形木质分水器。各村寨都有分沟、支沟，纵横分布在田间，从主沟到分沟、支沟之间，从分沟、支沟到每块田的注水口，都嵌一竹筒放水，按田块大小确定相应的水流量。100纳的田分“伴”，50纳分“斤”，30纳分“两”，20纳分“钱”。在竹节上凿开与之相匹配的通水孔，分水器就是用来测量通水孔大小的①。中华人民共和国成立之后，当地政府通过逐级建立管理机构，实行水资源有偿使用、由水管站统一调度、农户自己管水、每年由村社组织农户定期维修沟渠等措施，对水利资源进行统筹管理，有效地保障了坝区的稻作生产。此外，由于坝区稻作农耕主要靠引溪河之水灌溉，而溪河之水又源于山区的森林，因此傣族十分重视森林资源的管理和保护。在曼远村，当地傣族一方面通过广植薪炭林（以铁刀木为主）和竹林从客观上减少对森林的砍伐，通过对建房用材的有效管理限制了对森林的乱砍滥伐；另一方面还通过原始宗教信仰和传统习惯法保护了大片的原始森林，使得神山和竜林至今仍为茂密的森林所覆盖。山区森林资源得以保护，坝区万亩良田的水源便有了保障②。

---

① 参见《民族问题五种丛书》云南省编辑委员会编《西双版纳傣族社会综合调查》（二），云南民族出版社1984年版。

② 参见郭家骥著《西双版纳傣族的稻作文化研究》，云南大学出版社1998年版。

（二）水与梯田稻作

坝区稻作利用的是江河湖塘平坝水源系统，只需开沟引水，即可获灌溉之利。而在山区或半山区从事稻作生产的哈尼族、彝族、苗族、瑶族、拉祜族、傈僳族和部分的傣族、壮族等民族，则必须历经艰辛，开山辟田，修建层层梯田保存雨水，由此形成了令人叹为观止的梯田景观。梯田这一田制，早在春秋战国时期就已出现。《尚书·禹贡》中载“涐水”畔，“厥土青黎，厥田下上”。“厥田下上”指的就是梯田。据相关学者考证，涐水即大渡河，而哈尼族的祖先“和夷”早期正是居住在大渡河畔，所以哈尼族可谓是中国梯田的首创者之一。在云贵高原丰水地区，山区民族都有垦辟梯田、引水种稻的悠久历史。但梯田台数之多、难度之大、经营技术之高，当首推哀牢山区的哈尼族。目前云南的梯田集中分布在元江以西、澜沧江以东的山岳地带，即哀牢山和无量山下段中间的广阔山区。这一地区的气候属于亚热带季风气候，土壤有 7 大类 20 多个土种。在海拔 200—1960 米的“V”字形山体内侧的缓坡地带，具有梯田生成和水稻栽培的自然条件[①]。哈尼梯田规模宏大、气势磅礴，绵延整个红河南岸的红河、元阳、绿春及金平等地，成为滇南梯田农耕的核心区域。

基于亚热带山区山高谷深的特殊地理环境，哈尼族依据不同坡度的地形地势，因地制宜地利用山区水源和土地，创造出了梯田农耕这一耕作样式。一般在数年前先将荒坡辟为台地，在台地上播种数季旱地作物，待水沟挖通，就在台地上开挖梯田。有的荒山因水源条件较好，可以直接开挖成梯田。田埂以挖起的大土饼为料层层垒砌，每垒砌一层，都要用脚踩牢夯实。梯田修成后，每年需彻底铲修一次，确保不会漏水溃决，无鼠洞，不滋生杂草。水利是梯田农业的命脉，因此水沟、水渠是梯田必不可少的重要配套设施。一片梯田与之配套的常常有数条主渠和若干分渠，二者共同构成了完整的灌溉系统。哈尼族在每座悬挂着梯田的山腰，都挖出数道干渠水沟，把高山之巅“绿色水库”森林中流泻而出的溪流水潭和四季之雨水引入水沟，然后再盘山而下，修建密如蛛网的分支水渠。灌溉之时，高山之水沿着干渠和分渠，由上而下流入村寨，注入梯田。沟渠纵横，泉水顺着块块梯田，以田为渠，层层顺序向下灌溉，最后汇入谷底的江河湖泊。江河之水蒸发升空后，化为云

① 管彦波著《云南稻作源流史》，民族出版社 2005 年版。

雾阴雨，又贮于高山森林，由此形成了“森林—村寨—梯田—江河”四度同构的、独特的“活水”灌溉流程。水以奇特的方式贯穿于农业生态循环系统当中。

在长期的梯田农业实践中，哈尼族形成了一种不成文的、行之有效的水规——木刻分水。这种水规是根据一股山泉或沟渠的灌溉面积，由这一面积内的农户依据各自的梯田数量共同协商，规定其用水量，然后按照泉水或沟渠流经的先后顺序，在沟与田的交接处横放一块刻有一定流水量的水槽，水经水槽口自行流入各家梯田。这种约定俗成、世代不逾的水规，为维护梯田农耕系统起到了良好的作用。此外，哈尼族高山梯田农业系统中的施肥与增加地力的方式亦十分独特，即利用高山流水把肥料直接运送到田里。其一，自然的施肥方法。一方面，梯田用水来自深山老林，原始森林中的大量腐殖物顺流来到田间；另一方面，当地民族的牲畜往往野放山林，雨水将人畜粪便冲至沟渠，顺水流入梯田，有效增强了梯田用水的肥力。其二，人为的施肥方法——“冲肥”。由于梯田台数较多、田埂高大，施肥较为不易，哈尼族便充分利用高山流水，发明了科学省力的冲肥方法。冲肥分为两种：一是冲村寨肥塘。哈尼族各村寨都设有专门水塘，平时家禽、牲畜粪便和垃圾灶灰积集于此。栽秧时节，搅拌肥塘，农家肥水顺沟而下，流入梯田。如果某家需要单独冲肥入田，只需通知别家关闭水口即可。二是冲山水肥。每年雨季来临，正是稻谷拔节抽穗之时，在高山森林中积蓄、堆沤了一年的枯枝、牛马粪便顺山而下，流入山腰水沟。这时正是梯田需要追肥的时候，故村村寨寨、男女老少一起出动，称为“赶沟”。漫山随雨而来的肥料，在人们的大力疏导下迅速注入梯田。这种独特的施肥方式是哀牢山区哈尼族巧夺天工的生产创造，是梯田水资源管理和利用的特技，亦是哈尼族高山农业生产经验的集中体现①。

三、荒漠之水“坎儿井”

在新疆吐鲁番盆地的戈壁滩上，星罗棋布的小土丘错落有序地伸向绿洲深处，土丘的下面便是驰名中外的“生命之泉”——坎儿井。坎儿井是维吾尔语“karez”的音译，早在汉代，新疆、甘肃一带就已经开始利用坎儿井开采地下水，至今已有2000多年的历史。坎儿井作为新疆地区特有的地域文化

① 参见王清华著《梯田文化论——哈尼族的生态农业》，云南大学出版社1999年版。

景观，是新疆各族劳动人民依据当地自然地理条件和水文地质特点，利用暗渠引取地下潜流的一种特殊灌溉水利工程，是干旱区各族人民利用紧缺水源的一大创举。全疆坎儿井约有2000处，总长在5000公里以上。其中吐鲁番地区有1300多处，哈密地区有500多处，南疆的库车、皮山以及罗布泊盆地的伊曼拉尔和北疆的奇台、阜康等地有零星分布，喀什噶尔绿洲的阿图什亦有少量废弃的坎儿井遗迹。现存的坎儿井多为清代以来陆续修建的，至今仍浇灌着大片的绿洲良田和果园，滋养着蜚声中外的新疆葡萄、哈密瓜、棉花等。中外不少学者把新疆的坎儿井喻为“地下长城”，与横亘东西的万里长城、纵贯南北的京杭大运河并称为中国古代三大工程。也有人把它看作与广西的灵渠、四川的都江堰齐名的中国古代三大水利工程之一。

吐鲁番盆地是天山南北坎儿井最多、最集中的地区，也是新疆地区坎儿井的起源地。该地区属于典型的暖温带大陆性干旱荒漠气候，是全国气温最高的地方。夏季漫长达5个月之久，每年6—8月的日平均气温均在38℃以上，绝对最高气温曾达49.6℃，地表温度多在70℃以上。每年35℃以上的炎热日数达100多天，40℃以上的酷热日数也有40天左右。吐鲁番不仅高温炎热而且干旱少雨，年平均降水量仅为16.4毫米，蒸发量则高达3000毫米以上。当地大风频繁，8级以上大风平均每年20天以上，各风口则在100天以上。吐鲁番素有“火洲”“风库”之称。同时，吐鲁番是个封闭性的山间盆地，北有博格达山，西有喀拉乌成山，南为陷落的艾丁湖盆地，东为低矮的荒山秃岭。每当夏季来临，西山、北山的大量融雪和雨水便流向盆地，水流出山口后，除小部分形成地表径流外，大部分很快渗入戈壁地下变为潜流。日积月累，使得戈壁下的含水层不断加厚，水储量逐渐增大，从而为坎儿井提供了丰富的水源。而盆地内洪冲积成的第四纪沙砾层和土层，厚达几十米，含有钙质胶结，质地坚实，不易崩塌，给挖井提供了有利条件。因此，古代吐鲁番各族人民利用丰富的地下水源和高差大的地形坡度，巧妙地创造了坎儿井，不用任何动力便把渗入地下的雪水、雨水引出地面，形成了长年不断的自流水。水在地下流动，蒸发损失少、不易被风沙埋没且水量稳定。长久以来，坎儿井一直是当地发展农牧业生产和解决人畜饮水的重要水源。

一条坎儿井一般长3—5公里，最长的可达10公里以上，主要包括人工开挖的竖井、地下暗渠、地上明渠和蓄水用的涝坝等4个部分。竖井是为开挖地下暗渠和日后维修掏捞时出土方便而开凿的，具有通风、定向、保障安全及供施工与维修人员上下的作用。竖井平面多呈长 1 米、宽 0.7 米的长方形，其间距疏密不等，一般来说愈向上游，竖井愈深（60—70 米，最深的可达 90 米以上），间距也愈长（30—70 米）；而愈向下游，竖井愈浅（2—3 米），间距也愈短（10—20 米）。一条长 3 公里的坎儿井，竖井的数量在 120 个左右。暗渠是主体，也就是地下河道，一般高 1.7 米、宽 1.2 米、长 3—5 公里。暗渠的前一部分为集水段，位于当地地下水位以下，起到截引地下水的作用；后一部分为输水段，在地下水位以上。由于暗渠的坡度小于地面坡度，可以把地下水径流引出地表。吐鲁番地区最长的暗渠达 25 公里，短的仅为 100—200 米。明渠即地面的导流渠，是连接暗渠出水口（俗称“龙口”）至蓄水池的输水渠道，可以将水引入蓄水池或直接浇灌田地。蓄水池俗称“涝坝”，主要用于夜蓄昼放，提高水温，调节灌溉。这样，山前或出山口冲洪积扇地带的地下潜流，经过暗渠的截引、汇聚，明渠的输送，最终被引到农业灌溉区和生活用水区。

新疆坎儿井作为有着 2000 多年历史的古老灌溉技术，其中蕴含着宝贵的生态智慧。其一，坎儿井具有减少蒸发、防止风沙的作用。众所周知，干旱区年均蒸发量可达 2000 毫米以上，而年均降水量大多在 200 毫米以下。坎儿井作为一种地下输水工程，减少了大量的无效蒸发。这对于降水极少、蒸发量极大的干旱地区无疑有着重大的节水意义。每年春季，干旱区的风沙，常常淹没农田、道路和河渠，而坎儿井的井口如果盖得严实，则几乎不会受到什么影响。其二，坎儿井具有节约能源、降低污染的功能。坎儿井是人工开掘的纯粹利用自然地势（由高处向低处）进行灌溉的一种用水方式，不需复杂的动力设备就可以引水灌溉和满足生活用水需求。这种水资源利用方式既节省了动力能源，又避免了因此而造成的环境污染。其三，坎儿井营造了良性的生态系统。坎儿井本身便是一个独特的生态系统，它不仅是当地很多植被获取水分的主要途径，而且对动物的生存起着特殊的作用：竖井井口周围堆积的一排排土丘，有利于蜥蜴、沙鼠等穴居动物的栖息；不少鸟类利用坎儿井的内壁筑巢、繁殖或御寒；涝坝是鱼类、两栖类动物的特殊生存环境，涝坝周围和明渠两侧树木成荫，景色优美，具有调节小气候和改善局部区域生态环境的功能。坎儿井以其独特的构造和丰富的水资源孕育了当地的动植物，丰富了该区域内的生物种类，从而营造出一个人类与其他生物和谐共存的小气候区[①]。

目前，新疆坎儿井仍在当地人的生产、生活和生态维护等方面发挥着重要作用。其一，坎儿井不仅是继承下来的作为人类共同财富的文化形态，而且是一种经济社会生产方式。直到今天，坎儿井每年仍不断向绿洲提供近3亿立方米的地下水，而且形成了一些独立的坎儿井灌区，滋润着大面积的农田果园，在当地农牧业生产、日常生活，尤其在农业抗旱减灾中发挥着重要作用。雨季，它可有效地储存多余的降水，防止水灾和水土流失。而到旱季，储存的雨水既可灌溉农田，又可保障人畜用水，堪称当地各族人民和谐利用自然资源的典范和农业史上的一大发明。其二，坎儿井水对大力发展经济作物种植也起到了良好的推动作用。吐鲁番盆地的棉花，特别是长绒棉品质优良，不仅是因为吐鲁番盆地热量丰富、光照充足、无霜期长、降水稀少、昼夜温差大，更是因为坎儿井水的灌溉为棉花的生长提供了良好的条件。该区所产棉花不仅吐絮好、色质白、纤维长、强力大、品级高，而且具有早熟、高产、耐抗病等特点，是吐鲁番农村经济的支柱产业。此外，闻名遐迩的吐鲁番葡萄和哈密瓜也与坎儿井水的滋润密不可分。其种植面积逐年扩大，大大增加了当地居民的收入，提高了人们的生活水平。可以说没有坎儿井，就没有吐鲁番的绿洲经济。其三，坎儿井作为2000多年来人类文明史上独特、宏伟的地下水利灌溉工程，以其深厚的文化内涵与历史积淀，越来越成为一项不可多得的旅游资源。当地人在暗渠出露地表处建起坎儿井乐园，挖出通道，方便游客参观坎儿井的地下部分；利用坎儿井水灌溉种植葡萄园，搭起葡萄长廊，建起葡萄晾房，游客可以通过参与式体验，了解当地的生产方式；坎儿井博物馆中，陈列着挖掘坎儿井的工具，介绍了坎儿井的原理及发展历史，完整再现了吐鲁番的坎儿井农耕文化。这些都使得坎儿井乐园成为到吐鲁番的游客必去的旅游景点。其四，坎儿井在吐鲁番聚落发展中起到了举足轻重的作用，业已成为吐鲁番盆地绿洲农业社会的重要组成部分。坎儿井的推广，使得吐鲁番的乡村聚落大规模兴起。这既是对吐鲁番地区自然条件的顺应和突破，也是对农业自然条件的利用和改造，并构成了这一时期吐鲁番地区人地关系系统的重要内容。其五，坎儿井对维护和改善区域绿洲生态环

---

① 马宗保、马清虎《试论西北少数民族传统生计方式中的生态智慧》，《甘肃社会科学》2007年第2期。

境具有重要意义。坎儿井水量稳定，四季长流，冬季亦不封闭，是用于冬灌、减轻翌年春旱和浇灌戈壁植被的重要水源。坎儿井采水方式为浅层采水，对该地区地下水影响较少。在冬季，吐鲁番坎儿井有三分之一的冬闲水最终都流向了下游的艾丁湖，成为艾丁湖湖水的主要来源。而艾丁湖的年平均蒸发量高达3000毫米左右，蒸发的水分在盆地内形成局部水陆小循环，最终又以山区降水的形式回归盆地。这不仅对维护艾丁湖的自然生态平衡起着很大作用，而且对整个盆地的气候及生态都具有积极的意义①。

然而近几十年来，由于人口急剧增加，盲目扩大耕地面积，过度抽取地下水，使坎儿井的数量急剧减少，并面临着干涸和断流的险境。有资料显示，20世纪50年代末，全新疆坎儿井数量达1784处；到2003年，有水的坎儿井数量仅存614处；而到了2006年，吐鲁番地区有水的坎儿井数量仅为355处②。随着坎儿井数量的大量减少，灌溉水源严重不足，大批胡杨枯死，红柳灌木基本消失。由于植被的大量减少，生态屏障被削弱，自然灾害频繁发生，使本来就很脆弱的生态环境日趋恶化。如何加强对坎儿井的有效保护和合理利用，使荒漠的“生命之泉”继续为绿洲的经济发展和生态维护发挥积极作用，已经成为当地亟须解决的重大课题。

第四节　水与民俗

费尔巴哈曾说过：“人的生命和生存所依赖的东西，对于人类就是神。”正是基于对水的信仰、崇拜以及对水的重要性的理性认识，西部各民族无论是在人生的重要关口，还是在与季节相关的周期性活动中，或者是在农业生产的关键环节，都形成了与水信仰和水崇拜密切相关的一系列用水礼仪和用水习俗。

一、水与人生礼仪

人生礼仪是一种过渡仪式，通常指与个体生命周期相关、在人生重要转折点和重大事件时所举行的具有标志性的仪式活动。无论是在个体生命历程中还是在群体生存发展历程中，都会经历时间、空间和社会地位从一种状态

① 崔峰、王思明、赵英《新疆坎儿井的农业文化遗产价值及其保护利用》，《干旱区资源与环境》2012年第2期。

② 陶卫华《新疆坎儿井绝境调查》，《中国社会导刊》2006年第7期。

到另一种状态的过渡，特别是在两个精神世界（平凡与世俗、神圣与宗教）之间的过渡。在过渡的进程中，人们的生理、心理、身份地位和社会关系等均会发生改变，由此带来了不安和忧虑。为了解释对人生和社会的疑惑，属于不同文化群体的人发展出各具特色的行为方式来引导转换的过程和安慰忧惧的心灵，各种“过渡仪式”因此产生。而水作为万物之本、生命之源，更是被赋予了生命、生长、生殖和再生的特殊寓意，成为出生、成年、婚礼、葬礼等人生礼仪中不可或缺的重要元素。

（一）水与出生

在原始水崇拜中，人们向水和水神祈求生命和生殖的力量。婴儿出生后，人们又借助水举行各种仪式，迎接新生命，接纳其进入族群社会，同时祈愿其健康成长。水由此又被赋予了生长的力量而为人们所信仰和崇拜。人们对水的生长力信仰，多体现在诞生礼习俗之中。诞生礼蕴含着对新生命的迎接与期盼。从广义上看，涉及未孕前的求子，以及怀孕、临产和诞生后等的一系列习俗。

在广西钦州壮族聚居地区，新娘到婆家后的第一天，行完婚礼后要由婆家的一个年纪稍长且多子的妇女把新娘带到家族所饮的水源处，焚香祈祷，并向水中抛撒米和钱币；然后，由所陪妇女以手掬水轻抹于新娘额头；最后，新娘要向水源行礼叩谢。从中可以看出，当地壮族民众视水为万物之源，认为水可以给人带来生殖力，帮助人们实现添丁的愿望。妇女怀孕时，人们也需要借助水来保护母子平安。广西隆林县壮族人家在媳妇怀孕五个月的时候，要邀请外家来喝喜酒。外家来时要带一只鸡、一只梭子、一把竹篾、四根小竹子、一包糯米饭，更为重要的是必须要带上一壶染糯米饭用的名为“淋沉”的树叶水。到了之后，由师公念经符，把淋沉倒在竹篾等物品上，并根据梭口的方向来判断胎儿的性别。在这一仪式中，水以较为特殊的形态——树叶水，实现了判断胎儿的性别和护生的功能。生命的诞生并不总是一帆风顺，孕妇在经历了十月怀胎之后，也不一定都能够顺利分娩。在广西天峨县白定乡，如果孕妇发生难产，就要马上请巫公杀猪作法祭河，希望尚在腹中的胎儿能够像奔流不息的河水一样顺利诞生①。

在我国历史最悠久、影响最广泛的诞生礼是各种形式的浴婴礼仪。早在

① 李昌松《从壮傣民族人生礼仪看两族水崇拜》，《今日南国》2008年第10期。

宋代，就已有关于这种礼仪的记载："亲宾盛集，煎香汤于盆中，下果子彩线葱蒜等，用数丈彩绕之，名曰围盆。以钗子搅水，谓之搅盆。观者各撒钱于水中，谓之添盆。盆中有枣子直立者，妇人争食之，以为生男之征。浴儿毕，落胎发，遍谢坐客，抱牙儿入他人房，谓之移窠。"以彩绸装饰浴盆，有祝吉、渲染隆重庆典气氛的作用，表明浴儿已不是一般的出于清洁卫生方面需要的洗浴行为，而是包含着神秘的信仰与祈求的礼仪活动。用银钗搅盆水，向盆水中投币，是带有巫术性质的仪式。依据接触巫术的原理，接触过银钗、钱币的水便成了银水、富贵水，具有了银币般珍贵的价值。而妇人争吃水中直立的枣子，借以求子，表明盆水具有使妇人生育的生殖力量。最后用具有生殖力的盆水来洗浴婴儿，是希望凭借水的生殖力促进婴儿健康成长，生殖之水就成了生长之水。可见，浴婴礼仪包含着人们对水的生殖力、生长力的信仰[①]。

我国西部很多民族都有用清水沐浴新生儿，借以求得健康和吉祥的传统习俗，百越后裔之一的傣族便是其中的典型代表。明代钱古训所撰《百夷传》中载："凡生子，贵者浴于家，贱者浴于河，逾数日，授子于夫，仍服劳无倦。"景泰《云南图经志书》记述马龙他郎甸风俗时说："百夷之种不一，而居本甸者曰歹摩，即大百夷也。大抵男子少治产业，而耕种率以妇人，终岁勤动不辍，有孕将产，方得少暇。既产，则抱儿浴于江，归付其夫，动作如故。"时至今日，傣族依然延续着浴婴的古老习俗。午后出生的婴儿当时就可为其沐浴；夜晚或清晨出生的，则需等到次日午后气温上升后在露天阳台或院子中为其沐浴。给新生儿洗浴的水是专门从水井中挑来的洁净水，而且要加入甜笋叶、苦笋叶、"诵拜"、"咣抵"等草药同煮。比较富裕的人家，还要在水中放上金银器物、珍珠，祈求孩子健康、富贵[②]。如果产妇缺乏奶水，人们就会去找一种名叫"帕宾"的长不大的小树，将其树皮、树叶拿来，用泡米水煮成药水给产妇喝下。据说这种药水能够催奶，产妇喝下后，就能产生大量奶水[③]。除了洗浴，新生儿乳名的命名仪式同样与水结下了不解之缘。西双版纳傣族对新生儿乳名的命名通常由本民族的知识分子"康朗"（还俗的

① 向柏松著《中国水崇拜》，上海三联书店1999年版。

② 黄显松《西双版纳傣族水文化探微》，《学术探索》2007年第5期。

③ 郭家骥《西双版纳傣族的水信仰、水崇拜、水知识及相关用水习俗研究》，《贵州民族研究》2009年第3期。

大佛爷）主持，如果是本家族的康朗更好。命名当日，婴孩的母亲用草药煎煮的热水为自己和婴儿洗浴后参加命名仪式。在命名仪式上，除了糯米饭、盐和糖等供品外，还要有一碗清水，据说象征着生命之泉①。

在维吾尔族民间，为了确保孩子成活，有些地方在孕妇分娩之前便着手准备出生礼。如寻找九户儿女双全、家庭幸福的人家，作为孩子法定收养人；向九户人家讨要九块布缝制婴儿服；向九户人家讨取九捧面粉，在九处地方舀取九碗水，以便和面做馕，在孩子出生时招待宾客。数字九是个位数中的最大数，在这里代表丰裕、兴盛，象征着父母对孩子旺盛生命力的期待。维吾尔族的这一习俗，与汉族让婴儿穿百家衣、吃百家饭，依靠群体力量共同养护幼儿，为孩子增加延绵不绝的福寿的心理有相似之处。婴儿出生后的第四十天是维吾尔族举行摇床礼的日子。这一天孩子母亲出月子，可以从娘家回到婆家。传统的摇床礼需要邀请四十个未满七岁且活泼健康的孩子参加，并要准备四十个馕、四十把木勺，让婴儿接受四十个孩子的祝福。在喀什等地，还要在婴儿洗浴的水中加入冰糖、木炭、墙泥、烤肉，象征幸福甜蜜、聪慧圣洁、善良长寿、富足健壮，总之寄托了父母对婴孩日后顺利成长和生活的美好希冀。举行完仪式，婴儿穿上新衣，被包裹好后放在木制的摇床上②。

（二）水与成年

成年礼是为庆祝个体从少年期进入成年期而举行的特定仪式。“成年礼是早期人类主要的社会惯例，惯常的做法是隔离，砍伤部分身体，象征性死亡和复活，展示某些神圣的物品，给年轻人施加特种教导，传授某些戒律等。”③通过成年礼仪，青年男女便取得了婚恋和参与社会生活的权利，明确了自己所属的社会角色，获得了维护村寨秩序、利益和习俗的权利与义务。在现代社会，虽然许多民族的成年礼仪业已模糊、淡化，但古老的风俗一直延续至今。以傣族为例，标志其成年的主要有“升和尚”仪式和文身等形式。

在西双版纳，傣族男孩到了十一二岁便要入寺为僧，在佛寺中学习一些佛教经书和傣族的民间礼仪。这一过程被称作“赕路皎”或“升和尚”，意

---

① 黄显松《西双版纳傣族水文化探微》，《学术探索》2007年第5期。

② 朱贺琴《维吾尔族人生礼俗与节日习俗中的文化生态》，《西北民族研究》2011年第3期。

③ 吴泽霖总纂《人类学词典》，上海辞书出版社1991年版。

即将孩子赕给佛主。当过和尚的人通常被社会认为是懂礼的人，比较受人尊重，因而大部分男孩都要遵循传统当几年和尚，升和尚仪式也就成了傣族男子一个重要的人生关口和人生礼仪。预备当和尚的男孩一般都要先到寺庙中当三个月的“伙勇”，做些杂务，学习一些当和尚的道理和规章制度。三个月满后由波章、大佛爷和其家长对其进行简单的考试，未通过的就回家明年再来。通过考试的人要先拜一个干爹“波渥”。这个干爹今后要将其当作亲生儿子来看待，在其今后的人生历程中必须时时给予关心和帮助。拜好干爹后，就可以择日举行升和尚仪式了。正式受戒的头一天，干爹将男孩接到家中，为其落发、沐浴。沐浴之水称作“喃叫喃香”（意为圣水），由两对童男童女挑来井水，放入金银器物以及名为“雄对”的植物叶和“弄罕楠”的花煮成。沐浴时，小孩站在家人搭好的芭蕉槽下，干爹干妈用银碗舀起圣水倒入槽中，圣水顺势冲洗受升者，喻示洗净凡尘污垢，一心向佛。小孩的家人和亲戚众手帮忙，把小孩洗得干干净净。然后由干爹将其背进家中最隐秘的老人住房中，为其拴线祝福。当天晚上，要由干爹和村中老人陪小孩睡觉。举行升和尚仪式这天，要由干爹出面杀猪、杀牛请全村人吃饭。饭后，由干爹背着小孩出门，让其骑在马上，干爹牵着马缰绳，家人抬着干爹送的礼物：行李一套，袈裟六套，各色山花及肉、饭、果、菜、清水等，全村人跟在后面向天空撒米花和各色纸花，纷纷扬扬的米花一直伴随着虔诚的信徒们把小孩从家中送入佛寺。在佛寺中，举行正式的拜佛和滴水仪式后，小孩就算正式当上了和尚，完成了傣族男子一生中的一个重要礼仪①。

“雕题文身”是古代百越民族的标志习俗之一，作为其后裔的傣族一直沿袭着旧俗并以文身的方式来标志成年。有关傣族文身的习俗，历史文献中早有记载。如唐代樊绰《云南志》中载：“绣脚蛮则于踝上腓下，周匝刻其肤为文彩……绣面蛮出生后出月，以针刺面上，以青黛涂之，如绣状。”元人李京在《云南志略》中记载：“金齿百夷，记识无文字，刻木为约。……金裹两齿谓之金齿蛮，漆其齿者谓之漆齿蛮，文其面者谓之绣面蛮，绣其足者谓之花脚蛮。彩缯分撮其发者，谓之花角蛮。西南之蛮，白夷最盛，北接吐蕃，南抵交趾，风俗大概相同。”此外，马可·波罗在其游记中亦比较详细地记述了金齿州的文

① 郭家骥《西双版纳傣族的水信仰、水崇拜、水知识及相关用水习俗研究》，《贵州民族研究》2009 年第 3 期。

身习俗："男子刺黑线纹于臂腿下，刺之法，结五针为一束，刺肉出血，然后用一种黑色颜料涂擦其上，既擦永不磨灭。此种黑线为一种装饰，并为一种区别标志。"明代钱古训所撰《百夷传》中载："男子衣服多效胡服，或衣宽袖长衫，不识裙袴。其首皆髡，胫皆黥。不髡者杀之，不黥者众叱笑，比之妇人。"李拂一所著《车里》一书中亦说："男子尚文身雕题……于胸背额际腕臂脐膝之间，以针刺种种形式，若鹿若象，若塔若花卉，亦有刺符咒格言及几何图案者，然后涅以丹青。贵族尚赤，平民以墨。"通过文身，年轻人经历了疼痛磨难的考验而被赋予一种象征性的力量，因此文身往往成为许多民族成年礼的重要内容。例如，澳大利亚塔斯马尼亚人青年男女举行成年礼时，其肩、大腿、胸部都被划破并搽以炭末；南太平洋的摩莎亚人成年时即请人为之文身，整个过程需持续好几个月；非洲布须曼人中的男性到青春期便开始文身，巫师在其额上刺出代表某一部落的特殊标志；北美洲一些部落的少女则在月经初潮时进行文身，同时举行郑重的仪式。云南的傣族、基诺族、德昂族、布朗族、独龙族等少数民族直至新中国成立前还保留着文身的习俗，且都或多或少具有标志成年的意义①。过去，在傣族地区，父母通常会请村中懂得文身的人替进入青春期的儿女文身。文身的部位以胸部、腰部、背部和四肢为主，图案多为图形花纹、运算符号、动物（如龙、蛇、虎、豹、鹿、象、狮、孔雀、飞鸟、凤凰等）或植物（如树木、小草、花朵、叶子等）图案，有的也会刺上宗教图案（如佛祖、佛寺、佛塔等）或文字（如佛经、咒语和符箓等）。聚居于红河上游新平、元江地区的花腰傣，在端午节时除了包粽子献祭江龙，拴菖蒲祛病避瘟之外，父母们还要请女巫"雅摩"为十三四岁的儿女文身。文身的部位亦比较特殊——不是在腰部、背部或四肢上，而是在肚脐周围。雅摩把三根绣花针捆在一起，在待文身者的肚脐周围进行环状点刺。在伤口上涂上墨汁后，雅摩把艾叶装进土罐中放在火炭上烘热，之后取出敷在刺伤处，并叮嘱当事人十二小时后再把艾叶扔掉。据称这样做的好处有二：一来可以避免胃痛腹痛，二来进江入水可以避害护体②。闻一多曾提出了"祭龙说"，认为端午节是古代吴越民族祭祀龙图腾的日子："古代吴越民族是以龙为图腾的，为表示他们'龙子'的身份，借以巩固本身的被保护权，所以有那断发文身的风俗。一年一度，就在今天，他们要

① 刘稚、秦榕著《宗教与民俗》，云南人民出版社 2000 年版。

② 赵文娟著《仪式·消费·生态——云南新平傣族的个案研究》，知识产权出版社 2013 年版。

举行一次盛大的图腾祭，将各种食物装在竹筒里或裹在树叶里，一面往水里扔，献给图腾神吃，一面也自已吃"[①]。从这一意义上来说，傣族的文身作为一种民族标志和象征，起源于图腾崇拜和图腾模拟，其所表达的仍然是人们崇水、敬水的心理和情结。

（三）水与婚礼

水作为与繁衍、生命相关的崇拜物，常常被我国西部一些民族用于婚姻礼仪之中。例如，纳西族有以水还酒的订婚习俗。男女双方定亲时，男方要送礼品给女方，其中必不可少的是一坛酒。女方的还礼是一坛清水，装水用的坛子正是男方送酒的坛子。清水虽不值钱，却是定亲的信物，因为它寓意着祈求生子的美好愿望。旧时，有些地方的汉族定亲，女方收到男方的礼物后，要以水作为主要的回礼，称作"回鱼箸"或"回鱼筋"。《东京梦华录》中说："女家以淡水二瓶、活鱼三五个、箸一双，悉送在元酒瓶内，谓之'回鱼箸'。"三样回礼，水与鱼为同类的乞子之物；箸即筷子，在民间，添一双箸，具有添丁加口的象征意义。其后，大概是水作为礼品过于单薄，酒便作为水的替代物成了定亲的礼品。白族男女订婚时，男方需送给女方以两瓶酒为主的礼品，当地人称这种送酒的习俗为"送水礼"。苗族有"送盼子坛"的婚俗活动。娶亲时，男方娶亲队伍中必有一挑担之人，担子一头是一只大公鸡，另一头则是一个大肚陶瓷坛，内装三五斤白酒。大肚坛形似孕妇之腹，是生殖力的象征，坛中的酒被认为具有祈求生殖力的作用。娶亲队伍归去时，挑担的人仍将公鸡带回，却将坛子送给女方家。当新娘生下第一个孩子时，女方父母便用这个坛子装上自家酿造的米酒送往男方家。同时，邀请亲朋好友一道去吃"祝米酒"。

一些民族的婚典上有泼水的仪式。贵州一带的仡佬族称婚典泼水仪式为"打湿亲"。娶亲之日，男方家要在大门边上放置两个盛清水的窝锣，一边一个，由年轻的妇女守候。新娘跨进屋时，妇女们便向她浇水祝福。云南禄劝、武定一带的彝族也有泼水迎亲的习俗。当迎亲队伍进入女方村寨时，姑娘们便用大桶、大盆装上清水，向迎亲的小伙猛然泼去，小伙子们由此可以获得吉祥。有的地方或民族，女方举行泼水仪式时，男方还要给泼水银、泼水钱，以银钱酬谢姑娘们泼出的水，可见水所蕴含的特殊价值。一些民族还有新媳

---

① 闻一多著《闻一多全集》（第五卷），湖北人民出版社 1993 年版。

妇挑水或背水的婚俗。基诺族、佤族的新娘在新婚第二天一早就要用竹桶到水井边去背水，表示她已经开始了在这个家庭中的新生活。水族媳妇在过门后的三五天内，每天清晨除了挑满自家的水缸外，还要为三家六房或全村各户挑一担水，称为“挑新水”。这是借挑水来促使新媳妇与水接触，从而让新媳妇获得生殖力。壮族把新娘挑的水称作“月亮水”，即在凌晨月亮未落时所挑之水。在过去，新娘挑水必须挑满家族所有的水缸，挑水时不能惊动家族中的长者，必须轻手轻脚，不穿鞋子，低声叫门，由家族中辈分最低的女性起床开门。云南红河一带的彝族有新媳妇背水的习俗，背水时还要撒米祭祀水神。凌晨鸡鸣头遍时，新媳妇便起床在小姑子的带领下来到井边，先将手中握着的一把米撒进井里，以祭祀井中的龙神，然后才背水回家。与祭祀水神相关的背水仪式，更加明显地体现出对水的某种祈求①。

除此之外，以水驱邪亦被广泛地运用于婚礼当中，成为驱除新人或迎（送）亲人员在途中沾染上的邪气，祈愿婚姻吉祥美满的一项重要仪式。水族新娘打着红伞随着迎亲队伍来到男方家，当她跨进男方家门槛时，男方家母辈中的一人便会端着一碗刚从井里打来的清水，以嘴含着碗中的水喷到新娘的红伞或背上。新娘行完这种仪式方可进门。据说，这一口水可以驱除新娘在途中附上的邪气以及姑秀鬼、路封鬼等婚姻方面的凶鬼。姑秀鬼是一种容易使新娘中邪而患上绿眼病的鬼，得了绿眼病的新娘，不能安心与丈夫过日子，喜欢在外游荡；而路封鬼是导致婚姻中途夭折的恶鬼，附上了此鬼，新娘不久便会守寡。过去，人们认为这些对婚姻不利的恶鬼，均可被一口水制服，可见水在水族人观念中所具有的神奇力量。在云南傣族的婚仪中，除了接亲队伍要沿途鸣枪驱邪外，女方家还要举行泼水驱邪的仪式。当男方接亲队伍来到女方家门口时，新娘的女伴要用桶、盆、瓢向新郎及伴郎尽情地泼水，直到浇淋得对方浑身透湿，才相信邪气已被驱尽②。红河上游新平、元江地区的花腰傣，当新娘顶着盖头，在伴娘的搀扶下来到新郎家门口时，需要进行“顶篾帽”“套彩线”“浇火”等一系列的仪式，方可迈入婆家大门。顶篾帽是由大媒人“布塞勒”的妻子“咪塞勒”高高举起一顶绣有流苏的篾帽遮住新娘头顶，帽子上罩着筛网，上面放着一条新郎穿过的长裤，此举表示

---

① 向柏松著《中国水崇拜》，上海三联书店 1999 年版。

② 向柏松著《中国水崇拜》，上海三联书店 1999 年版。

新娘已被“罩住”，从此成为男方家的成员并接受男方的约束。套彩线是由男方家的一个女性亲戚用点燃的松明子、黄泡刺和番石榴叶包饭、枝条熏绕新娘三周后，以五色彩线从头至脚连套新娘三次，又捉来一只小鸡绕新娘腿部三周后抛出，以示驱走尾随而来的鬼邪，同时套住新娘的魂魄。接下来举行的是更为重要的浇火仪式，新娘在门外用右脚踩在门槛上，新郎从门内把左脚放在新娘的脚背上，由一位长者左手持一根点燃的柴棍，右手拿一个盛满清水的木瓢不断浇淋，让浇熄柴棍的清水沿着新郎和新娘的脚背流淌，在驱除邪气的同时象征着夫妻二人从此之后，即便赴汤蹈火，也永远相伴相随①。

（四）水与葬礼

丧葬礼仪是人生的最后一项“过渡仪式”，标志着个体通过了生命历程的最后“关口”，完成了角色身份和时空状态的最终转换。由于受到“灵魂不灭”“灵魂转世”等观念的支配，西部很多民族的葬俗中往往包含着祈愿亡者“再生”或“转生”的内容。水由于与生命、生殖密切相关，同样被赋予了再生的神力而成为丧葬礼仪中的重要元素。

一个人死后需要沐浴更衣才能入殓埋葬，许多民族的洗尸活动均伴随着复杂而隆重的仪式。这说明洗浴不仅是出于洁净方面的需要，而且有着更为重要的信仰方面的意义。人们相信，通过为死者洗浴，使生命之水接触到死者的身体，从而为其注入重获生命的力量，促成其早日再生。不少民族在洗尸之前，都要举行“买水”仪式。人们来到井、泉、溪、河边，焚香烧纸，算是向水神买水，认为这样买来的水才有助于亡灵转生。壮族地区买水风俗自古有之。据《桂海虞衡志》载，壮人“亲始死，被发，持瓶瓮，彻哭水滨，掷铜钱、纸钱于水，汲归浴尸，谓之买水。否则，邻里以为不孝”。民国《同正县志》载：“是夜，延请道公，偕孝子持面盘，出江边取水，谓之开路，回则置水于灵堂之下。”《榴江县志》中载：“子媳辈披麻戴孝，散发执瓦罐，泣向河干掷钱数枚于水，取水一杯，谓之买水。”19 世纪末 20 世纪初广西东兰县曾有水葬。举行水葬时，要给死者穿衣打扮，把尸体和盖着白布的竹筏绑在一起，筏上有鸡、狗各一只，放入水中，任其漂流。当地壮族举行水葬是因为相信人类由河神带来，因此人死后也要归还给河神。现代壮族地区在

① 赵文娟著《仪式·消费·生态——云南新平傣族的个案研究》，知识产权出版社 2013 年版。

丧葬仪式中依然要买水或“请水”。一般过程如下：孝子及几个亲属在师公的引导下提着装水的容器，带上三穗谷子、纸钱和几枚铜钱（或镍币）到河边（或水井边），将稻穗和纸钱绑在一根小棍子上，再插在水边，点上香烛，由巫师（么公或师公）诵念，告诉水神某人已经死去，烧化纸钱，并将几枚铜钱投入水中。在巫师诵念时，孝子跪在水边，巫师投钱入水，他便将盛水容器没入水中汲水而归，将水“买”回家中。回家之后，再用传统观念中认为可以解秽的野姜叶或柚子叶一同煮热，由死者的子女（父由子，母由女）或亲属中的其他人给尸体洗浴，然后修发整容①。在一些彝族地区，丧仪中有“取福禄水”的仪式。祖先灵位送入崖洞之后，即由巫师率子孙去取福禄水。每户用一节竹筒取水，供在献台上，由毕摩念“取福禄水经”，然后分与各家支。此后，作斋取福禄水的地方即作为该族的根源②。瑶族的买水除了要焚香化纸外，还要向河神投四枚铜钱。瑶族称为死者打来的水为“阴水”，买水之后，便要烧水浴尸。通常用蒿枝、柏枝、檀香等和水煎煮。浴尸时男性死者通常由男子洗浴，女性死者由女子洗浴。各地浴尸方法大致相同。仡佬族在烧热洗浴用水之后，只用其中的一部分洗尸，另一部分则由死者的后人每人喝一口，称作“喝救苦水”。据说孝子们喝了这种水后，可以减轻死者在阴间所受的痛苦，同时可以祈求祖宗的庇护而使得家族兴旺③。

在云南西双版纳的傣族村落，人死落气后，家中亲人就要立即用温水给死者洗浴，让其干干净净地到另一世界去。与此同时，要用一个脸盆盛一盆清水，放一把带刺的树枝，用一个小篾箩将其吊在庭院门口的树木上，以便前来吊唁和送葬的亲友及村民在到来和离开时都用树枝蘸水自己洒在头上。寓意为避邪驱鬼，求得清吉平安。出殡当天，由四个人手持四片大的芭蕉叶走在前面，一个小和尚手拉一根拴在棺材上的棉线，四个人抬着棺材跟着小和尚前进。值得注意的是，送葬队伍中专门有人手提一瓶泡糯米水，出殡之前先在死者床前洒一点；来到公共墓地后，亲友围站在棺材周围聆听小和尚念经，小和尚一边念经，提水的这个人一边在棺材旁和棺材上洒水。据当地波章老人的解释，泡糯米水是傣族的“洗发香波”，具有清洁、护发和滋养人体的功效，酷爱清洁的傣族人经常用泡糯米水洗头。既然一个人活着的时候

① 李昌松《从壮傣民族人生礼仪看两族水崇拜》，《今日南国》2008年第10期。

② 刘稚、秦榕著《宗教与民俗》，云南人民出版社2000年版。

③ 向柏松著《中国水崇拜》，上海三联书店1999年版。

要用糯米水洗头，那么死后进入鬼的世界，他也需要用糯米水洗头。所以，人死后都要用糯米水为其送葬。翌日上午，死者亲友和村民们又敲锣打鼓带上肉、饭、菜、水果、清水等祭品到佛寺中为死者过赕。过赕时大佛爷带一个小和尚靠佛而坐，波章领着其他人面佛而跪，祭品放置在小篾桌上摆在佛像面前，大家点燃蜂蜡供奉在佛像前。先由波章讲话，他把人们祝愿死者升天和祝福生者安康吉祥的请求告诉大佛爷，再由大佛爷转呈给佛。如此三四次后，大家便把瓶子里的清水滴洒在篾桌上，意为让死者在另一个世界上也有水喝[①]。云南新平、元江等地的花腰傣，在出殡的第二天上午，丧家要请女巫"雅摩"到家中念经作法，在送亡魂升天的同时招回所有亲戚的魂魄，让活人的魂不要滞留在坟地。送魂的篾桌摆放在原来停放棺木的地方，桌上摆放的祭神供品中，除了大米、牛肉外，必不可少的是两瓶白酒和两瓶水。在雅摩念经送魂时，丧家的长子会端来一个盛水的小盆放在雅摩脚边，在盆中放上数片树叶，覆上一个驱鬼的"达辽"后，又在达辽上压上一把弯镰刀。据称，盆中的树叶代表的是鲤鱼，以前老人过世后，所有儿女都要到稻田中捉来鲤鱼放在盆中，等雅摩念到给老人献鱼时就拿到河沟边放生。如果哪个儿子或女儿捉来的鱼会逆水而游，就表明他或她得到了老人护佑，日后生活必然安康富足。如今，稻田中多种上了甘蔗，又大量使用化肥农药，捉不到鲤鱼，只好用树叶代替。盆上放的达辽和弯镰刀是为了阻挡"不好的鬼"前去偷吃。送魂之后三个月至一百天，丧亲之家将请风水先生"布摩"择吉日举行安葬仪式，掩埋骨灰，砌坟立碑。骨灰下葬时，要在坟坑中间放一盛水的瓷碗，碗内由奉养老人的儿子放入一点碎银泡，再用一饼红糖盖住碗口，据称这是让亡者在"天上的老家"有水喝、有钱用、有糖吃。老人身前用过的酒壶和水罐，也要重新装满酒水，按照男左女右的方位埋在坟侧[②]。白族亦有相似的安葬仪式，在棺木放入墓穴之前，当地人要在墓穴底部中央安置一个水罐，内装水与活鱼，用红木封口。其意义在于借水与水神（鱼）的生命力帮助死者转世再生。与

---

① 郭家骥《西双版纳傣族的水信仰、水崇拜、水知识及相关用水习俗研究》，《贵州民族研究》2009 年第 3 期。

② 赵文娟著《仪式·消费·生态——云南新平傣族的个案研究》，知识产权出版社 2013 年版。

之类似的还有在墓穴中放上两坛清水作为随葬品的做法①。

在我国西部地区众多的葬俗中，水葬是以水的再生力信仰为底蕴的一种葬式，蕴含着丰富的水文化内涵。水葬的基本葬法是将死者的遗体或骨灰投入水中，任其随波逐流而去。有学者认为，水葬习俗的产生与先民的图腾崇拜密切相关，那些滨江湖河海而居的先民们，把鱼类视为氏族的重要图腾而加以崇拜，认为死后尸体若为鱼类所食，不仅是生命的最佳选择与最终归宿，而且死者的灵魂能够顺利升入天堂，尽早实现投胎转世。以云南藏族聚居地区的藏族为例，水葬是当地藏族较为普遍使用的葬式，但各地葬俗不同。香格里拉和奔子栏一带的水葬，葬法是将尸体捆成蹲状后放入藏式棺材，扛到水葬场，先取出尸体，然后散开棺木投入水中。河大而水急的地方，可将整尸投入水中；如果在河小而水缓的地方，则要将尸体肢解成小块放入水中，方才完成水葬。德钦佛山、云岭一带，在尸体入棺前，棺中放青松枝叶，再入殓。水葬时，先投棺材后送尸。香格里拉东旺及澜沧江一带的水葬，仅限于死于非命者，如上吊自缢者、自刎者、坠崖者等等。葬时面部朝上，身上捆一石头，再慢慢送入水中②。在迪庆藏族聚居地区，当有人去世，家人先用香树叶煮水为死者洗尸，洗好后穿上衣服，第二天包上白布或纱布，放入棺材里。死者呈坐态，双手在胸前交叉。死者在发送前，整个村子的人都来守灵和义务性帮忙；家人要请来喇嘛诵经，为死者超度亡灵。发送当天，喇嘛们坐在丧亲之家的大门外为死者诵经，聚众唱玛尼调。活佛或高僧往棺材盖的小洞点三次圣水，使圣水直接点到死者头上，为死者超度三次。出殡时，四个男子抬着死者的棺材从丧亲之家走出，孝子孝孙在大门口跪成一排，棺材从其上方经过。当地人把这个仪式称为“搭桥”。送葬队伍前有两人分别打着两面长条六字真经旗，在棺木前开路。当棺材被抬到村寨固定的水葬场“夺卡”时，人们抬着棺材顺时针转三圈后，放下棺材，将死者俯卧（女尸需仰卧）放在地上，同时将棺材板丢几块到河水中，用其余几块点燃一堆火，死者的家人不断向火中投死者的衣服和一些食物，意为送死者上路。送葬的其他人把死者抬到夺卡后，围坐成一圈，死者的家人把一些食物如青稞酒、糕点、馒头等分给送葬的人吃。在水藏师肢解尸体过程中，送葬的人们就围

① 向柏松著《中国水崇拜》，上海三联书店 1999 年版。

② 李茂春主编《新编迪庆风物志》，云南人民出版社 1999 年版。

坐在一起，一边吃点心、喝酒，一边唱诵送葬的歌。当地藏族对尸体肢解和水葬的过程并不感到恐惧，他们认为人源于自然，死亦回归自然。死者水葬后，其家人第二天要到水葬地烧香、祭拜。丧家每隔七日请活佛或僧侣念一次经，也可请本村的老者来念，一直念七七四十九天为止（称“七七超度”），以安抚死者灵魂，希望死者早日得以轮回再生①。

二、水与岁时节庆

依据阿诺德·范·盖内普（Arnold van Gennep）的观点，时令节庆是以“季节性或年度性再现”为特征的一种过渡仪式，包括岁时节庆、保卫领土的仪式、献祭和朝圣等与季节相关的所有周期性仪式活动②。水作为人们生产、生活中不可或缺的重要物质，与西部各民族的节庆活动紧密融合，形成了丰富多彩的节庆用水习俗。

（一）挑新水

水的吉祥意义以及人们对水的赐吉祈福，总是通过特定的民俗来体现的。西部乡村普遍有正月初一挑新水的习俗。人们把新年清早挑回家的第一担新水称作吉祥水，认为它可以给全家带来好运。黔南的布依族，新媳妇在大年初一都要早早起床，争先恐后地到井边挑第一担水，因为最先挑到的一担水最为吉祥。到了井边，每人要烧三炷香、三张纸钱。三炷香表示对水神的崇敬，三张纸钱算是支付的买水钱。新人挑新水的习俗体现了布依族崇水、敬水的心理。云南景颇族盛行“背新水”的习俗，并伴有祭祀活动。人们来到井旁或泉边背新水时，首先要焚香烧纸，还要征得“水鬼”的同意。景颇族认为，水中都有水鬼，必须尊崇，所以人们每逢大年初一都要祭祀水鬼，祈求水鬼保佑风调雨顺、人畜安康。经过祭祀后取得的新水，便成了水鬼赐福的媒介，被视为吉祥之水。云南的彝族把正月初一挑新水称作“打净水”。打净水由身强力壮的小伙子负责。他们来到井边，先焚香烧纸，然后向水神龙王献上祭品，（向井中抛撒五谷），表示对龙王赐给风调雨顺、五谷丰登的回报，希望来年继续给予恩赐。祭祀完毕，小伙们便挑上满满一担水回家。据

---

① 张实《云南迪庆藏族水文化》，《云南师范大学学报》（哲学社会科学版）2011年第3期。

② Arnold van Gennep, *The Rites of Passage*, trans. by Monica B. Vizedom, Gabrielle L. Caffee, Chicago: University of Chicago Press, 1960.

说这浸润过五谷祭品的水，能够给人们带来好运①。

云南迪庆藏族有在大年初一“抢头鸡水”的习俗。初一清晨鸡鸣头声后，家家户户的主妇就起身，背上水桶，带着水瓢、神香、松枝，并在瓢中装入五谷，赶往河边或泉水边。来到村旁的水边，人们将松枝插入水中，用石块压住，然后将瓢中的五谷等倒在松枝的根部，燃香祭祀水神后，才开始将河水或泉水舀入桶中，待水桶装满后背回家中。背水的途中不能与他人讲话，背回的水先倒一碗供奉在神龛的佛像前，其余的分别添入水缸中和架在火塘上的铁锅中，以祝愿自家一年中都能吉祥如意。据当地人说，抢头鸡水的习俗由来已久。传说大年初一的清晨，水神会将宝石撒入水中，勤劳早起的人就能在水中捞到宝石，从而富贵吉祥。同时，当地藏族认为大年初一的“头鸡水”是人间最吉祥的净水，可以献给神灵，可以洁身，也可以洗涤一切污垢和不祥之兆，给人们带来光明与幸福②。苗族亦有类似的有关金水银水的传说。据传苗族的祖先为了造福后人，鼓励勤劳奋发的后裔子嗣发家致富，在每年的第一天要开一口金水银水井供早起的人挑水回家。据说抢到头一担水的人就会富贵兴旺，所以人们在这一天都会早起，争先恐后地到井边抢挑头一担水。抢到头担水的人要用一张纸串上三炷香，插到井边，后来者如法炮制并按先后顺序依次插香。这样，每一个挑水者的名次都很清楚，便于祖先把富裕水赐给最勤劳的人③。

壮族地区有大年初一“买新水”的习俗。大年初一清晨，人们听到第一声鸡啼，便挑着水桶来到河边或井边，挑回新年的第一担水。有的地方在挑新水时，还要放鞭炮、烧纸钱，因而称为买新水。挑水时，还有人念诵祷词，或在河边唱山歌，或互祝新春好运。人们称这新水为吉祥水、伶俐水，象征新的一年的吉祥如意，消灾除祸。如光绪《镇安府志》载：“元旦，未明时，民家各提瓮汲新水，意取涤除旧事也。汲而归……旋烹茶，点香烛，列油团、米花、粽饭、果蔬、酒馔，拜天地、祖宗、父母毕，绅者诣官署称贺，然后互相拜贺。”新的一年，以“汲新水”拉开序幕，足见壮族对水的重视④。广

① 向柏松著《中国水崇拜》，上海三联书店 1999 年版。

② 张实《云南迪庆藏族水文化》，《云南师范大学学报》（哲学社会科学版）2011 年第 3 期。

③ 向柏松著《中国水崇拜》，上海三联书店 1999 年版。

④ 丘振声《壮族水文化发微》，《民族艺术》1998 年第 4 期。

西凌云、平果一带的壮族则把正月初一的新水称为智慧水。喝了智慧水，人就会变得聪明能干。大年初一黎明时分，壮家青年女子便提着灯笼去挑智慧水。先默祭，然后齐唱讨水歌，唱完后依次下河挑水。关于智慧水，当地还流传着一个奇妙的传说：每年正月初一子时，智慧神都要派两位身穿红衣紫裙的仙女，抬着精美的花瓶到河里换水。仙女换水时把瓶里的水倒入河中，这时河里的水就变成了智慧水，若赶在此时前来喝水，便能获得智慧[①]。

（二）泼水节

泼水节是在傣族、阿昌族、德昂族、布朗族和佤族等民族中盛行的节庆活动，其中尤以傣族地区最具代表性。每年傣历六月（公历4月）中旬，傣族都要欢度傣历新年，亦即泼水节。传说，远古时代，人间的风雨晴阴、冷热季节都由天神捧麻点腊掌管。但捧麻点腊无视天规，乱行风雨，乱施冷热，使人间雨旱不分，冷热混淆，灾难无边。创世神英叭派遣英达提拉神来接替捧麻点腊的职务，但恶神捧麻点腊本领高强，拒不交出权力。善神英达提拉通过恶神的七个女儿了解到恶神的致命弱点，七姐妹为消除恶神带给人间的灾难，决定大义灭亲。趁恶神熟睡之际，七姐妹用恶神的头发拴住他的脖子，勒下了恶神的头颅。但恶神的头落地后滚到哪里，哪里就燃起熊熊大火。姑娘们情急生智，她们把恶神的头抱起来，火就熄灭了。就这样，七个姑娘轮流抱着恶神的头，每人抱一年，一年一换，傣家人才有了幸福的生活。从此，傣族人民便把消除灾难获得幸福的这一天定为全年之首——新年。过新年时，人们为了怀念和感谢杀死恶神的七姐妹，都要泼水为她们洗去身上的污血，扑灭身上的火焰。久而久之，便形成了泼水节的习俗。

在云南西双版纳的曼远村，泼水节的头一天，全村人要挑清水到寺庙中为佛像洗浴。泼水节当天，家家户户都要在一张小篾桌上放上两碗肉、两包用芭蕉叶包着的剁生，半斤糯米饭，当年的少许谷种，以及一些瓜果蔬菜、花生玉米等，送到佛寺中赕佛。同时，每家都要背一背河沙，提一瓶清水，在佛寺旁边垒起一个沙堆。沙堆上插一根树枝，用一根棉线一头拴在树枝上，一头拴到佛寺中，并在沙堆前平一个沙台，供上竹笋、肉、饭等祭品。全村人先集中到佛寺拜佛，然后围坐在沙堆周围听佛爷念经，人们一边听经一边将清水滴洒在沙堆和树枝上。赕佛仪式结束后，前来参与本村过节的基诺族、

① 向柏松著《中国水崇拜》，上海三联书店1999年版。

哈尼族朋友和外村的傣族朋友纷纷上去抢走祭祀供品，本村人则家家户户争着去抢下一段棉线，接下来便是人们相互泼水祝福。当地人认为，新年这天浴佛、赕佛、堆沙滴水和相互泼水，能够助天降雨，求得风调雨顺、五谷丰登。泼水节的神话传说和泼水节习俗表明，西双版纳傣族的“赕新年”，实质上是一个助天降雨、祈求丰收的水崇拜仪式和农耕礼仪①。

（三）其他与水相关的节庆习俗

人们以水赐吉祈福，往往与期望身体安康无恙紧密相连。出于人们对水的健康功能的信仰，产生了喝水、浴水以求得健康的一类习俗。一些民族在某些特定的日子，饮用或沐浴某些特定地点的水，认为由此便能健康、长寿、无疾。云南云龙县白族一年一度的春水节，就包含着这种意义。节日活动在云龙县包罗乡的一个水塘——春水塘举行。当地人称塘中水为“春水”或“福水”。每年立夏，村民们都要带上青梅红糖，结伴来到塘边过春水节。人们席地而坐，用塘中的水泡上青梅红糖，然后举杯对饮，彼此祝福。据说，喝了这种水，能够预防肠炎、胃病等疾病，保障身体健康。云南丽江的傈僳族也有类似的习俗，在立夏前后三天赶“臭水会”。丽江香兰河东村附近有一股常年喷涌不息的泉水，当地傈僳族称之为“臭水”。臭水其实不臭，其名是取其浑。每到立夏前后三天，泉水便发出叮叮咚咚的响声，并逐渐由清变浑，呈微红色。人们认为，喝了这样的浑水，能够防治肠炎和胃病。所以，方圆三四里的傈僳族、纳西族、彝族、白族等族村民都要在这几天前来赶臭水会，在泉边用浑水洗蒸气浴、煮饭、烧菜，表现出对泉水健康力量的虔诚信仰②。每年农历七月初七是壮族民间的“乞巧节”。节日当天夜里，壮族妇女会专门到河边、泉边汲水封存起来，留作治病之用。人们借助“乞巧”的由头，赋予水防病保健的神奇功效，增强了水的祥瑞色彩。

居住在青藏高原和河谷地带的藏族，在藏历七月上旬风和日丽的日子里，常常举行“沐浴节”，以洗涤一年的污秽和不洁。沐浴节一般在藏历七月初六至十二日举行，为时一周，故又称沐浴周。节日期间，藏族群众无论男女老幼，都要到水流平缓的河里或溪里洗澡、擦身。他们白天清洗衣服和被褥等，当夜幕降临，弃山星当空出现时，人们纷纷脱衣下河，开始

① 郭家骥《西双版纳傣族的水信仰、水崇拜、水知识及相关用水习俗研究》，《贵州民族研究》2009 年第 3 期。

② 向柏松著《中国水崇拜》，上海三联书店 1999 年版。

圣洁的沐浴，洗去身上的污垢，游泳嬉戏，消解疲劳。据说这个时节的河水犹如甘露，具有甘、凉、软、轻、清、不臭、饮不损喉、喝不伤腹八大优点。经弃山星照过的水均成了药水，可以涤邪祛病，消除罪孽，预防百病，确保安康。有的地方，沐浴后大家还要聚在一起喝青稞酒和酥油茶、吃糌粑，唱歌跳舞，一直等到弃山星隐没山后，才心满意足地回家①。

三、水与宗教祭祀

宗教是人们对超自然力量的信仰和崇拜。宗教仪式则是这种信仰和崇拜的外在行为表现。出于对水的虔诚信仰和崇拜，西部各民族将居住地附近的江、河、湖、海、井、泉、溪等各种水体，与水相关的雷、电、风、云、虹、雾等自然现象，以及龙等神话传说中的形象，鱼、鳄、蛇、龟、虾、蛙、鸟等动物都赋予了超自然的神性。人们通过定期向神灵供奉牺牲或物品，同时诵经祈祷，表达对水神的敬畏、取悦，祈求水神的恩赐和庇护。

（一）祭祀水神

祭水神是傣族稻作农耕过程中的一项重要内容。在一年一度放水犁田栽秧时，都要举行放水仪式祭祀水神，祈求风调雨顺、稻谷丰收。祭祀时要置备丰盛的祭品，诵读祭文，然后从每条大水沟的水头寨放下一个挂黄布的竹筏，待其漂到沟尾后，再把黄布拿到放水处祭祀。除了由各条水沟和各村社分别祭祀外，还要由水利总管“召龙帕萨”亲自主持对各条水沟与渠道的总祭祀。有一份《杀鸡祭水神祷词》，反映了这一祭祀情况，现抄录如下：“今年是吉祥的年份，本官奉议事庭和内外官员之总首领松笛翁帕丙召（召片领）之命令，赐为各大小水渠沟洫之总管。我带来鸡、筷、酒、槟榔、花束和蜡条，供献于境边渠道四周之男女神祇，请尊贵的神明用膳。用膳之后，敬求神明在上保佑并护卫各条水沟渠道，勿使崩溃或漏水，要让水均匀地流下来，并祈望雨水调顺，好使各地庄稼繁茂壮实，不要让害虫咬噬，不要使作物受损。让地气熏得粮食饱满，保各方粮食丰收。请接受我的请求吧！”②

红河上游的花腰傣世代傍水而居、临江而渔、濒江而浴，江水大涨时还在江滩边打捞上游冲来的柴薪，自古便与江水结下了不解之缘。当地人认为

---

① 张实《云南迪庆藏族水文化》，《云南师范大学学报》（哲学社会科学版）2011年第3期。

② 郭家骥著《西双版纳傣族的稻作文化研究》，云南大学出版社1998年版。

有江河湖泊的地方，就有司水的神龙，因此把祭祀水神的仪式称作“祭江龙”。在戛洒江的坝达村，祭江龙固定于每年农历三月首个属牛日举行，地点在发启河与戛洒江交汇处的江心巨石上。仪式历时一天，祭祀当天禁工一日，尤其禁止入江撒网捕鱼。祭祀仪式开始时，祭司“伙色”登上探入江心的巨石，先把红线捆扎的黑色男装和花腰带用一块扁石压住，口中一边念念有词，一边取尖刀杀鸡滴血祭神。等到助祭的“伙穆”们在江滩上协力杀牲后，伙色又割下三根猪排和一块猪后腿肉献在石上。牺牲烹熟后，伙色取一碗猪肉、一碗鸡血、鸡肠、猪头、猪脚和整鸡，面朝江水在巨石上依次点香、献饭、献肉和添酒跪拜，邀请神灵前来享用圣餐，代表全寨祈求水神赐福免灾，保佑村民行船入水平安，捕鱼捞柴收获丰足。祭过神灵后，伙穆们将祭牲平均分配给提锅背箩前来共餐的各户男性家长。大家围聚江边滩地，一边分享着敬神的祭品，一边共同祈愿着全寨的平安祥和[①]。

哈尼族各支系普遍存在着对水的祭祀，各个村寨都要在一定的时间对水源头、水井、河流、河沟等进行全寨性的祭祀活动。祭祀时要供奉鸡、猪肉及糖果糕点等，由巫师主持进行祭祀，念诵有关敬畏、乞求水神保佑水源充足、五谷丰登等的祭词。各地的哈尼族普遍使用水井蓄水，因此对水井的祭祀是水神祭祀中较为典型的。各个地区祭祀的时间、次数等不同，有的地方一年一祭，有的一年两祭，但每年都要进行。在祭祀之日，各家都要到水井边用松树枝或竹枝把水井周围打扫干净，供上各种肉食及糕点等供品，插上香，然后由村中的长老或巫师念祷告水神的祭词，求水神保佑水源充足，水中不生长小动物，人们饮水之后能够健康等。除了全寨性的祭祀活动之外，各个家庭还要对自家稻田中的水沟神或水泉神进行不定期的祭祀，有的家庭在每年播种前及收获后都要进行祭祀。

云南西盟的佤族每年重要的宗教活动始于祭祀水神。佤族居住在半山坡，村寨中一般没有水井和河流，生活用水用竹子搭成水槽从山上的泉水出口处将泉水引入村寨，因此对于各个村寨来说，每年修补水槽、祭祀水神是一项重要的活动。在每年年底，全寨人都要出工修补水槽，同时对水神进行祭祀。当地人认为水槽里也居住着水神，祭祀水神能够保佑水流畅通，一年四季清

① 赵文娟著《仪式·消费·生态——云南新平傣族的个案研究》，知识产权出版社2013年版。

水不断。其过程通常是：第一天每家出人到村寨外去修补水沟，第二天砍伐竹子对村寨内的水沟进行修补，第三天请巫师祭祀水神，看鸡卦卜凶吉。在祭祀活动结束的时候，全村还要举行传统的重大节庆活动——拉木鼓。全村人通宵达旦地吃喝、唱歌、跳舞[①]。

云南寻甸等地彝族举行作斋祭祖大典时，要同时祭祀水神。其做法是在斋期的最后一天举行驮水仪式，由毕摩念经，把一只带角的雄壮绵羊赶到有水源的地点去，并在水边祈祷水神供给族人圣洁之水，而后由羊把水驮回来进行供祭。平时，当地人视此水源为“神泉”或“神井”，严禁人畜进行糟蹋。在武定、禄劝一带，过去作斋亦要选斋场附近的长流水，由同宗之人用竹筒贮回祭祀。同宗人将取水处作为保佑本宗的水神之所在，并以其作为同宗的标志，而与他宗相区别。彝族所盛行的龙崇拜，就其内容而言，实际上是水崇拜的一种，故许多地方把龙神作为水神来祭。如云南弥勒西山的阿细人，以水塘或龙潭作为龙神的象征，逢农历三月阖村杀猪祭祀。昆明西山谷律一带的彝族，称祭龙为“下铜牌”。每年农历五月“下”一次，由村中长老主祭，地点在泉水边。祭时全村老幼齐集祭场，点三尺余长的高香，对水叩头、烧纸祷告，并由主祭者将铜牌拴在一青年潜水者的颈上，令其潜入水底，将铜牌放在出水口。铜牌有手掌大，上刻“恭请龙王降雨”的字样。若此祭祀后三五日内降了大雨，村人应再至泉边烧香磕头，潜水者再将铜牌取回，用红布将其包起来供次年用。谷律以东大勒姐、小勒姐、妥基、也嫞、大兴、北门等村的彝族，逢农历三月的第一个龙日祭龙。是时，村人在龙潭边杀一头猪，向龙潭供肉、酒、菜、饭，磕头跪拜，点香烧纸，以求不受水旱之灾[②]。

壮族在合处节期间要举行祭水源的活动，由村中长老率领众人抬着鸡、猪肉等祭品来到村寨水流的源头，先摆供品，焚香祭祀，然后清理水源。祭水源的目的在于消除洪灾，保障终年清水不断。此外，壮族有祭水泉的习俗，村民们常在水泉口建庙，于庙中立石作为供奉对象。壮族老人每月初一、十五都要到山泉口边的小庙里去烧香，向石头敬祭山泉。在枯水季节，烧香祭

① 郑晓云《云南少数民族的水文化与当代水环境保护》，《云南社会科学》2006年第6期。

② 何耀华《彝族的自然崇拜》，载宋恩常编《中国少数民族宗教》（初编），云南人民出版社1985年版。

泉更为频繁隆重，以祈求山泉不断流。如遇断流，则要集资行大祭。在小庙前杀猪宰羊，请巫师祈祷，请求山泉开恩重涌清泉。

基诺族有祭水塘的习俗。在基诺族的观念中，天干天旱、风调雨顺等均与水塘有关，所以各村都设有一个水塘作为公共祭祀的场所。每遇天旱，就要举行祭水塘活动。先在村中长老家杀三头猪，将猪头挂在竹竿上，立在长老家门前。长老和各家家长则头戴草帽，身穿蓑衣，来到水塘边祈雨，在水塘边摆上槟榔、盐巴、芭蕉叶、酒、肉等供品祭祀水塘。然后大家跳进水塘捞泥巴，象征性地修水塘以蓄水。

土家族敬奉井水灵。土家族山寨大都有一口井，既供饮用，也供人们敬奉。据说井水长流不断，是因为井水神力所致。如婴儿满月，首先要祭拜井水，舀水给婴儿喝。当地人把这种祭祀称为“出月祭水”。又如认为小孩命中缺水，难以养大成人，也要拜祭井水，并以水取名，如水清、水生、水秀等等。再如远行回归故里，也要先祭拜井水，捧一捧水喝，表示洗去风尘，驱除邪气疾病。

四川木里俄亚纳西族主要敬奉流经其居住地的苏达河、东义河、冲天河三条河流。其中，东义河流经区域最广，河水流量最大，又成为最主要的祭祀对象。每年农历三月初三，村民们便来到东义河与苏达河的交汇处，举行祭水神仪式。每年参加祭祀水神的人由东巴卜卦选定，通常选定八九户，每户出几个人，最终由二十三人组成祭神队伍。祭水神这一天，人们纷纷到河边擦澡，将脱下的破旧衣服扔到河中，让流水冲走。意味着河水把身上的污秽冲洗得干干净净，来年才会有好运。直接参加祭祀水神的人家带上鸡、猪膘肉、米饭、黄酒、酥油、菜、香等，摆在河边作为敬奉水神的祭品。祭祀由本地东巴主持，东巴的妻子陪祭。参祭的人全体面向河的上游下跪，燃香磕头。东巴念经，祈求水神保佑今年风调雨顺，五谷丰收，人丁兴旺。祭毕，各户人家在河边支锅，烧菜做饭，就地野餐，相互祝福敬酒，共享祭品①。

（二）祭祀海神

作为我国少有的海洋民族，京族民众的信仰是以海神为核心的多元信仰。由于海上风云变幻、神秘莫测，出于畏惧，人们只能把生活的平安和生产的

① 向柏松著《中国水崇拜》，上海三联书店1999年版。

成败寄托在神灵的庇护之上，因而形成了供奉镇海大王、海公、海婆、水口大王等神灵的自然崇拜，相关的宗教祭祀活动也较多。白龙镇海大王是地位最高的神，被京族奉为可以保护渔民出海平安、战胜海贼、保佑海域安全和赐予人民生产丰收的精神领袖之神。他们把镇海大王的牌位放在哈亭中供奉。每年哈节，村民们集队举旗，抬着神座到海边将镇海大王迎回哈亭祭拜。祭神当天，师公诵读祭文，"哈妹"唱歌敬神。每年农历腊月二十至二十八日，渔业互助组织的"网头"都要率领"网丁"们拜神，"做年晚福"。同伙作业的网丁聚集一起，由网头主持做年晚福仪式，祈求海公海婆保佑来年海上平安，生产丰收顺利。京族人还在渔船的船头设"海公"和"海婆"的神位，每次出海前都要在神位前焚香祷告，祈求出海平安和渔业丰收。在新年里第一次出海捕鱼、放鲨网之前，也要到海上拜祭海神，祈求神灵的庇佑[①]。在平日的生产中，如新的渔网结成，在未下水之前，人们也会准备祭品前往海边祭神，祈求下海平安、来年丰收；如果海产失收，亦同样备办祭品前往海边拜祭。若遇某家有"邪魔"作怪，使得人畜不宁、家门不旺，或是野神作怪，致使海业失败，则要请师傅来驱妖治魔。届时，师傅手持一根火把，口含一口滚热的油作法喷洒，俗称"过油获"。当地人认为这样就能驱邪除魔了。与宗教活动相适应，京族地区建有各种各样的庙宇，主要包括六位灵官庙、三位灵婆庙、三位婆婆庙、四位婆婆庙、本境土神庙、高山大王庙、陈朝上将庙、十五殿、镇海大王庙、伏波庙等。每个庙宇的祭期和祭品大致相同，每逢初一、十五必焚香祭拜。其中六位灵官庙是京族庙宇中规模最大、陈设最齐的一个，且被认为最为灵验，终年香火不断[②]。

（三）祭祀圣湖

青藏高原湖泊众多，当地藏族认为湖泊中居住着西藏的护法神灵，将其尊为神湖或圣湖。许多湖泊被藏族视为神湖而倍加崇敬。他们有绕神湖转经之举[③]。

摩梭人视水为神灵，把自己居住地的江、河、湖、泉等作为崇拜祭祀的对象。洛水、南泛、左所等地的摩梭人习惯祭祀泸沽湖，他们称泸沽湖为

---

① 任才茂《京族海洋民俗探论》，《贺州学院学报》2012 年第 1 期。

② 廖国一《东兴京族海洋文化资源开发——环北部湾地区边境旅游研究系列论文之一》，《西南民族大学学报》（人文社科版）2005 年第 1 期。

③ 刘伟《简论西藏泛神的信仰》，《中国藏学》2008 年第 4 期。

“谢纳咪”，摩梭语意为“母湖”，即把泸沽湖视为母亲女神。泸沽湖是摩梭人先民的发祥地，沿湖的摩梭人世代以泸沽湖丰富的水产资源为主要生活资料，繁衍生息，绵绵不绝。他们祭祀泸沽湖，祈望母湖能够源源不绝地赐给生活资源，保佑风调雨顺、五谷丰登、降福免祸、人丁兴旺。时至今日，当地摩梭人还保留着传统的“转海节”。转海节期一般为正月初五至初十，有的地方是农历七月十五。转海节期间，人们穿上节日的盛装，以村或户为单位，骑马或步行绕湖一周，边走边祭，往湖里投熟食和水果，敬奉湖水水灵，祈求赐予人畜平安，免遭湖水泛滥之灾①。

① 向柏松著《中国水崇拜》，上海三联书店1999年版。

第二章　山谷文化

中国是一个多山的国家，众山之中，五岳为尊。《尔雅》说“山之高而尊者称为岳”，可见岳即为山中的高崇者。五岳便是最为高大最受尊崇的大山。山岳本属于自然物质世界，然而在中国传统文化中，山岳却被赋予了自然物质以外的诸多含义，成为显示人文象征的符号。《礼记》曰：“今夫山，一拳石之多，及其广大，草木生之，禽兽居之，宝藏兴焉。”《论语》曰“仁者乐山”，《韩诗外传》解释说：“仁者何以乐山？山者，万人之所瞻仰，草木生焉，万物殖焉，飞鸟禁焉，走兽伏焉。生万物而不私，育群物而不倦，出云导风，天地以成，国家以宁，有似夫仁人志士，此仁者所以乐山也。”崇山观念和山岳信仰，一直是中华文化的人文精神基因。当原始先民们面对巍峨壮观的山岳和发源于峻山险谷中的河流，对其高耸入云的磅礴气势、兴云布雨和孕育万物的神秘力量感到困惑不解时，便产生了对山岳的敬畏和崇拜。正是这种崇山的心理和对自然的崇拜，导致了原始神话和原始宗教的出现，而神话与宗教反过来赋予山岳以神圣性。不仅中国文化中原始性的昆仑神话与后起的蓬莱仙话这两大精神文化体系，无不与山岳有着不可分割的联系，而且崇山观念和山岳信仰，自“帝尧命舜摄位望于山川”、西周敕封“五岳”“五镇”起，一直伴随着中国农耕社会漫长的发展史，对中华文化的发展产生巨大的影响。道教、佛教吸收了中华山岳文化的精髓。历代王朝也接受原始的山岳文化及民间文化中的崇山理念，建立起符合自己利益和为其服务的上层文化。五岳自古地位崇高，曾被看作“三公”，江、河、淮、济四大川曾被视为诸侯，其余的一些山川曾被视为伯、子、男。五岳各有神君，东岳泰山神君姓圆，名常龙；南岳衡山神君姓丹，名灵峙；西岳华山神君姓浩，名郁狩；北岳恒山神君姓登，名僧；中岳嵩山神君姓寿，名逸群。历代王朝关于五岳、五镇（最初为四镇）的诏令，不绝如缕，而且大张旗鼓地进行立祠、封禅、祭祀等活动，把五岳、五镇看作是五方、九州的镇州之物，当作接通天地、江山永固、国土完整、国运绵长的象征，作为东西南北中五方和五行观念的体现，赋予这些圣山以深厚的人文意义，并因此建立了历代王朝恪守不渝的国家常祀之礼。除了著名的五岳之外，在漫长的中国农耕社会发展史中，几乎每一座山都被一个人造的神祇主宰着，而这个人造的神祇，也就成了这座山的精神代表①。

第一节　山与山崇拜

中国的西部，高原起伏，群山高耸。对巍峨山岳的敬畏、崇拜和信仰，使得西部各个民族创造了众多的山神神话和形象，形成了颇具特色的山崇拜文化，诚如《抱朴子·登涉》所言："山无大小，皆有神灵。山大则神大，山小则神小也。"

一、雪山崇拜

有着"世界屋脊"之称的青藏高原高山环绕、雪峰兀立、峡谷深切，境内纵横延展着许多巨大的山系，高大山系间又绵延盘亘着次一级的一条条山脉，矗立着一座座巍巍雪山，山脉之间流淌着大江大河。高原由北向南的山体主要有：昆仑山脉—阿尔金山脉—祁连山脉；东昆仑山脉—巴颜喀喇山脉；喀喇昆仑山脉—唐古拉山脉；冈底斯山脉—念青唐古拉山脉；喜马拉雅山脉等。这些山脉在青藏高原境内形成了自西向东的五大山系与河谷，而横断山脉则以南北方向横卧在高原的东部。特殊的地理环境和气候条件，使得历史上曾经生存于这些巨大山系中的不同族群，对矗立于眼前的陡峭险峻、直插云霄、终年白雪皑皑的庞然大物心生畏惧和神秘之感；对周围所产生的自然现象，特别是那些会危及人们生命财产的地震天火、风雪冰雹、滑坡塌方、滚石洪水等自然灾害，更感到束手无策，难以抗拒。于是，先民们认为这些巨大的山体和每一座雪峰都是神灵的化身，主宰着风云雷电、雨雪冰霜和狩猎、农耕、采集的丰歉。而这些神灵的喜怒哀乐，与人们的生产生活以及命运息息相关：神喜，则风调雨顺、六畜兴旺、收获丰足，人们平安健康；神怒，则风雪肆虐、山崩地裂、洪水暴发，危及人们的生命和家园的安全。因

① 刘锡诚"序言"，载游琪、刘锡诚主编《山岳与象征》，商务印书馆2004年版。

此，先民们只有虔心供奉、顶礼膜拜以取得神灵的欢心，才能求得神灵的庇护和保佑。这使得雪山（神山）崇拜成了高原上以藏族为主的各个族群最根本、最重要的崇拜习俗[①]。

二、山神崇拜

山神崇拜是重要的自然崇拜之一，亦是中国古代十分普遍的宗教文化现象。天子祀五岳，百姓祭本地名山。上下几千年，各个民族创造了众多的山神形象和各具特色的山崇拜文化。山神观念是山崇拜文化的核心。它的形成经历了两个主要的层次或阶段，即山精或山鬼观念和山神观念[②]。

（一）山精或山鬼观念

山精或山鬼观念是在万物有灵观念的基础上产生的。深山密林之中，古木参天、杂草丛生、百兽共居、千禽栖息。人走进深山，不见天日，怪声四起，似乎有众多的幽灵在漫游。而一些罕见的怪兽忽隐忽现，更使人相信山中有精怪或鬼魂。有些人一旦看到没有见过的怪兽会吓得魂飞魄散，回家后便大病一场。加之山中毒虫、毒草甚多，有些人不慎被毒虫叮咬，或被毒草触伤皮肤，回家之后，被咬、被触之处便会肿胀、疼痛。人们不知其因，误以为是山精或山鬼所为。凡此种种，使人们相信山中有山精或山鬼，并认为它们是专门害人的恶灵。居住在山区的民族一旦有病，便以为是山鬼所致，须祭山鬼才能康复。这种观念在 20 世纪 50 年代前后仍在一些民族中有所保留。

独龙族称山鬼为“齐不朗”。他们认为，山鬼能使人全身酸痛，因此，但凡患病，就必须祭祀山鬼，并要请巫师主祭。第一次祭用两瓶酒、两只鸡，拿到屋外树下祭祀。倘若第一次祭不好，需用一头猪或牛，以及更多的酒来祭第二次。祭祀时，将猪（牛）脚捆住挂在树上，将病人也拉出房子，由巫师念祭词，请求山鬼享用祭品后离开，保佑病人早日康复。巫师念完祭词后，便开始杀猪或牛，然后以肉、酒再祭一次[③]。

---

① 南文渊《青藏高原的神山类型及其信仰意义》，《大连民族学院学报》2013 年第 2 期。

② 下述有关“山神观念的形成及其类型”的论述参见何星亮著《中国自然崇拜》，江苏人民出版社 2008 年版。

③ 参见中国科学院民族研究所、云南省民族研究所编《云南省怒江独龙族社会调查》（调查材料之七），1964 年印。

拉祜族称山鬼为“姆美尼”。人们上山砍树归来身体不适或得了病，便认为是冒犯了姆美尼，家人要用小篾笆一块，上面放一团米饭、一个鸡蛋、一对竹片、一对蜡烛供奉，并用活鸡一只在寨边树根下抓扑几下，表示“叫魂”。回家后杀鸡看卦。若第一次占卜的卦不好，需再杀鸡看卦，直到出现吉兆为止[①]。

西藏僜人认为，在他们居住地四周的高山上，有一种女鬼。高山女鬼是善良的鬼，不吃人，但有报复性。据说冰川的活动和泥石流的发生，就是高山女鬼对人类报复的结果。因此，在巫师的送鬼仪式中送高山女鬼的规模要比送别的鬼的规模高。此外，山坡上也有鬼，所以荒地不能多开，否则会触怒山坡上的鬼。对于已经垦种的土地，在一些特殊的日子里是不能下地劳动的。例如，妇女生孩子的一定时期，丈夫不能到地里劳动，生男停止劳动五至十一天，生女停止劳动四至十天。不仅如此，就是同村的居民也要停止劳动两天：一天是婴儿出生之日，一天是在婴儿出生四五天后。僜人认为，妇女生孩子是污秽的事情，秽气不但生孩子的家庭有，也会带给全村。因此，全体村民都必须在特定时期停止劳动，以避免秽气蔓延到山坡上，冲犯了那里的鬼而使庄稼霉烂或减产[②]。

上述民族中的山精或山鬼尚未人形化，仅是隐隐莫测的灵体。因此，山精或山鬼崇拜是山崇拜的初级形态。它可能与其他精灵崇拜一样，产生于旧石器晚期或中石器时代。至新石器时代，随着神灵观念的产生，山精或山鬼演化为山神，形成了山神崇拜。

（二）山神观念

山神崇拜大多是在山精或山鬼崇拜的基础上形成的，是更高一级的山崇拜。山神与山鬼的主要区别有三：其一，山神是善良的，是人们的保护者；而山鬼是邪恶的，是害人的、使人生病的。其二，一座山一般只有一个山神，而山精或山鬼往往有多个。其三，祭祀山神一般都有固定日期，并且是集体祭祀；而祭祀山鬼往往无固定日期，仅是人患病时才祭祀，而且多为病者家中单独祭祀。

---

① 参见《中国少数民族社会历史调查资料丛刊》修订编辑委员会编《拉祜族社会历史调查》（二），民族出版社 2009 年版。

② 张江华《僜人的原始宗教及其社会影响》，《西藏民族学院学报》（社会科学版）1989 年第 2 期。

大多数山神观念的形成与山精或山鬼观念密切相关，它是更高一级的抽象思维的产物。原始先民们认为，每一个民族、每一个部落都有首领，居住在山中的众多的山鬼也必有自己的首领。这个山鬼之首后来便逐渐演化为主宰整座山的山神。如前所述，在西藏僜人的山鬼信仰中，便可看到山神观念的萌芽，高山女鬼的形象正是山神形象的胚胎。另有一些山神是由氏族或部落的图腾演变而来的。在万物有灵观念产生之前，既无山精或山鬼观念，亦无山神观念，大多数氏族或部落都把某种动物或植物视为自己的亲属或祖先而加以崇拜。万物有灵观念产生之后，一些居住在山中或山下的氏族或部落便把自己的图腾加以神化，奉之为山神。例如，牦牛一直是藏族的一个古老图腾，因而在许多神话中山神的化身均为牦牛；鄂伦春族、鄂温克族和达斡尔族等民族崇拜熊、虎、鹿等动物，其所敬奉的山神形象亦往往是神化了的熊、虎和鹿等动物。在经历了漫长的发展和嬗变之后，形成了以下多种类型的山神观念。

1. 司禽兽之山神

山林中栖息着众多的飞禽走兽，以山林为依托的狩猎生产是游猎民族赖以生存和发展的基础。然而，并非每次狩猎都能如愿以偿，猎获时多时少，甚至一无所获。在游猎民族看来，山林中的禽兽都是由山神掌管的，每次狩猎能打多少禽兽，取决于山神的喜与怒。山神高兴时，猎人就能满载而归；山神不高兴时，猎人则空手而回。因此，猎人们出猎前都要祭祀山神，祈求神灵保佑狩猎顺利；狩猎归来后也要以猎物祭祀山神，感谢神灵的赐福。这种观念长期保留在我国部分民族当中。

鄂伦春族认为，山神“白那恰”专司禽兽，每次入山狩猎，无论猎获多少，也无论猎获什么野兽，全凭山神的恩赐。据说山神日夜在林中走动，因此人们进山打猎时，禁止高声喧哗，避免触犯山神。凡山间古树、怪石均可被视为山神栖居之所，猎人至此，须向其叩头礼拜。建于山顶上的“敖包”，便是人们供奉山神的处所，人们途经此地，要下马捡几块石头或树枝添上，并叩头祈祷。猎人每次经过刻有山神形象的大树时，都要像对长辈一样给山神装烟、叩拜和敬酒。打到猎物时，要给山神上供，用新鲜的兽血、禽血涂山神像的嘴部，以示谢意①。进山狩猎和伐木的达斡尔族，都要敬献山神白那

① 赵复兴《鄂伦春原始宗教研究》，《内蒙古社会科学》1990 年第 3 期。

查，在他们的心目中，“白那查”是隐居深山、助人为乐的“恩神”，山里的野兽和林木，全是他所管辖的财产。猎物的多寡，伐木的安全与否，全是由白那查的意志来决定的。因此，每当人们在野外就餐饮酒，必须先用食指蘸酒向天弹三下，并行把食物向上捧举之礼，以示对白那查的敬仰之心，求他多加赏赐猎物和时时刻刻的保佑①。

云南怒江独龙族也认为山神司禽兽，他们出猎前用苞谷面、荞面做成虎、豹、熊、野牛、野猪、麂子等动物的形象。到猎场后，把这些动物的形象放在一棵大树前，献祭山神“且卜拉”。众人把衣服和毯子铺在地上，齐唱祈祷歌：“司野兽之神啊，请听我们的祷告吧！我们将带着的酒以及用面做成的诸兽呈献上，请你收下吧！我们是来打猎撵山的，我们以上述诸物和你换取野兽，熊换熊，虎换虎，野牛换野牛，一点也不亏待你呀！求求你快放出你的野兽吧！若是天神因失了野兽而降罪于你，就以面做的兽充抵，就以衣服和毯子充抵兽皮吧！”②

大理山区的白族认为山神有三个妻子，分别管理各项狩猎活动：一个管用扣子捕获野兽，一个管以弓箭射中动物，一个管拿枪打到野味。因此猎到野兽后，就要同时献祭这三个神灵。祭品为一只母鸡、一碗瘦肉和一些纸钱。怒江白族也认为山神管辖各种飞禽走兽，除每年正月初三要祭山神外，凡上山狩猎的人出猎前还要祭祀一番③。在广西毛南族的观念里，每一座山都有一个山神，山神的神职是管辖山里的各种动物。他们在打猎之前，要烧一张白纸、一炷香祭祀山神，乞求山神把山里的动物放出来，赐给他们更多的猎物。他们猎获野兽之后，要杀只鸡来供奉山神，感谢山神的恩赐④。

2. 司雨水之山神

许多大山高耸入云，山上林间风大云多、雨水充沛。早晨常常云雾缭绕，傍晚每每细雨纷飞。下大雨之前，山上乌云滚滚，似乎雨云是从山中升起的。古代先民们不理解雨水的成因，以为天降大雨是山泉被吸上天空再喷洒下来，于是相信山神有兴云布雨之神职。《荀子·劝学》云：“积土成山，风雨兴

---

① 莫日根迪《达斡尔族的宗教信仰》，《内蒙古社会科学》（汉文版）1981 年第 3 期。

② 参见《中国少数民族社会历史调查资料丛刊》修订编辑委员会编《独龙族社会历史调查》（一），民族出版社 2009 年版。

③ 参见詹承绪、张旭著《白族》，民族出版社 1996 年版。

④ 蓝树辉《毛南族原始宗教初探》，《广西民族研究》1989 年第 4 期。

焉。”《礼记·祭法》称：“山林、川谷、丘陵，能出云，为风雨。”《尚书大传·略说》载：“山，……出云风以通乎天地之间，阴阳和会，雨露之泽，万物以成，百姓以飨。”山神能兴风雨的观念促使上古的人们每逢遭遇干旱时，便上山祭祀山神，祈求降雨。

部分彝族认为山神有掌管晴雨的神职。当久旱或久涝严重影响庄稼生长时，就必须到神山对面的献山林中祭祀山神，许愿纳吉。祭品多用酒、米和香。献祭后开念《献酒经》；念毕，寨中老人跪下磕头许愿，祈求山神上奏天界，降雨或天晴以拯救这方百姓和生灵；祭毕，烧两张纸钱在一杯酒里，将酒洒在插香的升上。许愿后若降雨或天晴，消除了灾情，则土司需买牛还愿。牛买好后，将牛藏在只有买牛人知道的地方。献祭的头天晚上，买牛人悄悄将牛牵到献山林中，路上不能碰见任何人，否则此牛不能祭献，必须另买一头。祭祀开始时，土司拈三炷香点燃插入香升，然后递一杯酒给掌坛师，掌坛师接酒献祭。这时枪手放枪，参祭人放鞭炮。接着杀一对鸡血祭，掌坛师念《祭山经》《交牲经》，然后杀牛献祭①。

3. 司鬼魂之山神

灵魂不灭观念产生之后，人们相信人死后灵魂离开躯体而继续存在。在图腾崇拜盛行的时代，人们都相信人死后灵魂会返回图腾圣地，等待着再次投胎转世。图腾崇拜衰落之后，代之而兴起的是人死灵魂下到地狱或升入天堂的观念。而有的民族则认为，人死后灵魂回归山林，因而山神兼有司鬼魂之神职。

云南姚安县左门彝族认为山神主管死人魂魄，因此上坟要先祭山神，否则它将降灾于死者和活人。如有新故之人，则要到山神前杀鸡祭祀。祭时先将鸡血用碗盛于山神之前，并对之叩头三拜。山神用石块代替，安于一棵树根之前，此树即为坟地之“山神树”。鸡、猪耳朵等菜肴做好后，再各盛一碗至山神前献祭。但羊肉不能献祭，据当地人说，羊一年四季生活在山上，为山神所有，以羊肉献祭会引起山神不满，而鸡为家养，祭之无妨②。

4. 保护神

不少民族的山神身兼数职，既司禽兽，又司雨水，同时还管理庄稼、树

---

① 参见卢央著《彝族星占学》，云南人民出版社 1989 年版。

② 转引自何星亮著《中国自然崇拜》，江苏人民出版社 2008 年版。

木。有些民族甚至还认为山神主宰生育和人间祸福，将山神视为村寨或地区的保护神。

山神是白族最重要的自然神灵之一。当地人认为，山神的神职很多：既管山，又管地；既管禽兽、牲畜，又管庄稼、树木等。大理山区的白族在种荞子、收玉米、上山伐木和进山狩猎时都要祭祀山神，祈求五谷丰登、六畜兴旺、捕获丰足。他们认为如果不祭祀山神，庄稼就会歉收，牲畜就会死亡①。

狮子山的干木女神是永宁纳西族最为崇拜的山神。据说她主管永宁地区的人丁兴旺、庄稼丰歉和牲畜增减，同时还管婚姻和生育，管胎儿的性别。因此，人们对干木女神十分崇拜，定期祭祀②。

彝族认为山神是自然诸神中最有力的神，风雨雷电、庄稼收成、狩猎顺利与否等都与山神密不可分。因此，他们在狩猎、种地时要祭山神；每逢久旱无雨或久雨成涝时要祭山神；兵荒马乱、社会动荡时要祭山神；甚至出远门去当官、读书或走亲戚时也要祭山神③。云南的其他一些民族，如布朗族、傈僳族和独龙族等，同样把山神看作万物的主宰和权力最大的神灵，掌管着山、地以及人们的生产、生活和祸福，每年祭祀山神是当地最为隆重的仪式活动。

三、山崇拜的仪式

如前所述，长期生活于西部高原山区的藏族、羌族、土族、纳西族等民族，往往将当地的高山和雪峰奉为神山，每逢节日或喜庆之时，尤其是丰收的秋季，每家每户都要派出一人奔赴高山峻岭或原始森林，对山神进行供奉和祭祀。就藏族来说，目前藏族聚居地区广泛流行的神山祭祀活动主要有煨桑、拉泽、放风马和转山。

在祭拜山神的各类仪式中，点燃松柏枝煨桑是最为常见和便利的祭祀方式。煨桑是一种烟祭，“桑”在藏语中有“清洗、涤荡、断除”等净化之意。

在嘉绒藏族聚居地区，每到藏历的二月二十一，各寨便要举行敬山神的煨桑仪式，以企盼神灵保佑农牧业来年丰收。大家先用柏树枝和花椒树枝叶，

① 参见詹承绪、张旭著《白族》，民族出版社 1996 年版、。

② 参见中国科学院民族研究所、云南省民族研究所编《云南省宁蒗彝族自治县永宁纳西族社会及其母权制的调查报告》（宁蒗县纳西族调查材料之三），1964 年印。

③ 参见卢央著《彝族星占学》，云南人民出版社 1989 年版。

扎成束状，下端呈三叉形置于地上，在周围堆上四大捆柏树和松树的枝叶，形成桑堆。桑堆的两旁各置青稞面团二十五个，复以青稞面制作的大盘二十五个，盛以蜂蜜，置于面团之侧。这两种祭品都要放成五行一列。正面桑堆前则放青稞面五碗和用五色彩线束好的柏树枝五束。这些柏枝束必须要放成一排。一切准备停当，巫师（后期祭祀山神时，也有的由藏传佛教喇嘛主持）便开始念诵经咒。等经咒诵完后，便由巫师将桑堆上的松柏枝叶用火点燃。此时大家便在巫师的指挥下，将供品由上而下、从左到右，一件一件地投入正在燃烧的桑堆之中。先投青稞面团，再投小柏树枝束，然后倒青稞酒，最后倒蜂蜜[①]。当地人认为，煨桑不仅能净化周围环境、消除秽气等，袅袅升往高空的桑烟还可起到“达神”“迎神”的目的，吸引天上神灵的注意，使得神灵感到愉悦而降福人间。

煨桑是藏族聚居地区最为流行的祭拜方式，无论是在高山上、寺庙里，还是在每家每户的屋顶上，都能看见袅袅升起的桑烟。传统的藏族家庭清晨起来要做的第一件事就是煨桑。

“拉泽”是重大节庆日时以村落为单位举行的大型祭山神仪式，场面极为隆重而盛大。以四川省甘孜州新龙县为例，当地至今仍然沿袭过藏历“十三年”的古老民俗。而十三年中最重要的活动便是村民们会集在本村的神山顶上举行拉泽仪式祭拜山神，祈求山神祛病消灾，福佑村中百姓。“拉泽垛”在新龙本地藏语中称为“色卡”，指在各村落的神山顶上用木剑、经幡、树枝、石堆等筑起的方形祭台，被视为对山神的供养，代表人们为山神修建的住所。而成年男子于节庆日在神山的拉泽垛上插箭的仪式就被称为拉泽仪式，又名“插剑”或“造山神”仪式。目前，关于拉泽仪式的历史渊源藏族各聚居地区说法众多，但无论哪种解释，都会提到山顶标示、寄魂之所、悼念军将、祭祀神灵等，而拉泽垛（箭垛）的来历也基本与尚武的雄性精神和军事历史事件有关。新龙男子在拉泽仪式中会将系有彩色布条及经幡的旌旗插于拉泽垛上，同时还会为英武善战的山神制作木刀、木剑并插于拉泽垛上，以助山神消灭妖魔鬼怪。

在正式举行拉泽仪式的前几天，男人们便开始为供奉山神的各种事宜忙

---

① 魏强《论藏族山神崇拜习俗》，《中央民族大学学报》（哲学社会科学版）2010 年第 6 期。

碌起来。首先，村中的青壮年男子会到山上砍下桦树枝，为装点山神准备“松星”。制作松星时，先把白鸡毛或白羊毛拴在砍下的桦树枝上，然后挂一些彩色布条（不同的颜色有着不同的象征意义，例如蓝色象征天空，黄色象征大地，红色象征生命等），最后在树干上缝上经幡。接着，每个成年男子还将为山神精心制作一个长六七尺并涂有红色、绿色的木刀或木剑（部分村落则是系红绿两色的绫绢），其中绿色象征生命，红色意为辟邪。有的村落还会在木剑上绘上老虎、猫头鹰、牦牛等动物图案或是“八祥瑞”“八宝图”等吉祥图案。在新龙藏族看来，松星是山神喜爱之物，而木刀、木剑可助山神惩治邪魔，护佑一方平安。“十二”日（相当于农历除夕）晚上，男人们还会在厨房的墙、门、大梁、柱子等处刷上水或酥油，然后用面粉在刷水或酥油处涂绘“雍忠”（意为永恒）、“八宝”（意为财富）、“海螺”（意为名扬四海）、“如意”（意为吉祥如意）等图纹，以祈求神灵保佑来年五谷丰登、财运亨通、家庭幸福安康。

根据各村落的习俗，在“十三”或“十五”日举行拉泽仪式当天，一大早人们便会为祭拜山神而盛装打扮，男子身着氆氇装，佩戴“嘎乌”，与其他藏族聚居地区相比，新龙男子在着装上较为特别的是会将长发缠上红发辫，并将象牙圈和银戒指套在红发辫上。据说缠红发辫源于新龙的民族英雄布鲁曼在征战中惨烈牺牲时鲜血染红了头上发辫的历史故事，象征着英勇善战、威武不屈的斗士精神。男人们相信这样的盛装打扮将有助于获得战无不胜的山神青睐，从而降临凡间收取刀剑旗帜，降服妖魔鬼怪，保卫村庄安全。这一天，家中的良马也同样会被饰以华丽的马鞍，喂上好的草料及香浓的奶茶，以保证其有充足的体力载着主人登上神山之巅。

盛装打扮后，男主人便打开大门，在客厅里摆满酒、肉、酥油、果品、“色措”等食品，然后煨桑，抛撒青稞，念诵各类经文及祈福词，以求本地区山神、雪域诸山神及其他众神保佑五谷丰登、牛肥马壮、家庭和睦。最后高喊敬语，以示对山神等神灵的尊重。经济条件较好的人家还会请一些僧侣在自家“经堂”内念烧香经和护法经。而女人们早起后第一件事便是点火塘以示吉祥，然后去河边背水将家中所有水柜盛满“圣水”，藏语称为“色曲”“倭曲”，意为“金水”“银水”。

之后，一家人便围坐在一起享用早餐。这天的早餐相当于团年饭，极为丰盛。坨坨牛肉、风干牛肉、酸奶、奶糕、“卓马马格”（人参果煮熟加酥油制成）、“久马”（血肠）、“卓九”和“果子”（均为做成吉祥图案并用油炸熟的面食）等美食都会被主人家提前准备好并在这天早晨摆满一桌，以此共庆新年的到来。

享用完丰盛的早餐，男人们便在太阳升起之前备好献给神山的各类供品，肩挎木剑及松星，骑上骏马，浩浩荡荡地前往本村落所在的神山参加一年一度的拉泽仪式。按当地的说法，越早到达神山，越能表达自己对山神的虔诚供奉之情，而第一个到达神山拉泽处的人，福报也是最大的。

当天，村中寺庙的喇嘛们也会赶到神山上按佛教仪轨主持拉泽仪式，迎请山神降临，收取刀剑旗帜，享用供品，祈求山神保佑村中百姓幸福安康、畜牧兴旺、五谷丰登。喇嘛们首先会在神塔边点燃柏枝，然后向山神敬献茶酒、五谷、果品等供品，同时赞颂佛法僧三宝、雪域诸神山及本土神山，念诵《世界煨桑》《当地山神之煨桑》《贡布本日煨桑》《嗦嘎》等吉祥的经文，并不断地敲锣击鼓以配合做相关仪轨。

喇嘛念经的同时，男人们则手握木刀、木剑围着拉泽转三圈，以示对山神的尊敬、忠诚。其间会有部分人上拉泽垛里将一些废旧破损的木刀、木剑及松星取出来，以便为新制的木刀、木剑及松星安排插置的空间，然后将它们插在拉泽垛上，意为装饰和武装山神。人们相信山神有了武器，任何妖魔鬼怪便都不敢侵扰村庄了。

此外，部分村中还会选出德高望重的长者总结一年村中的大事，一些村落会跳“阿拉足”舞。

为使山神欢喜，尽快降临人间，男人们还将挥手向高空抛撒五彩的“风马”。祭山的男子们口中诵唱着神山的赞美词。顿时，神山上的人群吼声四起，爆竹声、枪声也此起彼落，响声震天，神山上空则是桑烟缭绕、旗幡猎猎、风马飘飞，整个场面热闹非凡①。

转山，顾名思义，即围绕着神山徒步行走。这也是一种山神祭拜形式。神山是供人朝拜的地方，藏族民谚云，围绕神山转一圈可清除一生罪孽，转十圈可在五百次生死轮回中免遭堕入地狱之苦，转百圈即可于今生今世成佛。同时，藏族群众还认为，如果在转山过程中去世，其实是一种造化，因此不

---

① 王瑜《藏族山神崇拜习俗浅析——以四川省甘孜州新龙县为例》，《四川民族学院学报》2012 年第 2 期。

少上了年纪的老人也加入了转山的队伍。藏族一般会选择家园居所附近的神山来进行转山，而且会在相当长的时期内定期去转山，通过虔诚的祭拜仪式来表达对山神的坚定信念，从而获得内心的安宁。以安多藏族聚居地区的藏族为例，每年藏历七八月间，牧民们便开始转神山。当地藏语称之为“日苏”，意为“祭山”。这一地区所崇拜的山神是冈仁波齐，其在藏北牧民心中占有重要的地位。过去，牧民们往往是全家一齐出动，几个或是十几个家庭成群结队前往冈仁波齐转山。一去少则几个月，多则几年，还有的人干脆就在冈仁波齐一带长期定居。后来，牧民们一般在藏历马年转冈仁波齐。按照传统习俗，只有男子才可以去转神山。转山前要请僧人念经，向山神敬献哈达、酥油、奶渣、牛毛绳或一些贵重物品。在转山的过程中则要煨桑，放置刻好的玛尼石。有的藏族会选择在著名神山的朝转年转山，对名山进行朝拜。相传，著名的神山会在十二生肖年中某个固定的年份做东，邀请各路山神到该神山一聚。这一年便是其最佳朝转期。若是在神山的朝转年转山，则功德倍增。在墨尔多、五台山等地，常常可以看到来自各地的转山者双手高举过头顶，再缓缓收回于胸前，然后全身向前缓慢扑倒，直伸双臂，前额触地，起身后前进一大步再拜。转山者不辞劳苦，历尽磨难，以这种“五体投地”的虔诚方式向山神表达自己的顶礼膜拜①。

世居于青藏高原的土族，为了祭拜高原上巍峨的神山，特意修建了一些象征性的建筑，作为沟通人神的通道和中介。此类象征性的建筑主要有“玛尼堆”“崩康”“俄博”等。在土族村庄附近的高山或山坡上，常常可以看到一些刻有经文图符的石堆或是用土堆砌而成的柱形土堆，上面插着挂有经幡的树枝或旗杆，这便是玛尼堆。当地的信徒们每次走过玛尼堆必磕头默默祈祷，或在石堆上添放一些石块。人们相信祭拜这些石堆可以保佑地方平安，所以他们常常在这里祭拜山神。崩康。指建在山顶或村落路口等处的四方形亭子，四周有六根或八根圆柱，中间是一个土砌的没有门窗的土屋，里面放有一寸大小的泥佛、宝瓶等。瓶内装有金银珠宝、珍贵药物、四方宝土、五谷粮食、茶叶、五色线、酥油和生活用具等。土族相信这是神灵所依之处，对它进行祭祀膜拜可以抵挡冰雹等灾害，保佑一方平安。修建崩康需选择吉

---

① 李晓丽《浅谈藏族的山神崇拜及其文化内涵》，《中央民族大学学报》（哲学社会科学版）2012 年第 5 期。

日，请活佛前来诵经，为崩康举行奠基和开光仪式。届时，活佛诵经请山神落居于业已建好的崩康，意为安神。然后活佛大声念诵开光祭祀经文，参加开光典礼的群众煨桑、磕头、口诵六字真言。“俄博”。俄博的修建与崩康一样，需选择吉日，并请喇嘛前来开光祭奠。俄博的下面埋有写着符文的木桩、碗、狗头、砖、羊毛、五金、杂粮、花卉、茶叶和棉花等物，上面堆放一些石块，插有木枝、矛、弓箭和写有经文的布条。俄博往往修建在土族崇拜的神山之巅，也可建于其他山豁口。土族祭拜山神的仪式，除了与藏族相同的煨桑、插彩箭、放风马和转山外，还有祭杀活羊和放生等。祭杀活羊是土族每年求雨祭拜山神时常采用的一种祭拜形式，几乎全村的人都参加。届时，将宰杀一只公羊献给山神，还要诵经，举行跳神活动。祭拜活动结束后，全村的人挨家挨户轮流上山煨桑，一直要持续到秋收以后。如果土族家中遇到不幸便会问卜，向山神放生或向山神许愿、还愿放生。放生多以鸡、羊为主，放生以后的鸡、羊等被认为是山神的神鸡、神羊，不能随便伤害，只能任其自生自灭。除此之外，土族的山神崇拜还通过诵经、洒青稞酒、点酥油灯、投放钱币等祭拜活动表现出来①。

纳西族将玉龙雪山奉为神山，在纳西语中称为“雾鲁”，意为“银石”。它是北半球最南靠赤道最近的雪山，长江南岸的第一高峰。相传纳西族全民信仰的民族保护神“三多”是玉龙雪山的山神，玉龙雪山是他的栖息之地和化身。三多神属羊，有时会化身为一块或轻如树叶，或重如雪山的神奇白石，而每逢纳西族与敌人战斗，他总是以面如白雪、目如闪电、身着白盔白甲、骑白马、持白矛的形象显灵，帮助纳西士兵战胜敌人。纳西族世世代代都对这个雪山之神、民族之魂顶礼膜拜。在玉龙山麓白沙乡玉龙村头，有一个供奉该纳西民族神的“三多阁”，又名北岳庙。每年农历二月初八，是这个民族神的生日，各地纳西族都要祭拜他。从 1987 年起，每年的农历二月初八便成为法定的纳西族民族节日——三多节。远离玉龙神山，身在异乡的纳西游子每年也都要祭“三多”，一直延续至今②。

其他一些生活在西部山区的少数民族，如彝族、苗族、瑶族、怒族、拉祜族、独龙族、基诺族、布朗族、傈僳族等族，由于他们的生产生活与大山、

---

① 金官布《土族山神崇拜》，《青海民族学院学报》（社会科学版）2006 年第 4 期。

② 杨福泉《藏族、纳西族的人与自然观以及神山崇拜的初步比较研究》，《西南民族大学学报》（人文社科版）2005 年第 12 期。

森林密不可分，因此山神崇拜普遍存在于这些民族的原始宗教信仰当中，并成为其自然崇拜的重要组成部分。以彝族为例，山神祭祀是众多祭祀活动中较为隆重的，可以按“祭主”的不同分为以村寨为单位的集体祭祀和以家庭为单位的个人祭祀。云南大理鹤庆县的“葛泼”支系，在每年的农历三月十五这一天朝山赶会。届时，全村人到山中有山神庙或山神树的地方杀牛祭献山神，烧香磕头朝拜“灵山老祖”，场面热闹异常。居住在大理市漾濞县北部、巍山县永建乡、者摩一带的彝族，每年的正月初四这一天都要举行祭祀山神的活动，称为“赶牛马会”。祭祀地点在山上，村中以每两户为单位轮流充当围头人。轮到的人家负责备办羊和鸡。届时，每户出一个成年男子作为代表，未成年人则都参加。他们拉着羊，提着鸡（必须是全身长红毛的大公鸡），拿着米和纸钱、香火来到山上，点燃香后杀鸡宰羊，把羊血、鸡血滴几滴在山神树的根部。祭献结束，由祭司“阿毕”或村中长辈带领，一一对着树下跪磕头。阿毕或长者在旁边念诵祈求山神保佑五谷丰登、牲畜平安的祭词。祭毕，大家煮一锅稀饭同吃。人们将已加工好的羊肉和鸡肉吃掉一部分，留下一部分生的羊肉和鸡肉按户分配，让各户来的人带回去给留在家中的人吃。居住在巍山县五印乡举雄村的彝族，也有类似的祭山活动，于每年的农历二月初八举行赶“山神会”。各家各户在山神庙前杀鸡，拿回家煮熟后，又拿来庙前供奉。供奉时烧香，由家里一名男子跪在庙前，口中念着祈求山神保佑六畜兴旺、人畜平安的祭词。祈祷完毕，把供品抬回家，全家一起享用。曲靖的彝族认为，山神是一种集多种神灵于一体的神，主宰人畜安宁、兴旺。每每遇到农事或狩猎，必须先祭山神。传统祭日在农历二月初八，村民以酒肉、农具和猎枪为祭品，祭司念祭词，参祭者用刀砍、锄地、割草等动作象征一年耕作的开始，祈求山神保佑生产丰收、人畜平安。而在以家庭为单位进行的山神祭祀活动中，山神往往扮演着家庭保护神的角色。例如，贵州毕节三官镇的彝族，除每年三月初三、六月初六、九月初九定期祭献山神外，凡遇家中办事、出远门、家人生病，甚至鸡被鹰抓走，均要献祭各家的山神，祈求神灵保佑。献祭仪式简单，花费亦很少，当事人只需提出请求，杀一只公鸡并将其毛、血粘在树上即可①。

正是出于对自然神灵及其象征——神山的敬畏和信仰，生活在西部高原

---

① 陈永香、吴永社《论彝族的山神崇拜》，《楚雄师范学院学报》2006年第2期。

和山区的各族人民确立了人与自然的和谐关系。由于神山神圣不可侵犯，因而对人们的行为构成了一定的约束，产生了一些禁忌，要求人们必须遵守。例如，不能随便在神山上砍伐树木、破坏森林、乱采滥挖、打猎杀生等。如果触犯了禁忌，将会遭到山神的惩罚，殃及人的健康、牲畜的兴旺或收获的丰歉。因此，神山区域内往往集中地保留有不同的自然景观、不同的植被系统和不同的动物种类，构成了不受人类干扰的自然生态系统。可以说，神山崇拜的自然观和生态观客观上起到了保护当地自然环境，维护生物多样性和生态平衡的重要作用。

第二节　山谷民居

聚落文化是在长期的历史发展过程中，在特定的地理环境和社会经济背景中人类活动与自然相互作用的综合结果，体现了特定地域环境和一定历史时期的人地关系、社会经济基础和丰富多彩的民族文化等。中国西部地区地缘形貌复杂，高原起伏，群山连绵，河流广布。生活在山区和河谷地带的各民族在历史的长河中，在迁徙、流动的过程中，受到复杂的地缘形貌的制约，特别是山川的阻隔，逐渐形成了“大杂居、小聚居”，“既杂居、又聚居”的聚落形态。而由于居住的地理环境和气候条件的不同，以及经济活动方式、社会组织结构、观念形态和宗教信仰等的差异，不同地区的不同民族无论是在聚落选址、空间布局、民居建造，还是在建筑结构和建筑装饰等方面都显现出独特的地域特征和民族文化特色。

一、山谷聚落选址与布局

聚落的形成和发展是自然、历史、社会、文化等因素共同作用的产物，是各民族对自然环境积极适应的结果。西部各民族大多居于山区或河谷地带，山水意识强烈，十分尊重和敬畏环境，大多数聚落的构建都是采取顺应自然的方法，依山顺势而建，聚落的基地一般亦没有统一的形状和规格，呈现出多样化的特点。许多山居民族常常“依山傍险而居”或“依山而寨，择险而居”，把聚落建在山腰、山梁、山麓或山坡上，根据山脉走向和地形的变化来营造自己的居住空间，力求与周围自然环境高度和谐，浑然融为一体。

在选择聚落或村寨基址时，除了因应自然、因山就势，与自然山水相契合等朴素的自然观和生态意识外，由于深受中国古代玄妙的风水理论的影响，许多少数民族同样讲求“背山面水、负阴抱阳”等风水观念。以西南地区的侗族为例，侗族生活在群山连绵、溪流纵横、九山半水半分田的典型山区，为了方便生活和利于生产，侗寨大都选址于缓坡、山坳和谷地之中，聚落环境强调依山傍水，尤其讲究山与水的和谐。侗族村寨大多背靠起伏的大山，面临蜿蜒的溪河，山脉遇水而止。之所以选择这样的山水配置和聚落格局，原因有二：其一，侗族认为“寨前平坝好插秧，寨后青山好栽树”，背山面水的地理环境无疑有助于侗族传统农业的生产和发展，有利于侗族人口的生存与延续。其二，由于深受古代风水观念的影响，村寨选址讲求取势纳气，注重山、水等自然要素的配置。侗族认为，蜿蜒起伏的山脉可称为“龙脉”，山脉遇溪河、平坝戛然而止之处俗称“龙头”。龙头面朝环绕的溪流和开阔的平坝，背靠起伏跌宕的龙脉，村寨建在这样的龙头处，侗族称之为“坐龙嘴”。坐龙嘴的村寨因为顺应了风水，就能够人丁兴旺、风调雨顺、五谷丰登。因龙头后面龙脉来势凶猛，侗族便在后山龙脉上多蓄古树、箐竹形成“风水林”，以镇凶邪，保一寨平安；同时在溪河上建造风雨桥，以锁财源。侗族在聚落选址中十分重视风水因素，村民们相信只有根据龙脉来落寨，并根据龙脉的走势来规划村寨的各类建筑，才能使村寨受到龙的庇护而福祉不断。因此，侗乡的大部分寨子就坐落在山谷边的缓坡地带，按家族划片居住。大的村寨，往往一个家族居住一个龙嘴、共用一片坟地。广西三江侗族自治县林溪乡的马安寨，可谓是侗寨选址的典型实例。村寨背靠迴龙山，面临沿山脚三面环绕的林溪河，寨前是开阔的稻田平坝，溪河上建造有两座风雨桥：寨东北的平岩桥和寨西南的程阳桥。寨内民居典雅古朴，鳞次栉比地围绕着处于中心位置的鼓楼而建，村寨与自然环境有机地融为一体，构成一幅和谐的画卷①。

云南红河沿岸的哈尼族在建村立寨之前，巫师“摩匹”都要先行察看山体，即要察看山梁走向和山脉长短，判断左右两边的山形、垭口是否构成威胁，山头是否有树林。“选定新寨址和坟地时，都要认真查看周围的山头及山脉走向，寨址和坟地后边都要有坚实的‘靠山’，有较长的山脉走向，中间不被河流隔断（认为在这种地方生下的孩子后脑饱满、天资聪明），左右两边要有山头环抱，这种山头叫作‘博腊’，即福泽的屏障。寨子左边的山为阴山，

① 程艳《侗族聚落及其文化初探》，《重庆建筑大学学报》2004年第2期。

右边的山为阳山，认为阴阳相配寨子才会兴旺，人丁才能繁盛。前方目力所及处要有山脉横枕，这样才会招财致富。”① 在选择村寨地址和宅基时，哈尼族不仅重视山区的地形、地势、地貌等环境特征，同时注重族群人口数量的增殖和群体的发展。在《哈尼族古歌》第八章“普祖代祖”（安寨定居）中，这种环境选择的思想得到了清晰的展现：“哈尼先祖来安寨，安寨要找合心的寨地。哈尼的寨子在哪里？在骏马一样的高山上；哈尼的寨子像什么？像马尾垂在大山下方。大山像阿妈的胸脯，把寨子围护在凹塘。……寨头的山梁像三个手指，一直伸到寨子头上；中间的山梁是寨子的枕头，两边的山梁是寨子的扶手。……寨子下面有三个山包，三个山包是寨子的歇脚，有了歇脚寨子才稳。……再瞧安寨的地方，有块平平的凹塘，这是白鹇找食的去处，这是箐鸡出没的山场；有了这样的凹塘，人种会像泉水一样流，庄稼牲口会像河水一样淌。……再瞧寨头的山坡上，有没有浓密的神林，神林像不像筷子一样直，神树像不像牛腰一样壮。……又瞧寨子的山坡上，有没有姑娘眼睛一样的龙潭水，滑亮的石头底下，是压着泉眼的地方。有了人喝的好水，生得出好儿好女；有了牲畜喝的好水，放得出好牛好马；有了庄稼喝的好水，种得出好庄稼。……再瞧寨子的坡脚，有没有高大的万年青树；又瞧寨子的平地上，有没有云彩样的大树。选好了合心的寨地，还要栽三蓬竹子，三蓬竹子栽在哪里？栽在寨头的土里；安寨还要栽棕树，三排棕树栽在寨头；栽下的棕树不会活，一寨的哈尼就没有希望。”② 正如哈尼族迁徙史诗《哈尼阿培聪坡坡》所唱述的：“惹罗的土地合不合哈尼的心愿，惹罗的山水合不合哈尼的愿望。先祖抬眼张望，高山罩在雾里，露气润着草场，山梁像马尾披下，下面是一片凹塘 …… 横横的山像骏马飞跑，身子是凹塘的屏障，躲进凹塘的哈尼，从此不怕风霜。……上头山包像斜插的手，寨头靠着交叉的山冈，下面的山包像牛抵架，寨脚就建在这个地方。”③ 哈尼族的先民在砍草立寨时，位于山腰处的“凹塘”往往是其首选的福地。就自然条件来说，凹塘形式的

---

① 李期博《哈尼族原始宗教探析》，载红河哈尼族彝族自治州民族研究所编《红河民族研究文集》（第一辑），云南大学出版社 1991 年版。

② 西双版纳傣族自治州民族事务委员会编《哈尼族古歌》，云南民族出版社 1992 年版。

③ 云南省少数民族古籍整理出版规划办公室编《哈尼阿培聪坡坡》，云南民族出版社 1986 年版。

山凹谷地在地理空间上形成相对封闭的小区域，背风暖和，不易感染瘟疫和疾病。此外，这样的地形条件构成了哈尼族躲避灾难和邪恶的天然屏障，是“恶鬼恶魔难找到”的令哈尼族中意的地方，因而成为哈尼族理想的定居地点①。

在甘肃省的东南部，黄土高原与青藏高原交界处的多山地区，地势起伏较大，海拔高达3000—4000米，属高寒湿润大陆型气候，长冬无夏，日照强、气压低而含氧量少。严酷的自然条件，使得高原上宜居的小环境稀少且分散，当地藏族在选择聚落基址时，除了要选择避风、向阳、邻水之处，还要综合考虑山体坡度、河谷开放度、河滩朝向、水量以及山体的土质与稳定性等多方面的因素。甘南藏族聚落的选址多由寺院中资深的僧侣担当，经仔细观察山势和地貌后确定，通常选择面南背北的向阳坡地。坡地应比较平缓，多为低矮大山的余脉，村落基址应选在山体延绵、地势起伏自然均匀之处，避开奇峰怪石、悬崖峭壁，既避风向阳又避开不稳定的地层。山势绵长的山脉形成年代较为久远，地壳稳定，山体风化作用强，有较厚的土壤和植被，可用于农业生产和获取建筑材料。面山前方开阔，或山形中间高、两侧低，宛如展翅欲飞的雄鹰，既具有良好的心理取向，同时又不会阻挡早晚的阳光，地形的内聚感较强。面山的阴坡由于地表水分的蒸发量较南坡少，植被丰富，亦可就近取材建设房屋。聚落的背山上部可以放牧，下部河谷地带可以耕田，亦可就地取土，夯筑建房。除了观山相土外，选址的另一重要事项就是察水。高原河流多为冰川融水，季节性十分明显，水的综合利用要求水质好且水量充足，以便在冬季枯水期提供生存保障，因此理想的聚落选址为河谷附近的坡地。这也正应了《管子·度地篇》中“高勿近阜而水用足，低勿近水而沟防省”的规划思想。概括而言，山地藏族聚落的选址综合平衡了山、水、风、土、人、林等多种环境要素之间的相互关系，选取物质交流可能性最大、对人类多种行为适宜性较强的穴点位置进行建设，为解决高原土地总量充足而宜居土地相对不足的矛盾，形成大分散、小聚居的聚居格局和依山就势的居住形态②。

---

① 邹辉、尹绍亭《哈尼族村寨的空间文化造势及其环境观》，《中南民族大学学报》（人文社会科学版）2012年第6期。

② 韩晓莉、李志民、王军《河源干旱地区人居环境调查与研究——甘南藏族山地聚落的生态适应性浅析》，《华中建筑》2007年第1期。

就山谷聚落的分布格局而言，由于受地势形貌、气候条件、水文植被等自然因素的制约，聚落往往散布于高山之上、丘陵缓坡、河谷台地或者山间盆地。聚落的规模，或沿山脚蔓延，或顺溪流平伸，或随峒场的宽窄向四面扩展。聚落的形状，或团聚状，或片状，或环状，或条带状，或串珠状。除此之外，由于受民族历史、家族制度、生计方式和宗教信仰等人文因素的影响，聚落分布还呈现出以下几个方面的特征：

其一，聚族而居。人类的居住方式一开始便与他们的社会组织结构和社会生活相联系。在民族共同体形成和演进的过程中，氏族、部族、部落联盟是几种最基本的形态。一些民族在氏族部落母体内孕育的血缘纽带关系及宗法关系总是顽固地贯穿在整个民族社会历史发展进程中，同一氏族或者不同氏族的人们往往集中居住在同一聚落里。这种“聚族而居”的组群方式，影响着许多民族群体的社会生活，也成为其传统聚落格局的一大特征。直到20世纪50年代，我国一些民族的氏族组织仍是一种最基本的聚落组织形式。如云南独龙江流域的独龙族把具有共同血缘关系的父系氏族集团称为“尼勒”，由尼勒的近亲成员又组成一系列的家族公社，具有血缘关系的家族公社大都分散在一个相邻近的区域内，自然形成有血缘关系的村落，独龙语称为“克恩”。每个克恩除公有土地，还有公共的猎场、渔口和采集场，山岭或溪流通常是各个克恩之间的天然界限[①]。聚居云南景洪攸乐山的基诺族，每个“周米”（村寨）通常以两个“阿珠”或“内珠”的成员为基础组成，阿珠或内珠即为一种由血缘关系组成的氏族或家族。在每个阿珠之下，又以血缘关系为基础分别组成大小不一的“玛”。玛为一种共同居住在一幢公共长房的大家庭[②]。云南镇康、耿马等地仍保留家族公社某些特征的德昂族，把自己的村落称为“牢”，每个牢又由三五个“克勒”（氏族组织）组成。他们把自己的父权制大家庭称为“厚木当”，把大家庭的公共房屋叫作“刚当”，刚当内居住着同一父系祖先的若干代子孙及男性配偶，多则八九十人，少则二三十人[③]。

---

① 宋恩常《独龙族家庭公社及其解体》，载宋恩常著《云南少数民族研究文集》，云南人民出版社1986年版。

② 宋恩常《基诺族的氏族组织及其变化》，载宋恩常著《云南少数民族研究文集》，云南人民出版社1986年版。

③ 宋恩常《镇康德昂族父权制家庭公社》，载宋恩常著《云南少数民族研究文集》，云南人民出版社1986年版。

由同一血缘关系的亲族组成的氏族解体后，形成了不同的家族公社。在家族公社的社会组织形式下，聚落及其住宅建筑常以家族为单位，具有血缘关系及同一祖先的一个大家族或具有共同群体意识的几个大家族组成一个规模较大的聚落——宗族聚落。在现代社会，随着各民族间经济文化交流的加强，许多民族地区的聚落已在很大程度上摆脱了单纯的血缘家族组织形式，多民族、多家族、多房族、多姓氏组成的聚落已比比皆是，但无论是地缘式聚落还是血缘式聚落，宗族群体的血缘纽带联系仍是聚落中一种以生物学事实为基础的“聚落秩序”①。以侗族聚落为例，侗族大都习惯于组成大村落聚族而居，家族在其社会中起着轴心作用。通常一个家族共居一个村寨，家族内常有几个房族，一个房族又由数个家庭组成。例如，贵州黎平县肇兴乡的肇兴大寨，最初仅为一户陆姓兄弟在此安家，现已发展成650户、3500多人的大寨，寨民全部姓“陆”，形成了一个大家族，下分五个房族，组成五个小寨，建有五座鼓楼②。可见，家族是侗族聚落的基本单位，同一家族或同一姓氏的侗族往往围绕着鼓楼聚居在一起，一座鼓楼既代表一个血缘关系的氏族组织，又代表一个聚落。

其二，向心性强。西部少数民族不少居于山区，大多数聚落顺应自然、依山就势构建，没有统一的布局指导思想，但由于少数民族集体意识和“中心”观念强烈，使得其聚落在无序中显现有序，在自由中遵循统一。一般而言，大多数少数民族村落中均有一个作为集体象征的建筑物（或其他物化形式）。这一主要标志物使得整个聚落有着统一整体的向心性，进而成为这个村落布局的统帅。这类标志性建筑往往位于村口或最为显著的位置，并且远远高于所有民居。例如，大理白族村寨常以本主庙和庙前戏台组成的方形广场为中心。哈尼族村寨上方常为一片生长着古老巨树的茂密森林（称为“龙林”或“神林”）。布朗族有寨心桩，周围用石块砌成一米左右的高台，是聚落的群体性公共空间③。而高耸于侗族聚落中的鼓楼，不仅是侗族聚众议事、裁决纠纷、集会娱乐、祭祖庆典以及文化活动的场所，更是侗族聚落的象征和民族组织的徽章，成为侗寨一种不可或缺的重要标志。德昂族聚落中的小乘佛

① 管彦波著《民族地理学》，社会科学文献出版社2011年版。

② 金珏《侗族民居的生长现象试析》，《贵州民族研究》1993年第3期。

③ 刘沛林、刘春腊、李伯华等《中国少数民族传统聚落景观特征及其基因分析》，《地理科学》2010年第6期。

教建筑，藏族聚落中的喇嘛寺，白族聚落区的多层密檐塔等，往往是聚落内群体公共性活动的场所、独特的标志和权力的化身，聚落住宅多以之为中心向四周扩展。这些宗教建筑实际上成了一种聚落联盟的表象，凝聚着整个聚落内的群体①。此外，西北的鄂温克、鄂伦春、达斡尔、锡伯等民族和西南的景颇、独龙、基诺、傈僳、佤、怒、阿昌、珞巴、普米、拉祜等民族在规划建造聚落时，多会开辟一个供开展祭祀典礼之用的场所，以巨石、神树、木桩等作为神的依托，定期或不定期地进行祭祀活动。如苗族山神“嘎嘛”的小屋和起鼓场、阿昌族祭寨神“户撒”的矮墙、普米族祭祀天地之神鬼的“神鬼楼阁”、哈尼族的小神房、瑶族的山神庙等都是聚落群体性宗教祭祀活动的重要场所，也是少数民族传统聚落的向心性空间。

其三，据山扼水，易于防卫。西部各少数民族，由于历史上生活在野兽成群，家支、族际乃至寨际的械斗、复仇时有发生的地理区域内，同宗、同族、同姓的人们常常选择有利于防御的位置建造自己的聚落，并在聚落四周用栅栏、壕沟或围墙合围寨域，通过围墙把聚落内各个单体建筑圈在一起，成为封闭性较强的整体，使聚落内的人们感到好像生活在一个血缘大家庭中一样，有一种依赖感和安全感。如佤族常在村寨四周挖掘壕沟，壕沟前沿埋上竹尖、倒钩刺，用竹木和荆棘围起一个天然的寨墙，并在寨门前修一条密集刺棵、竹篷，密不透光、类似地道、长达一二十米的通道。昔日壮族的一些村寨也具有很强的防御性功能。刘锡蕃《岭表纪蛮》载：“此种村舍，悉含有军事上防御之作用。在依壮环居之蛮峒地方，所见甚多。除各家坚壁高棚，随处开设炮眼而外，村前复建为墙，墙外环植刺丝，兵火不能入。村外如有溪水，则有凌为深池，只有一桥一门可为通道。村后即倚连深远之峒，有警，丁壮御于外，老弱及妇女，悉运家私于峒中，盗即入村，除焚屋外，乃毫无所得。地方稍乱，即严闭栅栏，白昼不启。”② 目前尚存的侗族的卡房“堂瓦”“鼓楼”和羌、藏、彝等族的碉楼式建筑，仍能充分体现昔日西南民族聚落的防御性特征。侗族的卡房（汉称“寮房”）又似哨所，系为防御他族和盗匪的入侵而用四根柱子立起而建成的用以放哨瞭望的楼房。堂瓦又称“聚堂”，是近似鼓楼的寨内集会的场所，楼上置鼓供报警集众之用，为鼓楼的雏

① 管彦波《西南民族聚落的背景分析与功能探究》，《民族研究》1997 年第 6 期。

② 刘锡蕃著《岭表纪蛮》，南天书局有限公司 1987 年版。

形。羌、藏、彝、纳西等民族的碉楼，作为一种防御性能甚强的聚落建筑，一般据山扼水，建在视野十分开阔和地形极其重要的交通要道、山脊梁上或聚落中心。一些碉楼主要用来防御敌患，观察敌情，指挥作战，又称“战碉”。平时不用，战时则携粮入内据守。作战性能较强的战碉又高又大，楼内可容纳大量的物资、武器弹药、生活用具，村中的老弱妇孺和牲畜亦可藏在里面。此外，聚落内的道路多不够完整，呈现不规则状，道路随房屋排列变化自然形成，多为土路、乱石路，宽敞平坦的大道甚少。有些山居民族先建寨后铺路，道路网络无一定格局，时而夹于两幢檐下，时而穿层而过，时而顺山势蜿蜒，纵横交错。有些聚落由于建于非开阔地区，内部空间回旋余地小，房屋紧凑，聚落内仅靠四通八达、曲折蜿蜒的小道相连。这样既是自然环境所致，也极有利于村民的自我防卫。既可拒敌于村外，若被敌人攻入，也可歼敌于阡陌之间[①]。

二、山谷环境与民居建筑

人类对居住空间的选择首先是对自然环境的选择，然后才是对文化环境的选择。聚落空间与自然环境有着相当密切的依存关系，自然环境中的地形地貌、气候、水文、土壤、植被等自然环境要素在某种程度上塑造着聚落和民居的地域特征和空间差异。就地形地貌来说，我国西部地区地缘形貌复杂，既有高高抬升的高原和山地，也有起伏和缓的丘陵，还有低洼的山间盆地和坝子，而且各种形态的地貌往往交错分布，地形起伏急剧，垂直变化明显，地势高度相差悬殊，形成了崇山峻岭、丘陵峰峦、密林深箐等复杂的自然地理景观。地形以高原、山地、丘陵为主，同时又间杂着一些山间盆地和坝子。在地势起伏较大的山区，由于平地狭小，聚落多是在顺应自然山体骨架的基础上自然形成的，因山就势，或大或小，呈现出多样化的特点。而山地的民居建筑，只能尽量利用原始地貌环境中的坡、沟、岗、阜、坎、台、谷、脊、岩、壁等微地貌形态，随高就低修建住房，构成灵活多变的形式。尤其是对坡地的处理，常利用山丘的坡度，或分层建筑使屋顶逐层升高；或利用坡地上不同高度的地面建房，统一屋顶高度，前两层后一层；或出挑楼层和廊檐，前后加撑柱做吊脚，下层存物上层住人；或利用坡度就地砌石筑台，使不同

---

① 管彦波《西南民族聚落的背景分析与功能探究》，《民族研究》1997 年第 6 期。

高度坡台上的建筑高低错落，相互衔接[①]。如西南山区的侗族传统民居，由于山地地形起伏变化较大，民居木楼在建造上十分注重与地形灵活巧妙的结合，民居建筑依山就势采用“吊脚楼”形式和群体组合顺应地势的处理手法，尽量减少对山地地形、地貌的破坏，因而形成民居群在空间上的高低错落，常常是各楼之间廊檐相接，青瓦若鳞，随着地势跌宕起伏；民居群则层层叠叠，紧凑密集，簇拥着处于中心的鼓楼，营造出丰富且颇有气势的空间层次[②]。而四川藏羌地区的羌族碉楼，充分利用河谷半高山台地和坡地上有限的平坦土地，密切结合地形，通过对层数、层高和地坪的调整，分台筑室，使得建筑前低后高，依山而居，不仅节省了土石方量，而且稳固耐久，抗震性能良好。

气候条件对聚落和民居有着显著的影响。这在人类社会发展的早期表现得更为明显。从居住形式的选择来看，气候干冷、多风沙、季节分明的地方，人类早期的居住形式多为选择有利于躲避风寒的各种天然洞穴。气候炎热潮湿、地势低下的地方，则多以巢居来适应气候的变化。随着社会的发展和人口的繁衍，人类的居住形式慢慢地由穴居发展到半穴居，由巢居发展到地面建筑。居住形式的演进，虽然在一定程度上减弱了对自然环境的强烈依赖性，但人类在对自然环境的适应过程中，也更加深刻地认识到气候条件对自身居住环境的影响，所以在选择居住环境、创建聚落建筑时，气候条件是人们不得不考虑的一个重要因素。一般而言，居住在寒冷地区的居民，其聚落建筑主要是突出御寒的功能，民居外形厚实，形式较为封闭，居室的内部空间划分小，有利于保暖防寒。而在潮湿炎热地区，民居凸显的是防暑防潮的功能，要求居室开敞、通风透气。气候除了对一个地区的聚落模式和居室类型有着深刻的影响之外，许多民族独具特色的民居建筑也明显地带有气候环境的烙印。例如，西南山区大部为热带、亚热带高温多雨的气候，由于湿热多雨，山林地区植物茎、叶易腐烂，日照时不断蒸发地下湿气，山区居民常常受瘴气和潮气之害，所以在瑶、苗、侗、壮等民族的聚落建筑中，最为主要的是既可防潮、防瘴气又便于散热通风的干栏式建筑。新疆吐鲁番地区的维吾尔族适应当地干旱少雨、夏热冬寒的气候特点，建筑材料以土坯为主，少用甚至完全不用木料，也很少用石料。青藏高原山地多大风、少雨，当地藏族聚

---

① 沙润《中国传统民居建筑文化的自然地理背景》，《地理科学》1998 年第 1 期。

② 程艳《侗族聚落及其文化初探》，《重庆建筑大学学报》2004 年第 2 期。

落建筑多为石砌平顶碉房，既便于防风御寒，又适宜木材短缺的高寒山区[①]。而哈尼族选择海拔1500米左右的半山地带作为理想的居所，同样是出于对自然环境和气候条件的考量。哈尼族对海拔800米以下的河谷地带怀有恐惧心理，因为这一地区气候炎热潮湿、瘴疠流行，毒蛇、蚂蟥、蚊虫等猖狂横行，人们的生存和发展都受到极大的威胁。而海拔2000米以上的高山地带则气候寒冷阴潮，多为原始森林覆盖，猛兽经常出没其间，人畜存活难有保障。海拔1500米左右的半山地带则冬暖夏凉、气候温和且有利于人类的生产生活，既方便上山打猎和采集，又易于下山种田、收粮[②]。

水资源的分布状况与聚落的存续发展密切相关。史前居民大都“缘水而居”，聚落也相对集中地分布在各大河流域及其支流的台地上，而依山傍水、背风向阳的河谷台地往往是人们最为理想的居住区域。我国古代基于农业经济发展起来的风水观念，在聚落和住宅建筑选址中强调的“风水”要点五诀——“龙、穴、砂、水、向”，与自然地理学中的地质、地貌、气候、水文、土壤等要素相关。这五大要素实质上都与水有关[③]。在一个地区，水资源的时空分布在很大程度上影响着聚落的分布，居处各地的人们在营建自己的居住环境时，大都要考虑并勘察水源。例如，西藏珞渝地区的珞巴族阿迪人在选择聚落地址时，要选择泉水流量最小的11月份作为探明聚址供水量最好的时机，然后在有溪流或泉水的地方架设引水竹管，以解决供水问题[④]。在山区或丘陵地区，水随山而行，山界水而止，人们大都“背山面水”而居，聚落主要分布在谷底、山脚、山麓边缘或是溪流环绕、泉水流淌的地方，以方便获取生活和生产用水。水资源不仅影响着聚落的分布、规模和走向，而且还作为聚落物质要素构成的一个有机部分，以水井、池塘、沟渠等为载体呈现于聚落的生态系统中。在西南山区，侗乡有“五里一水井，十里一凉亭”之说，人们往往在凉亭旁掘地取水，修建水井，把喝水用的葫芦瓢放在井檐上，供人们饮水之用。苗寨的水井多嵌在

---

① 管彦波著《民族地理学》，社会科学文献出版社2011年版。

② 参见邹辉、尹绍亭《哈尼族村寨的空间文化造势及其环境观》，《中南民族大学学报》（人文社会科学版）2012年第6期。

③ 郭康等《风水理论对人文景观的影响》，《地理学与国土研究》1993年第2期。

④ ［印度］沙钦·罗伊著，李坚尚、丛晓明译《珞巴族阿迪人的文化》，西藏人民出版社1991年版。

岩坎下，立面呈半圆形，平面分上下两层，上为饮水用，下为盥洗池，井边有竹筒、葫芦或木叶之类，供路人舀水喝。除此之外，在水文因素中，雨水对聚落建筑中房屋的屋顶、山墙和屋檐的结构也有着明显的影响。在雨水多的地方，为了便于排泄雨水，房屋屋顶的坡度都比较大；墙基厚实，以防水的浸泡；屋檐较深，可防止山墙水蚀和雨水进入室内。在干旱少雨的地方，民居的屋顶多选择平顶。随着雨水量的增减，屋顶的倾斜度和屋檐的深度都要做出相应的变化①。

地理环境对山谷聚落和民居的影响，主要体现在两个方面。其一，地质土壤条件较差的沙漠戈壁、高寒荒漠、石质山地以及地震、泥石流、滑坡等地质灾害时常发生的山区，聚落的分布一般比较稀疏，甚至出现大量的无聚落分布的地带。土壤肥沃、地质稳定的平坝和较开阔的山区，聚落一般都比较密集，且规模较大。其二，几乎任何一种形式的聚落建筑的用料都直接来源于其所依托的自然环境。具体如居住在石山地区的布依族和仡佬族，往往就地取材，以石为基、以石为墙、以石为瓦，建造一个个的“石头寨”。居住在贵州东部盛产杉木地区的侗族和苗族，多用杉木建筑房屋，以杉木为柱、杉板为壁、杉皮为瓦，一个聚落全是杉木的世界②。总之，生活在西部山区和河谷地带的许多民族，聚落建筑基本上都是就地取材，直接取用当地的木料、泥土、石头和茅草等作为主要的建筑材料，不仅节省了大量劳力，而且天然的材料在很大程度上满足了人们返璞归真、回归自然和与大自然融合的心理诉求。总体来看，西部山谷民居建筑大致可分为木楼、土房和石房三大类别。

（一）木楼

如前所述，干栏式建筑广泛分布于西南地区。这与当地的地理环境和气候条件密切相关。首先，西南地区炎热多雨、地气上蒸、土多潮湿，人居楼上，可以避暑防潮；其次，当地多毒草、毒蛇、毒虫和猛兽，居于楼上，便于防御；再次，西南民族多以定居农业为生，除农耕外还饲养家畜，家畜圈养楼下，便于照管；最后，干栏式建筑对地形变化具有高度适应性，水平空间和垂直空间均可随意调整，能够应对各类复杂地形。从西南各民族的建筑实例来看，干栏式建筑的框架体系可分为支撑框架体系和整体框架体系。支

① 管彦波著《民族地理学》，社会科学文献出版社 2011 年版。

② 管彦波《西南民族聚落的背景分析与功能探究》，《民族研究》1997 年第 6 期。

撑框架体系为由下部支撑结构和上部围护结构组合而成的复合结构形式。整体框架体系为由下部支撑结构和上部围护结构组成整体框架的结构形式。根据建筑剖面的不同，整体框架体系又分为全楼居、半楼居两种。云南西双版纳的傣族竹楼，可谓全楼居干栏式民居建筑的典型。部分苗族、瑶族、侗族和土家族的吊脚楼，是半楼居干栏式民居建筑的代表。而怒江大峡谷傈僳族的“千脚落地”竹篾房，则是支撑框架体系的干栏式民居建筑的典型。

吊脚楼是干栏式建筑的一种演变形式，其结构仍以穿斗式木构架为主，倚山而建，形如一人靠山而坐，为山居民族适应山地崎岖环境的文化创造。吊脚楼的形式多种多样，最基本的特点是正屋建在实地上，厢房除一边靠在实地和正房相连，其余三边皆悬空，靠立柱支撑。建筑一般分为三层，按照“住”“劳”“藏”三个基本功能进行合理布局，底层用来喂养牲畜，二层住人，三层为粮食及杂物堆放处。正如方志《都匀志》中所载：“苗人喜楼居，上层贮谷，中层住人，下层为牲畜所宿。”从而形成分别供人、畜、物所用的三大主要空间，使起居、生产、贮存各得其所，互不干扰[①]。中层是吊脚楼中最重要的一层，一般分为里外两部分：靠里为实，屋面为地；靠外为虚，屋面为楼。外一部分，面阔三间，明间为堂屋，次间为卧室。堂屋为一退堂，前面有伸出的观景前廊，通常作为人们休息、针凿等的生活空间。居中的堂屋是祭祖、迎客及举办红白喜事之处，迎面后墙设祭祖神龛。两侧次间左侧一间为长辈居所，右侧一间为未婚女儿闺房。未婚儿子多在顶层安床搭铺，已婚子女则另建新房自立门户。靠里面的一部分，一般不加间隔，为一通间，其中设有火塘、火灶，置放橱柜、水缸、炊具等，为日常起居场所。

支撑框架体系的干栏式建筑，比较集中地分布在滇西北交通闭塞的高山峡谷区，怒江傈僳族的千脚落地民居，可以说是这类建筑的代表。千脚落地的竹篾房多顺坡修建，对原地形貌不挖不填，不加平整。建造时，先立房屋四周的墙体木柱，然后在墙柱圈定范围之内栽立架设楼楞的支柱。支柱所用木料口径较小，互相之间距离较密，纵横方向分别排列，密密匝匝数量甚多，而且根根落地，千脚落地即由此得名。墙壁用篾编的竹席绑挂而成，屋顶用竹椽构成双面坡屋盖的网式承重骨架，上覆茅草并用竹条压夹绑紧。因房屋层高较为低矮，不便在侧墙开设门口，故出入口多设在山墙。门前一般都架

---

① 李先逵《苗族民居建筑文化特质刍议》，《贵州民族研究》1992 年第 3 期。

有晒台，既是晾晒粮食的场地，也是家庭成员的室外活动场所。晒台接近地面一端，架有独木楼梯，以供人们上下。室内以篱为壁隔成面积大体相近的里外两间，里间为家人之卧室，外人一般不许入内。每间房屋中央均设有方形火塘，用来煮饭和取暖。

井干式民居即外围护墙、内分隔墙皆以圆木或方木两端砍上缺口互相咬合衔接垒叠而成的，屋顶覆以木片的木构民居建筑。此类民居建筑，大多分布在气候比较寒冷而森林资源比较丰富的一些地区。例如，滇西北横断山脉高山峡谷中部分纳西族、普米族、彝族、独龙族、怒族和傈僳族的传统民居，就属于井干式建筑。新疆天山北麓哈萨克族牧民的部分冬季居室，也属于井干式建筑。云南兰坪一带的普米族民居，多由正房、库房、畜厩和晾架等自由组合成半开敞性院落，院落四周既无围墙，各个房屋也互不连接。作为院落内部主体建筑的正房，一般面阔三开间。墙壁多用直径十五至二十厘米的圆木上下垒叠而成，当地普米族称之为“木楞房”。木楞房四壁所用的圆木，一般砍修成六边形，两端垂直搭接处开有相互衔咬的码口，以便上下、左右卡紧。正房立面多为两层，一层住人，二层储物。住人的一层，一般划分前后两半、左右三间共六个单元。其中，前半部分中间一单元多为半敞开的前廊，为家庭成员室外活动的场所。此外，必须辟出一间作为主室。主室内部，大都有用木料围筑的高大火塘。火塘旁边是以木为架、里面填土、上面铺板的土床，床头放置有木制的供奉祖先神龛的神柜。这间主卧室既是家庭成员的活动中心，也是日常生活、接待来客和举行祭祀活动的重要场所。分布于独龙江上游地区的独龙族，其民居也是井干式建筑，当地群众称之为“木垛房”。平面呈方形的独龙族木垛房，多为一边两角向江凌空高悬，另一边两角靠近斜坡地面，恰似悬挂于峭壁陡坡之上。大木垛房长、宽各四“排”（排是独龙族的一种度量单位和丈量方法，以两臂向两侧水平伸直，双手间的直线距离算作一排）中等的长、宽各三排，小型的长、宽各两排。垛木时，由四个人站在四个屋角，像搭积木一样一根一根地往上垒架垛木。垛木两头砍凿槽口，一横一竖地两相对口嵌合，搭垛成墙。门和小窗垛木时就预先留好，门开设在架有竖梁的木垛墙上。四边的木垛墙垛好以后，在竖梁两边的木垛墙中部各竖一根瓜柱，架设人字架。在人字架上等距离绑上木桁或竹檩，上绑椽木，再从屋檐由下往上铺盖三层茅草，用细竹竿横压绑紧即为屋顶。

新疆天山北麓巴里坤草原的哈萨克族，其冬季居室也是用挺拔坚实的木头垒成的井干式建筑，可分为方形平顶和圆形坡顶两种。方形平顶的木头房基础比较简单，将墙基处植被铲除后原土夯实，以石块砌筑勒脚，使木墙与地面隔离，以防潮湿，不致霉烂。石砌勒脚高度随地形及建筑要求而定，勒脚砌平后，将裁制好的条木按要求垒起来作为墙体。垒叠时为使墙体稳固不至于松散，有的用树胶、泥浆、灰浆等作黏合剂和填充剂，以稳钉或蚂蟥钉为拉结件，用钉钉牢。屋顶有单坡，亦有双坡，坡度有大有小。单坡顶多以檩条直接搁在前后侧墙上，双坡顶则架在山墙上。圆形坡顶木屋用木料仿照毡房的形式拼叠而成。其平面多为八角形。垒叠方法与方形坡顶木房相同①。

（二）土房

由于土筑民居具有隔冷、隔热、防火、隔音等良好性能，同时又具有因地制宜、就地取材、造价低廉等诸多优点，因此以夯土墙作围护结构的土筑民居，至今仍在西部许多地区有相当广泛的分布。土掌房是云南几种主要民居形式之一，主要分布在海拔2000—3000米的山区、半山区。在红河哀牢山地区，彝族民居多为平顶土掌房。这种土木建筑，夯土为墙，架入木柱，铺上横梁，梁上密铺柴草或毛竹，上覆松针，再铺泥浆细土，拍打密实。有的用土坯铺砌，表面抹上灰浆。这样处理的墙面、屋顶，一般可以维持三四十年。屋顶本身即是晒台，边沿用泥土拍打而成，并在适当位置设置排水口，以便排泄积水。每户人家多以正房、耳房两个部分组成一个单元。正房多为二层楼房，面阔三开间；耳房为平房，一至两间。正房屋内以土坯或木板隔成间，明间为堂屋，左右两侧次间为卧室。楼上用于储存粮食、堆放杂物。两侧厢房，一间厢房中间加隔，分别作为厨房和鸡圈鸭舍，另一间厢房中间不加间隔，中央设有火塘，火塘常年不熄。这间厢房为家人煮茶取暖、待客议事和家务活动的场所。正堂前有天井，天井上方开亮洞，最前部为大门。这种土掌房为正屋两耳天井、大门自成一体的土木建筑②。

居住在云南红河、元阳、绿春一带的哈尼族，其传统民居也是局部草顶（少数瓦项）的土掌房。局部草顶的土掌房，草顶部分为主房，土掌部分是主

---

① 参见邱红《西部（新疆、西藏、云南）少数民族的民居建筑文化与开发》，武汉理工大学硕士学位论文，2002年。

② 张方玉、杨显川《彝族的建筑文化》，《云南民族大学学报》（哲学社会科学版）2003年第5期。

房的前廊和耳房。主房的草顶，多为四面坡，脊短坡陡，从远处望去形如蘑菇，因此人们多称之为“蘑菇房”。草顶部分的主房广泛采用土夯墙或土坯墙，有的外加粉刷。平面接近方形，尺度一般不大。立面多为三层，底层由于亚热带山区湿度较大，地气较重而不宜住人，多为畜厩及置放农具、杂物之所。二层人居，一般划分为主室“奥窝”、卧室“奥边”和厨房三部分。家庭成员室内活动的重要场所奥窝，位于二楼的右大半部，约占二楼面积的四分之三，中央设有取暖、照明的火塘。后右角为厨房，与主室边通，中间不加间隔。厨房对面和左半边，用木板或竹篱隔出三间卧室。第三层为顶楼，用以堆放粮食及贮藏物品。由于蘑菇形房顶有良好的通风效果，粮食和物品不易受潮，便于保存。耳房建筑为平顶，房顶铺以粗木，再交叉铺以细木和稻草，上加泥土夯实作为晒台。晒谷、晾衣、乘凉、孩子游戏和妇女纺织等，往往都在晒台上进行，不仅有效地利用了有限的土地，也丰富了哈尼族局部草顶土掌房的外观轮廓①。

南疆地区四面环山，中部为沙漠戈壁，形成了典型的内陆沙漠气候。该地区空气干燥，雨量极少，日照时间长，热辐射强度大。因此，厚生土墙、厚草泥屋面、住宅建筑内部有户外场所的“阿以旺”民居，就成为南疆地区和田一带维吾尔族历史悠久的典型民居形式。阿以旺意为“明亮的住所”。和田一带的阿以旺式民居，多以卵石砌基，外围庇护墙体多为筑土墙，用当地黏质砂土以水和成稍稠的泥堆，不用夯打，分层湿筑。内隔墙为厚约十二厘米的编笆墙，即在木构架上稍加横向支撑，用柳条、芦苇等束在横撑间编成篱笆，然后两侧以草泥打底、抹平压光。屋面为木基层草泥屋面平屋顶，做法与彝族土掌房差不多，即在小梁（方檩）上密铺檐条再铺上泥土拍实抹平。因为有大量的户外活动，户外活动场所是维吾尔族民居总体布局中不可缺少的组成部分，主要包括果园（“巴克”）、庭院（“哈以拉”）、外廊（“辟希阿以旺”）、无盖的内部空间（“阿克赛乃”）和有盖的内部空间（“阿以旺”）五部分。各种功能用房因地制宜地围绕着中心而布局，使室内外互相呼应，互相渗透，浑然一体。在诸多布局方式中，以阿以旺为中心的布局方式是和田一带维吾尔族历史悠久且享有盛名的民居布局形式。从形式上看，阿以旺由加侧面天窗的屋盖围护而成，以直棂或花棂木格扇或镂空花板作为窗扇。

① 汪力娟《哈尼族梯田文化论述》，《西北第二民族学院学报》2003年第4期。

这样的大窗既满足了采光、通风的要求，又丰富了建筑的造型。比起其他户外活动场所，阿以旺对风沙、寒冷、酷暑更加适应。由于形式的特殊，它既是日常户外活动场所，也是住宅内共有的聚居室，还是接待客人、喜庆聚会和举行小型歌舞活动的场所①。

（三）*石房*

《后汉书·西南夷列传》载："冉駹夷者，武帝所开。元鼎六年，以为汶山郡……众皆依山居止，垒石为室，高者至十余丈，为邛笼。"岷江上游汶川、黑水、松潘、茂县和理县等地的羌族碉楼，多建在地势险要、易守难攻的地方。古老的山寨碉房鳞次栉比，两侧墙垣对峙，从远处望去，宛如欧洲的古堡。碉楼的建筑材料有石、泥、木、麻等。建时先挖深七八尺、宽约三尺、呈正方形的基脚沟，以大石砌成碉基，将石片层层堆砌，再把麦秆、青稞秆和麻秆用刀剁成一寸长，按一定比例与黄胶泥搅拌后接缝，使泥石胶合。碉体下宽上窄，石墙自下而上逐步减薄，外墙稍向内倾，向上有明显的收分，内墙仍与地面垂直。石墙每达丈余，便架直径十五至二十厘米的圆木横梁，一般选用青冈、松柏等硬木。四根横梁相互衔接，构成一个"口"形的木架，筑在碉楼的内墙中，上铺木板，木板上铺有夯实的胶泥土，并放置水缸，层层皆然。至顶层则筑平台，平台三面有墙，前面敞开。由于碉楼依山而建，为防止敌人从山上进攻碉楼，因此碉楼靠山的背墙要高于左右的边墙，大约有一丈高，可以防止从山上来的任何进攻。碉楼顶层除背墙外的其他三面墙体中都筑有木方，延伸到空中。再以木方为依托，搭设呈"凹"形的阁楼。阁楼顶部有挡板，能遮风挡雨，供人站立瞭望。除此之外，阁楼上还悬挂有灯笼，可以照明，晚上还能起导向的作用。羌族碉楼，多为三层，底层圈畜，中层住人，顶层为屋面，亦为多功能的"房背"。为便于防卫，底层通常只开一门，以供进出。房门大多朝向南方或者北方，忌讳朝东开设。四周墙体，均不开窗，只在接近楼层之处开有数个气孔。室内根据楼层分间情况，用片石砌分间承重墙，将底层内室划分为若干小间，各间均有门洞相通，便于牲畜出入。底层墙角设有独木楼梯，直通中层，接主室。碉楼顶层，后面部分局部升起一排敞廊，人们称之为"罩楼"。罩楼前面的楼顶"平地"称为

① 参见邱红《西部（新疆、西藏、云南）少数民族的民居建筑文化与开发》，武汉理工大学硕士学位论文，2002年。

“房背”，是当地家庭迎神祭礼的圣地[①]。

嘉绒藏族聚居地区的藏族碉楼，大多选择建在避风向阳或风力较小、日照较多的山麓、山坳地带，集合几家或几十家为一村落，碉楼幢幢，高耸入云，非常壮观。其结构可分为两种体系：一种是墙承重结构体系（阿坝一带的碉楼大多属于这种结构）；另一种是梁、柱承重体系（甘孜一带东俄洛、雅江等地的碉楼多属于这种结构）。墙身承重的碉楼，多将碉楼室内的分间墙与碉楼外墙连成一体，室内不用柱子承重，各楼层与屋顶横梁和椽子两端都架在外墙和分间墙上，碉楼的内室荷载全部由内墙、外墙负担。由于碉楼墙身很高，墙体自重和承重较大，所以墙基必须加大。在墙身相对加厚的同时，碉楼内部各层分间墙必须上下对正，而且碉楼内部平面划分尽量简单，室内分间尽量减少。甘孜地区梁柱承重结构的碉楼，用片石筑成一个方形或长方形外墙，作为整座碉楼的围护，并起到稳定结构的作用。内部的梁柱承重结构又分为两种形式：一种采用短柱（一层的碉楼）和通柱（两层的碉楼）间隔竖立，用梁枋相衔，形成较为稳定的柱网，上层结构又在下层短柱上立通柱，由上层梁枋相衔再构成另一整体，如此用长短柱相间、上下层互异的方法，逐层架设而上；另一种梁柱结构形式是各层都用短柱，梁、柱起支撑作用。室内分隔可根据需要任意划分，上下各层分间隔墙不必相对。此种结构灵活性大，但室内较大房间必有支柱，室内空间显得不够开阔，而且稳固性亦稍差。从外观上看，阿坝、甘孜两地的藏族碉楼多为三层，少量的高达四层。内部各层功能各不相同。三层的碉楼，底层为牲畜圈、草料房，二层为起居室和经堂等，顶层为堆放粮稼的敞间和晒坝。四层的碉楼，二、三层为居住层，二层用作冬室，三层用作夏室，冬夏两室一上一下轮换使用，四层为经堂、晒坝。位于碉楼二层的主室，是当地藏族平时起居、饮食、议事、待客、炊事等的场所，亦是藏族民居中最主要的、面积最大、朝向最好的居住空间。碉楼顶层的晒坝，不受邻近碉楼遮挡，可以沐浴充足阳光，家人可在此打晒粮食、晾晒杂物、纳阳取暖、散步休闲，是一处宁静且不受外人干扰的活动空间。同时，经堂、喇嘛卧室也设在碉楼顶层，所以这里又是碉楼中最为神圣的地方。阿坝一带的经堂多设在顶屋晒坝的后端一侧，甘孜一带

---

① 马宁、钱永平《羌族碉楼的建造及其文化解析》，《西华大学学报》（哲学社会科学版）2006 年第 3 期。

的经堂则多设在二层后部。经堂的布置、装饰都很讲究，一般在经堂后墙安装木制的佛龛，佛龛上部分为几格龛台，龛台内供奉铜制菩萨塑像。龛台下部为壁柜，放置各种经卷、法器、供香和串珠等。阿坝一带藏族碉楼经堂外檐侧墙的墙头，砌有早晚焚烧柏枝敬神的煨桑炉，上有烟道，贯通墙顶。另外，还在顶层墙角竖立木杆，杆上悬挂布制的经幡，或在墙顶上砌玛尼堆，上插许多彩色经幡，彰显出嘉绒藏族聚居地区浓烈厚重的宗教色彩和肃穆庄重的宗教氛围①。

贵州西部山高谷深，山势陡峻且岩石较多，居住在那里的布依族依山就势，就地取石垒砌住房。住房除必要的立柱、梁、檩、枋、枕、椽、门板以外，屋面、墙体及隔墙均由石块及石板构成，俗称“石板房”，村寨也俗称“石头寨”。石板房主料为当地一种独特的石材——页岩，当地称之为“合硼石”。由于页岩石材层理分明、易剥离成片状，工匠用工具撬开一层层的片石，将其作为房屋外墙或房顶的建材。其厚薄天然生成，一般约为 2 厘米，厚度相当均匀。页岩在贵州地区分布广泛，随取随用，受到了当地布依族的青睐。石板房多为干栏式楼房或半边楼式楼房（前半部从正面看是楼房，后半部从背面看是平房），结构形式是“以木为架，石头为墙，石片为瓦”，门较窄，开窗极小。建造石板房时，先用长方形大块条石砌成基础，当地俗称“案”。案深入地下 1.5 米，高出地面约 1.5 米，以此作为厩，关牛和猪，筑有石阶梯和门，以便牲畜出入。案以上搭木板，再用石块砌墙，作为居室。居室之上有顶楼，一般用来贮藏粮食，也有辟为居室的，上面再用石板盖顶。石板房的屋顶，用清一色的薄石板盖成，呈整齐的菱形或随料铺成鳞纹，屋面均为双坡排水。工匠将 2—3 厘米厚的页岩石板置于绕草绳的木椽之上，上下、左右彼此搭接。鳞状屋面石板一般被修整成 50 厘米见方，铺于屋面之上；有的则把未加工的片石，不规则地放置于木椽上。石板房的石材外墙砌筑方式有块石砌筑和片石叠砌两种。块石砌墙在平面上一般采取楔形错位交接的构造方式，缝内灌石灰砂浆。对质量要求较高的建筑，也采用料石咬口法（石块交接面均凿平）砌筑。石料面层加工多采用凿“梅花点”和“飞毛雨”（斜纹）的手法。块石作为墙身材料，从外墙叠砌方式上来划分，可分为

---

① 参见邱红《西部（新疆、西藏、云南）少数民族的民居建筑文化与开发》，武汉理工大学硕士学位论文，2002 年。

乱毛石、平毛石、方整石墙数种，外貌朴实多变，浑然天成。片石墙体则为干砌或浆砌，将厚2—3厘米的薄石板镶嵌于木柱与横枋之间，外表层不做加工处理，层次明晰，粗犷自然。片石墙的用料厚度不尽相同，一般为2—10厘米，片石上下表面平整，砌筑的横缝结构致密，条理分明，在光影下呈现凹凸不平的纹理，给人以自然朴实的美感。建筑平面大多为一正两厢三开间的长方形。正厅作为生活起居空间，正厅前间为堂屋，后间烤火杂用。两厢也各分前后间。前间下部多利用山坡地形高差，作为牲畜圈；前间上部地面略抬高数十厘米，作为卧室使用。两厢后间分别为卧室和厨房。厢房均设置阁楼作为贮藏空间使用。这种利用地形高差，根据不同使用要求，分别按台阶式竖向设置牲畜饲料空间、人的生活空间、谷物贮藏空间的布局，是贵州岩石建筑最基本、最普遍的单体格局①。

新疆南部的塔什库尔干县，地处帕米尔高原海拔较高的地区，气候属寒温带的极干寒气候，年平均温度为3.6℃，年平均风速达1.8—2.1米/秒。维吾尔语“塔什库尔干”意为“石头城”，以石头作为地名，可见此处石头很多并且易得。因此，生活在这一地区的塔吉克族因地制宜垒石为屋，创造了典型的石屋建筑。为了适应当地恶劣的气候，塔吉克族传统的民居建筑一般都比较低矮，以利于躲避风雪。各家都有自己独立的小院，小院周围用石块垒成厚厚的院墙，以阻挡风雪的侵袭。房屋的外形多为方形，房门大多朝东方，意为永远向着光明。墙壁采用石块垒砌，十分厚重结实。屋顶皆为密椽平顶，上覆树枝，压以麦秆，再抹上泥土，夯实抹平；中间稍高，四边偏低，以便积雪融化雪水下流。外墙极少开设窗户，或者仅开很小的高窗。就其布局而言，塔什库尔干一带的塔吉克族传统民居一般由主室“普依格”和位于普依格后面的厨房、库房以及客房、浴室等部分组成，而圈养牲畜的棚圈和贮存草料的草房，亦是重要的组成部分。主室普依格位于整个室内空间的中心位置，不仅是家人起居的主要空间，也是接待客人和节日喜庆的娱乐场所。其空间布局很有讲究，有上下左右之分。上部正对着房门的地方是炊事用的灶台，灶台相当宽大，可同设多个锅灶。灶台上方是为采光、通气、排烟而开设的天窗。灶台两侧设有隔墙，将厨房与主室前半部隔开，作为储存粮油、

---

① 参见白一凡、吕爱民《贵州布依族石板房的生态性分析》，《华中建筑》2009年第11期。

肉奶、干果等食品的库房，即所谓的下部。左右两侧及与灶台相对的一侧，筑有宽敞的土炕。炕上铺有厚厚的毛毯，供人们坐卧休息。土炕与灶台之间，留有3—4平方米的地坪，作为欢庆节日、唱歌跳舞的地方。室内陈设比较简单，墙面基本没有什么装饰，家人、客人皆席地坐卧、饮食，生活用品都放置在类似橱柜的壁台上①。

总之，为了适应西部山高谷深、山川骈列、河流纵横的自然环境特点，各民族在聚落选址和民居建造上，注重因应自然，依山就势，将“背山面水、负阴抱阳”的河谷台地视为理想的居住环境。在建筑材料的选择上，充分利用周围自然环境中的土、木、石、草等有利资源，就地取材，因地制宜地营造出适于当地气候条件的民居建筑。而在聚落格局、建筑布局、建筑风格、建筑外形与内部特征等方面，则彰显出不同地域和不同民族在生计方式、民族历史、家族制度、宗教信仰等方面的差异，体现出各自独特的地域特征和民族文化特色。

第三节　山谷生计

生计方式是特定族群在与周围自然环境长期互动的过程中，逐步构建和完善的各种谋生手段和谋生方式的总和。生活在中国西部山区和河谷地带的各个民族，为了满足自身生存和发展的需要，适应当地的自然环境条件，利用自然资源与本民族物质文化资源和社会文化资源，不断地对其所处自然生态系统进行干预、控制和改造，形成与其所属的自然生态系统相适应的技术体系和独具特色的生态文化。在各民族的传统知识体系中，均有丰富、独特的关于自然环境保护的观念、伦理、法规和合理利用管理自然资源的经验、措施和技术等。它们是各民族对其生境长期适应的智慧结晶，不仅具有历史、文化的价值，而且对于当代人类的生存和发展仍然具有十分重要的意义②。

一、高寒山地的生计及其适应

高寒山地通常是指海拔高、气温低、温差大而降雨少，冻土常年不化，

---

① 参见邱红《西部（新疆、西藏、云南）少数民族的民居建筑文化与开发》，武汉理工大学硕士论文，2002年。

② 尹绍亭《人类生态学研究的历史与现状》，载中央民族大学民族学与社会学学院、中国少数民族研究中心编《中国民族学纵横》，民族出版社2003年版。

植被类型以干旱半干旱草甸化草原为主的地区。我国西部属于高寒山地的主要有甘肃、内蒙古、青藏高原和云贵高原的部分地区。为了适应严酷的自然环境和气候条件，当地居民（以藏族和彝族为代表）早在历史上就形成了农牧兼营、以畜牧业为主的经济生产方式。

在青藏高原的三江源（长江、黄河和澜沧江源头）地区，由于气候严寒，这一地区土壤成土过程缓慢，发育不良。地下存在的永久冻土层成为植物生长的关键性限制因素，与上面的泥炭层和腐殖质层一起构成了该地区生态系统的脆弱环节。泥炭层是地表和地下永冻层之间良好的绝热层，但泥炭层自身缺氧，气温又偏低，肥分无法为植物（特别是高等植物）的根系所吸收，很难支持植物的正常生长。腐殖质层是在土壤表面由植物的残株或者牛羊的粪便堆积而成的处于半降解状态的一层有机物结构。其既可以保护地下的永冻层不受扰动，在缓慢降解的过程中还能散发出生物能，提高土温，支持植物根系正常生长，而缓慢降解游离出来的肥分在其间也能被植物所利用，为植物生长创造有利环境。腐殖质层一旦被破坏，泥炭层就会露出地面，形成当地常见的生态灾难——黑土滩，导致数年甚至数十年间牧草无法正常生长，使草甸退化为荒漠。藏族居民经过长期生产生活经验的积累，深切地认识到泥炭层和腐殖质层对草原的特殊价值。因而，他们在生产生活过程中，绝不轻易扰动泥炭层和腐殖质层，做到对生态环境的精心维护与高效利用的相互兼容。凭借长期形成的与当地生态环境相适应的传统生计，藏族能够在不断地从自然界中获取生存、发展所需的物质与能量的同时，精心地维护草原生态系统的多样性。

就农业生产来讲，三江源地区的藏族传统生计中保持着尽量“不动土”的习惯。比如，绝不轻易挖地取土，不打井取水，也不焚烧草原。在海拔3500米以上的区段，一般都不种植庄稼，因为海拔越高的地区，腐殖质层就越薄，被破坏之后的地表也越难修复。一些藏族即使是在采蘑菇、采草药时留下脚印，也会回身将其填好，就像爱护自己的孩子一样悉心呵护着脆弱的草原表层。在一些地区，至今还保留着“动土先请神”的习俗。春耕前一天，每户带来一对耕牛，由该户主妇向天敬酒一次，在耕牛额上抹三道酥油，以示吉祥。除了祈愿纳吉之外，这一农耕礼仪同时也表达出人们对不得不动土的敬畏和歉疚之情。由于藏族主要耕作的土地不是一般意义上的土壤，而是大风吹来的沙土和地表腐殖质的混合物，因而在耕作过程中，他们尤其重视

“耱”这一环节。耕翻之后，迅速耱平，以便压实风化壳，可谓是地道的“不动土”耕作。而在畜牧业生产中，藏族牧民通过“多畜并放”“转场浅牧”和保护野生动物多样性等措施，精心地维护着草原生态系统，实现牧场的可持续发展。

尽管三江源地区气候寒冷，野生植物种类相对较少，但牧草的构成仍然具有一定的多样性。据果洛州草原水利工作队印发的《天然草场考察报告》的有关记载，玛多地区植物种类约为140种，牧草类占30—40种，其中包括藏蒿草、粗喙苔草、短蒿草、长花野青茅、早熟禾、紫花针茅、紫羊茅、凤毛菊等优良牧草。藏族牧民放牧的畜种有牦牛、黄牛、犏牛、绵羊、山羊、盘羊、驴、马、骡子等。传统上，藏族牧民大都采取多畜种放牧的方式，既可以充分开发牧区生产力，提高载畜量，又有利于草原的可持续利用。首先，不同的牲畜对牧草的采食各有偏好。例如，牛喜食高大的、多汁的、适口性较好的草类，羊则爱吃短小的、含盐量高的、有气味的各种植物。多畜种放牧可以立体利用草场空间，连续利用植物生长时间，使各种不同类型的牧草都得到采食，以保证草场的各类牧草得到均衡消费，实现草原的综合利用，提高载畜量。其次，多种牲畜混合放牧还可以控制那些在单种动物生存条件下极力滋生的不适物种，降低灾害风险。如果在牧场上实行单一畜种的专业化放牧，比如仅放牧牛群而不搭配放牧羊群，那么草场上牛偏爱的牧草会越来越少，而牛不喜食的灌木和某些杂草往往会大量生长，使牧场植物结构发生变化，牧草质量下降，而多畜种混牧则可以避免这种情况的发生①。

三江源地区的草场可以分为两种。一种是牧草较为丰富的冬季牧场，主要分布在河谷滩涂地带。这一地区由于水源丰富，牧草较高，产草量也比高海拔地区多出3—5倍，所产之草是牲畜度过漫长冬季的饲料来源。另一种是分布在高海拔地带的夏季牧场，一般在海拔4500米以上。这一地区气候严寒，牧草低矮且产草量低，只有在盛夏时节才能加以利用。

生活在三江源区域的藏族牧民都有自己的草场，各村的草场连成一片，并远离村落位置。从海拔3900米的坡脚开始，一直到海拔4500米的区域，整个山都是草场，当地藏族居民称其为“德青卡”。在德青卡中，除了草本植

---

① 邵侃、田红《藏族传统生计与黄河源区生态安全——基于青海省玛多县的考察》，《民族研究》2011年第5期。

物外，还可能长出一些针叶树。在海拔4360—4500米的一小片区域，生长着高40厘米左右的灌木，当地人称其为“湿热”，主要用来引火和做扫帚。五六月份时，草甸上还会生长少量的冬虫夏草。牧草长得最好的区段显然莫过于黄河的河谷盆地一带，因为这里海拔稍低，而温度又略高，更为关键的是这里有着更为丰厚的腐殖质层，因此单位面积的产草量较其他地方要高得多。

藏族牧民的放牧策略是紧跟季节转场，而不是随着青草走。在一般情况下，气候回暖后冬季牧场肯定先返青，其他地方的牧场随着海拔的升高而次第返青。按照常理，藏族牧民应当是哪儿有青草，就把牲畜往哪儿赶，然而他们却不会贪恋冬季牧场，一旦返青就要转场。随着返青区段的不断爬升，牲畜也不断地被赶往高海拔区段，到了深秋就差不多到了最高的海拔区段。这样一来，海拔较低的地方的牧草就得到了更为充分地生长和积累，以便使牲畜能够更好地过冬。不过于贪恋优质草，而是抓紧消费劣质草。这正是藏族传统文化中适应环境的最精巧手段之一。因为如果不争取多消费劣质牧草，优质牧草的积累量就会减少，冬天牲畜就难以过冬，严重的话可能还会导致牲畜大批死亡。从这一策略出发，藏族牧民的放牧就成了极为艰辛的劳动，每天要走几十公里，但也只能这样才能使草原产草量逐年递升，在经济获得发展的同时，草原也得到了很好地保护。除了及时转场之外，藏族牧民还注意实施“浅牧”。所谓浅牧就是在放牧的过程中驱赶牲畜快速移动，务必使牲畜大口吃食，迅速走开。这样一来，牲畜仅将牧草最鲜嫩的部分取食，从而使得当年长出的牧草至少有30%以上得以保留，以便给地表留下更多的植物残株，进而保证地表腐殖质层的逐年累积。同时，在快速移动的过程当中，牲畜的粪便会遍撒于草原之上，成为草原腐殖质层加厚的有机物来源之一①。

此外，三江源地区野生动物众多，主要有野牛、野驴、黄羊、石羊、白唇鹿、狼、红狐、雪豹、旱獭等，而藏传佛教信徒素来有不随便杀生，甚至连植物也不随意损毁的禁忌。这种禁忌行为在很大程度上维护了当地的生物多样性和生态系统的平衡。正是多种野生动物的存在，与当地生息的人类、牲畜和植物一起构成了完整的食物链条。野生动物可以采食牲畜不喜食的牧草，其排泄出的粪便可以加厚草原的腐殖质层，野生动物同时还可以成为一

① 罗康隆、杨曾辉《藏族传统游牧方式与三江源“中华水塔”的安全》，《吉首大学学报》（社会科学版）2011年第1期。

些牧草的“天然播种机”。一些看似有害的动物，比如鼠等，在腐殖质层里面打洞时也会把有机质带到地底下，可以加厚腐殖质层和提高土温。而这些动物的天敌（如沙狐、鹰、乌鸦等）的存在，有效地制约着各个种群的数量，保持着草原生物链和生态系统的平衡①。

生活在滇西北迪庆高原的藏族，通过对多年农业实践经验的总结，形成了一套适应当地气候和土壤情况的轮作制度。例如，实行稻谷—蚕豆—小麦（或油菜）—稻谷—小麦三年六熟制，或稻谷—小麦—玉米—蚕豆（或油菜）两年四熟制。旱地实行玉米—绿肥（或小麦）—玉米—豌豆（或春马铃薯）—玉米三年五熟制。高寒地区熟地实行马铃薯（或荞麦、蔓菁）—青稞（或马铃薯）—青稞（或春小麦）—荞麦（或蔓菁）三年轮作制。瘦地（或低湿地）实行春小麦—蔓菁—青稞—荞麦五年轮作制。二荒地实行荞麦—马铃薯—青稞—青稞四年轮作制。半山区实行小麦（或豌豆）—玉米—青稞两年三熟制，或小麦—玉米—豌豆—青稞（或马铃薯）两年四熟制。这种轮作制度既保证了农业品种和粮食作物的多样化，又有效地保持了地力，在不盲目扩大耕地的前提下实现了农业的可持续发展。

在畜牧业方面，藏族牧民饲养的牲畜主要有牦牛、犏牛、黄牛、马、山羊、绵羊、骡子等。根据迪庆高原天然草场因海拔高低不同而分为寒、温、热三带的实际情况，藏族居民为适应这种环境，创造了牲畜随季节变化而上下迁徙，独具特色的立体畜牧业。每年4—5月，当位于海拔3500—3800米的亚高山草甸草场因气温升高、降雨较多而春草萌发时，牧民们便将牲畜赶到此类“过渡性牧场”就食，藏族称之为“西巩”，意为“春秋牧场”。6月份以后，位于海拔3800—4600米的高寒层草甸牧草返青，气候转暖，牧民们便将牲畜迁往此类草场就食。此类草场青草萌发迟、枯萎早，但牧草品质高，适口性好，生命力强且耐牧，藏族称之为“日巩”，意为“热季牧场”。9月底以后，热季牧场青草枯萎，牧民们又将牲畜赶下来到春秋牧场进行“过渡性放牧”。10月底以后，春秋牧场青草枯萎，牧民又将牲畜迁往海拔3500米以下的冷季牧场过冬，藏语称之为“格巩”。牧期为11月至翌年3月。一些分布在海拔3000米以上的藏族村寨，常将牲畜迁回村寨周围的零星牧场和收

---

① 邵侃、田红《藏族传统生计与黄河源区生态安全——基于青海省玛多县的考察》，《民族研究》2011年第5期。

割完毕的农田中就食。这种牲畜春季由低海拔地区向高海拔地区过渡，秋季由高海拔地区向低海拔地区过渡的轮牧制，既有效地利用了不同海拔、不同类型的各种草场，又有效地避免了大量牲畜集中于同一牧场而必然造成的过牧和滥牧现象，保证了畜牧业的可持续发展①。

四川凉山州盐源地区的彝族，为了适应当地复杂多样的高寒山地生态环境，不断地对其农牧复合生计进行调整和再适应，其现有生计特征彰显出的正是彝族文化对生态环境适应的针对性和灵活性。就农业生产来说，针对当地海拔高、温度低，地下有永冻层的环境特点，盐源地区的彝族通过曝晒圈肥和对不同农家肥进行肥效排序利用的方法，加快肥料的降解速度，促进不同海拔、不同种类农作物的生长。与汉族地区将牲畜粪便和吃剩的草料长期储存在畜圈中，到春耕前才集中一次性运输到农田中当作肥料的做法不同，盐源的彝族往往每隔十天就要清理一次畜圈，将牲畜粪便移出去曝晒。到春耕时，送到田里的粪便已经脱水成了干块，甚至可以点火直接焚烧。当地彝族认为只有经过曝晒后，牲畜粪便才能当作肥料使用。究其原因，由于盐源地区的海拔在2700米以上，土层下方都有早已形成的永冻层，一年中仅有不足三个月的时间地下土层才会彻底解冻，因而牲畜粪便降解的速度极其缓慢，若有机物不能降解，就不能给作物提供养分。彝族乡民将牲畜粪便曝晒在日光下，甚至用火焚烧，显然是对当地气温普遍偏低、生物降解速度极其缓慢的一种针对性极强的适应手段。盐源彝族还对各种畜禽粪便的肥效进行排序，有针对性地进行合理利用。他们认为鸡粪的肥效最好，其次是羊粪，而猪粪与人粪几乎没有肥效，不宜作为肥料。由于鸡粪的数量有限，他们必须精心收集，专门用来种园艺类作物。而羊粪主要用于种植芜菁，施肥办法也十分特殊。他们往往采用活动式围栏在野外建构临时性过夜羊圈，在山上放牧时每晚都将羊群赶到这样的圈中。但临时性羊圈使用几个星期后，就要将羊圈移往他处，同时将羊群赶到新的羊圈中过夜。这样一来，原来曾是羊圈的地块，地表就会铺上一层半寸到一寸厚的羊粪，自然成了秋季种植芜菁的耕地。可以说，芜菁几乎是直接播种在羊粪上，任其自然生长。令人惊讶的是，这样种成的芜菁产量极高，每亩地收割的芜菁晾干后还可以接近千斤。仔细观

① 郭家骥《云南少数民族对生态环境的文化适应类型》，《云南民族大学学报》（哲学社会科学版）2006年第2期。

察发现，芜菁的根部不是向下生长，而是分叉横向生长，须根的分布往往在羊粪与土层之间展开。彝族之所以看重羊粪，是因为羊粪中有较多的伴生微生物，这样的微生物即使在气温偏低的季节，也能缓慢地降解，及时地为芜菁的生长提供养分。同时，其在降解的过程中发出微热，使地表不至冻结，而不会窒息芜菁的生长。同样的原因，他们之所以看重鸡粪，也是因为鸡粪在这样的高寒山区降解的速度比牛粪、马粪要快得多。猪粪由于含水量较高，极容易冻结，又难以升温，才被当地乡民视为没有肥效的粪便。对不同畜禽粪便进行肥效排序和合理利用，正是出于彝族对当地生态系统的精当认识和灵活调适，从而有效地保障了高寒山区农作物的生产。

在畜牧业方面，盐源彝族的放牧方式与贵州其他地区彝族的放牧方式有着明显的区别。就畜种来说，他们与贵州其他彝族地区相差无几，马、牛、羊、猪、骡和驴一应俱全，唯一不同的是盐源彝族还拥有牦牛。在贵州的彝族地区，往往多畜种混合放养，马、牛、羊、猪、鸡等各种不同畜禽多以家庭为单位，合成一个大的畜禽群来放牧。由于畜禽间物种的差异太大，因而放牧半径很小，对畜禽活动的限制也极为粗疏。盐源的彝族则不同，他们对各种畜禽的放牧呈现出一定程度的专业化分工。有的家庭拥有较多的羊，有的家庭有较多的牛，至于放牧牦牛则是个别家庭的专利。值得注意的是，虽然对鸡和猪也放牧，但却听任这些畜禽在村寨周围觅食，一般对它们不加以特殊的限制。但为了防止猪破坏农田，在农田周围要设置障碍，甚至用土坯做成围栏，最经济的做法是成行种植低矮的灌木，再缠绕带刺的藤蔓植物，使其自然成篱。当地的彝族牧民会精心调教自己的牛和马。调教的内容包括牲畜觅食的时间、路线和返村的时间，牧人指挥的口哨声或者专用彝语，等等。目的是使自家的畜禽每天能按牧人规定的不同路线觅食，而牧人则可以三五成群地坐在河滩上，悠闲地聊天抽烟，因为一到时间，畜禽都会汇集到牧人身边来，一道回家。这样的放牧手段表面看似简单，实则蕴含着丰富的生态知识积累：其一，当地彝族对自己生息地的生态结构几乎了如指掌，每一座坡面在什么季节生长什么样的植物，他们基本一清二楚，并据此规定牲畜觅食的路线。其二，对各种牲畜的食性有充分的把握。当地的口诀说：“羊爱浅草，牛爱深草，马爱独草，毛驴只吃巴地草。”同样是因为他们对每个坡面每种动物所需的季节性产草量有充分的把握，所以他们规定的牲畜觅食路线才能保证不同的牲畜都能吃饱。其三，他们对头羊、头牛、头马都做过精心调教，使得这些带路的牲畜通了人性，放牧路线都远离农田和幼林。当然，为了以防万一，农田和幼林往往需要人工设置围障，但牲畜强行穿越的情况却很少发生，这不能不归因于彝族牧民对牲畜调教有方。正是出于对当地生物物种多样性，乃至牧草种类和季节变化，不同畜种食性和食量等的精当把握，彝族牧民才能精准可靠地实现对畜群的远程控制。这亦是彝族文化适应当地生态环境的一大“创举”①。

二、热带亚热带山地的生计及其适应

热带亚热带山区刀耕火种农业，作为一种在特定的自然地理环境中和特定的历史条件下人们赖以生存的生计方式，古代曾分布于我国南方广大地区，而当代仅残存于西南边境地带，其中尤以云南省的保存面积为最大。直至20世纪90年代，在云南边地与老挝、越南、缅甸毗邻的半月形地区，仍然存在着一条绵延千里的刀耕火种地带，其面积为10余万平方公里，众多的山地民族如独龙族、傈僳族、怒族、普米族、景颇族、德昂族、佤族、拉祜族、布朗族、哈尼族、基诺族、彝族、苗族、瑶族等仍以刀耕火种为主要的生计方式②。人类的生业形态是适应生境的产物，在热带和亚热带，山地土壤一般比较贫瘠，山坳和盆地中的泉水、河流很难用于山地灌溉，加之高地天冷，水寒风大，不利于水稻生长，因而很多地方不宜发展水田灌溉农业。然而山地森林资源丰富，可以利用其作为土地投入，充沛的季风雨量足以满足作物生长的需要，人们不必为难以建造水利设施而担忧，于是刀耕火种成为山地自然环境可供利用的生业形态。刀耕火种看似一种原始、粗放的耕种方式，但作为山地居民对热带、亚热带森林环境的生计适应方式，其中蕴含着超出外来者想象的丰富内涵，凝聚着“刀耕火种”民族千百年来累积的生存智慧、传统知识和技术。人们砍伐、焚烧森林，烧死害虫和杂草，疏松土壤，提高肥力，不需要锄地、犁地和施肥便可以生产粮食，省力而高效。从生态学人类学的角度观之，刀耕火种乃是通过人类的技能、体能的操作而使贮存于森林中的太阳能转化为食物能的物质循环和能量转换的过程，同时亦是一种蕴含着丰富生态智慧和传统知识的农耕文化。

---

① 杨庭硕、杨曾辉《彝族文化对高寒山区生态系统的适应——四川省盐源县羊圈村彝族生计方式的个案分析》，《云南师范大学学报》（哲学社会科学版）2011年第1期。

② 尹绍亭著《一个充满争议的文化生态体系——云南刀耕火种研究》，云南人民出版社1991年版。

刀耕火种不仅符合科学的适应原理，而且还涉及一个复杂而有效的技术体系，主要体现在以下两个方面。

第一，实行轮歇耕种制度，保护性地利用森林资源。将森林、灌木或茅草砍芟焚烧为灰肥，即把植被贮存的太阳能转化为土地投入，是刀耕火种基本的适应原理。然而由于植被一经砍芟，连续耕种即无后续投入，而在山高坡陡的条件下，积肥运肥又十分困难，于是抛荒旧地，砍芟新地，采取休闲与耕种相结合的方法。这就是刀耕火种赖以延续的轮歇耕作制度。

如果按轮作方式和休闲方式分类，那么刀耕火种可以分为无轮作轮歇、轮作轮歇和人工造林轮歇三种类型。

所谓无轮作轮歇，就是一块土地只种一季作物（不复种）便抛荒，休闲期短则七八年，长则十余年。云南山地民族称之为“懒活地”，意思是种这种地省力，懒惰也能有收获。这是云南刀耕火种民族传统的、基本的轮歇方式。实行这种轮歇方式的村寨，都将本村寨的土地规划为若干区域，全体村民每年集中砍种一个区域，年年更换新地，顺序轮耕，循环利用。该耕作制多见于地多人少的社区。其耕作方法简便，不锄不犁，实行点播播种。就耕作技术来讲，无轮作轮歇方式强调“火耨免耕”，在增加土壤肥力的同时有效防止杂草虫害和水土流失。刀耕火种的“火”属于“地表火”，对土壤的作用是间接的。它可以将林地有机物及土壤中的养分充分释放，增加植物可以直接利用的土壤肥力。经过烈火焚烧，可烧死杂草的草籽、草根，还可控制地表和土壤浅层的各种昆虫的种群规模，使微生物种害减少，确保农作物的生长和丰收。有研究表明，刀耕火种的“火焚”强度不仅不会破坏土壤、打乱物种结构，反而有利于森林生态系统的更新①。免耕即以铁刀和铁斧砍伐树木，烧地后采取点播方式播种，不使用锄头和犁耕作土地。“刀耕”可以不触动表土，不翻动有生命力的树根的根系，因而砍种一年抛荒后，地中的树桩便蓬勃发枝，七八年后便可恢复成林，从而大大减少山地水土的流失。

轮作轮歇类型又可分为短期轮作和长期轮作两个亚类。短期轮种轮歇类型，即连续耕种两年，休闲七八年至十余年的刀耕火种方式。其配套技术是刀耕点播和锄耕撒播顺序进行，或单一使用锄耕（或犁耕）。适宜此制耕作的

---

①　赵文娟、范光桥、崔明昆《刀耕火种的变迁及其民族生态学意义——以云南元江县山苏作村为例》，《原生态民族文化学刊》2010年第3期。

对象，为中等坡度、中等肥力的土地。长期轮种轮歇类型，即连续耕种三至五年甚至八九年，休闲十余年或更长的时间。其相应的技术可以是刀、锄、犁顺序耕种，也可以是锄耕或犁耕。适宜此制的土地，必须坡度平缓而肥沃。这一耕作制的盛行，是林地资源紧张的结果。

人工造林轮歇类型，亦称粮林轮作轮歇类型，是无轮作轮歇的演变形态。在刀耕火种生计中，人类生态系统的平衡，关键取决于人口与森林土地面积的比例。在热带亚热带山地，如果人均拥有30亩以上的可耕森林地，这个系统便能保持平衡和良性循环。然而，当出现人口增多、土地不足的状况时，人们便不得不缩短休闲期限。而一味消极地缩短休闲期，必然导致刀耕火种农业生态系统的恶化。于是，一些山地民族便采取粮林轮作的方法来解决这一矛盾。他们栽培速生林取代天然林以缩短休闲期，或者栽种经济林木获取效益以减缓人口对土地的压力。

云南山地民族用于粮林轮作的树种，主要是水冬瓜树，其次是漆树和松树。水冬瓜树系落叶乔木，其生长极为迅速，四五年就可长成直径十余厘米、树高七八米的大树，而且其根部的根瘤菌具有很强的固氮作用，加之落叶量大，肥地效果极佳，因而是理想的粮林轮作树种。佤族、景颇族、傈僳族、独龙族、怒族都曾盛行过这种粮林轮作方式，只是种植方法稍有差别。西盟县的部分佤族、腾冲县的部分汉族和该县西部的傈僳族，往往是在庄稼收获之后撒播水冬瓜树种；盈江县卡场的景颇族和腾冲县南部的汉族，是将水冬瓜树种和陆稻种混合起来同时撒播，使树苗和禾苗同时生长；独龙族、怒族等则是于冬末春初到山里采集树苗集中泡于水沟之中，待清明时节便移栽到抛荒休闲的地里。休闲地种植水冬瓜树，一般休闲四五年后便可再次砍种。怒江峡谷的勒墨人（白族支系）和部分怒族村寨，昔日曾被称为“漆树之乡”。在休闲地中种植漆树，八年后可割漆出售，其间可在漆树下间作农作物，一举几得。连续割漆十余年，老化后砍伐焚烧作肥，继而种植粮食作物。腾冲南部汉族则以大致相同的方式种植松树，每年修枝烧烬作为肥料，主干则留育为木材①。

第二，充分利用栽培植物的不同特性，在更新地力的同时增加土地的产

---

① 尹绍亭著《人与森林——生态人类学视野中的刀耕火种》，云南教育出版社2000年版。

出。对栽培作物的合理利用，既是刀耕火种技术体系的重要组成部分，亦是山地民族适应水平的表征，具体体现在以下两个方面。

其一，运用间作、套作技术。除了主要粮食作物陆稻和玉米外，刀耕火种民族往往将不同科、属、种的若干种作物间作、套作于一地，如高粱、粟、黄豆、饭豆、四季豆、茄子、辣椒、南瓜、青菜、萝卜、向日葵、苏子、薄荷等等。这样一来，一块土地上的多种作物便可为山地民族提供最基本的生活必需品——粮食、蔬菜、油料乃至制作水酒的原料。人们将这种地称之为"百宝地"。间作、套作不仅能满足人们多方面的需求，而且产量一般都大大高于单一作物种植的产量。除此之外还有很多优点；在一块地中同时栽种主粮和杂粮，成熟期有先有后，可避免青黄不接的严重饥荒；刀耕火种免不了旱涝、病虫害等灾害，集中栽种具有不同生态特性的作物，在出现某种自然灾害的时候，不至于全无收成；各种高矮不同、对肥力要求不同的作物种在一起，既充分利用了空间，提高了作物对光能的吸收率，又可最大限度地利用地力。因此，在特定的条件下，百宝地种植方法确实不失为宝贵的生产技术。

其二，轮作作物的配置技术。在云南西部和南部山地，存在着两个以栽培作物划分的刀耕火种区：滇西南山地陆稻栽培区和滇西北山地玉米栽培区。云南有陆稻品种一千多种，大部分分布于滇西南山地。凡选择陆稻刀耕火种的村寨，常用品种少则十余种，多则达三四十种。大量作物种类和品种的积累，是人们根据需要所进行的人工选择驯化和相互交流的结果。山地民族栽培种类丰富的作物，有多种目的，其中之一就是依靠作物轮作以尽地力和更新地力。如按禾本科不同作物对地力要求的不同，组合轮作系列以尽地力，从而延长土地耕作的年限。比如以陆稻、玉米、稷、粟等作物进行轮作，或以锦葵科作物棉花、豆科作物黄豆及唇形科作物苏子、芝麻等肥地作物与禾本科粮食作物组合轮作，从而更新地力、延长耕种年限。山地民族刀耕火种的轮作技术，凝聚着节约土地、缓解人地矛盾的十分有效和宝贵的经验，体现出山地民族很高的作物分类及利用的知识水平①。

就制度层面而言，刀耕火种，特别是无轮作轮歇的刀耕火种需要频繁转

① 尹绍亭《试论当代的刀耕火种——兼论人与自然的关系》，《农业考古》1990 年第 1 期。

换土地，如果没有严格的土地管理制度，就不可能保持生态系统的良性循环。20世纪50年代云南从事刀耕火种的山地民族，基本都实行氏族土地所有制并有相应的氏族社会组织，因而大都保持着对本社区土地进行认真规划和严格管理的优良传统。例如，基诺族实行以“卓巴”为首的长者制，布朗族实行以“捉蛮”为首的长老制，景颇族实行山官制，拉祜族实行以“卡些”为首的头人制，等等。村社长老和头人通常由年长者和能力强者担任，他们具有丰富的生产经验并且德高望重，依据村规民约和习惯法对本村社土地进行管理。将村社所属土地划分成若干区域（包括公有和私有），每年垦殖一个大区域或几个小区域，其余的使之休闲，并严禁擅自开垦休闲地。土地的区域规划，主要依据地力更新的周期，即取决于当地森林的生长速度。以基诺族为例，“基诺山及山内各村寨的界线非常清楚，村内各氏族及各小户的私有茶园林地也有明显地界，均不得越界砍伐种植。各村社内将森林资源划分为六个林区，即寨种林、坟林、村寨防山火林、山箐水源林、山梁隔火林、轮歇耕作林。前五个林区是不允许刀耕火种的，只有轮歇耕作林才能砍伐耕种”①。此外，每年村社按规划垦种一个区域，对于生产管理也十分重要，村民集中开垦土地，引发山林火灾的可能性较小。同时，在防止粮食遭牲畜、野兽抢夺的斗争中，也要依靠村社统筹管理和村民的集体行动。云南山地民族传统的刀耕火种之所以能够长期正常协调地延续与发展，其传统的土地管理制度无疑发挥了重要的保障作用②。

就礼仪层面来说，从事刀耕火种的各个民族，在从备耕到收获的整个过程中，都要依次举行选地、砍树、烧地、播种、求雨、吃新米、叫谷魂等一系列仪式。他们认为，刀耕火种不仅是人与自然相互作用的物质生产，而且是人与超自然神灵相互关系的产物。因此，他们除了进行辛勤的劳作外，还要举行种种仪式祭祀各方神灵，遵守种种禁忌以取悦于各方神灵，祈求其保佑风调雨顺、五谷丰登。以巴亚老寨的基诺族为例，过去在一年之中要举行九次农耕祭祀。正月间举行的“特莫克”（打铁的盛大节日）仪式，是一年之中的第一个农耕仪式，意为铁匠必须在备耕之前为人们打修铁刀、锄头和

① 高立士《西双版纳山区民族历史上的传统生态保护》，《云南民族学院学报》（哲学社会科学版）1999年第1期。

② 郭家骥《云南少数民族对生态环境的文化适应类型》，《云南民族大学学报》（哲学社会科学版）2006年第2期。

犁铧等，实质就是生产过程的开端。特莫克过后的第一天举行砍地仪式，卓巴和卓色一大早到村寨附近的林地里，象征性地砍几棵树，作为全寨开始砍树开地的序曲。特莫克过后第十三天，举行“科比达若”（祭鼓）仪式。仪式在卓巴家举行，长老和巫师参加，以猪、鸡、酒祭祀鼓，祈祷神灵保佑农事顺利。正月底，卓巴和卓色同时分别举行“苗姐若”（砍地结束）仪式。两位长老在其家晒台楼梯口处，简单摆设供品祭祀祷告。仪式过后，各户的林地方可全部砍完。烧地仪式在地中举行，临时推选参加烧地者中年纪最大的男子主持。点火之前，要在地边插“达辽”，并杀狗驱鬼，杀鸡祭祀风神。三月初，卓巴和卓色分别举行“冬布若”（盖窝棚）仪式，做法与苗姐若相似。仪式过后，村民便可以盖窝棚了。三月底四月初，全寨杀牛分肉，举行“恰思若”（播种）仪式。天刚蒙蒙亮，卓巴便在晒台上，手执点播棒，一边象征性地做着点播动作，一边向天祈祷。此后，各家播种，还要在地里杀鸡祭祀，并首先要在窝棚前种姜、芋头、金芥花和鸡冠花等，以驱鬼献神。七月早稻已近成熟时，要举行“贺西左”（吃新米）仪式，各家到地里采回谷穗，供奉寨神和祖先。九月陆稻收割入仓后，则要举行“谷萨苦罗苦”（收谷魂）仪式。人们背着鸡、银手镯、红线、竹烟盒、金芥花、鸡冠花等到地里，将这些东西置于地上，高声喊叫，请谷魂回到粮仓里去。这些祭祀和禁忌虽然是虚幻观念的产物，但却在生产中发挥着维护土地区域规划、组织协同劳动、传承生产经验等实际功能，因而也对刀耕火种农业的协调运行发挥着重要的影响和作用①。

自20世纪50年代以来，在人口、资源、政策、市场和社会等多种因素的共同作用下，山地民族的刀耕火种发生了诸多变化并日益走向衰落。在很多地区，固定农耕和以粮养畜、以粪肥田的混合农耕已经取代刀耕火种成为西南山地民族的主要农耕模式，但山地民族传统生业中的生态智慧、知识和技术，不仅可以在其替代生计中得到很好的传承和发展，而且对当今的生态建设和维护仍然具有重要的借鉴价值。

三、干热河谷的生计变迁与生态灾变

干热河谷是指地处湿润气候区以热带或亚热带为基带的干热灌丛景观河

---

① 尹绍亭著《人与森林——生态人类学视野中的刀耕火种》，云南教育出版社2000年版。

谷，除在欧洲阿尔卑斯山区、美国科迪勒拉山区和非洲东部等地有少量分布外，集中分布于我国西南地区。由于独特的自然环境和气候条件，该区不仅是人类居住和活动的密集场所，同时也是生态环境极其脆弱的区域。西南干热河谷地区指横断山区河面以上300—800米的干旱、半干旱河谷地带（干燥度大于1.5）。该区域的原始植被为干旱草原、稀树草原和河谷季雨林。主要分布于金沙江、澜沧江、怒江和雅砻江的中、下游，大渡河和元江的中游，岷江上游（汶川以上）和嘉陵江上游的白水河等河谷区，其总长度为4105公里，总面积11 230平方公里。此区一般为中山峡谷，地势陡峭，河谷深切，具有山高谷深、盆地交错的分布特点。干热河谷气候的典型特征是干和热，主要表现为：全年热量充足、气温年较差小、干湿季分明、蒸发量远高于降雨量、干旱严重、气候的垂直变化明显。同时，干热河谷地区的土壤大多数都是在紫色砂岩或砂页岩上发育而成的燥红土，这种土壤的成土过程在幼年阶段土层瘠薄、砂石含量高、保水保肥能力差，表层土壤容易流失，留下裸露的岩石和坚硬的心土，植物难以生长，林草植被覆盖率低，水土流失严重。植被多为喜热耐旱类型，其中干热性稀树灌草丛是其主要类型，分布最广①。在正常的自然状况下，河谷底部会呈现出面积不等的带状干热河谷生态系统，但分布面极为有限。如果河谷坡面天然植被保持良好，干热河谷生态系统一般仅分布于海拔500米以下的低海拔河谷区段。但一旦遭受人类的无序干扰，天然植被一经毁损，岩石就会裸露，导致地表的无序增温，水分蒸发加快，河谷干热带的面积就会不断扩大，分布的海拔也会不断攀升，逐步形成土林或裸岩，使整个河谷坡面都变成焚风生态类型，形成坡面荒漠化景观，那就是真正意义上的生态灾变了。目前，我国西南地区的金沙江、澜沧江、北盘江、元江、怒江等流域的河谷地区，干热河谷荒漠生态景观的分布面已经爬升到了1200米乃至1500米，而且被视为“绝症”。然而，对照相应地区的历史记载，不难发现在今天几乎是寸草不生的高海拔河谷坡面，在明清两代时却几乎都是森林茂密、草原丰美、牛羊成群的乐土②。以下分别以金沙江、元江和北盘江流域为例，探讨当地居民生计方式的变迁与干热河谷荒漠生态景

① 陈利顶、王军、傅伯杰《我国西南干热河谷脆弱生态区可持续发展战略》，《中国软科学》2001年第6期。

② 杨庭硕、伍孝成《民族文化与干热河谷灾变的关联性》，《云南社会科学》2011年第2期。

观扩大化的互动与关联。

（一）金沙江流域

云南境内的金沙江流域河谷区地处滇川毗连地带，所处区位具有纬度低、海拔高的地理特点。由于气温会随着海拔的降低而升高，因而河谷底部的年平均气温会比周围的高原台面的年平均气温高出几度，甚至十几度，相对湿度则会锐减30%以下。与此同时，这一区段的金沙江河谷又处在亚热带季风区的背风坡面，也就是背向海洋的河谷南坡面，夏季从海洋吹向大陆的湿润气流顺谷下沉形成焚风，因此气候干热，年降雨量很低，但蒸发量却较大，形成了局部的、非连续的河谷带状干热气候类型区，在地理学上被称为“焚风带”。在这样的气候类型区内，即使在远古时代，也会形成地表植物稀疏、生物年均生长量低下的焚风生态群落。这是一种典型的干热河谷生态系统。因此，保护金沙江河谷南坡面的生态环境的关键在于减少对河谷坡面植被结构的破坏，维护好坡面的植被，增加地表的荫蔽度，从而防止土地连片裸露面积的无序扩大和地表温度增幅过大。生活在金沙江流域的彝族、纳西族、藏族和羌族等氐羌族系各民族先民历史上的传统生计方式就能精心地做到这一点。

历史上，这些区段大多属于乌蒙、乌撒、茫部等彝族土司冬季放牧时必须穿行的过渡地带。在清朝“改土归流”前，彝族的传统生计不仅尽心维护这些坡面丛林，而且利用这些丛林的落叶做转场阶段的饲料来源。据《新唐书·南蛮传》载，“爨蛮西有昆明蛮，一曰昆弥，以西洱河为境，即叶榆河也。距京师九千里”，“人辫首、左衽，与突厥同。随水草畜牧，夏处高山，冬入深谷”，明确说明这一地区的居民早已掌握循环利用山区草场的自然规律，开展随着季节而变的垂直转场放牧。文中提到的“爨蛮”，即现今彝族、纳西族的先民。据考证，这里的先民采用的是农牧混合经营的复合生计方式。这在彝文典籍中曾有记载：“色翁第一牧场，牛马染得遍地红；鲁洪第二牧场，羊群铺得遍地白；米嫩第三牧场，牛羊荞麦相映衬；色图第四牧场，九十九座山，山山牧歌传。”明朝时期，金沙江流域的畜牧业得到了进一步发展。据《明实录》载，洪武十七年（1384年），中央王朝在此流域定易马额，“乌撒岁易马六千五百匹；乌蒙、东川、茫部皆四千”。同年，中央王朝通过市场与土司进行马匹交易，“四川、贵州二都司于西番、建昌、罗罗之地易马四千二百五十匹”。可见明朝初期，位处金沙江流域的东川、乌蒙、乌撒等土司领地马匹贸易繁盛。与畜牧业的兴盛形成鲜明对比，金沙江河谷在清代以前一直没有大规模的固定农田建构。为了适应河谷地带年均降雨量较低而蒸发量极大的生态特点，当地氐羌族系各民族中作为副业的农耕也有其特异性。农耕的规模甚小，如东川、茫部等地的农耕种植面积不到可利用总面积的1/5，80%以上的土地都是牧场。农作物的结构与中原地区也截然不同。当地各民族种植的农作物，如燕麦、荞麦都能较好地适应河谷气候特点，不仅自身耐旱，而且成活后能够对地表构成很高的覆盖度。此外，这些作物的秆蒿还可以为牲畜提供丰富的饲料。这正是当地氐羌族系各民族农牧混合经营的生态原因。彝族典籍对此有明确的记载，当地的农作物首先是荞麦，其次是燕麦，而水稻、小麦却很少提及。彝文典籍《物始纪略》载："很古的时候，够阿德管天。他管理天门，开一道天门，拿出种子来，大抓小撒地，撒到岩旮旯，山上长出树，平地长出荞，山脚长出麻，人民来耕种。"① 总之，氐羌族系各民族长期实施农牧混合生计，其目的在于尽量减少对表土的翻动，尽量维护生物多样性，尽量提高地表的荫蔽度，特别是贴近地表的植被荫蔽度。正是得益于氐羌族系各民族传统生计方式对河谷坡面生态系统脆弱环节的成功规避，直至清代以前，金沙江流域河谷地带仍森林茂密、气候湿润，并未呈现干热河谷灾变景观。

然而，清代以来，随着对固定农田的无限开辟和移民的增加，林木贸易的扩大，以及矿业开采的无序膨胀，不可避免地冲击到了金沙江流域的原生生态系统的脆弱环节，诱发了干热河谷面积的扩大化。清代改土归流后，中央王朝以武力征服了金沙江流域的广大彝族地区，为了巩固军事胜利果实，分化彝族各部，鼓励大批的汉族移民在这一地区定居，就需要毁林、毁草，建构固定农田，按中原固定农耕方式去利用金沙江流域南坡面的土地资源。随着中央王朝统治的深入，这一地区传统农业结构和生产方式发生了极大的改变，彝族居民为了交纳赋税，被迫弃牧，兼营农业，导致畜牧业迅速衰败。同时，当地各族居民在生计方式上也不得不采用汉族经营固定农田的模式，如用犁翻动坡地，反复地除草、松土、种植庄稼。而这种单向利用地表的耕

① 毕节地区民族事务委员会、毕节地区彝文翻译组编译《物始纪略》（第一集），四川民族出版社1990年版。

作方式，使疏树草坡面积日趋萎缩，固定农田面积日益扩大，很多高低山坡已开挖成田，结果却导致该流域干热河谷面积不断扩大，水土流失日益严重。除了大规模地开辟固定农田外，中央王朝还在这一地区积极从事林木采伐。据统计，清代，每年从四川、云南毗邻地带采伐的林木，漂运量在1600根左右[①]。这样规模的林业采伐，导致金沙江边一些地区建筑用材告罄，河谷坡面的生态也遭受极大破坏。金沙江流域干热河谷的扩大，还与清朝鼓励矿产开采有着直接的关系。据方国瑜先生研究，清代金沙江流域冶矿空前繁荣，尤以炼铜为盛，仅东川一地其时就有铜矿厂33个，“大者其人以数万计，小者以数千计”，其中汤丹厂在极盛时，人数达十余万之众，产量最高达千万斤以上。土法炼矿，皆以木材为燃料，这样大规模的矿业开发，对金沙江流域森林草地的破坏极为巨大。但更为严重的还在于它诱发了当地焚风气候的形成，进一步毁损了残存的森林和草地，导致连锁式的生态灾变。而随着固定农田面积的扩大，藤灌丛林遭到了严重破坏，干热河谷随之不断向高海拔坡面蔓延。新中国成立前夕，金沙江干热河谷生态景观已经上升到海拔800米以上的区段。元谋县由于垦荒、乱砍滥樵、过度放牧等人类活动对生态环境的扰动，加上干热条件剧烈，新垦坡地退化为寸草不生、没有土壤的“光板地”，土地荒漠化面积不断扩大，生态环境处于极度恶化的状况[②]。

（二）元江流域

元江河谷是云南省面积最集中、分布最连续的干热河谷。其干流北从北纬25°10′左右的南涧和弥渡苴力、德苴开始，南到北纬23°20′元阳县的小浪堤（小蛮堤）附近，并沿支流马龙河、绿汁江、小河底河上游延伸，包括大理、楚雄、玉溪和红河4个州（市）的13个县（市）[③]。元江河谷位于横断山系南延部分的哀牢山与六诏山中间地带，北回归线在河谷横穿。由于位于山谷腹地，东南海洋暖湿气流在循河谷向内陆扩散过程中因地形抬升作用而减弱，连续的热带雨林从河口循河谷向北延伸至蛮耗段，更重要的是与东南走向的河谷近乎垂直的西南季风因山地阻挡变化形成显著的“焚风效应”。哀

---

① 邓亦兵《清代前期竹木运输量》，《清史研究》2005年第2期。

② 马国君、李红香《云南金沙江流域干热河谷灾变的历史成因及治理对策探究——兼论氐羌族系各民族传统生计方式的生态价值》，《贵州民族研究》2012年第2期。

③ 杨明《云南省干热河谷的划分》，载赵俊臣主编《干热河谷经济学初探》，（香港）中国经济文化出版社1992年版。

牢山西南坡降水达1400毫米以上，中部元江河谷降水只有600—800毫米，干季降水159.3毫米，占全年降水的20.2%。干季平均气温29.4℃，蒸发旺盛时，蒸发量在2000毫米以上。自全新世以来，现代季风环流和山谷地形环境的共同作用使该区域干旱化形势一直在恶化，并决定了河谷生态环境的脆弱性①。

元江自元朝设元江路后始得名，一直到17世纪，主要作为交通驿站和行政机构驻地，以彝族、哈尼族和傣族等原住少数民族为主要居民，生产方式以梯田稻作和畜禽养殖为主，辅以渔猎、采集和果木种植等多种生业，形成一种高度适应于当地山—坝结构的自然生态，集农、林、牧、渔、猎多种产业为一体的复合经济。各民族依照他们传统的办法，实施多物种复合种植，并注意引种当地原生丛林生态系统中有地下块茎的多年生藤蔓类和匍匐类植物。而比例合理的多年生藤蔓类和匍匐类植物，对坡面丛林的稳定具有至关重要的作用：一方面，它们能加密地表的覆盖度，从而有效抑制无序增温；另一方面，它们具有很强的水资源调节功能，旱季时可以靠地下块茎储积的水资源熬过干旱，为高大乔木节约用水；再一方面，它们的存在还可以确保地表长出较厚的苔藓层，而苔藓层的储水能力比土壤还强，可以缓解季节性的干旱。除此之外，当地各民族将村寨周围的山地和林木奉为"神山""神林"，严加保护。在稻作农耕中一直保留着依靠水旱轮作来提高地力、减少病虫害的传统。防病肥田则主要采用生物防治和天然肥料（绿肥和圈肥）增肥，尽量减少对森林植被和生态环境的人为扰动。

自17世纪开始，明朝政府组织的大规模移民使元江人口剧增，外来移民的人数甚至超过了原住少数民族的人数。随着人口的迅猛增长，农业开发的范围由河谷向山地扩散，不合理的人类活动在区域不利气候条件下加速了河谷生态环境向干热化方向发展，旱生植被和引种的芦荟、仙人掌、霸王鞭等成为局部地段的优势群落。清朝末年，因个旧锡矿的开采和磨黑盐井生产规模的无序膨胀，需要大量木材作为燃料，导致大量林木被伐，干热河谷面积迅速扩大。一些前代典籍曾经明确指出：清代中叶以前的锡矿开采，所用燃料尽管也是木材，但木材的产地始终是矿主所掌控企业的有机组成部分。矿

---

① 何永彬《元江干热河谷环境变迁与适应对策研究》，《云南环境科学》2002年第2期。

主不仅要砍伐木材、冶炼矿石和煮盐，同时也要有序地组织森林护育，确保燃料的供应和冶炼成本的低廉。仅仅是到了清代末年，随着外国势力的渗入和锡价的攀升，木材成本在利润中所占的比例不断下降，才刺激矿主们出高价购买来自远方的木材，以扩大炼锡的规模，争取超额利润，于是诱发了对森林的乱砍滥伐①。随着森林的大量砍伐，干热河谷也因此扩大成灾，呈现出荒漠化景观。到了20世纪五六十年代，由于“大炼钢铁”和土法生产红糖、蔗酒急需大量的木柴作为燃料，河谷坝区林木的砍伐量由几百吨猛增至上万吨。仅短短几年的时间，坝区一半以上的林木都被砍伐，就连山区也跟着遭了殃，公路修到哪里，树就砍到哪里。森林砍光后，水源随之枯竭，新平坝区的马龙河、曼蚌河、达哈河等主要河流水量大减，峨德河、蚌岗河和西尼河等甚至出现断流②。

元江河谷坡面丛林生态系统的蜕变，除炼锡、煮盐、土法制糖等超常规消耗木材和强行扩大耕地破坏森林植被外，改种甘蔗一类的经济作物也是重大的生态失误。元江流域由于纬度和海拔都偏低，土壤在旱季脱水的隐患更为严重，而甘蔗、玉米一类的高秆作物，由于它们本身对水资源的储养能力较弱，对地表的覆盖度太低，生长的耗水量又偏大，因而连片种植后，一旦遇上季节性的干旱，就会导致地表大面积脱水。不仅农田所在位置的生态系统会蜕变，周边地区由于地下水水位的下降，也会发生牵连性蜕变。当农田的开辟达到一定的极限后，随着温度的升高和地表湿度的下降，即使不砍伐残存下来的坡面丛林，这样的坡面丛林自己也会萎缩，导致地表的直接暴露。这一地带土壤基质是花岗岩和变质岩，崩解后形成沙质土，透水性能虽然很好，但保水能力差，一旦失去了植被的庇护，也会表现为表土的沙化③。

（三）北盘江流域

北盘江河谷北起毛口河，下沿关岭、晴隆两县的边境南下，直至望谟县的蔗香，同时沿支流打邦河、麻布河等延伸，分布区域包括今贵州省的六盘

① ［法］亨利·奥尔良著，龙云译《云南游记：从东京湾到印度》，云南人民出版社2001年版。

② 参见王映乔《忆十里河炼铁会战》、夏成有《建设新平糖厂的回忆》，载新平彝族傣族自治县委员会编《新平彝族傣族自治县文史资料选辑》（第九辑），玉溪日报社印刷厂2000年印。

③ 杨庭硕、伍孝成《民族文化与干热河谷灾变的关联性》，《云南社会科学》2011年第2期。

水市、晴隆县、关岭县、贞丰县、镇宁县、望谟县和册亨县等。这一河流流经的地区目前一半以上地段已经呈现出干热河谷景观，是贵州境内连片分布面积最广的干热河谷灾变带，海拔高度从1200米起直达谷底，原生的藤蔓丛林彻底消失，变为稀疏草丛，仙人掌科和景天科的植物成了优势物种。北盘江干热河谷属于低纬度高原山地季风气候，由于地理环境和地貌的影响，具有干湿季节分明、“焚风”明显的特点。如果河谷地带植被完好，水分的无效蒸发和气温的增高就会得到有效控制，焚风生态系统的分布面就会被压缩到河床两岸的狭窄地带。而一旦植被受损，随着土石完全暴露在日光下，“焚风”导致的升温和蒸发量的加大，必然导致焚风生态系统范围的迅速扩大和向更高海拔坡面的爬升。除此之外，干热河谷灾变区同时是喀斯特岩溶区，喀斯特地貌本身具有土层薄、植被特化的特点，而且还有大量纵向裂纹与地下伏流、溶洞相通，一旦利用不当，就会导致植被消失而丧失水资源储养能力，地表仅剩下裸露的基岩，形成土地石漠化。因此，这样的生态区一旦地表植被破坏，就会导致喀斯特石漠化灾变与干热河谷荒漠化灾变复合并存，其后的生态治理就将更加艰难①。

根据史料记载，北盘江河谷直到清朝时仍森林茂密、浓荫蔽日。明万历年间成书的《黔记》在第四卷中详细记载了驿路穿越北盘江河谷时所见的景象。书中提到，在当时被称为鲁打的区域（今贞丰与镇宁两县交界地带的北盘江河段），由于森林过于茂密，军队行进非常危险，商人过往也不安全，因而行政当局痛下决心，要把这些森林砍光焚毁，以确保驿路的安全。据顾祖禹的《北盘江考》记载，北盘江“经安南卫东，又南经永宁州西境，普安州东境，盘回曲折于山箐间，阴翳蒙蔽密，夏秋多瘴……盘江两岸，崖壁扼束，林木深阻”。即便到了道光时期，在《南北盘江考》中依然提到，北盘江瘴气盛行，人迹罕至，森林茂密，江水清澈②。可见历史上北盘江的生态环境堪称优良，而历史上生息于此区域的彝族、布依族和苗族，虽然生存方式各有区别，但在资源利用上都对河谷生态系统的脆弱环节做到了有效的保护。

彝族分布在高海拔的乌蒙山区，从事的是农牧兼营的生计方式，其农田

① 马国君、谢景连《干热河谷生态灾变的历史成因及治理对策研究——以贵州北盘江、濛江、樟江灾变区为例》，《原生态民族文化学刊》2010年第3期。

② 〔清〕张瑛撰《兴义府志·河渠志》，贵州人民出版社2009年版。

和牧场要进行有规律地互换，牲畜放牧遵循随季节性变化垂直放牧的原则。夏天，要深入高海拔的高原台面游动放牧；冬天，要把牲畜沿着北盘江河谷驱赶到北盘江与打邦河的汇流地带，也就是布依族的生息区去放牧，并在那里把牲畜发卖给布依族，再由布依族转卖到广西和湖广的汉族地区。这样一来，他们在生产过程中便不需要连片地毁损北盘江河谷坡面的森林和草坡，更不需要损害森林中的藤蔓类植物和苔藓类植物，因为森林中的落叶和果实已经足够过往牲畜觅食了。

布依族分布在北盘江的滩涂区段或宽谷坝子中，主要从事稻田种植。他们虽然也要连片开辟稻田，但稻田必须有良好的供水，因而稻田面积一般不会超越宽谷坝区，更不会深入坡面森林中。事实上，布依族村寨后方的坡面森林，都被视为“风水林”和“神林”，任何人不允许触动。而更多的坡面森林均改造为经济林，种植桐油树、棕榈和构树，因此坡面森林也不会遭到人为的毁损。更值得注意的是，布依族在收割水稻时，往往仅割取稻穗，而将稻秆留在田中，为的是吸引过往的彝族乡民放养的畜群前往觅食，以便留下大量的牲畜粪便，提高土壤的肥力，同时也可以因此收购到较为廉价的活畜。

苗族则集中分布于海拔偏高的疏树草地坡面，以狩猎、采集为生，实施“游耕”。游耕时为了节省劳动力，他们主要是利用那些灌丛和荒草坡面，而不去触动坡面丛林中的藤蔓类植物和匍匐类植物。在他们看来，这些藤蔓类和匍匐类植物一身都是宝，叶、花、果和地下块根是可供采集的对象，而藤条是提取纤维的原料，因而他们不仅不会毁损，反而会有意识地帮助此类植物繁殖和蔓延。这不仅是为了满足采集的需要，也是为了让这些植物去覆盖裸露的岩石和土壤，以便给耕地降低温度和提高湿度。所以，在他们的游耕操作段，农作物总是与藤蔓类、匍匐类植物并存，一道生长。在他们的耕地内，虽然也种植玉米，但必须配种一半以上的藤蔓类植物，如南瓜、佛手瓜、扁豆、菜豆等，同时还要配种野生的藤蔓类植物或有地下块茎的匍匐类植物，如土三七、葛藤、脚板薯、野荞菜等，甚至在耕地内还要特意保留构树、桐油树和漆树等经济作物。粗略统计表明，耕地上的植被层次可以多达七八层。实测表明，贴近地表的相对湿度在强烈的日照下，也能维持在95%左右，气温也比气象台报告的要低4—6℃。而且地上的所有植物在清晨时，都有大量的露珠回落到土壤中，因而即使逢一连10天的干旱，除了南瓜叶发蔫外，其他植物都保持着正常的生长状态，并无旱象表现出来。上述三个民族尽管生计方式各不相同，但有一个共性特征，那就是将坡面丛林作为狩猎和采集的场所，在生产的过程中尽可能保护藤蔓植物、苔藓类植物的稳定存在，从而有效规避干热河谷生态系统的脆弱环节①。因此，尽管他们在北盘江河谷中生息了千年以上，但直到20世纪以前，当地原生藤蔓丛林一直相对完好，干热河谷扩大化灾变也没有大规模发生。

清朝改土归流后，随着汉族移民的无序垦殖，特别是民国时期为了满足战争需要，急需大量军粮，导致人为地连片砍伐丛林，因而冲击到北盘江河谷地带的脆弱环节，造成原生植被的萎缩。整个北盘江河谷的生态蜕变亦发端于民国时期，蜕变的直接导因是蔗糖业的兴起。蔗糖业的兴起导致了三个方面的生态剧变：其一是蔗田与桐油林和棕榈林争地，从而牺牲了原先具有生态维护功能的经济林；其二是制糖用的燃料需要大规模地砍伐青冈林，从而导致土石暴露；其三是甘蔗园的开辟需要将所有的藤蔓植物彻底摧毁，导致地表土石的大面积暴露，引发河谷底部的气温剧增，再加上甘蔗园的砍伐休闲，愈发加剧了气温的上升，从而使原有的物种无法生存，在自然环境下只能长出仙人掌、景天科类的植物，北盘江的干热河谷荒漠生态就此形成。目前，干热河谷蜕变的上线已经处于海拔700米以上，严重区段已经达到了1000米②。

从以上对金沙江、元江和北盘江干热河谷生态灾变的历史梳理中，不难看出干热河谷面积的扩大化，并不纯粹是自然运行的结果，更多的则是人类资源利用方式的失误。而历史上生息于不同流域的各个民族，通过农林牧、狩猎和采集复合并存的传统生计模式，悉心维护着生物的多样性水平，在种植的过程中尽量避免动土，实施免耕式的轮歇种植，尽量不损伤藤蔓类和苔藓类植物，增加地表覆盖度以降低地表的无序增温。其生存方式无一不体现出对干热河谷生态环境的高度适应。在今天的生态救治和环境建设过程中，只有充分发掘利用隐含在当地各民族传统生计中的本土知识和技术技能，而

---

① 杨庭硕、伍孝成《民族文化与干热河谷灾变的关联性》，《云南社会科学》2011年第2期。

② 马国君、谢景连：《干热河谷生态灾变的历史成因及治理对策研究——以贵州北盘江、濛江、樟江灾变区为例》，《原生态民族文化学刊》2010年第3期。

不是盲目套用内地其他类型生态系统的恢复办法，焚风生态灾变才能得以遏制，生态救治也才有望收到理想的成效。

第四节　高山峡谷中移动的文化

中国的西南地区是连接亚洲大陆腹地与印巴次大陆及中南半岛的枢纽，特殊的地缘形貌使得该区地形起伏急剧，垂直变化明显，造成了群山高耸、河谷深切、密林深箐的复杂自然地理景观。在古代，这里曾被人们视为“蛮荒之地”“瘴疠之乡”，被认为是难以涉足的禁区。然而，早在汉代以前，西南地区各族人民为了生存和发展的需要，冲破山川的自然阻隔，以丝绸、铁器、食盐、陶瓷、茶叶等贸易为主要媒介，打开了中国最早通往东南亚、南亚和中亚的对外交通线。两千多年来，蜿蜒于西南地区崇山峻岭和原始森林之中的商贸通道，将平原和高山、内地和边疆、境内和境外联系在一起，将不同种族、不同文化、不同信仰的人们联系在了一起，不断地沟通着邻邦和异域之间的经济和文化。

一、西南丝绸之路

丝绸自古以来一直被认为是东方文明的象征，古代中国主要以丝绸作为对外交往的媒介，通向西方的国际交通线往往都被誉为“丝绸之路”。中国西北部沙漠中的丝绸之路早已闻名遐迩，南方海上丝绸之路也已为人所知，而穿行于中国西南高山峡谷、丛林密布之境的丝绸之路，长久以来却鲜为人知。西南地区与东南亚、南亚之间的民间商道，其实在汉代以前就已存在。汉武帝时出使西域的张骞归来，向汉武帝奏报曾在大夏（今阿富汗北部）见到有邛竹杖、蜀布出售，因而知悉在身毒（今印度）有许多蜀地商人专营中国西南的物品。大夏的蜀布和邛竹杖便是商人们从东南数千里的身毒国买去的。这说明，在汉武帝开通北方沙漠的丝绸之路（西域道）之前，就已有一条跨越西南高原通往域外的通道。这条古代国际贸易商道，即我们所称的“西南丝绸之路”或“南方丝绸之路”，它的开通至少比北方丝绸之路要早两个世纪。印度便是通过这条通道知道有中国这样一个国度的，中国也由此将印度载入汉文史册。据文物考古和历史文献证明，西南丝绸之路是古代中国西南以成都为起点，连接东南亚、南亚并连通中亚的一条陆上商贸通道。通过这条商贸通道，古代成都平原生产的丝绸、铁器、食盐、陶瓷、茶叶等地方产品销往中国西南诸地，东南亚、南亚与中亚诸国。与此同时，越南、缅甸、印度和中亚等国的玉石、香料、珠宝和琉璃等也经西南丝绸之路输入中国。

西南丝绸之路的形成与西北丝绸之路相似，首先由民间商旅往来，以有易无，逐渐形成商贸点，点与点连接而形成交通线。这条丝路的中印一段古代称为“蜀（成都）身毒（印度）道”，大致由川滇段、滇缅段和印缅段几部分组成。川滇段为四川到达云南路线，又可分为两部分：一为西线灵关道，即汉西夷道、唐清溪关道。该道从蜀（成都）西南行，经临邛（邛崃）、灵关（芦山）、笮都（汉源）、邛都（西昌）、青蛉（大姚）、大勃弄（祥云）至叶榆（大理）。二为东线五尺道，即古僰道、汉南夷道、隋唐石门道、朱提道。该道由蜀（成都）南下经僰道（宜宾）、朱提（昭通）、味县（曲靖）、滇池（昆明地区）、安宁、楚雄至叶榆。从历史上看，灵关道比五尺道开辟更早，且路径更直接、更近便，因而也更显得繁荣。滇缅段即从大理到缅甸的路途，汉时称为博南道、永昌道。永昌（今保山地区）是蜀身毒道上连接中、缅、印的重要交通枢纽。从上述的五尺道由成都经僰道（宜宾）南下滇池，再由滇池往西经洱海即可到达永昌；走灵关道则由成都经邛都（西昌）渡过金沙江，再西南行经洱海往西到达永昌。两道均由永昌往西到缅甸北部。具体说来，该道是由洱海地区的叶榆，逾博南山（永平），渡兰仓水（澜沧江）到嶲唐（保山），再渡怒江经滇越地区进入缅境。缅印段即经缅甸至印度的道路，其与滇缅段道路在唐代分别被称为西洱道、天竺道。缅印之间的通道，唐代文献有较明确的记载。《大唐西域记》中指出：“此国东，山阜连接，无大国都，境接西南夷，故其人类蛮僚矣。详问土俗，可两月行，入蜀西南之境。”《新唐书·地理志》载贾耽“从边州入四夷路程”，从永昌城“西渡怒江至诸葛亮城（在今龙陵）二百里，又南至乐城（在今瑞丽）二百里，又入骠国境（缅甸）。……一路自诸葛亮城西去腾充（今腾冲）二百里，又西至弥城（在今盏西），又西过山二百里至丽水城（在今打洛），乃西渡丽水、龙泉水（今勐拱河）二百里至安西城（在今勐拱），乃西渡弥诺江水（今钦敦江）千里至大秦婆罗门国”[①]。

---

① 路义旭《论西南丝绸之路的研究状况》，《西南民族大学学报》（人文社科版）2003 年第 11 期。

有的学者指出，除了通常所说的由灵光道、五尺道、永昌道和缅印道贯穿而成的蜀身毒道之外，西南历史上比较重要的对外通道还有：沟通安南的进桑麋泠道和步头路，从银生城至海边的通道，连接青藏高原的茶马古道，从永昌循伊洛瓦底江的出海道，从大理经元江、车里入缅甸而至南海的道路，经广西出海的邕州道等。这些道路有效地沟通了太平洋和印度洋两大地区的往来，亦都可称之为西南丝绸之路①。

西南丝绸之路东通中原，西达印度，在历史上对西南地区经济和文化的发展起到了巨大的推动作用。西南地区地理环境多样，促成了不同的经济类型。平原、湖泊以及低热河谷平坦地带多为农耕区域，范围较广的山地则长期作为游猎、游牧和刀耕火种的区域。农耕经济与山地经济的落差，形成了不同的文化群体。不同的区域经济和差异性文化群体，在客观上产生了相互交往的强烈愿望和需求。这也正是西南丝绸之路形成和长期存在的社会历史原因。西南丝绸之路始于西南巴蜀地区。这一地区在古代便发展了灿烂的文化。20 世纪 50 年代在巴蜀地区曾有多处引人注目的重大考古发现，特别是 1986 年发掘出的广汉三星堆遗址，面积广阔，涵盖众多文化层，从新石器时代晚期中经夏、商、周到秦汉的连续地层出土青铜神人立像、头像、金面罩、铜和玉制礼器、武器、象牙等上千件。成都郊外发掘出的商周时期大型木结构建筑群等均甚罕见。这些发现说明早期蜀文化已达到相当高的水平。蜀人至迟在战国时已兴修水利，发展农业。秦时蜀守李冰大兴水利后，蜀国成为沃野千里的天府之国。蜀人很早就以养蚕、制造丝织品著称，古代记载中称为锦，战国时蜀锦已相当驰名②。到了汉代，蜀锦的生产达到了前所未有的盛况。当时织锦业的中心在成都，政府设置了专门的锦官。据《西京杂记》载，汉成帝曾命益州官吏留下三年税银，为宫廷织造“七成锦帐，以沉香水浸之”，可见其华贵。三国时，丝织品成为蜀国的主要财源，其锦缎“独称妙”。从战国至两汉，四川丝绸行销全国，同时通过“西南丝绸之路”贩运到印度。唐宋明清，四川丝绸从这条古道外销屡有记载。抗日战争时期，从云南腾冲海关出口的货物仍“以川

① 黄光成《西南丝绸之路是一个多元立体的交通网络》，《中国边疆史地研究》2002 年第 4 期。

② 宋蜀华《论西南丝绸之路的形成、作用和现实意义》，《中央民族大学学报》1996 年第 6 期。

丝为大宗"①。

西南地区物产丰富，在与外界的经济往来中，除了丝绸外，还有食盐、铁器等的买卖。《史记·西南夷列传》载："秦时常頞略通五尺道，诸此国颇置吏焉。十余岁，秦灭。及汉兴，皆弃此国而开蜀故徼。巴蜀民或窃出商贾，取其笮马、僰僮、髦牛，以此巴蜀殷富。"西南丝绸之路自成都开始，灵关道上的临邛、青岭，五尺道上的南安、连然、定远、广通等地均为盐产地。此外，还有两条走向与西南丝绸之路一致的以盐井为连接点的商道：第一条从昆明经滇西到缅甸，俗称"夷方道"，两侧都有盐井，最为著名的是禄丰黑盐井；第二条则为"马帮道"，此条商道经过普洱磨黑盐井和镇沅盐井。在各条商旅道的形成以及南方丝绸之路的形成和发展过程中，盐起着极其重要的作用。在南方丝绸之路形成后，运盐之道成为必需的辅助线路②。明代，缅甸的棉花成为中国最需要的物品，而云南的食盐和其他杂物则是缅甸奇缺的商品。根据记载，缅甸北部各地均依赖中国输入的食盐。每当边境治安不宁，或发生战事，盐商停止输入食盐，缅北各地便发生盐荒，食盐为当时中国输缅的最重要货物，而棉花则为缅甸输入中国最大宗的商品。至于开矿冶铁，至迟在战国时代已经出现。秦人卓氏在临邛，"即铁山鼓铸，运筹策，倾滇蜀之民"，富比王侯。程郑"亦冶铸，贾椎髻之民，富埒卓氏，俱居临邛"。据史料记载，至少于秦代开始，巴蜀地区即为中国西南地区最主要的铸铁基地。随着西南丝绸之路的形成与发展，巴蜀铁器被商贾和移民大量输入西南民族地区，极大地促进了西南地区的经济社会发展。

商道总是双向的，有来有往。琉璃、料珠、宝石、香料以及羊毛制品等也沿着这条商路输入中国。在云南江川李家山和晋宁石寨山战国及西汉古墓中均曾发现过琉璃珠。我国在5世纪初才开始自制琉璃，上述古墓中发现的琉璃制品，显然是从印度经这条丝路传入的。东汉时期，西南丝路有进一步发展。随着哀牢王内属朝廷，东汉明帝永平十二年（公元69年）在滇西哀牢地区建立永昌郡。境内除鸠僚、濮人等以外，还有骠人、掸人和身毒人。境内物产丰富，有"黄金、光珠、琥珀、翡翠、孔雀、犀、象、蚕、桑、棉、绢、彩帛、文绣……木棉布、阑干（苎麻）细布，又有罽旄、帛氎、水晶、

① 路义旭《论西南丝绸之路的研究状况》，《西南民族大学学报》（人文社科版）2003年第11期。

② 全洪涛《南方丝绸之路的文化探析》，《思想战线》2012年第6期。

琉璃、轲虫、蚌珠。宜五谷，出铜铁”。上述物产中帛氎、水晶、琉璃、轲虫、蚌珠等系境外产品运入境内。晋宁石寨山滇人墓葬发掘出的数量巨大、用青铜贮贝器贮藏起来的海贝，自然也非云南所产，至少印度是产地之一。永昌郡治为嶲唐，不仅为政治中心，而且和腾越都是蜀身毒道上的商货集散地。1938 年在腾冲县西八里宝峰山下核桃园的荒冢中，曾发现汉五铢钱千余枚，足见当时商业之盛①。

作为商品经济的媒介，货币在一定程度上决定了商品交换的发展与繁荣。根据考古发现和已有文献记载，西南丝绸之路中充当货币的主要有贝币（海贝）、中央王朝所铸的金属货币以及黄金和白银等三类。西汉时期的货币反映了中原文化在西南地区的传播与渗透。唐朝时，南诏一统云南，白银成为南诏与东南亚国家经济往来的大额支付手段。大理国时期，银锭也通过“互市”而流通到云南。到明朝嘉靖年间，白银成为法定通货，民间开始大量使用银锭。清代沿袭了明代的钱币制度，实行“大数用银，小数用钱”的银钱本位制。除此之外，在云南和四川的部分地区，盐有时也被当作支付的手段②。

随着商业交换的发展，文化交流也不断加强。掸国王雍由调于东汉和帝永元九年（公元 97 年）、安帝永宁元年（公元 120 年）及顺帝永建六年（公元 131 年）三次遣使前往洛阳“奉国珍宝”。《后汉书·西南夷列传》记载：“永宁元年，掸国王雍由调复遣使者诣阙朝贺，献乐及幻人，能变化吐火，自支解，易牛马头，又善跳丸，数乃至千。自言我海西人。海西即大秦也。掸国西南通大秦。”除掸国音乐外，在音乐舞蹈方面与他国亦有交流。骠国“在云南西，与天竺国相近，故乐曲多演释氏词云”。“唐贞元十七年（公元 801 年）骠国王雍羌遣弟悉利移城主舒难陀随南诏使臣入唐，由云南重译进献其国乐。”骠国乐成为唐代乐曲中的一部。

西南丝路也是佛教传入我国的另一途径。印度古代有“以新棉裹尸，更以棉布缠其上，系佛在世时之印度风俗，而在佛涅槃后，传亦如斯。是以哀牢人关于桐华布之‘先以覆亡人，然后服之’云云，似亦起源于兹”。除印度僧人传播佛法于中土外，我国僧人亦有经西南丝路往印度求佛法的。唐僧慧

---

① 宋蜀华《论西南丝绸之路的形成、作用和现实意义》，《中央民族大学学报》1996 年第 6 期。

② 全洪涛《南方丝绸之路的文化探析》，《思想战线》2012 年第 6 期。

琳《一切经音义》卷八一就提到曾有二十余僧“从蜀川南出牂柯，往天竺得达”。唐僧道宣《高僧传》卷七有记载：“释慧睿，冀州人。少出家，持节精峻，常游方而学经，行蜀之西界，为人所抄掠，常使牧羊，有商客敬信者，见而异之，疑是沙门，请问经义，无不综达，商人遂以金赎之。即还袭染衣，笃学弥至，游历诸国，乃至南天竺界。”①

此外，西南丝绸之路在铜鼓的发展以及铜鼓文化的传播方面起到了较大的推动作用。以云南楚雄为中心，铜鼓文化沿西南丝绸之路传播与扩散已得到考古的印证。其中，有一支由楚雄向西经永昌道推进至沧源、西盟以及与缅甸接壤的较大区域。该地区几乎没有铜的冶炼史，但铜鼓使用甚多，可以推断该区域的铜鼓应该是由商人经永昌道贩运而至。不同地区不同民族的文化各不相同，铜鼓的纹饰、形状等也各具特色，然而通过文化交流、商品交换和民族迁徙等形式，铜鼓文化的发展与传播便与西南丝绸之路紧密相连②。

总之，两千多年来，西南丝路这一最早连接两大古代文明发源地的交通线，对西南地区与周边国家之间的经济文化交流和友好往来都起到了极其重要的作用。随着历史的演变，当西北和海上丝绸之路兴起而经济重心随之转移时，西南丝绸之路逐渐衰落。中华人民共和国成立后，历史上的西南丝路又悄然复苏，特别是 1960 年 10 月中缅边界条约的签订，进一步增进了中缅两国的友好关系。自 20 世纪 80 年代中期以来，我国商品如纺织品、日用百货、建筑材料和机电产品等经缅甸大量输入印度及东南亚国家。进口商品虽以缅甸的商品为大宗，但也不乏泰、孟加拉等国商品，而且这些商品都转输全国各地。随着公路、铁路和航线的开通，西南丝绸之路将继续发挥连接亚洲大陆腹地与印巴次大陆及中南半岛，以及融汇东西方文化和南北文化的历史地理枢纽作用，进一步促进沿线各国、各地区和各民族的经济、政治、文化的交流与合作。

二、茶马古道

在中国西南横断山区，从唐代起，产生了一条穿行于今藏、川、滇交会地区和金沙江、澜沧江、怒江三江流域，以茶马互市为主要内容，以马帮为

---

① 路义旭《论西南丝绸之路的研究状况》，《西南民族大学学报》（人文社科版）2003 年第 11 期。

② 全洪涛《南方丝绸之路的文化探析》，《思想战线》2012 年第 6 期。

主要运输方式的古代商道。20 世纪 90 年代初，木霁弘等学者在考察的基础上于 1992 年出版了《滇藏川“大三角”文化探秘》一书，首次正式提出了“茶马古道”的概念，随后逐渐被学界所接受[①]。所谓茶马古道，实为源自古代的“茶马互市”，即先有“互市”，后有“马道”或“古道”。“茶马古道”是唐宋以来汉、藏等民族之间进行商贸往来的重要通道，是西南各民族长期相互交往和融合的走廊，也是藏族聚居地区连接祖国内地，并外延至南亚、东南亚的重要纽带。茶马古道以云南中甸（今香格里拉）、西藏昌都、四川康定构成的三角地带为中心，外延可辐射到广西、贵州、湖南、陕西、新疆等省区，国外则可以直接到达印度、尼泊尔、不丹和东南亚的缅甸、越南、老挝、泰国，进一步向外可延伸到南亚、西亚、东南亚的其他一些国家和地区。茶马古道的主要干线有两条。第一条为川藏道，即北道。以今四川雅安一带产茶区为起点，首先进入康定。自康定起，川藏道又分成南、北两条支线：北线是从康定向北，经道孚、炉霍、甘孜、德格、江达，抵达昌都（今川藏公路的北线），再由昌都通往卫藏地区；南线则是从康定向南，经雅江、理塘、巴塘、芒康、左贡至昌都（今川藏公路的南线），再由昌都通向卫藏地区。亦可通过此线到达尼泊尔、印度和克什米尔地区。第二条主道是滇藏道，即南道。它从云南普洱茶产地和集散中心（今西双版纳、普洱、临沧等地）出发，经大理、丽江、中甸（今香格里拉）、德钦到西藏的芒康、左贡、邦达、昌都、洛隆宗、工布江达、拉萨，再经由江孜、帕里、亚东分别到缅甸、尼泊尔、印度[②]。除了这两条主道之外，还有一条在唐朝后期和宋朝时相当兴盛的古道，即“唐蕃古道”。它东起长安，经鄯州（今青海乐都县）、鄯城（今西宁）、莫离驿（今青海共和县）、那禄驿、柏海，至从龙驿，过牦牛河（通天河）藤桥，向西过唐古拉山，经那曲到拉萨。尽管“唐蕃古道”（今青藏线）在路线上与“茶马古道”有所交叉，但因沿唐蕃古道上往来的主要是吐蕃入唐的马、皮毛和唐入吐蕃的丝织品，茶叶还不是主要商品，因而与“茶马古道”亦有所区别。此外，茶马古道还包括了若干支线，如由雅安通向松潘乃至连通甘南的支线；由川藏道北部支线经原邓柯县（今四川德格县境）通向青海玉树、西宁乃至旁通洮州（今临潭）的支线；由昌都向北经类乌齐、

① 木霁弘、陈保亚、李旭等著《滇藏川“大三角”文化探秘》，云南大学出版社 1992 年版。

② 张永国《茶马古道与茶马贸易的历史与价值》，《西藏大学学报》2006 年第 2 期。

丁青通往藏北地区的支线等等[①]。随着时间的推移，茶马古道的线路也在不断地演变。

据有关史籍记载，茶马古道的历史可以追溯到唐朝与吐蕃交往时期。茶叶也正是在这一时期由内地传入吐蕃的。中唐以后，茶不但在内地有广大的市场，而且运销塞外。据史籍记载，早在唐中期，“世界屋脊”上就盛行饮茶之风，汉地物产在藏族地区唯茶叶一项最为人民所喜爱。唐人李肇所著《国史补》中记载，唐德宗时常鲁公出使西蕃，烹茶帐中。“赞普问曰：‘此为何物?’鲁公曰：‘涤烦疗渴，所谓茶也。’赞普曰：‘我处亦有。’遂命出之，以指曰：‘此寿州者，此舒州者，此顾渚者，此蕲门者，此昌明者，此邕湖者。’”足见唐代已有各种茶叶从内地输入藏族聚居地区。为了加强对茶叶的管理，唐朝专门制定了茶叶贸易政策。其一是实行专门的“茶马互市”。唐玄宗开元十九年（公元 731 年）唐朝允许交马、互市在赤岭进行。其二是实行茶税。据记载，“茶税开始于唐德宗建中三年（公元 782 年）九月，与漆、木、竹、商钱并税”。其三是实行“榷茶制”。《旧唐书》记载：“五涯献榷茶之利，乃以涯为榷茶使，茶之有榷税自涯始也。”

宋朝是汉、藏之间茶马贸易和茶马古道大规模开通与兴起的时期。当时的贸易主要有两种形式：一种是朝贡和赏赐的方式，进行官方的交换；另一种是宋朝官府设茶马司在沿边各地“召募蕃商，广收良马”的贸易。由于茶叶贸易的巨额利润使茶税成为政府开支的一大支柱，为了保证茶税的不断增长，宋朝实行了一套更为严苛的榷茶制度，建立专买专卖的管理机构，将茶由官府垄断买卖，并制定严格的惩处条律，禁止私人买卖。宋朝重视茶马互市，除了其能为朝廷提供巨额的茶利收入解决军费之需外，更重要的是通过茶马贸易，既维护了国家的安全与稳定，又满足了国家对战马的需要。

元朝，西藏正式纳入祖国的版图，中央王朝开始加强对藏族聚居地区的治理。元朝统治者采取了“因其俗而柔其人”的治藏政策，并在茶马古道沿线建立了历史上著名的“土官治土民”的土司制度。自此，茶马互市和茶马古道的管理、经营均发生了重要变化。元朝为了加强对康藏地区的治理，十分重视通往西藏的交通线路的畅通，把以茶马互市为主干线的进藏交通线路定为正式驿路，并沿途设置驿站进行管理。元代在川藏茶马古道沿线共设置了十九处驿站，

---

① 石硕《茶马古道及其历史文化价值》，《西藏研究》2002 年第 4 期。

从此茶马古道既是经贸之道、文化之道，又是治藏之道、安藏之道[①]。

明朝是汉藏茶马贸易的极盛时期，茶马贸易的制度、内容和方式发生了很大变化。完善的贸易制度、严格的经营管理使茶马贸易不仅成为汉族地区与藏族地区之间的一条重要经济纽带，同时也是汉族地区与藏族地区之间的一条重要政治和文化纽带。明朝通过茶马贸易全面巩固了对西藏的统治。在制度建设方面：其一是制定了“以其地皆肉食，倚中国茶为命，故设茶课司于天全六番，令以市马，而入贡者又优以茶布。诸番恋贡市之利，且欲保世官，不敢为变”的治藏之策，并在此政策指引下大量设置茶马司。其二是制定茶法，禁止私茶出境，对违法者予以严惩。其三是征收茶课。在贸易方式上，明朝与前朝也有所不同：其一是政府贸易。其中一种形式是“差发马”制度，就是对藏族聚居地区收取马税，同时配之以茶的制度。为了防止在边各官吏利用职权假朝命以济私，遂于洪武二十六年（1393 年）制“金牌信符”，即由明政府颁发给纳马藏族部落的一种铜质牌状凭证。另一种形式是通过茶马司进行贸易。其二是朝贡贸易。藏族聚居地区诸土司和上层喇嘛往往以朝贡的方式至内地贸易。贡使带来马、氆氇、珊瑚、犀角等琳琅满目的货物，而朝廷也照例给绸缎、茶、钞等优厚的回赐。这种贡赐关系实际起着交流货物的作用。其三是私茶贸易。虽然明朝制定了严格的法律禁止私茶贸易，但是明朝的私茶贸易却一直比较兴盛，特别是到后期差发马制度废除以后，私茶贸易更是如雨后春笋一样发展起来。正所谓“茶马互市，利之所在，人皆趋之，禁令越多，走私之风越盛”。同时，为了发展与长河西、朵甘思各部的关系，缩短运距，方便茶叶运输，明朝开辟了自碉门（今四川天全县）至昂州（今泸州岗安镇）逾大渡河至长河西（今康定）的“碉门路”茶道，并于昂州设卫加以保护。成化六年（1470 年）又明令西藏僧俗官员入贡必须“由四川路入”。自此，四川不仅成了边茶的主要产地，而且成为茶马互市的主要贸易区，形成了黎、雅、碉门、岩州、松潘五大茶市。清朝时，除了前代主要的四川、青海、甘肃等地区外，云南也成为主要的茶马贸易区。清初，由于国内动荡的局势，需要大量战马，所以基本承袭明制，继续推行茶引制。官茶“储边贸易”，商茶“给以茶课”，继续在四川、云南、青海等地设茶马司，管理茶马贸易。为了改变官茶贸易逐渐萎缩的态势，清朝对四川茶叶贸易制度进行了重大改革，变“茶引制”为“引岸制”。雅安、天全、

---

① 格勒《“茶马古道”的历史作用和现实意义初探》，《中国藏学》2002 年第 3 期。

荥经、名山和邛崃五县所产之茶，专销康藏地区，称“南路边茶”；灌县、大邑等地所产之茶，行销松潘一带，称“西路边茶”；专销内地的茶叶则称为“复茶”。此外，清朝时川、滇、藏地区的茶马古道得到进一步的拓展。滇藏线从丽江出发到德钦这段路，有三条路线可供选择。川藏道形成了南北两条茶道，昌都是两条川藏茶道的会合点，也是滇藏、青藏交通的总枢纽，成为茶马古道上最重要的贸易中心①。民国时期，由于军阀战乱和川藏纠纷，虽然官方的茶叶贸易逐渐淡出，但是汉、藏民间商人之间的茶叶贸易却始终活跃，内地茶叶仍畅行于藏族聚居地区，在当时特殊的历史条件下仍成为沟通内地与藏族聚居地区的重要经济纽带，并一直延续至民国末年。

“北有丝绸之路，南有茶马古道”。茶马古道与丝绸之路一样，都曾是中国历史上最为著名的西部国际贸易古通道之一，是中国藏族聚居地区连接祖国内地并延伸至南亚和东南亚的纽带，在中国对外经济文化交流和古文明传播中起到过重要的历史作用。虽然随着现代交通的发展，这一通道已逐渐丧失昔日的地位和功能，但其历史价值和意义却不可磨灭。

茶马古道是文明传播的古道。从茶马古道的路线看，不难发现昌都是古道上的一个重要枢纽。它不仅是滇藏道和川藏道两条道路的必经之地，而且也是这两条道路的交会点。事实上，茶马古道并非只是在唐宋时代汉藏茶马贸易兴起以后才被开通和利用的，早在唐宋以前，这条起自卫藏，经林芝、昌都并以昌都为枢纽而分别通往川、滇地区的道路就已经存在和繁荣，并成为连接和沟通川、滇、藏三地古代文化的一条非常重要的通道。它不仅是卫藏与川滇地区之间古代先民们迁移流动的一条重要通道，同时也是川、滇、藏三地间古代文明传播和交流的重要通道。从考古文化遗迹看，远在几千年以前，昌都就出现了像卡若遗址这样大型且时间延续极长的古人类聚落遗址。卡若文化既体现了川西、滇西北地区原始文化的因素与特点，也体现了黄河上游地区马家窑等原始文化的某些影响，具有浓厚的复合文化特点。这正是不同文化传播和交流的结果。此外，在今川西高原的甘孜、阿坝境内和滇西北横断山区一带，发现了大量的石棺墓葬，而在川滇西部密集分布的石棺葬不但在昌都地区的芒康、贡觉、昌都有发现，而且在林芝都普，山南隆子、错那、乃东乃至日喀则地区的仁布、萨迦等地也均有发现。学者们从葬式形

① 张永国《茶马古道与茶马贸易的历史与价值》，《西藏大学学报》2006 年第 2 期。

制和出土器物明显发现西藏石棺葬同川滇西部地区石棺葬之间存在密切的关联性，特别是昌都和林芝一带的石棺葬，基本上与川滇西部地区的石棺葬属同一个文化系统。从分布上看，川滇西部是石棺葬最流行、最集中和发现数量最多的地区，而目前西藏所发现的石棺葬绝大多数集中分布在由川滇西部高原进入西藏的主要通道的沿线，而茶马古道（今滇藏、川藏公路沿线）也正好是沿着这一通道行进的。所以，石棺葬再次证明，以昌都为枢纽的茶马古道路线很早以来就是藏、川、滇三地的居民进行沟通往来和文化传播的重要通道①。

茶马古道是多彩的民族文化走廊，是各民族交往和融合之道，见证着汉、藏和西南其他民族逐渐聚合的历史过程。茶马古道所穿越的川滇西部及藏东地区是我国典型的横断山脉地区，这里山川骈列、河谷深切，形成了独特的高山峡谷地貌。几千年来，汉族、藏族、彝族、白族、怒族、纳西族、傈僳族、哈尼族、基诺族、景颇族等30多个民族在此繁衍生息、迁徙流转，创造了丰富多彩的民族文化。同时，由于山川的自然阻隔，许多原生形态的文化因素得以积淀和保留下来。茶马古道沿途，既有西双版纳傣族的贝叶文化、彝族的毕摩文化，也有白族的本主文化、纳西族的东巴文化和藏族的雪域文化，各民族文化在这里交汇、融合，形成了我国民族融合发展史上“兼容并包、取长补短”的壮丽奇观。事实上，正是这条东西横跨数千里，穿越青藏高原众多不同民族、不同语言和不同文化地区的茶马古道，将这些民族有机地联系起来，使他们既保持自己的特点，又彼此沟通、联系并协同发展。所以，有茶马古道分布的地区，既是民族多元文化荟萃的走廊，又是各种民族文化进行交流、互动并各自保留其固有特点的极具魅力的地区。茶马古道如同中国西南一张巨大的网络，把生活在其中的各个民族紧密地联系在一起。围绕着茶马古道，各民族加强了联系和沟通，促进了政治、经济和文化的互动，增进了彼此间的情感和认同感，维护了民族的团结和睦与国家的安定统一。随着茶马互市的发展和茶马古道的开通，汉、藏等各民族常年往来其间，尤其元代以后，汉族居民一批接着一批源源不断地涌进康藏地区，汉蕃通婚、各族混居的现象在当时的西北地区已相当普遍。到后来，陕西、甘肃、四川、云南、湖南等地从事茶马贸易的汉族和其他少数民族逐渐迁入青藏高原地区

---

① 石硕《茶马古道及其历史文化价值》，《西藏研究》2002年第4期。

居住，并与当地人融合。同时，藏族聚居地区的藏族也逐渐迁出，形成了两大民族交会中心区，一个是青海地区，另一个是四川、云南西部、西藏东部的横断山区[①]。所以，茶马古道的意义并不仅止于历史上的茶、马交换，事实上，它既是历史上汉、藏两大文明和其他民族文化发生交流融合的一个重要渠道，也是促成沿途各个民族进行沟通联系并在情感上彼此亲近的主要纽带。

茶马古道是宗教，尤其是佛教的传播之道。茶马古道不仅是茶马互市的商品贸易之道，也是佛教东传的精神传播纽带，是东西方文明传播的主要通道。在茶马古道上，信徒与茶商相伴而行，为这些区域带来了不同的信仰。通过茶马古道，印度的佛教在唐代传到大理，使南诏和大理国的佛教兴起并盛极一时。据考证，以大理为中心，西行可达丽江、中甸、福贡，跨金沙江、澜沧江、怒江进入西藏、尼泊尔和印度。从其传播的路线来看，多同茶马古道是重合的。一些著名的佛寺也是沿茶马古道修建而成的。藏传佛教在滇西北的传播，进一步促进了纳西族、白族和藏族在这一区域的宗教、文化交流[②]。

茶马互市的发展和茶马古道的繁荣，促进了川藏和滇藏沿线城镇的发展。例如，川藏道沿线的康定、道孚、炉霍、甘孜、德格、理塘、巴塘、察雅和昌都等，以及滇藏道沿线的一些城镇，都是随着茶马古道的开通和茶叶的贸易而相继出现和不断繁荣的。康定作为茶马古道上的交通咽喉，在唐、宋时只是一个架设帐篷的临时露天市场。随着茶马贸易，“锅庄”形式的固定货栈纷纷兴起，于是市场勃兴，人口递增，康定成了康藏地区的商品重镇。清雍正年间普洱府在宁洱设立，思茅（今普洱）设总茶店，并砌石筑城。各地茶商纷纷迁往思茅开设茶号、茶庄，兴建会馆，思茅城日渐兴旺，成为滇藏道的中心。丽江因处于茶马古道上的一个重要位置，随着茶马互市的兴起，从一个集市逐渐演变为一个聚居区，最终成为一个古城。而昌都因其地处川藏茶路与滇藏茶路的交会处，又是川藏南、北两路入拉萨的会经之地，各地茶商云集，也迅速发展成为古道上的一大经济和文化中心。同时，这些城镇发展的辐射作用，带动了周边地区的经济发展，促进了农业、手工业技术的进步，繁荣了地区经济。

---

① 张永国《茶马古道与茶马贸易的历史与价值》，《西藏大学学报》2006 年第 2 期。

② 木霁弘《大山大河的文明　南有茶马古道》，《中国文化遗产》2010 年第 4 期。

茶马古道的拓展，茶马贸易的兴盛维护了中国西南边疆的安定。宋朝重视茶马互市的主观意图除了经济（茶利收入）和军事（获取战马）需要之外，更为重要的是从政治上实现其对西南边疆少数民族“羁縻”的目的。汤开建在《宋会要辑稿》中总结茶马贸易的作用有三：一是阻止了西北少数民族对宋边境的武力进犯；二是阻止了吐蕃同西夏的联盟；三是取得了吐蕃、回鹘同宋联合抗夏的成功。明清时期茶马贸易的一个重要目的也是巩固西南边疆，维护国家统一。即使到了现代，茶马贸易所具有的安边固疆的作用仍然得以显现。例如，谭方之在《滇茶藏销》中指出，英国人早就深刻认识到茶叶在政治上的重要意义，积极利用在印度的东印度公司向西藏倾销茶叶，“但因藏人不喜欢锡兰茶，而好我国川滇之茶，故直至 19 世纪末，英国人企图占领西藏的茶叶市场的野心，尚未有所获”。因此可以说茶马古道不仅是贸易之道、文化之道，也是重要的政治之道。茶马古道的开拓和茶马贸易的兴盛，在治藏、安边、固疆等方面起到过不可替代的历史作用①。

① 张永国《茶马古道与茶马贸易的历史与价值》，《西藏大学学报》2006 年第 2 期。

第三章　植物文化

自人类诞生以来，植物就与人发生了密切的关系。植物及其环境不仅是人类自身发源和文明的摇篮，也是人类生存和发展的基础。人类从采集野果野菜为生到引种驯化野生植物，最终实现定居农业。进入工业社会以后，随着生态环境的破坏，人类更加认识到自然界生物多样性，尤其是植物多样性的重要性。人与植物的关系不仅表现为人类在自身的发展过程中，植物为人类提供了衣、食、住、行等物质生活的必需品，也表现为人类在认识和利用植物的过程中，植物对人类的思维活动以及认知模式等方面的影响，并形成了人类文化的一个组成部分，即植物文化[①]。

第一节　植物观

植物观是指人们对植物的看法，以及对植物与人、植物与生态环境之间的相互关系的理解。在不同的社会、不同的族群中，人们对植物的理解可能存在较大的差异。在传统社会中，植物则可能被视为有灵性的，它们或被视为族群的远祖，或被视为祖先附体之物而加以崇拜，于是形成了植物图腾和植物崇拜。在信徒的眼里，许多植物是有神圣的含义的。即使在崇尚科学的现代社会中，人们对植物的理解也不尽相同：在生态学家的眼中，植物是生态系统中的组成部分，是初级生产者；在地理学家的眼中，植物是自然景观中外部特征最明显的要素之一；而对于林学家来说，植物，尤其是森林则是一种可以被开发利用的自然资源。

① 崔明昆著《植物的象征与思维——新平傣族的植物世界》，云南人民出版社 2011 年版。

西部生态环境复杂，植物种类丰富，民族众多，形成了多样化的植物观念。本部分拟通过“植物与族群起源的神话传说”及“植物图腾与崇拜”来阐述西部一些少数民族的植物观。由于植物与族群起源的神话传说和植物图腾的关系密切，所以论述中有一定的交叉在所难免。

一、植物与族群起源的神话传说

植物作为人类最基本的生存资源，为人类的起源提供了基础。在人类的进化历程中，植物起着决定性的作用。地史学的研究表明，更新世以后，气候逐渐变冷，森林锐减，迫使古猿开始直立行走离开森林，走向草原。环境的改变使得古猿的食物结构发生了变化：从森林里的乔木果实转变为草本块根、块茎及禾本科植物的种子、果实。这一转变意味着古猿或人类营养的改善和牙齿朝切磨的方向发展，并进一步促进了前肢活动，更多地用于劳动。在之后的人类进化的历程中，植物还促进了人类文化的产生和发展，许多族群都有关于人类起源于植物的神话传说。这些神话传说可以归为植物生人和植物变人两种类型。

（一）植物生人

植物生人是指族群的祖先由植物创生或者是植物拯救了某一族群的祖先。

在植物生人的神话中，最常见的是竹生人。竹作为一大类植物，主要分布在热带及亚热带地区，在西南地区除高海拔山区外，几乎都有分布。西南部少数民族在利用植物的过程中，与竹结下了不解之缘，形成了丰富多彩的竹生人神话。

一些西南少数民族的竹神话认为，先祖的诞生与竹有着密切关系。在西南地区的彝族、仡佬族、土家族、布依族、壮族、侗族、水族、苗族、瑶族等民族中，都有内容各异而主旨相同的竹神话，并长期在各族群中口耳相传，并有少数民族文献记载。彝文史籍中竹神话的记载最为丰富。

贵州威宁龙街区马街村青彝的竹神话讲道：古时候，从山洪中漂来几节竹子，竹筒被划开后，里面出来了五个孩子。五人长大后，分别成为白彝、红彝、青彝等。由于彝族从竹而生，故死后要装菩萨兜，以让死者再度变成竹。《滇桂之交白罗罗一瞥》记录了广西那坡县彝族竹生人的神话：“远古时代，在一条河上浮着一个楠竹筒。这个竹筒流到崖边爆裂了，从竹筒里出了一个人来。他叫阿搓，生出来就会说话。他住在地穴里，过着采拾和狩猎的生活，后来与一个女子婚配生子，就是今日之彝族。”《宣威罗族白夷的丧葬制度》同样记录了滇桂地区彝族流传的这则神话，说远古时候河里漂来的一节楠竹筒中出来一个男子，与一个女子婚配生子，成为今天的彝族[①]。

树生人是植物生人神话中较为常见的。维吾尔族的神话史诗《世界征服者史》记载道："维吾尔认为他们世代繁衍，始于斡儿寒河畔。该河发源于他们称为哈喇和林的山中，……哈喇和林有两条河，……两河间长出两棵紧靠的树，……两树中间冒出一个大丘，有条光线自天空降落其上，丘陵日益增大，……最后宛若孕妇分娩，丘陵裂开一扇门，中有五间像营帐一样分开的内室，内室各坐一个男孩，嘴上挂着一根供给所需哺乳的管子。……他们断了奶，便能够说话，马上就询问他们父母。人们把这两棵树指给他们看，他们走近树，像孝子对待父母一样跪拜，对生长这两棵树的土地也表示恭敬。"[②]相类似的情况也出现在维吾尔族史诗《乌古斯可汗的传说》中，乌古斯是突厥神话中的可汗，也是维吾尔人传说中的祖先。史诗提到乌古斯的第二个妻子也是神树所生：

又有一天，乌古斯可汗外出狩猎，
看到前方湖水中间有一棵树，
树窟窿中有位少女独自坐着。
她是个非常漂亮的姑娘。
她的眼睛比蓝天还蓝，
头发好似流水，
牙齿好比珍珠。
她长得如此美丽，
人们一见到她，就连声说：
哎呀，哎呀，真要了我的命！

这里的树窟窿就像是怀孕的母腹，坐在树窟中的少女，暗示着她是大树所生。元代《高昌王世勋碑》记录有关于维吾尔民族起源的神话如下："……考诸高昌王世家，盖畏吾儿之地有和林山，二水出焉：曰秃忽刺、曰薛灵哥。一夕有天光降于树，在两河之间，国人即而候之。树生瘿，若人妊身然，自

① 张泽洪《中国西南少数民族的竹王神话与竹崇拜》，《世界宗教研究》2012年第3期。

② ［伊朗］志费尼著，何高济译《世界征服者史》（上册），内蒙古人民出版社1980年版。

是光恒见者，越九月又十日，而瘿裂，得婴儿五，收养之。其最樨者曰兀单卜古可罕。既壮，遂能有其人民土田，而为之君长。”这一论述讲的是维吾尔族的祖先由树生人的神话。实际上，树生子母题是世界性的母题，大都是某树十月怀胎后，树皮破裂，婴儿从树中出世这种形式①。

新疆柯尔克孜族民间对孤立树特别崇敬，相传因其祖先为一棵孤立树降生。这种崇敬孤立树的观念一直流传至今，当地人从不砍孤立树，也不准随意损坏树枝②。

在西藏墨脱地区的珞巴族中流传着“卡让辛”树生人的传说：天地诞生之初，大地上除了河流、山峰、森林外，什么都没有。天神便把太阳的女儿冬尼派到大地上。冬尼来到地上，感到全身发痒，便在森林中的一种叫卡让辛的树上搔痒。她不知不觉便怀了孕，生下了第一个人。从此大地上才有了人类③。

植物生人传说中的另一种常见植物是葫芦。葫芦生人在世界许多民族关于人类起源的神话中都广泛存在。葫芦在植物学上属葫芦科、葫芦属一年生攀缘草本植物。葫芦的生物学特性被人们赋予了特殊的文化含义。例如，葫芦形似女阴、乳房、怀孕的母腹，由此，先民将葫芦与母体联系起来。由于葫芦与母体形状的天然联系，人们创造出了内涵丰富的人类起源的葫芦神话。在我国西部，阿昌族、拉祜族、佤族、傈僳族、彝族等民族中都流传着葫芦生人的神话传说。

阿昌族的叙事史诗《创世纪·遮帕麻和遮米麻》中说道：“……遮帕麻和遮米麻结合了，他们就安身在大地的中央。过了九年，遮米麻生下一颗葫芦籽，遮帕麻就把这颗葫芦籽埋在土里。又过了九年，葫芦籽发出了嫩芽，葫芦藤长得九十九排高，可是整棵藤上只开了一朵花，只结了一个葫芦。葫芦越长越大，遮帕麻怕它撑破大地，就用大木棒打开一个洞，立即从葫芦里跳出来九个小娃娃。最初的人类就这样被创造了。”④

---

① 高一惠、马世才《古代维吾尔文化特质的真实体现——〈乌古斯可汗传说〉的人类学解读》，《社科纵横》2007年第8期。

② 包海青《阿尔泰语系民族树生人神话传统与蒙古族树始祖型族源传说》，《内蒙古师范大学学报》（哲学社会科学版）2012年第4期。

③ 姚兴奇《珞巴族“卡让辛”与生殖崇拜》（上），《西藏艺术研究》1992年第1期。

④ 罗钰、钟秋《云南少数民族的葫芦造形》，《民族艺术研究》2004年第4期。

拉祜族葫芦生人的神话史诗《牡帕密帕》说道：人类最早的祖先是从葫芦里孕育出来的，拉祜族就是葫芦人的子孙后代。造物主厄莎创造天地和动植物后，便在他的水池旁种下一粒葫芦籽，昼夜守护。葫芦几天后发芽了，一天天长大并结出了一颗葫芦，不久从葫芦里发出了人的声音。厄莎听到葫芦里的声音，非常高兴，找小米雀、尖嘴老鼠来帮忙。葫芦被咬开后从里面出来两个人，男的名叫扎迪，女的名叫娜迪。在厄莎的授意下，扎迪和娜迪婚配后生育后代，从此世上就有了人类①。

佤族地区普遍流传着《司岗里》的神话传说。按照沧源佤族的解释，“司岗”是“葫芦”，“里”是“出来”，“司岗里”意即从葫芦里出来的人②。

德昂族的葫芦传说说道：在很古的时候，洪水泛滥，人和动物几乎都淹死了，只有少数的人和动物被天神卜帕法救到葫芦里，将葫芦封了口并让葫芦在水里漂，留下了人种和动物种。洪水退了以后，卜帕法将葫芦砍开，葫芦里出来的男人到了地上，女人出了葫芦就满天飞。男人见鹭鸶是成对的，也想找女人配成对。这时一个女人从天上飞下来，帮男人做饭做菜，但她想走就飞走了。后来，天神对男人说，给她戴上腰箍她就不飞了。果然，女人系上腰箍之后，就与男人配成夫妻。大地上有了人类，有了夫妻，他们最早住在崖洞里，后来因为人口发展了，崖洞容纳不了，他们才迁离崖洞去建造房屋居住的。德昂族古歌《达古达楞格莱标》里说：“达楞和亚楞有了儿子和姑娘，世代繁衍，人口兴旺。小崖洞挤不下，住进大崖房，普天下的崖洞都被人挤满。”要叫子孙生存，亚楞和达楞仔细商量：“砍来竹木搭屋架，割来茅草盖起房。”从此告别了穴居生活③。

傈僳族社会中的葫芦传说则是与洪水密切相关：突然有一天洪水来袭，所有的人都在洪水中丧生，只有两个失去父母的兄妹藏进葫芦里得以存活。洪水过后，兄妹成婚生下六男六女，弟兄姐妹逐渐长大成人，分成六对去谋生。一对往北走，成了藏族人；一对往南走，成了白族人；一对往西走，成

① 李进参著《拉祜族》，民族出版社2002年版。

② 毕登程、隋嘎《从神话史诗看佤族远古历史——解读〈司岗里〉和〈司岗格——西念壤〉》，《学术探索》2013年第2期。

③ 《德昂族简史》修订本编写组编《德昂族简史》（修订本），民族出版社2008年版。

了景颇族人；一对往怒江走，成了怒族人；一对留在父母身边，就是傈僳族人[①]。云南新平县普魁山区的彝族葫芦传说：古时候，洪水滔天，地上只剩下一个人与三个仙女成婚。七年后，第二位仙女生下一个葫芦，劈开后出来四个儿子，长子为汉族之始祖，次子为黑彝之始祖，三子为哈尼族之始祖，四子为傣族之始祖[②]。

云南傣族的葫芦生人传说有多种说法，其中的一种说道：蛮荒时代，大地上没有人类，天神见了，就让一头母牛和一只喜鹊到地上了。母牛到地上三年后生了三个蛋就死了，喜鹊就来孵这三个蛋，其中一个蛋孵化出了一个葫芦，人就从这个葫芦里走出来。另一种说法是：在洪水泛滥的时候，从河上漂来一个大葫芦，后来从葫芦里走出八个男子，有位仙女又让其中的四个男子变成女人。事后四男四女结为夫妻，生育了后代，繁衍成人类[③]。

生活在湖南、湖北、四川和贵州四省相连地带的土家族相信人类是由葫芦再造的。他们中间流传着这样一个选人的传说。在开天辟地时，出了四个力士兄弟：齐天大哥、蛮力二哥、铁汉三哥、铜汉四哥。他们都是孝子，母亲病了，想吃雷公肉，于是他们把雷公捉住，叫罗氏兄妹看守。雷公哄骗罗氏兄妹给他个火吸袋烟。雷公得了火，便趁机逃走了。他找到雨都娘娘请求她放齐天水，把地上的人都淹死，但又感激罗氏兄妹救过自己，便送给他们一个葫芦。世上的人都淹死了，只剩下躲藏在葫芦里的兄妹二人。后来他俩结了婚，生儿育女，代代繁衍，人类才没有绝种[④]。

花生人是植物生人的另一种表现形式。在广西红水河流域、龙江流域、右江流域部分地区，云南文山地区流行的神话说："花"，是一位女性，名叫"妹六甲"（又写作"姆六甲""妹洛甲"，还有称"花婆""花婆奶""花王""花王圣母""床头婆""床头妹""床头批"，等等）。在太古洪荒时代，宇宙中有一个旋转着的蛋，后来爆开分成三片，一片飞到上边变成天空，一片下地底变成水，留在中间的一片，就成为现在人们居住的大地。那时，各片什么东西也没有。突然，在中界的大地上，长出一朵花来，花

① 王恒杰著《傈僳族》，民族出版社 2005 年版。
② 杨甫旺《彝族葫芦崇拜与生殖文化略论》，《四川文物》1997 年第 6 期。
③ 李子贤《傣族葫芦神话溯源》，《民间文艺集刊》1982 年第 3 期。
④ 杨俊峰著《图腾崇拜文化》（上），大众文艺出版社 2009 年版。

中间走出一个女人，她是世界上的第一个人。她披头散发，全身一丝不挂，满身长毛，很聪明，因此后世人叫她妹六甲。妹六甲撒尿湿了土地，然后她用手捏着尿湿的泥土造出了人，并用辣椒与阳桃分出了男女。有的神话说得更具体：妹洛甲管花山，栽培许多花。她送花给谁家，谁家就生孩子。花有红有白：她送红花给谁家，谁家就生女孩；送白花给谁家，谁家就生男孩①。柳江一带的壮族神话说花婆就是伏依妹子。远古时代，洪水过后，人类死绝，只剩下躲在葫芦里的伏依兄妹。为了再造人类，他们只好兄妹成婚，结果生下一个“磨石仔”。伏依妹子把它剁碎，撒向四面八方，一时间到处的树都开满了红花和白花。红花和白花后来分别变了男人和女人。人们称伏依妹子为花婆②。

（二）植物变人

植物变人是指人类或某一族群的祖先由植物直接或间接变来，这种传说在苗族、彝族、壮族和德昂族中较为常见。

苗族认为他们的祖先是由枫树变来的。在苗语中，由于方言的差别，对枫树的称呼有所不同，苗族湘西方言称枫树为“道米”，黔东方言称之为“道莽”，但都有“妈妈树”的意思。苗族的《枫木歌》说的是，枫树被砍倒以后，枫树芯化为了蝴蝶，蝴蝶与水泡游方，生出十二个蛋，后来由姬宇鸟孵化这十二个蛋。这十二个蛋里面就有人类的始祖姜央。在现实生活中，在苗族部分地区的民族风俗中依然可以找到将枫树作为祖先供奉的一些痕迹。在贵州黔东南地区，有以枫树做房子中柱的习俗。房子中柱是整个房子的重要组成部分，以枫木为中柱，象征祖先与家人同在，护佑后代兴旺发达，幸福平安。而枫树或是枫叶图案则常出现在苗族刺绣中，特别是在苗族挑花中枫叶图案尤为明显，几何化的图案基本以枫叶为构图要素。从很多方面可以看出，苗族的枫树神话反映了苗族的祖先与枫树间的密切关联，因而苗族崇拜枫树③。

大姚县华彝族的传说说道：洪水泛滥后只剩下兄妹二人，在天神撮合下兄妹成亲，不久妹妹生下一个肉团，哥哥很生气，把肉团砍碎摔下山沟。这

① 丘振声《壮族花图腾考》，《学术论坛》1994年第1期。

② 丘振声《壮族花图腾考》，《学术论坛》1994年第1期。

③ 周燕、罗婷、桂朝阳《浅析苗族图腾与中国古代神话的关系》，《青春岁月》2012年第22期。

些碎肉粘在各种树枝上，变成了各民族的祖先①。

茶变人的传说在德昂族的古歌《达古达楞格莱标》里得到了较好的体现：混沌初开时，大地一片荒凉，既没有人类，也没有动植物。天界中的一株茶树为大地的荒凉而黯然神伤。它决心舍弃自身，去装点大地，让大地变得与天界一样美好。于是，它经受了智慧之神帕达然的考验，102 片叶子被吹落，树干被折毁。在狂风暴雨中 102 片叶子变成了 51 个小伙子和 51 个姑娘。他们团结奋战，经受住了无数凄风苦雨的磨难，终于赶退了泛滥的洪水，驱逐了所有瘟疫恶魔，使大地像泉水一样洁净，天空像玛瑙一样明亮。在胜利的欢歌曼舞之中，50 个姑娘无意中摘掉了防止飘飞的腰箍，结果与 50 个兄弟一起随风飞返了天界，只有聪明美丽的小妹与小弟留在大地上，这就是德昂族的始祖达楞和亚楞②。

二、植物图腾与崇拜

由于植物与族群的起源密切相关，因此一些植物也就自然而然成了某些族群的图腾。"图腾"一词来源于印第安语 totem 的音译，有"亲属"和"标记"的含义，是原始氏族和部落群体的标记和象征③。这正如弗洛伊德在《图腾与禁忌》一书中说到的："几乎无论在哪里，只要有图腾的地方，便有这样一条规定存在：崇拜同图腾的各成员相互间不可以有性关系，即他们不可以通婚。这样就有了与图腾息息相关的族外通婚习俗。"④ 图腾作为一种标志，既是某一族群的人们所崇拜的对象，也是他们族群的族徽与象征。

图腾作为一种标志，最常见和最普遍的是动物图腾，而且动物图腾也是最早出现的图腾。植物图腾产生的时间较动物图腾晚。在保留图腾文化的民族中，植物图腾极少，有些甚至没有植物图腾。如澳大利亚新南威尔士西部的七十个图腾中，没有一个植物图腾。昆士兰州二百多个图腾中，只有五个植物图腾。北美印第安人易洛魁塞奈卡部落的八个氏族都以动物命名：狼、熊、龟、海狸、鹿、鹏、苍鹭、鹰。我国古代北方各族目前所知的图腾几乎全是动物。西双版纳克木人的十八种图腾中，植物只有两种。可见，植物图

---

① 杨甫旺《口头神话与民间信仰——云南彝族马缨花神话个案研究》，《柳州师专学报》2002 年第 4 期。

② 刘军《茶叶仙子与德昂族的茶文化》，《农业考古》1998 年第 2 期。

③ 中国大百科全书出版社编《考古学辞典》，知识出版社 1991 年版。

④ ［奥］弗洛伊德著，文良文化译《图腾与禁忌》，中央编译出版社 2005 年版。

腾所占比例极小。这说明植物图腾是次生的，是较晚时期出现的图腾物。这是由图腾文化的实质所决定的。因为最初、最基本的图腾概念是人们相信某一血缘群体与自己的图腾存在血缘亲属关系，把图腾当作自己的兄弟姐妹、父母或祖先。而人类早期的思维是形象思维，离不开具体事物，只能利用事物的形象来进行思维。最初，人们认为自己兄弟、父母或祖先的图腾形象，无疑是与人在外形和生理上有相似之处的动物，而不会把与人毫无相似之处的植物视为血缘关系的某种象征。所以从这一方面来看，植物图腾的产生也较动物图腾的产生为晚①。

植物图腾可能产生在原始农业出现之后，因为在狩猎时代，人们的主要生活资料是动物，随着农业的发展，生活资料逐渐由动物过渡到粮食作物，人们自然地会对一些主要的粮食作物产生好感。在传统的、古老的图腾观念的支配下，新分出来的主要从事农业的民族便会把作为主要生活资料的农作物奉为自己的图腾。如傈僳族的荞氏族（括扒），16 世纪以前居住在金沙江沿岸地区，以种植荞麦著称，因而命名为荞氏族。这是由狩猎采集过渡到早期农业社会的一个显著特征，即人们不再以动物为图腾，而是以主要的粮食作物为图腾②。

虽然植物图腾较动物图腾少得多，但在西部也不乏植物图腾，主要有竹、树、葫芦、荞等。

西部少数民族以竹为图腾的民族以仡佬族、苗族和彝族为代表。《苗防备览》卷八《风俗考》说仡佬“呼竹曰盖脑”，“盖脑”即“仡佬”的异写。仡佬族的自称是竹图腾崇拜的符号，以竹作为族称足以彰显其是尊奉竹图腾的族群③。苗族中的花苗支系自称“仡蒙”，红苗支系自称“仡熊”，黑苗支系自称“仡娆”。这些自称皆有竹族的意思④。贵州蒙正苗族妇女头饰发髻插两块竹片，以示对竹图腾符号的崇拜。

图腾禁忌是图腾的重要特征之一，其中最为重要的就是禁止崇拜同一图腾者之间的通婚。云南牟定县北部天台山的黑、普、非三姓彝族，虽汉姓不

---

① 何星亮《试论图腾标志》，《贵州民族研究》1988 年第 4 期。

② 何星亮《试论图腾标志》，《贵州民族研究》1988 年第 4 期。

③ 张泽洪《中国西南少数民族的竹王神话与竹崇拜》，《世界宗教研究》2012 年第 3 期。

④ 万斗云《仡佬族古代史问题上卷》，《贵州民族研究》1980 年第 2 期。

同，但由于崇拜相同的竹图腾，属于同姓之人，故互不通婚。后来经过“分家”仪式，“黑”与“普”两姓的彝族方能通婚[①]。彝族在人死之后以山竹制作灵牌，便蕴含竹灵能保护族裔的观念[②]。

广西隆林、那坡及云南富宁等地的彝族，由于他们认为族人与竹有血缘关系，故在妇女将要分娩时，她的丈夫或兄弟会砍一根长约二尺的楠竹筒，在孩子生下之后，把胎儿的胎血放一些进筒里去，然后塞以芭蕉叶子，拿到“种场”，吊在楠竹枝上，以显示他们是楠竹的后裔[③]。类似的做法在傣族中也存在：新中国成立以前，新平傣族的婴儿出生时也要用竹片来割断脐带，并用稻草将胎衣包好后绑在榕树树干上[④]。从前，西双版纳傣族妇女在怀孕临产的前几天，就要由寝室搬到外面房间火塘边，用竹叶铺垫着睡，小孩出生时，只能用削好的竹皮将脐带割断，然后将小孩胎衣置一竹筒内，于其一端钻两个洞，用绳索穿过，由父母或亲戚携到树林里，挂在树枝上，并以小竹筒一个，镌上小孩出生年月日时，挂在寝室之中[⑤]。

彝族不仅把竹作为图腾，有些支系也把别的植物，如马缨花、松树作为图腾。这在其姓氏中得到了证明。云南楚雄紫溪山彝族李姓中分为“竹根李”“白马缨花李”“松根李”，分别以竹根、马缨花、松木制作图腾。“白马缨花李”都视为一家人，平时不准砍马缨树，不准采摘马缨花。马缨花木只能用于制作祖灵图腾。虽同是李姓，但因制作祖灵图腾的木料不同，就不能相互攀亲。但紫溪山的“白马缨花李”与大姚昙华一带的“白马缨花李”则可以相互认亲戚，被认为是同一个祖宗。不同姓，但祖灵都是“白马缨花木”的也视为同一个祖宗的后代，可以认亲。彝族称马缨花为“眯依噜”，现在大姚彝族以“眯”为姓的不少，禄丰彝族也有“麻”姓者，麻为眯的变音，都有

---

① 王平《南方少数民族竹崇拜的起源及特征》，《湖北民族学院学报》（哲学社会科学版）2001 年第 4 期。

② 张泽洪《中国西南少数民族的竹王神话与竹崇拜》，《世界宗教研究》2012 年第 3 期。

③ 何耀华《彝族的图腾与宗教的起源》，《思想战线》1981 年第 6 期。

④ 崔明昆著《植物的象征与思维——新平傣族的植物世界》，云南人民出版社 2011 年版。

⑤ 何思强《傣族文化中的稻和竹》，《思想战线》1990 年第 5 期。

马缨花的含义，据说都是马缨花的后代[1]。

彝族由于支系繁多，除了以竹、马缨花和松树为图腾外，有的还以葫芦为图腾。居住在哀牢山的“罗罗”巫师认为，各地的彝族原来全奉葫芦祖先灵位，后因人口增长分支，才分别奉各种植物祖先灵位，最后只有罗罗彝中的一个宗支保留了彝族原先奉葫芦为祖灵的历史传统。例如，云南南华县摩哈苴村的彝族有鲁、李、罗、何、张、记六个汉姓，按照他们制作祖先灵位的质料，即图腾植物，鲁姓分为竹根和棠梨树两宗，分别叫“竹根鲁”“棠梨鲁”，两者的汉姓虽同（鲁），但因祖灵象征物质料不同，可以通婚。李姓分青松、棠梨树、葫芦三宗，分别叫“青松李”“棠梨李”“葫芦李”，三者间可以通婚。其是否同宗，不在于汉姓是否相同，而在于所供祖灵象征物质料是否相同。所以，本村的“葫芦李”和邻村的“葫芦罗”，其汉姓不同（李、罗），但因其祖灵象征物质料同是葫芦，禁止通婚。该村凡供本祖灵葫芦的家庭，其正壁（土墙或竹笆墙）的壁龛或供板（或供桌）上，通常供置着一两个葫芦。一个葫芦代表一代祖先父母、祖父母，到第三代（曾祖父母）祖灵葫芦就请巫师来举行送祖灵大典，将其烧掉。当举行送祖灵大典时，巫师手敲羊皮鼓，口唱咒词，旁有人吹葫芦笙乐曲伴奏。彝巫认为，从葫芦笙里发出的乐曲，是各族共祖伏羲、女娲的声音。彝族不仅把葫芦作为祖先崇拜的实体，还把葫芦看作彝、汉、苗、傣各族的共同始祖。在“罗罗”彝语中，“葫芦”和“祖先”这两个词是完全等同的。另外，彝族巫师认为祖灵葫芦是许多民族共同的母体这一看法在现实生活中也得到了体现。新中国成立前，哀牢山景东县的几个苗族在一次远行狩猎过程中，途经南华县摩哈苴彝村，去一户“葫芦李”的家里避雨留宿。当他们看到这家的祖灵葫芦时，就向这祖灵葫芦献上猎获的猎物并行磕拜礼，口称“啊！我们的祖宗就在这里了”[2]。

以植物为图腾的民族还有傈僳族。其图腾共有六种之多：荞（括扒）、竹（马打扒）、柚木（拉古扒）、麻（直扒）、菌（党采扒）和菜[3]。如紫柚木氏族就是以柚木为其氏族的姓氏，他们认为自己源于这种植物，从这种植物转

---

① 杨甫旺《口头神话与民间信仰——云南彝族马缨花神话个案研究》，《柳州师专学报》2002年第4期。

② 刘尧汉著《彝族社会历史调查研究文集》，民族出版社1980年版。

③ 段丽萍著《中国少数民族宗教》，云南民族出版社2002年版。

化而来，与这种植物有血缘关系。当某一氏族使自己取姓于某种树木，并尊认它为自己的长辈、亲属或称其为兄弟姐妹时，他们便称这种树木为“神树”而不砍伐它。譬如怒江州福贡县架科底乡里吾底村木氏族的图腾传说中说道：很多年以前，在长江一带居住的傈僳族中，有一对夫妇，男的叫言明言，女的叫言明斤，他俩头发白了却没有享受到生儿育女的福气。看到前后左右的人家儿孙满堂，有说有笑，极为热闹，再看看自家，无儿无女，好不伤心。有一天，他们来到大森林里，一个婴儿的啼哭声从一棵倒地的树里传来，他俩剖开那棵树取出一个白白胖胖的男孩抱回家，又给这个孩子取名为四尼然。孩子三天后生出三颗门牙，满三个月后会说笑话，满了三岁后长成小伙子。他聪明能干，力气过人，在家里孝敬父母，苦活重活从不让爹妈做，香甜好吃的食物都留给爹妈吃，夫妇俩非常亲昵地叫他“阿的、阿的”，并且给他娶了媳妇，里吾底木氏家族就这样生息发展起来了①。关于荞图腾的来源，相传在远古时代，有一个女子因食荞而受孕，于是，她所生的后代就是括扒（荞）氏族的祖先。

在怒族中，有一个自称“图朗提起”的氏族，其成员不得砍伐和伤害怒语称为“图朗”的树木，遇到这种树木倒伏时，要认真地将它扶起来培植好。因为，他们认为本氏族的先民是由这种树木演变而来的，保护这种树木是氏族成员义不容辞的职责②。

西藏珞渝珞巴族博尔部落把黄连奉为氏族的图腾，认为黄连是天上的神灵，是神灵“麦东”的脐带，不能随意乱动③。

第二节　民间植物认知与分类

民间植物认知（cognition）与分类（classification）是指存在于民间的关于植物学的知识。它与科学（植物学）植物认知与分类相对应。民间植物认知与分类是一种地方性知识，是当地人利用植物的基础，人们只有认识植物才能够利用植物。受文化中心主义或唯科学论影响者，通常认为原住民对植

① 杨杰、贺丽芬《傈僳族的图腾与姓氏》，《云南民族学院学报》（哲学社会科学版）2001年第4期。

② 段丽萍《中国少数民族宗教》，云南民族出版社2002年版。

③ 何坦野《中国先民植物图腾之考释》，《邯郸师专学报》2004年第21期。

物的认识是杂乱无章的，缺乏分类学的知识。但认知人类学的研究表明，当地人有着丰富的关于植物的认知与分类的知识，形成所谓的“民间植物分类学”（folk plant taxonomy）。

民间植物认知与分类成为认知人类学的研究对象有如下原因。首先，人的分类能力和语言能力一样是天生的，即“人是天生的分类动物”①。对周围环境进行分类是人认知世界、处理事物的必然方法。襁褓中的婴儿，一经产生意识即可对周围环境进行分类，凭其知觉能分辨乳母、熟人和生人，会以啼哭来呼唤母亲要求吃喝照料，并拒绝生人接近。这便可视为朦胧的、萌芽状态的分类。其实，人类认知的发展与人类对自然环境中的事物的“不连续”概念的形成有关，事物的“不连续”概念使得事物间的差异性凸现出来，这是人类认识事物、感知环境、进行分类的基础。从这种意义上讲，研究民间植物认知与分类对理解人类认知过程、了解植物分类学的起源都具有十分重要的意义②。其次，植物一方面是自然环境诸要素中外部特征最明显、与人类关系最密切的环境要素，另一方面又是诸环境要素中多样性最丰富的要素之一。因此，正确认识植物种类，并对它们加以命名以及采取相应的行动就成了原住民生存的基础。认知人类学通过对民间植物分类的研究来揭示民间的植物分类方法、命名原理及分类系统，从而把握分类的认知意义③。

对民间植物认知与植物分类的研究在我国还处于起步阶段，这主要有两个原因：一是认知人类学在我国的出现相对于其他人类学的分支学科来说是较晚的；二是由于对民间植物的认知与分类的研究具有跨学科性，一般来说，研究者要同时具备人类学和植物学的背景知识。因此，虽然西部各民族在对环境的适应过程中，创造了丰富的植物学知识，其中包括大量的民间植物的认知与分类学的知识，但由于在该领域的研究成果太少，而且主要集中在西南（尤其是云南）和西北的部分少数民族，如傣族、蒙古族等。因此，只能以该区域内有限的个案资料来介绍这方面的研究成果。

---

① F. H. Raven, B. Berlin, and D. E. Breedlove, “The Origins of Taxonomy,” *Science*, vol. 174；庄孔韶主编《人类学通论》，山西教育出版社 2001 年版。

② P. H. Raven, B. Berlin, and D. E. Breedlove, “The Origins of Taxonomy,” *Science*, vol. 174, 1971.

③ 西南和西北地区少数民族的植物认知与分类研究常常被植物学家称为“民族植物学”研究。参见崔明昆著《象征与思维——新平傣族的植物世界》，云南人民出版社 2011 年版。

一、民间植物的命名

语言不仅是文化的载体，更是分类的基础，人们总是通过语言来对事物进行命名从而达到分类的目的，因而，"分类存在的主要证据就是它的命名"[①]。所以，进行民间植物分类研究时，必须分析植物名称在语言上的构成情况。这是探讨民间植物的命名原理与分类的相互关系的基础。

尽管民族植物学和语言学对民间植物名称没有一定的书写规则作指导，但世界上不同的民族给植物命名的方法还是有着显著的相似性[②]。

虽然在命名（给植物定名）和分类（植物类群的等级认知关系）之间不存在完全的对应关系，但对世界上一些民间植物分类的研究表明，民间分类的命名近乎完善地表明了民间分类的结构。因而，通过分析当地人的植物名称构成的语言结构形式，可以了解植物的命名和分类群[③]之间的关系，从而理解命名与认知的关系。分析民间植物名称结构最基本的步骤是掌握原始名（primary name）和衍生名（secondary name）的区别，以及分清楚原始名和衍生名的各种类型[④]。

通过区分民间植物的原始名和衍生名以及对名称进行结构分析，能较好地理解民间植物分类及其在文化上的意义。例如，简单原始名通常是那些形态不同，或者是具有独特含义的植物，多元复合原始名则包括了植物生活型的信息。由于衍生名是在对照中产生的，因而是确定民间植物分类中民间种和民间变种的重要依据。表 3 - 1 列举了新平傣族植物名称的各种类型[⑤]。

---

① William C. Sturtevant, "Studies in Ethnoscience," *American Anthropologist*, vol. 66, 1964.

② B. Berlin, D. E. Breedlove, and P. H. Raven, "General Principles of Classification and Nomenclature in Folk Biology," *American Anthropologist*, vol. 75, 1973；［美］盖利 · J. 马丁原著，裴盛基、贺善安编译《民族植物学手册》，云南科技出版社 1998 年版。

③ 分类群指任何分类等级（科、属、种等）的植物类群。

④ 关于原始名和衍生名的构成及其各种类型，请参阅：B. Berlin, D. E. Breedlove, and P. H. Raven, "General Principles of Classification and Nomenclature in Folk Biology," *American Anthropologist*, vol. 75, 1973; B. Berlin, "Folk Systematics in Relation to Biological Classification and Nomenclature," *Annual Review of Ecology and Systematics*, vol. 4, 1973；［美］盖利 · J. 马丁原著，裴盛基、贺善安编译《民族植物学手册》，云南科技出版社 1998 年版。

⑤ 崔明昆著《象征与思维——新平傣族的植物世界》，云南人民出版社 2011 年版。

表 3－1　新平傣族民间植物名称结构分析举例

简单原始名 Simple Primary Name		
hao	稻	*Oryza sativa*
wang	稗	*Echinochlora crusgalli*
yao	甘蔗	*Saccharum officinarum*
ying	姜	*Zingiber officinals*
复合原始名 Productive Primary Name		
多元复合原始名 Productive Complex Primary Name		
deng bian	云南松	*Pinus yunnanensis*
ya shuo da	节节草	*Equisetum ramosissimum*
tao hun	毛弓果藤	*Toxocarpus villosus*
非多元复合原始名 Unproductive Complex Primary Name		
fa hou	鱼腥草	*Houttuynia cordata*
feng wang	满江红	*Azolla imbricate*
fei du	薄荷	*Mentha haplocalyx*
衍生名 Secondary Name		
hao nuo	糯谷	*Oryza sativa*
wo beng liang	红萝卜	*Raphanus sativus*
ya bang beng wo ma mi	地桃花	*Urena lobate*

在新平傣族的植物分类中，具有简单原始名的植物名称较少，它们主要是一些具有独特含义的植物。如上表中所列的四种简单原始名。绝大多数的植物名称为复合原始名。多元复合原始名中含有高一级的生活型的类型。如上表中所举的三个名称中就含有三种生活型的名称：云南松，傣语称 deng bian，其中的 deng 为树的意思；节节草，傣语称 ya shuo da，ya 为草的意思；毛弓果藤，傣语称 tao hun，tao 为藤的意思。而非多元复合原始名中就不含有生活型的名称。具有衍生名的植物分类群也较少，仅有 58 个名称。它们包括民间种和民间变种的名称①。

哈斯巴根和裴盛基对内蒙古草原葱属的民间植物命名做过专门研究。蒙

① 崔明昆著《象征与思维——新平傣族的植物世界》，云南人民出版社 2011 年版。

古族对葱属植物的命名可追溯到 13 世纪。《蒙古秘史》中的植物名“合里牙儿孙”“忙吉儿速”和“豁豁孙”分别是葱、山韭和野韭当时的名称。在内蒙古调查葱属植物民间蒙古名时，共搜集到 20 个名称。经证据标本的鉴定分类，民间的 20 个名称与植物分类学上的 10 种植物有对应关系①。

表 3－2　葱属植物的民间蒙古名与学名的对应关系

民间蒙古名	学名	汉名	别名
mogain maijigir	*A. anisopodium*	矮韭	矮韭
mogain hora			
wumhei songgin	*A. condensatum*	黄花葱	
togtuus	*A. macrostemon*	薤白	小根蒜
tengerin betehi			
humeel	*A. mongolicum*	蒙古韭	蒙古葱/沙葱
togtulai	*A. nerniflorum*	长梗韭	花美韭
senghus			
taan	*A. polyrhizum*	碱韭	多根葱/碱葱
gogd	*A. ramosum*	野韭	
gogosu			
herin gogd			
zherlig gogd			
har gogd			
henzhe gogd			
manggir	*A. senescens*	山韭	山葱/岩葱
zhamang	*A. tenuissimum*	细叶韭	细叶葱
xibagum hul			
haliyar	*A. victorialis*	茖葱	
haliyar gogd			

资料来源：哈斯巴根、裴盛基《内蒙古草地葱属植物的民族植物学研究》，《中国草地》1999 年第 5 期

① 哈斯巴根、裴盛基《内蒙古草地葱属植物的民族植物学研究》，《中国草地》1999 年第 5 期。

在蒙古语词汇中，葱属的原始名是专用于植物名称的词汇，没有其他词义。蒙古族用不同的专用词汇命名了葱属的物种，具有一定的分类水平。从另一个角度看，草地葱属植物的多样性也丰富了蒙古语言。衍生名是由原始名加上一些进一步描述的修饰词构成的。衍生名中的 songgin 和 gogd 是简单原始名，加修饰词 wumhei(臭的)、herin（野外的)、zherlig(野生的)、har(黑色的)、henzhe(晚生的)就构成了植物名。衍生名包含了植物气味、颜色、生境和生长时节等信息。在葱属植物民间蒙古名中，senghus 既不是原始名，也不是衍生名，在词义上具有晃动或摇动的意思，与植物在风中的姿势有关。这种命名类型与其他民族的植物命名方法不同。在民间蒙古名中，野韭有 2 个原始名和 4 个衍生名，2 个原始名是从植物蒙古名“豁豁孙”演变而来，即经历了从 gogosun 到 gogosu 再到 gogd 的演变；衍生名 herin gogd 和 zherlig gogd 是为了与栽培种韭（*Allium tuberosum*）区别而产生，显然形成较晚。衍生名 henzhe gogd 特指晚秋生长的野韭嫩苗。从野韭民间蒙古名的多样性可以看出，蒙古族对野韭是比较重视的。蒙古族在为一些植物命名时会将其与某些动物联系在一起。比如，在葱属民间蒙古名中，xibagun hul 意为“鸟足”，因花序和花葶的形态与鸟类脚趾相似而得名；mogain maijigir 可译为“蛇状弯曲”，很可能是根据本种的叶形而命名的；mogain hora 可译为“蛇毒”，民间认为有毒不可食用。薤白和长梗韭的民间蒙古名分别是 togtuus 和 togtulai，但把它们的鳞茎又分别特称为 tengerin betehi 和 senghus。这是蒙古族植物命名中的独特现象。另外，葱属植物的花序，民间很少叫 checheg 或 huar（花），而是统称为 soris。蒙古族也用 soris 一词作为词根，加动词后缀构成动词，用来表达与葱属植物开花相关的意思。而在食物利用中，soris 又是用葱属植物的花序调制的副食品和调味品的名称。总之，蒙古族对草地葱属植物的命名具有显著的多样性特征，对葱属植物的传统认识是较为深刻的。而草地葱属植物多样性对蒙古语言、蒙古民族传统植物知识的形成和发展也产生了重要影响①。

对内蒙古呼伦贝尔典型草原地区蒙古族传统植物学知识的研究表明，当地蒙古族民间植物名称可分为简单原始名、混合原始名、复合原始名、衍生名、借用名等五大类。复合原始名还可以细分为多元复合原始名和非多元复

① 哈斯巴根、裴盛基《内蒙古草地葱属植物的民族植物学研究》，《中国草地》1999 年第 5 期。

合原始名。当地蒙古族主要根据野生植物的用途、颜色、外部形态、生长环境和植物体内含物等特征来对其命名。另外，呼伦贝尔典型草原地区的蒙古族方言与内蒙古其他地区的蒙古族方言有着很大的区别，因而对野生植物的命名也跟其他地区对野生植物的命名有着一定的差异，有显著的特点[①]。

二、民间植物的分类等级

分类等级是人们为了处理分类对象的相似性和相异性所建立的等级结构网，所形成的一定的分类系统结构。在科学生物分类中，各种分类群都被安排在这些等级网络中。它所表示的是生物分类群之间的亲缘隶属关系。生物科学分类中的基本等级结构包括：界、门、纲、目、科、属、种。虽然究竟要用多少等级来安排全部植物并无定论，但这种等级的隶属次序是不可颠倒的。民间分类（folk classification）之所以被称为民间分类学（taxonomy），是因为这种分类中最大限度地包含了分类等级。一个分类系统由一系列的分类等级制构成[②]。研究表明，世界上许多的民间植物分类具有相似的分类等级，一般由4—5个等级组成[③]。

新平傣族的植物分类等级由6个等级构成。

表3－3　新平傣族民间植物分类等级

等级		民间名	汉语名
植物界	vegetable kingdom	ya ya fei fei	植物界
生活型	life-form	deng，ya，tao	树、草、藤
中间分类群	intermediate taxa	fa，wo	菜、块（茎）根类
民间属	folk genus	wo men	薯
民间种	folk species	wo men liang	红薯
民间变种	folk variety	hao nuo duo	紫糯米

① 呼伦《呼伦贝尔典型草原地区蒙古族传统植物学知识研究》，内蒙古师范大学硕士论文，2012年。

② William C. Sturtevant, "Studies in Ethnoscience," *American Anthropologist*, vol. 66, 1964.

③ B. Berlin, D. E. Breedlove, and P. H. Raven, "General Principles of Classification and Nomenclature in Folk Biology," *American Anthropologist*, vol. 75, 1973; L. J. Louwrens, "Anthropocentrism, Utilitarianism and Supernaturalism," *South African of Ethnology*, vol. 23, 2000.

西双版纳傣族的植物分类由5个等级构成[①]，如表3－4所示。

表3－4　西双版纳傣族民间植物分类等级

等级	民间名（音译）或分类的依据	汉语名
水平1	宏哦宾	植物
水平2	宏布边、宏低藤……	科
水平3	曼、骨、黑、亚、买……	属
水平4	特征、特性、生态、用途、产地……	种
水平5	形态、颜色、气味……	变种

（一）分类群及其名称

1. 植物的概念

在植物分类学中，植物即植物界（vegetable kingdom）。植物的概念在当地人头脑中通常是不言而喻的，与动物的概念相区别的。然而，研究表明，在世界上许多的民间生物分类中，在语言上作为一种习惯性的表述通常是缺乏“植物”和“动物”这类专有名词的[②]。新平傣族植物分类的情况也大致如此。田野调查发现，他们关于植物的习惯性表述是较模糊的：ya ya fei fei。傣语中ya是草，fei是叶的意思，草草叶叶即植物，并与wo neng相区别，傣语中wo为头的意思，neng为摆动的意思，wo nenp即头会动的为动物。

虽然当地人没有明确的指代植物的专有名词，但其植物的概念中所包含的分类群却是明确的。他们的植物概念不仅包括了高等植物，也包括了几乎所有的低等植物的主要类群。例如低等植物中的藻类植物称ge，菌类植物称yi，叶状地衣称ge long，枝状地衣称feng mei，高等植物中的苔藓植物称za ge long，蕨类植物称guo。藻类植物主要指那些生长在阴湿环境中的蓝藻（Cyanophyta）；菌类植物主要指一些大型真菌（Hymenomycetes），如鸡枞（*Collybia albuminosus*）称yi gun，木耳（*Auricularia auricula*）称yi bu，灵芝（*Gano-*

① 许再富、黄玉林《西双版纳傣族民间植物命名与分类系统研究》，《云南植物研究》1991年第4期。

② B. Berlin, D. E. Breedlove, and P. H. Raven, “General Principles of Classification and Nomenclature in Folk Biology,” *American Anthropologist*, vol. 75, 1973.

derma lucidum）称 yi bu lang，奶浆菌（*Lactarius deliciofus*）称 yi pang，白参（*Schizophyllum commune*）称 yi bu zi。枝状地衣和叶状地衣主要指生长在哀牢山树干树枝上的地衣植物（Lichens）。苔藓植物主要指生长在山涧箐沟中的叶状体苔类植物（Liverwort）。蕨类植物主要指具有大型叶的真蕨类（Filicophytina）。当然，新平傣族植物分类中的主要对象为种子植物（Spermatophyta），尤其是其中的被子植物（Angiosperm）①。

西双版纳傣族民间常用两个词来表达植物这一概念。一个词是“弄拨歪”（long bo wai），即“风吹摇动”的东西就是植物，并与“含怪棍”（han guai gun）即“尾巴摇动”的动物相区别。而另一个词也许更准确一些。它是一个复合词“宏哦宾”（hong e bin）。“宏”是“物质”的总称，“哦”是“出，长出”之意，而“宾”是指“活的，有生命的”。也就是说，他们认为从地上长出来的，有生命的东西就是“植物”。此外，他们把所有的植物分成两大类：一类叫“宏布边”（hong bu bin），“布边”是“栽培”之意，“宏布边”即栽培植物；另一类是“宏低腾”（hong di teng），“低”是“在”之意，“腾”是“山”，“宏低腾”即生长在山上的野生植物②。

2. 生活型分类群与生活型名称

生活型（life form）是植物生态学（plant ecology）中的一个术语。它首先由丹麦学者瓦尔明提出，用以表示植物个体生活中与外界环境和谐的形态。后来许多学者对此术语进行了完善，并提出了许多植物生活型的分类系统。例如，通常把植物分为乔木、灌木、半灌木、木质藤本、草质藤本、草本、多年生植物、一年生植物等类型，就是一种比较早期的，而又是人们习惯使用的生活型分类。所以，生活型是指植物对综合环境条件的长期适应而在外貌特征上反映出来的植物类型。相同的植物类型具有相同或相似的外貌特征。

民间植物分类中所使用的生活型的概念与植物生态学中的生活型的概念基本一致，但民间动物分类中所使用的生活型的概念则是生物学中所没有的。在民间生物分类中，生活型是最具广泛性和包容性，外部特征最明显、最容易被人们所识别的类群，通常由5—10个类群所组成，而且这几

① 崔明昆著《象征与思维——新平傣族的植物世界》，云南人民出版社2011年版。

② 许再富、黄玉林《西双版纳傣族民间植物命名与分类系统研究》，《云南植物研究》1991年第4期。

种类群包含了大部分的生物种类。这些生活型包括：树、藤、草、鱼、鸟等类群①。

生活型的名称都为简单原始名，在语义上不能够再进一步拆分分析，因为它们往往是一些古老的名称。

在新平傣族的植物分类中，生活型是一种十分重要的类型，除了一些经济作物和少数野生植物（多为野菜野果）外，大多数的分类群都包含在生活型中。在新平傣族的植物分类中，生活型由三种类型构成：木本植物（树）、草本植物（草）、藤本植物（藤）②。同样，在西双版纳傣族植物分类中，生活型也是重要的一种类型，由木本植物（买）、草本植物（雅）、藤本植物（嘿）等构成③。

（1）树（木本植物）

这一生活型在新平傣族中有两个名称，即 deng 和 mei。它们主要指乔木、灌木、竹子以及少数木质藤本和高大的草本植物。deng 或 mei 既可以单独使用，也可以合在一起使用，如香须树（*Albizia odoratissima*）既可以称为 deng mei ling hü，也可以称 deng ling hü 或 mei ling hü，再如黄金碧竹（*Bambusa vulgaris cv. vittata*）称 mei wo bo，黄毛榕（*Ficus chrysocarpa*）称 deng fei sa，芦苇（*Phragmites australis*）称 mei wo。在西双版纳傣族中，树被称作 mai（买），包括乔木、竹子、少数的木质藤本、灌木。滇南风吹楠（*Horsfieldia tetretpala*）叫 mai yang liang（买央两），苦竹（*Pleioblastus amarus*）称为 mai kong（买空）。

在傣族的民间植物名称中，有一类被称为 ma 的分类群中的一些类群也属于树这一生活型。ma 在傣语中是“果实”的意思。它既可以指木本植物的果实，也可以指草本植物的果实。在指木本植物的果实时，往往和树的名称合用，在新平傣族语言中，在 deng 的名称后加上 ma 这一名称。例如，一品红（*Euphorbia pulcherrima*）傣语称 deng ma heng，岩椒（*Zanthoxylum esquirolii*）称 deng ma

① P. H. Raven, B. Berlin, and D. E. Breedlove, “The Origins of Taxonomy,” *Science*, vol. 174, 1971; B. Berlin, “Folk Systematics in Relation to Biological Classification and Nomenclature,” *Annual Review of Ecology and Systematics*, vol. 4, 1973.

② 崔明昆著《象征与思维——新平傣族的植物世界》，云南人民出版社 2011 年版。

③ 许再富、黄玉林《西双版纳傣族民间植物命名与分类系统研究》，《云南植物研究》1991 年第 4 期。

gai。在西双版纳傣族中，第伦桃（*Dillenia indica*）叫 ma song（抹宋），番荔枝（*Annona squamosa*）称为 ma nuo na（抹娜纳），其民间对于“抹”有时发音为 bu（不）或 mu（姆）①，也是表示果实的意思。在新平傣族语言中，在一些植物名称中，往往将树这一生活型的名称省去，例如石榴（*Punica granatum*）既可以称 deng ma zhang，也可以称 ma zhang，酸角（*Tamarindus indica*）既可以称 deng ma han 也可以称 ma han。调查发现，习惯上在 ma 前面不加 deng 的大都是一些人们所熟悉的果树。在这些植物的名称中，虽然已经没有了生活型的名称，但通过访谈我们仍可知道这是由于人们对这些植物很熟悉而省略掉生活型的名称，所以这类植物仍属于“树”这一生活型类群。

表 3-5　新平傣族习惯上在果树名称上省略“树”生活型的种类

民间名	汉语名	拉丁名
ma ta	核桃	*Juglans regia*
ma hang beng	余甘子	*Phyllanthus emblica*
ma zhang	石榴	*Punica granatum*
ma gü gai	番石榴	*Psidium guajava*
ma han	酸角	*Tamarindus indica*
ma wang	桑	*Morus alba*
ma gü ma lao	番木瓜	*Carica papaya*
ma mang	杧果	*Mangifera indica*
ma bai（ma ga）	柚	*Citrus grandis*
ma gai	荔枝	*Litchi chinensis*
ma feng	李子	*Prunus salicina*
ma wo ling	柿子	*Diospyros kaki*
ma wo ling miao	油柿	*Diospyros kaki var. silvestris*
ma gei	枣子	*Zizyphus jujube*
ma le	细叶榕	*Ficus microcarpa*
ma nian	大叶榕	*F. lacor*
ma fa nian	大果榕	*F. auriculata*

① 许再富、黄玉林《西双版纳傣族民间植物命名与分类系统研究》，《云南植物研究》1991 年第 4 期。

(2) 草(草本植物)

新平傣族与西双版纳傣族把草称作 ya(雅),指草本植物、少数的小灌木,也可以指药用植物。如新平傣族称水莎草(*Juncellus serotinus*)为 ya san peng,紫鸭趾草(*Tradescantia virginiana*)为 ya hong liang。属于半灌木的假通草(*Brasssaiopsis ciliata*)称 ya nang wang,含羞草(*Mimosa pudica*)称 ya ai gun。可用于药用的青蒿(*Artemisia carvifolia*)称 ya min。西双版纳傣族称革命菜(*Crassocephalus crepidioides*)为 ya luo hao(雅咯毫),将决明(*Cassia tora*)称为 ya hao kuai(雅毫块)。

(3) 藤(藤本植物)

这一生活型的名称在新平傣族语言中有两个词,一个是 he,另一个是 tao,有时两个词合用,有时单独使用。he 和 tao 在使用上是有区别的,he 是指茎较纤细的藤本植物,如菟丝子(*Cuscuta chinensis*)称 he han,古钩藤(*Cryptolepis bunchananii*)称 he ma yang ya,五爪金龙(*Tetrastigma hypoglaucum*)称 he yi,威灵仙(*Clematis chinensis*)称 he man;而 tao 则是指茎较坚韧的藤本植物,即木质藤本,如野葛(*Pueraria lobata*)称 tao yi ha,云南葛藤(*P. peduncularis*)称 tao he lang,毛弓果藤(*Toxocarpus villosus*)称 tao hun,葛藟(*Vitis flexuosa*)称 tao he。在西双版纳傣族语言中,藤本这一生活型被称作 hei(嘿),指藤本植物,尤其指木质藤本植物,如大果油麻藤(*Mucuna macrocarpa*)叫 hei ma ba(嘿抹把),夜花藤(*Hypserpa nitida*)称为 hei nam lang(嘿喃琅)。

其他研究也表明,除了上述三种普遍存在的生活型类型外,在某些民间植物分类中至少还存在一种类型:"灌木"(bush)[①]。新平傣族和西双版纳傣族对植物生活型的认知中,在语言上没有灌木等生活型名称。

许多学者对植物生活型类型名称的多少与社会政治文化和生态环境的相互关系进行了探讨。例如,美国学者布朗(Cecil H. Brown)在对世界上 105 种语言中的民间植物生活型名称进行统计研究后,提出了一个民间植物生活型的演化路线图[②]。

---

① Ceil H. Brown, "Folk Botanical Life-Forms: Their Universality and Growth," *American Anthropologist*, vol. 79, 1977.

② Ceil H. Brown, "Folk Botanical Life-Forms: Their Universality and Growth," *American Anthropologist*, vol. 79, 1977.

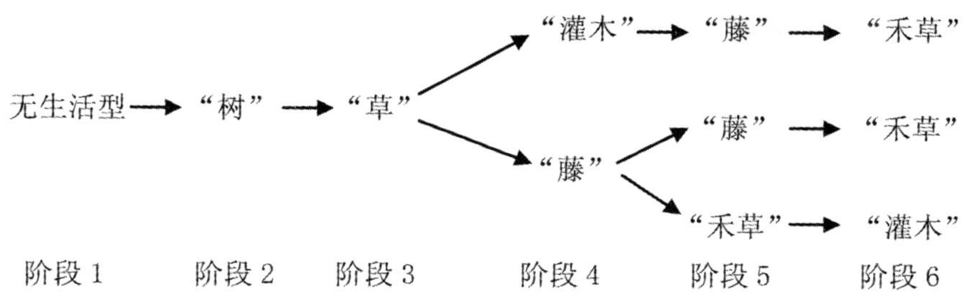

图 3-1 民间植物生活型的演化路线图

布朗断言道：“社会的复杂程度和民间植物生活型术语的多少有紧密的关系。语言中只有两种或少于两种生活型术语（life-form lexicons）（参见图3-1的阶段1—3）的人群生活在缺乏复杂的政治整合和社会结构简单的小规模社会中，而语言中具有三种或三种以上生活型术语（参见图3-1中的阶段4—6）的人群则生活在技术复杂的社会中。生活型术语的丰富程度也与植物的物种多样性密切相关，语言中缺少生活型术语的人群往往生活在植物多样性贫乏的荒漠或极地苔原区。而语言中具有较多生活型术语的人群往往生活在植物多样性丰富的温带林区或热带地区。”① 当然，社会的复杂程度并不像布朗所断言的那样绝对，往往有例外。为此，斯科特·阿特兰（Scott Atran）指出：“例如，现代的墨西哥的辉乔人（Huichol of Mexico）的语言中没有植物生活型的名称，没有进一步的证据表明，他们的文化比帝汶的布纳克人（Bunaq of Timor）或者柬埔寨的布柔人（Brou of Cambodia）的社会缺乏复杂性。”② 除此之外，斯科特·阿特兰还对那种将“木”（wood）和“树”（tree）的术语与社会复杂程度联系在一起的理论进行了反驳。例如，怀特考斯基（Witkowski）等人认为：“在语言上将‘木’和‘树’合为一个术语使用的人群通常生活在小规模的社会中，而将它们分开使用的人群则生活在大规模的社会中。”③ 而斯科特·阿特兰则指出：“手边就有与上述结论相反的例子，例如，无论是古代的还是现代的希伯来

① Ceil H. Brown, “Folk Botanical Life-Forms: Their Universality and Growth,” *American Anthropologist*, vol. 79, 1977.

② S. Atran, “The Nature of Folk-Botanical Forms,” *American Anthropologist*, vol. 87, 1985.

③ S. Witkowski, C. Brown, and P. Chase, “Where Do Trees Come From?” *Man*, vol. 16, 1981.

人（Hebrew），etz 这一词都是表示‘木’和‘树’的多义词。然而，古代和现代的以色列都是大规模社会的代表（按怀特考斯基等人的标准）。”①

田野调查的结果表明，在新平傣族的植物生活型中，“树”是最基本的类型，并开始出现了树和木的分化；其次是“草”，草是在与树的对照中产生的；而“藤”作为一种过渡和次生的类型，是从树和草的生活型中演化而来的。这与布朗所表述的情况有所不同。布朗认为藤的生活型是由草的生活型演化而来的（见图 3－1）。

图 3－2 反映了新平傣族对植物生活型的认知顺序。

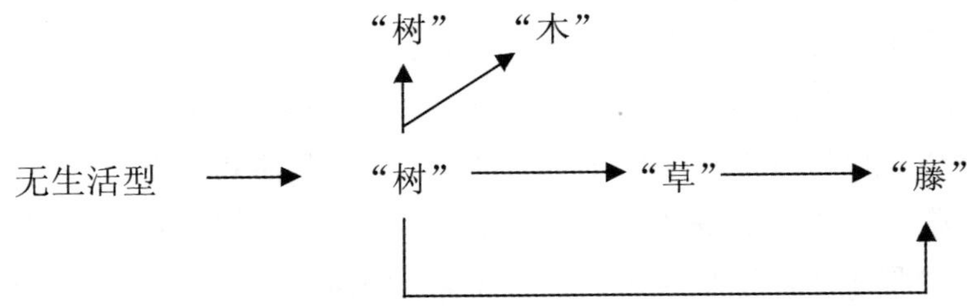

图 3－2　新平傣族植物生活型的认知顺序示意图

虽然布朗关于民间植物生活型术语的多少与社会的复杂程度的相互关系的论断过于绝对化，但他所提出的民间植物生活型的演化路线图还是具有普遍性的。新平傣族植物生活型的认知顺序与其民间植物生活型的演化路线也基本相符。新平傣族民间植物分类的研究结果和布朗的研究资料表明，不同民族和不同文化的人群在对植物的生活型的认知上具有相同或相似的过程，即语言的差异并不影响人们对植物大类群（生活型）的共同认知。这在一定程度上动摇了萨丕尔－沃尔夫假说（Sapir-Whorf Hypothesis）。萨丕尔－沃尔夫假说又称“语言决定论”（linguistic determinism），即语言决定文化。它是美国语言学家沃尔夫（B. L. Whorf）首先提出来的。该假说认为，由于使用的语言不同，人们就会有不同的世界观、思维模式和行为规范。“实际上，思维是非常神秘的，而目前对我们理解思维帮助最大的，是对语言的研究。语言研究显示，一个人思维的形式受制于他没有意识到的固定的模式规律。这些

① S. Atran, “The Nature of Folk-Botanical Forms,” *American Anthropologist*, vol. 87, 1985.

模式就是他自己语言的复杂的系统”[①]。按照这一假说，讲不同语言的人群对植物的生活型就会有不同的分类体系，他们对生活型的认知就会千差万别，不可能出现高度的一致性。显然，这一假说与现实中的民间植物生活型的认知过程是相悖的。

3. 属的分类群与属的名称

属的分类群（generic taxa）构成了民间植物分类学（folk plant taxonomy）的核心。属（genus）的名称是民间生物词汇的基础。植物学家巴特雷特（H. H. Bartlett）在讨论现代植物学的命名发展时指出“属的概念一定和民间科学本身一样古老”，并提出了对属命名概念的基本定义。巴特雷特认为，在任何有机体的分类中，民间属“或多或少是有区别的名称中的最小类群”[②]。属的分类群代表了自然界中的关于有机体的最明确的概念，是小孩首先认识的分类单位，以及首先获得的关于植物名称的术语[③]。属同时也是进行民间分类调查和一般性交谈所经常提到的类型。这在一定程度上是因为它们数量多，易于辨认[④]。总之，属是民间植物分类基本单位。

从名称结构上来讲，绝大多数的民间属都是原始名。这也是从名称上识别民间属的最重要依据。从词源学上讲，人们往往不可能对属名做出语言上的分析，因为它们通常是非常古老的。但是，分析一些描述植物特性的属的名称则是可能的[⑤]。

在民间植物的分类中，民间属中能直接归入三种生活型的属称隶属属（affiliated genera），反则称非隶属属（unaffiliated genera）。在新平傣族的民间植物分类中，隶属属占总属数的 50% 以上，非隶属属占总属数的 40% 左右。一般来讲，属于非隶属属的植物多为栽培植物和形态上较特殊的植物。例如

---

① ［美］本杰明·李·沃尔夫著，高一虹等译《论语言、思维和现实——沃尔夫文集》，湖南教育出版社 2001 年版。

② H. H. Bartlett, “History of the Genetic Concept of Botany,” *Bull. Torrey Bot. Club*, vol. 67, 1940, quoted from B. Berlin, “Folk Systematics in Relation to Biological Classification and Nomenclature,” *Annual Review of Ecology and Systematics*, vol. 4, 1973.

③ B. Berlin, D. E. Breedlove, and P. H. Raven, “General Principles of Classification and Nomenclature in Folk Biology,” *American Anthropologist*, vol. 75, 1973.

④ ［美］盖利·J. 马丁原著，裴盛基、贺善安编译《民族植物学手册》,，云南科技出版社 1998 年版。

⑤ B. Berlin, “Folk Systematics in Relation to Biological Classification and Nomenclature,” *Annual Review of Ecology and Systematics*, vol. 4, 1973.

水稻（*Oryza sativa*）称 hao，玉米（*Zea mays*）称 hao lu，甘蔗（*Saccharum officinarum*）称 *yao*，凤仙花（*Impatiens balsamina*）称 gao，仙人掌（*Opuntiamonacantha*）称 nang dan。芦荟（*Aloe vera var. chinensis*）称 nang fei lian，葫芦（*Lagenaria siceraria*）称 nan dao。水稻、玉米和甘蔗等都是当地种植的主要经济作物，它们的名称都为简单原始名，对这些名称几乎没有分析的必要，但玉米例外。玉米傣语称 hao lu，或称 lu。傣族种植水稻的历史较其种植玉米的历史更为悠久。众所周知，傣族是我国最早的稻作民族之一，云南是水稻的可能起源地之一[①]，而玉米则起源于南美[②]。因此玉米在傣族地区是一种引入的栽培植物，其名称是在 hao（稻）的名称后面加上 lu 而构成的。现在，玉米通常称 hao lu，但也可以将 hao 省略只称 lu。而绝大多数的非隶属属的分类群名称则是非多元复合原始名。这些名称并不包含有生活型的名称，但是一些则是可以拆分分析的。如仙人掌（*Opuntia monacantha*）称 nang dan，nang 为刺，dan 为手掌状的意思，即长刺的手掌状植物就是仙人掌。龙舌兰（*Agave americana*）称 nang fei，fei 为叶的意思，即叶上有刺的植物为龙舌兰。葫芦（*Lagenaria siceraria*）称 nan dao，nan 是水，dao 是容器的意思，果实可以用于盛水的植物就是葫芦。

在隶属属分类群中，一些多元复合原始名也是可以分析的，主要为描述植物特性的名称，如蒿（*Artemisia*）称 ya min，ya 为草或草药，min 为臭的意思，蒿带有强烈的气味。小花琉璃草（*Cynoglossum lanceolatum*）称 ya fei da nu，fei 为粘，da 为眼，nu 为老鼠，表示这一植物的果实具密生锚状刺，常粘于老鼠的眼皮上。中国宿苞豆（*Shuteria sinensis*）称 ya zhong xian，zhong 为铜板，xian 为钱，表示该植物的叶片如铜钱状。地桃花（*Urena lobata*）称 ya bang beng wo ma，bang 为粘，beng 为成团，wo 为头，ma 为马，表示这一植物的果实常成团地粘在马头上。

与世界上一些地区的民间植物分类相比，在新平傣族的民间植物分类中，非隶属属数所占的比例较高（约占总属数的 40%）。在墨西哥的泽尔沱人

---

① 胡立耘、李子贤《中国稻作文化研究的进展与前瞻》，《西南边疆民族研究》2001 年第 1 期。

② ［英］N. W. 西蒙兹著，赵伟钧、周琛、赵灿文等译《作物进化》，农业出版社 1987 年版。

（Tzeltal）的民间植物分类中，非隶属属占总属数的比例为 20%[①]。造成新平傣族的民间植物分类中非隶属属比例高的原因，除了上面提到的栽培植物和形态特殊的植物外，另一个重要的原因是当地人食用的野菜种类较多。当地人将食用的菜，无论是栽培的还是野生的都称 fa，甚至猪食菜也称 fa。例如芹菜（*Apium graveolens*）称 fa zi，韭菜（*Allium tuberosum*）称 fa bian，树头菜（*Crateva unilocularis*）称 fa gong，喂猪的马齿苋（*Portulaca oleracea*）称 fa mu bi（mu 为猪，bi 为食物或饲料之意）。它们和其他的许多植物一道被归入"中间分类群"中。所有被称为 fa 的属，包括栽培植物和野菜共 49 属，占总属数的 12.47%。

另外，研究中还发现民间属中有少量从汉语中借来的名称，共 16 个属，约占总属数的 4.07%。其中主要为栽培植物和入侵植物。这些外来名有两种情况，一是直接使用汉语的音译，另一种是使用意译，前者如解放草（*Eupatorium adenophorum*），后者如卷心菜（*Brassica oleracea var. capitata*）。

表 3－6 新平傣族外来植物属的分类群名称

民间名	直译	汉语名	拉丁名
ya gai fang	解放草	解放草	*Eupatorium adenophorum*
Deng fei liao	肥料树	三七草[②]	*Gynura japonica*
mei mu an	树木桉	蓝桉	*Eucalyptus globulus*
Yang	洋	洋丝瓜	*Sechium edule*
fa bao cai	包菜	白菜	*Brassica pekinensis*
fa wo hao bao	卷成头状的白菜	卷心菜	*B. oleracea var. capitata*
fa wa	花菜	花菜	*B. oleracea var. botrytis*
fa gahuo	青菜	青菜	*B. chinensis*
fagahü	绿菜	苦菜	*Brassica integrifolia*

① B. Berlin, D. E. Breedlove, and P. H. Raven, "General Principles of Classification and Nomenclature in Folk Biology," *American Anthropologist*, vol. 75, 1973.

② 由于三七草（*Gynura japonica*）为灌木状草本植物，故当地人将其称为"树"（deng），又由于当地人将此植物作为底肥压田，故名肥料树。

（续表 3－6）

民间名	直译	汉语名	拉丁名
fa hen	空菜	空心菜	*Ipomoea aquatic*
fa po	菠菜	菠菜	*Spinacia oleracea*
Ma yang yue	洋芋果	马铃薯	*Solanum tuberosum*
hao mai zi	麦子米	小麦	*Triticum aestivum*
Bo luo	菠萝	菠萝	*Ananas comosus*
Tai wan deng ma gei	台湾枣	台湾青枣	*Ziziphus mauritans Lam.*
Deng ban li	板栗树	板栗	*Castanea mollissima*

研究表明，世界上大多数的民间植物分类（folk taxonomies）中，属的分类群是单一型的（monotypic），即这些属不再包含其他的分类群（种、变种）[①]。在傣族的民间属（包括外来名）中，属于单一型属的共 372 属，占所有属的 94.66%，剩下的 21 属为复合型（polytypic），占总属数的 5.34%。它们可以进一步划分为种和变种。复合型属（polytypic generic）绝大多数都是有特殊含义的植物。

西双版纳傣族的民间属与经济型关系密切，他们一般根据植物的用途或利用部位进行归类。例如果树（抹）（ma）、蔬菜（啪）（pa）、五谷（考）（kao）、豆子（图）（tu）和花卉（咯）（luo）等。如 pa（啪）指蔬菜，一般是可食的。越南菜（*Sauropus androgynus*）叫 pa wang（啪汪），刺苋菜（*Amaranthus spinosus*）称为 pa hong lan（啪洪滥）。kao（考）是五谷，指禾谷类作物。糯稻（*Oriza sativa var. glutinosa*）叫 kao nuo（考糯），玉米（*Zea mays*）称为 kao long（考隆）。

西双版纳傣族的民间属在习惯上还有一些特别的表达方法，具体如下[②]。

---

① B. Berlin, "Folk Systematics in Relation to Biological Classification and Nomenclature," *Annual Review of Ecology and Systematics*, vol. 4, 1973; B. Berlin, D. E. Breedlove, and P. H. Raven, "General Principles of Classification and Nomenclature in Folk Biology," *American Anthropologist*, vol. 75, 1973.

② 许再富、黄玉林《西双版纳傣族民间植物命名与分类系统研究》，《云南植物研究》1991 年第 4 期。

“戈”（guo）的应用：戈意为株、棵，不管是乔木、草木，凡是主干（茎）直立、茎干分明的，习惯上多在属的前面冠以戈。如滇南风吹楠（*Horsfieldia tetretpala*）也叫“戈买央两”（guo mai yang liang），棕叶芦（*Thysanolaena maxima*）称为“戈雅扦”（guo ya qian）。对于一些常见的种类，有时还以戈代替了属的使用，如上述的棕叶芦称为“戈扦”（guo qian），重阳木（*Bischofia javanica*）叫“买伐”（mai fa）或“戈买伐”（guo mai fa）或“戈伐”（guo fa）。

属的重叠应用：为了更好地说明某些植物的属性，在习惯上有时把表示属的生活型和经济型重叠使用。如蕨菜（*Pteridium maquilinum*）叫作“啪菁腾”（pa gu teng），凤凰木（*Delonix regia*）称为“咯买两”（luo mai ling）。

属的省略：一些特殊植物几乎是人人皆知，为了简便起见，在它们的名字中有时省略了属名。如毛叶樟（*Cinnamomum mollifolium*）叫“买宗改”（mai zong gai），而习惯上称“宗改”（zong gai）。竹叶兰（*Arundina chinensis*）是鳞茎植物，叫“擢农尚海”（hou nong shang hai）。由于它是傣药中很有名的解毒药，所以一般仅称它为“农尚海”（nong shang hai）。

属的变化：由于傣族人在家庭中分工不同，如男人一般从事刀耕火种前的砍树、盖房的木料准备和打猎等，而妇女一般从事野果、野菜的采集和农地的除草等工作，所以他们有时从不同的角度去称呼一些植物，而使同一种植物有属的变化。如大白花（*Bauhinia variegata*），男人多从木材或树木的角度称它为“买修”（mai xiu），“戈买修”（guo mai xiu），而女人们则从它的花、种子和嫩芽可食的角度称它为“咯修”（luo xiu）、“抹修”（ma xiu）和“啪修”（pa xiu）。

4. 中间分类群

中间分类群（intermediate taxa）是指那些界于生活型分类群与属的分类群之间的类群。在新平傣族的植物分类中，它们通常是由几个至几十个在概念上有关联的民间属组成的类群。构成中间分类群的民间属都属于非隶属属，即从名称组成上来讲，这些属不含有生活型的名称。中间分类群主要由以下几种类型组成①。

---

① 崔明昆著《象征与思维——新平傣族的植物世界》，云南人民出版社 2011 年版。

（1）fa 的分类群

fa 在新平傣语中是“菜”的意思。作为一种分类群的名称，它泛指蔬菜、野菜，甚至猪和家禽的饲料。从植物的类群组成上来讲，大多数为被子植物，少数为蕨类植物。从植物的外貌特征上来讲，大多数为草本植物，少数为木本植物、藤本植物或灌木。例如 fa shui（香椿，*Toona sinensis*）和 fa gong（树头菜，*Crateva unilocularis*）为木本植物，fa a ya（锈毛铁线莲，*Clematis leschenaultiana*）为藤本植物，fa meng（球兰，*Hoya carnosa*）为攀缘性灌木。这一类型是所有中间分类群中最大的一个分类群。表 3 -7 为这一中间分类群的植物名录举例。

表 3 -7　新平傣族植物“菜”（fa）的中间分类群举例

民间名	汉语名	拉丁名
fa shui	香椿	*Toona sinensis*
fa gong	树头菜	*Crateva unilocularis*
fa nang min	石莲子	*Caesalpinia minax*
fa hou	鱼腥草	*Houttuynia cordata*
fa mu min	革命菜	*Crassocephalum crepidioides*
fag guo liu	菜蕨	*Callipterisesulenta*
fa guo hü	蕨菜	*Pteridium aquilinum var. latiusculum*
fa zi	芹菜	*Apium graveolens*
fa bian	韭菜	*Allium tuberosum*
fa hong	鸭跖草	*Commelina communis*
fa wo	葱	*Allium fistulous*
fa wo mo	蒜	*Allium sativum*
fa wo hao bao	卷心菜	*Brassica oleracea var. capitata*
fa yan	萍	*Marsilea quadrifolia*
fa yan song	酢浆草	*Oxalis comiculata*
fa po	菠菜	*Spinacia oleracea*

（2）hao 的分类群

hao 在新平傣语中是“米”的意思，在这里泛指禾谷类，仅有 5 个民间属。

hao（禾谷）	hao（水稻）	*Oryza sativa*
	hao lu（玉米）	*Zea mays*
	hao mi nuo（高粱）	*Sorghum bicolor*
	hao me zi（小麦）	*Trticum aestivum*
	hao si mi（青葙）	*Celosia argentea*

在这一中间分类群中，hao（水稻）这一民间属也就是 hao（禾谷）的“模式属”，即这一中间分类群是以 hao（水稻）为基础发展起来的。众所周知，傣族是我国最早的稻作民族之一，云南又是水稻最可能的起源地之一[①]，而高粱、小麦和玉米则是外来的栽培植物：高粱起源于非洲的埃塞俄比亚，小麦起源于西亚，玉米起源于美洲大陆的墨西哥[②]。青葙作为一种常见杂草，是当地人常食用的野菜和使用的药用植物，同时也可作为饲料。由于其成熟后的果实（胞果）如米粒状，故人们将其归入“禾谷类”。

（3）tuo 的分类群

tuo 在傣语中是“豆”的意思，在这里主要是指栽培的豆类或者豆荚类，主要包括如下民间属（表 3－8）。

表 3－8　新平傣族植物“豆”（tuo）的中间分类群

民间名	汉语名	拉丁名
tuo an	豌豆	*Pisum sativum*
tuo ba zi	四季豆	*Phaseolus vulgaris*
tuo yan	绿豆	*Vigna radiata*
tuo tian	眉豆	*Vigna cylindrical*

① 胡立耘、李子贤《中国稻作文化研究的进展与前瞻》，《西南边疆民族研究》2001 年第 1 期。

② ［英］N. W. 西蒙兹著，赵伟钧、周琛、赵灿文等译《作物进化》，农业出版社 1987 年版；王恩涌著《文化地理学》，高等教育出版社 1989 年版。

（续表 3－8）

民间名	汉语名	拉丁名
tuo sai se	豇豆	*Vigna unguiculata subsp. sesquipedalis*
tuo leng	黄豆	*Glycine max*
tuo be	蚕豆	*Vicia faba*
tuo ling	花生	*Arachis hypogaea*
tuo fa fa	刀豆	*Canavalia gladiate*

（4）wo 的分类群

wo 在傣语中是“头”或者“头状”的意思，这里指具有块根、块茎、鳞茎类的植物，不仅包括栽培的，也包括野生的类群。需要说明的是，在这一中间分类群中，有两个属，即 wo fe（芋）和 wo men（薯）。属中还含有许多民间种（表 3－9）。

表 3－9　新平傣族植物“块根”（wo）的中间分类群

民间名	汉语名	拉丁名
wo fe	芋	*Colocasia esculenta*
wo beng	萝卜	*Raphanus sativus*
wo fa bian long	石菖蒲	*Acorus gramineus*
wo ya luo	忽地笑	*Lycoris aurea*
wo ma	豆薯	*Pachyrhizus erosus*
wo fa liang	下田菊	*Adenostemma loveya*
wo fa wo gü	藠头	*Allium Chinense*
wo men	薯	*Ipomoea batatas*

（5）dian 的分类群

dian 在傣语中是“瓜”的意思，这里也主要指瓜类，主要包括如下民间属（表 3－10）。

表 3－10　新平傣族植物“瓜”（dian）的中间分类群

民间名	汉语名	拉丁名
dian wo	西瓜	*Citrullus lanatus*
dian hong	苦瓜	*Momordica charantia*
dian leng	黄瓜	*Cucumis sativus*
dian lai	西葫芦	*Cucurbita pepo*

（6）ma 的分类群

作为一种中间分类群，ma 的分类群并不包括那些名称里带有 deng 的生活型或者习惯上将其生活型的名称省略掉的那些民间属。如前面讨论“树”的生活型时所举的例子：deng ma hong（一品红，*Euphorbia pulcherrima*），deng ma gü gai（番石榴，*Psidium guajava*），deng ma gai（岩椒，*Zanthoxylum esquirlii*），ma ta（核桃，*Juglans regia*），ma zhang（石榴，*Punica granatum*），ma han（酸角，*Tamarindus indica*），ma hang beng（余甘子，*Phyllanthus emblica*），ma zang（木姜子，*Litsea pungens*）。它是指那些仅仅以“果实”或者是“果实状”来命名植物的类群，主要包括如下民间属（表 3－11）。

表 3－11　新平傣族植物“果实”（ma）的中间分类群

民间名	汉语名	拉丁名
ma he man	西红柿	*Lycopersicon esculentum*
ma yang yue	土豆	*Solanum tuberosum*
ma nuo ling	地瓜	*Ficus ti-koua*
ma he	茄子	*Solanum melongena*
ma bang	南瓜	*Cucurbita moschata*
ma bang men	冬瓜	*Benincasa hispida*
ma hao da wen	向日葵	*Helianthus annuus*
ma ma na	纤细耳草	*Hedyotis tenelliflora*
ma ma nian	鸡矢藤	*Paederia scandens*
ma ma nei	云南鸡矢藤	*Paederia yunnanensis*
ma ma luan	毛木防己	*Cocculus orbiculatus*

（续表 3－11）

民间名	汉语名	拉丁名
ma yang le	多花藤黄	*Garcinia multiflora*
ma wu leng	黄泡刺	*Rubus ellipticus var. obcordatus*
ma wu yi miao	茅莓	*Rubus parvifolius*
ma yang	水茄	*Solanum torvum*
manangna	刺天茄	*Solanumindicum*
ma yang nang	毛茄	*Solanum ferox*
ma mao	珠仔树	*Symplocos racemosa*
ma za hua	九里香	*Murraya paniculata*
ma pi	辣椒	*Capsicum annuum*

需要指出的是，在瓜果类中，有的也使用果实 ma，而不是使用 dian 这一名称。例如南瓜（*Cucurbita moschata*）称 ma bang，冬瓜（*Benincasa hispida*）称 ma bang men。

（7）wa 的分类群

wa 在傣语中是“花”的意思，这一分类群是以花作为分类的依据，指那些花较明显或有特点的植物，共 10 个民间属（表 3－12）。

表 3－12　新平傣族植物“花”（wa）的中间分类群

民间名	汉语名	拉丁名
wababei	打碗花	*Calystegiahederacea*
wa hao bo	蜜蒙花	*Buddleja officinalis*
wa mu	蓝靛	*Indigofera tinctoria*
wa ya xiao gou	珍珠菜	*Lysimachia clethroides*
wa fa wen	大花马齿苋	*Portulaca grandiflora*
wa hin nan	夜来香	*Telosma cordata*
wa hin huang	忍冬	*Lonicera japonica*
wa nuo	大白花杜鹃	*Rhododendron decorum*
waneng	苦刺花	*Sophoradavidii*
wa nang tao	西南冷水花	*Pilea plataniflora*

（8）fei 的分类群

“fei”在新平傣语中是“叶”的意思。这一中间分类群是以叶的特征作为分类的依据，主要由以下民间属所组成（表 3－13）。

表 3－13　新平傣族植物“叶”（fei）的中间分类群

民间名	汉语名	拉丁名
fei wang lu	展花野牡丹	*Melastoma normale*
fei hao wo	假苹婆	*Sterculia lanceolata*
fei du	薄荷	*Mentha haplocalyx*
fei zi wo	水芹	*Oenanthe javania*
fei da si gei	臭牡丹	*Clerodendrum bungei*
feifaling	水麻柳	*Debregeasia orientalis*
fei fa ya	大叶仙毛	*Curculigo capitulata*
fei mei giang	清香木	*Pistacia weinmannifolia*
fei wa ling	粗齿冷水花	*Pilea fasciata*
fei wa	大叶冷水花	*Pilea martini*
fei tong jin	柊叶	*Phrynium capitatum*
fei suo te	犁头尖	*Typhonium divaricatum*
fei hang	白雪花	*Plumbago zeylanica*
fei la	野坝子	*Elsholtzia rugulosa*

在上述中间分类群中，“菜”的分类群大多数是人们食用的蔬菜和野菜，或家畜的饲料植物。其他的中间分类群主要为栽培植物。“菜”和栽培植物占整个中间分类群的 60% 以上。可见，中间分类群主要是与人们的饮食密切相关的类群。这反映了民间分类的实用性，说明实用是民间分类的一个重要因素。

作为一种介乎于生活型和属之间的中间分类群，美国学者柏林认为应予重视，因为它对于人们理解民间植物分类的基本原理是十分重要的。为此，柏林及其同事在墨西哥研究讲玛雅语的泽尔沱人的植物分类时对其中间分类群给予了特别关注[①]。通过对世界上一些地区的民间植物分类的研究表明，中间分类群通常不易被发现，因为它们常常没有名称，故又将中间分类群称为隐蔽分类群（covert categories）[②]。然而，新平傣族植物分类中的中间分类群则是有名称的，调查中很容易被发现，即中间分类群是“明显的”而不是“隐蔽的”，这与柏林及其同事的研究结论不同。鉴于此，笔者认为新平傣族的植物分类等级组成应在生活型分类群和属的分类群之间建立一个新的分类等级——中间分类群。因此，该民间植物分类等级就由6个等级构成。

由于中间分类群通常是由几个至几十个在概念上有关联的属组成的类群，也就是说，同一个中间分类群的属都具有共同的分类特征。因此新平傣族植物的中间分类群是人们在长期认识属的过程中，在对非隶属属特征的归纳总结后形成的分类群概念。这是对民间植物分类等级，尤其是对生活型分类群的补充和完善。这反映了新平傣族在认知植物分类等级上的完整性。

5. 种的分类群和种的名称

从语言上讲，在民间植物分类系统中，种的名称（specific names）结构通常是双名制[③]。它是在属的名称基础上加一个修饰植物的大小、颜色、雌雄或与生境相联系的词构成的。这与科学生物分类中物种名的构成有些相似之处。

新平傣族的复合型民间属中包含了民间种。民间种名称属于衍生名。以下例子对新平傣族的民间种及其名称的构成做了说明（表3－14）[④]。

---

① B. Berlin, D. E. Breedlove, and P. H. Raven, “Covert Categories and Folk Taxonomies,” *American Anthropologist*, vol. 70, 1968.

② B. Berlin, D. E. Breedlove, and P. H. Raven, “Covert Categories and Folk Taxonomies,” *American Anthropologist*, vol. 70, 1968; B. Berlin, D. E. Breedlove, and P. H. Raven, “General Principles of Classification and Nomenclature in Folk Biology,” *American Anthropologist*, vol. 75, 1973; B. Berlin, “Folk Systematics in Relation to Biological Classification and Nomenclature,” *Annual Review of Ecology and Systematics*, vol. 4, 1973; ［美］盖利·J. 马丁原著，裴盛基、贺善安编译《民族植物学手册》，云南科技出版社1998年版。

③ 物种的命名沿用林耐1753年倡议的双名法，并使用拉丁文命名以避免词义发生变化和误解。双名法由两个名称构成，即属名加上种加词：种名（学名）＝属名＋种加词。例如稻的拉丁学名为：*Oryza sativa L.* 其中的 *Oryza* 为属名（稻属），*sativa* 为种加词，*L.* 为定名人的姓氏缩写。

④ 崔明昆著《象征与思维——新平傣族的植物世界》，云南人民出版社2011年版。

表 3－14　新平傣族种的分类群（以及相对应的属）和种的名称构成举例

民间属名（汉语名）	民间种名（汉语名）	拉丁名
ya gai fang（解放草）	ya gai fang hü（飞机草）	*Eupatorium coelestrium*
ya lang bi（臭灵丹）	ya lang bi long（齿叶臭灵丹）	*Laggera pterodonta*
fa yan（田字萍）	fa yansong（酢浆草）	*Oxalis corniculata*
wo fe（芋）	wo fe（芋）	*Colocasia esculenta*
	wo fe you（美人蕉）	*Canna indica*
	wo fe you ten（芭蕉芋）	*Canna edulis ker*
ya bang beng wo ma（地桃花）	ya bang beng wo ma mi（地桃花）	*Urena lobata*
	ya bang beng wo ma bo（云南地桃花）	*Urena lobata var. yunnanensis*
dengxiangyao（刺蒴麻）	deng xiang niao（小刺蒴麻）	*Triumfetta annua*
	deng xiang long（苘麻叶扁担杆）	*Grewia abutilifolia*
	dengxiangyan（扭蒴山芝麻）	*Helicteres isora*
	dengxiangyao（细齿山芝麻）	*Helicteres glabriuscula*
wo men（薯）	wo men liang（红薯） wo men fe（白薯） wo men leng（黄薯）	*Ipomoea batatas*
	wo men lai（山药）	*Dioscorea opposite*
	wo men ai niao（参薯）	*Dioscorea hemsleyi*
	wo men nai nian（薯蓣）	*Dioscorea alata*
	wo men dang（魔芋）	*Amorphophallu rivieri*
fei wa（大叶冷水花）	fei wa mi（大叶冷水花） fei wa bo（大叶冷水花）	*Pilea martinii*
	fei wa ling（粗齿冷水花）	*Pilea fasciata*
deng you yo（香蕉）	deng you yo hao hai（香蕉）	*Musa nana*
	dneg you yo ten（野芭蕉）	*Musa acuminata*
fei la（茶叶）	fei la niao（野坝子）	*Elsholtzia rugulosa*
	fei la long（香薷）	*Elsholtzia ciliata*

（续表 3－14）

民间属名（汉语名）	民间种名（汉语名）	拉丁名
deng dang（火筒树）	deng dang niao（火筒树） deng dang long	*Leea indica*
fa wo（葱）	fa wo niao（大葱） fa wo long（小葱）	*Allium fistulosum*
hao（稻）	hao nuo（糯谷） hao an（饭谷）	*Oryza sativa*
hao lu（玉米）	hao lu nuo（糯玉米） hao lu an（饭玉米）	*Zea mays*

从上表可知，在新平傣族植物的复合型属中，有的一个属的分类群名称下含有多个种的分类群名称，而有的属的分类群名称下只有一个种的分类群名称。前者如 hao（稻）、hao lu（玉米），后者如 ya gai fang（解放草）属，该属含有 ya gai fang hü（飞机草）一个种的分类群名称。这种一个属的分类群名称下含有多个种的分类群名称的属称多种属，而只含有一个种的属称单种属。在单种属中，民间种与科学种是一一对应的关系。而在多种属中有两种情况：一种情况是，一个民间属中的多个民间种与多个科学种一一对应，如 wo fe（芋）这一民间属所包含的三个民间种就与三个科学种一一对应；另一种情况是，一个民间属中所包含的民间种，有的与科学种一一对应，有的则是多个民间种与一个科学种对应，例如 wo men（薯）这一民间属中的三个民间种与一个科学种对应，另外四个民间种则分别与四个科学种对应。

在新平傣族的民间单种属中，民间种往往以其属这一分类群作为对照而成立。例如 ya gai fang（解放草）这一民间属在科学分类中是一个种，学名为 *Eupatorium adenophorum*，原产墨西哥，新中国成立后经缅甸传入我国①，为云南常见的恶性杂草，植物呈紫色。而 ya gai fang hü（飞机草）与解放草植物体在外部形态上极为相似，但植物呈绿色，故当地人将其与 ya gai fang（解放

① 中国科学院昆明植物所编《云南种子植物名录》（下册），云南人民出版社 1984 年版。

草）对照后命名为 ya gai fang hü。“hü”在傣语中是“绿色的”意思，即“绿色的解放草”就是“飞机草”（*Eupatorium coelestrium*）。ya lang bi（臭灵丹，*Laggera alata*）为当地常见的植物。而 ya lang bi long（齿叶臭灵丹，*Laggera pterodonta*）则是当地常用的药用植物，用以治疗感冒、咽喉炎、疟疾等疾病。由于两者在外形上较相似，但后者的植物体，尤其是叶片较前者大，故命名为 ya lang bi long，傣语中“long”是“大”的意思。fa yan（田字萍，*Marsilea quadrifolia*）为水生蕨类植物，也是当地的田间杂草和当地人经常食用的野菜，由于植物体具有四片小叶，故当地人也称其为“四叶菜”。而 fa yan song（酢浆草，*Oxalis corniculata*）为当地常见的陆生被子植物和药用植物，主要用于治疗感冒、发烧、咽炎、肠炎等，但由于植物体具有的三片小叶与 fa yan 的四小叶相类似，又由于该植物体含有大量草酸，口嚼后有酸味，故命名为 fa yan song，“song”在傣语中为“酸”的意思，即“酸四叶菜”就是酢浆草（*Oxalis corniculata*）。

在民间多种属中，民间种往往是互为对比而成立的，这在一个民间属中具有两个种时较为常见。例如 fei la（茶叶）这一民间属具有两个民间种：fei la niao（野坝子，*Elsholtzia rugulosa*）和 fei la long（香薷，*E. ciliata*），“niao”和“long”在傣语中分别是“小”和“大”的意思，以此作为两个民间种的区别特征。ya bang beng wo ma 这一民间属的名称翻译为汉语就是“粘马头草”的意思，因为其果实具有钩状刺毛，常常粘在马头上。这一属下含两个种：ya bang beng wo ma mi（地桃花，*Urena lobata*）和 ya bang beng wo ma bo（云南地桃花，*Urena lobata var. yunnanensis*），“mi”和“bo”在傣语中分别是“母”和“公”的意思，以所谓的“性别”作为两个民间种的区别特征。

在民间种的划分中，还有如下标准。例如，在民间属 wo beng（萝卜）中，根据颜色分为三个民间种：wo beng liang（红萝卜）、wo beng fe（白萝卜）和 wo beng leng（黄萝卜），其中的“liang”“fe”和“leng”分别是“红”“白”和“黄”的意思。前两个民间种在科学分类上都是一个种，即萝卜（*Raphanus sativus*），后一个民间种，即“黄萝卜”就是“胡萝卜”（*Daucus carota var. sativa*）。在 hao（稻）和 hao lu（玉米）两个民间属中，以米谷的黏性作为民间种的划分标准。此外，有的还以植物的生境、块根块茎有无花纹作为民间种的分类依据。如 wo fe you ten（芭蕉芋，*Canna edulis ker*）中的“ten”就是

“野生的”意思。

从上述举例中可知，新平傣族民间种的分类群划分标准通常包括植物的大小、雌雄、颜色、生境、味道等。

在一个民间属中，如果有三个或三个以上的民间种时，往往会以一个民间种作为参照而对其他种进行命名，这一参照种可以称为“模式种”（type species）[①]。民间植物分类中的模式种通常是该属内的多个民间种中最为常见、外部特征最明显：或者是文化上重要的一个民间种。模式种在新平傣族植物分类中有两种情况，一种是属的分类群名称与该属中的一个种的分类群名称相同；另一种情况是该属的模式种名称不与该属的名称相同。前者如，wo fe（芋，*Colocasia esculenta*），这一民间种就是该属的模式种，而且该种的名称同时也就是该属的名称。

wo fe（芋）	wo fe（芋）（模式种）	*Colocasia esculenta*
	wo fe you（美人蕉）	*Canna indica*
	wo fe you ten（芭蕉芋）	*Canna edulis ker*

在上述例子中，由于属的分类群名称与模式种的分类群名称相同，所以该种（模式种）的名称为原始名，这也是新平傣族植物命名中的例外。

模式种的第二种情况如 ya bang beng wo ma（粘马头草），该民间属包括两个民间种，其中的 ya bang beng wo ma mi（地桃花，*Urena lobata*）为当地最常见的“粘马头草”植物，因而该植物就成了该属的模式种。

ya bang beng wo ma（粘马头草）	ya bang beng wo ma mi（地桃花）	*Urena lobata*（模式种）
	ya bang beng wo ma bo（云南地桃花）	*Urena lobata var. yunnanensis*

在上述例子中，人们交往时讲的 ya bang beng wo ma（粘马头草）通常是指 ya bang beng wo ma mi（地桃花），只有在区分另外两个种时才特别说明所指，所以该民间种即为模式种。

在新平傣族当地人的交流中，对那些种的分类群名称中含有生活型类型名称的民间种，常常将生活型名称省略。例如 ya gai fang hü（飞机草，*Eupa-*

---

① “模式种”：国际植物命名法规规定，植物分类群的名称是由命名模式来决定的。属的分类群的模式是一个种。所以，模式种就是命名一个属时所指定的作为命名模式的种。

torium coelestrium）常常将 ya 省略掉而称 gai fang hü；deng dang niao（火筒树，*Leea indica*）称 dang niao。

在西双版纳傣族中，“种”是当地人对同属植物实行“同中分异”的分类方法，以进一步阐明植物的特征、特性、用途、生态和来源等①。

特征与种。以种名描述的特征包括形态、颜色和气味等。如决明（*Cassia rora*）叫“雅毫块”（ya hao kuai），指它的果实形状如水牛的角；臭菜（*Acacia megaladenus*）叫“啪哦”（pa e），指它的嫩芽、嫩枝叶所具的一种特殊气味；滇南风吹楠（*Horsfieldia tetretpala*）称“买央两”（mai yang liang），指砍伤后树皮流出一种红色树脂。

特性与种。以种名表达的特性包括植物生长的特点和特殊的性状。如香附子（*Cryperus rotundus*）叫“雅哈勒”（ya ha le），指它的根系长得深；夜花藤（*Hypserpa nitida*）叫“嘿喃琅”（hei nam lang），指它的叶片在水中搓揉片刻之后，所含的多糖能使水结成冻；含羞草（*Mimosa pudiea*）叫“雅呆嫩”（ya dai nen），指它的叶片被触动时小叶合拢，叶柄下垂，傣族认为它“休克”了。

用途与种。以种名所说明的用途，有的是直接阐明，有的是间接的，还有的包含了动人的典故。如皮哨子（*Sapindus rarak*）叫“戈抹煞”（guo ma sha），直接说明了它的果皮含皂素，可用于洗头、洗衣物。竹叶兰（*Arundina chinensis*）叫“农尚嗨”（nong shang hai），则指传说中曾有一个姑娘因食物中毒而奄奄一息，请来了医生，医生告诉她只要用竹叶兰的鳞茎煮水服就行了。由于这种植物对于解毒有神效，病人仅吃了这种药，病就愈了。大车前（*Plantago major*）称“呀因热”（ya yin re），傣医认为这是一种刀伤药，具有使被砍断的血管伸长的功效。

生态与种。以种名反映植物生态的，包括了它们的生境、群落生态或与其他生物的关系等。如水蕨菜（*Calllipteris esculenta*）叫“啪菁喃”（pa gu nam），指出它的生境是潮湿地方，与上述长在山上称为“啪菁腾”（pa gu teng）的那一种蕨菜（*Pteridium aquilnum*）具有不同的生境；飞机草（*Eupatorium odoratum*）叫“雅丈缸”（ya zhang gang），指这种草本植物生势旺盛，

① 许再富、黄玉林《西双版纳傣族民间植物命名与分类系统研究》，《云南植物研究》1991 年第 4 期。

常形成以它为优势的群落，密不可通行，连大象要穿过也很费力；油瓜（*Hodgsonia macrocarpa*）称为“抹劲”（ma jing），由于它的种仁含油率达70%左右，松鼠最喜欢吃它。

种源与种。以种名指出植物的产地或从何处引种而来。如红薯（*Ipomaea aquatica*）叫“曼交”（man jiao），说它从越南引种的；番茄（*Lycopersicum esculentum*）叫“抹克芒”（ma ke man），指这种番茄是从缅甸引进的；杧果（*Mangifera indica*）的一个品种称为“抹蒙硕帅”（ma meng shuo shuai），此名指出它是从老挝的“硕帅”引来的。

同种异名。在民间的实践上，以上植物傣名在种的水平上还有地方上的差别和一些习惯上的变化，主要表现为同种异名。傣族人民对植物知识的掌握与植物名字的学习，一般是通过生产实践和对野生植物的利用等途径及从他们的先辈那里学来的，所以受到空间的较大限制。研究发现，对于分布较广的植物就有较多的同种异名，如飞机草（*Eupatorium coelestrium*）在勐仑叫“雅丈缸”（ya zhang gang），在勐腊叫“雅畔”（ya pan），而在景洪则称为“雅勐罕”（ya meng han）。即使在同一个地区，由于村寨不同，一种植物也可能有两个乃至两个以上的名字，如决明（*Cassia tora*）有的叫“雅毫块”（ya hao kuai），有的称“雅蜡闷”（ya la men）；冰糖草（*Scoparia dulcis*）有的叫“雅开捕”（ya kai bu），有的叫“乍雅其闻”（zha ya qi wen），有的则称为“雅哈鸭”（ya ha ya）。由于傣族有自己的文字，那些在经书、本草和文学等方面的文献中有记载的植物，同物异名的情况较少。

6. 变种分类群和变种名称

变种在民间植物分类中是十分罕见的①。变种的名称通常使用三名法，即在种的分类群名称后加一个形容词所构成。新平傣族植物分类中共有两个属四个种可以进一步划分为十个变种。这两个属是 hao（稻）和 hao lu（玉米）（表 3 – 15）②。

---

① B. Berlin, D. E. Breedlove, and P. H. Raven, “General Principles of Classification and Nomenclature in Folk Biology,” *American Anthropologist*, vol. 75, 1973; B. Berlin, “Folk Systematics in Relation to Biological Classification and Nomenclature,” *Annual Review of Ecology and Systematics*, vol. 4, 1973；［美］盖利·J. 马丁原著，裴盛基、贺善安编译《民族植物学手册》，云南科技出版社 1998 年版。

② 崔明昆著《象征与思维——新平傣族的植物世界》，云南人民出版社 2011 年版。

表 3－15　新平傣族变种分类群（以及相对应的属、种）和变种的名称构成

民间属	民间种	民间变种
hao（稻）	hao nuo（糯谷）	hao nuo duo（紫糯谷）
		hao nuo xiang（大糯谷）
	hao an（饭谷）	hao an liang（红饭谷）
		hao an e（小矮谷）
		hao an wang（香谷）
hao lu（玉米）	hao lu nuo fe（白糯玉米）	hao lu nuo（糯玉米）
		hao lu nuo leng（黄糯玉米）
	hao lu an（饭玉米）	hao lu an fe（白饭玉米）
		hao lu an leng（黄饭玉米）
		hao lu an lai（花饭玉米）

从表中可知，新平傣族植物分类中的变种名称是在种名称之后加上表示植物特性的修饰词，如颜色、大小等构成的。

在西双版纳傣族中，“变种”或“品种”是傣族对同种植物实行“同中分异”的分类方法。它与种一样根据品种的特征、特性、生态和来源等进行划分，而且这种划分往往是对一些栽培物种而言的。在西双版纳的勐海县，由于傣族长期以来采云南樟（*Cinnamomum parthenoxylon*）的枝叶生产樟脑，也对这种植物进行了栽培，这个种已分化出十多个品种，都有它们的名字。后来经植物学家的研究，已从这个种中分出了一个新种——毛叶樟（*C. mollifolium*）①。现把西双版纳傣族及植物学家对云南樟的种与品种分类系统列表于后（表 3－16）。

① 许再富、黄玉林《西双版纳傣族民间植物命名与分类系统研究》，《云南植物研究》1991 年第 4 期。

表 3－16　西双版纳傣族及植物学家对云南樟的种与品种分类系统比较

傣族的“种”	植物学家的种	品种	傣族品种名含义
		宗洪 zong hong	叶片含樟脑高，达 3.5%～4.1%，味很香（洪）
		宗开 zong kai	叶片矩圆状椭圆形，似蛋形（开）
		宗开干两 zong kai gan liang	叶片形似蛋形（开），嫩枝叶、芽为红色（干两）
		宗摆庄 zong bai zhuang	叶片形似柠檬的叶片（摆庄）
	黄樟 *C. porrectum*	宗摆彪 zong bai biao	叶片尖端较大，弯曲（摆彪）
		宗火光 zong huo guang	叶片长椭圆形，渐尖，似鹿耳朵（火光）
		宗甘 zong gang	叶片深绿色、光亮（甘）
		宗海 zong hai	所产生的樟脑如牛油（海）
		宗娜 zong nuo	叶片小（娜）
买宗 (mai zong) *Cinnamomum* *Glanduliferum*		宗哦 zong e	叶片不含樟脑，仅含油，味臭（哦）
		宗莽 zong mang	叶片不含樟脑，仅含油（莽）
		宗朗哦 zong lang e	叶片革质（朗）不含樟脑，仅含油，味臭（哦）
	毛叶樟 *C. mollifolium*	宗色海 zong se hai	叶片不含樟脑，所含油味同香茅草油（色海）
		宗改 zong gai	枝叶具柔毛，人皮肤接触会发痒（改）
		宗囊 zong nang	叶片革质（囊）

资料来源：许再富、黄玉林《西双版纳傣族民间植物命名与分类系统研究》，《云南植物研究》1991 年第 4 期

西双版纳生态环境优越，竹子生长茂盛，种类丰富，当地的少数民族在利用植物的过程中积累了丰富的有关竹子分类利用的传统知识。学者的研究表明，在西双版纳的原住民社区，当地人主要基于他们的语言、生产实践、社会习俗、民间传说、植物的经济利用、形态特征和生活形态等对竹类植物进行分类。这一分类系统具有重要的经济和功能价值。不同民族社区有相似的民间分类系统，各民族对植物的称谓有他们本民族的名字。如西双版纳勐宋的哈尼族利用和认识竹类往往基于他们所掌握的有关竹类习性、利用和其他特性的传统知识。哈尼族将直立性和攀缘性竹类归类于不同的类群，如将直立性竹类称为“aq”或以“al”作为第一称谓，将攀缘性竹类称为“hal”，然后，按照形态和使用特性对竹类植物进行进一步的分类（表 3 – 17）[①]。

表 3 – 17　西双版纳勐宋哈尼族社区与竹类利用相关的民间分类

哈尼名	译意	竹种
aqqyul	qyul 意为“甜”，即“甜竹笋”	版纳甜竹 *Dendrocalamus hamiltonii*
alhaq	haq 意为“苦”，即“苦竹笋”	单穗大节竹 *Indosasa simgulispicula*
almal	mal 意为“笛膜”，即竹膜用于制作笛膜	美竹 *Phyllostachys mannii*
aqmiou	miou 意为“未见”，传说“猪吃了此竹子的种子将死亡”	空竹 *Cephalostachyum fuchsianum*

西双版纳勐腊县瑶族将竹类统称为“hao”（有些地方称为“lao”，主要是地方音调的不同），然后依据竹类利用或形态特性而识别和命名不同的竹类植物（表 3 – 18）[②]。

① 王慷林、普迎东《竹类植物民间分类与传统管理》，《西北植物学报》2003 年第 2 期。

② 王慷林、普迎东《竹类植物民间分类与传统管理》，《西北植物学报》2003 年第 2 期。

表 3－18　西双版纳勐腊县瑶族社区竹类民间分类（依据利用、习性和形态特征）

瑶族名	译意	竹种
hao zhang	zhang 意为“象鼻”，即竹笋像大象鼻子一样粗大	龙竹 *Dendrocalamus giganteus*
hao zhang gang	gang 意为“甜”，即竹笋味甜而粗大的竹类	版纳甜竹 *D. hamiltonii*
hao yang	yang 意为“黄”，即竹竿黄色	黄竹 *D. membranaceus*
haok-pie-bo	pie-bo 意为“灰白”，即新秆带白粉	小叶龙竹 *D. bartatus*
hao bi-yang feng	bi-yang 意为“光滑”，feng 意为“刺多而密”，即此竹竿光滑而枝丛具密刺	油勒竹 *Bambusa lapidea*
hao pie	pie 意为“薄”，即竹竿壁较薄	沙罗单竹 *Schizostachyum funghomii*
hao ying	ying 意为“苦”，即竹笋味苦	单穗大节竹 *Indosasa simgulispicula*
hao bing	bing 意为“花斑”，即竹笋老时有点花斑	斑竹 *Phyllostachys sp.*
hao ban	ban 意为“毛笔尖”，即竹笋像毛笔尖一样发出，意即散生竹	美竹 *Phyllostachys mannii*
hao po	po 意为“响”，即竹竿壁很薄，一踏就响	泡竹 *Pseudostachyum polymorphum*
hao dan	dan 意为“攀缘”，像藤子一样的竹，即吊竹	梨藤竹 *Melocalamus compactiflorus*

民间植物分类研究结果表明，傣族尤其是新平傣族植物分类学知识具有一定的系统性。这种植物分类知识的基础主要来源于当地人对植物界各个类群之间的相似性和差异性的认知，接着才是根据植物的使用功能来进行分类。这反映了民间分类的科学性。新平傣族植物分类的系统性和科学性，在以下的傣族植物分类系统以及傣族植物分类与科学分类的比较研究中得到进一步的论证。

（二）民间植物的分类系统与认知图式

植物的分类系统是排列植物分类群并表明其相互关系的一种方式。由于对民间植物分类系统研究的资料所限，这里仅以新平傣族的民间植物分类系统（图 3－3）为例，说明民间植物分类系统与认知图式。

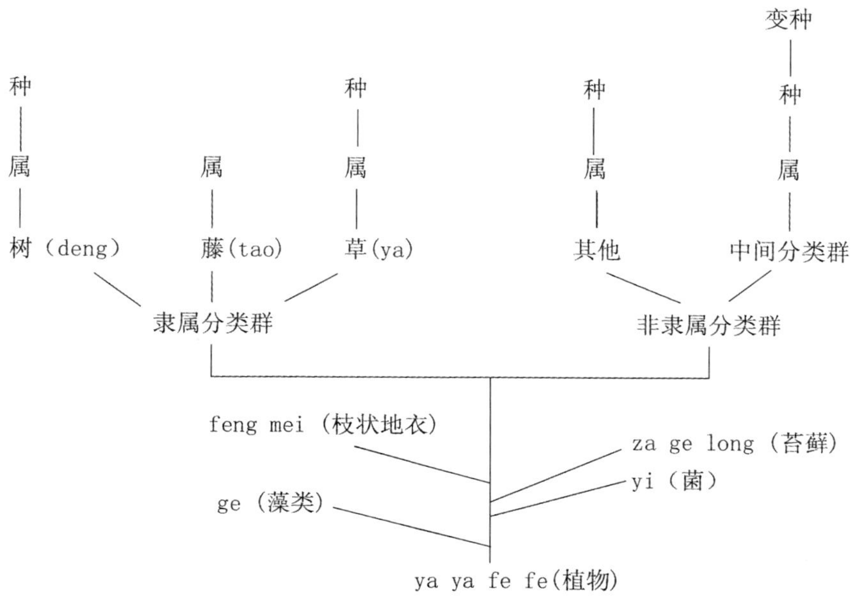

图 3－3　新平傣族的民间植物分类系统

在此系统中，下部的分类群是一些个体较小、利用价值较低的植物，主要类群有 ge（菌类植物）、feng mei（枝状地衣）、za ge long（苔藓植物），故当地人对它们的分类和命名较为笼统。其实，在科学分类中，对这些植物类群的分类远远晚于对其他类群的分类；就目前植物分类的研究状况而言，对它们的研究也远远落后于对其他类群的研究。这反映了民间分类与科学分类对植物各大类群的认知过程是基本一致的。

植物分类的认知图式就是人们对植物分类认知的一个简单模型。新平傣族植物分类的认知图式，亦即植物分类的认知过程可以用下图（图3－4）表示。

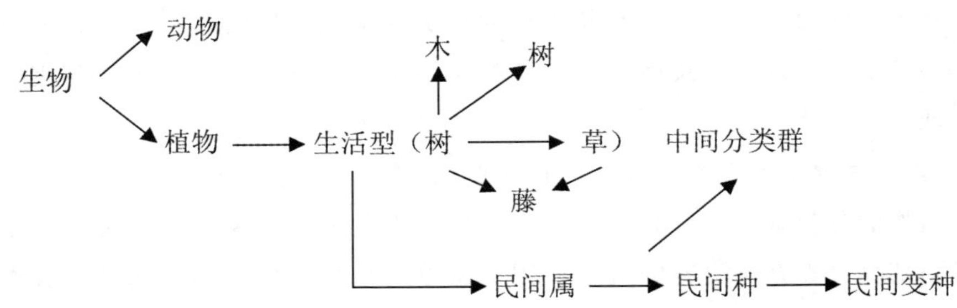

图3－4　新平傣族植物分类认知图式

在自然界中，生物是环境诸要素中外部特征最明显的要素之一，人们在感知环境时就区分了动物和植物。然而，研究表明，世界上许多民间生物分类中所使用的习惯性表述通常是缺乏“植物”和“动物”这类专有名词的[①]。虽然新平傣族关于动物和植物的习惯性表述是较模糊的，但终归还是有了这类名称。在对植物的认知中，首先是通过植物的外部特征来认识大的植物类群——生活型。在新平傣族植物的生活型类群中，只有三种基本类型：树（木本植物）、草（草本植物）和藤（藤本植物），而没有灌木等生活型的类群。在对生活型的认识中，树木是最先被人们认识的类型，随后，在认识树木的基础上人们又形成了对草本的认识，而藤本则是最后被认识的，它既可以来源于木本，也可以来源于草本。在“树”的生活型中，人们有了树和木的划分，尽管这种划分的界限不是十分明确，但正是这种以两个概念表述同一个生活型的方式表明了新平傣族植物名称的原生性和过渡性。人们在认识了生活型的基础上，通过具体的植物来认识民间属。这是因为民间属是民间分类的基本单位，是小孩首先认识的具体植物。在认识民间属的基础上，人们通过归纳总结植物的其他特征，建立起了“中间分类群”的概念。例如，将叶子可食用的植物称“菜”，将可食用的具有豆荚的植物称“豆”等。如前所述，与世界上的其他民间分类不同，

① B. Berlin, D. E. Breedlove, and P. H. Raven, "General Principles of Classification and Nomenclature in Folk Biology," *American Anthropologist*, vol. 75, 1973.

新平傣族的“中间分类群”是明显的而不是“隐蔽的”，“中间分类群”大都是具有特殊含义的植物，这也是本研究将其列为一个独立的分类等级的原因所在。其他地区的民间植物分类研究表明，“民间种”和“民间变种”是十分罕见的。可以推测，新平傣族的分类认知模式中的民间种和民间变种的概念是最后建立起来的。民间种和民间变种绝大多数都是具有特殊含义的植物。

三、民间植物分类与科学分类的比较

民族志研究者的一个重要任务就是记录和研究不同地区、不同文化的多样性，并将它们进行比较。在许多民间植物的分类研究中，由于人类经验分类的丰富性和多样性，加之研究者对它们缺乏深入系统的研究，常常导致民族学研究者过分强调民间分类之间的差异性而忽视了它们的相似性。

由于种种原因，无论在人类学界还是生物学界，一些学者对民间植物分类知识存在各种偏见，否认民间植物知识具有系统性，认为原住民对植物的认知是混乱无序的。造成如上偏见的原因，除了“民族中心主义”外，西方科学技术对传统知识的冲击也是一个重要的因素。正如法国博物学家雅克·巴罗所指出的那样：“‘林耐革命’——今天人们仍然这么称呼这一飞跃——当然代表了植物学领域中重大的科学进步，这是毋庸置疑的。然而，恕我冒昧，我认为这场革命有其负面影响，它使得唯科学主义者蔑视‘大众的’植物学知识。”①

那么，民间植物分类与科学分类之间真的就是水火不相容，或者说它们就毫不相干吗？通过比较，答案是否定的。

如前所述，在民间植物分类中，“属”是基本的分类单位，而在科学分类中，“种”是基本的分类单位。通过两者之间的比较可看出民间分类与科学分类在认知植物分类群上的异同。

根据民间属和科学种的对应关系，可以将它们的关系划分为三类：第一类是民间属与科学种一一对应的关系，第二类是一个民间属包含了两个或两个以上的科学种的关系（民间属的粗分），第三类是一个科学种包含了两个或两个以上的民间属或者是民间种以及民间变种的关系（民间属的细

---

① ［法］R. 舍普、S. 阿龙、M. 奥热等著，万佚、刘莉译《非正规科学：从大众化知识到人种科学》，生活·读书·新知三联书店2000年版。

分)。民间属(及其种和变种)与科学种的三种对应关系参见下列三个表(表3－19、3－20、3－21)。

表3－19　新平傣族植物属与科学种一一对应的关系举例

民间属	科学种(科)	汉语名
mei ha	*Celtis bungeana*(Ulmaceae)	小叶朴
mа le	*Ficus microcarpa*(Moraceae)	榕树
Fang	*Caesalpinia sappan*(Caesalpiaceae)	苏木
fa meng	*Hoyacarnosa*(Asclepiadaceae)	球兰
ya hun mu	*Eriophorum comosum*(Cyperaceae)	丝毛羊胡子

表3－20　新平傣族植物属的粗分举例

民间属	科学种(科)	汉语名
gɛo	*Impatiens balsamina*(Balsaminaceae) *I. siculifer*(Balsaminaceae)	凤仙花 黄金风
ya duan ou	*Smilax china*(Smilaceae) *S. ferox*(Smilaceae) *S. glabra*(Smilaceae) *S. menispermoides*(Smilaceae)	菝葜 大菝葜 光叶菝葜 防己菝葜
ya shuo da	*Equisetum arvense*(Equisetaceae) *E. ramosissimum*(Equisetaceae)	木贼 节节草
wa ba bei	*Calystegia hederacea*(Convolvulaceae) *Pharbitis nil*(Convolvulaceae) *P. purpurrea*(Convolvulaceae)	打碗花 裂叶牵牛 圆叶牵牛
ya ma wu	*Rubus pinfaensis*(Rosaceae) *R. parvifolius*(Rosaceae)	红毛悬钩子 茅莓

表 3-21　新平傣族植物属的细分举例

民间属（或种）	科学种（科）	汉语名
hao nuo hao an	*Oryza sativa*（Gramineae）	稻
wo men liang wo men fe wo men leng	*Ipomoea batatas*（Convolvulaceae）	薯
ma bai ma ga	*Citrus maxima*（Rutaceae）	柚
fa wo niao fa wo long	*Allium fistulosum*（Amaryllidaceae）	葱
fei wa mi fei wa bo	*Pilea martini*（Urticaceae）	大叶冷水花
ya fei bo ba mi ya fei bo ba bo	*Polygonum barbatum*（Polygonaceae）	毛蓼

新平傣族393个民间属中有361个属与科学种是一一对应的，占到总属数的91.86%。在剩下的32个属中，有22个属属于粗分，即1个民间属包含了2个或2个以上的科学种，占总属数的5.60%；有10个属属于细分，即1个科学种包含了2个或2个以上的民间属或民间种，占总属数的2.54%。

民间属与科学种高达91.86%的一一对应关系表明，新平傣族在对"物种"概念的认知上与科学的概念较为接近。这也从另一侧面为那种持有"物种的真实性（reality of species）"的观点提供了证据①。在植物分类学界，有的学者对物种的存在持怀疑态度，否认物种存在的真实性。这主要与人们对物种概念认识的分歧以及对植物物种命名时所依赖的腊叶模式标本有关。迄今为止，在生物学界仍没有一个明确且得到公认的对物种的定义，存在所谓的"生物学种"和"分类学种"的概念。前者以生殖隔离作为物种的划分标准，后者以形态差异作为物种的划分标准。而长期以来，分类学种的概念实际已被应用于所有植物志的绝大多数种。由于植物分类学家把蜡叶标本当作

① B. Berlin, "Folk Systematics in Relation to Biological Classification and Nomenclature," *Annual Review of Ecology and Systematics*, vol. 4, 1973.

自然群体的取样，把群体所显示的变异式样中存在的形态间断作为划分种的根据，而形态间断的程度是根据样品所反映的具体情况确定的，这就难免使得分类学家在物种的划分上带有主观性。由于分类学种缺乏客观而统一的标准，在很多情况下，分类学家高度依赖于主观直觉判断，甚至到了对于什么是分类学种只能意会不能言传，只能通过实践和经验去体会的程度。一般来说，仅有经验丰富的分类学家才能对每个属的种做出唯一可取的划分。但在分类实践中如何应用划分种的尺度问题上，不同的分类学家因经历不同，标准也不完全相同。这就导致了在分类学界存在所谓的“大种派”和“小种派”之分。一部分学者否认“物种的真实性”，认为分类学种大多数是“人为种”。而民间植物分类在物种概念上和科学分类（其实就是“形态分类”）的高度对应关系不仅反映了两种分类方法在处理植物分类群时经历了相近的过程，而且也说明了物种在自然界以及人们分类中的真实性。

而民间属的“粗分”和“细分”与植物在文化上的重要性密切相关。在文化上具有重要性的植物在民间属的分类中往往为细分的一类。例如薯（wo men，*Ipomoea batatas*）被细分为红薯（wo men liang）、白薯（wo men fe）和黄薯（wo men leng）。不过，表 3 – 21 中的大叶冷水花是一个例外，这一植物在文化上并无重要性可言，因为它既不可以食用、药用，也不用于宗教活动，但这一植物个体较大，常常生长在村寨中的水沟旁，多为雌雄异株，但也有雌雄同株的情况，故当地人根据植物是否结实以及雌雄花系的大小将其分为“公”（bo）和“母”（mi）两个民间种。这只能将其解释为他们对植物观察的仔细和对分类的兴趣。在文化上不具有重要性的植物在民间属的分类中往往采用粗分的方式。这些植物绝大部分为草本植物。粗分又可分为两种类型：一种类型是指一个民间属与一个科学属中的多个种对应，例如 ya ling 包括了科学属木贼属（*Equisetum*）中的两个种木贼（*E. arvense*）和节节草（*E. ramosissimum*）；另一类型是一个民间属与不同科学属中多个种相对应，例如表 3 – 19 中的 ya hun mu 包含了科学属狗尾草属（*Setaria*）的三个种和狼尾草属（*Pennisetum*）中的一个种。当地民间分类中的粗分不失为处理丰富的植物多样性，尤其是复杂类群的一种有效方式。如前所述，在科学植物分类上，对于物种的划分有所谓的“大种派”和“小种派”之分。大种派主张粗分，所以又被称作“归并派”；小种派主张细分，所以又被称作“细分派”。小种派的一些学者为了追求“新种”发表率，仅以一个较稳定、不连续的性状，甚至间断性不明显的性状确定物种的做法，引起了许多分类学家的不满，因为这给植物分类造成了一定的混乱。新平傣族民间植物分类中的粗分与大种派的主张存在某种程度的吻合。

在民间植物分类与科学分类的其他类群之间也存在一定的可比性：在植物界的组成上，两者之间也较为相似，即新平傣族和植物学家在关于植物的概念上是较为一致的。如前所述，当地人关于植物的概念几乎包括了植物分类学中的所有类群——藻类植物、菌类植物、地衣植物、蕨类植物和种子植物。在中间分类群中，一些中间分类群与科学分类中的“科”（Family）也存在某种程度的吻合，例如 hao（禾草类）与科学分类中的禾本科（Graminea），dian（瓜类）与葫芦科（Cucurbitaceae），tuo（豆类）与蝶形花科（Papilionaceae）等。

对呼伦贝尔蒙古族的民间植物分类研究表明，当地的蒙古民间植物名与科学名之间存在着三种对应关系：“一对一”对应关系，即一个民间名对应一个学名。例如，亚洲百里香（*Thymus serpyllum var. asiaticus*）、山韭（*Allium senescens*）、山刺玫（*Rosa davurica*）、小叶茶藨（*Ribes pulchellum*）的民间名分别与其科学名一一对应。“多对一”对应关系，即两个或两个以上民间名对应一个学名。例如，有三个民间名对应地榆（*Sanguisorba officinalis*）这一科学名，有四个民间名对应沙生冰草（*Agropyron desertorum*）这一科学名等。“一对多”对应关系，即一个民间名对应两个或两个以上科学名。比如，一个民间名对应鹤绒委陵菜（*Potentilla anserina*）和二裂委陵菜（*Potentilla bifurca*）两个科学名，另一个民间名对应酸模叶蓼（*Polygonum lapathifolium*）、兴安蓼（*Polygonum ajanense*）、叉分蓼（*Polygonum divaricatum*）、伯利亚参（*Polygonum sibiricum*）等几个科学名①。内蒙古草原葱属植物的民间定名研究表明，民间的 19 个名称与植物分类学上的 10 种植物有对应关系。可以看出，蒙古族对葱属植物的命名有一物一名、一物双名和一物多名的特点②。

相对于科学分类学而言，传统民间分类提供了某些重要的价值：①民间分类通常比现代科学分类学更为快速和简单。民间分类命名一种植物，往往

① 呼伦《呼伦贝尔典型草原地区蒙古族传统植物学知识的研究》，内蒙古师范大学硕士论文，2012 年。

② 哈斯巴根、裴盛基《内蒙古草地葱属植物的民族植物学研究》，《中国草地》1999 年第 5 期。

基于直接的观察和评价的特性，而科学分类学通常需要基于大量的室内标本的研究才能对其命名。②民间分类的当地名更便于当地人和研究者之间进行交流。当然，有技巧的民族植物学家往往知道和理解相关种类的当地名，然后利用这些名字和形态特征，为这些民间分类单元匹配一个科学的名字。③民间分类的当地名通常与对植物的利用、对植物特性的认识和第一手经验相关。民间分类由当地人提供资源开发利用的重要线索，然后可为商业开发、资源保护以及科学研究所用。当然，与科学分类学比较，民间分类也存在某些缺点：①同物异名或同名异物。同样的种类在一个村社内或其他村社往往被冠以不同的名字，或不同的种类被冠以同样的当地名。②限制性。与其他传统系统一样，民间分类也有它的限制性。例如，哈尼族将竹类分为两种类型，即直立性竹类（aq 或 al）和攀缘性竹类（Haqgeeq），但并未表现科学分类学上的属一级关系[①]。

在民间植物的认知与分类研究方面，乃至植物文化的整体研究方面，西南要远远胜于西北。究其原因，一方面是西南的植物多样性远远超过西北的植物多样性，人与植物的关系更为密切；另一方面西南的植物学或民族植物学的研究也较西北开展得早，研究队伍的阵容也较西北强大。因此，西北关于民族植物的认知与分类所积累的资料也就较少。除了以上论述到的关于蒙古族的研究成果外，也有学者对维吾尔族的民间植物分类与认知做过研究，并归纳总结了维吾尔语中与植物名有关的命名特点：第一，植物名称有很多相应的后缀或前缀（连接前缀是很少见的），如前面或后面带“gül”（“花”的意思）的维吾尔语植物名称就很多；第二，维吾尔语中对农作物的生长时期和植物的某些部分的独特称谓较多；第三，维吾尔语中具有象征性的植物名称很多，如松树象征妖娆、健壮，含羞草和紫茉莉象征娇嫩，向日葵象征快速适应和投机的，毛白杨象征肥大，葫芦象征笨拙，西瓜象征不安等；第四，维吾尔语中有许多与植物相关的比喻；第五，维吾尔语中以植物名命名的人名、地名，尤其是以新疆独特的地方性植物命名的地名较多，如吐鲁番（葡萄之乡）、库尔勒（梨子之乡）等[②]。

---

① 王慷林、普迎东《竹类植物民间分类与传统管理》，《西北植物学报》2003 年第 2 期。

② 巴拉提·吐逊巴克、开赛尔·买买提明·特肯《维吾尔语中植物名称探究》，《西北民族大学学报》（哲学社会科学版）2010 年第 5 期。

第三节　象征植物

人是文化动物，但“从根本上讲，人是应用象征的动物”[①]。人类生活在一个象征的世界里，人们用具体的媒介物来传达特殊的意义，这就是象征。植物象征，顾名思义，就是以植物作为媒介来传达某种特殊意义的现象。同理，被人们用来表达某种特殊意义的植物就是象征植物。从这种意义上来讲，象征植物可谓种类繁多。为了论述的方便，将西部少数民族的象征植物划分为宗教植物、神灵植物和传意植物。

一、宗教植物

宗教植物指那些与宗教或宗教活动相关的植物。在西部，最常见的宗教植物为佛教植物。南传上座部佛教和藏传佛教的佛教植物较多。这与佛教教义以及佛教在这些地区的传播不无关系。

南传上座部佛教主要分布在云南的西双版纳和德宏地区，信仰的民族主要有傣族、布朗族、德昂族等。该地区属于热带气候，与印度和东南亚气候较为接近，佛教从印度和东南亚传入的同时也伴随有大量的佛教植物的传入。佛典和佛教故事涉及大量的“佛教植物”[②]。

在西双版纳和德宏等地区，村寨、寺院都种植有大量与佛教相关的植物，有很大一部分就属于当地人引种的外地物种，此外还有产于本地的植物，总计达50余种之多。这些佛教植物由于在佛教的经典著作与教条教义中所处的地位差别很大，因而被分成了很多等级，还形成了所谓的“五树六花”之说[③]。“五树六花”是指佛教经典中规定在寺院中必须种植的五种树和六种花。“五树”是指菩提树（*Ficus religiosa*）、高山榕（*Ficus altissima*）、贝叶棕（*Corypha umbraculifera*）、槟榔（*Areca catechu*）和糖棕（*Borassus flabellifer*）；“六花”是指莲花（*Nelumbo nucifera*）、文殊兰（*Crinum amabile*）、黄姜花（*Hedychium chrysoleucum*）、鸡蛋花（*Plumeria rubra*）、缅桂花（*Michelia champaca*）和地涌金莲（*Musella lasiocarpa*）。在这些植物中，又以菩提树、贝叶棕和莲花的影响最大。

---

① 史宗主编，金泽等译《20世纪西方宗教人类学文选》，上海三联书店1995年版。

② 《佛教的植物》，中国社会科学出版社2003年版。

③ 街顺宝著《绿色象征——文化的植物志》，云南教育出版社2000年版。

如前所述，菩提树是释迦牟尼的成道树，因此在古印度人们就十分崇拜当时释迦牟尼在其下修行成道的这一古树。据文献记载，这一古树在古代的摩揭陀国的摩诃菩提寺，并因成了佛存在的象征而受到信徒的追崇。然而，随着佛教的传播范围越来越广，佛教徒也不可能都跑到摩揭陀国的摩诃菩提寺去朝拜那棵曾经为释迦牟尼遮挡过烈日的古树。推而广之，将所有菩提树都列为崇拜对象①。

西双版纳和德宏等南传上座部佛教流行地区秉承了印度佛教崇拜菩提树的传统。在傣族、布朗族、德昂族地区，村寨之中处处可见菩提树。傣族谚语告诉人们“不要抛弃父母，不要砍菩提树”，并有相应的村规规定，砍菩提树与破坏寺庙和杀害僧侣同罪，要判处死刑，其子女要罚为寺奴。

贝叶棕为棕榈科植物，其叶片大而坚硬，最早被用于刻写佛教的经文。在傣族地区有两种关于在贝叶上书写的由来的传说。一种传说与讲经布道有关：帕召（佛主）从天上来到人间，要把智慧和文字带给人类。于是不同民族的人带着各自的准备用来做记录的材料去听帕召讲解佛法。汉族带纸，傣族带贝叶，哈尼族带牛皮。帕召把同一种文字分别写在这些材料上。在他们的归途中，由于河水暴涨，渡河时这些经书被浸湿。写在纸上的字变了形，似鸡爪，就成了汉族的象形文字；写在牛皮上的文字消失了，牛皮被煮吃了，这样哈尼族就没有文字；而写在贝叶上的文字却保留了原来的样子，成了现在的傣文。另一种传说则与傣族青年的爱情有关：很早以前，一个傣族男青年要离开自己心爱的姑娘到太阳的家乡去寻找光明和幸福。他们约定在芭蕉叶上写情书，并由一只鹦鹉传递书信。由于男青年走得很远，传递书信所需的时间就很长，没等书信传到姑娘手里芭蕉叶就干枯和破碎了。一次偶然的机会，远行的青年在森林中发现一种小虫在贝叶棕的叶片上爬过会留下清晰的痕迹，即使贝叶干枯痕迹还在，经风吹、日晒和雨淋也不破碎。受此启发，他就用刀子在贝叶上刻字传情②。

贝叶棕原产于印度、斯里兰卡等国。它是随佛教而传入我国的，已有700

---

① 街顺宝著《绿色象征——文化的植物志》，云南教育出版社2000年版。

② 张福三《贝叶的文化象征》，载王懿之、杨世光编《贝叶文化论》，云南人民出版社1990年版。

多年的历史[①]。贝叶棕在印度被称为“贝多罗”树，古代印度人多在贝叶上刻写佛经。在中国传播的佛经中有相当部分就是刻写在贝叶上的。贝叶经不仅传入西双版纳和德宏地区，也传入了青藏高原。特别是密宗传入藏族地区时，有巨大数量的梵文贝叶经被僧人们带到了这个地区，从而使中国的西藏、青海、四川等省区的藏族聚居地区成为今天保存梵文贝叶经最多的地区，其中西藏的萨迦寺保存的梵文贝叶经在数量上号称全球第一[②]。

莲在植物学中属睡莲科（Nymphaeaceae）植物，又名荷、芙蓉、芙蕖等，为重要的食用、药用和观赏植物。由于其出淤泥而不染，具有一种超凡脱俗的神圣贞洁气度，符合释迦牟尼佛主张众生平等、引导教化众生超凡脱俗的倡导而成为佛教的象征植物。同时，这种缘起也和印度古来重视莲花有关。根据印度史诗《摩诃婆罗多》记载，天地开辟之始，毗湿奴的脐中生出莲花，花中有梵天，结跏趺坐，创造万物。在印度神话中，梵天安坐在莲花上，象征高贵圣洁，于是佛陀也随顺世俗，坐于莲花上[③]。另外，在许多的佛典（如《妙法莲花经》《杂宝藏经》《无量清净尘经》中多有关于莲花的记载。《妙法莲花经》以莲花为例，象征佛教教义的纯洁高雅。在我国的佛教寺庙中，三世佛（燃灯古佛、释迦牟尼佛和弥勒佛）及观音菩萨大都足踏莲花座，或端坐于莲花台上，或手持莲花束。在一些与佛教相关的石窟（如敦煌石窟、云冈石窟和龙门石窟）、庙观中也有大量的莲花图案[④]。西部许多寺院的僧人有种植莲花的习惯。莲花也成为佛教徒的重要崇拜植物。

另外，在云南西双版纳和德宏傣族地区流行一种被称为“赕佛”（祭祀佛祖）的活动。赕佛所需的物品，种类很多，其中包括牛等牺牲，并涉及许多植物[⑤]。

赕佛灯的油。点佛灯除了用蜡条外，所用的油为一些木本植物的种子所榨的油，主要有铁刀木（*Musua ferrea*）和石栗（*Aleurites moluccana*）的种子

---

① 中国科学院中国植物志编辑委员会编《中国植物志》（第13卷·第1分册），科学出版社1991年版。

② 赵伯乐《贝叶文化——文化移植的一个范例》，载秦家华、周娅编《贝叶文化论集》，云南大学出版社2004年版。

③ 全佛编辑部编《佛教的莲花》，中国社会科学出版社2003年版。

④ 陈重明等编著《民族植物与文化》，东南大学出版社2004年版。

⑤ 许再富、刘宏茂《西双版纳傣族贝叶文化与植物多样性保护》，《生物多样性》1995年第3期。

所榨的油。

浴佛的香料。根据“佛生时，龙喷香雨浴佛身”的神话，在泼水节时要以香水浴佛像。小男孩当和尚和僧侣晋升时也要以香水净身。通常是用樟树的一些种类如香樟（*Cinnamomum comphora*）、黄樟（*C. ponectum*）和云南樟（*C. glanduliferum*）等煮水供沐浴。据调查，由大佛爷升“枯巴”时，供沐浴的“圣水”是由“仙草”牙塞薅、牙坝约，“神木”埋麻总补（蒲桃，*Syzygium jambos*）、埋嘎杀拢和“神豆”（蛇藤，*Acacia pennata*）煎煮而成的。

赕佛的鲜花。泼水节又称佛诞节、浴佛节或花节。在赕佛品中，鲜花是不可少的，而其他佛事活动也常要用鲜花。赕佛的花卉植物主要有莲花、睡莲、文殊兰和黄姜花等。

赕佛的水果。赕佛果是每次赕佛所用的供品之一，主要包括槟榔（*Areca cathecu*）、香蕉（*Musa nana*）和芭蕉（*M. sapientum*）等。

赕佛物品的染色。赕佛物品中的食物染色要用红木（*Bixa orellana*）。袈裟、布料要用草棉（*Gosspium herbaceum*）手工织成，而且要用巴戟天（*Morinda angustifolia*）和桅枝花（*Gardenia jasminoides*）等植物所含的色素染成黄色或橙红色。

在青藏高原上的藏族聚居地区也有一些有特殊含义的植物，例如旃檀、芥子等。

旃檀（*Santalum album*）又名檀香，是檀香科植物，原产太平洋岛屿，印度栽培最多。旃檀是雕刻或制作佛像、佛具的首选材料。在古印度，用旃檀（尤其是牛头旃檀）雕刻佛像十分普遍。佛教传入藏族聚居地区后，由于旃檀不易获取，遂用柏、桦等取替，但自印度等地携入藏族聚居地区的旃檀或用此木制作的佛像备受青睐。旃檀还成为人们刻制念珠、手摇经桶等的首选材料，因为旃檀雕刻的念珠等不仅香味四溢，而且由于木性凉冷，手感舒服。鉴于旃檀清香喷发，故而作为五香之一，是佛教密宗修法时常用的供品①。

芥子是十字花科植物芥菜（*Brassica juncea*）的种子。由于芥子辛辣异常，故多用于降伏障蔽之修法。密宗认为，将白芥子置于火中燃烧，可以驱除恶魔、烦恼，还可以用以加持祈祷。正由于芥子具有祛除魔障之神力，故而芥

---

① 陈柏萍《论植物与藏族宗教信仰》，《西藏民族学院学报》（哲学社会科学版）2005年第5期。

子被作为密宗修法的常用供物，在民间一些佛事活动中，念咒文或祈祷时亦频频使用。藏族民间还认为，芥子是龙神十分喜爱的食物，故在祈雨仪式上芥子是必备之物。届时巫师从龙所居住的泉眼中取来九勺水，分别装入九个蓝色瓶内，置于泉眼四周，然后手捧芥子，呼唤龙神之号，待磕头、吹气后将芥子撒入泉眼。据称这样能招来龙神争食芥子而降下雨水，缓解旱情。此外，民间在兴修宅址、坟茔以及镇邪建筑物时，常常将芥子连同胡麻、五色彩线等装入宝瓶埋于土中，以镇邪祈福①。

煨桑植物。煨桑是藏族的一种以烟火祭祀神灵的行为，故又被称为“烟祭”。煨桑植物即烟祭的燃料植物。煨桑植物虽因地区的不同而有所差别，但不外乎柏树、香柴、野蒿、杜松、冬青子等有香味的植物。煨桑时将上述植物撒上少许酥油炒面、乳块以及五谷等进行焚烧，并供上净水。民间认为，这些有香味的植物焚烧的桑烟能使神灵陶醉，这样他们就更乐于保佑人们，成就万事。当然，煨桑后还要磕头礼拜，以示虔诚②。

二、神灵植物

神灵植物是指那些在人们的心目中具有灵性与神力的植物，或是神灵附体的植物。在西部，神灵植物种类繁多，大致可以分成下列几种。

（一）寨心树

在西部许多少数民族的村寨之中有所谓的寨心树。这在云南的傣族地区尤其突出。在当地傣族人的心目中，寨心树是村寨的核心，犹如人的心脏。云南新平的傣族聚居区，每个寨子至少有一棵位于寨子中心的高大乔木作为村寨中心的象征。这棵树就是寨心树。戛洒村的寨心树大多数为当地生长的劲直榕（*Ficus stricta*）。劲直榕为桑科（Moraceae）榕属植物，植物高大挺拔、枝叶繁茂、四季常青，故当地人用汉语称之为“大青树”。研究表明，寨心树的出现与寨子的建立不无关系。建寨首先要选择寨址，由于选择寨址是一项关系到村寨家族生存的重大决定，如果寨址选得好，就能给全寨人带来平安和兴旺，相反则会带来灾难。然而，由于未来充满了太多的不确定因素，人们无法知道寨址的选择是否正确，最好的办法就是将自己的选址地神圣化。

① 陈柏萍《论植物与藏族宗教信仰》，《西藏民族学院学报》（哲学社会科学版）2005年第5期。

② 陈柏萍《论植物与藏族宗教信仰》，《西藏民族学院学报》（哲学社会科学版）2005年第5期。

神圣化通常的做法是确定寨心。老人们讲，先民们在择地建寨时，通常要选取一棵树作为建寨的标志，并以之为中心建房盖屋。这棵树也就是后来的寨心树①。这种寨心树除了在红河流域的傣族村寨广泛存在外，在临沧、普洱等地的傣族村寨也较为多见②。

（二）寨神树

寨神是村寨的灵魂与保护神，是寨子的象征。在云南，许多少数民族认为寨神树是具有超自然力量附着的、对村寨有保护作用的“神树”，因此出现了寨神树崇拜。寨神树崇拜以傣族最为典型，傣族称寨神为“色曼”，所供奉的寨神多是建村立寨的先祖。傣族在建寨之前，要在村子周围适当的地方栽下寨神树，或选一棵现成的树作为寨神树。新平傣族村寨的寨心树，在许多情况下就是寨神树，即当地人称的寨鬼树③。而在西双版纳和德宏傣族地区，其寨神树有的为栽种的树种，如高榕与菩提树；有的则为现成的树种，如木荷类植物。

沧源佤族自治县勐角乡控角村垌康村寨的彝族，受傣族影响，信仰佛教，风俗类似傣族，故也在村边种小榕树作为寨神树，并建有简易的小房子。彝族聚居的一些地区也有类似的寨神树，只不过称呼有所不同。如有的地方称之为“龙树”，石林的撒尼人则称之为“密枝树”。其所被赋予的职能都是护村保寨，实际也属于寨神树的范畴。拉祜族的寨神树多安排在成片的神林之中，临沧县南美乡的拉祜族则专选芭蕉树为寨神树。文山壮族苗族自治州的壮族村寨周围也有巨大的榕树，称为龙树或神树，也带有寨神树的性质④。

哈尼族的寨神树一般选自寨神林之中，通常要选棵古树为“昂玛阿波”（寨神树）。这棵树可由人栽种也可以是野生的，一般选黄栗树、锥栗树或其他树种，要选树干笔直挺拔、枝叶茂盛的常青树，树可大可小⑤。

地处黔、桂交界的黔南荔波县瑶山的白裤瑶村寨，每个村寨都设有本寨的寨神。其寨神与其他民族之寨神的显著区别是每个村寨的寨神都分为两组。在两组寨神中，主寨神是一夫、二妻、三子组成的精灵家庭，副寨神是三位

---

① 崔明昆著《象征与思维——新平傣族的植物世界》，云南人民出版社 2011 年版。

② 街顺宝著《绿色象征——文化的植物志》，云南教育出版社 2000 年版。

③ 崔明昆著《象征与思维——新平傣族的植物世界》，云南人民出版社 2011 年版。

④ 街顺宝著《绿色象征——文化的植物志》，云南教育出版社 2000 年版。

⑤ 陆建辉《寨神林——哈尼人的精神家园》，《今日民族》2010 年第 4 期。

单身男子，正在等待配偶。他们共同组成一个精灵集团。主寨神藏匿在村寨路边坡上的密林中，特别是枫树林中，副寨神则立于离主寨神不远的路边的大岩石上[①]。

对许多少数民族而言，寨神树并不是单一的树种，而是一片位于村寨旁的森林，即寨神林。由于本书的“森林文化”一章中对神林有专门论述，故在此不再赘述。

（三）其他神灵植物

在西部，除了上述最为常见的寨心树和寨神树以外，还有其他神灵植物，如山神树、家神树（或称家鬼树）和致幻植物等。

山神树与西部少数民族对山神的崇拜不无关系。例如，西南的纳西族普遍崇拜神山，通常每个村落都有自己的山神树。尤其是松、柏、栗树在纳西族原始崇拜中占有很特殊的地位，大而年代久远的栗树多被奉为山神树[②]。云南巍山的龙街彝族不准砍、爬象征山神、土地及祖宗的各种山神树[③]。

新平傣族村寨中还有一些其他民族地区所没有或很少有的“神灵树”，如“家庭鬼树”“偷吃的鬼树”“会树”和“号鬼树”[④]。

“家庭鬼树”是当地傣族家庭中父母亡灵附体的树。它位于每个家庭的田间地头。其树种并不统一，大多数为杧果树。每年从“出勤”（春耕礼）到栽早稻前后是每个家庭在树下献祭父母亡灵的时间。献祭者通过这一仪式，祈求家庭平安、丰衣足食、人丁兴旺。

“偷吃的鬼树”是一种对寨民有保护作用、被称为“登色朗惊”的鬼树。“朗惊”傣语为“偷吃”的意思，故“登色朗惊”为“偷吃的鬼树”。“偷吃的鬼树”一般位于寨旁的林子里，树种也多为榕树。

“会树”是新平傣族村寨中被称为“登会”的一种神树。当地人认为，会树是雨鬼附体的树，即“雨鬼树”。它一般位于村寨旁的田间地头。树种大多为大青树或杧果树。会树是寨民们举行祈雨仪式的场所。

---

① 杨庭硕、姜永兴《白裤瑶传统信仰寨神剖析》，《学术论坛》1983 年第 6 期。

② 杨士杰《论云南少数民族的生产方式与生态保护》，《云南民族大学学报》（哲学社会科学版）2005 年第 5 期。

③ 王明东《彝族生态文化探析》，《云南师范大学学报》（哲学社会科学版）2002 年第 5 期。

④ 崔明昆著《象征与思维——新平傣族的植物世界》，云南人民出版社 2011 年版。

“号鬼树”是当地村寨中被称为“登披闭”的神树，据说它是吹号的祖师爷死后亡灵附体的树。号鬼树一般位于寨旁。树种多为杧果树。在新平傣族的村寨之中，号平时是不能随便吹的，只有在办理丧事和祭祀号鬼树时才能吹响，所以平时号鬼就被供奉在号鬼树上。每年要在树下举行三次祭祀号鬼的仪式：一次在中秋节，除了献祭号鬼外，这一天也是一年中号班子收取吹号费用的日子。号声响起后，一年中办丧事时请到过号班子的家庭就会将费用送到号鬼树下。另一次是在农历腊月二十五至三十之间，称“封号”仪式，目的是让号鬼休息过年。最后一次是在农历的正月初十至十六之间，称“开号”仪式。此仪式也是老号手训练接班人的良机，这一天孩子们很开心，因为他们可以随便乱吹一气而不会受到大人的指责，人们认为，这一天的号吹得越响、时间越长、越热闹，号鬼就越喜欢。封号期间，号是绝对不能响起的，否则就会打扰号鬼过年，引起其不快而给号手带来灾难。因此，即使村寨之中死人，需要吹号，也要等到“出勤”（春耕礼）、“撵寨子”并举行了开号仪式后才能吹响。

西北诸多信仰萨满教的少数民族常在祭祀时使用一些香料植物（如爬山松、杜鹃花）及致幻植物（如爬地株和乌头）。在鄂伦春、鄂温克等民族的萨满祭祀仪式上，要燃烧爬山松（一种松蒿植物）的枝叶，以之为香料，净化祭坛和萨满神服、神器。在鄂伦春族萨满跳神治病仪式上，当萨满在其助手的配合下请神时，需将一团能散发香味的燃烧爬山松叶子后余下的火炭放在萨满面前以引路。然后萨满开始全身抖动，说明“神已附体”，随后开始治病。爬山松，又称兴安桧，柏科，依山丛生，盘根错节，故被称为爬山松，鄂伦春语为“阿查”。夏秋采集晒干，祭祀和治病时使用。杜鹃花为杜鹃花科落叶灌木，生于石崖之上，其根、花、叶均可入药。五六月采集，晒干后磨成粉末，为满族祭祀用香，俗称年期香。爬地株，又叫串根子草，一年生植物，串根而生，八月开紫色小花，将花晒干，搓成粒状，可用作麻醉药物，是萨满施行外伤手术时随身携带的草药，并有加速心率、放大瞳孔、出现异色幻觉和幻象的奇效。乌头为毛茛科植物，是另一种强烈的致幻植物，为多年生草本植物。其主根称“草乌”，含乌头碱，有剧毒。西北的狩猎民族早就发现乌头可做毒药，施于箭头上，用以射猎。萨满在祭祀前，选新鲜的乌头之须根，用河水洗净，缠成小把，放入盘中，上覆纸或布每日滴水润其须根。祭祀时，用鹅毛沾一下，点鼻数次，即能昏醉过去。研究表明，乌头等致幻植物之所以能够使人产生幻视、幻听和失重之感，主要是由于其所含的生物碱干扰了大脑血清素的正常活动，从而改变了血清素在大脑神经系统中的化学作用，使人产生飘浮的、飞行般的感觉。致幻植物的使用对于引发萨满的通神体验具有促进和催发作用，使萨满出现与神鬼相见的幻觉和种种异常生理变化，进而使萨满心理和思维意识发生短时期的改变。在萨满通神体验的成因中，致幻药物是一种诱发因素，具有某种特质、处于特定环境中的萨满在使用后，便会产生种种与萨满教观念相符的神秘体验①。

三、传意植物

传意植物是指那些用于传递信息、表达意愿的植物。以植物表情达意是一种古老的传递信息的方式。这一信息的传递方式过去在西部少数民族中得到广泛的应用，至今仍有保留。

传意植物按其使用方法和功能，可以分为标识植物与传情植物两大类型。

（一）标识植物

标识植物过去在西部的村寨中应用很广，随着社会和文化的变迁，这一文化现象已经消失或基本消失。由于民族学和民俗学对这一文化现象的研究不够重视，资料的积累很少。好在街顺宝先生对少数民族的这一文化现象做过专门的研究，以下关于标识植物的内容均引自《绿色象征——文化的植物志》一书②。

用来做标识的植物，不在于用哪种特定的植物，而在于采用什么方法来表现所要表达的意图。标识的目的是让别人知道你要表达的意思，所以就要求采用一定范围内人人皆知的方法，否则就起不到标识的作用。在一定范围内得到公认的标识，还具有社会约束力，可以成为所有权的标志，为习惯法所认同。

在过去的年代，德宏傣族景颇族自治州的傣族把牛粪当作肥料和燃料，因此常有人拾取道路上的牛粪备用。如果有人看到路上有牛粪，想要但当时无法运走，可以找一截小棍子或树枝插在牛粪上，就可以标明权属，无人再来拾取。红河哈尼族彝族自治州的彝族在山上找到野蜂，只要将蜂窝附近的一棵树上的树枝砍落，便标识了其对这窝蜂的所有权。若有人在其后看到这

① 郭淑云《致幻药物与萨满通神体验》，《西域研究》2006年第3期。

② 街顺宝著《绿色象征——文化的植物志》，云南教育出版社2000年版。

窝蜂，无权相争。

"号地"与"号树"是过去极流行的习俗，也是表明所有权的方式。石屏县的彝族号地，只需在计划开荒的地上砍倒一片树，割去草，再象征性地挖几锄。武定县与禄劝彝族苗族自治县一带的彝族号地是把生长在所要开垦的那片地周边之树的树皮削去一面。基诺族号地则是用木棍把想要开垦的地围起来，在木棍上端剖十字口，再夹入小木棍呈十字形。还要在生长于这个范围内的树上砍几下，留下一些印迹，当作更明确的标志。金平苗族瑶族傣族自治县的布朗族号地的方法也接近于基诺族号地的方法，先用木条把想开垦的地围起来，中间再插上一些木条，木条的上端也要剖开，夹入小木条呈十字形。

很多民族都有预先号占做建筑材料的树木的习惯。基诺族号树是在树上砍出三条道，其他人看到，就知道此树已有人号占，不会再去砍。居住在金平苗族瑶族傣族自治县的布朗族，也有号树的习惯。他们用两种方法进行标识，一种是在树上砍几刀，另一种是在树上捆上一把草。石林彝族自治县的彝族号树则是在树上绕绳索或藤子，或在树下垒石做标记。佤族则用削去树皮或将树叶打结等办法来号树。基诺族过去盖草房，所以盖屋顶用的草也有人预先号占，标识的办法是沿边打草结，把所要的那一片草围成一个圈。

有一些标识则没有表明所有权的作用，只用于引起人们的注意，以免造成不必要的麻烦，或带来不必要的破坏。很多设陷阱和机关捕捉野兽的人，都会用插树枝等方法做标记，以提醒经过的人注意，以免发生危险。很多地方的人都会在插过秧的田或其他打理备用的田中插上树枝或竹、木片做标记。石屏县的彝族过去习惯在留下做种的瓜和其他农作物上系上草结做标记，以免误摘。

妇女生育和大牲畜产仔，有一些地方也会在房门边上插一根树枝或挂一些特殊的物品做标记。因为有一些地方认为陌生人穿草鞋到有产妇生育的人家和有牲畜产仔的人家都会踩断奶水，所以要做标记，以免发生这种情况。红河哈尼族彝族自治州一些地方的彝族，妇女生育后多在门边上插红色三角纸旗，也有人挂篾帽。武定县和禄劝彝族苗族自治县的彝族则是插树枝，如柏树枝之类。保山市的白族若是家中有人得麻疹，过去习惯在门上挂蒿枝做标记。彝族男女青年约会，过去都是约好在某处相会，常会出现不能同时到达的情况，还可能出现因事不能赴约的情况。遇到这些情况，一方势必得等，若久等不来，不能再等，可以在约定的地方（通常都在路上）放上一些树枝，表示已经来过。若一方再三爽约，致使另一方产生怨恨，就会选有刺的树枝，以示绝交。有的人若是怨气太大，还会在做标记的树枝上压石头并诅咒，以泄怨气。

基诺族也用树枝做类似彝族的标记。若大家约好在某处集中，有人先到，先到者不欲再等，只需折树枝放在路上，将枝头朝向自己前行的方向，后到者就会寻迹跟上。做这种标记并不专门限定要用什么树枝，但要避免使用传情植物的树枝，以免产生误会。

（二）传情植物

传情植物是指那些用来传递情感信息的植物。自古以来，人们对草木就有一种独特的钟爱之情，例如文人墨客们以梅、兰、竹、菊等表达自己高雅的品性和不屈的气度。而植物传情的风俗，可以说是对草木之情最完美的诠释：折下柳枝赠给即将远行的人，意为挽留；留守的女子会给在外的恋人捎去红豆，寄托相思。现代社会中，人们会通过送花表达感情，而每种花都有一种独特的花语。但把这种以植物传情的习俗延续至今，保留较为完整的是西部的一些少数民族。这些生活在大山深处的民族至今还用植物来传递信息，表达感情。这里所说的“传情”主要是指“传递爱情”之信息。

历史上，西部很多的少数民族看待婚恋的思想都是比较开明的，恋爱自由、婚姻自主的现象也较为常见。他们中虽然也有父母包办婚姻的现象存在，但至少恋爱是自由的。一般在成年仪式以后，青年男女就有了接触异性、寻找对象的权利。他们在一些特殊的节日里，用本民族传统的方式寻觅知音。在这些传统的方式中就包括了植物传情的方式。这种利用植物传情的方式有直接利用和间接利用两种。直接利用是指直接利用植物来传递情感，而间接利用则是用植物的制成品来传递情感。

1. 直接利用传情植物

树叶信以植物的叶作为传递情感信息的载体。生活在云南景洪基诺山的基诺族，有一种用苦马草（刚莠竹 *Microstegium ciliatum*）发出爱情信号的风俗，男女都可用它放在路上做试探。多是在彼此有意、心中明白的情况下，把苦马草草尖聚在一起，放在意中人经过的路上，是为大胆吐露心声，向对方求爱。苦马草有时还用于其他场合，大多与爱情有关。收到苦马草的一方，通常也用植物作答，也是放在彼此都清楚的路上。若是同意往来或相爱，可以照样放苦马草，也可以放鲜艳芳香的花。作答的若是女子，为了表明自己深深的爱意与坚决的态度，还会用红线或自己的头发捆扎苦马草放在路上。若是无意，可不予理睬，也可以放一些紫色、有毒或有恶臭味的花，还可以放上当地人称为“遮若”（茶科植物岗柃 *Eurya groffii*）的树枝[①]。

云南德宏傣族景颇族自治州的有些傈僳族，如果一名男青年看上一名女青年，想向她发出爱情信号，可摘两片绿色的新鲜树叶，面对面叠在一起包好，送给该女子。女子收到这种信物，一般都不做回复，但男子可以从不同的侧面了解收到女子信物后的态度。男子觉得有希望，就会送出第二份信物，即蒜（*Allium sativum*）与芫荽（*Coriandrum sativum*），所表达的含义是我诚心诚意地爱你。女子收到蒜与芫荽之后，如同意交往，就回送烟丝与石灰等，也可以相约在一起嚼烟。嚼烟后，男子就会把两截等长的白茅草（*Imperata cylindric*）送给女子，表明选中了你，心中只有你。女子也会回送两个自己绣制的布袋子给男子。最后，男子会把一种叫飞龙掌血（*Toddalia asiatica*）的植物的两个弯钩刺勾在一起送给姑娘，表明我俩事事都很顺利，说明是天作之合，为有缘人，故愿心心相印，不分彼此，永结同心，百年好合[②]。而生活在云南陇川和盈江县的傈僳族，男女求爱时，采用“来苏”表达相思之情。来苏即用芭蕉叶包上两小截长短一致的茅草，表示你我差不多；一个大蒜，表示愿结为一体；一枚槟榔，表示让你含在口中。如果女方同意，则同样献上来苏，外加芫姜，表示愿和你相好。用白线表示自己是纯洁的。如不同意，则把两个叶片背面相对，放在一起，外加一块木炭；完全拒绝，则加一个辣椒，原物退回男方[③]。

云南山区的景颇族，男女青年常常以植物作为载体传递爱慕之情。男子看中并爱上了一位姑娘，先用一片树叶包上树根、大蒜、火柴丝、辣椒，用线精心捆扎送给对方。其中每件物品都代表着特定含义：叶子表示自己有好多心里话要说，树根表示深切思念，大蒜是促请姑娘考虑两人的关系，辣椒表示男方十分爱慕姑娘，火柴丝说明男方态度的坚决。信物送到后，女方仍以物代答：如果喜欢男方，将原物返还男方即可；如果反感对方，不愿意交

---

① 街顺宝著《绿色象征——文化的植物志》，云南教育出版社 2000 年版。

② 街顺宝著《绿色象征——文化的植物志》，云南教育出版社 2000 年版。

③ 《中国粮食经济》编辑部《用美食来求爱的少数民族》，《中国粮食经济》2005 第 12 期。

往，就在原物上附加火炭，再将其返还；如果女方尚需考虑，则在原物上增加奶浆菜再返还对方。男方若接到一封表达犹豫之意的“信”，为表示愿和女方长久地生活在一起，就采摘两片最嫩的栗树叶，面对面合在一起送给女方；若要和女方组建家庭，还要加上苞谷、谷子、黄豆一类的东西。经过这些“书信”往来，女方若答应了这门亲事，就送点烟草，以示回赠；若不答应，就把栗树叶背对背放在一起送还男方。在景颇族婚姻习俗中，青年男女恋爱是自由的，但定亲须经父母允诺。男女双方同意，但女方父母反对，女方可用树叶包上含羞草、刺、火药送给男子来传递信息。要是男方约女方逃婚，就用叶子包上藏菜尖送给女方。女方同意，便加茅草送回。其中包含深切的嘱咐：悄悄地逃走，要当心啊![①]

在男女传递爱情的植物中，布朗族用毛木树叶表示永不分离；松尖表示希望经常见面；粽叶芦叶表示我还耐心地等着你；竹叶表示我等着你，希望你早到我身边；辣椒叶表示我讨厌你，不想再见到你；橄榄叶表示我恨你；红豆叶表示相爱永不变心；戛叶表示朝夕伴随你[②]。

居住在青山绿水间的白族那马人对绿叶尤其偏爱，年轻人谈情说爱往往借助绿叶来表达心意。那马白族以丢树枝的方式，向意中人表达爱慕之情。清早，当小伙子看到自己所爱的姑娘出现在村头小路时，便摘一把树枝放在岔路口，指向自己所走的方向。姑娘看见树枝后，若愿意进一步发展关系，就循迹前往，与小伙子攀谈；如果不愿意进一步发展关系，就将树枝丢向路边或在树枝上绑一些刺。若女方招女婿，将树枝转向自己所走的方向，小伙子愿意就跟上去。还有一种特别的恋爱方式，那就是当一个小伙子看中了一个姑娘，就托人到姑娘家给姑娘送上一封特殊的“信”：一张红纸包上一样长的两小块金竹片、一个大蒜、两包辣椒、一包草烟、两片嫩树叶，包好后用小红藤扎好。金竹片表示两人情况一样，大蒜表示永不分离，辣椒表示小伙子热烈地爱着对方，草烟表示他要时时将她含在嘴里，嫩树叶表示爱情永远长青[③]。

---

① 韦绍翔《非言语交际：标志语——景颇族的树叶信》，《楚雄师专学报》（社会科学版）1997 年第 1 期。

② 街顺宝著《绿色象征——文化的植物志》，云南教育出版社 2000 年版。

③ 彭愫英《浅析白族那马人支系的婚恋习俗》，《云南财经大学学报》（社会科学版）2012 年第 6 期。

新疆的柯尔克孜族青年男女有通过荡秋千相识、相爱而最后结下姻缘的习俗。每当秋末，小伙子和姑娘一起玩荡秋千的游戏。姑娘们在荡秋千的时候会用嘴衔下树叶，当她们相中一位对象之后，会把嘴中的树叶交给那位情郎，并邀他一起登上秋千，双双在空中飞舞，彼此倾吐爱慕之情。这种浪漫的择偶方法，受到青年的青睐①。

除了树叶信以外，鲜花也常用于传递爱慕之情。云南是马缨花的故乡，云南楚雄的彝族有过马缨花节的习俗。每年农历二月初八是彝族群众一年一度的“马缨花节”，彝语称之为“梅维噜吱嘎”。马缨花节也是彝族青年男女牵手对歌，自由恋爱，选择对象的好机会。节日期间，肩挎绣有马缨花图案挎包的彝家姑娘和身着绣有马缨花图案马褂的小伙子会集在赛歌场对歌：

（男）相会就在花树脚，心中有话跟妹说，绣花枕头郎不要，实心妹妹找一个。

（女）马缨花开红遍山，蜜蜂见花翅膀扇，蜜蜂要采真花粉，小妹要找实心郎。

对歌结束后，年轻男女到歌场周围的马缨花树下集会，姑娘会将自己亲手用丝线绣好的鸳鸯小荷包和绣花鞋垫送给自己心爱的小伙子，小伙子如果答应姑娘的求爱，则会采摘一朵艳丽的马缨花给自己的心上人戴上②。

西双版纳哈尼族支系的僾尼人，青年在谈情说爱时用鲜花作为情书。男青年送一束鲜花给姑娘，姑娘也要回赠一束鲜花。回赠花束中的花朵若是单数，表示姑娘没有男朋友；若是双数，则表示她已经有男朋友或者不喜欢这个男青年③。

木叶是大自然赋予人类的天然乐器，通过吹奏可以发出优美动人的声音。吹叶起源很早，在西部少数民族创世神话中，已有吹叶的踪影。彝族神话《洪水淹大地》说，世界大洪水后，三个仙子生了六个孩子，“封了六个娃，取了六个名。一家十个人，十个好声音，唱了十晚上；十种好木叶，吹了三晚上。从此以后哟，地上业又兴，地上又回春”。彝族神话认为吹叶起源于宇宙和人类产生时，是人类最早的乐声之一④。

---

① 楼望皓著《新疆婚俗》，新疆人民出版社 2006 年版。

② 鲁成龙《板凳山彝族马缨花节歌会》，《今日民族》2011 年第 11 期。

③ 序阳《鲜花传情》，《中国花卉盆景》1985 年第 3 期。

④ 张应斌《吹叶与少数民族的吹叶之歌》，《民族文学研究》2001 年第 1 期。

西部许多少数民族，如苗族、侗族、彝族、壮族、布依族、土家族、傣族、哈尼族、蒙古族、藏族等民族擅于吹木叶。傈僳族常常选用荔枝树、龙眼树和柚子树的叶片制作成供吹奏的木叶[①]。纳西族把吹木叶称作“批莫”。现今，吹叶在纳西族地区仍很普遍，许多东巴擅吹，有的将其用于祭风道场，与竹箫同奏[②]。侗族也擅于吹木叶，在湘、黔、桂边区流传的侗族《木叶歌》记载了大量用木叶吹出的情歌。布依族也热爱吹木叶，并有关于吹木叶起源的传说。一个名叫丹叶的布依族孤儿靠打柴为生。一天，他打柴间隙在一棵名叫“焚翁都”（一种与马缨花树相似的树）树下休息时，听到卷起来的树叶在风的吹拂下呜呜作响。受此启发，他摘一片树叶试着吹，果然吹出了悠扬的木叶声。后来，丹叶每天上山砍柴都吹木叶，把自己的辛酸和无妻室的苦楚转化成了木叶声：“高山木叶堆摞堆，摘下木叶轻轻吹；木叶吹了千万遍，还是单身把家回。”木叶声在山谷中回响。这时，奇迹产生了，对面山上突然响起了七仙女回应的木叶声：“高山木叶张对张，哥吹木叶妹心慌。木叶好比金丝线，牵妹来和哥成双。”一唱一和，木叶把两颗心连接起来，他们终于相爱成婚。从此，布依族有了吹木叶恋爱的习俗。苗族也有关于吹叶起源的传说，苗族《翠绿的木叶》说：苗族老妈吉莓有个画眉变的女儿眉雅，她喜爱吹木叶，一张翠绿的木叶，只要一含到她的口里，苗山上就响起清脆悦耳的歌声。她曾这样吹道：“苗山上的木叶啊，青又青；含在口里啊，连着心……”从此，苗山上长满了翠绿的木叶，苗家人学会了吹叶，并且代代相传。壮族的乐器有八音、天琴、木叶等，他们走村串寨时吹奏八音，在山上劳动或休息时则吹木叶、竹笛等。怒族、阿昌族、水族也吹叶。

2. 间接利用传情植物

间接利用传情植物主要指利用植物制品，如篾帽、糯米饭和茶叶等。

生活在广西岭西的毛南族青年有用花竹帽传情定情的习俗。花竹帽在毛南语中被称为“顶卡花”，即“底编花的帽”。自古以来，毛南族妇女不仅把它当作遮阳挡雨的工具，还把它当作爱情的信物。每逢春节、分龙节和中秋节，毛南族男女青年聚会对歌的时候，男的带着花竹帽，女的带着新布鞋，

① 斯琴高娃、李茂林编著《傈僳族风俗志》，中央民族大学出版社 1994 年版。

② 郭大烈、杨世光编《东巴文化论集》，云南人民出版社 1985 年版。

对歌对得感情成熟了，男青年将带来的花竹帽送给自己的意中人，如果对方接受了这份情谊，她会把自己带来的新布鞋作为回礼送给他，就算他俩已经定情了。然后，他们以歌作别，只待择日成亲①。

生活在云南西部的德昂族青年会趁夜深人静串姑娘时，将竹篮分别送给自己所中意的几位姑娘，而其中最漂亮的那只竹篮子要送给自己最喜爱的姑娘，以此表达自己的爱意，并试探对方的反应。因此，每个姑娘往往都能收到好几个竹篮，然而姑娘究竟钟情于谁呢，这就要看泼水节那天姑娘背的是谁送她的那只竹篮了，因为选竹篮实际就是选意中人。小伙子在人群中寻找到背自己所赠竹篮的姑娘后，就用鲜花蘸水洒向姑娘，姑娘也用同样方法将花束上的水洒在小伙子身上。德昂族姑娘和小伙子就这样通过泼水节上认竹篮、互相泼水而传递爱的信息②。

聚居在湘、桂、黔交界的侗族则用“葱篮”传递爱意。每年农历三月初三“播种节”的前一天早上，姑娘们到菜园里采得半篮大葱，洗得白白净净，穿上艳丽的服饰，戴上光彩夺目的银饰，结伴来到泉边，等待情郎来讨葱篮。见到意中人就送他葱篮；如果不是心上人来讨葱篮，她们就执意不给。往往引得附近坡岸上观看的群众忍俊不禁，无缘的小伙便扫兴离去③。

“搭弓”是云南怒江州独龙族以信物定情的方式。搭弓由男青年以藤篾编制而成，扁圆形，制作精巧，美观别致。当男青年相中某一姑娘后，即在夜深人静时，用搭弓装上食品，挂在姑娘家门口。姑娘据搭弓的编织风格，猜度其人，若也有情意，即将它挎在身上，作为已有了对象的凭证；反之，则原物挂回原处，让男方取回④。

广西都安县江南乡一带的壮族有在“三月三”节庆活动中“抛五色蛋”的习俗。农历三月初三，是壮侗语族各民族一年一度的重要节日。节日前，全村男女自愿集钱、粮，买猪仔、糖饼、布匹，蒸五色糯米饭、做五色蛋，然后纷纷来到山上，搭起布棚，摆上猪肉、酒、五色饭、五色蛋等食品，围坐在一起对唱山歌。老一辈边唱边吃，年轻人则在对歌之后寻找意中人，他

---

① 源崧《毛南族的花竹帽》，《今日民族》2009 年第 2 期。

② 朝晖《欢乐的泼水节》，《东南亚纵横》2002 年第 3 期。

③ 杨相环《侗族的播种节》，《民族研究》1983 年第 4 期。

④ 《中国粮食经济》编辑部《用美食来求爱的少数民族》，《中国粮食经济》2005 第 12 期。

们用五色丝线编织成的网兜，套上五色蛋，向意中人投去。如果对方也有此意，便收下红蛋，表示愿意进一步发展关系①。

广西百色市田阳县的壮族在三月三有爬山的习俗。三月三这天，姑娘们梳妆打扮，带上自家酿造的米酒、五色糯米饭，包里偷偷装着亲手做的布鞋和绣花鞋垫，来到山脚下观看小伙子的爬山比赛。比赛结束后，姑娘若对小伙子有意，就主动拿出自己的米酒请他喝，并送上糯米饭，有的还送上布鞋等礼物。如果小伙子接受了姑娘送的礼物，就说明他接受了姑娘的爱②。

赠糯米饭也是流行于云南苗族地区的传情方式。姑娘一旦相中某个男青年，为表达自己的爱慕之意，便主动送给意中人一包糯米饭。如男方亦对女方有意，便欣然收下③。

在一些少数民族中，茶叶也是传递爱意的载体。德昂族青年男女选择自己的意中人，多在采茶时节。每当春茶萌发、满山绿遍之时，青年男女便互相邀约，成群结队上山去采茶，通过采茶来结识异性、交流感情。若某个小伙子看中某个小姑娘，就会主动靠近她，帮她采茶。姑娘若有意，几天后，小伙子就会托好友给姑娘送去一小包茶叶以传情，姑娘若是收下小伙子所赠的茶叶，便说明她愿意与小伙子交往。到两人情投意合欲结连理时，双方将互赠的一包茶叶放在各自家中的桌上，双方家长一看就明白自己的儿女已私订终身了。随后，男方的父母就请媒人带上两包茶叶去女方家说亲，女方父母若不同意这门亲事就将茶叶退回，若同意就收下。结婚前，若姑娘过去有相好，就要送一包茶叶，表示结束过去的恋爱关系④。

贵州的侗族将茶叶作为传递退亲信息的载体。当男女婚姻由双方父母决定后，如果姑娘坚决不愿意，可以用送茶的方式来退婚。姑娘悄悄包好一包茶叶，选择一个适当的机会亲自送到男方家中，并把茶叶放在堂屋的桌子上，然后离开，这门亲事就算退掉了⑤。

在西部一些民族中，青年男女不仅以茶叶为媒，有的也以烟草为媒。傈

---

① 李桐《广西壮侗民族“三月三”节日文化研究》，《广西民族研究》1989年第3期。

② 李桐《广西壮侗民族“三月三”节日文化研究》，《广西民族研究》1989年第3期。

③ 《中国粮食经济编辑部》《用美食来求爱的少数民族》，《中国粮食经济》2005第12期。

④ 沙平《德昂族的茶文化》，《广东茶叶》2011年第5期。

⑤ 王春华《少数民族的茶与婚俗》，《今日民族》2008年第6期。

傈族小伙姑娘通过嚼烟丝交流情感。这正如情歌里唱的：“（男）咿——来吧，我们一同嚼烟丝，我们一起嚼芦子……（女）如果我和你一起嚼烟丝，如果我同你一道嚼芦子，我阿爸会打我呢，我阿爸会骂我呢……”通过对歌，青年男女有了好感，见面时先礼节性地交换烟盒，然后边嚼烟丝边交谈，便意味着接纳对方，同意恋爱[①]。

① 李艳芳《傈僳族婚俗类大调探究》，《民族艺术研究》2013 年第 3 期。

第四章　森林文化

森林是地球上最大的陆地生态系统，目前占到地球陆地总面积的1/4左右。就森林生态系统而言，森林里并不仅仅只有草木，而是由众多构成生态系统的基本要素所组成，包括土壤及其母体组成的岩石圈，提供生命源泉的湖泊、河流及地下水等共同组成的水文圈，供给所有生命呼吸的大气圈，以及由草木、动物、昆虫与微生物共同构成的生物圈①。

森林生态系统中的生物圈最具活力。据保守估算，地球上的生物物种至少在500万种以上，其中一半以上的物种都栖居于森林，森林被誉为地球生物多样性的“绿色基因宝库”。作为高等灵长目动物的人类也诞生演化于茫茫林海之中，可以说，森林是“人类的摇篮”。在人类发展的早期阶段，森林为人类提供了食物，并构成可供人类进化的栖息地。考古资料表明，生活于茂密丛林中的森林古猿（*Dryopithecus*）有可能是人类与类人猿的共同始祖。距今440万年至100万年前，生存于非洲的南方古猿（*Australopithecus*）是目前已知的最早的人科动物。其主要的生活地域也是森林。由于气候的变化，人类的类人猿祖先不得不行走于地上，从一片树林到达另一片树林，并补充树上越来越少见的食物②。为了适应生存环境的改变，来到地面的古猿采用直立行走的方式。其直接结果是双手的解放，从而能够制造出各类复杂而实用的工具，使古猿开始真正具有人的属性。在南方古猿之后，人类经历了能人（*Homo habilis*）、直立人（*Homo erectus*）、智人（*Homo sapiens*）等发展阶段，最终发展成为“现代人”或“解剖学意义上的现代人”。

森林也是人类文明的发源地，人类依托森林而生存和发展。“树叶蔽身、

---

① ［韩］全京秀著，崔海洋、杨洋译《环境人类学》，科学出版社2015年版。

② ［美］威廉·A. 哈维兰著，瞿铁鹏、张钰译《文化人类学》，上海社会科学院出版社2006年版。

摘果为食、钻木取火、构木为巢”曾是森林孕育人类文明的真实写照。人类文明早期，人类的生计方式是森林中的采集狩猎，森林是人类赖以生存的最重要的物质基础，人类对森林具有极强的依赖性。随着生产工具的改进和生产经验的积累，人类逐渐了解一些动植物的生活习性，进而模仿森林的生产作用，开始栽培植物和驯养动物，农业和畜牧业的产生使人类逐渐摆脱依靠森林自然产出的单一觅食模式。农业起源后，“人们为了粮食生产进行了农耕，农耕与森林的存在并无正面冲突”①，人类的传统农业方式依旧对森林有着较强的依附关系。森林为人类农业的发展提供了基础，森林所蕴藏的丰富水源支持着农作物的生长，同时森林又不断地改良土壤并维系着土地的肥力。工业革命后，技术的改良及能源使用效率的提高彻底改变了人类的生产生活方式，但是森林仍然发挥着不可缺少的重要作用。首先，森林仍作为人类生产生活领域的主要物质资料来源之一，其产出的各种丰厚物产依旧被人类所开发利用，为人类源源不断地提供着生产生活之所需。其次，能源革命后，人类主要以化石燃料（主要是煤和石油）来提供能源。煤和石油都是森林在一定地质条件和地质作用下演变而形成的，是森林的化石和遗迹，也是森林为人类留下的宝贵遗产。

人与森林之间有一种互动的关系：森林哺育着人类，是人类生产生活的物质提供者；人类则不断认识森林、利用森林，对森林景观进行着人为地改造。在一定程度上而言，即使是看似“自然”的原生森林，都存在着受到人类活动影响的次生林形态②。同时，人类与森林之间的关联性不仅仅停留于利用与被利用、攫取与被攫取的物质层面。森林往往被人类赋予某些文化特征，与某些观念、信仰相关。人类敬畏森林、崇拜森林、信奉森林、祭祀森林，将森林这一物质客体上升到一种信仰或精神层面，渗透到人类生活的更深层次。人类文化所产生的关于森林的宗教或信仰观念体系，不断地调适着人与森林之间的关系。可以说，“森林作为一种自然现象，是与人类社会现象非常复杂地交织在一起而形成的一个体系”③。这个体系即人类的森林文化。

从地理分布上看，我国西部地区的森林资源分布极不均衡，呈现出西南

① ［韩］全京秀著，崔海洋、杨洋译《环境人类学》，科学出版社 2015 年版。

② ［日］秋道智弥、市川光雄、大塚柳太郎编，范广融、尹绍亭译《生态人类学》，云南大学出版社 2006 年版。

③ ［韩］全京秀著，崔海洋、杨洋译《环境人类学》，科学出版社 2015 年版。

多西北少的总体格局：西南地区的森林主要分布于青藏高原东缘的横断山区，以及喜马拉雅山脉的南坡地带，林木蓄积量占到全国的1/4以上；西北地区的森林资源则相对匮乏。西部各民族基于当地的自然生态环境与各自的民族生态文化，创造出各具特色的森林文化类型。一般说来，森林文化包含两个层面，即信仰层面和物质层面。基于这种粗略的划分，本章将从“森林崇拜”（信仰层面）和“森林中的生计”（物质层面）两方面对中国西部民族的森林文化进行介绍。

第一节　森林崇拜

森林崇拜属自然崇拜的一种类型，是森林文化在信仰层面上的体现。自然崇拜是“世界各民族历史上普遍存在过的宗教形式之一。它始于原始时代并延续至今，是人类历史上流传时间最长的宗教形式之一”[①]。按照自然崇拜的观念，森林被理解为生命的源泉、权力的象征。森林的权威支配着人类，其地位远远高于森林中生活的人类，备受人类的崇拜和敬仰。

中国历史悠久，森林崇拜信仰古已有之。先秦时期，古人“必择木之修茂者，立以为蕞位（丛社）”[②]，常以桑林为社，视为圣地，在林中祭祀祖先神明以祈雨。如《吕氏春秋·顺民》云：“昔者汤克夏而正天下，天大旱，五年不收，汤乃以身祷于桑林。”高诱注：“桑林，桑山之林，能兴云作雨也。”[③]《左传·昭公十六年》记载：“郑大旱，使屠击、祝款、竖柎有事于桑山。斩其木，不雨。子产曰：‘有事于山，艺山林也，而斩其木，其罪大矣。’”[④] 历史上，一些少数民族也曾有过祭拜森林的风俗。《史记·匈奴列传》载：“秋，马肥，大会蹛林，课校人畜计。”[⑤]“蹛林”既是指绕林祭祀的方式，也是指林中的祭祀场所，亦是指北方古代族名、羁縻州名[⑥]。蹛林是祭

---

① 何星亮著《中国自然崇拜》，江苏人民出版社2008年版。

② 〔春秋〕墨翟撰，戴红贤译注《墨子·明鬼下》，书海出版社2001年版。

③ 〔战国〕吕不韦撰，〔汉〕高诱注《吕氏春秋·季秋纪·顺民》，上海书店出版社1986年版。

④ 〔春秋〕左丘明撰，蒋冀骋标点《左传·昭公十六年》，岳麓书社1988年版。

⑤ 〔汉〕司马迁撰《史记·匈奴列传》，线装书局2006年版。

⑥ 尹伟先《古代北方民族的蹛林习俗及其文化内涵》，《西北民族大学学报》（哲学社会科学版）2008年第4期。

祖先拜天地的圣地，林中的树木皆具有神性，严禁砍伐林木、折断树枝或随意接近、攀爬树木。鲜卑延续着匈奴的祭林之俗，据《魏书》载，拓跋鲜卑先祖曾凿石室立为祖宗之庙，并派人祭拜，“斩桦木立之，以置牲林而还。后所立桦木生长成林，其民益神奉之”[①]。古代蒙古族的民间习惯法“约孙”中有保护森林树木的规定，绝不允许毁林开荒、砍伐树木。“窝阔台汗遗留下一片树林，他（蒙哥）命令任何人不得在那里砍伐树木。我们亲眼看到，任何人只要在那里砍下一根小树枝，就被鞭打、剥光衣服和受虐待。”[②] 在西南地区，古代民族的森林崇拜现象亦十分盛行。《华阳图志·南中志》记载：“（夜郎竹王）捐所破竹于野，成竹林，今竹王祠是也。”[③] 故而，古夜郎人以竹为图腾，视竹林为神堂祠庙，竹王祠所供奉之竹王即象征其始祖。

在与森林生态系统的长期互动过程中，中国西部民族继承延续着古代先民崇敬森林的优良传统，逐渐形成发展出具有地方特色和民族特色的森林崇拜信仰及仪式，在一定程度上对广袤茂密的森林起到了积极的保护作用。从各民族历代祭林拜树习俗的发展变化过程来看，地域上的广泛性总是与森林分布的状况相关，森林分布越广的历史时期，祭林拜树的地域及人群越广泛；在同一历史时期内，森林分布越广的地区，祭林拜树的地域及人群也越密集。多林地区一般是对成片森林进行崇奉和祭祀，少林地区则多是对孤立大树及某一树种的祭拜。从古代直至近、现代，林区和树木密集地区的人群参与崇林拜树比重大、频率高，且对社会生活的主导性强，对人群的日常生产、生活的渗透力也强，反之亦然[④]。

一、森林崇拜的多样性

中国西部多个民族有众多保护森林的文化传统，若按照保护目的进行区分，可将其保护林地分为神林、坟林、风水林、水源林、风景林、防护林等几大类。除风景林、水源林和防护林是纯粹的保护林地外，神林、坟林、风水林都被作为崇拜的对象，与这些民族的宗教信仰及鬼神观念都有着密不可分的联系，是森林崇拜的重要表现形式。

---

① 〔北齐〕魏收撰《魏书·礼一》，吉林人民出版社 1995 年版。

② 〔英〕道森编，吕浦译，周良霄注《出使蒙古记》，中国社会科学出版社 1983 年版。

③ 〔晋〕常璩撰《华阳国志·南中志》，商务印书馆 1938 年版。

④ 古开弼《我国各民族祭林拜树习俗的生态文化透视》，《农业考古》1996 年第 1 期。

（一）神林

众多西部民族将森林神圣化，或认为神林是神灵和祖先灵魂的栖息之所，或认为神林是神灵和祖先灵魂的物化象征。因而，森林被赋予“神性”，成为守护一方水土、保佑万事顺利的保护神祇。神灵和祖先信仰的物质载体，即神圣化的森林。出于对神灵和祖先的崇拜，森林成了这些民族心目中的神圣秘境，神林中的一草一木、一土一石皆具有灵性，冒犯神林被认为会受到神灵和祖先的惩处，因而有极为严苛的行为禁忌及规范。

生活在大兴安岭林区的“山林之民”鄂伦春族认为森林具有神性，凡是森林中的奇峰怪石、悬崖洞窟及古树，都是掌管山林野兽之神“白那恰”的居所，但凡经过，不敢喧哗吵闹，必下马磕头礼拜，以防惊扰惹怒神灵，导致出猎毫无所获。出于对白那恰的崇敬，鄂伦春族规定：不准坐林中的树桩，不准任意砍伐树木，不准随意捕杀动物，不准在林中喊叫，并特别注意森林用火，以防火灾发生。

我国的西北地区深居内陆，气候干燥，降水较少，森林植被稀少。正是由于相对干旱的自然生态环境，使得西北民族对森林更是满怀着深深的崇敬之情。柯尔克孜族对森林怀着一种神秘的感情，从对森林的崇敬发展到严禁砍伐林木。塔塔尔族和塔吉克族把森林视为圣物，认为人们行走在森林之中或在森林中伐木、放牧都要谨言慎行，禁止高声喧哗等不敬行为。维吾尔族民间对胡杨林和其他老树林特别崇奉，人们经过林子边必须下马、下车，并一律不许砍伐林木①。

西南地区民族众多，其神林崇拜现象十分突出，多个民族的宗教信仰都与之有关。川西北岷江上游羌族居住的地区，各村寨附近均有一片苍翠的树林，当地居民皆称之为神林，即神灵栖居的地方，亦为羌族祭神的场所和神的标志。在羌族中广泛流传着“古时敬神均在森林”，“天地之后神树林为大”之说。对神林中的一草一木，当地村民均不敢任意触动，否则认为会罹祸，或庄稼不丰，或人畜不旺②。

普米族被称为“森林的朋友”，其居住地掩映在密林的绿荫之下。普米族崇奉山神，山神是家族与村寨的总管神与保护神，能保佑全寨无病无灾，田

---

① 古开弼《中华民族的树木图腾与树木崇拜》，《农业考古》2002 年第 1 期。

② 彭文彬《论羌族神林信仰的内涵》，《四川民族史志》1991 年增刊《羌族研究》第 1 辑。

地免受灾难。普米族会认定一棵大树作为全村的山神树，山神树周边的林地被称为“山神林”，受到普米族的严格保护，规定不得任意破坏、不得砍伐放牧。普米族还有祭龙潭的风俗，龙潭附近的森林被称为“龙树林”，同样受到了悉心管护。

白族勒墨支系有一种祭天神林，称作“天坪”或“天登”。勒墨人认为，天上有一个主宰万物和人类命运的灵魂，即天鬼。人若冒犯了它，就要生大病、遭大难。由于天鬼住在天上，祭祀仪式必须在室外地势相对高的地方举行，一般是在村子附近的山顶上，以便天鬼能容易地接受人们的祭献[①]。由于敬畏天鬼，人们不轻易去破坏祭天场及其许多山顶上的森林、草场或射杀生活于此的动物[②]。

彝族撒尼支系崇拜“密枝林”。“密”意为“土地”，“枝”意为“祭祀”，“密枝林”即“社祀林”。密枝林为撒尼村寨附近一片树木茂盛的森林，撒尼人认为，密枝林中的一草一木都具有神性和神力，是神圣不可侵犯的神林和圣地。对密枝林若有冒犯，必遭森林的保护神“密枝斯玛”的严厉惩罚。为此，撒尼人约定：不准在密枝林中砍树伐木，不准捕猎林中的动物，不准在林中埋葬死者，不准女性入林[③]。纳苏支系信奉“咪嘎神”。其是一个主司村庄、山林、农耕、生育的高位神。一般选择一棵高大笔直、长势茂盛的树木作为“咪嘎哈神树”。神树及周围大小树木，严禁任何人砍伐、攀折、锯铲。以神树为核心的整个林地，称为“咪嘎哈神林”，平日严禁任何人进入，违者必罚[④]。聂苏支系、阿哲支系、阿细支系与朴拉支系都会选出一块林地，严格划定范围，认真保护，不得砍伐，有的地方甚至不得进林放牧。林地的范围有大有小，都得到极好的保护，保存了森林的原始形态。保护林地的目的，是保护其中一棵称作龙树的大树，龙树是所祭祀的社神的化身。俐侎支系的神林称为“尼季朝”，共有五棵神树，分别代表天神、地神、龙王、瘟神

---

① 刘龙初、修世华《白族的祭天仪式》，《云南社会科学》1985年第2期。

② 龙春林、李恒、刀志灵等《高黎贡山地区民族植物学的研究 Ⅰ. 勒墨人》，《云南植物研究》1999年第S1期。

③ 廖国强、何明、袁国友著《中国少数民族生态文化研究》，云南人民出版社2006年版。

④ 黄龙光、玉波《彝族民间咪嘎哈祭俗的生态意义》，《吉首大学学报》（社会科学版）2013年第3期。

与猎神，各有其职[①]。楚雄大过口一带的彝族支系“罗罗颇”有用来祭天的“祭天场”或“祭天山”，山上青松茂密，山上的树木被视为神林，不能砍伐和玷污[②]。昆明等地的彝族村寨都有一片称为“民址”的茂密松林，被视为神灵的发祥地。滇桂交界地区的彝族以毛竹为图腾，每个村子都有一个公共场地，场地中央种一片竹林，外面围上石块。任何人不得砍伐或损伤这片竹林[③]。

哈尼族的神树林一般有四处：一是在能够同时眺望几个村寨的山头上，被选中的一片茂密树林，为这一片地区的总管树林；二是村寨旁的神林“普麻俄波”，为一村一寨神树林；三是村寨下方的神林“朗主主波”，是镇压恶兽，严禁其危害禽畜的丛林；四是位于距村寨约半公里路程的山道旁的“咪刹刹波”，是人与野鬼分界的丛林[④]。

历史上几乎在每一个景颇族村寨中，都有一片阴森的树林被称为“鬼林”。鬼林通常位于村寨入口处的小山包上，山头古木森森、阴暗潮湿，景颇族认为寨子鬼居于此。鬼林山下的路旁立着几根长木杆，上面悬挂着符咒、刀、枪、龙齿等物。鬼林可保佑全寨男女老少健康长寿。鬼林周围被划为禁地，不准任何人到鬼林放牧，在鬼林周围栖身的一切动物一律不得捕杀，任何人不得砍伐鬼林周围的林木。鬼林在景颇族村寨中显得神秘而又神圣，被视为全体村民的守护神[⑤]。

在拉祜族地区，几乎每一村寨周围都有一片葱郁、茂密的森林作为林神的象征，作为万物之主“厄莎”大神的社邸就供在山林之中。人们常选取一棵古老苍劲的大树来代表厄莎。在供奉厄莎的神林里，林内的一草一木都被视为神圣不可侵犯的，必须对其加以保护，不能让牲畜和闲人随意进入，也不得砍伐和践踏，否则就会触犯神灵，带来灾祸[⑥]。

基诺族具有爱护森林、保护树木的优良传统，受保护林地类型繁多。基诺族称寨神林为“左米生巴”，面积几百亩上千亩不等，视各寨地形及森林资

---

① 街顺宝著《绿色象征——植物的文化志》，云南教育出版社2000年版。

② 陈烈著《中国祭天文化》，宗教文化出版社2000年版。

③ 古开弼《中华民族的树木图腾与树木崇拜》，《农业考古》2002年第1期。

④ 王清华著《梯田文化论——哈尼族生态农业》，云南人民出版社2010年版。

⑤ 祁德川著《景颇族风情》，远方出版社2002年版。

⑥ 廖国强、何明、袁国友著《中国少数民族生态文化研究》，云南人民出版社2006年版。

源而定，因被视为村社祖先居住的地方，严禁砍伐①。

西双版纳有30余个大小不等的自然勐（勐即平川，俗称坝子），每勐均有“垄社勐”即“勐神林”；600多个傣族村寨，每寨均有“垄社曼”即“寨神林”。顾名思义，“垄林”即是寨神（氏族祖先）、勐神（部落祖先）居住的地方。垄林内的一切动植物、土地、水源都是神圣不可侵犯的，严禁砍伐、采集、狩猎、开垦，即使是风吹下来的枯树枝、干树叶，熟透了的果子也不能捡。西双版纳得到保护的垄林及山坝区不低于10万公顷②。红河流域的傣族支系“花腰傣”将村寨旁的神林称为“竜林”，竜林中生长着七八棵“竜树”，分别代表不同的神灵，各有不同的职能。献祭时以不同的牺牲加以区分。

“竜”，有的也译写作“垄”或“龙”，壮语“森林”的意思。云南壮族自古与森林共存，其选择村址，必须依山傍水，在树林环抱的地方。他们崇拜山林，以林中大树作为村社的保护神树，俗称“竜树”，竜树周围的森林被叫作“竜林”，竜林覆盖的山坡被称为“竜山”。竜山里禁止大小便、扔污物和置葬，竜林不许任何人砍伐。他们认为，有竜环抱的村寨，人能健康长寿，百姓衣食无忧；竜的圣洁能免除疾病、瘟疫，预防自然灾害③。

作为海洋民族的京族同样有着浓郁的绿色情缘。每一个京族村落，总有一片树林被视为神林。京族认为，神林是村落赖以生存和发展的吉脉，没有森林的庇护，村落便难以留存。因而，爱护树林成了京族所自觉履行的职责，没有人会砍神林里的树。京族崇拜森林、敬养树木，将供奉神灵和先祖的“哈亭”建在神林中，并祭拜地方保护神“镇海大王”及山林守护神“高山大王”等众多神祇④。

佤族每一个村寨的小山包上，都有一座被视为圣地的树林，佤语称“龙梅吉”。“龙”意为“树林”，“梅吉”是“神”，“龙梅吉”即“神林”。这座

---

① 高立士《西双版纳山区民族历史上的传统生态保护》，《云南民族学院学报》（哲学社会科学版）1999年第1期。

② 高立士《傣族纯朴的自然生态观》，《思想战线》1998年第2期。

③ 何正延《壮族“竜”崇拜及其“天人合一”的生态文化》，《文山师范高等专科学校学报》2005年第3期。

④ 熊晓庆《海洋民族的绿色情缘——广西民间社会森林崇拜探秘之京族》，《广西林业》2013年第7期。

神林中间有一座供奉“梅吉”的小茅屋[①]。佤族支系“黄佤”崇拜“色林”，认为林中居住着“色神”（又称“色勐老爷”）。他们认为，色神是万物的主宰，具有超自然的神力，不仅能庇护和养育人们，还能满足他们的各种要求和愿望。为保护色林，黄佤有一些明确的禁忌：色林是最神圣最不可侵犯的地方，色林中严禁砍伐、严禁狩猎、放牧，严禁在色林中大小便，严禁在色林中奸淫交媾，严禁动色林中一草一木，甚至是一片落叶一根枯枝也不能拿走。他们认为，如果违反这些禁忌，必遭到色神的惩罚，不仅本人非死即疯，而且还会给村寨人畜带来灾难[②]。

云南双江邦协村的布朗族称神林为“竜林”（也叫“色林”）。他们认为竜林里居住着保护村寨的竜神，竜神有大竜神（“昭发撇卫鸾”）和青年竜神（“昭发旺靠坎姆”）之分。竜神多数时间住在竜林里，身着白色衣服，出巡时骑白马。竜林是神圣的地方，里面的一草一木、一土一石都具有神性，是神圣不可侵犯的，由此也产生了许多禁忌。比如，人们平时不得随意进入竜林，进入竜林必须赤足，不能在竜林里大声叫喊，不能在竜林里大小便，不能砍伐竜林里的树木，不能拿竜林里的一土一石，不能捕杀竜林里的动物，不准在竜林埋葬死者等。此外，严禁女人和穿红色或白色衣服的人进入竜林[③]。

德昂族每个村寨都有“舍林”，在宗教俗语中把舍林称为“舍勐”。舍林一般距离村寨较近，面积不等，是一片独立的禁伐林区。舍林中有建有“舍神”居住的“舍房”，舍神是保佑全村人畜兴旺的神灵。有的地区的德昂族认为，舍林内的一切植物，包括花草、树木、藤子等，一样都不能摘不能砍，更不能在舍林中解大小便，甚至不能吐唾沫、说脏话，否则认为人就会疯，或招致预想不到的灾难。骑马人路过舍房时，一定要下马，否则会不由自主地从马上摔下来，把手脚摔断[④]。

云南东北部的苗族认为，造天地的神灵“脸老史灵统格米”与“爷觉郎

① 古开弼《中华民族的树木图腾与树木崇拜》，《农业考古》2002年第1期。

② 周家瑜《论佤族神林崇拜与生态保护——以耿马勐简大寨“黄佤”神林崇拜为例》，《宜宾学院学报》2007年第10期。

③ 黄彩文《民间信仰与社会变迁——以双江县一个布朗族村寨的祭竜仪式为例》，《云南民族大学学报》（哲学社会科学版）2009年第4期。

④ 李家英著《德昂族传统文化与现代文明》，云南民族出版社2000年版。

努”居住在石洞和树林里，因此苗族要在村寨附近选一座山作为神山来祭奉。神山里的树和石包任何人都不能乱动，就连里面长的草都不能动。贵州西北毕节、赫章一带的苗族，几乎每个村寨附近都有一片特别茂盛的树林，神圣不可侵犯[①]。云南麻栗坡和砚山等地的苗族，在本村附近密林中的水潭边，择一大树下举行集体祭龙仪式。该地平时严禁人畜进入，视为村寨禁地。苗族还将枫树敬奉为祖宗树、图腾树，枫木鼓更是民族和村寨兴旺的象征，每个村寨也都有一块圣地，这就是藏枫木鼓的山。平时，不准随意进入林子或接触枫木鼓，违禁者要受到严厉的惩罚[②]。

瑶族多居于大山之上，其所居之山常被视为神山，村后之山林也被视作神林，认为是山神（或猎神）所居之处。神林禁止砍伐，林中严禁大小便和放牧牲畜等。如有人违反规定，则被认为是触犯山神，须把一长竹片用绳子系成弓状，置于该处，以示谢罪。建有神庙的村寨，也多把庙宇建于神林之中[③]。

藏族素有崇奉山林神的宗教习俗。川西等地的藏族聚居地区凡神山均有神林，当地藏族同胞在神林旁用石块垒成石塔，上置一块白石，作为祭祀山林之神的圣地。独龙族把寨子附近的森林视为鬼林，严禁砍伐，认为砍伐鬼林后村寨的人会病死，庄稼会歉收。仡佬族对祭祀山林神所在地的树林实行封禁，不准砍伐和放牧。鄂温克族、达斡尔族、蒙古族、土族、裕固族、纳西族、傈僳族、怒族、门巴族、珞巴族、土家族、布依族、水族、毛南族、锡伯族等西部民族也都将森林视为神圣之地，对神林及掌管山林的神明都十分崇敬[④]。

（二）风水林

按照风水说的观点，林木是风水的重要组成部分，林木不仅可以培植、改变风水，甚至可以弥补其缺陷，因而风水林成了具有神性的圣地。风水说对西部民族地区具有较大的影响，众多民族都有严格保护的风水林地。

在壮族的观念里，风水林具有滋润土地、蕴生水源、储藏财富、保护河

① 廖国强、何明、袁国友著《中国少数民族生态文化研究》，云南人民出版社 2006 年版。

② 古开弼《中华民族的树木图腾与树木崇拜》，《农业考古》2002 年第 1 期。

③ 徐祖祥著《瑶族文化史》，云南民族出版社 2001 年版。

④ 古开弼《中华民族的树木图腾与树木崇拜》，《农业考古》2002 年第 1 期。

流与聚落的功能。因而，壮族地区的聚落附近及河流上游，多保留或植育有一片树林，全聚落的居民敬畏而崇拜之，自觉爱护，不许乱砍滥伐，就连树上的枯枝也不得拾捡为薪。许多村寨还制定有村规民约，对风水林的保护、种植乃至对于破坏风水林的处罚等，都有严格而具体的规约。例如，广西昭平县陶沙村的壮族村民按照风水的主张，在村后的平地上种植了一道长约100米、宽约20米的樟树林带，村民们称之为“风水林”，并且沿袭上辈传下的规约，对这一林带中的樟树只种不砍，自觉爱护。如果有人违规，除了受到批评和众人的谴责外，还要罚补种五株樟树①。

广西三江县独峒乡岜团寨的侗族村民自觉将风水林保护起来，任何人都不得随意砍伐，即使是树上掉下的干树枝，也不会捡回来当柴火。侗族认为风水林是寨子蓄水源、镇凶邪、保平安、纳清凉的吉祥宝地，其筑亭打井、种树养寨，即是为了将甘甜的清泉留在村头、蓄在寨尾②。

布依族对森林十分崇敬，树木得到了良好保护，成片生长，即为风水林，作为村寨的守护神。例如，贵州兴义市巴结镇的南龙布依族古寨，四周培植有大片林木，仅榕树就有360多棵，树龄在百年以上的有108棵，成为守护村寨平安的风水林地③。布依族亦崇竹，从古至今，布依村寨四处植竹成林，谓之“扶龙”，以恢复屋基龙脉，保佑全家兴旺发达④。

不少水族村寨在选址时，都会考虑风水上的因素。通常，水族会在茂密的树林旁兴建屋舍，让风水林成为村寨后方的绿色屏障。每一个水族村寨的寨口或寨角，几乎都有一片高大丰茂的树木或竹林。村民们保护风水林，把风水林视为庇佑村寨的神秘力量，坚信风水林能给寨子带来好运，禁止任何人砍伐其中的树木⑤。

湘西凤凰县山江镇上千潭村是一个苗族聚居的村寨，传说村寨所处的地理位置属“虎”，有林才有虎，虎只有在树林中才能生长得好。所以，为了全

---

① 覃彩銮著《壮族干栏文化》，广西民族出版社1998年版。

② 熊晓庆《山林树木：天地的主人——广西民间社会森林崇拜探秘之侗族》，《广西林业》2013年第6期。

③ 陈明媚《论布依族的自然崇拜与生态环保意识》，《黔西南民族师范高等专科学校学报》2008年第3期。

④ 古开弼《中华民族的树木图腾与树木崇拜》，《农业考古》2002年第1期。

⑤ 熊晓庆《山林树木共为邻——广西民间社会森林崇拜探秘之水族》，《广西林业》2014年第3期。

寨的平安兴旺，村民们都尽心尽责地保护风水林，以便通过自然宗教信仰，为“虎性”找到归属。此外，上千潭村还有另外几片神林被村民作为祭拜对象。在每片神林的主树下，村民们都专门为其盖了一个石头的祭舍[①]。广西融水县的苗族村寨有种植风水树的习俗。他们根据地形象征的风水物，在被视为有缺陷的地方种上树木，以保佑村寨平安。如属猪风水地的对面及侧面，虎视眈眈，则被认为是虎食猪，不吉利，必须在二者之间种上大片树林，将虎的视线挡住。蛙风水地的前面有毒蛇，也被认为不吉利，须在二者之间种上一片树林，建立压蛇的屏障[②]。黔东北的苗族按照风水者的说法，把溪流将汇入他寨之地的山林称为“水口山”。若此处恰在村寨风水要地上，则称其为“风水山”。人们遵照祖训对这些山林进行管理。一般情况下，人们不到这些山林中取柴砍树，哪怕那里的树木已经枯死。苗族村民认为这些山林在暗中保护着村寨，因此，任何破坏山林的行为都是村民们所不能容忍的[③]。

广西巴马县的每个瑶族村落附近都会有一片古树参天、大树苍郁的风水林。这类风水林有大有小，大到十几亩的山林，小至村头寨尾的小块闲置地。瑶族村落的风水林虽小，却神圣不可侵犯。它们是瑶族村落涵养水源、吸收天地灵气、开展宗教仪式、镇压凶邪、保佑平安、享受清凉的吉祥宝地，深受全村男女老少的尊崇与爱护。瑶家人大多把祠堂或寺庙建在风水林里，给林子增添了神圣色彩，葱郁的林木也为这些宗教场所营造了静谧的灵气[④]。

云南石屏县牛街乡斐龙坎村的彝族村民，历来都会尽全力保护村子东边一座小山梁上的林木，只要见有人砍伐，全村老小便一起出动，拼死抵抗。因为他们认为该山梁像一把利剑，直对村子，若无树林，剑形即显，对该村有害，所以这片林子历来都保护得很好[⑤]。土家族、仡佬族、毛南族等民族也

---

① 石群勇、罗康隆《苗族的自然宗教和生态维护》，《黑龙江民族丛刊》2009 年第 4 期。

② 吴承德、贾晔主编《南方山居少数民族现代化探索——融水苗族发展研究》，广西民族出版社 1993 年版。

③ 邢启顺、麻勇斌《黔东北苗族传统文化约束力在森林管护中的嬗变》，《林业与社会》2004 年第 1 期。

④ 熊晓庆、审国颂、钟少云等《瑶山神韵——广西民间社会森林崇拜探秘之瑶族》，《广西林业》2013 年第 9 期。

⑤ 衔顺宝著《绿色象征：文化的植物志》，云南教育出版社 2000 年版。

有依据风水说而进行严格保护的林地①。

（三）坟林

许多民族认为，人从森林中走来，最终还要回到森林之中。死后埋葬于山林，便意味着灵魂回归森林，与先祖们会合团聚了。坟山林是祖先灵魂栖居之所，与神林、风水林一样，也是神圣而不可侵犯的，并受到严格保护②。

基诺族各寨均有坟林，面积几十亩上百亩不等，为本寨公墓林，实行木棺土葬。坟林内禁忌很多，归纳起来有“九不准”：不准伐木作材、不准修枝砍柴、不准开荒种地、不准狩猎打鸟、不准积肥铲草、不准拾菌摘果、不准大小便、不准唱歌吼叫、不准谈情说爱。人们均自觉遵守禁忌规范，没有人敢犯禁③。德昂族人死后，一般实行土葬。所以，各个村寨都有坟地。坟地位置一定要选在村子的西边，面积几十亩不等。坟地周围的树林称为坟林，也是本村公墓林④。与坟林有关的禁忌与基诺族的“九不准”极为相近，德昂族均能自觉恪守。

西双版纳地区的傣族、布朗族、哈尼族，都有大片的公共墓地，墓地所在的林地都禁止砍伐，被视为神林，所以都保存完好。纳西族将火葬场周围的树、树林当作神树、神林，进行保护，不砍伐⑤。苗族、侗族等有依据家族或房族严格划定的坟林，坟林中树木一律禁止乱砍滥伐，各家族或房族有义务守护，若触犯禁忌必受相当重的惩罚⑥。

树葬是丧葬文化中一种较为古老特殊的丧葬方式。历史上，达斡尔族、鄂温克族、鄂伦春族等民族常采用树葬形式安葬死者。在人咽气后，一面替

---

① 参见袁瑛、彭易衡《三峡库区土家族传统民俗的价值探讨》，《重庆三峡学院学报》2010 年第 4 期；刘雁翎《正安仡佬族环境习惯法的调查》，《贵州民族学院学报》（哲学社会科学版）2012 年第 4 期；李广义《广西毛南族生态伦理文化可持续发展研究》，《广西民族研究》2013 年第 3 期。

② 廖国强、何明、袁国友著《中国少数民族生态文化研究》，云南人民出版社 2006 年版。

③ 高立士《西双版纳山区民族历史上的传统生态保护》，《云南民族学院学报》（哲学社会科学版）1999 年第 1 期。

④ 李家英著《德昂族传统文化与现代文明》，云南民族出版社 2000 年版。

⑤ 街顺宝著《绿色象征：文化的植物志》，云南教育出版社 2000 年版。

⑥ 参见邢启顺《贵州苗族生态文化简析》，《黔南民族师范学院学报》2007 年第 2 期；崔海洋《试论侗族传统文化对森林生态的维护作用——以贵州黎平县黄岗村个案为例》，《西北民族大学学报》（哲学社会科学版）2009 年第 2 期。

死者速速洗身更衣，一面到森林中选取硕壮的松树和柳条做成简易的木棺，盛殓尸体，或以白桦裹尸。同时，在林间选择几棵位置相近的大树为桩，以树枝、树杈为支点，搭成主体支架。然后将棺木或桦皮包裹的尸体，按头北脚南的方向置放于树架之上。最后，将尸体覆盖一层树枝、树叶，让尸体"任恣乌鸢食，以肉尽为升天"。葬罢，在三年或九年之内，每逢重大节日，死者的亲朋故友都要去祭拜亡灵。平时打猎或路经葬地，还要下马向亡灵敬烟、敬酒、叩头祭拜①。

此外，许多民族还有在坟山、墓地植树、种竹的习俗。哈尼族认为，活着的人（阳间的人）离不开竹，死去的人（阴间的人）同样离不开竹，因此要在埋葬死者的山上遍植竹林，并创造出专门为死者栽竹的神——"约收"。土家族老人去世后，要在坟上种坟竹和"千年树"。这些竹、树由小到大、由少到多，象征着子孙千千万万②。

二、森林崇拜的仪式

森林曾是人类历史上最早的祭祀场地之一，"在未有人造庙宇之时，人类有把森林当作庙宇来祭祀神的"，"人类常在森林内寻访神灵，并携带牺牲来供奉它们"③。中国西部众多民族的森林崇拜仪式就在茂密丛林中举行。通过参与仪式化的活动，将森林崇拜观念体现出来。各民族定期或不定期地在森林中举行祭祀活动，其目的不外乎是向鬼神祈求顺利吉祥、人畜平安、兴旺繁盛，祈求风调雨顺、五谷丰登、猎物丰足。大致上可据所祭祀的神祇将西部民族的森林祭祀仪式分为三种类型，即祭天型、祭山林型及祭竜（垄、龙）型。

（一）祭天型

历史上，不少西部民族笃信天神天鬼，因而会在特定的祭天神林内进行祭祀，以森林及树木而通天地、通鬼神、通祖先，求其庇佑。

"敖鲁古雅"（驯鹿）鄂温克族在距居住地较近的山林中举行祭天仪式。届时，先在树林中搭建一个圆锥形"撮罗子"（简易住房），在附近再搭建一

---

① 郑国鸾《北方游猎民族的绿色情结——关于树葬的文化内涵》，《民间文化》2000年第8期。

② 廖国强、何明、袁国友著《中国少数民族生态文化研究》，云南人民出版社2006年版。

③ 林惠祥著《文化人类学》，商务印书馆2011年版。

个祭台。主祭者萨满（巫师）穿祭仪服饰，手捧椭圆形单面鼓，牵来两只驯鹿（一公一母），在撮罗子旁的树上拴好。接着，萨满用右手拿神鞭击神鼓，唱神歌，说明祭天的原因、祭品的种类与颜色等。然后，由一位有声望的猎人杀掉驯鹿。萨满把新鲜的驯鹿血涂抹在鼓面上，把驯鹿头及驯鹿蹄摆在祭台上。摆放祭牲时有讲究：两条前蹄放在驯鹿头两侧，两条后蹄放在驯鹿头后面（以此向天表示正是用驯鹿祭天）。之后，萨满一会儿坐在地上，一会儿击鼓、跳舞、唱颂词，请求天神保佑狩猎的鄂温克族。祭天仪式一直持续到深夜才结束①。

纳西族自称“纳西蒙比若”，意为“祭天子民”，充分说明祭天在纳西族心目中的重要地位。祭天，纳西语叫“美布”，是纳西族古老而隆重的节庆之一。接下来以丽江市宝山乡吾母村的祭天仪式为例。其祭天场位于村寨附近的密林中。祭天仪式开始后，东巴坐在林中的祭台前举行“凑数”仪式（清除污秽的仪式），吟诵经书，将不健康、不吉利之物打发出去，以祈求来年风调雨顺、老少安康、万事如意。“凑数”结束后，东巴吟诵《祭天·献牲经》，一些年长者手持燃香，立于祭台侧敬听诵经。继而献祭牲鸡，将鸡血滴抹在祭台前、树枝上，并将鸡头夹在祭台前开杈的木桩上进行敬献；再祭献牲猪，将猪的不同内脏部位挂于祭坛周围象征男性、女性及母系祖先的树木之上，再将猪肉以家族为单位进行分配。之后，各家族成员按辈分及年龄大小顺序，每人手持三炷燃香，轮流到祭台前进行祭拜，许下愿望。此时，整个祭祀场香火旺盛、香烟弥漫、场面热闹，祭天仪式到达高潮阶段。烹煮祭祀牺牲后，举行“哈实”（向神灵敬献食物）仪式。东巴将熟猪头、猪尾献在祭台上，一时鞭炮齐鸣，东巴吟诵《祭天·熟饭经》，各家族成员再次手持燃香、拿着祭品，虔诚地将其祭献在祭台前，祈佑风调雨顺、五谷丰登、六畜兴旺、家和万事兴②。

丽江市九河乡的白族保留着古老的祭天习俗，称为“熬苏”，是一年中最隆重的祭典，一般在农历正月初三举行祭礼。祭天仪式以村寨为单位，妇女和外族均不能参加，男性则必须在场。主祭者由村寨中有德望的老者担任。每个村寨都有固定的祭天坛，设置在村寨附近的丛林中，称为“天坪”或

① 朝克、汪立珍著《鄂温克族宗教信仰与文化》，中央民族大学出版社2002年版。

② 杨鸿荣《纳西族东巴祭天的文化功能及变迁——以宝山乡吾母村为研究个案》，《民族艺术研究》2012年第2期。

“天登”。在林中选一棵高大茂盛的树为神树，作为天神的象征，也是直接祭拜的对象。祭天群体由同一个氏族的几个家族联合组成。每一年合族共祭天猪。届时先用活牲祭天神，念祭天经，之后宰杀做牲礼。各家族须轮流献出大公鸡做祭品。各家族必须带上米、鸡蛋、酒、肉等祭品供在神树前的祭坛上。祭毕，将牲肉分给各家族带回，供在祖先神位前。之后，全家共享天神赐予的“福礼”[①]。白族勒墨人亦在密林环绕的祭天场内举行祭天仪式。祭时，巫师“朵西博”以黄牛来祭献天鬼“害之特”。作为牺牲，挑选的黄牛必须膘肥体壮、头角和四肢无损伤。习惯上忌用刀宰杀，只能用斧头将牛砍倒。据说用斧子砍倒，牛血不会流出体外玷污祭场，并且血也可与肉一起奉献给天鬼。祭祀结束后，由男子将牛剥皮开膛，本家族成员和邻居都可分得牛肉一份。白族那马人也有相似的祭天活动，仪式亦十分类似[②]。

云南武定县一带的彝族具有对天的自然崇拜观念，称天神为“苦”。“苦”有保护、屏障之意。“苦”分“苦嫫”（“嫫”意为母、大）和“苦若”（“若”意为子、小）。祭天主要是祭苦嫫，实为祭“母天”或“天母”，若干村寨一起祭祀，时间定在六月初十，须斋戒七天。与祭苦嫫相对而言，祭苦若是祭“子坛”，以村为单位行祭，在火把节期间祭祀，须斋戒三天。祭天的祭坛设在村寨旁的树林里，取一块六寸见方的石头，用糯米粉涂白，刻上一个“天”字，靠在一棵树根上，在石头前插若干排人字形的细木枝，搭一个青棚，便是祭天坛。祭天时要先由巫师“毕摩”为人们驱邪，也要为作为天神“苦”的象征的石头驱邪。毕摩拿树枝拍打人们的肩背，以表洁净。祭祀完毕回家时，要把天神召回家，人们从祭场带回一根树枝，挂在楼上，求其保佑阖家安康、五谷丰登、人畜两旺。楚雄市大过口一带的彝族支系“罗罗颇”，每年的火把节期间都要举行隆重的祭天仪式。以当地蚕豆田村为例，其有固定的祭天场，称为“乃卡的俄歹”，意为“祭天神山岗”或“祭天山”，是村外一座南北向的小山，山上的树林被视为神林。祭祀当日中午，全村老少以辈分长幼为序，分成数排跪在祭坛前。毕摩先祭土主神，之后唱诵祭天词，祭毕野餐。结束后，各人从祭坛内拔一炷香带回家，据说这样可使天神保佑全家一年平安[③]。

---

① 陈烈著《中国祭天文化》，宗教文化出版社2000年版。

② 刘龙初、修世华《白族的祭天仪式》，《云南社会科学》1985年第2期。

③ 陈烈著《中国祭天文化》，宗教文化出版社2000年版。

（二）祭山林型

山与林密不可分，所谓“山为神之躯体，林为神之毛发”，故而西部众多民族的祭山神、祭林神、祭山林等宗教仪式都包含着对山林之神的深深崇敬之情。

“白那恰”是鄂伦春族、鄂温克族、达斡尔族所共同崇信的山林之神，这些族群认为其掌管着森林中的走兽飞禽，并认为所有的猎物都是其所赐予的，故而供奉唯谨。鄂伦春族在森林中选取一棵粗大的树木，在树干的朝阳面离地5—10厘米处，以刀斧将树皮剥掉，刻出人的脸形，以黑炭画上眼睛、嘴，即作为山林之神“白那恰”的象征。神像制作完毕后，鄂伦春族捡些柳树条，摆放在白那恰神像前，再用“阿叉”（一种草本植物）点香，然后祈祷跪拜。鄂伦春族在山林中路遇白那恰的神像，必须下马祈祷供祭。在林中打不到猎物时，要去求拜白那恰；猎物丰收时，也必须对白那恰进行祭祀。祭祀时，需以兽肉、动物油、血、火炭为供品，同时要用动物血涂抹白那恰的嘴，以示娱神[①]。平日在家中吃饭、饮酒前，鄂伦春族会将饭碗、酒杯举起，向空中绕两圈，以示对白那恰的敬献[②]。鄂温克族对白那恰的祭祀供奉与鄂伦春族颇为类似，亦十分崇敬。在森林狩猎和伐木的达斡尔族，每当在野外就餐饮酒时，也必须先用食指蘸酒向天弹三次，并手持食物行捧举之礼，以示对白那恰供献酒食的敬虔之心，求其多加赏赐猎物及时刻保佑[③]。

在羌族的超自然体系中，神林主要被用来作为羌族的祭祀场所的标记和神的象征符号。羌族地区重大的宗教活动，如“祭山会”等均在各羌寨附近的神林中举行[④]。羌族的祭山会又名山神会、祭天会（“莫都士”）。它是羌族祭祀山神，祈求神灵保佑人畜兴旺、五谷丰登、林木茂盛、地方太平的大典。每个羌寨附近的山上有一个高约两米的石塔（“纳黑西”），塔顶有几块白石代表山神、天神、树神等。塔周围环绕青翠的“神林”，一般为古老的松、柏、杉和青冈等树，祭山会在塔前林间空地上举行。祭祀仪

---

① 关小云《“白那恰”祭》，《黑龙江民族丛刊》1993年第1期。

② 《鄂伦春族简史》编写组编《鄂伦春族简史》，内蒙古人民出版社1983年版。

③ 莫日根迪《达斡尔族的宗教信仰》，《内蒙古社会科学》（汉文版）1981年第3期。

④ 彭文彬《论羌族神林信仰的内涵》，《四川民族史志》1991年增刊《羌族研究》第1辑。

式一般由羌族巫师“许”主持，并由各村寨会首筹备。会首由每家轮流担任。祭祀以寨为单位举行，有时则联寨举行。会上，“许”敬神作法，宰杀牺牲，献祭神灵，以求风调雨顺、林茂粮丰、人畜兴旺、百事顺遂。“许”还会演唱羌族历史传说及史诗，教育后代团结友爱，共同维护羌人利益，制订或重申乡规民约，强调封山育林、保护庄稼。祭山会只允许每户的男丁参加，丧亲之家和有产妇的人家不能参加，十二岁以上的男孩第一次参加时，须带刀头、敬酒、馍馍等敬神。在仪式过程中，羌族以挂有五色纸飘带的杉杆（“十卓”，也称为杉杆祖神，表示敬神还愿）为象征，其上有五个、七个或九个枝丫，每个枝丫代表一尊神①。部分羌寨还要在每年农历的四月初八举行“吊狗祭山林”的仪式活动，一来祭祀山神、林神，二来警示盗伐林木者。祭祀当天，全寨男子集中到寨旁的树林中，将一只狗吊在树上。先由寨中长老讲话，大意是说：为了全寨的幸福安宁，必须保护树林。如果违反规定，乱砍树木，就会像狗一样被吊死，受到神灵的惩罚。然后，由每户男丁挨个走到吊狗的树前，一边狠狠地向狗吐唾并捶打，一边还要说自家拥护封山育林，如果违反规定，甘愿受罚②。这种祭祀活动，不仅反映了羌族的万物有灵的宗教观，也反映了羌族的植物崇拜观，正所谓“祭神树以通天地，祀神林以佑村寨”③。

普米族认为万物有灵，户有神树，村有神林，族有神山。在普米族众多的祭祀仪式中，以祭神山最为隆重庄严。在普米语中，“吾”是“年”，“昔”是“新”，“吾昔”的意思是“新年”，祭祀神山的仪式就在“吾昔节”上举行。祭神山当日，普米族的男女老少都身着节日盛装聚集到神山脚下的神林前，搭起祭坛，杀牛宰羊，并将牛头、羊头放置在祭台上，作为祭物，以示对神灵的尊敬，祈求神灵的护佑，保人畜平安，惩恶扬善。祭毕，人们在祭坛前欢聚一堂，起舞纵歌，晚间燃起篝火，再度载歌载舞，通宵达旦④。

大理一带的彝族有“叫地脉”的习俗，实为祭山神地母的祭仪，时间定

① 钱安靖《从羌族祭山会看原始宗教的基本特征》，《宗教学研究》1985年第S1期。

② 古开弼《我国封山育林从民间习俗走向民族传统和民族精神》，《古今农业》2001年第1期。

③ 孔又专《论羌民族宗教文化传承特点》，《宗教学研究》2012年第2期。

④ 杨发顺《普米族之神山祭》，《云南消防》2002年第4期。

于每年农历二月。届时，村寨中一部分人化装组成队伍进入大山树林中举行祭仪，另一部分人躲在树林中。两个男丁赤裸上身，在身上涂抹各种颜色，手执牛尾开路以驱鬼邪，为山神地母扫清障碍，其后是一对扮成新婚夫妇的男女，一名手执羊鞭、身穿羊皮褂的牧羊人，手拿“五宝”（米、盐、糖、茶、硬钱币）的男孩。这一队人进入林中祭祀场地后，牧羊人向地面猛跺几下，向着树林、群山高声呼叫。此时如山中有人应答，表示地脉（山神地母）已应和。躲在树林中的人便蜂拥而出，敲锣打鼓、放山炮，以示庆贺；男孩将“五宝”埋在牧羊人跺脚之地，向山神地母献祭品，人们狂欢歌舞以娱神①。农历三月三为广西那坡彝族的祭山林节。节日早上，全寨杀猪，各户领取一份，中午由一位“轮值”老人做代表，带领一位青年提着礼品（肉、鸡、酒、鞭炮等）登山，在一块上书“山林之位”的石头前祭祀，燃放鞭炮。林子里各户听到鞭炮声，也陆续燃放鞭炮。老人将酒泼在地上，叫作“洗山”，表示“土地干净、草木茂盛”，然后下山。各家欢饮，庆祝林木青葱。节后各家互相检查护林情况。乱砍滥伐林木者受处罚，护林有功者有奖励。年年如此，形成制度②。贵州水城彝族的祭山林节定在每年农历二月初六（“龙场天”），祭山林多以村寨为单位。祭山林前，先由巫师“毕摩”和村寨长老到附近山林里选一棵最高的树作为神树。祭祀当日，每家每户的男人们（女人不能参加）提一壶酒、一碗苞谷面（或米）、半斤纸钱、一把香到山上祭祀神树③。

黔西北毕节、赫章一带的苗族，在每年农历三月初的属龙日要举行祭山林或献山林的活动。是日，寨中男人们全体参加，要带几斤酒、一只公鸡、一升米等，到林中最大的古树“树王”（“古木森”）前祭祀，并吟唱祭词，其内容主要是保佑寨子平安④。而贵州水城南开一带的苗族则将农历三月三定为祭山节，并以村寨为单位开展祭祀活动。祭山当天，本寨的男女老幼都集中在山脚下，支锅煮肉。待猪肉煮熟后，主祭人将酒、肉、饭等摆在地上，

---

① 陈烈著《中国祭天文化》，宗教文化出版社 2000 年版。

② 姚舜安主编《广西民族大全》，广西人民出版社 1991 年版。

③ 廖国强、何明、袁国友著《中国少数民族生态文化研究》，云南人民出版社 2006 年版。

④ 廖国强、何明、袁国友著《中国少数民族生态文化研究》，云南人民出版社 2006 年版。

再将杀死的公、母鸡的血滴在小山包上和山林中，然后把鸡毛蘸上鸡血贴在树上，点燃香、纸，众人肃立。主祭人把麻绳拴在树上，一手执香，一手举酒，边绕树边祷告，以保佑人畜兴旺、平平安安、年年丰收①。

瑶族普遍崇奉山神、林神及猎神，每次集体出猎之前，都要由狩猎首领率领全体狩猎成员用猪、鸡等祭品来到神山、神林或神庙中进行祭献，以求狩猎成功。如果不这样做，认为不仅不会有收获，还会有野兽伤人等灾难降临。狩猎归来，如猎获较大的野兽，要由巫师“师公”主持祭祀山神的仪式。凡有全寨性的重大祭祀活动也都要祭祀山神，个人捕获猎物后也要祭祀山神②。

珞巴族猎户在打猎前，都要祭祀山神和林神，以求平安、猎获物多。珞巴族还以一种特殊的方式表示对森林的崇敬。其认为生病遭灾是因为神林中有树精灵作祟，必须在林中找出附着树精灵的树林，砍掉烧毁，才能消灾祛病。这种仪式活动称为“塔木巴”，一般持续三天，事毕后村民再休息五天③。

（三）祭竜（垄、龙）型

西部一些民族有在森林中举行“祭竜（垄、龙）”仪式的习俗。尽管各民族对祭竜的称谓并不一致，但祭竜神实则祭祀地方保护神祇，在内容、形式上也颇为类似，因而祭寨神、祭土地神等仪式活动也应归属在祭竜型的范畴之内。由于龙文化的传播以及祭祀竜神中包含着祈求雨水丰足、风调雨顺等内容，因而不少民族祭竜时“龙”的形象被强化，亦有“祭龙”之称。

云南石屏县哨冲乡点莫尚村的彝族尼苏支系举行祭龙（竜）的民俗活动。祭龙分为“咪嘎好”和“德陪好”，咪嘎好每年一小祭，德陪好十二年一大祭，逢马年马月马日举行，是当地彝族最盛大的节日之一。该村的祭龙活动于正月初七举行，历时三天，仪式分为接龙、“倮哦”、送龙等三个部分。第一日接龙时，选村中德高望重者为“抱龙人”领头，村中男丁（女性不得参加）跟在其后，前往“龙林”祭祀。龙林中有一株“龙树”，

① 贵州省文化厅群文处、贵州省群众文化学会编《贵州少数民族节日大观》，贵州民族出版社 1991 年版。

② 徐祖祥著《瑶族文化论》，云南民族出版社 2001 年版。

③ 古开弼《中华民族的树木图腾与树木崇拜》，《农业考古》2002 年第 1 期。

树下设有一间小石房，称为“龙宫”。里面放着一枚鹅卵石，即为“龙”（竜）。进入龙林，抱龙人抱出龙“净身”（清洗鹅卵石），之后开始祷告祈福。祷毕，进龙林者排列成行，依次行磕头大礼，一派肃然。行礼后众人各司其职，装饰龙宫、杀龙猪、做献祭的饭菜，献在龙宫前，滴酒奠地，祷告天地神灵。尔后，将一劈两半的松枝举至齐眉的高度再放手，让其任意坠落，称为“罗紧”。罗紧一半扑地一半朝天为灵验，否则要重祷、重请、重卜卦。至此，接龙完毕。在接下来的三天中，都有热闹的民俗表演，如踩高跷、舞龙舞狮、歌舞“团乐”等。第三日表演结束后举行送龙仪式，即组织舞龙、跳杂舞人员去每户村民家中跳拜，俗称“龙拜别”，最后将龙送回龙宫内①。

“祭密枝（支）”又称“密枝（支）节”，是彝族撒尼支系最为盛大的宗教祭祀活动，其祭祀的主神是村寨保护神“密枝（支）斯玛”。现以云南石林县蒲草村的密支祭祀为例。密支节于每年鼠月鼠日（农历十一月十一日左右）举行，节期三至七天不等。届时如遇人畜死亡，认为不吉，即要推迟到本月下一个鼠日进行。节前一个月，通过鸡骨卜选出头人（整个仪式的最高主持者）、分肉人、执壶人、布置道场人、扛锅人、挑水人、砍柴人、做饭人、赶狗人、“毕摩”。祭祀时，由毕摩诵《普兹楠兹》（彝族祭祀词），杀猪献神，先“生领”（活猪献），后“生献”（杀后献），最后“回熟”（煮熟后献），祈祷神灵保佑人畜兴旺、行猎丰获，驱逐村内一切瘟神邪气。献后即分肉，平均每人一份，此时全体参加者拜密枝（支）神并祈祷。祷毕，大家一起食用所分之肉。未能参加祭祀活动的各户，每户同样分到一份肉，由别人带回。节日期间一律不准干农活，全体男子除第一天上山参加祭祀活动外，后几天打猎、捕鱼、游玩取乐。节日活动不仅不准妇女参加，节日期间她们不能走亲访友，只能在家料理家务，平时也忌讳她们进入密枝（支）林②。人们在祭密枝的祭祀仪式中，还要献祭“普”（男性始祖）与“楠”（女性始祖），显示出土地神和祖先神相融合的特征③。

---

① 潘妍娜《云南石屏“花腰”彝族祭龙仪式初探》，《交响——西安音乐学院学报》2005 年第 1 期。

② 吕大吉、何耀华主编《中国各民族原始宗教资料集成：彝族卷·白族卷·基诺族卷》，中国社会科学出版社 1996 年版。

③ 吕大吉著《宗教学通论新编》，中国社会科学出版社 2010 年版。

祭竜，是哈尼族民间最盛大的宗教祭典，又有“艾玛突”之称，哈尼语意为“祭寨神”。艾玛突在农历二月属龙日举行，为期三至五天，主祭村寨守护神“艾玛”，以神林中的高大神树为象征。艾玛突的祭祀仪式，各地有所差异，但一般都包括：“普玛突”（“祭寨神”），由“咪谷”（祭神主持人）主祭，“贝玛”（巫师）诵词，九名男子助祭，在神林内以猪、鸡、鸭、酒、饭、茶水为祭品；“普拉枯”（“招寨神魂”，亦称“游寨驱魔”）；“然尼基作色”（“饮贺生酒”），为新生婴儿祝贺；“埃嵯突”（“祭神林”），咪谷主祭于神林，各家抬酒饭入林共饮宴；“罗活索”（“清理水井”，亦称“祭水神”）等[①]。

拉祜族苦聪人认为，龙神能引发灾祸，使人生病，还能兴风雨、下冰雹使庄稼难以丰收，祭龙是为了求其不要在人间作祟。苦聪人将栗树奉为龙树，选一片栗树林为龙林，每年正月第一个属牛日为祭龙日。祭祀当日，全寨人拿上鼠干巴肉、米、盐等物品会集到龙树林，主祭者“龙头”在龙林中的每棵龙树上粘上一小块彩色糯米粑粑，再用作为祭牲的活公鸡生祭、活祭龙神。祭毕，要选举下一年的龙头，随后便开始娱乐活动。众人一起唱龙歌、跳龙舞，以此取悦龙神。保佑风调雨顺、庄稼丰收而不要降下灾祸。唱跳结束，龙头再将祭品献给龙神，念祭龙词，用口含酒喷向四周，表示祭献四方神祇。最后大家一齐吃饭饮酒，互祝平安吉祥，祭龙活动结束[②]。

西双版纳的傣族祭祀“垄林”的宗教仪式分为“祭勐神”和“祭寨神”，其中祭勐神的规模很大，甚为隆重，现以勐海县的祭典为例。祭勐神每三年一次，称为“桑比细烘毫”，时间以傣历一月的属鸡日为宜。祭祀当日，土司议事庭的总务官“叭波勐”牵着牛进入土司“召勐”官邸，献以蜡条和酒，告慰牛魂，宣告召勐祈神开始。而后，叭波勐来到勐神林中勐神神位前的祭台，献以贡品，再将牛牵至林中祭坛。牛牵走后，巫师“莫勐”身着红袍，头戴笋叶帽，进入召勐官府，坐于召勐宝座之上。召勐请求莫勐代其祭祀勐神，莫勐率领仆从前往祭坛，召勐留下继续祈神。勐神林中人群聚集（均为男性，女性不得参加）。叭波勐大声宣告祭勐神开始，与莫勐依照一定的次序呼唤神灵祖先接受奉献，即开始剽牛祭祀。剽牛应连砍三刀而使牛亡。第一

① 吕大吉、何耀华主编《中国各民族原始宗教资料集成：彝族卷·白族卷·基诺族卷》，中国社会科学出版社1996年版。

② 陈烈著《中国祭天文化》，宗教文化出版社2000年版。

刀砍下，要求牛颈不能断，牛狂跳狂吼，将鲜血洒遍全地，若砍断牛颈被视为不吉。牛死，倒伏于地，头朝东方为吉（反之为凶），四肢呈跪伏状为吉（四肢朝天为凶）。莫勐奠酒祭神，身份随即转化，被神灵附体，成为勐神化身。祭祀场内，开剥牲牛，将牛肉分给众人，烹煮后再以碗盛献神。人们均以吃到祭神的牺牲为吉利，家有老小或患病之人，要尽可能带给他们一起分享。之后，莫勐离开祭坛，进入召勐官府，再坐于召勐宝座，以勐神身份告谕召勐。召勐向勐神谢恩，擂响大鼓，司炮者“滚莫”立即放土炮三响，宣告召勐送神[①]。

云南新平县戛洒镇磨刀村坝达小组是一个“花腰傣”聚居的村寨，一年之中的各个时段都会举行种类繁多的祭祀活动。其中，“祭大田竜”即平日所说的“祭竜”（傣语称“核色”）是其最为隆重和热闹的祭祀活动。祭祀仪式固定于每年农历二月和五月的第一个属牛日举行，地点选在村寨竜林中的竜树“登色”下，其祭祀对象为守护村寨大田的寨神。祭大田竜历时一天，当日内全寨不能生产劳作，禁止外寨人进入村子，忌穿白色衣物和说汉话。祭日上午，男人们到山下砍竹子编制“达辽”，女人们采集假苹婆树叶（“竜粑叶”）和蜜蒙花包“竜粑”、染黄米饭。下午，竜头“伙色”向竜树献以青树枝刻成的“鱼”；雅摩背西向东朝竜树端坐，右手摇扇，念诵敬神的经文。完毕后，伙色在神树下杀三只鸡滴血祭献，其助手“伙穆”们负责在色宛竜树下宰杀一头大黑猪。各户男性家长取少许鸡毛、猪毛插在自家的达辽上，再将达辽插在竜树旁的水沟边。伙色取猪、鸡祭神，依次点香、献饭、献肉、添酒和叩首，敬请寨神前来享用。祭祀结束后，众人共享祭祀贡品，牺牲则平均分给各户。饭后，伙色跪拜在竜树下掷树卦，替全寨祈求神灵赐福。当掷出一仰一扑的“阴阳卦”时，男性家长们将水沟边的达辽插到自家的田埂之上，让寨神所附着的达辽替自己看田护地，确保丰收。竜树下，伙色取献祭过的猪尾、小鱼，两名伙穆一人手提祭“鱼”，一人背上献祭用品，前往江边献祭“江龙”[②]。

壮族“祭竜”有“大祭”和“小祭”之分，小祭年年进行，大祭三至六

---

①　朱德普《西双版纳勐海勐神祭祀仪式求证》，《云南师范大学学报》（哲学社会科学版）1995 年第 1 期。

②　赵文娟著《仪式·消费·生态——云南新平傣族的个案研究》，知识产权出版社 2013 年版。

年一次，大祭甚为隆重。祭竜的时间一般在农历二月初二或三月初三，多以村寨为单位集体进行，属于全村男子的义务，届时必须参加，并三天禁止做农活。祭祀当天，由长老、“布摩”（男性神职人员）和“竜头”率领村民在竜林中的竜树下搭建祭台。祭竜时，要以鸡、猪祭竜，生祭和熟祭各一次，还要供奉酒、花糯米饭及“刀头肉”。布摩念经为全村民众祝福祈祷，有的地方也请“咪玛”（女性神职人员）念经祷告。布摩和长老要将茅草绳环绕在竜树上，以显示其威严，在绳子上挂护神驱邪的“甲马”，并取出牲鸡胯骨看“鸡卦”，由布摩按鸡卦书的相关卜辞，预测当年的吉凶祸福。若卦象显示大吉大利，全体村民皆大欢喜；若卦象显示不吉利，便要及时依照鸡卦卜辞提示的方法进行化解，直至吉利为止，以此保证全体村民得到令人满意的神示。严禁外乡人参加祭祀活动，特别忌讳外地人骑马和戴雨帽通过村寨，旁观者亦不得打闹喧哗①。

布朗族的原始宗教活动以祭竜最为隆重。现以云南双江县沙河乡邦协村的祭祀仪式为例。布朗族称祭竜为“基约母习母”。祭竜必须每年举行一次，时间在傣历八月的属马日。如遇特殊情况（战乱、天灾或人畜病害等）则一年数祭。由专门的神职人员“竜头”（亦称“昭色”“塔色”或“塔昭色”）率其选定的两名副手（一个称为“翁色”，一个称为“翁莱”）主持祭仪。祭竜时，须选用公鸡和母鸡各一只、鸡蛋两个、公猪一头（遇大事还要公牛一头），另要蜡条八对及适量的茶、米、酒。祭祀当日，昭色、翁色、翁莱率领全寨每户的男性代表（每户各选出一位）前往竜林，先由昭色在竜树下点上一对蜡条，对竜树叩首三次并祷告。接着屠宰祭祀牺牲，宰牲时不能用刀割喉放血，必须用木棒击其头致死。昭色在树下点上蜡条，将祭牲、祭品置于先前搭好的木桌上，昭色隔桌对竜树祷告、祈福，请神灵享用。拜毕，众人一同食用供品。鸡头、鸡脚要留给昭色。之后，昭色取下卦骨，看鸡卦占卜。村民可将剩余食物带回，但家中的女性，无论老幼都严禁食用②。

云南耿马县勐简乡大寨村是一个佤族聚居的半山半坝村寨，村民属佤族支系“黄佤”。黄佤在每年旱谷播种前（泼水节后十天）都要举行盛大的

---

① 何正延《壮族“竜”崇拜及其“天人合一”的生态文化》，《文山师范高等专科学校学报》2005 年第 3 期。

② 俸春华著《澜沧江畔布朗人》，云南民族出版社 2003 年版。

“祭色林”活动，其与祭竜仪式大同小异。祭祀活动主要有三项，即“献水沟”“献小色神”和“献大色神”。在此期间，全村停止生产劳动。献水沟是祭色林的前奏，目的是告诉神灵播种季节即将到来，请求神灵保佑雨水充足。日出后，“色主”和部分老人来到神林中的水沟旁进行祭祀，先生祭后熟祭。五天后献小色神，色主与部分老人同携祭品到色林中的祭台前进行祭祀。进入色林后，首先要清扫森林杂物，老人念经，驱赶不吉利的东西。清扫完毕后，在祭台上摆放祭品，先将猪、鸡生祭之后再熟祭，祈求风调雨顺、播种顺利。孕妇及其家人不能进入祭祀场所，也不能吃祭色林的祭品，否则被认为是对色神的不敬，会引来灾难。献大色神在献小色神后的第十四天举行，祭献活动与献小色神相似，祭献目的是请求色神保佑庄稼生长旺盛①。

值得注意的是，众多西部民族的森林崇拜仪式并不再仅仅局限于信仰层面，其宗教功能逐渐弱化，而教育功能、社交功能、娱乐功能、生态保护功能及集市交易功能则日益显现和强化，逐渐演变成民族欢庆的盛大节日，不断丰富着各民族的森林文化内涵，并且成为民族生态文化中不可或缺的组成部分。比如，洱海地区白族的“绕山林”活动。它又被称为“绕三灵”“逛桑林”等。关于绕山林的由来，说法不一，至今没有定论。“社林说”认为，绕山林是白族古代社林祭祀活动的遗痕，其原初的活动内容，除氏族部落间的战事动员、重要战俘的交换和处决、部落重大事件的议定之外，亦要祈求风调雨顺、庆祝五谷丰登等②。但随着时间的推移，绕山林仪式的原初含义发生了重大改变，现已成为当地最为盛大的年度节日活动之一，各种社会功能不断得以加强。又如，贵州省安龙县德卧乡有一座占地约十亩的小山丘，上面密布杉树林。“歌仙节”时，贵州册亨、望漠、贞丰、兴仁、兴义等地，以及广西隆林、云南罗平等地的布依族青年男女云集至此，一面参加节庆活动，一面寻找意中人③。

---

① 周家瑜《论佤族神林崇拜与生态保护——以耿马勐简大寨“黄佤”神林崇拜为例》，《宜宾学院学报》2007 年第 10 期。

② 菡芳《“绕山林”“绕三灵”“逛桑林”》，《西南民族学院学报》（哲学社会科学版）1981 年第 3 期。

③ 古开弼《中华民族的树木图腾与树木崇拜》，《农业考古》2002 年第 1 期。

第二节　森林中的生计

生计是指人类谋取衣食住所来维持生存所必需的最低方法和手段。生计方式指的是人类群体为适应不同的生态环境所采取的整套谋生手段。叶赫迪·科恩使用“适应策略”这一术语来代指生计方式，用以描述一个群体的经济生产体系，发展出其社会类型学的概念，指出人类社会存在着五种适应策略——觅食、园艺、农业、牧业和工业①。其中，觅食（采集狩猎业）、园艺（刀耕火种农业）、农业（精耕农业或集约农业）、牧业（特指森林畜牧业）四种人类生计与森林生态系统都有着十分密切的联系。中国西部一些民族，基于对森林资源的认知和利用，创造出独特的采集渔猎和刀耕火种生计类型，其详情请参阅本书的其他章节。这里将西部各民族的森林生计分为“森林中的林粮兼作”“森林中的水稻种植”“森林中的驯鹿养殖”三个部分进行论述。

一、森林中的林粮兼作

在贵州、广西、湖南等地的侗族、壮族、瑶族、苗族地区，广泛存在着一种“林粮兼作型”的农业生产形态。林粮兼作型农业主要指在林地里套作粮食作物，实行林粮兼作。通行的种植方法是第一年实行旱作农业与林业的共同耕作，以旱作农业为主，第三年（或更长时间）后，旱作农业退出生产领域，林业独立发展，产出的木材作为商品进入市场。其主要种植的经济树种是杉树，其次为油茶、油桐等。

（一）林粮兼作与商品化林业

林粮兼作型农业与前文中的人工种植林轮歇刀耕火种相比较，两者既有相似之处，又有不同之处。相似之处在于两者都是通过人工种植树木的方法，实现粮食与树木的共同产出，同属于森林旱地农业的范畴。两者的不同之处则存在于其生产目的的差异性之上。刀耕火种农业本质上属于一种自给自足的自然经济体系。景颇族、独龙族等种植速生树种，并不是为了使这些林木进入商品市场，而是为了缩短休闲期，改善土壤肥力，使人工种植的树木成

---

① ［美］康拉德·菲利普·科塔克著，黄剑波、方静文译《人类学：人类多样性的探索》，中国人民大学出版社 2012 年版。

为刀耕火种农业再生产环节中的一部分。白族勒墨人等以栽培漆树来换取生产生活必需品，这种交换的程度也远远未能达到大规模商品经济的程度，其生计更多地还是依赖于刀耕火种的物质产出。刀耕火种农业体系中的林业尚未从农业中分离，是一种以粮为主、以林为辅的农业类型，“森林只能以土地为中介实现自己的经济价值，未摆脱作为农业和土地附庸的地位”[①]。林粮兼作型农业与刀耕火种迥然相异，其种植树木的目的并不是服务于土地，而是使之成为商品，“森林不再是土地的附庸，而是依靠自己的力量实现了生态和经济价值的完美结合”[②]。因而，林粮兼作型农业是一种商品化农业，是商品经济发展到一定程度的产物。现以黔东南的侗族、广西融水县的苗族为例，回顾林粮兼作型农业萌发和发展的历史进程。

黔东南地区是侗族的主要聚居地，也是中国的八大林区之一，森林覆盖率高达63.44%（2013年数据），清水江下游的天柱、锦屏、黎平等县被誉为“杉木之乡”。当地良好生态环境的形成和保护，与侗族在历史上长期经营林粮兼作型农业，培育人工杉林有着密切的关系。洪武三十年（1397年）爆发了铜鼓卫上婆洞林宽领导的侗族农民起义，明王朝派军进剿，“由沅州（今湖南芷江）伐木开道二百里抵天柱”。可见，明初自天柱以下的沅江流域林海苍茫，无路可通，天柱、锦屏以上的清水江流域，更当是莽莽苍苍的原始林。明正德年间（1506—1521年），朝廷始派官员至黔、川、湘采办“皇木”[③]。皇木即皇家修建宫殿、陵寝、祭坛等所用的木材，以高大的楠、杉为主。明代中后期，黔东南地区丰富的森林资源更加受到朝廷和商贾的重视。皇木运经江淮，人所瞩目，乃有商贾溯江而至，木业遂兴[④]。万历四十四年（1616年），湖南木商沿清水江到达县境（今天柱）瓮洞、白岩塘（今白市）、远口、三门塘、坌处等地采购“苗木”（杉木）[⑤]。在此背景下，天柱、锦屏等地的侗族开始大片种植杉树作为商品出售，林粮兼作型农业随之产生。清代以后，随着林粮兼作技术的普遍推广，商品化的林业得到巨大发展。清康熙

① 廖国强、何明、袁国友著《中国少数民族生态文化研究》，云南人民出版社2006年版。

② 廖国强、何明、袁国友著《中国少数民族生态文化研究》，云南人民出版社2006年版。

③ 杨有耕《清代锦屏木材运销的发展与影响》，《贵州文史丛刊》1988年第3期。

④ 杨有耕《清代锦屏木材运销的发展与影响》，《贵州文史丛刊》1988年第3期。

⑤ 贵州省《天柱县志》编纂委员会编《天柱县志》，贵州人民出版社1993年版。

年间（1662—1722 年），由清水江输出的杉木年产值达白银 80 万两之多[①]。清雍正年间（1723—1735 年），黔东南地区基本上完成了“改土归流”，进一步促进了当地商品经济的发展。清乾隆年间（1736—1795 年），天柱县已有吴、李、龙、杨四大地主，其中龙家所占土地跨天柱、剑河、锦屏三县，遍及三十多个村寨，拥有每年收获粮食达三万担的租地和面积达十万亩的山林[②]。《黔南识略》载：“郡（黎平府）内自清江（今贵州剑河）以下，至茅坪二百里，两岸翼云承日，无隙土，无漏荫，栋梁案楠之材，靡不备具。坎坎之声，铿訇空谷。商贾络绎于道，编巨筏放之大江，转运于江淮间者，产于此也。”[③] 清水江支流的洪州河、乌下江、亮江，都柳江支流的寨蒿河、宰滚江（今双江），两岸的杉林也是郁郁葱葱，绵亘数十里[④]。清代中后期，黔东南地区的商品化林业一直保持着繁荣景象。如光绪《黎平府志·物产》载：“杉木岁销百万金。黎郡产木极多，……唯杉木则遍行湖广及三江等省，远商来此购买。在数十年前，每岁可卖二三百金。今虽盗伐，亦可卖百余万，此皆产自境内。境外则为杉条，不及郡内所产之长大也。……黎平之大利在此。”[⑤] 在商品化林业的大力刺激下，杉木经营者不断地扩大着栽植面积，使得杉林储蓄量有增无减。光绪六年（1880 年）至宣统元年（1909 年），黎平等地的侗族人工造林面积不下数十万亩[⑥]。何辑五的《十年来贵州经济建设》载：“本省森林，……其大宗木材（以杉柏为主）可以输出者，首推清水江流域，……盖此区林荫茂，为全省冠。木材经由沅江集中湖南的常德转运汉口及京镇一带销售也……全省木材外销：清水江流域林区约占十分之五，榕江流域林区约占十分之二…… 民国初年，清水江流域每年外销木材总额值六百万元……清水江木业全部以杉木为主……”[⑦] 木材交易的发展直接促进了侗族地区的城镇发展，锦屏、黎平、榕江、丙妹、翁洞等地成了主要的木材集散

① 廖国强、何明、袁国友著《中国少数民族生态文化研究》，云南人民出版社 2006 年版。

② 龙迅《侗族社会林业经济层面分析》，《贵州民族研究》1992 年第 2 期。

③ 〔清〕爱必达撰《黔南识略》，成文出版社 1968 年版。

④ 《侗族简史》修订本编写组编《侗族简史》（修订本），民族出版社 2008 年版。

⑤ 〔清〕俞渭修，陈瑜撰（光绪）《黎平府志》卷三下《食货志第三·物产》，光绪十八年（1892 年）黎平府志局刻本。

⑥ 《黔东南州志》编委会编《黔东南州志·农业志》，中国林业出版社 1990 年版。

⑦ 何辑五编著《十年来贵州经济建设》，南京印书馆 1947 年版。

地，商业相当繁荣[①]。

广西融水县亦被誉为“杉木之乡”和“杉木的王国”，森林覆盖率高达76.8%（2009年数据）。自1952年至1983年，该县直接向国家上交木材量居全国第二位（以县为单位），杉木的交售量为全国之冠。融水县苗族种杉历史悠久。据苗族古歌《新屋贺歌》记述：有一只燕子从南海衔来杉木种，撒在山沟里。待杉苗长出后，苗民加以移植和保护，终于长成了杉树。早在唐末宋初，大批苗族迁徙到该县，开始大面积地种植杉木[②]。明末清初，外地木商开始进入该地，“诸夷田事之外，无日不跋山涉水、逐步射飞，……而林木山货物产特盛，猺猴所居，商人出入其中”。杉木种植逐步开始转向专业化和商品化方向，林粮兼作型农业也随即诞生[③]。至20世纪50年代，该县的商品化林业已发展到相当可观的规模。

（二）林粮兼作的多样化实践

“过去将农业（大农业）内部构成以及与之相联系的副业按重要性排列为：农、林、牧、副、渔。这种排列不够科学……森林是生态系统的支柱，没有林，生态系统就会崩溃，就没有农、牧、渔的发展。林是人类生存问题，农是人们吃饭问题。农业搞不好会饿死一些人，森林砍光了会使人类难以生存下去。因此，林应放在首位。至于工、副业是非农业正业，应放在末位。所以，比较科学的次序应是：林、农、牧、渔、副。”[④] 林粮兼作农业的诞生，是人类农业史上的一次重大变革，充分体现出“以林为先”的科学农业生产理念。费孝通先生通过实地调查研究，将林粮兼作型农业的特征极为精辟地概括为：“以粮养林，以林蓄水，以水供田，以田植粮。从林粮矛盾变成林粮相继。”[⑤] 林粮兼作的生产体系解决了栽种粮食和植树造林之间的争地矛盾，提高了土地利用率，可以在育苗的前一两年内稳定地产出粮食作物，既解决了林农的吃粮问题，又发展了林业，实现了林业经营中的“以短扬长”，从而

① 冯祖贻、朱俊明、李双璧等著《侗族文化研究》，贵州人民出版社1999年版。

② 广西壮族自治区编写组编《融水苗族自治县概况》，广西民族出版社1986年版。

③ 廖国强、何明、袁国友著《中国少数民族生态文化研究》，云南人民出版社2006年版。

④ 张薰华著《生产力与经济规律》，复旦大学出版社1989年版。

⑤ 费孝通《四上瑶山》，载金秀瑶族自治县民委、县文联、广西师范学院民族民间文学研究所、广西民俗协会编《瑶族风情录》，广西人民出版社1991年版。

提高了林农的短期收入[①]。林粮兼作型农业作为一种以林为主、立体开发、综合利用、长短结合的生态经济型农业，是一种以林作文明为主、农耕文明为辅的文明形态。其实现了生态效益、经济效益和社会效益的有机结合，从而找到一条切合山区实际的可持续发展之途[②]。

林粮兼作技术是林粮兼作型农业的重要技术环节，对此亦有不少的历史文献记载。光绪《黎平府志·物产》载："种杉之地，必预种麦及苞谷一两年，以松土性，欲其易植也。"[③] 吴振棫的《黔语》"黎平木"条载："种（杉）之法，先一二年必树麦，欲其土之疏也。"[④] 民国时期，刘锡藩的《岭表纪蛮》亦有过记述："盖蛮人食物，大半仰给杂粮。而种植杂粮时，一面兼种杉树，则最为有利。因杉树幼时，必须松土耘草，蛮人因松土耘草之便，即植杂粮于杉地中，可以一举两得。如此三四年，耕地变瘠，而杉亦蔚然秀长，蛮人无年不种杂粮，即无年不种杉树，因而杉树遂为苗山最富之产物。"[⑤] 由于各地生态环境及民族文化的不同，以及栽培农作物和经济树种的生物属性差异，故而发展林粮兼作型农业的各民族在施行的过程、方式及栽培品种上也显示出一定的多样性。

"十八杉"又名"女儿杉"，是黔东南侗族、苗族等在林粮兼作型农业中，经过精心选育所培植出的一种速生杉树品种。杉木每年能达到每亩 2.7 立方米的产量，稳居世界同类林木生长量的前列[⑥]。十八杉亦与当地的一种独特婚育风俗相关。民谣云："十八杉、十八杉，姑娘生下就栽它，姑娘长到十八岁，跟随姑娘到婆家。"[⑦] 当地林农生下女儿时都要栽种一片杉树作为女儿长大后的嫁妆。种杉时深挖土地、打碎土块、细致整地，选用良种壮苗，精

---

① 梅军《略述黔东南苗族传统农林生产中的生态智慧》，《贵州民族研究》2009 年第 1 期。

② 廖国强、何明、袁国友著《中国少数民族生态文化研究》，云南人民出版社 2006 年版。

③ 〔清〕俞渭修，陈瑜撰（光绪）《黎平府志·食货志第三·物产》，光绪十八年（1892 年）黎平府志局刻本。

④ 〔清〕吴振棫撰《黔语》（卷二），载《丛书集成续编》（第 54 册），上海书局 1994 年版。

⑤ 刘锡蕃著《岭表纪蛮》，南天书局有限公司 1987 年版。

⑥ 吴声军《锦屏契约所体现林业综合经营实证及其文化解析》，《原生态民族文化丛刊》2009 年第 4 期。

⑦ 黎平县林业志办公室编《黎平县林业志》，贵州人民出版社 1989 年版。

细栽种，同时还在幼林中间种玉米、红薯、小米等农作物，在对农作物锄草、浇水、施肥的同时，也兼顾对树苗的管理，既能在短期内得到农作物（特别是粮食）收益，又能在十八年间培育出成材的杉木[①]。根据对贵州锦屏县魁胆寨侗族的林业生产调查，其女儿杉的培植过程可分为五个主要环节：一、开荒备地。春砍草木，烧灰作肥，四月垦地，种植小米。秋后翻地过冬，初春碎土整地，准备栽杉。二、育苗栽树。深挖地，细碎土，整理苗床，春时播种。出苗后，勤锄草，追灰肥，匀去弱苗，留壮苗备用。栽树时，在山上沿等高线打窝，窝距六尺，苗身要直，覆土要碎，松紧适度。距苗一尺的上端，竖一木桩，作为标志，并防止下坠土石损伤幼苗。三、林粮间作。栽树后，于林地苗行间，间作苞谷两季。注意行距，勿使苞谷须根伸入杉苗窝内。中耕苞谷，亦为杉苗松土，加覆表土于根部。秋收苞谷，将茎叶积于杉苗上侧，腐烂为肥。四、抚育管理。苗长两岁，高四五尺，不宜种粮。第三、四年里，四月锄草，七月松地，覆盖表土。此后幼苗郁闭，每年修枝一次，并薅除杂树野藤。五、采伐运输。精心培植，杉树十八年即可成材，名为十八杉。伐后陆运至江岸，再水运往长江流域。魁胆农民既是植树者，也是伐木工，又是陆运木材的“旱夫”[②]。

广西金秀县大瑶山瑶族最主要的造林方式是“种树还山”。瑶族山丁向山主租得山地后，从开始种植农作物的第二年起，必须在农作物中间种植杉树幼苗。待树苗长高，不再适宜种植农作物时，将山地连同杉树一起还给山主，另外租山耕种。杉树的种植疏密必须合乎规范，太密要疏苗，太稀或树苗未能成活必须补种[③]。侗族的山林租赁制与瑶族相类似，无地或少地的侗族佃户向地主租种林地。头三年旱粮与杉树间作，所获杂粮归佃户所有。第四年幼林进入郁闭状态，不再兼作粮食。地主与佃户签订合同，确定杉树的分成。一般是主佃平分，也有主六佃四的[④]。

以广西三江县为中心的八桂侗乡，侗族以自身的创造力发展出一种俗称“三五七制”的林粮兼作农业技术。其生产过程如下：“刀耕火种”地的第二

---

① 雍文涛《林业的集约经营与发展农林复合经营》，《世界林业研究》1989 年第 4 期。

② 杨有耕《魁胆侗寨解放前的林业生产调查报告》，《贵州民族研究》1982 年第 1 期。

③ 姚舜安主编《广西民族大全》，广西人民出版社 1991 年版。

④ 廖国强、何明、袁国友著《中国少数民族生态文化研究》，云南人民出版社 2006 年版。

年春，翻土挖地，日晒十来天，用锄头把土打碎，由地头往下种玉米、油桐、油茶。在种油桐、油茶的穴旁插一根木片做记号，提醒人们注意不要踩坏它们的幼苗和嫩芽。立秋后，玉米成熟了，油桐、油茶长出了幼苗。第三年，又去挖土种玉米。秋后，收获玉米，油桐、油茶苗也长至二三尺高。第四年不能种粮食作物，立秋前去松土、除草，立冬后就可以收获桐果。桐果“红盖”三年，第七年油茶树也满枝茶果一片红。侗族称这种间作套作法为“三五七制”，流传着顺口溜“三年杂粮五年桐，七年茶果满山红”。也有将油桐和杉树套作的，便形成“三年粮，五年桐，七年杉苗长成林”[①]。广西龙胜县的壮族也娴熟地掌握了林粮兼作的套作技术：头两年开垦土地种植旱粮作物，并间播油桐，产生“两年粮，三年桐，七年茶林满山红”的收效[②]。

总结起来，林粮兼作技术能产生众多的生态功能和生态效益。现以杉木种植为例。林粮兼作能够起到松土、深化土层的作用，为幼苗成长提供了疏松的土壤，而且提高了土壤的肥力，幼林生长快，大大缩短了成材期。通过兼作粮食作物，以耕代抚，增加土壤疏松度，使土壤不致板结。庄稼长起来后，可为杉树掩荫，人为增加幼林地上的地表覆盖率和粗糙程度，雨季时依靠植物的茎叶降低地表径流速度，依靠盘根错节的群落根系留住表层肥土，可以有效地减少幼林区的水土流失。林地中套作的粮食作物，其根须可以充当未来树苗根系的开路先锋。树林郁闭后，这些植物的根系就会逐年缓慢地腐烂，腐烂后留下的空隙自然就成为杉树苗侧根向四面延伸的通道。这种空隙中既有空气又有养分，可以确保树苗的侧根得到充分发育，使树苗生长旺盛[③]。林粮兼作套作的粮食作物分泌出的抗生素，也有益于防止不利于杉树生长的微生物蔓延，粮食也可以引鸟前来觅食，而鸟是危害杉树的害虫的天敌，从而可以抑制虫害[④]。

除了间作套作粮食作物外，侗族、苗族的人工杉树林中还混种着其他树种，如松、油茶、油桐、黄木、樟树、檀木、杨梅、楠竹和板栗等。以油桐

---

① 陈衣、吴善诚、吴功卿、石若屏主编《八桂侗乡风物》，广西民族出版社 1992 年版。

② 蓝耋椿主编《可爱的龙胜》，广西人民出版社 1994 年版。

③ 梅军《略述黔东南苗族传统农林生产中的生态智慧》，《贵州民族研究》2009 年第 1 期。

④ 吴声军《锦屏契约所体现林业综合经营实证及其文化解析》，《原生态民族文化丛刊》2009 年第 4 期。

为例，油桐在前三年长势迅速，但不结果，林农可以种植其他农作物。三年后林地不能实行林粮兼作，油桐开始结果，四年后可以收获，补偿停止林粮间作后的经济损失。八年以后，杉树逐渐长大，油桐失去生长优势，林农砍掉油桐，让杉木自由生长。不同经济树木的混种方式，使林地的产出、收益增加，以短养长，给林农带来连续不断的收入。杉树林地中还会有意识地培育其他经济价值并不大的阔叶树，且比例不低于15%。这种仿照自然森林系统而形成的人工混交林，为多种动植物的生长与繁殖提供了条件，保护了林地生物群落的物种多样性，并提升了地表的草木覆盖率，降低了直接降水对地表的冲刷，不至于造成人为的生态灾变，维护了生态系统正常运行①。

（三）林粮兼作中的民间森林习惯法

侗族、苗族分别制定出“侗款”“苗榔”等一系列民间习惯法，对当地林粮兼作型农业和商品化林业的持续发展以及环境保护起到了十分积极的作用。例如，“侗款”中提及：“若哪家孩子，鼓不听捶，耳不听劝，不依古礼，不怕铜锣。他毁山毁林，毁了十二个山头的桐油树，毁了十二个山梁的杉木树。寨脚有人责怪，寨头有人告发，我们就跟他当面说理，我们就跟他当面论罪。”② “苗榔”中规定：“封山才有树，封河才有鱼。封山育林，不准烧山。哪个乱砍山林，我们要罚他十二两银子；他若不服，要加倍罚到二十四两至三十六两。”③ 因而，苗族的“榔规”成了森林的守护神，“侗款”则是侗族环境保护和侗寨社会稳定的基石④。这些民族生态保护方面的习惯法，内容丰富、条款清楚、便于操作，而且奖罚分明、惩处严厉、量刑适当、违法必究、执法严格。在其约束下，保护生态环境逐渐成为全民共同遵守的规范⑤。

---

① 吴声军《锦屏契约所体现林业综合经营实证及其文化解析》，《原生态民族文化丛刊》2009年第4期。

② 邓敏文、吴浩著《没有国王的王国——侗款研究》，中国社会科学出版社1995年版。

③ 贵州省民族研究学会、贵州省民族研究所编《贵州民族调查（卷15）——贵州少数民族传统精神文明专辑》，1997年印。

④ 余贵忠《少数民族习惯法在森林保护中的作用——以贵州苗族侗族风俗习惯为例》，《贵州大学学报》（社会科学版）2006年第5期。

⑤ 喻见《贵州少数民族地区生态文化与生态问题探究》，《贵州社会科学》2002年第2期。

部分“侗款”“苗榔”以“禁约”的形式散见于碑刻之上，其内容大多是有关保护山林的条例。这些碑刻常常矗立在山间、路旁、寨口或庙后。在苗族传统社会中，“榔约”一经公众议定，就要竖立标记，以示庄重。有的埋一块石头，一半露出地面，称为“埋岩”，并在旁边栽上杉树、枫树、楠木树等，称为“议榔树”。因而榔约也被称为“埋岩立法”或“议榔立法”[①]。锦屏县文斗苗寨的六禁碑远近闻名，其碑文内容如下：“众禁公议条禁开列于左。一禁锯远近杉木，吾等依靠，不许大人小孩砍削，如违罚银十两。一禁各甲之阶分落，日后颓坏者自己修补，不遵禁者罚银五两，兴众修补，留传后世子孙遵照。一禁私自游山，不许乱伐乱捡，如违罚银五两。一禁后龙之阶，不许六畜践踏，如违罚银三两修补。一禁赶瘟猪牛进寨，恐有不法之徒宰杀，不遵禁者众送官治罪。一禁逐年放鸭，不许众妇女挖前后左右虫鳝，如违罚银三两。乾隆叁拾捌年仲冬月姜弘道书撰立。”[②] 光绪三十年（1904年）锦屏县彦洞乡侗族所立的“严禁碑”规定：“栽蓄杉、桐、油、蜡等树，不得任意妄行盗砍及放火焚烧，牧放牛马践踏情事，倘敢不遵，仍蹈故辙，准该乡团等指名具案，定即提案重惩，决不姑息宽容。”[③] 除了由于林业是侗族、苗族重要的经济来源之外，保护山林的目的还在于其关乎村寨的“风水”。如存于锦屏县大同乡章山村的禁碑：“盖闻黎山蓄禁古木，以配风水。情因我等其居兹境，是在冲口左边，龙脉稍差，人民家业难以盛息。前人相心相议，买此禁山蓄禁古木，自古及今，由来久矣。”[④] 同治八年（1869年），黎平县潘老乡长春村立下禁碑：“吾村后有青龙山，林木葱茏，四季常青，乃天工造就之福地也。为子孙福禄、六畜兴旺、五谷丰登，全村聚集于大坪饮生鸡血洒盟誓，凡我后龙山与笔架山上一草一木，不得妄砍，违者，与血同红、与酒同尽。”[⑤] 风水林地属于公共财产，长期受到保护，一旦被自然力损

---

① 古开弼《我国历代保护自然生态与资源的民间规约及其形成机制——以南方各少数民族的民间规约为例》，《北京林业大学学报》（社会科学版）2005年第1期。

② 罗洪洋《清代黔东南锦屏苗族林业契约的纠纷解决机制》，《民族研究》2005年第3期。

③ 吴伦新、龙初凡《侗族地区立体林业经济开发构想》，《贵州民族研究》1994年第2期。

④ 李莉、梁明武《黔东南地区林业文化初探》，《北京林业大学学报》（社会科学版）2006年第3期。

⑤ 蒋红星《侗族民风一瞥》，《森林与人类》1995年第3期。

毁，全寨人都会出力，努力造林修复，保证其常绿。育林期间，分地段、片区轮流封禁，即使是私有林在封山期内亦不能砍伐①。

由于林粮兼作农业的普及和商品化林业贸易的兴盛，约有 30 万份“清水江文书”（又称“锦屏文书”）在清水江流域的侗族、苗族地区流传，形成了一种独特的“林契文化”。清水江文书是公认的继故宫博物院的清代文献和安徽“徽州文书”之后的中国第三大珍贵历史文献，被誉为“全世界农民混农林经济活动的活态记忆库”“世界性生态保护典范”。文书大致分为山林土地所有权买卖、佃山造林、林业管理、木材等林产品经营和利益分成、林业纠纷调解和诉讼等类别，填补了中国古代林业经济历史文献的空白②。大量的林契确定了不同家庭、家族和村寨的经济权属，调节管理着当地的林业市场，规范约束着人们的社会行为，维护着社会的团结和稳定，从而保障了大规模人工造林的持续进行③。“林业契约”交易并不简单地仅仅是一种“市场交易”，至少就交易者双方的关系而言，在某种程度上更类似于一种“平衡互惠”交易。因而，对于林区的各民族来说，严格履行林业契约规定的义务是最有益的④。值得注意的是，部分林业契约的内容中包含着租赁人（“栽手”）应实行“种粟栽杉”、混种其他树种的严格规定⑤。此类文书的存在，充分反映出林粮兼作技术在人工营林业综合经营中的重要地位和作用。凡事必以立字为据，认真施行，不得有误。

一些谚语在长期的流传过程中对人们的行为亦起到一定的规范作用。“正月栽竹，二月栽木”；“要栽杉松柏，莫让春晓得”；“沟栽杉，顶栽松，柏子栽在石缝缝”；“栽杉莫反山，反山树扭弯”等林谚是对栽种时间、地点的精炼总结。“造林要护林，大山变成聚宝盆”；“造林防火光荣，乱砍滥伐可耻，

---

① 吴伦新、龙初凡《侗族地区立体林业经济开发构想》，《贵州民族研究》1994 年第 2 期。

② 杨军昌《侗族传统生计的当代变迁与目标走向》，《中南民族大学学报》（哲学社会科学版）2013 年第 5 期。

③ 李莉、梁明武《黔东南地区林业文化初探》，《北京林业大学学报》（社会科学版）2006 年第 3 期。

④ 罗洪洋、张晓辉《清代黔东南地区文斗侗、苗地区林业契约研究》，《民族研究》2003 年第 3 期。

⑤ 吴声军《锦屏契约所体现林业综合经营实证及其文化解析》，《原生态民族文化丛刊》2009 年第 4 期。

止火毁林犯罪，法制绝不饶人”；“造林不护林，等于瞎胡混，一粒火星焚万木，千辛万苦化灰尘”；“千里之堤，溃于蚁穴，千亩森林，败于一个火字”等强调护林防火的重要性[①]。一些谚语反映了林粮兼作农业中可观的林业经济效益：“家栽万株杉，生活永不差；户有千株桐，日子不会穷；山山栽满树，等于小金库”；“万树千棕，一世不穷”[②]。关于林粮兼作型技术，林农亦有精辟的见解：“种树又种粮，一地多用有文章，当年有收益，来年树成行”[③]；“林粮混种好，办法实在强，树籽得用钱，粮食养肚肠”；“林粮混种好，一山出三宝，当年种小米，二年栽红苕，三年枝不密，再撒一年荞”；“栽树又种粮，山上半年粮”[④]。

二、森林中的水稻种植

水稻是人类最重要的粮食作物之一，中国是目前世界上发现早期稻作遗存最多的国家，有着丰富的野生稻资源分布，又有着独立发展的古老稻作文化。以水稻种植为生计的一些西部民族，如傣族、壮族、布依族、水族、侗族、毛南族、仫佬族、苗族、瑶族、哈尼族、土家族、彝族等，在长期的稻作农业实践中认识到“稻米—水源—森林”三者之间的密切关系：“有森林才有水，有水才能种稻，有稻才能活人。”水源是水稻种植中必不可少的自然因素，直接影响水稻收成。水源的多少及优劣则与森林密切相关，森林具有调节气候和地表温度、增加降雨、涵养水源、防止水土流失、防风固沙、改良土壤、防洪抗旱等多种生态功能。因此，对森林的管理和保护就成为关乎稻作民族生存与繁衍的头等大事。基于这种对森林的深刻认知，各稻作民族形成了一系列保护森林的优良传统。“森林中的稻田”则为各稻作民族提供着生存和发展的基础。

（一）森林与梯田稻作

所谓“梯田”，即“梯山为田”。唐代《蛮书·云南管内物产》载：“蛮治山田，殊为精好。……浇田皆用源泉，水旱无损。”由此可见，当时

---

① 李莉、梁明武《黔东南地区林业文化初探》，《北京林业大学学报》（社会科学版）2006年第3期。

② 廖国强、何明、袁国友著《中国少数民族生态文化研究》，云南人民出版社2006年版。

③ 黔东南苗族侗族自治州地方志编纂委员会编《黔东南苗族侗族自治州志·林业志》，中国林业出版社1990年版。

④ 黎平县林业志办公室编《黎平县林业志》，贵州人民出版社1989年版。

的梯田农耕已有相当高的水准。宋代，梯田有了正式的名字。范成大的《骖鸾录》载："出庙，三十里至仰山，缘山腹乔松之磴，甚危，岭阪上皆禾田，层层而上至顶，名梯田。"明代农学家徐光启的《农政全书》全面总结了我国历史上的农业形态、农田样式和农耕技术，将梯田列为中国农田史上的七大田制之一。《农政全书·田制·农桑诀田制篇》云："谓梯山为田也。夫山多地少之处，除磊石及峭壁，例同不毛。其余所在土山，下至横麓，上至危巅，一体之间，裁作重蹬，即可种艺。如土石相半，则必垒石相次，包土成田。又有山势峻极，不可展足。播殖之际，人则伛偻蚁沿而上，耨土而种，蹑坎而耘。此山田不等，自下登陟，俱若梯磴，故总曰梯田。"文后有"世间田制多等夷，有田世外谁名题"之诗句。其意义非凡，充分肯定梯田为少数民族所创。清嘉庆《临安府志》记述了当时云南哀牢山区哈尼族的梯田农耕："土人依山麓平旷处，开凿田园，层层相间，远望如画。至山势峻极，蹑坎而登，有石梯蹬，名曰梯田。水源高者，通以略彴，数里不绝。"① 民国时期，刘锡蕃的《岭表纪蛮》对岭南少数民族的梯田耕作也做过详细描述："蛮人即于森林茂密山溪沕流之处，垦辟为田。故其田畴，自山麓以至山腰，层层叠叠而上，成为细长之阶级形。田塍之高度，几与城垣相若，蜿蜒屈曲，依山萦绕如线，而烟云时常护之。农人叱犊云间，相距咫尺，几莫知其所在。汉人以其形似楼梯，故以'梯田'名之。此等'梯田'，其开垦所需工程，甚为浩大。其地山高水冷，只宜糯谷。"② 生活于广大西部山区的哈尼族、壮族、苗族、瑶族、土家族、侗族、彝族等民族正是梯田的开创者和梯田农耕的实践者，在长期的农业实践中创造出了鬼斧神工、令人赞叹的山地梯田文化景观。

坐落于云南亚热带哀牢山区的哈尼梯田规模宏大、气势磅礴，绵延整个红河南岸的元阳、红河、绿春及金平等县。仅元阳县境内就有 17 万亩梯田，是哈尼梯田的核心区，因而哈尼梯田又有元阳梯田之称。在 2013 年举行的第 37 届世界遗产大会上，壮美的哈尼梯田成功列入世界遗产名录，成为中国第 45 处世界遗产，也是我国第一个以民族名称命名的世界文化遗产。哈尼梯田本身就是一个"良性的农业生态系统"。它是那样巧妙协调地与哀牢山区自然

① 转引自姜定忠编撰《哈尼族史志辑要》，云南民族出版社 2007 年版。

② 刘锡蕃著《岭表纪蛮》，南天书局有限公司 1987 年版。

生态系统暗合一体、浑然天成，从而使传统农业在山区发展到了极致。梯田农业的生态调节机制主要表现在哈尼族所营造的“高山森林—中山村寨—低山梯田”的“三位一体”格局之中。在较为阴冷的高山中，生长着茂密的原始森林。由于云南亚热带哀牢山区受南面海洋性季风和海拔高差的影响，高山森林云遮雾罩，降雨充沛。从炎热河谷的江河湖泊中蒸发升腾的水蒸气在此化为绵绵雾雨，洒洒淋淋，终年不断，在林中汇成数不清的水潭和溪流。高山森林成了天然的绿色水库。因此，哀牢山区具有“山有多高，水有多高”的特点。哈尼族对高山森林的保护十分重视，认为这是梯田农业的“命根子”①。

对于作为哀牢山自然生态系统核心的森林植被及其各种功能，哈尼族有着深刻的理解并形成了朴实的自然生态观念。哈尼族在物质生活和精神生活中都将森林视为“命根子”，认为森林和土地、人、万物处于一个共生的、同构的生态系统中。哈尼族老人常教导年轻一代：“树是人的命根，水是田的命根，田是人的命根。”在哈尼族的文化心理中，关于树（森林）有几种观念：第一，水的来源与树有关；第二，大地山川及生物的变化与树有关；第三，农事节令、自然气候变化与树有关。哈尼族以树来联系其他事物，表明哈尼族对树（森林）的诸多功能的认识，以及树（森林）在哀牢山自然生态环境中的重要地位。基于这种自然生态观，哈尼族对高山森林进行了生态意义上的划分和保护。高山森林为水源林，村寨后山森林为神树林，村寨周围森林为村寨林或风景林，森林严禁砍伐。长期以来，为了保护森林资源，哈尼族制定了一系列行之有效的措施。例如，每寨都有专门的森林管理员，每届村主任都有保护森林资源的责任，对乱砍滥伐者要进行罚款、罚栽树、罚打扫村寨、修理道路等②。

除了上述一系列具体保护措施外，对森林的保护在很大程度上是通过注入生态观念的文化来实现的。在哈尼族的文化传承过程中，森林始终是一个重要的文化主题。在远古的传说和历史中，森林是哈尼族的避难所和庇护所，是食物和其他生存必需品的提供者，可以说，森林就是哈尼族的家。当梯田农业在哀牢山区发展起来以后，哈尼族文化更是将森林与山川、万物、农时

① 王清华著《梯田文化论——哈尼族生态农业》，云南人民出版社2010年版。

② 王清华著《梯田文化论——哈尼族生态农业》，云南人民出版社2010年版。

节令、气候变化、梯田用水联系起来，以传说、故事、诗歌、民谣、谚语、儿歌等形式广泛地向社会传播，向广大的民众和年轻一代进行教育。这种世代不逾的文化传承与教育，在每一个哈尼族人的心灵深处都形成了“森林情结”，哈尼族对森林都怀着深深敬意和深厚的感情。哈尼族孩子一出世，父母就要在寨脚的树林旁栽上三棵小树，将婴儿的胎盘埋在树底，用洗婴儿的水浇灌树根。孩子长大，树也长大，人丁兴旺，树即成林。在哈尼族的传统信仰中，很早就有植物崇拜。哀牢山区的每一个哈尼族村寨附近都有一片茂密的椎栗（哈尼语称“辣摆辣八”）树林，村寨旁则有棕榈、竹林、杉树等，树被赋予生命的象征，被视为护佑村寨的神灵。哈尼族认为，寨子旁没有这一类树木，死去的人就不会再活转来，活着的人很快会死去。每次祭祀，他们都采集三枝九叶完好的“辣摆辣八”树叶，在土陶罐中熬成浓汁，敬献神祖。随着哈尼族对哀牢山自然生态系统认识的加深，并建构出与自然生态系统相吻合协调的梯田农业生态系统后，对森林与梯田用水的关系更加明确，森林的重要地位更加显现，于是对森林树木的敬意更深，崇拜越烈。哈尼族希望森林神树永存，因而古歌唱道：“自从阿妈生下我们，神树就保护着寨人；哈尼寨头的神树，是一天离不开的神树，哈尼寨头的神树，是一天离不得的神树。”而且，哈尼族还将哀牢山的各种植物，特别是树木，列出“家谱”，强调其是神灵栽种的，使其神圣化。用族群信仰的力量，不断强化人们对森林的神圣感。这对于哀牢山区的森林保护起到了重要的作用。至今，在哈尼族社会中，很少有人敢动“神林”里的一草一本。哈尼族对神树林的崇拜、祭祀、严加保护和对人们的种种限制，一方面使人心安定，生产生活顺利进行；另一方面则有效地保护了森林和水资源，使梯田农业得以顺利地发展①。

由壮族、瑶族所开辟的广西龙胜之龙脊梯田同样匠心独具，蔚为壮观。据考证，龙脊梯田的开辟始于元代，成形于明朝，完工于清初，距今已有近七百年的历史，可分为平安壮寨梯田和金坑红瑶梯田两片区域，总面积达两万余亩。龙脊梯田位于亚热带季风气候区，干湿季节分明，山区立体气候十分明显。在长期的梯田稻作农业实践中，壮族、瑶族基于山地生态系统的特点，同样创造出“高山森林—中山村寨—低山梯田”的“三位一

---

① 王清华著《梯田文化论——哈尼族生态农业》，云南人民出版社 2010 年版。

体”格局。壮族、瑶族认识到山林是涵养水源的天然水库，因而在开辟梯田的过程中，并未将林木砍伐殆尽，而是对山顶的风水林（水源林）实施封山育林，严加保护。山顶的森林保存完好，汩汩泉水和涓涓细流从林中潺潺而下，也形成了“山有多高，水有多高”的山水景观[①]。高山区众多的森林和次生林用根系将大量的水储存在土壤之中，能够截留降水、增强土壤下渗、减少地面蒸发、缓和地表径流，构成了巨大的天然绿色水库。在枯水季节，森林释放蓄水，延长径流时间，使山涧溪流四季流水。可以说，没有众多的水源林，就没有龙脊梯田[②]。因而，森林也是龙脊梯田稻作农业的“命根子”。

与哈尼族梯田不同的是，广西龙胜壮族、瑶族对森林的保护更多是从风水说与民间森林习惯法的角度来具体实践的。龙脊梯田的命名和村寨的分布，即是传统风水观的体现。“巍峨起伏的龙脊山脉自北向南蜿蜒，犹如一条巨龙爬行，耸峙起伏的峰峦犹如龙的背脊，故名‘龙脊’。‘龙脊’由无数的山峰组成，风水喻之为‘龙脊’；山脊两侧分布着一个个隆起的土岭，风水喻之为‘龙肉’‘龙躯’或‘轮晕’；……在龙脊山东南面的坡地（轮晕）之上，依次分布着平安、廖家、侯家、龙普等村寨。”[③] 位于龙脊之上的森林自然得到了壮族、瑶族的悉心爱护，成为孕育龙脊梯田的水源林地。对于高山区的林地，壮族、瑶族亦制定出规章严厉、处罚明确的民间森林习惯法。例如，道光二十九年（1849年）的《龙脊乡规碑》规定：“值稻、粱、菽、麦、黍、稷、薯、芋、烟叶、瓜菜，以及山上竹木、柴、笋、棕、茶、桐子、家畜等项，乱盗者，拿获交与房族送官究治。”[④] 清末的《龙脊地方禁约碑稿》亦有维护山林的规章：“一禁地方各卖管业，柴薪数年禁长成林，卖主不得任意盗伐，如有不遵禁约，任凭乡老头甲送究。”民国后期的《团会禁山序》云：“自今以后，山有山无，必须谨守王章，会内会外，务要率循正道，倘唱山捕获，谁私卖容易，即属兄弟契戚之谊，理无二致，若有家庭朋友之辈，例应

① 申扶民、李玉玲《稻作文化与梯田景观生态探析——以广西龙脊梯田为例》，《广西民族研究》2012年第2期。

② 谭宁、田斌、童富果《龙脊古梯田原生态水循环探析》，《科学技术与工程》2012年第11期。

③ 覃彩銮著《壮族干栏文化》，广西人民出版社1998年版。

④ 广西民族研究所编《广西少数民族地区石刻碑文集》，广西人民出版社1982年版。

一同，于是规矩既严，应尔山林必盛。”[①] 这些民间习惯法都强调维持正常的生产秩序，防止山林生态遭受巨大破坏。龙脊壮族还成立“团会”专门负责“禁山”事务，以便能够保护山林，杜绝盗伐[②]。

贵州省黔东南州黎平县双江乡黄岗村是一个侗族聚居的村寨，全村共有3万多亩的次生森林，稻田面积达2100多亩。由于地表崎岖不平、落差极大，且山高林密，掩映在丛林之中的稻田几乎全部都是梯田。这些梯田分布于海拔450—1000米的山地森林地带，沿着坡面层层建构，大致呈现为条带状，称为“千丘田”[③]。在森林环境中修筑稻田的最大挑战在于建构供水网络时，必须保持周围森林生态系统的完整性。森林一旦出现大面积毁损，就会导致储水能力的下降，最终导致森林稻田灌溉用水的缺乏，进而影响水稻的种植[④]。因此，黄岗村的侗族将森林、水源、稻田、人类视为一体，认识到森林对人类的重要性，爱护森林、合理利用森林资源成为人们的共识，进而使森林和梯田得以长期共存。

从技术层面上而言，黄岗村的侗族将稻田按等高线分割为零碎的很多小片，形成田、林交错分布的格局。修筑防护林带后，尽管不能完全规避田埂被冲毁的风险，但可避免连锁式的灾变[⑤]。在森林资源的管理和利用中，黄岗村的侗族讲究节制，每年仅仅砍伐部分按款约规定砍伐的木材，绝不将林木砍光，采用“以抚代育，以伐代护”的方式来维护森林植被。“以抚代育”指较少地人工育苗植树，对自然长出的树苗加以认真地管护，确保其长大成林；“以伐代护”指对达到使用规格的乔木，会毫不吝啬地砍伐，以便腾出空间让其他树木顺利成长，使树种结构得以优化调整[⑥]。

从观念层面上而言，黄岗村的侗族认为村寨土地由祖宗传下，是一块福

---

① 广西壮族自治区编辑组编《广西少数民族地区碑文、契约资料集》，广西民族出版社1987年版。

② 付广华《气候灾变与乡土应对：龙脊壮族的传统生态知识》，《广西民族研究》2010年第2期。

③ 杨庭硕《论侗族梯田经营化解气候风险的潜力》，《云南社会科学》2012年第1期。

④ 崔海洋《试论侗族传统文化对森林生态的维护作用——以贵州黎平县黄岗村个案为例》，《西北民族大学学报》（哲学社会科学版）2009年第2期。

⑤ 崔海洋《侗族稻田与森林和谐共存模式的启示——以黄岗村的侗族规避生态脆弱环节智慧为例》，《生态经济》2009年第3期。

⑥ 崔海洋《试论侗族传统文化对森林生态的维护作用——以贵州黎平县黄岗村个案为例》，《西北民族大学学报》（哲学社会科学版）2009年第2期。

地，精心维护当地生态安全是不可推脱的职责。如果因破坏森林而导致山体滑坡，即使木材价钱再高也无法恢复山体滑坡造成的损失。同时，黄岗村的侗族具有完整的民间森林习惯法体系，即通过内部合约方式对森林进行管护。按照侗族的传统丧葬习俗，墓葬多位于森林中，森林所在之山即为“坟山”，森林被视作“护寨林”或“神林”。黄岗村各房族的公共坟山位于村西的小岭（一条南北走向的山林），林中的一草一木都不得使用和损害，对森林的抚育、管护、利用全权交由各房族负责。若发现有人盗伐其他房族的森林，按照侗族习惯法，“寨老议事会”必然对盗伐林木者采取严厉的制裁措施，处罚标准为4个“120”（处罚120斤酒、120斤米、120元钱、120斤猪肉），盗伐者还必须当众赔礼道歉[①]。

（二）森林与坝区稻作

傣族、壮族、布依族、水族、毛南族、仫佬族等坝区稻作民族，其所居住的自然环境与山地生态系统相比具有极大的差异性，但是与梯田稻作民族一致的是其对于森林的管理和爱护程度。大面积森林的保存，为坝区稻作农业得以持续发展提供了良好条件。

云南是亚洲栽培稻谷的起源地之一，傣族则是云南诸民族中最早从事稻作农耕的民族之一。远在两千多年前，傣族地区就产生了以种植水稻为主的灌溉农业。而傣族的先民，即居住于我国东南沿海的越人，从商周时就以农业为主要经济部门[②]。至明代，傣族的稻作农业已发展到相当高的水平。《西南夷风土记》载：“五谷惟树稻，余皆少种，自蛮莫之外，一岁两获，冬种春收，夏作秋成。孟密以上，犹用犁耕栽插，以下为耙泥撒种，其耕犹易，盖土地肥腴故也。凡田地近人烟者，十垦其二三，去村寨稍远者，则迥然皆旷土。”[③]

傣族的自然生态观认为，人是自然的产物，“森林是父亲，大地是母亲，田地间谷子至高无上”，在田地万物的排序中，林、水、田、粮排在人的前面。傣族“在人与生态的和谐共生中成长和完善。从来不与生态为敌，从来没有征服自然的杂念。最为崇拜的便是水和森林，由此才产生一系列与水相

① 崔海洋《试论侗族传统文化对森林生态的维护作用——以贵州黎平县黄岗村个案为例》，《西北民族大学学报》（哲学社会科学版）2009年第2期。

② 郭家骥著，张文力译《西双版纳傣族的稻作文化研究》，云南大学出版社1998年版。

③ 〔明〕朱孟震撰《西南夷风土记》，商务印书馆1936年版。

关的法规和与树相关的法规，才有一整套完整的水利制度”[①]。例如，傣文典籍《土司对百姓的训条》中规定：“寨子边的树林应保护，不能去砍。田不能把埂子挖了，龙山上的树不能砍。森林中间不能砍开树，盖房子在里面。”《民刑法规》的规定更加具体：“砍掉别寨的龙树，须负担该寨全部的祭费；若该寨死了人，按每人价值（一千五百元）赔偿”；“砍掉别人的芭蕉树，罚三元”；“砍掉别人的槟榔树，罚七元零五角”[②]。傣族是一个水孕育的民族，亦是一个森林孕育的民族。其文化具有“森林农耕文化”的特色[③]。

傣族的坝区稻作农业是一种农林相结合的可持续发展模式，傣族在合理保护利用生物资源的长期实践中，逐步地产生和发展出与大自然和谐相处的民族生态意识，人类、生物资源、生态环境协调发展，并在良性生态循环过程中，创造出一种较为理想的农林生态系统多元组合模式[④]。傣族传统农业生态系统由垄林、坟林、佛教园林、竹楼庭院林、人工炭薪林、经济作物植物园、菜园、鱼塘、水稻田等组成。由此可以看出，森林在傣族处理人与自然的互动关系时处于首要的地位，因此其十分重视对森林生态系统的营建和维系。垄林、坟林、佛教园林、竹楼庭院林、人工炭薪林、经济作物植物园等林区都受到了极为严格的保护，均不能开辟为水田或旱地。傣族的农业生态系统呈现出一种立体式的结构，以垄林地位最为崇高，其次是佛寺及园林、经济植物种植园，再次是村寨、坟林、人工薪炭林，其后是菜园、鱼塘、水井，最后才是大面积的水稻田[⑤]。

据统计，西双版纳地区共有垄林 1000 余处，总面积不低于 10 万公顷。从表面上看，垄林信仰是原始宗教祖先崇拜的产物，实质上表现出的是傣族纯朴的自然生态观。垄林在植被特征、群落结构、物种组成和生态学功能方面，与今天的自然保护区并无差别，是傣族传统的自然保护区。垄林

---

① 黄惠焜《人类的文化遗产——记西双版纳的传统水利与文化（西双版纳傣族传统灌溉与环保研究·序言）》，载高立士著《西双版纳傣族传统灌溉与环保研究》，云南民族出版社 1999 年版。

② 《民族问题五种丛书》云南省编辑委员会编《傣族社会历史调查》（西双版纳之三），云南民族出版社 1983 年版。

③ 白兴发《傣族生态文化略述》，《思茅师范高等专科学校学报》2003 年第 4 期。

④ 何新华、徐为山《滇南少数民族农林生态结构多样性与持续发展》，《科学对社会的影响》1995 年第 4 期。

⑤ 高立士《傣族纯朴的自然生态观》，《思想战线》1998 年第 2 期。

一般位于村寨背靠的大山上，作为村寨的保护神，居高临下，全村的农舍、人畜、农田均在其视野之内。垄林在整个农业生态系统中地理位置最高、占地面积最大、功能最多，因而只有垄林的所有功能都得到发挥，整个农业生态系统才能正常运转和良性循环。垄林在维系和保持傣族传统农业生态系统中居于统摄地位，具有众多良好的生态效益。第一，垄林是用之不竭的绿色水库。20世纪60年代以前，西双版纳全境垄林密布，保持着较高的森林覆盖率，总蓄水量达到300万立方米。尽管历史上傣族只有引水设施，没有蓄水工程，只有鱼塘，没有水库，但森林所涵养的无数溪水河流以及丰沛的降雨量，保证了稻作农业的灌溉用水需求。第二，垄林是地方性小气候的空调器。据研究，垄林内年平均气温比林外空地气温低0.6℃，年平均最高气温比林外空地气温低3.4℃，土壤表面气温比林外空地气温低6.6℃；但最低气温月份（1月）比林外空地气温年平均值高4%左右，干季（3—5月）比林外空地气温高5%至10%。西双版纳的空气中水雾含量较高，对稻作农业和热带植物种植起到了潮湿滋润、减少蒸发、减轻旱灾和霜冻寒流的积极作用。第三，垄林是农林病虫害天敌的繁殖基地。垄林中所栖居的各种动物，如蝙蝠、猫头鹰、啄木鸟、蛤蚧（大壁虎）、马鬃蛇（棕背树蜥）、癞蛤蟆（黑眼蟾蜍）等都是农林作物病虫害的天然克星，因此，靠近垄林的村舍、农田、果树、经济植物种植林等较好地避免了病虫害的袭扰。历史上傣族并不使用农药，靠生物防治病虫害，不花成本，也不会造成环境的污染和破坏。第四，垄林是大风寒流的天然屏障。傣族村寨被森林所包围，因此才有“密林深处是傣家”之说。大风遇到垄林会减速，寒流遇到垄林要升温（因冬天林内气温高于林外气温）。历史上，未曾有过大风将房屋掀翻、将大树折断或连根拔起等情况，也未曾有过因遭寒流侵袭而导致农林作物被冻死等情况[①]。第五，遍布各地的大片原始森林还可以增加土壤肥力。原始森林中堆积着上百厘米厚的枯枝落叶和二三十厘米厚的腐殖层，这些营养物质经由小溪河流和人工沟渠进入稻田中，成为上等的天然肥料，从而达到灌溉和肥田的双重功效[②]。研究数据显示，垄林中的植物通过残留物归还土壤的矿物元素及氮含量年均为175.9公斤，相当

① 高立士《傣族纯朴的自然生态观》，《思想战线》1998年第2期。

② 郭家骥著，张文力译《西双版纳傣族的稻作文化研究》，云南大学出版社1998年版。

于向土壤中施入硫酸铵62公斤/亩，氯化钾4.9公斤/亩[①]。

同时，傣族通过广植薪炭林和竹林从客观上减少对森林的砍伐。傣族很早就形成了种植铁刀木（俗称黑心树）当柴烧，种植竹子当建房用材的传统。铁刀木萌生能力极强，越砍越发。一棵树砍掉主干留下树桩，一年后便会萌发出数十根枝丫。三年后这些枝丫便可长到5厘米粗，这时又可以砍伐。傣族还通过对建房用材的有效管理限制了对森林的乱砍滥伐。村社成员砍伐建房用材，必须事先请示村社头人“帕雅”，由其指定砍伐地点并规定砍伐数量，批准砍几棵就只能砍几棵[②]。

同属于古代“百越”后裔的壮族，其人工栽培水稻的历史亦十分悠久。东汉许慎的《说文》云：“稻属。从禾毛声。伊尹曰：饭之美者，玄山之禾，南海之秏。”[③]“南海”是古代对岭南的泛称，“秏”属水稻，故而“南海之秏”指产于岭南之稻。岭南自古就是壮族及先民的居住地，有学者结合考古学、语言学及遗传学的证据，提出了“壮族稻作独立起源论”，认为壮族地区是稻作农业起源的中心之一，并形成以稻田为核心的“那文化”（稻作文化）[④]。在各地山岭之间的平峒地区，地势平旷、田畴连片、水源丰富、土地肥沃、热量充足，是壮族主要的稻作区，聚落和人口的分布较为密集[⑤]。壮族认为，是森林古树为人们带来赖以生存的水源，因此将风雷霜雪、太阳及始祖“布洛陀”等神灵物化为村落和稻田周围的古树、林木，加以悉心管护。在壮族的“那文化”体系中，依“那”（稻作）而乐的节日文化，是人神共娱的节庆活动，其宗旨是祭天地、祭树林与水、祭水与稻、祈求稻与人、人与森林和谐共存[⑥]。壮族不仅注意保护聚落附近的林丛植被，而且还积极植树造林。壮族在聚落背后或山上种植涵养水源的风水林或水源林，规定不得擅自闯入这些林区、不得随意砍伐这些林木，订立相应的村规民约，并对违者施以重罚。壮族还在村落四周密植竹等植物，以营造充满生机的村寨生态环境，

---

① 汪春龙《景洪县森林遭受严重破坏的调查》，《云南林业调查规划》1981年第2期。

② 郭家骥著，张文力译《西双版纳傣族的稻作文化研究》，云南大学出版社1998年版。

③〔汉〕许慎撰《说文解字》，天津古籍出版社1991年版。

④ 覃乃昌《壮族稻作农业独立起源论》，《农业考古》1998年第1期。

⑤ 覃彩銮《试论壮族文化的自然生态环境》，《学术论坛》1999年第6期。

⑥ 王明富、严火其《文山壮族“那文化”的现代启示》，《云南师范大学学报》（哲学社会科学版）2009年第6期。

防止因水土流失而破坏聚落基地。对于山中柴薪的砍伐，壮族亦自有其法，并非砍光割尽，而是采用轮伐的方法，舍近取远，让自然植被得以恢复[①]。

布依族多分布在有江河贯流的山间平地和河谷地带，沿水而居，村寨依山而建，形成依山傍水的居住特点。以种植水稻为业的布依族认识到植树造林对保持水土的重要意义，因而非常讲究培植风水，除了注重保护原生林木外，还不断适时兼种果木和用材林木，并订立各种乡规民约对其加以保护[②]。

三、森林中的驯鹿养殖

驯鹿，头似马、角似鹿、身似驴、蹄似牛，俗称“四不像”，学名叫麋鹿，也叫角鹿。世界上与驯鹿有关的民族或文化有三种类型：第一种类型分布于北美洲北部，是猎杀野生驯鹿类型；第二种类型分布于欧亚大陆的北极地区，是苔原牧鹿类型；第三种类型分布于第二种类型所处区域以南的针叶林和针阔叶混交林带，是森林牧鹿类型[③]。大兴安岭林区是世界上驯鹿分布纬度最低的地区，生活于该地的鄂温克族是中国境内唯一养殖驯鹿的民族，属森林牧鹿类型。鄂温克族将驯鹿捕获后，精心饲养，逐渐驯化，使驯鹿成为其生产生活的工具，形成了独具特色的森林驯鹿文化。

（一）森林牧鹿业的变化发展

鄂温克族，意为“住在大山林中的人们”，由三个分支构成，人口最多的为“索伦”，其次为“通古斯”，人口最少的是“雅库特”（据 2007 年统计，仅有 250 人）。“雅库特”鄂温克族因饲养驯鹿，故又有“驯鹿鄂温克族”之称。公元前 2000 年，鄂温克族的祖先居住在外贝加尔湖和贝加尔湖沿岸地区[④]。18 世纪初，部分鄂温克族逐渐迁到额尔古纳河东岸、大兴安岭西北麓的原始森林中[⑤]，过着以饲养驯鹿和狩猎生产为中心的林中生活。

鄂温克族的森林牧鹿业并不以驯鹿为衣食之源，而是将其作为交通和运输的工具。俄国人类学家史禄国曾对驯鹿使役做过这样的描述：“驯鹿在林区的用途是无可比拟的。它可以用来乘骑、驮载。它的脚步平稳、轻松，没有

---

① 覃彩銮《试论壮族文化的自然生态环境》，《学术论坛》1999 年第 6 期。

② 谷因《布依族稻作文化及其起源》，《贵州民族学院学报》（哲学社会科学版）2004 年第 1 期。

③ 唐戈《森林牧鹿——一种新型的游牧方式》，《满语研究》2010 年第 1 期。

④ 《鄂温克族简史》编写组编《鄂温克族简史》，内蒙古人民出版社 1983 年版。

⑤ 吕光天著《鄂温克族》，民族出版社 1983 年版。

任何粗暴的行动，所以乘骑者不致感到疲劳。它是那样的轻捷、那样的与林区相适应，乘一头好驯鹿，一天可行走五十英里的。”[①] 由于驯鹿适宜在寒冷地带生活，善于在深山密林、沼泽地和雪中行走，因而有“林海之舟”的美誉。鄂温克族以驯鹿作为运输工具，有三种情况：第一是用于搬家；第二是将猎获物从猎场驮回营地；第三是用于贸易[②]。20 世纪 50 年代前，一头驯鹿可换 30 至 50 张灰鼠皮；一头公驯鹿可换一支打灰鼠的枪；两头驯鹿可换一支连珠枪[③]。1961 年，中国试割驯鹿茸获得成功，割下的驯鹿茸由国家统一收购。自此，驯鹿茸在鄂温克族的收入中占据着相当比例，一般占全年收入的 1/3 左右。进入 20 世纪 80 年代后，随着驯鹿茸价格的上涨，驯鹿在鄂温克族收入中所占比例逐年提高。至 1992 年已达到 82.46%，鄂温克族基本完成由猎人向森林牧鹿人角色的转换。2003 年，政府对鄂温克族实施“生态移民”。生态移民分两个步骤：第一步是收缴猎民的枪支；第二步是将生活在山林中的猎民和驯鹿一同搬迁到新住地。由于搬迁准备工作的不足及驯鹿远离森林生境后的不适应，搬迁后的第八天，部分鄂温克族便重返森林，继续延续着森林牧鹿的生计方式，“生态移民”的尝试失败。但是，由于枪支已经上缴，鄂温克族最终还是实现了从森林猎人到森林牧鹿人角色的彻底转换。2007 年，鄂温克族共计割下湿驯鹿茸五六百公斤，烤干后为三四百公斤，共收入十余万元。除了鹿茸的收入外，鄂温克族亦在积极地开发驯鹿的新价值来增加收入，包括与驯鹿相关的旅游项目、驯鹿产品及旅游纪念品商店、鹿茸加工厂的股份等[④]。

但是，受到一些主客观因素的制约，鄂温克族的森林牧鹿业发展举步维艰，驯鹿种群数量一直难以扩大，长期维持在 1000 只以下，甚至出现快速减少的趋势。首先，偷猎成风直接危害了驯鹿业的发展。林区开发后，交通便利，闲杂人等增多，偷猎滥捕者亦增多。偷猎者不仅在山林中下套（驯鹿常常被套死套伤），而且还捕获走失的驯鹿，有的甚至公然到鹿群中

---

① ［俄］史禄国著，吴有刚、赵复兴、孟克译《北方通古斯的社会组织》，内蒙古人民出版社 1985 年版。

② 唐戈《森林牧鹿——一种新型的游牧方式》，《满语研究》2010 年第 1 期。

③ 《民族问题五种丛书》内蒙古自治区编写组编《鄂温克族社会历史调查》，内蒙古人民出版社 1986 年版。

④ 唐戈《森林牧鹿——一种新型的游牧方式》，《满语研究》2010 年第 1 期。

抓走驯鹿加以割茸宰杀。据统计，1985 年至 1992 年的 8 年间，死亡或丢失的驯鹿达到 931 只，驯鹿平均每年损失 100 多只，其中死于偷猎滥捕的高达 60 只以上①。其次，由于大面积的森林砍伐，附着地表的苔藓植物减少，甚至有殆尽之趋势，森林生态环境中的驯鹿养殖难以为继，加之定居的思维与行动在游猎驯鹿民族生活中造成文化中断，出现“弃农归猎”或因不熟悉务农而使生活无着，当地社会的发展颓势造成心理及社会病症②。由于长期酗酒、较高非正常死亡率及新一代对森林生活的不适应，造成森林牧鹿业中劳动力（特别是主要负责找鹿工作的男性）的缺乏，这些无疑增加了驯鹿走失及死亡的风险。

（二）森林牧鹿业中的生态智慧

对鄂温克族而言，驯鹿是其生产生活中的重要伙伴，其生计围绕着驯鹿的生活习惯而展开，从而形成了充满生态智慧的森林牧鹿生计方式。鄂温克族养殖的驯鹿处于半野生状态，驯鹿散养在森林中，任其自由觅食，并在驯鹿的脖子上系上木铃或铜铃，以便寻找。夜幕降临后，驯鹿便三五成群地离开宿营地，到密林中寻食，天亮便自动回来。驯鹿的食物为森林中生长的石蕊、苔藓和嫩树叶。冬季和冬春交替时节，驯鹿用宽大的前蹄扒开积雪，觅食苔藓类植物；随着气温转暖，白桦树的嫩叶成为驯鹿的主要食物；夏季，驯鹿的食物为苔藓；秋季，驯鹿则会找寻蘑菇为食。由于白桦树叶每年更新一次，苔藓类植物生长比较缓慢，被驯鹿啃食过的植被需要三五年才能恢复再生。因此，鄂温克族根据森林植被的生长特点，不断搬迁居住地点，以便休养生息。每年的搬迁次数与驯鹿种群数量及降水量等有着密切的关系。一般情况下，20 头以内的驯鹿，在降雨量正常的年份，每年需搬迁 4 次；若降雨量增加，搬迁的次数则会相应增加。20 头以上的驯鹿，在降雨量正常的年份需搬迁 6 至 8 次；若降雨量增加，亦要增加搬迁的次数。驯鹿喜好清洁的环境，不愿在肮脏的环境中生活。降雨量增加会使驯鹿栖息场所变得泥泞，难以及时清理粪便，驯鹿便不愿回来。在这种情况下，鄂温克族只能费时费

① 郝时远、张世和、纳日碧力戈著《“驯鹿之乡”敖鲁古雅鄂温克族猎民现状研究——34 年后的追踪调查（1960—1994）》，中国社会科学院民族研究所（内部研究报告），1994 年印。

② 庄孔韶《可以找到第三种生活方式吗？——关于中国四种生计类型的自然保护与文化生存》，《社会科学》2006 年第 7 期。

力地去寻找驯鹿。在掌握驯鹿的习性后，鄂温克族会循着驯鹿的蹄印，搬迁到森林中相应的居住点[1]。

鄂温克族的传统生产劳动中存在着明显的男女分工，男性负责打猎，女性负责照看驯鹿。随着森林牧鹿业成为鄂温克族的主要生计，男性角色也相应地发生了变化，与女性一同负责照看驯鹿。同时，男女之间的分工仍然存在，男性在森林中寻找驯鹿，女性在营地内照看驯鹿。尽管驯鹿分属不同的家庭，同一营地的驯鹿会形成一个大鹿群，找鹿时人们会协同互助。一般由营地中所有青壮年男劳力集体去林中找鹿。在个别驯鹿走散或被盗猎者的猎套套住而没有回到营地时，需要派人在林中寻觅，一般由驯鹿的主人去找，但营地内各个家庭之间的协助亦经常可见。鄂温克族每天都要对自家的驯鹿进行清点。这项工作由女性承担。若发现驯鹿走失，男性就要去林中找寻。鄂温克族女性清点驯鹿完全凭借记忆，从不给驯鹿做记号。在他人看来差异不大的驯鹿，在其眼中完全不同。她们甚至还能分辨出不同驯鹿的叫声。驯鹿喜爱食盐，除在野外沼泽地的碱场中舔食天然盐外，还要人工喂食。这项工作也由女性来完成[2]。

除了日常性劳作外，鄂温克族亦有季节性劳动，男女分工也很明显。每年四五月份，驯鹿在森林中产崽，刚出生的小鹿会跟随母鹿回到营地。若在森林中找到尚未被弄脏的鹿胎盘，女性用胎盘上的黏液涂抹小鹿身体，母鹿闻到小鹿身上的气味后即会认出小鹿。夏季，森林中的蚊虫极多，常叮咬驯鹿，因此需要给驯鹿架“蚊烟”以驱赶蚊虫。这项工作也主要由女性负责。把几根粗壮的木头围成圆形，将其点燃，盖上一种黄绿色的湿苔藓，便会有浓浓白烟冒出。之后，要保证火不熄灭，不断添加湿苔藓，以冒出充足的蚊烟。驯鹿自觉聚集在蚊烟周围，以避免蚊虫叮咬。驯鹿喜洁，若蚊烟周围的粪便过多，驯鹿便不会再聚集于此。因此，每隔数日需将蚊烟挪至另一处焚烧。秋季是驯鹿的交配季节，届时需要搭建一个较大的鹿圈，足以容纳营地内的所有成年驯鹿，以保证驯鹿交配。用细落叶松木杆搭建鹿圈，劳动强度大，由青壮年男性承担。管理鹿圈中的驯鹿则由女性负责[3]。割鹿茸是男性的

---

① 王卫平、任国英《使鹿鄂温克族的生态智慧——基于敖鲁古雅鄂温克民族乡的调研》，《甘肃理论学刊》2012 年第 3 期。

② 唐戈《森林牧鹿——一种新型的游牧方式》，《满语研究》2010 年第 1 期。

③ 唐戈《森林牧鹿——一种新型的游牧方式》，《满语研究》2010 年第 1 期。

工作，每年集中进行三次：第一次是在四五月份，为公鹿和阉割过的驯鹿割茸；第二次是在七月份，为生过鹿仔的母鹿割茸；第三次是在八九月份，为阉割过的驯鹿再次割茸。为驯鹿割取鹿茸后，鄂温克族会立即抓起一把蚊烟烟灰敷在割茸处，起止血作用，亦可发挥消炎的功效[①]。鄂温克族一般都掌握着驯鹿常患的几种疾病的医治方法，常常使用产自茂密山林中的传统草药为驯鹿医治[②]。

① 王卫平、任国英《使鹿鄂温克族的生态智慧——基于敖鲁古雅鄂温克民族乡的调研》，《甘肃理论学刊》2012 年第 3 期。

② 唐戈《森林牧鹿——一种新型的游牧方式》，《满语研究》2010 年第 1 期。

第五章　草原文化

中国地域辽阔，自然条件复杂多样。中国的草原区域十分辽阔，是欧亚大陆草原向南的延伸部分，广泛分布于北部和西北部地区，由东北向西南呈带状分布，北起松嫩平原，向西经西辽河平原、内蒙古高原、鄂尔多斯高原、黄土高原，南至青藏高原。新疆北部还有部分山地草原。全国草原总面积3.9亿公顷，占世界草原面积的15%。其中牧区草原3亿公顷，南北方草山草坡8000万公顷，滩涂草地1000多万公顷。中国的草原主要分布在大兴安岭—阴山—贺兰山—青藏高原东缘一线的北部和西部的高海拔高纬度地区。中国的草原大致分布于400毫米等降水线西北区域，包括从大兴安岭东麓到帕米尔高原以东，阿尔泰山以南至昆仑山南北的广大区域，涉及黑龙江、吉林、辽宁、河北、内蒙古、山西、陕西、宁夏、甘肃、青海、新疆、四川、西藏等13个省区。其中，内蒙古、新疆、甘肃、青海、西藏5个主要草原畜牧业省区草原面积合计占全国草原总面积的71.8%①。

第一节　中国的草原和草原文化

一、中国的草原

（一）草原的分类

在多样的自然条件下，对中国的草原的分类就显得异常复杂。学术界对中国的草原的分类也有诸多尝试。

章祖同以自然因素（地貌、气候、土壤基质、植被、动物等）特别是农业生物气候的地域分布规律为依据，以草地类型为基础，对中国的草原进行

① 张立中主编《中国草原畜牧业发展模式研究》，中国农业出版社2004年版。

了系统分区，划分为东北内蒙古东部温带半湿润半干旱草原区、内蒙古西部甘新温带干旱荒漠区、青藏高原高寒草原高寒荒漠区、华北暖温带半湿润落叶林灌木草丛区、华南亚热带湿润常绿林灌木草丛区。其下又细分为12个地带（第二级单位），47个地段（第三级单位）①。

胡自治、牟新待以生物气候和家畜生态类群为指标，将中国的草原分为北方干旱草原蒙古系家畜区、华北落叶阔叶林华北黄牛绵羊区、西北荒漠哈萨克系家畜区、青藏高原系家畜区、南方常绿阔叶林华南黄牛水牛区等5个区域。其下又细分为16个亚区②。

在李博等人著的《中国的草原》一书中，作者根据中国纬度和地势引起的水热差异，把中国的草原分为中温草原、暖温草原、高寒草原③。

在《中国植被》一书中，作者按草原植被类型，把中国草原分为草甸草原、典型草原（真草原、干草原）、荒漠草原和高寒草原④。

贾慎修把中国草地划分为东北草地区、蒙甘宁草地区、新疆草地区、青藏草地区、南方草山草坡草地区等5个区域。

中国科学院自然区划工作委员会在《中国植被区划》中将中国的草原划分为青藏高寒高原亚高山针叶林草甸草原灌丛区、蒙新干草原和荒漠区这两个大草原区⑤。

鉴于中国草原分类的多样性，为便于论述，下文主要参照张明华等人编著的《中国的草原》⑥一书中的草原分类标准。笔者认为，这一分类标准既符合中国的自然地理特征和行政区划，也兼顾了中国草原地区的民族历史发展特点。在该书中，作者将中国草原划分为东北草原区、内蒙古草原区、甘宁草原区、新疆草原区、青藏高原草原区和南方草山草坡区。

1. 东北草原区

东北草原区包括黑龙江、吉林、辽宁三省和内蒙古东北部的草原区，面积约占全国草原总面积的2%。草原覆盖在东北平原的中、北部及其周围的丘

---

① 章祖同著《草地资源研究》，内蒙古大学出版社2004年版。

② 胡自治、牟新待编著《中国草原资源及其培育利用》，农业出版社1982年版。

③ 李博、雍世鹏、李瑶、刘永江著《中国的草原》，科学出版社1990年版。

④ 《中国植被》编纂委员会编《中国植被》，科学出版社1995年版。

⑤ 中国科学院自然区划工作委员会编《中国植被区划》，科学出版社1960年版。

⑥ 张明华等编著《中国的草原》，商务印书馆1995年版。

陵，以及大、小兴安岭和长白山脉的山前台地上，三面环山，南面临海，呈马蹄形，海拔为130—1000米。

该区地处大陆性气候与海洋季风气候的交错地带，受东亚季风影响，属于半干旱半湿润地区，冬长而干燥，夏短而湿润。雨量充沛，且多集中在夏季，年降水量东部为750毫米，中部为600毫米，西部大兴安岭东麓为400毫米。热量与降水平行增长，与植物生长季节相同。土壤为黑土、栗钙土等。这里土地肥沃、地势平坦、景观开阔。植物种类多，野生牧草达400余种，优良牧草近百种，主要有羊草、无芒雀麦、披碱草、鹅观草、冰草、草木栖、花苜蓿、山野豌豆、五脉山黧豆、胡枝子等，亩产鲜草300—400公斤，是中国最好的草原之一。生长在该区域内的东北马、三河牛驰名全国。绵羊多分布在东北平原地区的草原。

东北草原区总体上已发展为半农半牧区，草地畜牧业生产已带有农区畜牧业生产的特色。既有大面积的天然草地，又有大量的农副产品。传统的游牧转场已转变为定居放牧或放牧和舍饲相结合的饲养方式，单一的畜牧业也已发展为农、牧并举或多种经营的生产体系。居住着汉族、蒙古族、满族、回族、鄂伦春族、达斡尔族、朝鲜族等几十个民族，共有人口111.91万人，平均每平方公里有91人，在我国重点牧区内属人口分布较密地区①。

2. 内蒙古草原区

内蒙古草原是中国最大的草原。东西长达3000多公里，东部和北部海拔600—1000米。西部和南部海拔1000—1500米，包括呼伦贝尔草原、科尔沁草原、锡林郭勒草原、鄂尔多斯草原、阿拉善草原。牧草种类丰富，优良牧草达200多种。牲畜主要有牛、马、绵羊、山羊和骆驼等。从古代的匈奴、鲜卑、突厥、回纥、契丹，到现代的蒙古族、达斡尔族、鄂温克族和鄂伦春族等民族，世世代代都以这块草原为生，发展畜牧业经济。

该区是典型的季风气候。冬季盛行大陆极地气团，寒冷干燥；夏季为热带海洋气团所控制，温湿多雨；春、秋两季正处于两者之间的过渡类型，气候变化多端。该区年降水量东部为300毫米左右，西部为100毫米左右，内

---

① 章祖同、刘起主编《中国重点牧区草地资源及其开发利用》，中国科学技术出版社1992年版。

陆中心低于50毫米，而年蒸发量则高达1500—3000毫米，为降水量的数倍至数十倍。土壤为栗钙土、棕钙土、灰棕荒漠土等。牧草种类丰富，饲用植物达900多种，其中优良牧草200多种，具代表性的有羊草、披碱草、雀麦草、狐茅、针茅、隐子草、冰草、早熟禾、野苜蓿、草木栖、冷蒿、野葱、锦鸡儿等。

河北省和陕北的部分地区也大致划入内蒙古草原。河北省的草原主要分布在张家口以北的坝上和承德地区的围场一带。坝上的张北、沽源、康保和尚义四县，属于内蒙古高原的一部分，草原辽阔，历史上曾是蒙古族游牧之地。陕北丘陵地区是鄂尔多斯高原的一部分，牧草丛生，很适于发展畜牧业。现今清涧、延长、延川、榆林一带畜牧业仍很发达，以牛、羊为主，尤以山羊为最多①。

3. 甘宁草原区

该区包括甘肃、宁夏两省区的全部草原。甘肃草原位于黄土高原、内蒙古高原和青藏高原的中间地带，海拔1000—3000米。境内山脉重叠，草原连片，主要分布在甘南、天祝、祁连山和河西走廊一带。甘南草地地处青藏高原的东北部边缘，是青藏高原向黄土高原的过渡地带。因此，地形比较复杂，地貌类型较多，为不同草地类型的形成创造了条件。甘南草地的地势西高东低。地处岷山脚下、黄河之滨的甘南草原，分布在甘南藏族自治州的玛曲、碌曲、夏河三县境内，“黄河九曲”的第一曲就在这里。境内水网纵横，水力资源丰富。

甘南草地西与青海省为界，南邻四川省，东接甘肃的武都、天水、定西三个地区，北连临夏回族自治州。地势高峻，坡陡土薄，生长季短，年降水量600毫米。除大夏河两岸和洮河、白龙江一带有一些耕地和森林外，其余均为肥美的草原，面积约2300万亩，是甘肃省主要的畜牧基地之一。甘南草原以牛（牦牛、犏牛、黄牛）、马、羊为主。夏河、碌曲、玛曲等地所产的“河曲马”，碌曲和玛曲所产的“欧拉羊”，均以品种优良而闻名全国。

横亘于河西走廊1000多公里的祁连山内外，有着广阔的牧场，如山丹、永昌的大河滩、大马营和皇城滩、永登的松山寺等。这些地区雨水比较充足，

---

① 张明华等编著《中国的草原》，商务印书馆1996年版。

祁连山附近又有雪水灌溉，因而牧草繁茂，即使是山岭深处，牧草长势也很喜人，自古就是中国优良的天然牧区。远在秦汉时期，这些地区的畜牧业就很发达，故有“失我祁连山，使我六畜不繁息”的咏叹。牲畜以马、羊为主，祁连山的铁马、永登的走马、凉州的骡和永昌的绵羊等都很有名。

河西地区过去也曾是甘肃省的畜牧业基地之一。酒泉以西虽是赤壁千里，但戈壁上常年生长一种多刺的植物，冬季呈白色，骆驼喜食，故名“骆驼刺”，唐诗“酒泉西望玉门遭，千山万碛皆白草”中的“白草”，即指骆驼刺。

宁夏干旱草原主要分布在宁夏回族自治区的中、北部，包括盐池、同心和中卫三县与灵武、中宁、陶乐的山地，以及贺兰山东麓一带的半荒漠草原，海拔 1000 米以上，面积 2000 多万亩。闻名中外的裘皮羊品种之一的滩羊就产在这里。总量达 110 多万只，占全国滩羊总数的 2/3 以上，故有“滩羊故乡”之称①。

4. 新疆草原区

新疆草原区位于中国西北边陲，北起阿尔泰山和准噶尔界山，南至昆仑山与阿尔金山之间，面积占全国草原总面积的 22% 左右。新疆草原四面多山，在炎热的夏季，高山上和山谷中，气候凉爽，牧草丰盛，适于发展畜牧业。从史前时期起，这里就是各游牧部落喜欢居留的好地方。

新疆草原地处大陆中心，距海洋十分遥远，周围高山环耸，湿润的海洋气流无法到达这里，因而干燥少雨，是典型的大陆性气候。雨日少，晴天多，光热条件比全国同纬度地区都好。天晴日暖，山上积雪开始融化，无数条雪水小溪，穿过松林山岭，缓缓流向山地草原，狐茅、鸭茅、苔草、车轴草和胡枝子等各种牧草遍地丛生。全国著名的新疆细毛羊、三北羔皮羊、伊犁马等便生长在这里，其中三北羔皮羊占全国羔皮羊总数的 3/4。

新疆草原被东西长达 1500 公里，海拔 3000—5000 米的天山分为南北两部。北部准噶尔盆地，海拔 500 米以上；南部塔里木盆地，海拔 1000 米左右。两盆地均被大山包围。南疆更为闭塞，气候干燥，年降水量在 100 毫米以下，多属干旱荒漠草原。唯天山南麓及昆仑山北麓的环形地带，如焉耆和阿克苏等地有草原分布，牧草稀疏，品质中等。

---

① 张明华等编著《中国的草原》，商务印书馆 1996 年版。

北疆因受北冰洋湿气流的影响，比南疆湿润，年降水量100—200毫米。天山及阿尔泰山的山间盆地及河谷地带，年降水量高达500毫米。在干旱草原地带内也出现了湿润草原，玛纳斯河以西还有大片的湿地，水丰草茂，为良好的天然放牧场。

伊犁草地被南天山和北天山夹峙形成的一个东窄西宽、东高西低的楔形谷地，东西长350余公里，南北宽180公里。虽然伊犁地区地处欧亚大陆腹地，被荒漠所包围，但北、东和南面的群山，既能挡住北方的寒流，也能挡住南面过于炎热的气流，全年气温均衡。另外，大西洋的暖湿气流可以从伊犁河谷长驱直入，带来了充足的雨水，植物生长期140多天。这里土地肥沃，灌溉便利，自然条件得天独厚。这里有世界著名的羊茅、鸭茅、光雀麦和其他富含营养的牧草，一片葱绿，成为丰美的天然大牧场。

新疆有58%的草原分布在山区。南部的昆仑山、中部的天山以及北部的阿尔泰山都是梯状上升的断块山脉，大量沉积物覆盖于山顶，形成山顶准平原；山间广阔的河谷与盆地，沉积着深厚的黄土状物质。这些都是草原植物发育的良好土壤基础。

山地气候的特点是随着地势的升高，气温虽然降低，但降水量却不断增多，因此，山地降水要比平原多。平原地区降水量一般为100—200毫米，而天山与阿尔泰山之间的山间盆地及河谷地带，年降水量可达500毫米左右。加上山顶积雪融化，水源充足，为牧草生长提供了良好条件。北疆山地草原草高过人，质量又好，是中国单位面积草原产草量最高的地区，也是质量最优的夏季牧场①。

5. 青藏高原草原区②

青藏高原平均海拔在4000米以上，是全球海拔最高、面积最大、最年轻的高原和海拔最高的居民定居地，素有“世界屋脊”和“地球第三极”之称。青藏高原西起帕米尔和喀喇昆仑山脉，与克什米尔地区、阿富汗和中亚诸国接壤；向东到达横断山脉，连接邻国缅甸和中国的云南高原，并且毗邻亚热带湿润的四川盆地；北缘通过昆仑山、阿尔金山和祁连山以4000—5000米的高差与亚洲干旱荒漠区的塔里木盆地及河西走廊相连；南端以喜马拉雅

① 张明华著《中国的草原》，商务印书馆1996年版。

② 邓艾著《青藏高原草原牧区生态经济研究》，民族出版社2005年版。

山脉为界，毗邻印度、尼泊尔和不丹。青藏高原包括西藏自治区和青海省，以及新疆维吾尔自治区、甘肃、四川、云南等省区的一部分。

青藏高原不仅是中国平均海拔最高的高原地区，而且是全国最大的草原地区。青藏高原草地总面积约 14 000 万公顷，占全国草地总面积的 36%。天然草地遍布青藏高原各地，除一部分分布在高原南部喜马拉雅山与冈底斯山、念青唐古拉山之间的藏南谷地（雅鲁藏布江流域）外，大部分草地集中分布在高原中部和北部一个呈东西走向，由西面、南面至东南面的冈底斯山—念青唐古拉山—横断山、东面的大雪山—邛崃山—岷山、北面的祁连山—阿尔金山—昆仑山以及西北面的喀喇昆仑山等高大山脉链围成的带状区域内。

在青藏高原，特别是藏族聚居区，农区和半农半牧区之间的界限并不像中国其他地区那样明显。这种划分只是相对意义上的划分。由于天然草地广泛分布于青藏高原的各个地区，并且牲畜和畜产品在藏族社会中历来都具有重要的经济社会价值，因而即便是在以种植业为主的藏南谷地、青海东部农区等地，大部分藏族农户也都兼营畜牧业。美国学者皮德罗·卡拉斯科、法国学者石泰安等也认为，在青藏高原，除了无人居住的地区和纯粹的游牧地区外，不少地区发展的是牧业与农业的混合经济，人们常常根据季节规律而轮番从事牧业与农业，只是各地区的侧重点不同而已。

青藏高原草原牧区是以藏族人口为主体的少数民族聚居地区。青藏牧区境内居住着藏族、汉族、羌族、蒙古族、回族、裕固族、哈萨克族、彝族、土族、撒拉族、东乡族、保安族、达斡尔族等 10 多个民族。藏族人口约占青藏牧区总人口的 69%，且分布广泛，藏族文化，特别是藏传佛教文化、藏族语言文化和藏族游牧文化在整个青藏牧区占有突出地位，对青藏牧区的经济、社会、文化等方面都有深刻的影响①。

6. 南方草山草坡区

在中国南方诸省区，除了广大的肥田沃土以外，还有大片的草山草坡和林间草地，以及大量零星分布的“三边”草地。这些统称为南方草山草坡区。包括四川（西部阿坝、甘孜和小凉山部分地区除外）、云南（迪庆地区除外）、贵州、湖南、湖北、江西、江苏、浙江、福建、台湾、广东、海

① 邓艾著《青藏高原草原牧区生态经济研究》，民族出版社 2005 年版。

南、广西等省区各种类型的山丘草场。该区以为海拔 1000 米以下的丘陵山区为主。低地、河谷和山间平原地带多属农业用地，低、中山顶部多有森林分布。在坡度较大、土层较薄的地段，森林破坏以后，多沦为次生草地。草山、森林和农田交错分布，因而草山资源具有很大的分散性。

该区水热条件好，牧草种类繁多，而且处于各个发育阶段的植物都有，所以营养比较全面。南方草山草坡区根据气候的不同，可分为热带草山草坡和亚热带草山草坡两大类。

热带草山草坡分布于广东、海南、广西和云南。广东的热带草山草坡主要分布在阳江以西的大陆沿海丘陵地区、雷州半岛的沿海地带，海南的热带草山草坡分布于北部和西部广大丘陵台地上。主要牧草有蜈蚣草、华三芒、白茅、青香茅、桃金娘、鸭嘴草、班茅、芒草等。广西的热带草山草坡主要分布在左江及其支流明江和右江谷地。这里比较干热，所以牧草多以耐旱、叶小根深、丛生的禾本科为主，如须芒草、营草、扭黄茅和龙须草等，间有灌丛和稀树生长。在靖西南部、德保北缘、百色南部、田阳北部、田东南端和北部、马山西北部、都安北部、武鸣西部的半土半石山中亦有分布。主要牧草有石珍芒、小吊丝草和营草群丛等。云南的热带草山草坡主要分布在怒江、澜沧江和元江等河谷的西侧。这里的气候高温多雨，长夏无冬。草本植物主要有狗尾草、石珍芒、刺芒野古草和香茅等高大的禾本科牧草，株高 1—1.5 米，亩产干草 150—200 公斤。

亚热带草山在中国的云南、贵州、广西、广东、湖南、湖北、江西、江苏、福建和台湾等省区都有广泛的分布。这些省区气候温和，雨量充沛，无霜期长，大部分地区四季常青，水丰草茂。主要牧草有孟加拉野古草、丈野古草、龚氏金茅、白茅等，以高大的禾本科草为主，豆科草种类较多，但所占比重则较小，毒害草种类亦多。草层高 1—1.5 米，总覆盖度 80%～90%，亩产干草 150—200 公斤，适于发展畜牧业，特别是养牛业①。

（二）草原对于中国的作用和意义

1. 草原是中华民族赖以生存和发展的物质基础

据《中国草地资源数据》公布的全国草地资源调查结果，目前我国拥有各类天然草地 39 283 万公顷，占世界草地总面积的 11.8%，是我国农田

① 张明华著《中国的草原》，商务印书馆 1996 年版。

面积的 3 倍多[①]。在世界各国中，中国的草地面积仅次于澳大利亚（4.14 亿公顷），居第二位。在中国的天然草地中，除了 7000 多万公顷草山草坡及滩涂草地分布在南方地区外[②]，其余 3 亿多公顷草地均分布在西北部地区，大体上东起大兴安岭，经内蒙古高原、鄂尔多斯高原、黄土高原，西至青藏高原、帕米尔高原、天山和阿尔泰山，横亘于北纬 30°—50°之间，东西绵延 4500 公里。西藏、内蒙古、新疆、青海、甘肃、黑龙江、吉林、河北、山西、辽宁、宁夏等省区，共有天然草地 3.27 亿公顷，占全国草地总面积的 83.24%[③]。

草原是我国发展畜牧业的主要区域之一。据 1990 年的统计数据，中国饲养草食家畜 34 023.4 万头（只），其中牛为 10 288.4 万头，草原牧区的牛占 25.6%，羊 21 022.1 万只，草原牧区的羊占 34.7%；全国产牛、羊肉 232.4 万吨，牧区所产牛、羊肉占 26.1%；全国产奶 475.5 万吨，牧区所产奶占 29.4%。1990 年，全国牧业产值 1964.07 亿元，占当年全国农业总产值的 25.63%。从上面的数据可以看出，畜牧业仍有较大的发展空间。可以充分利用丰富的草地资源，大力发展草地畜牧业，生产出更多、更好的畜产品[④]。

人类通过食草家畜把不能直接利用的草本植物，转化成人类可以直接利用的肉、奶、皮、毛等畜产品，改善了人类的食物结构和营养状况，提高了物质生活水平，增强了体质。一般而言，世界各民族都是随着收入水平的提高而增加动物性食品的摄入量的，中华民族也不例外。在中国全面建成小康社会的过程中，居民增加动物性食品和蔬菜、水果的消费量，是必然的趋势。改革开放以来，我国主要草原牧区的畜产品产量实现了迅速增长。

---

① 农业部畜牧兽医司、农科院草原所、中科院自然资源综考会编《中国草地资源数据》，中国农业科技出版社 1994 年版。

② 在我国，通常称牧区半牧区天然草地为“草原”，称农区天然草地为“草山、草坡及沿江沿海滩涂草地”。

③ 农业部畜牧兽医司、农科院草原所、中科院自然资源综考会编《中国草地资源数据》，中国农业科技出版社 1994 年版。

④ 张立中主编《中国草原畜牧业发展模式研究》，中国农业出版社 2004 年版。

表 5－1　内蒙古、西藏、新疆、青海、甘肃五省区主要畜产品产量[①]

年份	牛肉（万吨）	羊肉（万吨）	牛奶（万吨）	绵羊毛（吨）	山羊绒（吨）
1979	9.5	19.2	37.3	81 600.0	2344.0
1985	17.2	28.5	69.4	121 100.0	2131.0
1990	28.8	41.8	108.4	149 462.0	3547.0
2002	71.3	100.6	317.9	172 676.0	7050.0

在现代社会中，畜牧业是衡量一个国家农业现代化水平的重要指标之一。一个国家的畜牧业生产水平，往往影响到这个国家人民的食物结构和人民生活水平的提高。目前，世界上发达国家的畜牧业产值在整体农业总产值中的比值已经超过了种植业。畜牧业产值占农业总产值比重，美国为 60%，法国为 57%，英国为 70%。但是，这个比重在中国目前仅仅为 14%，畜牧业发展空间还很大[②]。

2. 中国草原地区的地缘战略位置关系到国家安全

历史上，中国北方草原地区曾是防御沙俄入侵的主要地区。清朝统治者逐步恢复了中国传统的“守在四夷”的战略防御思想，确立了“以琉球守东南，以高丽守东北，以蒙古守西北，以越南守西南”[③] 的防御体系。

现今，中国北方草原地区拥有 14 000 公里的陆地边防线[④]，直接与俄罗斯、蒙古国、哈萨克斯坦、吉尔吉斯斯坦、塔吉克斯坦等国接壤。这一区域居住着蒙古族、藏族、哈萨克族、裕固族、柯尔克孜族、塔吉克族、达斡尔族等从事畜牧业的少数民族，由于特殊的地缘政治、自然条件和社会历史背景等因素，中国北方草原地区面临民族分裂主义和新出现的国际恐怖主义威胁。

由于持续存在的外部威胁，我国北方草原一直是我国重要的战略屏障。从古代的屯垦戍边、和亲羁縻等政策到现代的西部大开发、草原现代化等措施，从某种意义上讲，无不反映出中国草原地区对于中国国家安全的重要性。

---

① 张立中主编：《中国草原畜牧业发展模式研究》，中国农业出版社 2004 年版。
② 贺卫光著《中国古代游牧民族经济社会文化研究》，甘肃人民出版社 2001 年版。
③ 故宫博物院编《清光绪朝中法交涉史料》（卷二），1932 年印。
④ 《中国草地资源》编委会编《中国草地资源》，中国科学技术出版社 2006 年版。

3. 草原具有重要的生态功能

草地是中国面积最大的陆地自然生态系统。中国的草地面积远大于森林面积和耕地面积。草地在覆盖与保护土地、维护全国生态平衡等方面发挥的作用也远远大于耕地、荒漠和其他生态系统所发挥的作用。在中国国土总面积中，草地面积占 41.7%，森林和林地面积占 16.6%，耕地面积占 13.5%，内陆水域面积占 1.8%，其他各类土地占 26.4%[①]。据中国科学院院士张新时等学者的估算，中国陆地生态系统的生态经济功能的年总价值为 6508.92 亿美元，其中：森林生态系统的价值最大，为 1790.75 亿美元；草地居第二位，为 1009.16 亿美元，远大于耕地（165.87 亿美元）和荒漠（价值极小）[②]。

中国的草地主要分布在西北部地区的青藏高原、内蒙古高原和新疆等地，而这些地区恰恰是关系全中国生态安全和重要经济资源供给的生态经济战略地带。青藏高原是长江、黄河、澜沧江、雅鲁藏布江、怒江等大江大河的发源地，也是雪山、冰川、高原湖泊、高原野生动植物等重要生态经济资源分布最广的地区。内蒙古、新疆、宁夏、青海、甘肃是沙漠分布最集中、土地退化最严重的地区，是我国沙尘暴的主要发源地。同时，这些地区又是中国的水、电、石油、天然气等战略资源的主要供给区。由于上述地区森林覆盖率低，因而天然草地在涵养江河源头地区水源、防风固沙、保护土壤、调节气候和维护水、电、油、气等战略资源正常供应方面占有首要的地位，是我国最重要的绿色生态屏障。其生态功能和价值是难以用货币来衡量的[③]。

草地是西部少数民族地区，特别是西部少数民族牧区最重要的经济资源。以天然草地为基础的草地牧业是少数民族牧区的支柱性产业。草地牧业的发展状况不仅直接关系到牧区数千万农牧民的生活，而且对于维护中国西北部边疆的社会稳定和民族团结，巩固国防，保证全国羊毛、牛羊肉、皮革及其他畜产品供给等方面，也具有十分重大而深远的意义。

（三）中国的草原民族

在中国草原地区内有大量的、具有典型性的远古人类活动的遗存。如河套文化遗址、敖汉兴隆洼文化遗址、红山文化遗址和夏家店下层文化遗址等，以及发现于内蒙古呼和浩特郊区的大窑石器制造场，此外，在辽宁、吉林、

① 国家统计局编《中国统计年鉴 2000》，中国统计出版社 2000 年版。

② 张新时《草地的生态经济功能及其范式》，《科技导报》2000 年第 18 卷第 8 期。

③ 邓艾著《青藏高原草原牧区生态经济研究》，民族出版社 2005 年版。

黑龙江、新疆、甘肃、青海、宁夏等省区和内蒙古的其他地方，也都发现了许多旧石器时代和新石器时代的具有鲜明地区特色和民族风格的文化遗存。尤其值得关注的是，据甲骨文记录，大约在5000年前便有一些游牧、狩猎群体生活在相当于今内蒙古中西部的地区。《史记》等文献又记录了在尧舜禹时代有“山戎”等牧猎群体驻牧于此。当中国的历史进入春秋战国和秦汉隋唐时代，更有诸支戎、翟、林胡、楼烦、东胡、塞人、月氏、车师、乌孙、匈奴、鲜卑、乌桓、柔然、羯、氐、羌、敕勒、薛延陀、铁勒、黠戛斯、吐谷浑、室韦、鞑靼、库莫奚、突厥、回鹘、契丹、女真、畏兀儿等部族或民族活动于北方草原。

中国古代北方民族族源复杂、族类繁多。参照著名民族史学家林幹的观点[①]，中国古代北方民族包括曾在东北、大漠南北和西北等地活动的、分属于以下五个系统的各族。

匈奴系统——匈奴、北匈奴、南匈奴、屠各、卢水胡、铁弗。

突厥系统——丁零、高车（敕勒）、铁勒、突厥、回纥（回鹘）、薛延陀、黠戛斯、畏兀儿。

东胡系统——东胡、乌桓、鲜卑、柔然、契丹、库莫奚、室韦、蒙古。

肃慎系统——肃慎、挹娄、勿吉、靺鞨、女真、满族。

西域各族——因各族在语言、文化、经济生活和族源族属等方面各有不同，并非属于同一族系，故仅称之为“西域各族”。

当然，由于中国古代北方民族族源、语言不尽相同，活动的地域也有大有小。语言是区别民族的主要标志之一。以上除西域各族外，其余四个系统都属于阿尔泰语系，但匈奴和突厥这两个系统中的各族属阿尔泰语系中的突厥语族，东胡系统中的各族属阿尔泰语系中的蒙古语族，而肃慎系统中的各族则属阿尔泰语系中的满-通古斯语族。此外，还有一些少数民族虽活动在北方，但因不属于阿尔泰语系的范围，或属印欧语系，或属汉藏语系。由于古代北方民族是游牧民族，他们往来迁徙，骑兵更是瞬息千里，故活动范围虽以大漠南北为中心，但其政治势力和军事势力往往扩张至西域（如匈奴）、中亚（如突厥），甚至远达东欧（如蒙古）。此外，还有一些民族，他们的起源地原来在东北，后来才迁移到漠北去（如蒙古）。

---

① 林幹著《中国古代北方民族通论》，内蒙古人民出版社2007年版。

中国的草原主要分布在内蒙古自治区、新疆维吾尔自治区、西藏自治区、青海省、甘肃省、宁夏回族自治区、四川省、黑龙江省、吉林省、辽宁省等省区。在这些省区中所居住的少数民族大部分是阿尔泰语系的民族和少数汉藏语系的民族。在我国进行过民族识别之后，长期居住在草原上、从事草原畜牧业生产的民族有蒙古族、藏族、哈萨克族、柯尔克孜族、裕固族、塔吉克族、达斡尔族和鄂伦春族等。这些民族基本上都是历史上传统的草原民族及其后裔。

除了当前仍然从事草原畜牧业的少数民族之外，中国的一些少数民族在历史上曾经是游牧民族，或者是历史上的游牧民族的一部分。而随着历史发展，他们的游牧生产方式已经发生了改变，如今天的维吾尔族、满族、羌族、乌孜别克族、塔塔尔族、撒拉族、锡伯族等。另外，还有一部分少数民族在历史上与游牧民族有密切的关系，如今天的土族、东乡族、保安族等。上述少数民族至今仍然分布在中国历史上传统的游牧民族分布区域。虽然有些地区现在已经变成了农耕区，但是在历史上却是游牧民族活动或生存的草原地带，如黄土高原、河西走廊、黄河上游等地区。

目前在中国主要从事畜牧业生产的少数民族中，大部分是属于阿尔泰语系的民族，属于汉藏语系的民族仅有藏族、羌族等，另外还有属于印欧语系的塔吉克族。

汉族与草原游牧生计方式的历史渊源往往被有意或无意地忽视了。汉族的祖先也曾在很长的一段历史时期内从事传统的游牧生产。在传说中，炎帝是上古姜姓部落首领。姜姓是西戎羌族的一支。黄帝之族原先游牧于北方[①]。黄帝又称“轩辕氏”，而所谓“轩辕”是指车辆，其与游牧生产方式有着密切的联系，也是游牧生活必备的工具。《史记·五帝本纪》中描述黄帝部落“迁徙往来无常处，以师兵为营卫，官名皆云名，为云师。”而且，黄帝又号“有熊氏”，此称号更接近于游牧部落的族称。司马迁在《史记》中载，“匈奴其先祖夏后氏之苗裔也，曰淳维”。也就是说匈奴是黄帝之裔。根据唐代达奚安俨的墓铭记载，这个以“达奚”为姓的鲜卑家族也自称其族源为黄帝子

① 《中国大百科全书》总编辑委员会编《中国大百科全书·民族》，中国大百科全书出版社 1986 年版。

裔昌意、始均[①]。在汉族祖先由游牧转为农耕生产生活方式以后，汉族的草原畜牧业也十分发达。据说西汉时期有36所牧师苑，分布在北边、西边，共养马30万匹。汉元狩二年（公元前121年）为打击匈奴，一次就动员了马匹14万匹[②]。在汉匈战争中，汉王朝所获得的牛马羊动辄以百万计[③]。

在中国几千年的漫长历史发展过程中，曾经有许许多多的游牧民族活跃在我国北部和西部的广阔草原上。但是，在长期统一的多民族国家范围内，各民族间持续不断的同化、融合过程，使其中的许多民族逐渐地消失或发生巨大的变化而形成新的民族共同体。同时，一些游牧民族不断迁徙，移居他乡。有的游牧民族因为迁居地与原居地生态环境的差异而逐渐改变了生计方式，即由从事畜牧业生产的游牧民族变成了从事农耕经济的农业民族。总趋势是：历史上的游牧民族越来越少，逐渐地失去了许多游牧民族曾经具有的固有属性或游牧生产和生活的典型特征[④]。

二、草原文化

（一）草原文化研究综述

在中国学界，如何定义草原文化尚无定论。归纳起来，中国学者对草原文化的认知大概可以分为四类观点。

第一类观点没有明确界定草原文化的概念。如孟驰北在《草原文化与人类历史》一书中指出，“草原文化因为继承了原始初民心理层次的文化含量，所以它的宝贵之处在于能给人一种禀赋、一种气质和复合型的精神元素”以及“草原文化是动态文化”[⑤]。

又如，宝力格等在《论草原文化》一文中指出，“草原文化是具有民族性、动态性、时代性、世界性的一种文化”以及“草原文化最根本的特点是尊重自然界的规律，与大自然和谐相处。这也是草原文化的核心”[⑥]。

第二类观点认为草原文化就是游牧文化，或直接把游牧文化的特征等同

---

① 《全唐文·蜀州青城县令达奚君神道碑》，转自王明珂著《游牧者的抉择：面对汉帝国的北亚游牧部族》，广西师范大学出版社2008年版。

② 〔汉〕司马迁撰《史记·骠骑列传》，线装书局2006年版。

③ 〔汉〕司马迁撰《史记·匈奴列传》，线装书局2006年版。

④ 贺卫光著《中国古代游牧民族经济社会文化研究》，甘肃人民出版社2001年版。

⑤ 孟驰北著《草原文化与人类历史》（上卷），国际文化出版公司1999年版。

⑥ 宝力格、盛明光、黄金《论草原文化》，载《内蒙古首届草原文化研讨会论文集》，2004年。

于草原文化。如包玉山在《游牧文化与农耕文化碰撞、结果、反思：文化生存与文化平等的意义》一文中认为，“内蒙古草原文化就是游牧文化，即草原文化等同于游牧文化，反之亦然”①。

又如，扎格尔在《简论草原文化的核心理念》一文中认为，“从草原文化的产生来看，是生活在草原地带的先民在生产、生活的实践中，根据特定的自然条件，创造了以狩猎、畜牧业为主要内容的，逐水草而游动的独特的生产方式和生活习俗，即游牧文化”②。

再如，陈寿朋在《草原文化的生态魂》一书中指出，“游牧民族的形成和发展过程，也是草原文化的形成和发展过程。游牧民族在形成的过程中，创造了属于自己的文化——草原文化”③。

第三类观点使用“草原游牧文化”一词，将之等同于草原文化或代替草原文化。检索当前的中文期刊数据库，1994 年，欧军在《草原游牧文化与中原农耕文化之比较》④ 一文中最早提出草原游牧文化这一概念。不过，从文章题目就能发现，作者是将地域特征和生计方式相结合，进行了跨文化比较，以“草原”与“中原”进行比较，以“游牧文化”与“农耕文化”进行比较。因此，只是对游牧文化进行了地域限制（草原的游牧文化）。

使用“草原游牧文化”这一概念的论文或专著还有很多，但是，在一些文章或专著中出现了对这一概念的误用，将其等同于“草原文化”。如邢莉在《游牧中国：一种北方的生活态度》一书中提出：“草原游牧文化是我国历史上的游牧民族在漫长的历史过程中创造、累积、发展的，适应草原生态环境、保护草原生态环境的一种文化形态。”⑤

总之，在学术界中，用草原游牧文化来代替草原文化是欠妥的。之所以出现概念误用的情况，究其原因，或许是为了称谓上的方便，或许是出于宣

① 包玉山《游牧文化与农耕文化碰撞、结果、反思：文化生存与文化平等的意义》，《社会科学战线》2007 年第 4 期。

② 扎格尔《简论草原文化的核心理念》，《内蒙古师范大学学报》（哲学社会科学版）2009 年第 1 期。

③ 陈寿朋编著《草原文化的生态魂》，人民出版社 2007 年版。

④ 欧军《草原游牧文化与中原农耕文化之比较》，《文科教学》1994 年第 1 期。

⑤ 邢莉著《游牧中国：一种北方的生活态度》，新世界出版社 2006 年版。

传方便的考虑[①]。

第四类观点认为草原文化仅仅存在于中国游牧民族之中，甚至认为草原文化以蒙古族等民族的草原文化为主体。如包斯钦在《草原文化：关于定义和学理建构的探讨》一文中指出，草原文化研究是围绕内蒙古的地域文化研究中的一些议题而展开的。有人曾将内蒙古民族文化表述为“游牧文化”“马背文化”“蒙古族文化”等。有的学者认为用“草原文化”来概括内蒙古的地域文化，并以此作为自治区“民族文化大区建设”的发力点是十分合适的[②]。刘高等主编的《草原文化与现代文明研究》一书中认为，“世居中国北方草原的蒙古族及其他民族适应草原生态环境，创造并发展了以游牧生产方式和生活方式为基础的内涵丰富的草原文化”[③]。

第五类观点认为草原文化不同于游牧文化，而是一个复合的整体。其主要观点是：草原文化不同于游牧文化，游牧文化虽然是草原文化的集大成者和主导部分，但游牧文化只是草原文化的一个组成部分和发展阶段。二者在文化类型、地域分布、起源与形成和发展历程以及建构特征等方面均有差别。

如内蒙古社会科学院草原文化研究课题组在《光明日报》上发表的两篇文章认为，草原文化就是以中国北方草原为载体，由生息在这里的先民，特别是阿尔泰语系民族和族群共同创造的文化[④]。并且，草原文化是中华文化的主源之一。草原文化区与黄河文化区、长江文化区并为古代中国的三大经济文化区。草原文化是中华文化源远流长、长盛不衰、具有蓬勃生机的内在动力之一[⑤]。

吴团英在《草原文化与游牧文化》中提出，“所谓的草原文化，就是世代生息在草原这一特定的自然生态环境中的历代不同族群的人们共同创造的文

---

① 哈斯塔娜《草原游牧文化面临的困境》，《内蒙古师范大学学报》（哲学社会科学版）2011 年第 4 期。

② 包斯钦《草原文化：关于定义和学理建构的探讨》，《内蒙古社会科学》2013 年第 3 期。

③ 刘高等主编《草原文化与现代文明研究》，内蒙古教育出版社 2007 年版。

④ 内蒙古社会科学院草原文化研究课题组《论草原文化的建构特征》，《光明日报》2004 年 12 月 2 日。

⑤ 内蒙古社会科学院草原文化研究课题组《论草原文化在中华文化发展史上的地位和作用》，《光明日报》2004 年 11 月 16 日。

化。它是草原生态环境和生活在这一环境下的人们相互作用、相互选择的结果，既具有显著的草原生态禀赋，又蕴含着草原人民的智慧结晶，包括其生产方式、生活方式及基于生产方式、生活方式而形成的价值观念、思维方式、审美趣味、宗教信仰、道德情操等”①。

综上所述，可以看出中国学术界对草原文化研究是在日益深化和不断完善的。但是，由于我国学者从不同的学科背景出发、使用不同的研究方法、带着不同目的进行草原文化研究，因此，直至今日，学界对草原文化仍然没有一个确切的界定。当下，如何定义草原文化对继续开展相关研究就显得至关重要。为了对草原文化做出准确的定义，我们就必须回到“草原文化”中的“草原”上来。

（二）草原文化的界定

根据生态系统的分类，草原文化是与森林文化、绿洲文化、沙漠文化、河流文化、湖泊文化、海洋文化并列的一种区域文化类型。具体来说，草原文化是人类把草原生态环境作为生存基础，以畜牧业为主要生产方式的一种文化类型。不过，由于不同生态系统分布相互交错，草原文化并未完全独立于其他区域文化类型而存在，而是在很大程度上利用不同生态系统的特点，进行采集、狩猎、种植等生产活动。

在人类历史发展过程中，草原文化可以分为以传统游牧为主的草原文化和以现代畜牧业为主的草原文化。当前，中国学术界对草原文化的研究主要集中在以传统游牧为主的草原文化上。研究的角度一般是以历史、地域和民族为切入点。

在《草原文化概论》一书中，作者认为，“草原文化是世代生息在草原上的先民、部落、民族共同创造的一种与草原生态环境相适应的文化。这种文化包括人们的生产方式、生活方式以及与之相适应的风俗习惯、政治制度、思想观念、宗教信仰与文学艺术等”②。

马桂英在《略论草原文化的特征》中认为，“草原文化主要是指欧亚草原游牧民族在适宜放牧牲畜的草原区域创造的独特文化，是由草原地理环境、游牧经济生活和马背民族的历史传统等多方面作用而出现的文化现象和文化

① 吴团英《草原文化与游牧文化》，《内蒙古社会科学》2006 年第 5 期。

② 宝力格主编《草原文化概论》，内蒙古教育出版社 2007 年版。

复合体，是草原游牧民族通过政治的、经济的、心理的各种途径自我选择的结果，是游牧民族适应自然、改造自然、追求文明、追求进步的表征，是中华民族文化的一个不可或缺的有机组成部分”[①]。

汤晓芳在《我国古代农业文化与草原文化的形成及其交流》一文中认为，中国古代北方，阴山以北、大兴安岭以西（俗称漠北），多戈壁、大山，冬季长且常有大风雪，夏季短且昼夜温差大，春秋干旱少雨。每年有一半以上时间因大陆高气压笼罩，为世界上最强大之蒙古高气压中心，是亚洲季风区冬季寒潮的源地之一，无霜期短，降水量少。地表为粗砂、砾石，只有稀疏杂草生长。阴山以南，燕山、祁连山以北地区（俗称漠南），地表植被比漠北略好，但受蒙古高气压影响，气候寒冷，不宜农作物的生长。以上地区的人们受自然地理环境的制约，围绕畜牧业而创造了物质文明和精神文明。我们称这种文化为草原文化[②]。

草原文化是人类对干旱或高寒地区生态环境的一种适应方式。它的生态学原理就是在人与草原之间，通过牲畜建立起一种特殊的关系，构成一条以植物为基础、以牲畜为中介、以人为最高消费等级的长食物链。在草原文化中，人类虽然没有对草原生态系统进行根本上的改造，却能巧妙地对之加以积极的利用。草原民族根据气候变化和草场荣枯等情况而进行季节性地转换牧场的放牧活动，蓄养的主要种类是马、牛、羊、骆驼等草食性动物。游牧业或畜牧业是草原地区的主要经济、生活来源，人们的日常生活资料主要依赖于此。人们可以在尽量长的时间里，通过有规律的“转场”而把牲畜放在草原生态系统的能源输出口上，从而达到以较大的活动空间来换取草原植被系统自我修复所需时间的目的[③]。通过牧群的繁衍生息，草原民族可以得到食物，还利用牧群的奶和毛皮，甚至把粪便作为燃料。简单地说，人们利用农业不能利用的土地进行放牧，把储藏于草料植物中的太阳能通过畜牧转化为动物蛋白质。

中国草原文化主要分布于中国草原地区，也就是大兴安岭—阴山—贺兰山—青藏高原东缘一线的北部和西部的高海拔高纬度地区，以及中国400毫

① 马桂英《略论草原文化的特征》，《天府新论》2006年第1期。

② 汤晓芳《我国古代农业文化与草原文化的形成及其交流》，《宁夏社会科学》1989年第6期。

③ 林耀华著《民族学通论》，中央民族大学出版社1997年版。

米等降水线西北区域，包括从大兴安岭东麓到帕米尔高原以东、阿尔泰山以南至昆仑山南北的广大区域，涉及黑龙江、吉林、辽宁、河北、内蒙古、山西、陕西、宁夏、甘肃、青海、新疆、四川、西藏等13个省区。其中，内蒙古、西藏、青海、甘肃、新疆五省区是我国草原文化集中分布的区域。

中国的草原文化，从地域分布来看，主要分布于大兴安岭以西，天山以东，燕山、秦岭、祁连山、阿尔金山、昆仑山以北的地区及青藏高原，历史上属于游牧文化分布区。而在此界线以南和以东则属于农耕文化分布区。从一定程度上讲，中国的内蒙古高原、黄土高原、青藏高原以及历史上的整个西域地区，都属于历史上游牧民族的主要活动区域。也就是说，这一区域是中国草原文化的主要分布区。中国著名考古学家、人类学家童恩正认为，“边地半月形文化传播带的位置，恰好从两面环绕了黄河中游的黄土高原，大致东起大兴安岭南段，北以长城为界，西抵河湟地区再折向南方，沿青藏高原东部直达云南西北部。在此范围之内，生态环境呈现出很多的相似之点”①。中国著名民族学家林耀华在对中国经济文化类型的研究中认为，“畜牧经济文化类型组分布在东起大兴安岭西麓，西到准噶尔盆地西缘，南到横断山脉中段（云南省中甸县，今香格里拉市）的广大地区内，基本上构成了一个从东北到西南的半月形畜牧带。属于这个类型组的有蒙古族、哈萨克族、裕固族、塔吉克族、藏族和部分鄂温克族及达斡尔族”②。

三、中国草原文化的类型

学术界从不同角度对中国草原地区畜牧业进行研究，由来已久。如在《中国的草原》一书中，作者把中国草原的利用类型划分为三种模式。第一种模式即传统的牧业经营模式，以在天然草原上放牧牲畜为主。这一模式主要存在于中国北方草原牧区、青藏高原牧区及新疆山地草原和荒漠区。第二种模式即开垦草原为农田，进行以粮食为主的农业生产的模式。这一模式主要存在于黄土高原及东北平原的大部分地区。第三种模式即介于以上两者之间的模式农牧交错或农牧并存区，如内蒙古高原的南部边缘，东北平原的部分地区、鄂尔多斯高原的部分地区。上述三种模式，在中国草原区域内，分别对应牧区、农区和半农半牧区③。在《中国农业地理总论》中，作者从农业

---

① 童恩正著《南方文明》，重庆出版社1998年版。

② 林耀华主编《民族学通论》，中央民族大学出版社1997年版。

③ 李博、雍世鹏、李瑶、刘永江著《中国的草原》，科学出版社1990年版。

科学研究的角度，把中国畜牧业划分为牧区畜牧业和农区畜牧业。其中，牧区畜牧业主要分为草原区畜牧业、荒漠区畜牧业、高寒草甸区畜牧业和高寒草原区畜牧业[①]。林耀华在《民族学通论》中，依据经济文化类型把畜牧经济文化类型组分为四个类型，即以部分鄂温克族为代表的苔原畜牧型、以蒙古族为代表的戈壁草原游牧型、以哈萨克族为典型的盆地草原游牧型、以藏族为代表的高山草场畜牧型[②]。宋蜀华在《人类学研究与中国民族生态环境和传统文化的关系》[③]中把中国划分为八个生态文化区：北方和东北游牧兼事渔猎文化区、黄河中下游旱地农业文化区、长江中下游水田农业文化区、南方山地耕猎文化区、康藏高原农作及畜牧文化区、西北绿洲人工灌溉农业文化区、西南山地火耕旱地农作兼事狩猎文化区、海南岛黎族和台湾岛高山族的岛屿文化区。

根据中国学者对草原地区畜牧业的分类研究，以及生态人类学意义中的草原文化和草原民族的研究，在本章中我们把草原文化的类型分为：内蒙古草原文化、新疆草原文化、青藏高原草原文化、东北草原文化。由于当前中国对草原文化的研究角度多是从传统游牧业入手，本章内容暂不涉及现代畜牧业。同时，由于本书为《中国西部民族文化通志》的分卷之一，东北的民族文化不在本书讨论之列，故下文将不对东北草原文化展开论述。

如果从传统游牧业的历史和发展程度的角度进行比较，内蒙古草原文化最为典型，新疆和青藏高原的草原文化从整体上表现出了半农半牧的特点。但除此之外，中国还存在一些非典型的草原文化区域。如古代黄土高原曾经是广阔草原，在经历了数千年的开发之后，过渡到以种植业为主的生计方式。另外，在中国广大的南方以及云贵高原，还有许多利用高山草甸和草坡草地游牧或畜牧的民族，在此暂不论述。

（一）内蒙古草原文化

蒙古高原在地理位置上处于亚洲的北部，大体上是在大兴安岭以西，长城和祁连山以北，阿尔泰山脉以东，西伯利亚大平原以南的广大地区。在这

① 中国科学院地理研究所经济地理研究室编著《中国农业地理总论》，科学出版社1980年版。

② 林耀华主编《民族学通论》，中央民族大学出版社1997年版。

③ 宋蜀华《人类学研究与中国民族生态环境和传统文化的关系》，《中央民族大学学报》1996年第4期。

广大的区域内，又分布有众多的山脉、河流、戈壁、沙漠以及人们赖以为生的辽阔的天然草原。在蒙古高原的中部又有一片东西走向的沙漠和戈壁，并将整个高原自然地分割成南北两个部分。漠北和漠南间的蒙古高原大沙漠，在历史上具有十分重要的自然生态环境中的区分、过渡意义。在整个蒙古高原上还分布有众多的河流和天然湖泊。蒙古高原上的主要河流有色楞格河、鄂尔浑河及其上游支流土拉河、塔米尔河、克鲁伦河、鄂嫩河、锡拉木伦河、叶尼塞河（上游）等。主要的湖泊有达赉湖（呼伦湖）、贝尔湖、岱海、黄旗海、安固里淖、查干淖尔、乌梁素海、库苏泊、乌布苏淖尔等。蒙古高原总的地形特点相对来说比较平坦。

清代曾经将大沙漠以南的今内蒙古地区称为漠南。蒙古高原在我国境内的区域又被称为内蒙古高原。实际上其地理范围基本上就是历史上蒙古高原的漠南地区，因此，内蒙古高原也可称为漠南高原。它的范围一般又被界定为西起甘肃省和内蒙古自治区交界地带的马鬃山，北至中蒙国界。这是广义上的内蒙古高原。而狭义上的内蒙古高原，一般是指阴山以北、大兴安岭以西的阴北高原。内蒙古高原上分布着海拔相对较高的呼伦贝尔高原、鄂尔多斯高原和阿拉善高原等。

蒙古高原优越的草原条件，也使这里成为历史上各个时期游牧民族活动最频繁的地区。在先秦时期，生活在蒙古高原上的游牧民族基本上是互不统属的氏族和部落。甲骨文中记载了商朝时期北方的诸“方”或“邦方”，如“土方”“鬼方”。在古史中又有獯鬻、猃狁、戎、狄（翟）等。春秋战国时期，北方大量的氏族部落开始逐渐相互融合，或南迁进入中原地区而融于华夏族，或进一步向北方迁徙。最终在蒙古高原上形成了两个较大的游牧民族的集团——匈奴和东胡。在秦汉时期，主要的游牧民族仍然是匈奴和东胡。匈奴主要分布在蒙古高原的西部，而东胡则主要分布在蒙古高原的东部。匈奴是统治蒙古高原的第一个草原游牧民族。历史上，匈奴在与中原农耕民族的斗争中曾被击败，其中一部分匈奴人被迫迁徙到黄土高原，另一部分匈奴人向西迁徙。

在匈奴势力消失以后，丁零、东胡等游牧民族也都摆脱了匈奴的统治。其中，从东胡民族系统中发展而来的乌桓和鲜卑，是两汉时期蒙古高原主要的游牧民族。鲜卑距离中原较远，在其南部又有乌桓的存在。古代汉文史书中关于鲜卑族活动的记载开始于东汉。汉武帝元狩四年（公元前119年）破匈奴左部即东部地区，并将依附于匈奴的乌桓向南迁徙到汉朝所属的上谷、渔阳、右北平、辽东和辽西，大体上相当于今老哈河流域、滦河上游以及大凌河、小凌河流域。鲜卑人也在此时从大兴安岭西侧向西南迁徙到了乌桓人的故地，并继续扩展游牧地区，直至整个蒙古高原，发展成为一个有数十个支系的庞大的游牧民族集团，对中国历史产生了一定影响。

在魏晋南北朝时期，拓跋鲜卑建立了北魏王朝，这是中国历史上第一个由北方游牧民族在中原地区建立的政权。从某种意义上说，拓跋鲜卑所建立的政权，在中国历史上的意义在于：它第一次真正把农耕民族和游牧民族统一在一个政权所辖的范围之内了。

在北魏以后，活跃在蒙古高原上的游牧民族主要有柔然、敕勒、突厥、薛延陀、回鹘、黠戛斯、契丹、女真、蒙古等。他们中的大部分仅仅在漠北或包括部分黄土高原在内的地区建立了政权。而蒙古族则建立了中国历史上空前统一的庞大的帝国。

蒙古高原的游牧文化是一种比较典型的游牧文化。由于自然生态环境的影响和这一地区在亚欧大陆上所处的地理位置，以及这一区域内各民族发展过程中的一些具体的特点，使得蒙古高原游牧文化与其他游牧文化类型相比，具有典型的文化特点。

蒙古高原的游牧文化是一种典型的草原游牧文化。这是由这一区域的畜牧业生产条件所决定的。从广义上说，在整个亚欧大陆的北部，分布着若干个较大的温带草原：亚洲北部的蒙古草原、中亚北部的哈萨克草原（主要在今天的中亚哈萨克斯坦）、里海和黑海以北的俄南草原、东欧的匈牙利草原。这些草原地带多有相接之处，或者是有适合游牧民族通过的各种河谷，为匈奴人的西迁提供了条件。这些草原是游牧民族赖以生存的最主要的优良牧场。因此，从经济结构上来说，畜牧业和狩猎经济在整个社会经济中所占的比例最高。也就是说，蒙古高原的草原游牧文化中经济结构的单一性比较突出。这种经济结构特点所造成的结果之一便是他们在经济生活上对农耕民族有着更多的依赖性。同时，他们对草原的依赖性也是十分强烈的，寻找水草丰美的草场，对于他们的生存具有决定性意义。或许正是基于这些原因，他们与农耕民族的斗争也就最频繁、最激烈，持续的时间也最长。因此，蒙古高原游牧民族与中原农耕民族的关系，也就成了中国历史上最为重要的影响历史发展进程的因素之一。

蒙古高原的草原游牧文化，实际上又是一种多民族混合型文化。在漫长的历史发展过程中，蒙古高原上曾经兴起过许多游牧民族，而大多数民族又都属于阿尔泰语系的民族。因此，在同一历史时期，生活在广阔的蒙古高原上的各民族文化方面的共同性较多。一方面，这与不断的迁徙活动有直接关系，即迁徙促进了民族融合；另一方面，在蒙古高原上取得统治地位的各个民族所建立的游牧民族国家，实际上是多民族国家，只不过大多数民族处于被统治的地位；再一方面，许多民族先后统治过蒙古高原，即一个民族衰落以后，并不是完全从蒙古高原上退出，一般都有大批的人口继续留在当地，依附于另一个刚刚兴起的民族。因此，有一个历代各民族文化沉积或积淀的过程。这些因素都促成了蒙古高原各民族文化之间共同成分的增加①。

（二）新疆草原文化

新疆维吾尔自治区，位于亚欧大陆中部，地处中国西北边陲，与西藏、青海、甘肃等省区相邻，周边依次与蒙古、俄罗斯、哈萨克斯坦、吉尔吉斯斯坦、塔吉克斯坦、阿富汗等国接壤，陆地边境线长达5000多公里，是中国面积最大、交界邻国最多、陆地边境线最长的省区。

新疆的地形地貌可以概括为“三山夹两盆”：北面是阿尔泰山，南面是昆仑山，天山横贯中部，把新疆分为南北两部分。习惯上称天山以南为南疆，天山以北为北疆。新疆远离海洋，气候干燥少雨，属于典型的温带大陆性干旱气候，年均天然降水量仅有171毫米。境内山脉融雪形成大小河流570多条，分布于天山南北的盆地。境内还分布着众多大大小小的湖泊。

新疆有可利用的天然草原面积4800万公顷，耕地506.67万公顷，从事畜牧业的人口约130万，牧业县22个，半农半牧县15个，2012年末牲畜存栏4333.25万头（只），全年牲畜出栏3737.30万头（只），肉类总产量133.83万吨②。

在中国古代史中，新疆是中国西域的主要部分。但历史上的西域有广义和狭义之分。由于从前西域的地理范围远远超出了今天新疆的地理范围，因而西域游牧民族的活动范围更加广阔。本书中所讲的活动于西域的游牧民族主要是指新中国成立后仍然居住于中国新疆境内的游牧民族。

① 贺卫光著《中国古代游牧民族经济社会文化研究》，甘肃人民出版社2001年版。

② 哈尔肯·哈布德克里木《从传统走向现代的新疆畜牧业》，《新疆畜牧业》2013年第9期。

根据《汉书·西域传》的记载，学术界一般将当时的西域诸国，依据其属民的主要生计方式划分为两种基本类型，即“行国”和“城国”（或“居国”）。其中属于“行国”的主要有13个，即鄯善、小宛、戎卢、渠勒、西夜、子合、德若、蒲犁、依耐、乌秅、捐毒、休循、若羌[①]。其中，若羌是一个典型的游牧民族国家，“随水草，不田作，仰鄯善且末谷”。若羌人分布极为广泛，从古代的阳关以西的塔里木盆地的东部、南部，沿昆仑山、喀喇昆仑山一直到帕米尔高原及兴都库什山以南的地区都有分布。尽管这些从事畜牧业的“行国”的民族成分、族群类别十分复杂，但他们都以畜牧业为生，有的还发展了不同形式的农耕经济，许多以游牧为主的国家都以“寄田”的形式，在绿洲农耕国家发展农业。如“鄯善国……少田，寄田仰谷傍国”，“乌秅国……山居田石”，“蒲犁国寄田莎车”，“依耐国……少田，寄田疏勒、莎车”[②]。

除了上述的游牧民族国家之外，在西域南部的大多数城邦属国内都不同程度地存在着畜牧业生产。《汉书·西域传》载：“自且末以往皆种五谷，土地草木，畜产作兵，略与汉同。”也就是说，位于塔里木盆地的绿洲城邦诸国有着发展农耕经济的良好的自然条件，但是，畜牧业在这些国家也占有一定的地位。在整体上，这些城邦诸国属于以农业为主、农牧兼营的城郭之国。根据《汉书·西域传》的记载，这种类型的国家主要有且末、精绝、焉耆、扜弥、于阗、皮山、莎车、疏勒、温宿、姑墨、龟兹、乌垒、渠犁、尉犁、危须以及车师都尉、车师前国等。这些国家都是比较典型的绿洲农业国家。但是，大多数国家都同时发展了一定规模的畜牧业经济。

新疆的游牧民族在其经济结构上发展出了一种典型的商业活动与游牧生产相结合的经济模式。我们可以将这种模式称为“商牧型游牧文化”。游牧民族的经济结构中存在着游牧畜牧业经济的“非自足性”，这就决定了他们必须要通过各种方式，如种植业、狩猎、手工业、商业等形式来弥补这种“非自足性”。分布在不同地区的游牧民族，一般都根据实际情况，有重点地发展某个行业，逐渐形成了其独具特色的游牧经济、游牧文化。历史上的西域民族，不论是生活在绿洲的农耕民族，还是生活在山地河谷的游牧民族，都有深厚

① 苏北海著《西域历史地理》，新疆大学出版社1988年版。

② 〔汉〕班固撰《汉书·西域传》，中华书局1962年版。

的经营商业的传统。

由于新疆的特殊自然条件，在北疆水源匮乏的地区游牧业比较发达，而南疆绿洲较多的地区绿洲农业较为兴盛。在历史上，主要分布在北疆地区山地河谷地带的游牧民族总是要设法统治或控制居住在南疆地区（包括天山地区）的绿洲农耕民族。日本西域研究专家佐口透认为："对 17 世纪后半叶到 18 世纪中期的新疆南部，也就是清朝史料上所说的回部社会产生了重大影响的，是以天山北部为根据地的准噶尔游牧国家的军事征服和统治。"① 从经济利益的角度来讲，主要有两个目的：一是控制绿洲农耕地区，以便获得农耕民族的产品；二是通过控制绿洲地区，进而控制贯穿整个南疆东西的西域"绿洲丝绸之路"，以便获取贸易之利。

西域地区南疆绿洲农耕民族与北疆山地游牧民族间的关系，则是另外一种类型的关系。农耕文化与游牧文化的冲突相比中原地区要缓和得多。原因在于南疆的绿洲周围以及塔克拉玛干沙漠的边缘地区，很早就分布有游牧民族，如汉代西域诸国中的"行国"，历史上，后来又有许多游牧民族进入了南疆地区并逐渐与当地的农耕民族实现了融合，如 9 世纪回鹘的进入和维吾尔族的形成。因此，南疆绿洲农耕文化本身就包含了较浓厚的游牧文化成分。南疆绿洲农耕文化实际上十分分散，实力也较弱，基本上在整个西域文化中不具有文化发展上的优势。历史上，当地的农耕民族也基本上没有统一过天山南北的整个西域地区，相反，西域的统一一般都是由北疆的游牧民族来实现的。这样，北疆游牧文化实际上具有文化和政治上的优势。由于上述几个方面的原因，从某种意义上讲，南疆地区早已逐渐演变为游牧民族的畜产品消费市场。从南疆绿洲农耕民族的吃、穿、住、行到农耕生产中的耕畜以及丝绸之路上所需的交通运输工具等，基本上都依赖北疆山地河谷游牧民族来提供②。

（三）青藏高原草原文化

在中国六大草原牧区中，西藏牧区、青海牧区、四川牧区、甘肃牧区四大牧区均位于青藏高原。青藏高原草原牧区是中国土地面积和草地面积最大、

---

① ［日］佐口透著，凌颂纯译《18—19 世纪新疆社会史研究》（上），新疆人民出版社 1983 年版。

② 贺卫光著《中国古代游牧民族经济社会文化研究》，甘肃人民出版社 2001 年版。

海拔最高的牧区[①]。

青藏牧区共包括108个牧区半牧区县，其中纯牧区县57个，半农半牧区县51个。

畜牧业是整个青藏高原发展历史最悠久的产业，也是一个广泛分布的产业类型。青藏高原的传统游牧经济区域十分广泛，从西藏西部的阿里地区一直向东延伸到四川西北部的甘孜州、阿坝州，向北部一直延伸到青海、甘肃的甘南州，而且，上述草原地带基本上是连成一片的大草原。目前生活在青藏高原的从事牧业的民族主要有藏族、门巴族和珞巴族。此外还有数量很少的自15世纪以后进入青藏高原边缘地带的蒙古族和裕固族等。

关于青藏高原的远古居民的实际情况，目前还没有定论。依据历史记载来看，活动在青藏高原及其边缘地带的游牧民族是羌、戎、氐等民族。这些民族经济生活的一个显著特点就是发展了一种“农牧兼营”的游牧文化。在学术界，长期以来，关于藏族的起源问题存在着许多争议，差不多有数十种关于藏族起源的说法[②]。但是，应当承认一个基本的历史事实：藏族的起源与早期活动在黄河上游（今天甘青地区）的游牧民族有关系。这些民族创造出了十分独特的青藏高原游牧文化。

青藏高原的游牧文化有着悠久的历史。青海地区自夏商至周属于雍州，为羌人的驻牧地。虽然羌人在早期历史阶段就已经发展了原始的狩猎、畜牧和农耕兼营的生计方式，但是依据自然环境所发展起来的畜牧业仍然占据着主导地位。从中国历史上西北地区羌人的广泛分布（从黄土高原的西部一直向西北延伸到青海地区、祁连山区、昆仑山区、喀喇昆仑山区西部地区）就可以说明他们生活的游动性和分散性。所以，羌人在秦汉时期，其经济生活中的游牧经济是十分突出的，是他们主要的生计方式，即其经济属于游牧经济的范畴。两汉以后，羌人才逐渐转变成农牧兼营的民族。在羌人的游牧文化之后，在青海地区紧接着又兴起了另一个游牧民族，即吐谷浑。他们也是比较典型的游牧民族。在西藏地区，在“小邦时代”以后，大约在公元前4世纪左右，兴起了三大部落联盟：象雄（也称羊同）、吐蕃和苏毗（也称女国）。其中象雄的地域范围大致相当于今天的西藏阿里地区，汉文史书记载象

---

① 邓艾著《青藏高原草原牧区生态经济研究》，民族出版社2005年版。

② 格勒著《论藏族文化的起源形成与周围民族的关系》，中山大学出版社1988年版。

雄“大羊同，东接吐蕃，西接小羊同，北直于阗，东西千余里，胜兵八九万，辫发毡裘，畜牧为业”[①]。苏毗位于唐古拉山南北一带，那里分布有广阔的草原，“气候多寒，以射猎为业。出瑜石、朱砂、麝香、牦牛、骏马、蜀马”[②]。当时的吐蕃崛起于西藏山南地区。由于雅隆河谷地区是西藏高原内部生态环境和自然条件最优越的地区，相对而言，吐蕃的农业较为发达。但是，又由于实际上适合发展的土地资源十分有限，而畜牧业则分布广泛，因此，直到7世纪时，青藏高原的农耕经济也主要局限在雅鲁藏布江以南的河谷地带，而冈底斯山以北的广大的羌塘高原以及青海地区则主要以畜牧业为主。另外，还有一些农牧兼营的地区，主要是甘青川滇藏族地区的河谷地带。总之，早期，游牧文化在青藏高原是主导性的文化。

青藏高原游牧文化表现为“农牧分营”的形式。农牧分营的经济模式，不同于半农半牧或农牧兼营类型的经济发展模式。因为，所谓“半农半牧”，一般是指同一个地区的人口同时经营种植业和畜牧业，具体体现在同一户定居的人家在从事种植业的同时，又放养了一定数量的牲畜，或者是同一户原来主要从事畜牧业生产的人家抽出部分劳动力在农业区发展农耕经济。早在新石器时代，西藏的雅鲁藏布江中下游河谷地带就有了种植业和渔业文化的痕迹[③]。但在一定的历史时期内，农业的分布范围十分有限。因此，那些与甘青地区羌、氐有密切关系的藏西北和藏北的游牧文化，是青藏高原的主流文化。但是，自公元7世纪初吐蕃统一西藏，并建立起庞大的王朝以后，青藏高原的文化类型出现了一次较大的变迁过程，即逐渐形成了一种以游牧文化为基础的“农牧分营”类型的游牧文化。所谓的农牧分营是指一个民族内部，一部分人口在一个区域从事农耕经济，而另一部分人口则在另一个区域从事畜牧业生产即游牧经济。就今天的西藏而言，“一江两河流域”是农耕经济区，而藏西北和藏北则是游牧经济区。同时，这种农牧分营的经济区域格局也在藏族聚居的其他地区存在。如甘肃省甘南藏族自治州的几个县中，就有明显的农业县和畜牧业县的区分，夏河县、碌曲县、玛曲县是该自治州中最主要的牧业县，卓尼县则是农牧区各半（1986年以后主要发展畜牧业），而

---

① 〔宋〕王溥撰《唐会要》，中华书局1955年版。

② 〔唐〕魏徵、令狐德棻撰《隋书·列传第四十八》，中华书局1973年版。

③ 中国社会科学院考古研究所西藏工作队、西藏自治区文化管理委员会《西藏拉萨市曲贡村新石器时代遗址第一次发掘简报》，《考古》1991年第10期。

迭部县、舟曲县和临潭县则主要以农耕经济为主。另外，这种农牧分营的经济文化类型，不仅表现在不同产业的地域分布上，而且在同一个类型的经济区内，也有农牧分营的现象（如在河谷地区主要发展农耕经济，而在大型河谷两侧的高山坡地和台地上则主要发展畜牧业经济）①。

第二节　草原民族的生计方式

一、草原民族的游牧

游牧生计方式是草原文化最重要的特征。游牧生计方式的产生和发展与中国西部草原民族生存的自然环境有着密切的关系。中国西部独特的地理环境和自然资源，不但决定了草原民族的生产生活方式和经济模式，同时对草原民族的思维模式、宗教信仰、生活习俗和文化艺术的形成与发展起到了重要的推动作用。

（一）游牧生计方式的起源

关于游牧的起源问题早已引起学者的广泛关注并已有相当集中的讨论。据郑君雷的总结，早期学者对游牧文化起源的解释通常是围绕将游牧作为渐进式经济形态发展过程中的一个阶段而展开的，代表性的观点包括：①游猎人群在追逐兽群的过程中收容受伤和弱小动物（如驯鹿）加以驯养，从而形成游牧人群。②移动的狩猎者从邻近的农业聚落中取得牲畜形成游牧。③气候干旱化导致作为狩猎对象的消失，狩猎者只有通过从事原始农业和饲养那些无处觅食的野生动物来获取生活资料；随着干旱的加剧，这些已经定居的农业生产者和家畜饲养者被迫离开日益缩小的可耕地，驱赶着牲畜在草原上寻找暂时的牧场，季节性地迁移，形成四处游牧的生活方式。④早期人群需要应付人口增加的压力，却无力改进现有的生产技术，不得不谋求生存手段的多样化，例如他们学会了栽培植物和饲养动物，其后部分人群逐渐走向游牧生活②。

辽阔的草原、茂盛的水草适合于马、牛、骆驼、绵羊、山羊的繁殖，为发展畜牧业创造了最为有利的条件。远古时期的中国西部草原民族在以狩猎

---

① 贺卫光著《中国古代游牧民族经济社会文化研究》，甘肃人民出版社 2001 年版。

② 郑君雷《西方学者关于游牧文化起源研究的简要评述》，《社会科学战线》2004 年第 3 期。

满足自身日常生活需求的过程当中，除了必要的生活需求之外，有时还会出现获取猎物剩余的情况。于是人们就把剩余的猎物暂时养起来，以备需要时宰杀食用。中国西部草原民族将猎物的剩余部分留下来，初始阶段是不自觉的行为，目的是满足日常食用的需要。开始时，将少量剩余猎物用圈、拴等方法饲养在自己住所附近。随着狩猎范围的扩大和剩余猎物的增多，草原猎民将剩余猎物驯化饲养，使它们逐渐成了家畜。这样家畜化了的一部分动物会在食物少的时候，被宰杀食用，另一部分被继续饲养，有剩余猎物时还会补充进来。这样就逐渐奠定了畜牧业的原始基础。刚开始驯化野生动物时，只有数量较少的单一品种，随着捕猎业的扩大和发展，被驯化的动物品种、头数也逐渐增多了，马、牛、骆驼、绵羊、山羊等家畜先后出现。人们在驯化野生动物的过程中，根据其特点、作用的不同，积累了丰富的驯化、饲养经验。例如，训练马载人，牛、骆驼驮物及挤奶，用奶制作奶食品。这是畜牧业发展壮大和人畜和谐共处的开始①。

从畜牧业生产的发展历史看，初期，野生动物的驯化局限在很少的数量、很小的范围内，随着畜牧生产范围的不断扩大，驯化的数量也随之增长、范围也随之扩大。所以，畜牧业的基本形式可以分为初期的限量不分种类的混合饲养和后期的适量分类分群饲养两种类型。混合饲养的形式是畜牧业的初级阶段不发达的具体表现。随着畜牧业的不断发展，逐渐形成了根据牲畜的头数、不同种类牲畜的特点、觅食要求、习性等的不同而分群放养的畜牧方式。这一基本模式一直传承并延续至今。分群放养就是将马、牛、骆驼各自分成独立的群体放养，而绵羊和山羊则以一定的比例混合放养。分群放养与不同的牲畜各自的特点、需求有着直接的关联。马、牛、骆驼体大力壮，可以到离住所较远一些的草场放养，而与马、牛、骆驼相比，绵羊和山羊更依赖于人的照应，适合在住所附近的草场放养。各类牲畜吃草的方式不同，对草的要求也不同。马、绵羊、山羊喜欢吃细嫩的草，牛、骆驼则喜欢吃长得较高、较粗的草或树枝。所以分群放养是牧人在生产实践中掌握了不同牲畜的特性，为更好地适应相应特性而采取的尤为简便而又行之有效的生产方式②。

---

① 扎格尔主编《草原物质文化研究》，内蒙古教育出版社2007年版。

② 扎格尔主编《草原物质文化研究》，内蒙古教育出版社2007年版。

饲养牲畜的活动从开始时的小规模、粗放经营，逐渐发展到了后来的扩大规模、精细经营。开始只是驯养个别动物，后来，驯化技术逐渐成熟，马、牛、骆驼、绵羊、山羊成为家畜。饲养的家畜不仅数量多了，而且种类也多了，并且还逐步进行品种选育。根据牲畜的生长特性，逐水草进行季节性迁移放牧，为保护草场等，许多与畜牧业生产有关的特征和习俗也随之产生。这些畜牧业生产实践中的经验积累，是游牧经济文化内涵的精髓。它通过变化、发展、继承，最终以稳定的游牧业生产的基本形式被传承了下来。

（二）游牧生计方式的特点

1. 游牧生计方式的移动性

“逐水草而居”是草原游牧民族的基本生产与生存方式，是其在漫长的历史过程中逐渐形成的对草原特殊生态环境的适应方式。在草原地区的自然生态环境下，牧民们需要蓄养一定数量的牲畜以满足人们的日常生活所需。在畜养动物的过程中，首先要满足动物的基本生存需求，即对饲草和饮水的需求。牲畜每天都需要水草资源以维持生存。虽然草原上的牧草可以再生长，但被牲畜啃食过的牧草再生长需要一定的时间。没有任何一个牧场经得起长期放牧，若要满足草原上牧放的牲畜对牧草的需求，必须适时转移放牧地。另外很重要的一点便是对水源的追寻。因为草几乎无处不有，仅有草场的质量差异或者说是草的丰美程度的差异，而水源却不是到处都有的。人的用水需求毕竟有限，即使距离水源较远，也可以通过背、挑以及利用畜力驮运来满足。可是，一大群牲畜的用水需求，仅靠人力是难以满足的，必须让畜群靠近水源才行。加上草原地区的自然生态条件决定了草场载畜量的有限性，若要满足一定规模的畜群对草、对水的需求，就需要较大的空间范围，就必须根据水草的分布状况适时转移放牧地，追寻水草丰美的牧场放牧，以确保之前放牧过牲畜的牧场中的植被的生长状况能够及时恢复。因此，可以说畜牧业一经产生就与移动性相伴而行。

我国草原地区游牧民族逐水草而居的事实在各类历史文献中有清楚的记载：

《史记·匈奴列传》载：“居于北蛮，随畜牧而转移。”

《汉书·匈奴传》载：匈奴“逐水草迁徙，无城郭常居耕田之业，然亦各有分地。”

《后汉书·乌桓鲜卑列传》载：（乌桓）“随水草放牧，居无常处。”

《魏书·序纪一》载：（鲜卑）“广漠之野，畜牧迁徙，射猎为业。”

《魏书·吐谷浑传》载：“恒处穹庐，随水草畜牧。”

《北史·突厥传》载：“穹庐毡帐，随逐水草迁徙，以畜牧射猎为事，食肉饮酪，身衣裘褐。”

《旧唐书·回纥传》载：“居无恒所，随水草流移。”

《新唐书·吐蕃传上》载：“其畜牧，逐水草无常所。”

《北史·契丹传》载：“逐寒暑，随水草畜牧。”

《北史·奚传》：“随逐水草，颇同突厥。”

《元史·兵志三》载：（蒙古）“自夏及冬，随地之宜，行逐水草。”

西方学者也普遍认为游牧的起源是牧民因牲畜增加和草场资源枯竭而被迫迁移。哈扎诺夫认为早期畜牧人群的迁移有助于欧亚草原游牧业的形成，而草场资源枯竭是迁移原因之一[①]。

这里需要特别指出的一点是，历代文献资料中所记载的游牧民族“居无恒所”，“无城郭常居耕田之业”，主要强调的游牧民族的游牧生活中不同于以农业生产为主的地区的民族的生存生活方式，强调人与畜群的共同迁徙，强调社会的移动性，这也是游牧社会的游牧业区别于农区、半农半牧区的家畜饲养业的最显著的特征。可以说“人民的移动是最重要的现象，人必须跟着移动的牲畜走”[②]。

生产生活的特殊环境决定着北方民族历史文化发展过程的基本特点。其发展模式与生活方式均是在草原环境背景下形成的。《礼记·王制》中讲的“中国夷狄，五方之民，皆有性也，不可推移”，就反映了不同环境中生息的民族，各有其文化的特点，不是轻易可以改变的。古代北方游牧民族“各有分地，逐水草迁徙”，“居于北蛮，随畜牧而转移”的目的就是为了尽可能地合理利用草场，既满足牲畜的觅食需要，又尽可能地不损害草场。牧民们通过有规律的转场迁徙，达到以较大的活动空间来换取植被系统自我修复所需时间的目的，从而保证草原上的牲畜能够繁衍不断，畜牧生计能够持续地发展下去。对于游牧民族来说，迁徙是为了生存，是为了发展；迁徙既是生产，也是生活。这种迁徙活动既包含了在不同环境条件下对各类草场的利用，也

① A. M. Khazanov, *Nomads and the Outside World*, Cambridge: Cambridge University Press, 1983.

② ［美］拉铁摩尔著，唐晓峰译《中国的亚洲内陆边疆》，江苏人民出版社2008年版。

包含了依据不同的地形、气候、水源等状况对草场的选择利用。“逐水草而居”的游牧迁徙，既有因时而动的冬夏之间的季节性牧场的变更，又有在同一季节内对水草营地的选择，还包含在不同的草场放牧不同的牲畜等。其中蕴含着游牧民族及其先民几千年来积累起来的生产经验。同时，这也是在蒙古高原这一特殊的自然环境中从事畜牧业生产的最佳方式。

2. 游牧生计方式的地域性

逐水草而居是草原民族的基本游牧方式，但这并不意味着游牧社会的生活是随意的、无序的，并不等于游牧群体在游牧过程中信马由缰，没有地域限制。所谓的“居无定所”指的是他们不同于定居农业的一种生产生活方式。其居住形式不是像农业社会中的农民那样固着于一地的定居形式，而是人的居所随着畜群的移动而迁徙的非定居形式。但这并不意味着他们的生活是行踪不定、漫无目的、漂泊动荡的。事实上，在草原地区或游牧社会中也存在着大大小小、不同层次和等级的社会群体，每一个部落、部族乃至家族都有一片相对固定的游牧范围，无论家庭还是部落、部族都“各有分地”。每一个游牧群体的随水草而迁并不是空间上的无序行为。其游牧活动都是在相对固定的区域范围内进行的。这一区域是他们在长期的游牧生活中已经通过习惯及利益的认同而形成的固定的牧场分割。这在一些历史文献中留下了清楚的记载。

《史记·匈奴列传》留下了这样的记载：“逐水草迁徙，毋城郭常居耕田之业，然亦各有分地。”所谓各有分地指的就是匈奴各部分区放牧之事。据《辽史·营卫志》载，“契丹之初，草居野次，靡有定所。至涅里始置部族，各有分地……契丹故俗，分地而居，合族而处”。据《明史纪事本末》载，卫拉特蒙古“虽逐水草，迁徙不定，然营地皆有分地，不相乱”。

草原民族的各有分地虽不像以农业生产为主的地区的耕地那样具有明确的所属关系，但无论是习惯上形成的，还是以制度性的形式确定下来的，每一个部落都有一片相对固定的草场。牧民逐水草的游牧范围基本均在这片划定的草场范围之内。这一区域也就成为部族或部落固定的放牧场所。清代以前，部落或部族的分地虽也以山地、河流、沼泽等作为界线，但各区域之间的界线始终不是绝对严格的界线，经常发生越界放牧的情况。清代，蒙古各旗均有各自的放牧范围。各旗、各苏木牧场间有明确的界线性标志，而且严禁越界游牧。牧场传统的不明确的分地边界变得明确而严格。

实行各有分地分区放牧是草原上通行的做法，是草原地区游牧民族传统的空间利用形式，是草原社会得以维持稳定、维持正常的生产生活秩序的前提。无论是基于习惯而形成的，还是基于权力以制度性的形式确定下来的各部落或部族的游牧区域，都有大致的范围。草原上各部落或部族以一个大致固定的区域为其基本游牧空间。在正常情况下，他们的主要活动都是在其分地范围内开展。但是在特殊情况下，人们也会跨出分地、越过界线到其他部落或部族的牧场内放牧。如分地内牧草生长不好，或遇到旱灾、雪灾等灾害，逐水草到其他部落或部族的分地内借地放牧。这与中原地区在遇到饥馑灾荒时灾民“就食”他处相似。另一情况就是战争打乱了原来各有分地的秩序，一些部族或民族长途迁徙以寻求自己的立足之地。如据《史记·大宛列传》载，月氏原本“居敦煌、祁连间”，后迁至伊犁河、楚河流域。又如土尔扈特部远徙南俄草原，后来又长途跋涉东归故乡。历史上这样的事例很多，像这样的长程迁移都是由游牧环节以外的原因而促成的。这样的迁移不属于正常逐水草的游牧活动。

3. 游牧生计方式中的畜种多样性

游牧生活中的主要畜种是草食性动物，包括羊、牛、马、骆驼等（在一些特定的环境中有一些地区性的品种如牦牛、驯鹿等）。在广阔的草原地区，各个地区的游牧群体以及不同历史时期的游牧群体，其所养殖的畜种和各个品种的数量各不相同，有很大的差异。不同的家养动物有不同的生活习性，适宜不同的生态环境，而且在人们的生活中有着不同的用途。在游牧生活中，牧民的畜种结构，与不同畜种的生长期的长短、繁殖率的高低、对特定的草场环境的适宜性等因素相关。不同的畜种结构，一方面能满足人们生活中的不同需求，另一方面也反映了社会文化价值观念的影响。

首先，不同的牲畜有着不同的经济价值或利用价值，在人们的日常生活中有着不同的用途，满足着人们不同的需求。如羊和牛的肉、乳可供食用，皮毛可制作一些生活用品，粪便可做燃料。牛也用作畜力，在牧民的游牧迁移生活中拉车运输、驮运物品。马和骆驼用作畜力（主要利用其移动力）。马主要用于骑乘，同时也是狩猎的好帮手。骆驼主要用于长途运输，亦可用于拉车驮运。当然，马和骆驼的肉、乳也可食用，皮毛也可利用，但在大多数游牧社会中，获取肉与乳并非牧养马的主要目的。牧民牧养马的主要目的是利用其移动性。牛的速度虽然没有马快，但它强韧的体力以及耐力比马更适合于牵引重车。

不同畜种的养殖数量首先取决于其满足牧民生活需要的程度。所以，在游牧经济中，提供大量生活必需品的羊和牛的数量最多。羊在被牧养的牲畜中所占比例最大，并成了主要的肉食来源，因为它有迅速再繁殖的能力和较强的适应能力。就像拉铁摩尔所说的："这些牲畜中没有一种能像羊那样能对草原游牧民族提供较高的经济价值。羊供给他们以羊毛，制造盖蒙古包用的毛毡。羊皮可以做衣服。夏天有羊乳，还可以做奶酪和奶油，供冬天食用。冬天还有羊肉。羊粪可以做燃料。"①

其次，不同的牲畜有着不同的习性，适宜其生长的环境各不相同。羊和骆驼在潮湿的牧场上长不好，石灰质的土壤对马有利，而含盐的土地适合骆驼。山羊和绵羊吃草时比其他牲畜咬得深，因此它们可以在牛马刚吃过草的地方放牧，但是在羊刚吃过草的地方却不能放牧牛马。羊更能适应贫瘠的草场，但长期和过深的啃食也会破坏草场②。

马的移动性较强，可以在远一点的牧场放牧，无须与牛、羊争食。牛能在很短的时间内获得所需草食，不需太多照料。因此在许多游牧民族中，牛都是由有留在营地的女人照料，马则由男人驱赶到较远的地区放牧。在欧亚草原游牧中，马、羊有密切的生态关系。马在冬季能踢破冰层以得到牧草，而羊吃草较马更接近草根，能啃食冰层下马吃过的草③。

再者，不同地区的自然环境差异极大，如内蒙古高原主要可划分为呼伦贝尔、锡林郭勒、乌兰察布和巴彦淖尔、阿拉善及鄂尔多斯等区域，高原东部分布着辽阔的草原，西部有巴丹吉林、腾格里、乌兰布和、库布其、毛乌素等浩瀚的沙漠。在大兴安岭的东麓、阴山脚下和黄河岸边，有嫩江西岸平原、西辽河平原、土默川平原、河套平原及黄河南岸平原。各地自然地理、气候环境有较大的差异，相应地在可利用的资源方面也有较大的差异，其中牧草资源的品种、产量的差异也相当大，所以不同的地域适宜牧养的牲畜品种不同。各地区畜种成分的组成比例，则根据各地环境的不同而有所区别。环境差异所造成的所牧养畜种之差异的最鲜明的例证就是在青藏高原严寒环

---

① ［美］拉铁摩尔著，唐晓峰译《中国的亚洲内陆边疆》，江苏人民出版社2008年版。

② ［美］拉铁摩尔著，唐晓峰译《中国的亚洲内陆边疆》，江苏人民出版社2008年版。

③ 王明珂著《游牧者的抉择：面对汉帝国的北亚游牧部族》，广西师范大学出版社2008年版。

境中牧养牦牛和在沙漠地区养骆驼。

在牧民的畜种组合中，每一畜种的数量，都是牧民根据其对骑乘、挽重、驮运、畜力、肉乳、皮毛等的需要以及自然生态环境条件而确定的。畜群的规模大小、种类构成的差别，也影响到所需的草场资源的空间范围，影响到畜群的移动范围、移动距离、移动频次。

当然，蒙古草原上的生计，依赖于马、牛、骆驼的综合运输功能，依赖于作为基本财富准则的羊群。即使是拥有最好的马场的部落的军事优势，如果不是为了保护羊群和牧羊地，也没有持久性的价值。善于驾驭骆驼的蒙古人的那种在战时逃到戈壁最贫苦地区的本领，也没有发展到完全不要羊的"骆驼经济"，尽管戈壁西部骑骆驼的蒙古人以猎取黄羊和野驴来减少其对羊群的依赖。在游牧经济中，偏重的倾向与标准化的倾向也是互相发生作用的。马在战争中特别有用。善于驾驭骆驼，便可以自由地在最贫瘠的草地上来往，也可以利用它到达距离较远但水草较好的地点。牛和牦牛生长在草地和高原上，比其他牲畜的乳及肉的产量多。喂养得好的牛，拖拽原始粗重的车辆的力量，比马及骆驼要大[①]。

4. 游牧生计方式的季节性

游牧民族因地形、植被、水源、气候、畜产构成以及其他因素的不同，有着不同的游牧、迁移模式。如王明珂在《游牧者的抉择：面对汉帝国的北亚游牧部族》一书中提出，最基本的移牧方式分为两种：夏天往北而冬季往南的水平移动、夏季往高山而冬季向低谷的垂直移牧[②]。谢维扬·魏因施泰因在其《南西伯利亚的游牧人群》一书中将欧亚草原的游牧模式分为以下几种：冬季在平原放牧，夏季在山区放牧；冬季在山区放牧，夏季在平原河流湖泊边的水草丰美之处放牧；冬季、夏季在山区放牧，春季、秋季在山脚放牧；全年皆在山区放牧，春夏在山脊放牧，秋冬在山谷放牧[③]。事实上，影响游牧迁移的因素很多，各地牧民的季节性游牧又有许多复杂的变化，但不管其具

① ［美］拉铁摩尔著，唐晓峰译《中国的亚洲内陆边疆》，江苏人民出版社 2008 年版。

② 王明珂著《游牧者的抉择：面对汉帝国的北亚游牧部族》，广西师范大学出版社 2008 年版。

③ Sevyan Vainshtein, *Nomads of South Siberia*: *The Pastoral Eeonomies of Tuva*, Cambridge: Cambridge University Press, 1980.

体的游牧路线或游牧区域怎样变化，其实质是顺应植物的季节性生长特征，通过季节性变换牧场来合理利用游牧区域内的植物资源。

草原游牧民族的季节性移动，首先体现在各个部族或牧户在其游牧区域内对牧场的季节划分上。其依据的是各地的自然地形、气候条件、水源情况、牧草生长状况等条件，根据各地不同的季节适应性特征来安排一年内各个时间段的游牧活动。其中首先考虑的因素是水源和牧草生长状况是否可以满足畜群的季节性需求，即所谓“逐水草畜牧”。其中，水源地对于草原上的游牧生活有非常重要的影响，特别是在春夏秋的频繁移动中（冬季有积雪可解决牲畜饮水问题）。早期草原上一般没有水井，牲畜饮水地点主要包括河流、湖泊以及下雨积水形成的水泡等，所以草原上的许多地名是和水有关的。

一般来说，根据牧场自然环境的不同，可以分为四季、三季以及两季牧场。四季牧场一般随季节更替而轮换放牧场地。春季牧场往往选择在向阳开阔、植物萌发早，且有当日或隔日饮水条件的地方；夏季牧场多选在地势高爽、通风防蚊、水草丰美之处；秋季牧场往往选在开阔的川地或滩地，牧草种类有利于抓膘的草场；冬季牧场利用时间较长，一般选在向阳背风，牧草保存良好的草场。春夏秋冬四季牧场的划分，一般来说相对稳定，每年只要不发生特殊事件，就按照一定的顺序，在不同的时间利用不同的牧场移动放牧。年复一年，循环放牧。

基于自然条件，我国北方草原地区的牧场多为两季牧场，即冬春牧场与夏秋牧场。冬春牧场利用时间较长。这时正值牲畜体弱且接春羔的时期，因而多选择草高、避风、牧草保存良好的草场。而夏秋牧场则选在开阔的平原地带，便于频繁移动。在牧民的游牧生活中，季节牧场的划分仅是其中的一个方面。事实上，在每一个季节性牧场驻牧期间，牧民也要根据草场与牲畜状况，适时地移动其驻牧地。为了确保牧草恢复长势，牧民一年当中要频繁迁移，在水草资源匮乏的地区更是如此①。游牧生活中的迁移频率，与草场的再生能力、放牧的牲畜种类以及牲畜数量有关。再生能力强的草场，也就是水草丰美的地方，牧民可以通过轮牧而减少迁移次数。畜种不同，每日的行走能力与对草场范围的需求不同，放牧半径也不一样，迁移频率也不同。牲

① ［美］拉铁摩尔著，唐晓峰译《中国的亚洲内陆边疆》，江苏人民出版社2008年版。

畜数量少，则不需要离开营地很远，不需要频繁迁徙，因为这样的畜群规模还不足以造成营地周围牧草的短缺。

有关中国北方草原地区古代游牧民族季节性、周期性的游牧方式在一些历史文献中有所反映。《辽史·兵卫志》中记述了契丹人“顺寒暑，逐水草畜牧”。据《辽史·营卫志》载，“辽国尽有大漠，浸包长城之境，因宜为治，秋冬违寒，春夏避暑，随水草，就畋渔，岁以为常，四时各有行在之所，谓之捺钵”。《元史·兵志》记述了蒙古人“自夏及冬，随地之宜，行逐水草，十月各至本地”。

这种在一定地域范围内的季节性游动放牧的方式，是一种技术手段，也是一种对草原环境的有效利用方式。游牧民族迁徙不定的生活方式，对游牧文明发展的影响，就像定居生活对农耕文明发展的影响一样深远。从某种意义上可以说是决定性的影响。这种生产生活方式也形成了游牧社会的一些特征。如游牧经济的特点决定了牧户的分散性，为了保持驻牧地周围的牧草不立刻被吃光，牧民的居所之间通常相距数十里。若聚居一处，牲口数量过多，附近草料数日即被吃光，势必增加迁移的次数，非常不便。所以牧区的村落分布具有明显的分散性，很少有像农区那样集中分布的村落。但是在某些时候，尤其是冬季定居时，亦有可能依托各种宗族或社会组织结成某种社区，甚至会出现一些聚落。游牧民族的聚落的一种形式是由移动式的帐幕组成的牧民聚落。由于需要顺应环境变化，其聚落组织时大时小，聚散无常。

自然地理环境制约着甚至决定性地影响着民族的生计方式及其民族文化性格。不同的自然地理环境，对于民族文化发展为不同的类型具有决定性的影响。不同的地理环境，必然伴随着人类不同的生产方式和生活方式，从而产生不同的文化行为和文化模式。越是生产力处于低下状态，自然对人类文化的影响也就越大。不适应（自然和社会的）生存与发展环境的文化，是不会凭空产生的。历史上不同时期居住于这一区域的民族族属各不相同，语言、文化、风俗也有差别，但由于自然环境的制约，其经济生活方式却大体相同，是一种逐水草而居、转徙无常、居无定所的游牧生活。这种在一定的地域范围内季节性的逐水草而居的游牧生计方式，是历史上各个时期生活在这一特定草原环境中的人们长期以来一直在为彻底地适应环境、争取生存发展空间而努力创造的一整套与自然环境相适应的生存技能，一整套行之有效的文化适应方式。当然，针对这种特定的草原生态条件及其内部的地区差异，这些游牧生活方式可以说同中有异，虽然说都是以游牧经济作为主要的经济生活来源，但生存于各区域的各民族、各群体在具体的畜种构成、畜群规模、游牧范围、迁徙距离、迁徙频次等方面都存在着明显的地区差异。游牧民族通过人与畜群的迁徙移动的方式有效地确保了自然资源的可持续利用。正是这种与生态环境相协调的生产生活方式，对环境既高度适应又合理利用，没有致使草原环境恶化，不仅维持了游牧生计的持续发展，使草原生态延续至今，而且使游牧文化与农耕文化并立存续数千年。

5. 游牧生计方式的脆弱性

传统游牧生计方式的脆弱性主要表现在其生产的最终产品主要是与牲畜相关的肉、奶和皮毛等，但人类维持生存还需要以种植业为主的植物产品。游牧畜牧业不能满足游牧民族对食物的基本需求，由畜牧业所提供的肉、奶等食物只是游牧民族食物构成中的一部分。简单地说，人类毕竟不是纯食肉动物，没有哪个游牧民族完全依靠肉、奶等食物而长期生存，他们总是要以一定比例的植物性食物来弥补食物的不足或改善食物结构。西方学者认为“在非工业化经济中，大多数牧人都过着游牧生活。……在一个群体里，年份不同，流动的程度也不一样。这取决于环境、社会和经济条件。同样，这些条件也决定着一个民族依靠畜牧业的程度。只有很少的群体单纯依靠牧群来维持生计……一旦环境允许，牧人总是要推行一条更广泛的生计策略，在饲养动物的同时，至少种植一些庄稼……实际上，绝大多数牧人，不管他们多么专业化，都主要靠粮食而不是动物产品生活。如果牧民自己不种植庄稼，他们就会通过交易得到农产品”①。

游牧生产方式较之于种植业更加依赖于自然环境。当草原地区气候条件较好，水草丰美时，牲畜数量自然呈几何级数增长。一旦遇到自然灾害，如冬季经常发生的白灾或黑灾，夏季常常发生的旱灾、虫灾和水灾，而极度依赖于自然的传统游牧民的抗灾能力较弱，往往一夜之间就可能丧失积累了数年的财富。实际上，一个成功的牧民往往比一个农民更能迅速地积累财产，因为动物可以繁殖，幼崽可以壮大牧群。当然，这种优势在大多数地方被大自然的反复无常所抵消。动物容易受疾病、干旱、窃掠之害，任何一种危害

① ［美］普洛格、贝茨著，吴爱明、邓勇译《文化演进与人类行为》，辽宁人民出版社1988年版。

都可能使一个殷实之家一夜之间四壁萧然①。西汉时期，匈奴不断南迁内扰、南北匈奴的分裂与衰落、被迫和亲、改善与汉朝的关系，都与惨遭大雪奇寒有直接关系。西晋末年，北方草原连续大旱，匈奴、鲜卑、羯、氐、羌等游牧民族相继内迁，从而形成了历史上“五胡乱华”的局面。据《后汉书·南匈奴列传》载，东汉初年“匈奴中连年旱、蝗，赤地数千里，草木尽枯，人畜饥疫，死耗大半”。并且，草原地区发生灾害的频率也是相当高的。如内蒙古地区在战国至秦汉时期发生各类灾害总计为 80 次，魏晋南北朝时期为 146 次，隋唐五代时期为 64 次，宋辽金元时期为 336 次，明朝灾害总数竟达到 441 次，清朝灾害总数已达 460 次②。

游牧业不仅经常遭受多种自然灾害的袭击，而且灾害重建的速度也十分缓慢。一些遭遇严重自然灾害的牲畜可能需要两三年甚至四五年才能完成繁殖、生长、育成的生产周期③。以绵羊为例，头一年秋季配种怀胎，第二年春季产羔，第三年才能达到可供繁殖的最低年龄。而牛和马还需再延后一年，骆驼则需延长两年。游牧经济发展有一个特点，即畜群规模越小，恢复就越困难。因为游牧民的畜群既是生产资料也是生活资料，牲畜必须首先满足游牧民的生产所需，其次才是用于生产资料的积累。1977 年锡林郭勒盟遭受特大雪灾之后，中国各级政府从其他地区调运了大量母畜帮助灾后恢复生产，但有的地方十年后仍未恢复到灾前水平。草原地区在中国古代甚至是中华人民共和国成立前，游牧民族在灾后恢复生产所需的时间更为漫长。

综上所述，从草原文化的特点中可以发现草原文化之下的游牧生产方式存在不可调和的矛盾，也就是游牧民族对牲畜无限增长的渴望和草原资源的有限性之间的矛盾。游牧民族的畜牧业生产是建立在草原生态自身再生产基础上的，且受到草原生态系统再生产过程的严格制约。因此，当畜牧业生产发展到一定阶段时，相对于草原生态系统的能量输出，必然会出现牲畜“相对过剩”。具体表现为：过载放牧、草场退化、牲畜体质下降，以及牲畜抵御严寒的能力急剧下降而死亡率逐渐上升等。

商业贸易对缓解游牧畜牧业生产相对过剩具有重要意义。因为所谓“过

---

① ［美］普洛格、贝茨著，吴爱明、邓勇译《文化演进与人类行为》，辽宁人民出版社 1988 年版。

② 包庆德著《清代内蒙古地区灾荒研究》，人民出版社 2015 年版。

③ 郝益东著《草原天道：永恒与现代》，中信出版社 2012 年版。

剩”只是相对于牧场面积的过剩，也就是相对于单位草场面积上的载畜量的过剩。必须要设法把“多余”的牲畜数量减少，才能维持畜牧业经济与草原生态系统的平衡发展。方法之一就是开展与农耕民族的产品交换，就是及时地输出“多余”的牲畜，把它们转化为游牧民族的必需品。但是，历史上的这种产品交换一般都不能正常进行，从而使游牧民族的畜牧业经济陷入了恶性循环的困境，不断地兴起又不断地崩溃，这就是中国北方游牧民族不断重演“骤兴骤轰”的真正原因。项英杰在《中亚：马背上的文化》一书中认为，“游牧经济虽然规模大，基础却非常脆弱，往往容易受到天灾人祸的制约，因而终将走向衰落”①。贾敬颜认为，“畜牧业的脆弱性，是它致命的创伤，游牧国家突然衰落或灭亡，和它所依赖的单一性的畜牧业本身的缺陷与不足大有关系”②。

二、草原民族的狩猎

狩猎在游牧社会的日常生活中占有非常重要的地位。它一方面作为辅助生计，为日常生活提供肉食资源和皮毛用品。《史记·匈奴列传》载：“儿能骑羊，引弓射鸟鼠，少长则射狐兔，用为食。士力能毋弓，尽为甲骑。其俗，宽则随畜，因射猎禽兽为生业，急则人习战攻以侵伐，其天性也。”③ 公元前43年，已经入居塞内的呼韩邪单于提出北归漠北，其理由之一就是“塞下禽兽尽，射猎无所得”④。在一些场合，狩猎往往与出征结合在一起，如公元前78年、前68年、前60年，匈奴数万骑兵在边塞狩猎，同时进攻塞外亭障⑤。由此可见狩猎在匈奴人经济生活中的重要地位。同时，狩猎也是游牧社会中军事技能的训练手段，特别是骑射技术出现以后，历代北方游牧民族都把骑射围猎作为其军事训练的主要方式，骑马、射箭成了草原男儿的必备技艺。如蒙古族那达慕大会中，传统的三项竞技项目是骑马、射箭、摔跤。

草原民族的狩猎经济的发展经历了漫长的历史阶段，随着社会的发展，狩猎目的也不断发生变化⑥。以下反映的与草原民族的狩猎相关的内容，多为

① 项英杰等著《中亚：马背上的文化》，浙江人民出版社1993年版。
② 贾敬颜《释“行国”——游牧国家的一些特征》，《历史教学》1980年第1期。
③ 〔西汉〕司马迁撰《史记·匈奴列传》，线装书局2006年版。
④ 〔西汉〕司马迁撰《史记·匈奴列传》，线装书局2006年版。
⑤ 〔西汉〕司马迁撰《史记·匈奴列传》，线装书局2006年版。
⑥ 扎格尔主编《草原物质文化研究》，内蒙古教育出版社2007年版。

新中国成立前的情况。《国家重点保护野生动物名录》中的动物，现已不在狩猎对象之列。

获取猎物以满足生活需求是狩猎的首要目的。中国西部草原民族不仅用获取的猎物满足自己吃穿的需求，而且还用贵重的动物毛皮与其他民族进行交换，换取更多的物品，满足自己日常生活的需求。狩猎的这种目的一直延续到了近代。例如，蒙古族从远古就开始通过“昂纳呼”（捕猎皮毛较好的食肉动物）、“古如格勒呼”（捕猎大的食草动物）来获取食物和穿盖用的袍衣、帽子等生活用品[①]。达斡尔族、鄂温克族、鄂伦春族等少数民族是生活在大兴安岭地区的具有丰富渔猎文化底蕴的草原民族。达斡尔族在黑龙江北岸广阔的山野和河流中，依靠狩猎多种野生动物维持生活近 500 年。他们非常善于狩猎，并将所收获的稀有货物给远道而来的行商，换取急需物品，如盐、布、铁器等。随着北方草原上商业、医药业的出现，除野兽飞禽的肉、皮、毛、绒外，角、蹄、骨、脏器也被列入商品交易的范畴。因此，狩猎是中国西部草原民族重要的经济来源，他们除用获取的猎物满足日常生活需求外，还用猎物进行交换，满足生产、生活的需要。

狩猎最初是为了获取食物和日常生活的所需品。随着社会的发展，出于政治、经济的需求，狩猎不仅有了军事演习的性质，同时也有了补充军饷的作用。例如，蒙古族大规模的围猎，如同出征，从每户抽出强壮的男丁和骏马，每人带着十几天的干粮，按照围猎的规定，到达指定地点，在围猎中听从组织者的指挥，按照指定路线行进。如有违抗者，则要受到严厉惩罚。13 世纪初，成吉思汗在西征时，在征战途中不断地进行大规模的围猎。这不仅锻炼了士兵的骑射之术和快速攻击的本领，同时也不断地补充了军饷，对征服欧亚大陆起到了重要作用。据《蒙古秘史》记载，“成吉思汗率领一千三百人，沿着合勒合河西边行进，兀鲁兀惕、忙忽惕部一千三百人沿着合勒合河东边行进。一路上围猎储备粮食”[②]。在这种众人参加的大型围猎活动中，在捕杀猎物、储备粮物的同时，比力量、比智慧、比射箭、比马速，也成为锻炼士兵、勇士的一种极好的方式。

保护牲畜也是狩猎的一种目的。畜牧业生产除了遭受各种自然灾害的侵

---

① 哈·丹碧扎拉桑主编《蒙古民俗学》，辽宁民族出版社 1995 年版。

② 余大钧注译《蒙古秘史》，河北人民出版社 2001 年版。

袭外，还经常受到狼、虎等野兽的袭击。为了保护畜群，草原民族往往于秋末冬初在牧场周围进行有组织的大规模围猎和个人狩猎活动。

随着社会的发展，狩猎成为一种补充牧业生产的副业。因而，狩猎活动的目的不仅是获取猎物，随之还增加了娱乐的因素。草原民族崇尚勇敢善战者，鄙视胆怯无谋者，他们把在马上猎物看成最大的快乐。狩猎既是勇与力、胆与识的凝聚，也是一种快乐，一种享受。猎场成为猎手展示狩猎技能，进行射击比赛的活动场所。尤其是在大规模的围猎中，人们常常比试射箭的准确性和骏马的速度，场面非常热闹，狩猎成为一种群众性的娱乐活动。

（一）草原民族的狩猎方式

草原民族狩猎的主要方式有一人狩猎、几个人狩猎和集体围猎三种。一个人或几个人进行的狩猎活动规模较小，集体围猎活动则规模较大，是有严密组织、有详细计划、有严格规则的狩猎活动。

个人狩猎一般不分时间和季节。狩猎对象一般以小动物为主。猎人根据自身对各种动物习性的了解，随时随地进行猎捕。有的动物性喜夜出，猎人们就按照猎物夜间活动的规律进行猎捕。

几个人狩猎不分季节，但是有一定的组织性。例如，过去，鄂温克族打猎，一般五六个人为一个小组，称为“塔坦”，意为“火堆”。大家围一堆火，吃一锅饭。推选年长的人当“塔坦达”，每一个塔坦又推选一名围猎的总首领“阿围达”，主持整个围猎活动。“阿围达”不但要经验丰富，了解哪座山上有野兽，还要掌握用绳套套住野兽下套子的技术。在阿围达的指挥下，参加围猎的人分为三部分：第一部分是马队，从河边向山沟一带包围；第二部分是包括老人、妇女在内的人，在山上敲盆呐喊，吓唬野兽，以缩小包围圈；第三部分是由阿围达亲自带领少数人，潜伏在下好的套子附近。有时一次就跑来二三十只狍子，套子如果下得好，狍子一过就能套住脖子，猎人就用弓箭或刀子捕杀。在整个行动中，如果谁不守纪律，“阿围达”有打他十板子的权力[①]。

集体围猎则有一定的季节性，一般在春秋两季进行。围猎是有组织、有计划的活动，要听从组织者的指挥，按照固定的程序进行。组织分工明确，除有头领、外围包抄人（轰赶狩猎对象的人）之外，还设有围底（围猎的指挥机构，

---

① 扎格尔主编《草原物质文化研究》，内蒙古教育出版社2007年版。

围猎开始及结束的集中地）、围扇（围猎时包围圈靠近指挥机构的两翼）、围翼（包围圈的延长部）等。集体围猎的场面非常壮观，队伍有几十人甚至几百、上千人，他们骑骏马、牵猎犬、挎猎具，浩浩荡荡按照组织者规定的路线，先形成一个较大的包围圈，然后圈子逐渐缩小，猎人紧逼猎物不放，猎狗扑前穷追不舍。待最后冲刺，猎人各显其能，尽其马之速度、射箭之技能、猎犬之本领。这是一场骑术的比赛，也是一场智慧、勇气、胆量的较量①。

因居住环境和动物生长习性的不同，中国西部草原民族在狩猎的季节性和猎物的种类方面也有着一定的差异。如猎狼不分季节，但主要是冬季围猎和春季熏狼洞、掏狼崽。一般在秋冬两季猎狐狸，这主要是从利用狐狸皮的角度考虑的。猎黄羊、兔子及其他动物则在冬季进行。“蒙古人对体大、群居、力壮的野兽进行集体合力围猎，对水獭、松鼠、鼹鼠这样的小动物则由一两个人去捕捉。小规模的狩猎活动，根据狩猎对象分别称作狐狸猎、鸟猎、鱼猎、鼹鼠猎等。”② 集体参加的捕猎活动称作围猎、拢猎。过去，鄂伦春猎民一般夏天割鹿茸、秋天打狍子、冬天打貂。鄂温克猎民通常猎取的是狍、灰鼠子等，也常猎获野猪、旱獭、狐狸、貂、狼等。一般在农历四五月割鹿茸，十月打野猪、狼、狐狸、獾。打灰鼠子和狍子一般不分季节。鄂温克猎民最喜欢猎鹿。这不仅因为鹿的全身都是宝，而且因为鹿特别灵敏，最难捕获，因而猎获到鹿也是最光彩、最令人兴奋的事情。捕熊，对鄂温克猎民来说是一件大事。熊一般不是猎取的主要对象，这不仅因为猎熊容易被咬伤，而且因为鄂温克族崇拜熊。如果打死熊，则要举行一整套祭祀活动③。

（二）草原民族的狩猎方法

中国西部草原民族的狩猎经验极其丰富，深知各种动物的生活规律和习性，并能根据不同动物的特点采取不同的狩猎方法。例如，猎人们掌握了鹿喜食碱和嗅觉十分灵敏的特点后，就逆风捕猎，并在鹿到河边饮水吃草或到碱场吃碱时进行伏击。狍子喜欢生活在山坳林间，猎人们就利用“狍哨”模拟狍子的叫声，引其前来并进行猎捕。有的动物性喜夜出，猎人们就根据野兽夜间活动的规律，利用地形，采取“蹲碱场”、“蹲水泡子”、哄打、堵打、追打等方式进行猎捕。

---

① 扎格尔主编《草原物质文化研究》，内蒙古教育出版社 2007 年版。

② 哈·丹碧扎拉桑主编《蒙古民俗学》，辽宁民族出版社 1995 年版。

③ 扎格尔主编《草原物质文化研究》，内蒙古教育出版社 2007 年版。

草原民族狩猎的方法大致可分为三类：使用动物狩猎、使用猎具狩猎和以烟熏狩猎①。

1. 使用动物狩猎②

中国西部草原民族狩猎所使用的动物有经过驯服的马、猎犬、猎鹰和猎雕等。对于中国西部草原民族来说，马不仅是交通工具，而且是重要的狩猎工具。几人狩猎或集体围猎时，猎人们骑上快马，驱赶包围猎物，马上射箭、马上投布鲁、马上投扎枪等。由于草原民族的马上功夫、技巧过硬，他们在马上运用多种猎具游刃有余，迅疾敏捷，使灵巧善跑的动物猝不及防。鄂伦春族的猎马虽躯体矮小，但耐力极强，善于翻山越岭，是猎人不可缺少的挚友和助手。

猎犬是草原民族狩猎的主要助手。据《马可·波罗游记》记载，蒙古大汗围猎时，行猎的猎犬不下五千只③。训练有素的猎犬嗅觉灵敏、体质健壮、动作敏捷、忠于主人。在追踪、围捕猎物时，猎犬不但能为主人充当“眼睛”，而且担当着捕捉猎物、在主人遇险时保护主人的任务。猎民选择猎犬时特别注意它的身材、体形、四肢、形象等，一般以具备身高、腿长、胸宽、腰细等特征的猎犬为良犬。训练猎犬的方法有很多，一般为直接追击狐狸、沙狐、狼、黄羊、旱獭、兔子等猎物，跟踪猎物足迹、叼回被射杀的猎物，捕捉有着珍贵皮毛的猎物（狐狸、狼、旱獭、兔子等）时不损伤其皮毛，围猎时与人合作围追堵截等。驯养猎犬时要态度温和、方法巧妙，多采用鼓励、渐进的方法。经验丰富的猎人在日常生活中非常关照自己的猎犬，喂足够的食物，使它有适当的膘情和足够的体力，尽量避免受伤，从而使猎犬依赖自己、忠实自己。经过精心训练的猎犬能与四五岁的熊搏斗。蒙古族、鄂伦春族等中国西部草原民族对自己的猎犬是十分珍爱的。猎犬一般都有昵称，还饰有各式各样的装饰物。装饰物一方面能在猎犬与野兽的搏斗中起到保护作用，另一方面也体现了主人对猎犬的爱护，使它们看起来更加精神。

鹰是猛禽，有着锋利的爪子，视觉敏锐，以捕食禽兽为生。驯化鹰、让鹰猎捕禽兽由来已久，运用的地区较广泛。以鹰捕猎动物逐渐成了一种基本

---

① 扎格尔主编《草原物质文化研究》，内蒙古教育出版社 2007 年版。

② 扎格尔主编《草原物质文化研究》，内蒙古教育出版社 2007 年版。

③ ［意］马可·波罗口述，［意］鲁思梯谦笔录，陈开俊等译《马可·波罗游记》，福建人民出版社 1981 年版。

的狩猎形式，通常被称为“放鹰”。《蒙古秘史》中记载：“那时，也速该巴阿秃儿在斡难河边放鹰。”[①]《蒙古秘史》又记载着孛端察儿的一段经历：他被亲人抛弃后，顺着斡难河走了下去。走到名叫巴勒谆岛的地方后，搭起草棚子住了下来。此间，孛端察儿见一雏鹰正在捕食黑野鸡，便用青白马的尾毛做成套子。套住雏鹰后，把它带回家养了起来。衣食无着的孛端察儿常常射杀被狼围困在山崖间的猎物或拾捡被狼吃剩下的剩肉残骨，用来充饥并喂养捉来的雏鹰，这般艰难地熬过了冬天，待到春暖花开雁鸭飞回的时候，他纵鹰捕来的猎物已挂满了林间的树枝[②]。达斡尔族自古酷爱放鹰，走进达斡尔族屯落，总能看到养鹰之家。每年中秋前后，在屯外树上支起障鹰架（达斡尔语称为“托尔萨乐”），用鸽子做诱饵，拿网扣鹰（叫作“乌格登”）。每到晚秋时节，有人来买鹰，一只鹰的价格和一匹马差不多。鹰的驯化非常复杂，驯养者一般要有很大的耐心和技巧才能成功。在野生动物资源丰富的情况下，一只训练有素的鹰一天能捕捉到很多猎物。与其说达斡尔族放鹰是为经济利益，倒不如说是一种爱好。

2. 使用猎具狩猎[③]

猎具是中国西部草原民族的一大发明。中国西部草原民族不仅针对不同的猎物、不同的地理位置和不同的自然条件，使用不同的猎具，而且根据不同的狩猎方式使用不同的猎具进行捕猎。传统的狩猎工具主要有弓箭、地箭、布鲁、沙布尔、扎枪、龙古、铁夹子、套子、签子、猎刀、枪支、陷网、套马杆、马鞭子、鹿笛、狍笛、“帕日格”等。

蒙古族、鄂伦春族、鄂温克族等中国西部草原民族很早就发明和制造了弓箭，并以此为主要狩猎工具。弓箭不仅是古代中国西部草原民族射杀来袭之敌、保卫家园的重要武器，也是猎捕飞禽猛兽的传统工具。无论是集体围猎还是个人狩猎，弓箭都是不可缺少的猎具。弓通常由藤、竹、木或牛角做成，弓弦由牛筋、鹿筋或其他野兽的筋做成，结实耐用。弓箭的箭头由石、骨、金属等制成。箭头的形制有尖头、圆头等。在捕猎中与弓箭配合使用的重要武器就是扎枪，扎枪为木把、金属头，头锐利以刺野兽，通常远用弓箭、近用扎枪。“地箭是鄂温克族使用的一种与弓箭相似的猎具，一般安设在野兽

① 哈·丹碧扎拉桑主编《蒙古民俗学》，辽宁民族出版社1995年版。

② 哈·丹碧扎拉桑主编《蒙古民俗学》，辽宁民族出版社1995年版。

③ 扎格尔主编《草原物质文化研究》，内蒙古教育出版社2007年版。

经常出没的地方，野兽触地箭而亡。”[①] 到了17世纪初，火枪从中原传入后，改用火枪进行狩猎。20世纪初，步枪又代替了火枪，使狩猎工具得到了改善，生产力得到了进一步的提高。据记载，很早以前人们用绳子或网下套、用弓箭射杀等方法捕猎。用马尾编网套，捕鱼虾、兔、野鸡。网飞禽的捕猎方法沿用至今。

布鲁是蒙古族最早使用的捕猎工具之一，分为皮鞘布鲁、斜扁布鲁、锡铁布鲁、孔眼布鲁等四种。使用布鲁捕猎有两种方法：一种方法是布鲁不离手。这种方法着力重，适用于猎捕狼、狐狸、鹿等大的野生动物。另一种方法是抛出布鲁。这种方法虽然着力不重，但是速度快、投距远，适用于猎捕兔等蹦、跑快的小动物[②]。“龙古是鄂温克族用来猎捕狼的一种工具。龙古是一米左右的木桩，上面呈夹子状并叉上肉。狼看见肉伸爪，爪子就被夹住了。鄂温克族用鹿笛和狍笛猎捕母鹿和母狍，用帕日格背捕杀小的猎物。”[③]

铁夹子是用来夹狼、狐狸、野兔、野猪、野鸡等的猎具，通常放到兽道上，里面可放置一定的诱饵。“签子用竹子、柳条制作，其头尖锐，把签子插在野兽夜间走动的道上，刺其身亡。一般用来猎小动物。”[④] 猎刀对猎手来说非常重要，不仅是猎手的防身武器，而且是用来猎杀靠近的动物和收拾猎物的必备工具。

自从枪支成为狩猎工具后，在很大程度上提高了草原民族的生产、生活水平。枪的射程和准确度都远远超出了弓箭。使用猎枪狩猎主要有以下几种方法：一是追着打，猎手可骑着快马，在追上或靠近猎物后开枪捕杀。二是赶过来打，最少需要两个人，一个人事先躲到隐蔽物后面，另一个人在不惊吓猎物的情况下慢慢地把猎物赶到躲藏者的附近，让此人开枪捕杀。三是通过模仿猎物的声音引诱其上钩。四是选择适当的时间进行狩猎。如在猎物吃饱喝足后的休息时间，从下风方向发动攻击[⑤]。

3. 以烟熏狩猎[⑥]

这种方法主要用于猎捕栖息在洞穴内的动物。洞穴较深、弯曲较多又有

① 邢莉著《游牧中国：一种北方的生活态度》，新世界出版社2006年版。
② 哈·丹碧扎拉桑主编《蒙古民俗学》，辽宁民族出版社1995年版。
③ 邢莉著《游牧中国：一种北方的生活态度》，新世界出版社2006年版。
④ 邢莉著《游牧中国：一种北方的生活态度》，新世界出版社2006年版。
⑤ 哈·丹碧扎拉桑主编《蒙古民俗学》，辽宁民族出版社1995年版。
⑥ 扎格尔主编《草原物质文化研究》，内蒙古教育出版社2007年版。

较多岔口时一般用烟熏的方法，即把捡来的牛粪、枯枝、杂草等堆放在洞口点燃后，用衣袍或马垫子把烟扇进洞内，把猎物熏出来进行捕杀的一种方法。如果洞穴不深，也可以直接通过刨挖，或用木棍缠住洞内猎物皮毛往外拉的方式进行猎捕。猎民根据多年的狩猎经验，或通过观察动物留在洞口的足印，就能准确地判断出洞内动物的种类及这些动物是否在洞里。例如，狐狸一般喜欢在夜间外出觅食，天亮前进洞，一直到中午都不会出来。因此，上午是烟熏捕狐狸的最好时间。对于黑熊，猎人们则是常乘黑熊冬眠之际，找到它的洞穴，用粗树枝向洞内乱捅，或把点燃的干草往洞内扔，使熊不得安宁，被激怒后出洞，随后让猎犬在洞口咬，或猎人瞄准洞口击中其要害。

中国西部草原民族在其生产生活过程中创造出的独特、多样的狩猎方式和方法使狩猎文化的内涵更加丰富。因此，和狩猎活动有关联的独特捕猎习俗也逐渐形成并流传至今。

三、草原民族的种植业

（一）草原民族种植业的历史

在以游牧为主的草原民族中，农业仍然在其社会经济发展中起着重要作用。在内蒙古自治区伊金霍洛旗朱开沟文化第五阶段遗址①，出土了农业生产工具和陶器，发现了固定的居住遗迹，说明当时已经形成半农半牧的经济结构。夏家店上层文化时期（西周晚期至春秋中期），陶器和农业生产工具虽然简单粗糙，毕竟是一个经济类型的代表。在内蒙古自治区克什克腾旗龙头山遗址②，发现了二十余座房址和百余个地窖。这些地窖储存着谷物（现已炭化）。

匈奴的农业在战国时期就已经出现（虽然只是零星的种植）。西汉以后，随着汉匈和亲局面的出现和战争，农业生产技术和耕种者同时进入了匈奴地区，农业才逐渐发展起来。在漠北匈奴墓葬中出土了农作物种子、谷物、农具和大型陶器③。如《史记》载，卫青在武帝元狩四年（公元前 119 年）北击匈奴至赵信城获得匈奴储存的大量粟米。《汉书·匈奴传》载，武帝后元元年（公元前 88 年）秋，匈奴地区连续雨雪数月，“谷稼不熟”。《汉书·西域

---

① 内蒙古自治区文物考古所、鄂尔多斯博物馆编《朱开沟——青铜时代早期遗址发掘报告》，文物出版社 2000 年版。

② 内蒙古自治区文物考古研究所《内蒙古克什克腾旗龙头山遗址第一、二次发掘简报》，《考古》1991 年第 8 期。

③ ［蒙古］策·道尔吉苏荣著《北匈奴》，乌兰巴托出版社 1961 年版。

传》记载匈奴派兵在车师种田。《汉书·匈奴传》记载卫律曾为单于出谋划策，“穿井筑城，治楼以藏谷”[①]。利用汉人筑城建楼以储存谷物，坚守漠北与汉朝做长期的对抗。由此可见，在匈奴的社会经济中，农业也占一定的分量。在蒙古人民共和国的外贝加尔地区，也发现了匈奴时期的与农业有关的考古遗存，如储存于陶罐中的谷物、犁铧等农业生产工具[②]。有关从事农业生产的人员的身份，许多学者认为，主要是被俘虏的汉人在从事农业生产[③]。

《后汉书·乌桓鲜卑列传》记载，“其土地宜穄及东墙。东墙似蓬草，实如穄子，至十月而熟。见鸟兽孕乳，以别四季。”《三国志·魏志·乌丸传》裴注引王沈《魏书》记载：“俗识鸟兽孕乳，时以四节，耕种常用布谷鸟为候。地宜青穄、东墙，东墙似蓬草，实如穄子，至十月熟。”辽宁省西丰县西岔沟墓葬[④]出土铁斧、铁锛、铁镢、铁锄、石磨盘等农具，多来自于中原地区。乌桓人虽有农业，但在社会经济中不占主要地位，出现“米常仰中国”[⑤]的现象。曹魏时期，乌桓人活动于辽东、辽西、右北平等郡，与汉族接触更加频繁，农业生产有了较大的发展。

拓跋鲜卑南迁后，在汉族的影响下，农业逐步发展起来。公元4世纪初，拓跋猗卢得到陉岭以北（今晋北一带）的土地后，从雁门一带迁移十万家到此从事耕种[⑥]。北魏拓跋珪在位期间，在都城盛乐附近“息众课农”，又在河套之北、五原至固阳塞进行屯田，收获颇丰，大约三万余户的屯田产穄百万余斛[⑦]。

契丹人在阻午可汗时期就开始经营农业，到迭剌部耶律阿保机父亲撒剌时，农业获得较大的发展，除了谷物种植外，还种植了桑麻。契丹立国后，形成“南农北牧”的格局。《辽史·食货志》记载：“太祖平诸弟之乱，弭兵轻赋，专意于农。尝以户口滋繁，糺辖疏远，分北大浓兀为二部，程以树艺，诸部效之。”到辽圣宗、兴宗时期，契丹的农业生产规模已超过畜牧业的生产规模。

在蒙古族各部尚未统一时，汪古部和弘吉剌部已经“能种秫、稷”，“食粳稻”，蔑儿乞部也有了田禾。元朝，蒙古族聚居区的军事屯田发展迅速，漠

---

① 〔东汉〕班固撰《汉书·匈奴传》（上），中华书局1962年版。
② 乌恩《论匈奴考古研究中的几个问题》，《考古学报》1990年第4期。
③ 林幹著《匈奴通史》，人民出版社1986年版。
④ 孙守道《“匈奴西岔沟文化”·古墓群的发现》，《文物》1960年第8、9期合刊。
⑤ 〔西晋〕陈寿《三国志·魏志·乌丸传》，中华书局1959年版。
⑥ 〔唐〕魏收《魏书·序纪》，中华书局1974年版。
⑦ 〔唐〕魏收《魏书·太宗纪》，中华书局1974年版。

南地区的农业逐渐扩展到漠北蒙古族的畜牧区，有不少蒙古族牧民参加农业生产，学会了耕种。成吉思汗建国后，曾令镇海屯田于阿鲁欢。经过若干年发展，克鲁伦、鄂尔浑、塔米尔等河沿岸都有人利用河水灌田，种植耐寒的糜、麦等农作物，谦谦州“亦收禾麦”，乞尔吉思人“颇知田作”[①]。

根据《元史》记载，元朝建立后，为给戍军就近解决粮饷，自至元十一年（1274 年）开始，政府历次调动军队，拨发农具、耕牛、种子，在和林、称海、五条河、海剌秃、兀失蛮、杭爱山、呵扎各处，并远及谦谦州和乞尔吉思人所在地屯田积谷，和林与称海成为岭北两大屯田中心。《元史·食货志》记载：“农桑，王政之本也。太祖起朔方，其俗不待蚕而衣，不待耕而食，初无所事焉。世祖即位之初，首诏天下，国以民为本，民以衣食为本，衣食以农桑为本。”

元朝灭亡后，蒙古地区由于连年战争，农业生产遭受严重破坏，就连农业较为发达的兀良哈登处都“告饥，愿以马易米”。每到春荒时，除打猎外，以“一牛易米豆石余，一羊易杂粮数斗，无畜者或驮盐数斗，易米豆一二斗，挑柴一担，易米二、三升，或解脱衣皮，或执皮张马尾，各易杂粮充食”[②]。俺答汗收留和招募大批汉人到漠南地区耕种，汉人带来了农具、种子和农业生产技术，促进了蒙古地区的农业发展。

清代蒙古地区农业的发展进程，大致为从南向草原腹地纵深发展。从事农业的人也越来越多，耕地面积越来越大，农作物的种类也越来越多。为了适应不断扩大的农业生产的需求，内地汉族农民大量流入蒙古地区。而且在该地区的大批王公大臣、皇室成员强行圈地开垦土地，更是加快了该地区农业化的进程。察哈尔以西的土默特地区是蒙古地区农业化、定居化、城市化较早的地区。土默特地区是明代阿勒坦汗曾开发过的地方，由于土地肥沃、平川辽阔，便于开垦，到清代，该地区的农业有了一定的基础。除此之外，在清代，鄂尔多斯地区的农业也有很大的发展，清代中后期，整个蒙古地区的农业生产有了较大的发展。

虽然就整个蒙古地区来说，游牧业还是占绝对重要的地位，但当时的蒙古人已掌握了一些油料作物和蔬菜的种植技术，农业甚至在个别地区农业逐

---

① 张景明著《中国北方游牧民族饮食文化研究》，文物出版社 2008 年版。

② 〔明〕王崇古《酌许虏王请乞四事疏》，载《明经世文编》（卷三一八），中华书局 1962 年版。

渐成为主导产业。随着汉族农民与草原上的蒙古人交往增多，大批中原汉族农民的“出关”开垦和众多蒙古牧民的弃牧从农，不仅给古老的草原带来了五谷丰登、储粮满仓的局面，而且在原有的“有土房的百姓”的基础上有了聚集而居的城镇和村落。在此情况下，蒙古族牧主同时兼有地主的身份。同时，在农业较发达的地区也出现了一批汉族地主。

农业的发展，使北方的草原民族与中原农耕民族之间由于生产方式和经济形态的不同而时常发生冲突的可能性不断减少。在古老的蒙古草原上，从西部的准噶尔到东部的科尔沁，各地都有了农垦点，有了定居的蒙古族农民。经清代康熙、雍正、乾隆三个时期，漠南蒙古地区的农业已经有了基础，特别是漠西的准噶尔地区的农业经济进一步规模化发展，祖祖辈辈游牧于蒙古高原的蒙古族开始定居，与流入蒙古地区的汉族杂居，为汉族农业文化传入蒙古地区奠定了基础。

（二）草原民族种植业的特点

1. 草原地区的农作物种类日益丰富

过去，蒙古民族的祖先并没有专门的农具，只是在远离牧场的土地上随便撒下种子之后，驱赶牛群、马群踩踏。如果发现庄稼长得好，全家便驱车前往，在让牛群、马群踩踏后再收获粮食。当时的农作物就是糜子、黄米、荞麦等。后来，受流入的汉族农民的影响，农作物的种类不断增加，有了玉米、谷子、黄豆、大豆、土豆、萝卜、白菜等。随着农业生产工具、技术的发展，农产品的种类比过去更加丰富。

2. 适应中国西部草原生态环境

水源、日照、天气、季节等自然条件是影响农业和畜牧业生产的重要因素。中国西部草原民族所处的地理环境是由山脉、沙漠、草原、戈壁等组成的，其气候属于温带大陆性半湿润半干旱的过渡类型①。而农业生产一般适合在气候温暖、水源丰富的地区开展。因此，由于草原地区历史上游牧经济的特点所决定，在北方草原自然生态环境中产生的农业，必然会有着不同于其他地区农业文化的特殊性，从而形成草原地区农业文化的特点。

3. 与农耕民族交融渗透的特点

中国历史上的农耕文化和游牧文化是相互影响、相互依存的。中国西部

---

① 乌日陶克套胡著《内蒙古游牧经济及其变迁》，中央民族大学出版社2006年版。

草原民族的农耕历史是在与农业民族的交往和互动中形成的，游牧区与农业区不断交往的结果必然是双方文化的互相渗透。

偏重于种植业的农区需要从牧区取得牲畜和畜产品，作为经济活动的补充。同样，牧区种植业薄弱，需要由农区输入农产品。无论是匈奴人还是蒙古人，在广大北方地区生存和繁衍过的草原民族一直都与中原农耕民族保持着密切联系。战争加速了各民族农业文化的交流和民族的融合，为正常的经济交往开辟了道路。农产品不仅仅作为一种产品进入北方地区，同时也是作为一种文明符号渗入到北方社会。

第三节　草原民族的生态观

人类在草原生态系统中扮演和继承了“捕食者”的角色。但人类不仅是食物链顶端的消费者，而且参与到草原营养金字塔的第一级生产者（牧草）的生产和第二级消费者（家畜）的组成结构调整及提高其能量与物质转化率的过程中，人类选择和培育了许多优良的家畜品种和牧草与饲料作物品种，建立了高产的人工草地和饲料地，其生产性能在量与质上都远远超过了它们的野生祖先。人类还通过数千年的实践摸索出草原放牧和家畜饲养管理的一系列制度和办法，从而形成了草地畜牧业这个第一产业的体系[①]。

草原畜牧业本身已成为许多国家重要的生产和经济支柱。这是草原畜牧业结构的光明面。但现在这个金字塔的基础和顶层在全球许多国家和地区，尤其是在许多发展中国家出了问题：或由于草地经营不当而发生退化，生产力下降，或由于人口的增长率过高过快，由此引发的需求超过了草原的生产力极限等，导致草地畜牧业金字塔结构的倒置而引起草地退化、家畜品质下降，同时造成环境的严重恶化。而且由于这些国家科技相对落后，国力不强，缺乏对草原的经济投入，难以找到恢复草原面貌的途径与有效措施，草原退化的趋势不仅得不到遏制，甚而产生了草原退化的恶性循环。

一、草原文化面临的生态问题

草原退化是草原文化面临的主要问题，也是全球草原都面临的一个严重问题。从生态人类学的角度讲，草原退化从生态上严重威胁到全球以及中国

① 张新时《草地的生态经济功能及其范式》，《科技导报》2000 年第 8 期。

不同民族的草原文化。根据联合国粮农组织发表的报告，20世纪后50年中，全球约有45亿亩的农业用地流失或退化，其中草原沙化、碱化和超载过牧破坏的草地面积约占30%。目前，草原退化仍在加剧，尤其以非洲、亚洲和南美洲地区最突出。

20世纪70年代，中国草原退化率为15%，80年代中期已达30%以上。目前，在北方牧区2.24亿公顷可利用的草原中，已明显退化的草原面积有4670万—6670万公顷，其中有1333万公顷退化为沙漠，并以每年133万—200万公顷的速度在不断扩大。另据原国家林业部发布的《中国荒漠化报告》透露，目前中国荒漠化土地面积已占国土面积的27.3%，而在干旱、半干旱和亚湿润干旱地区，荒漠化土地所占比例已近80%，中国草地退化率已达56.6%，耕地退化率也超过40%。草地生产力较20世纪50年代普遍下降了30%~50%，鼠害、虫害严重，毒草、不可食牧草比例增大。草地资源的破坏对人类的生存环境产生了巨大的危害。我国北方受荒漠化影响的区域已超过国土面积的1/3，并仍以每年2000多平方公里的速度扩大，生活在荒漠化地区和受荒漠化影响的人口近4亿。据有关部门粗略估计，因荒漠化危害造成的经济损失每年高达540亿元。新疆、青海、西藏、甘肃大约30%的草原面积已发生退化，宁夏草原退化面积已达97%。内蒙古草原退化面积为2992万公顷，占可利用草原面积的44%；沙化面积已达3260万公顷，占草原总面积的37.6%；土地次生盐渍化面积为52.5万公顷，占草原总面积的0.6%。与20世纪80年代相比，内蒙古草原“三化”面积的年均增长率达1.4%[①]。

草原退化的主要标志[②]：

一是产草量减少。20世纪50年代以来，全国天然草原平均单位面积产草量下降30%~50%。内蒙古草原20世纪50年代平均每公顷产鲜草1912公斤，年均饲草贮藏量为1273亿公斤，到20世纪80年代平均每公顷产鲜草仅为1050公斤，年均饲草贮藏量为669亿公斤，全区草原产草量下降40%~60%。据内蒙古锡林郭勒盟草地普查资料，由于草地退化，全盟天然草地平均可食干草产量由20世纪60年代初的每公顷768.6公斤降到20世纪80年代中期的每公顷508.2公斤。

---

① 张立中主编《中国草原畜牧业发展模式研究》，中国农业出版社2004年版。

② 道尔吉帕拉木著《集约化草原畜牧业》，中国农业科技出版社1996年版。

二是草原植被结构劣化，载畜能力下降。在草原退化过程中，伴随着产草量的下降，植被结构也已发生明显变化。草群中建群植物和优良牧草减少，甚至消失，而一些抗逆性强的杂类草和一年生植物，以及适口性差的植物与有毒植物增多，草群高度与覆盖度明显降低，地上生物量减少。这样一来，草地退化和资源枯竭的状况凸显。例如，锡林郭勒盟羊草草原放牧地，在过度放牧影响下，群落发生逆行演替。结果群落的种类组成发生变化，种的抹（丛）数、分盖度和地上生物量等群落特征指标均明显下降。在重度退化阶段，群落中原有建群种羊草（*Leymus chinensis*）和优势种克氏针茅（*Stipa krilovii*）完全从群落中消失，而有毒植物——狼毒（*Stellera chamaejasme*）从无到有，并成为退化羊草草地的优势成分，严重影响了草地的利用价值。

三是自然灾害日趋频繁。草原退化，生态平衡遭到破坏，进而加剧了自然灾害。特别是旱灾频发，持续时间长，使原本干旱的气候更加干旱。据内蒙古近30年气象资料，全区年平均降水量随年代顺延而递减，20世纪60、70、80年代分别为309.0毫米、307.1毫米、289.4毫米。同时，干旱周期缩短，1937年、1947年、1957年大旱，干旱周期10年；1957—1965年发生大旱1次，干旱周期8年；1966—1970年发生大旱1次，干旱周期4年；1971—1982年发生大旱4次，干旱周期缩短为3年。

草原干旱，伴随而来的是风蚀、水蚀严重，土壤沙化、砾质化、碱化，鼠虫灾害时有发生。根据内蒙古土壤侵蚀遥感制图统计，内蒙古风蚀区面积74.35万平方公里。风蚀带集中分布于西部，水蚀带集中分布于东南边缘地区。如按当时的行政区划统计，土壤风蚀以阿拉善盟、乌兰察布盟、锡林郭勒盟和伊克昭盟最为突出，其风蚀面积都在80%以上。全区水蚀面积达27.17万平方公里。二级土壤侵蚀区面积为85.28万平方公里。在草地土壤的强烈侵蚀作用下，草地生态系统失去平衡，从而出现了较强的荒漠化发展趋势。如内蒙古高原西部荒漠带与草原带分界线（北段），20余年内向东迁移了100公里左右。

草原生态环境发生变化，导致生态系统的食物链缩短，食物网趋于简单化。草原上鼠的天敌（如鹰、雕、蛇、刺猬）和害虫的天敌（如蜻蜓、螳螂、瓢虫）都急剧减少，鼠害、虫害泛滥成灾。鼠害固然是草原的危害，但它有时间性和地区性。草层高、密度大，鼠类不容易穿行，即可有效抵制草原鼠害的暴发；草原退化，草层变矮、变稀，鼠害则易于发作。草原退化不完全是鼠害引起的，但鼠害可以加剧草原退化。目前，中国北方草原鼠害面积约

4700万公顷，青藏高原高寒草原鼠害面积达1600万公顷，每年消耗饲草150亿公斤，相当于1000万只羊的食草量。中国草原虫害面积为100多万公顷，仅内蒙古草原蝗虫成灾面积便常年达66万公顷，严重地区的虫口密度为每平方米200只以上，牧草全被啃光。新疆伊犁天然草场的伪步甲猖獗之时，产草量由每公顷1500公斤下降到每公顷150—300公斤。

二、草原生态问题的成因

（一）人口增加是导致草原退化的主要因素

中国人口众多，对粮食和畜产品的需求量巨大。中国的人口，伴随着农业的发展而增多。远古时代100多万人，上古时代2000多万人，秦汉时代3800万—5000万人，隋唐时代3000万—1.3亿人，元明时代1.5亿—3.7亿人，清代3.7亿—4.3亿人，民国时期5.4亿人，新中国成立后达到13亿人的规模（2005年数据）①。

过去，在牧区人口较少的情况下，传统的草原畜牧业采取游牧的方式"逐水草而居"，人类活动对草原的影响力很小，基本上能够保证草原的自我更新和永续利用。现在的情况则有很大的不同。生产技术水平和市场环境发生了很大的变化，游牧的迁徙不定和季节性出栏只是一种小农生产方式，不能满足现代草原畜牧业集约化经营和均衡出栏的要求。随着牧区人口的增加，已经没有了足够的游牧空间。据有关资料计算，能够使人口、环境、资源协调发展的内蒙古草原区域适度人口应为0.9人/平方公里。这一人口密度是从公元2年到公元1900年的平均值，也是内蒙古草原人口承载力的底线。但从1911年开始，内蒙古人口密度大幅度增加，达1.29人/平方公里，到1928年已经提高到2.65人/平方公里，在短短17年间增加了一倍多。内蒙古人口的真正大幅度增长是在20世纪50年代初，并一直延续到80年代初，人口密度由1953年的5.08人/平方公里增加到1983年的16.28人/平方公里。人口剧增的压力和盲目开垦是内蒙古草原沙化、退化的两个并驾齐驱的因素。目前，除青藏高原和新疆以外，由于没有足够的草场、牧场和活动半径日益缩小，中国中东部牧区传统的游牧制度只能退出历史的舞台。

（二）超载过牧

中国广大的草原地区普遍存在着超载过牧的现象。这是不顾草原再生产

---

① 游修龄主编《中国农业通史·原始社会卷》，中国农业出版社2008年版。

的能力，盲目扩大畜群规模和放牧频率，使畜群的采食量长期超过牧草再生量，实行掠夺式经营所造成的。在合理载畜量条件下，牲畜采食量低于牧草再生量，有利于牧草营养积累，利用率最高，再生能力强，植物群落也比较稳定。在过度放牧情况下，牧草因被长期啃食、践踏而不能正常生长，完不成生长发育周期，因而优良牧草、可食牧草大量减少或消失。长期下去，草场植被稀疏低矮，地表裸露，再经畜群长期践踏，表层结皮破碎，在风力作用下，导致土壤沙化。

全国畜均占有草场已由 1949 年的 6.2 公顷减少到 2002 年的 0.64 公顷。我国西部牧区载畜量长期处于超负荷状况，特别是枯草期，中国西部广大牧区冬季草地已超载 50%，少数地区已超载 1～1.5 倍；南方草地也有大约 30% 利用过度。另据对中国传统畜牧业基地的 11 个重点牧区的草地资源及畜草矛盾现状的调查分析，1949—1988 年的 39 年中，牲畜数量增长率高达 202.8%，造成目前的 58.1% 的超载率，导致了 41.8% 的草地退化，牛羊胴体重量每 10 年下降 9.8%。草地资源的不合理利用已严重地破坏了畜牧业再生产的条件，制约了畜牧业的发展。

新疆区草地超载过牧严重，按近几年新测定的草地载畜能力，一般超载率达 60%～70%，局部地区甚至达 100% 以上，致使 80% 的天然草地出现不同程度的退化、沙化、盐渍化，产草量下降 30%～50%。据 20 世纪 80 年代末期的草地资源调查，新疆 37 个牧业县、半农半牧业县的天然草场，载畜能力为 2261 万个羊单位，而据最近两年的调查，其载畜能力已下降为 1392 万个羊单位，仅为原载畜能力的 61.6%，下降了 38.4%。据测算，2002 年内蒙古可利用草原面积为 6300 公顷，理论载畜量为 3500 万个羊单位，年末的实际牲畜饲养量达 6670 万个羊单位，超载 91%。

各个学科从不同角度对超载过牧的解释不尽相同，但有一方面的原因是可以肯定的，即这是由于我国对畜产品需求的不断增长和我国畜牧业生产能力低下的矛盾造成的。中国草地和北美草地处于同一纬度，水热条件和草地生产力基本相似，但由于草地退化，中国每公顷草地生产力仅为 10.73 个畜产品单位，单位面积草地产肉量为世界平均值的 30%，单位面积草地产值只相当于澳大利亚的 1/10，相当于美国的 1/20，荷兰的 1/50①。

① 张立中主编《中国草原畜牧业发展模式研究》，中国农业出版社 2004 年版。

三、草原文化对草原生态的保护

（一）游牧生产方式和草原保护

中国幅员辽阔，地形地貌多种多样。在一些地处偏远、自然条件恶劣且不适合发展现代畜牧业的地区，游牧生产方式是适应当地特殊条件的最佳选择。它既可以保护当地的生态环境，又可以维持当地牧民的基本生存。

中国古人对游牧已经有了深刻的认识。“无木棚沟渠之设备，四季之中，一任其采食野草。春季雪融，则居低洼之乡。以就天然水草，草尽而去。年复一年，都于一定之境内，渐次转移，其倾全力以采索者，惟水与草。若至冬季，霏雪凝冰。低地早已不能得水，即草根亦被雪淹无遗，故必居山阳，冰足以资人之饮啖，草根之没于草者稍浅，家畜又赖以掘食。马、牛、羊所以至冬季而肉骨瘦露，免死为幸。且有迫饥寒而倒毙，相籍以视夏期之丰肥，不啻天渊”①。

游牧民族的经济生活以畜牧业为主。游牧民的饮食、衣着以及许多其他日用品多依赖于牲畜。如《史记》记载匈奴“自君王以下，咸食畜肉，衣其皮革，被旃裘”。正如我国古代文献中所强调的游牧人群“食肉饮酪、不事种植”一样，游牧民的主要食物是肉和乳制品。肉类食品以羊肉为主，其次是牛肉以及射猎所获的各种野生动物的肉，在一般情况下，游牧民族很少将马肉作为肉食对象。牧民的肉食最充裕的时期是秋冬季节。根据近现代的资料，蒙古族一般是在入冬时节宰杀一定数量的牲畜。这主要有几方面的原因：一方面是考虑到冬季牧场的承载能力，将那些无法生育的母畜、多余的公畜或那些无法挨过寒冬的羸弱牲畜等宰杀（只保留一定数量的强壮母畜以及种畜，以便再生产），既提供了肉食，也减轻了冬季牧场的压力；另一方面是牲畜经过夏秋的放牧，此时最是膘肥体壮之时；再一方面是此时动物的皮毛质量最好；还有一方面是北方草原地区冬季的严寒天气仿佛“天然冰箱”，有利于冷冻保存肉食。一般来说，在牧区，春夏之交是牧民们生活最艰苦的时期，就像农业地区的青黄不接之时。这一时期，冬天储存的肉已经基本消耗殆尽，而牛羊等牲畜经过整个冬季的掉膘损耗，这时的出肉率很低；再加上春季动物开始换毛，皮毛质量也很差；更重要的一点是，熬过寒冬保留下来的牲畜

---

① ［日］临川花楞《内蒙古纪要》，载沈云龙主编《近代中国史料丛刊》（第二十三辑）。

是再生产的资本。所以，在春夏季节特别是春夏之交，牧民是不轻易宰杀牲畜的。这段时期，牧民主要依靠乳制品和一些风干肉以及一些其他食物来维持生计。乳类食品主要是利用牛奶和羊奶制作的奶制品，包括鲜奶和干酪。牧民们在长期的生产生活实践中，对奶制品的利用开发可说是花样百出。鲜奶除了直接食用或熬制奶茶外，还可将其发酵后制作黄油（奶油）、嚼口（酸奶油）、奶皮子、奶豆腐（干酪）、酸疙瘩（干酪）等，也可发酵加工酸马奶和奶子酒。如《史记·匈奴列传》《汉书》都曾记载匈奴食用乳浆和干酪。乳制品对游牧民的生活有着非常重要的意义。因为牧民的牲畜既是生活资料又是生产资料，若要既保持充足的肉食，又要维持一定的再生产规模，则必须饲养大量的牲畜来维持人们一年所需的肉食。大量的牲畜意味着需要更广阔的牧场来提供饲草，而且也意味着需要更频繁的迁徙移动来放牧牲畜。而草原空间领域毕竟是有限的，草场资源的承载力也是有限的，所以牲畜养殖的规模是有一定限度的。乳制品的利用，可以降低对肉食的需求，控制牲畜养殖的规模，缓解草场的压力。王明珂在《游牧者的抉择：面对汉帝国的北亚游牧部族》中认为，只有学会如何“吃利息”（乳制品），并尽量避免“吃本金”（肉），游牧经济才得以成立①。游牧民族中的风干肉和干奶酪的制作，特别是干奶酪的制作，通过发酵加工将不便保存的鲜奶制作成可以储存的干酪，有效地调节了食物充裕时期与食物匮乏时期的饮食生活，对于维持游牧生计的正常运转有着重要的意义。

游牧民的一些日常生活器具在用途、质料和造型上都反映出游牧生活的特点。游牧民常用动物毛、皮、骨、角等制作衣物以及生活器具，如皮革制品有革带、皮囊、皮绳、皮鞋靴、马鞍等。史料中记载匈奴人用皮革制造铠甲（革筒）和船（马革舱），毛织品有绳索、口袋、毛毯、毛毡以及用毛毡制作的鞋、袜、帽等物品。牧民们充分利用动物资源，就连动物粪便也是他们日常生活中的燃料。可以说，动物为游牧民提供了基本的生活必需品②。

① 王明珂著《游牧者的抉择：面对汉帝国的北亚游牧部族》，广西师范大学出版社2008年版。

② 刘瑞俊《内蒙古草原地带游牧生计方式起源探索》，中央民族大学博士学位论文，2010年。

表 5－2　游牧民族有关牧养牲畜的丰富的地方性知识[①]

畜	春	夏	秋	冬
马	避风：近河、低洼的地方	避暑：近河、潮湿、草高的地方，七八天吃一次碱	上膘：逐水草而走，注意吃碱	避寒：多吃碱，天冷马缺碱会不安心吃草
牛	御寒、避风：有碱的洼地，有积雪水的地方	避暑：地势高、通风凉爽和近水的地方	上膘：地势高的牧场，注意及时移换牧场，否则难以越冬。十至二十天补充一次碱	避寒：10 月在草低、寒冷、多风之地，使牛增强抗寒能力，11 月后到避风、干燥、草较好的山谷里，并注意经常让牛吃到碱
羊	御寒、避风：选择较高的地形，在能挡风的石崖下、平川、沟间放牧，否则羊群遇风雪容易走散	避暑：离水稍远，羊饮水过多易虚胖。地势高、空气凉爽的山地，草稀、露水少，羊不易得跛腿病。高地蚊虫少，羊可以踏实休息	上膘：频繁迁移，尽量让羊吃到新草，选择有碱的草地	避寒：高地势的山崖下或是有阳光的一面，能阻挡冷风，土质干燥。必要时迁移营地
骆驼	喂干草，可以选择有灌木丛和碱土的地方	有碱性的草地和咸水湖的地方。注意预防蚊虫叮咬	有碱草的地方。注意适当补碱	有硬草、灌木丛的地方。有碱草之处最好

（二）草原民族的宗教信仰与草原保护

一些宗教思想注意在人和自然的协调中寻求内心的安详平静。现在，在新的形势下，宗教界人士更自觉地把宗教活动与自然保护结合起来，建立宗教力量与自然保护力量的强大联盟，从而使宗教文化向生态文化的方向发展。藏传佛教所呈现的因果法则、慈悲心怀，对整体性的把握、调和的原则，自

① 李孝聪著《中国区域历史地理》，北京大学出版社 2004 年版。

然地孕育了一套人、畜、草关系的生态哲学。此种哲学又在一定程度上促使人们维护与自然的平衡。

朴素的游牧生活方式、草原及自然环境等是决定游牧民族的世界观及宇宙观等的主要因素。对大自然的观感以及合理的思考，也多以此为基础。放牧与狩猎在当时均需以集体协作方式进行，这对游牧民族的集体观念和互相协作精神的形成有决定性的影响。他们所处的环境使他们又同大自然融为一体。然而，由于人们当时生产力水平的低下，对自然依赖性强，进而形成顺服自然的价值观。

自古以来，“长生天”就是蒙古族崇拜的对象。在蒙古可汗们的诏书里，开头就用“长生天底气力”一语。在《蒙古秘史》一书里，有多处关于成吉思汗祭天祝祷之事的记载。在当时的人看来，可汗受命于天，婚姻、事业要得天助，死后也要走上天路。为此，人人敬天畏天，而不敢做违逆天道之事。这是衡量人心的尺度，也是社会公认的标准。在这种宇宙观的基础上形成了萨满教。从某种意义上讲，萨满教可被视为游牧文化的基础。藏传佛教普及后，萨满教的遗迹仍在民众的习俗中存在着①。

从远古起，草原民族就把江河看作神灵、具有生命的生灵，他们怀着敬畏的心情祭拜它们，并给了它们“哈腾郭勒”（母亲河）、“阿尔山宝力格”（神泉）、“额吉淖尔”（母亲湖）等美誉，以表达自己如对待母亲般的崇敬之情。蒙古族民间谚语中的“生长之土胜于金，所饮之水胜于泉”之说，充分表达了草原民族对自然资源的珍惜之情，体现了他们爱护自然的生态观。因此，他们把维护江河、泉、溪水的清洁作为日常生活中严格遵守的行为规则。例如，营盘不能选在离河流、泉、溪太近的地方，垃圾不能扔在水源附近，不能随意破坏河边、泉水旁的树木等，都是为了使江河不受污染和保持水源的原始状态。这些行为都体现了保护生态平衡的科学态度②。

研究藏族生态文化的学者南文渊先生指出：“藏族自然禁忌是出于对自然的敬畏与感恩，因而对自然的保护性禁忌是一种非常自觉的行为，一种必须要这样做否则会引起灾难的心理倾向与道德规范。而藏族聚居地区部落或政

① 许宪隆《北方草原民族传统文化与生态环境保护》，《中南民族学院学报》1997年第2期。

② 许宪隆《中国西部草原民族传统文化与生态环境保护》，《中南民族学院学报》（哲学社会科学版）1997年第2期。

教合一政权所制定或颁布的保护水草动物的规则或法令，则是对民间自然禁忌的扩大与具体化。这样，自然崇敬观念、自然禁忌机制、道德规范与世俗法令共同构成了保护自然环境的网络。从文化上讲，这是作为统一的整体而在发挥作用的。禁忌与法规是建立在对自然的崇敬之上的。没有崇敬、信仰，法规不可能被执行。"[①] 可见，在青海草原上，藏族、蒙古族的生态观念的内化与外化紧密地与他们的民间信仰和习惯法联系在一起。许多与保护草原相关的信仰与观念已深入人心，许多规范被草原上的多民族所接受和遵守。青藏高原凡有神山神湖的地区或者是佛教寺院周围地区，千百年来禁忌最为严格。这些地方林木茂密、牧草丰盛、风光美丽，自然生态一直处于良好的状态。对神山神湖及有关动物与植物的禁忌，保护了青藏高原许多珍贵的兽类、鸟类与鱼类的生长，保持了高原生物的多样性。如玉树州充分利用这种地方性知识，针对玉树属于全民基本信教区、宗教影响较大、具有寺院封山禁猎禁伐的历史传统等实际，充分调动全州 146 座寺院、3600 名僧侣在保护野生动物和天然林资源方面的积极性，已初步建立了国有林场、乡村、寺院、护林员四位一体的具有玉树特色的管护体系，划定了管护责任区，颁发了委托证书，签订了责任书，发放了护林员证，明确了管护责任，兑现了奖惩和报酬，取得了较好的实效[②]。青海省海南藏族自治州兴海县黄河岸边的阿佐贡巴寺，将一大片树林中的每一棵松树都系上白绵羊毛，表示放生和让其长寿，不准砍伐。人们看到标记，就自觉地不砍伐树木[③]。同样，我们在兴海县赛宗寺周围看到石羊成群，当地牧民与野生动物和谐相处。青海藏族传统生态观念在保护青海草原生态环境上的这些成功案例，给予我们较多的示范意义与经验价值。一些学者也提出，"环境问题是人类的心态问题，人类的主流哲学不变，生活方式不变，依靠一些'环保'行动是挽救不了人类的"[④]。敬畏生命、给自然界的所有生命与物种同等的生命权的文化价值理念，对保护草原生态环境具有借鉴价值。

（三）草原民族的习惯法与草原保护

历史上，青海藏族聚居地区部落习惯法广泛涉及草地、水源、耕地、森

① 南文渊著《高原藏族生态文化》，甘肃民族出版社 2002 年版。

② 王作全主编《三江源区生态环境保护法治化研究》，北京大学出版社 2007 年版。

③ 杨盛龙《对自然生态的奠重保护与藏区发展》，北京藏学讨论会论文，2001 年。

④ 何怀宏编著《生态伦理》，河北大学出版社 2002 年版。

林等方面的内容，不仅规定不能损坏草场，而且还规定不能伤害草原上一切生物。如青海果洛莫坝部落法规定：引起草山失火者，罚全部财产的二分之一；超过草山界线放牧者，罚牛一头[①]。兴海县阿曲乎部落习惯法规定：牧户按小亲族每十户编为一个“日郭尔”（帐户圈），每个“日郭尔”设一个“求德合”（执法者）。共二十个“求德合”，分属八个“求宦”（执法官）统领。具体由各“求德合”依照部落俗规和千户的意志安排四季轮牧，包括迁圈的时间、落帐地点、使用草场的范围等。不按“求德合”宣布或通知的迁圈日期迁圈，擅自早搬或拖延搬迁者要受“日求”（帐户搬迁约束）的处罚，一般是罚牛一头。误越草场界线，则罚“杂交”（用草约束），一般是放牛、马者罚牛一头，放羊者罚羊一只。如因越界用草引起争执，还要罚马一匹，叫作“尺门达”（犯科马）。造成草原失火，要罚以“尼求”（失火约束），一般是罚牛一头。外地牧户来该部落草山放牧，要得到千户的允准。外来牧户得到入居许可后，须遵守该部上述迁圈、用草规矩[②]。刚察部落习惯法规定：“千百户对下属部落和帐圈的草山有调整权，对因草山纠纷引起争斗有裁决权，对气候温和、水草丰美的草山有优先使用权。禁止越界放牧，各帐圈之间越界放牧，按下列规定罚款：一头牛或一匹马越界吃草罚银币两元，两头牛或两匹马越界吃草罚银四元，以此类推；一群羊越界放牧，罚羯羊一只；在草原上生火取暖，罚羯羊一只；草原失火，罚牛两头；属民的牲畜越界到头人的草场范围吃草，从严处罚。搬迁帐房，由头人择日统一行动，迟搬、早搬或乱搬，罚一只羊或几斤酥油[③]。历史上，这些部落习惯法在解决天然草场利用不平衡、不合理放牧等问题时发挥了较为重要的作用，在一定程度上促进了草场的合理利用。

草场是游牧民族的主要生产资料之一，为了使畜群获得最多的草料，蒙古封建统治阶级以法律的形式对草场进行保护，如逐水草而迁徙、倒场轮牧、禁止在草场上掘坑掘草根等。据《蒙古秘史》记载，有一年，在蒙古部落移

---

① 张济民主编《渊源流近——藏族部落习惯法法规及案例辑录》，青海人民出版社2002年版。

② 张济民主编《渊源流近——藏族部落习惯法法规及案例辑录》，青海人民出版社2002年版。

③ 张济民主编《渊源流近——藏族部落习惯法法规及案例辑录》，青海人民出版社2002年版。

牧途中，札木合对成吉思汗说：“咱们如今挨着山下，放马的有帐房住；挨着涧下，放羊的放羔的，喉咙里得吃的。”牧民在决定移牧的频率和距离时，必须考虑牧草和水源的关系、牲畜的种类、牲畜的大小等。其中草场是最重要的因素，有了丰美的草场，畜群才能肥壮。另据《察哈尔正镶白旗查干乌拉庙庙规》规定，“放羊人在夏季早晨太阳出来时放牧，太阳落山时归牧；冬春季早晨太阳照到蒙古包的一半高时出牧，下午太阳照到蒙古包的天窗时归牧。放牧人放牧时要注意查看四季草的草色，选择最好的水草放牧。如果牲畜遵守这一规定，牲畜繁育增长，根据放牧人增殖的程度赏给马、牛。如违反这个规定，则让他自力过活”[①]。

草场是蒙古族牧民最主要的生产资料之一，因而禁止锄地挖草。蒙古族特别忌讳在草场上挖坑、挖草根，因为这样会破坏地表层，造成沙化。据史料记载，蒙古族很早以前就有了保护草场的习惯法，后来在成文法典中也有严禁破坏草场的明文规定。如成吉思汗《大扎撒》明确指出“禁草生而锄地”。这就是说，从初春开始到秋末牧草泛青时禁止挖掘草场，若谁违犯了该法条，就要受到严厉的惩罚。宋代彭大雅《黑鞑事略》记载为：“禁草生而属工地者，诛其家”。此外，严禁草原荒火。《黑鞑事略》中还记载了有关严禁草原荒火的规定：“遗火而炙草者，诛其家。”李则芬先生则记载为：“禁草生而锄地。”[②] 还禁止在灰烬上溺尿。这条规定也是为了防止草原荒火。在灰烬上溺尿，尤其是在新灰、热灰上溺尿，容易迸发火星，在毫无遮拦、四季风吹的草原上很容易引发荒火。这些都是草原上的牧民人人皆知的[③]。

古代，在蒙古族聚居地区，草原荒火易使草场受到破坏。因此，在成文的草原法中，关于引发荒火后对相关责任人的处罚的记述最多。几乎每一部法典都有详细的规定。“失荒火致死人命，罚三九，以一人或一驼赔偿顶替（北元时期的蒙古法没有死刑，如因某种原因或事件致人死亡，尤其男人死后这家人无法维持正常生活，杀人者要用骆驼或人去赔偿顶替死去之人，帮助被害人家庭维持生计）。烧伤断人手足，罚二九；烧伤眼睛，罚一九（一九系

---

① 金峰主编《蒙古文献史料资料汇编》，内蒙古人民出版社1980年版。

② 李则芬著《成吉思汗新传》，中华书局1970年版。

③ 宁天琪《论古代蒙古族习惯法对草原生态的保护》，西南政法大学硕士学位论文，2008年。

九头牲畜的简称，包括两匹马、三头牛、五只羊。二九至九九，都是一九的相应倍数）。烧伤面容，杖一，罚五畜（五畜也称一五畜，包括一匹马、一头牛、三只羊）。因报复恶意纵火者，杖一次，罚九九。”[①]《卫拉特法典》规定：“如有人灭掉已迁徙出的鄂托克之火，向（遗火人）罚要一只绵羊。从草原荒火或水中救出将死之人，要一五畜。在草原荒火或水中想要救助别人而死去，以驼为首要一九。如骑乘死去，以一别尔克（牛、马、羊齐全为一别尔克）顶立。”

① 苏鲁克《阿勒坦汗法典》，《蒙古学信息》1996年第2期。

第六章　动物文化

人是动物界的一员，是动物界在自然选择法则作用下的产物，这已经被古生物学和考古学的证据所证明。人类在长期的进化过程中，无时无刻不与其他动物有联系。这不仅表现为人是动物界进化的产物，还体现在人类在利用动物的过程中（动物为人类提供了衣、食、行以及药物等）赋予许多动物文化内涵和象征意义，成为人类文化的载体，形成了所谓的“动物文化”。

中国是世界上最早有文献记载动物知识和动物文化的国家之一。安阳殷墟出土的公元前16—前11世纪商代甲骨文中记载了当时的渔猎、畜牧情况以及有关动物的知识。甲骨文中的一些记录，可以说是中国最古老、最原始的动物学记录，如关于猴、兔、犬、狼等的记录。中国古代最重要的涉及动物学的书籍首推《尔雅》，其次为《山海经》。后者曾被认为是一部“神话”类书籍，实际上是一部古代人文和生物地理历史专著，其中有关于图腾和真实生物的记录。两书中记录了许多动物的名称、生活习性、行为、生理和生态知识，书中将动物分为虫、鱼、鸟、兽四大类并详述家畜、家禽，将动物知识系统化，分门别类，组织成为中国古代最有权威性的著作，反映中国畜牧农业时代的生产和科学文化的水平。《诗经》和《说文解字》中也有一些动物知识①。

《尔雅》和《山海经》中列举了大量的动物。《山海经》中记载了大量的动物种类，其中也包括了一些氏族的奇形怪状的图腾神物，以至于一些学者认为书中的动物不是现实中的动物。实际上，《山海经》是包括自然科学和社会科学的人文地理学的类书，既有中国动物的自然分布区域，又有以动物为原型而形成的图腾崇拜，以及崇拜这些图腾之氏族的分布区域。《尔雅》则是

① 郭郛、［英］李约瑟、成庆泰著《中国古代动物学史》，科学出版社1999年版。

一部古老的百科全书，包括自然科学和社会科学甚至人际关系。《尔雅》中的动物学知识大多在《释虫》《释鱼》《释鸟》《释兽》《释畜》等五章中。《诗经》中提到的动物名称，其中的大部分名称沿用至今，有的为图腾动物的名称，如麟、龙、凤凰、玄鸟和龟等。《诗经》既提到真实存在的动物，又提到由该动物特化、神化的原型而形成的受到某些部族的崇拜、尊重和敬仰的图腾。龟甲是商代甲骨材料之一，记录国家大事、年岁吉凶、先王祭祀活动，龟甲受到崇拜，龟当然也随之受到尊重。玄鸟是由燕或鹰神化而成的。“天命玄鸟，降而生商”。商是以玄鸟为图腾的。汉代学者戴德记载龙、凤、龟、麟为四灵，并反映了夏商周图腾至汉代的演变。夏代，由于各图腾氏族以奉夏为主，故夏代多说夏图腾——龙，“龙旗扬扬”，周代继承夏图腾，也以龙为主。故《诗经》中的动物图腾不及《山海经》中的动物图腾那样众多①。而汉代许慎的《说文解字》从某种意义上可以说继承和总结了商、周的各学科的知识，其中包括大量的动物学知识。《说文解字》中有关动物学的名词和术语的内涵，涉及动物学和人类生物学领域②。

本章的“动物文化”主要包括“动物与族群的起源”和“动物图腾及其崇拜的多样性”等内容。

第一节　动物与族群的起源

从现代生态学的观点来讲，动物是人类的朋友，人类应该爱护动物，保护生物多样性，维护生态系统的平衡。其实，在人类文化的形成和发展过程中，动物一直扮演着十分重要的角色，它们与人类的关系不只是朋友关系，而是有着比朋友更为亲密的关系。人类的先祖认为，人或某一氏族的起源与动物密切相关。这在世界上许多民族的神话传说中得到了很好的体现。这类神话包括某类动物直接或间接变为某一族群的先祖，或人类的某一始祖与动物婚配而繁衍了该族群。不同的族群有不同的神话传说，但有一点是共同的，即这些神话仍然保留其始祖为某种动物的基本情节，即与人婚配时的动物往往变为人形，或者把某种图腾动物神化。这也体现了图腾的根本属性，即人

---

① 郭郛、[英]李约瑟，成庆泰著《中国古代动物学史》，科学出版社1999年版。

② 郭郛、[英]李约瑟、成庆泰著《中国古代动物学史》，科学出版社1999年版。

与动物有血缘关系。

一、动物变人

动物变人指的是在一些少数民族的神话传说中，动物直接变成人，或是同种或不同种的动物交配后生出人。

动物变人最经典的故事就是猴子变成人。众所周知，与人类的起源关系最为密切的就是猴子。达尔文的进化论认为，猿、猴是人类的近亲，在动物界的进化过程中，经历了从猿到人的演化。值得注意的是，中国西部许多少数民族的神话传说中就有猴子变人的故事。

云南楚雄彝族创世史诗《门眯间扎节》其中有一章的标题就是“猴子变人”。该章记载了猴子变人的过程：

……那个老猴子，
用石敲树果，
敲出火花来。
石板下的树根着火，
石板上的水烧开了，
树果也就煮熟了。
熟的吃一颗，
生的吃一颗，
热的吃着甜，
生的吃着苦，
从此认得煮熟哇。
一天学一样，
猴子变成人，
树叶做衣裳……①

上文中描述了猴子在变成人的过程中对石器的运用及取火等。这或许是人类进入文明时代后对远古祖先生活的一种追忆，也是从猿到人的进化推论在民族神话中的佐证。

在藏族的起源传说中有“猕猴变人说”（或称“土著说”）②。

---

① 陶阳、牟钟秀著《中国创世神话》，上海人民出版社2006年版。

② 周毓华、彭陟焱、王玉玲编著《简明藏族史教程》，民族出版社2005年版。

怒族传说很早以前，他们是住在岩洞里的。在远古时代，和猴子是“一家人”①。

云南香格里拉县三坝乡纳西族中流传着一个“两猴交配生人”的神话：人类还没有产生以前，天和地已经有了。天是蓝澄澄的，地是黄澄澄的。天上下了霜，地上变成海。海中有个岛，岛上有个圆石头。有一天，雷声轰鸣，石破天惊，从里面跳出一对猴子，公猴母猴相配，生出了人类②。

四川羌族新发掘出的创世神话《木姐珠与冉必娃》讲，冉必娃是只猴子，他与天神之女木姐珠成婚，生育后代，为羌之始祖③。

云南勐海县的勐混镇有狮图腾神话说道：“古老的时候，……世界上有两只雄壮的狮子，雄的在东，雌的在西，中间云水相隔。若干年以后，两只狮子都脱去毛皮，变成一男一女。”之后，他们结为夫妻。④

怒族有关于蜜蜂变人的传说：从前，有一群蜜蜂从天上飞来，变成了人。这些人叫阿督、刹博比、那咀鲁、鲁拉陪、拉陪华等，共十六个。傈僳语称蜂氏族祖先为“英以查”（又称“莫英充”）⑤。

不同的动物婚配后形成人则是动物变人的另一种表现。例如蒙古族神话传说中讲道：成吉思汗的先世，是苍色的狼“孛儿帖赤那”与白色的鹿“豁埃马阑勒”婚配所生的后代“巴塔罕”。苍狼与白鹿生下了蒙古族之先民⑥。

二、人类始祖与动物婚配繁衍了人

在西部少数民族的神话中，有许多关于人类的始祖与动物婚配后产生人类的传说。哈萨克族的神话认为，其祖先是牧羊人与天鹅生育的后代。《牧羊人与天鹅女》讲道：牧羊人是个孤儿。一天，沙漠大风吹来，黄沙滚滚，羊群失散，草原变成沙漠。牧羊人热得头昏脑涨，喉咙冒烟。每当他昏倒在戈

---

① 《中国少数民族社会历史调查资料丛刊》修订编辑委员会编《怒族社会历史调查》，民族出版社 2009 年版。

② 杨福泉《纳西族的“生命三段论”》，《云南民族大学学报》（哲学社会科学版）2006 年第 5 期。

③ 陶阳、牟钟秀著《中国创世神话》，上海人民出版社 2006 年版。

④ 何星亮著《图腾与中国文化》，江苏人民出版社 2008 年版。

⑤ 《民族问题五种丛书》云南省编委会编《怒族社会历史调查》，云南人民出版社 1981 年版。

⑥ 宋胜利、刘国世、宋文辉等《中国鹿与鹿文化研究（2）——鹿角及其文化现象》，载《2013 中国鹿业进展》（论文集）。

壁滩上，就有一只白天鹅用柳枝向他嘴里输水。后来，白天鹅在草丛中脱掉了天鹅羽衣，变成一个美丽的姑娘，与牧羊人成婚。婚后生儿育女，他们的后代就是哈萨克族。于是，白天鹅便成为哈萨克族所崇拜的图腾。“哈萨克”一词在哈萨克语中就是“白天鹅”的意思①。

蒙古族中也有类似“天鹅母亲”的神话。布里亚特蒙古“霍里土默特氏”神话称：相传，霍里土默特是一个尚未成家的单身男青年。一天，他在贝加尔湖之畔漫游时，见从东北方向飞来九只天鹅落在湖岸脱下羽衣后变成九位仙女跳入湖水洗浴，他将一只天鹅的羽衣偷来，潜身躲藏。浴毕，八只天鹅身着羽衣飞去，留下一只做了他的妻子，并生下十一个儿子，成为该部落的祖先。蒙古卫拉特部朝日斯氏也有天女化作白天鹅降到人间，与当地年轻猎人结婚后生下朝日斯氏祖先的传说。过去，在蒙古族地区，每到春季天鹅归来之际，都要举行“迎天鹅”仪式，献祭品，诵祝文，祈祷天鹅平安繁生。巴尔虎蒙古族的有些氏族在结婚仪式上还特意让新娘向天鹅磕头叩拜②。

维吾尔族的《英雄艾里·库尔班》中就有女人与熊婚配，繁衍出维吾尔族的祖先的传说：很久以前，一女人不慎被雄熊掳去，带入洞中，并与之结为夫妻，一年后生一子。女人思念人世生活，欲携子返乡，雄熊不允，母与子遂杀掉雄熊，回到故里。其子所繁衍的后代便是维吾尔族的祖先③。

在蒙古族中流传着部落起源于动物与植物生人的神话。在蒙古族的准噶尔、杜尔伯特、辉吐古特等卫拉特诸部中流传着“猫头鹰为父、瘤树为母”的族源传说。巴图尔·乌巴什·图们所著《四卫拉特史》讲道：一个猎人在树林中狩猎时，发现一棵树下躺着一个婴儿。树上有一形如漏管的树杈，其尖端正好对着婴儿的口，而且树的液汁顺着漏管滴入婴儿口中，成为他的食品。这树模样恰似漏管，因此把这婴儿称为“绰罗斯”（蒙古语，漏管形状的树枝的意思）。树上有一只猫头鹰精心守护着这婴儿。这个婴儿以“瘤树为母、猫头鹰为父，天命所降生也”，因此称他为“天之外甥”。猎人把婴儿抱去抚养成人，后推为首领。他的子孙成为诺颜阶级，抚养的人们成了阿勒巴

---

① 陶阳、牟钟秀著《中国创世神话》，上海人民出版社 2006 年版。

② 王其格《红山诸文化“神鸟”崇拜与萨满“鸟神”》，《大连民族学院学报》2007 年第 6 期。

③ 热依罕《维吾尔族的熊图腾崇拜觅踪》，《民族文学研究》1988 年第 4 期。

图（使臣或属民），共同繁衍成准噶尔部族[①]。

主要分布在内蒙古自治区莫力达瓦达斡尔族自治旗以及新疆维吾尔自治区塔城市的达斡尔族中流传着一个关于“熊儿子”的故事：从前，一位老妇带着女儿上山打柴，女儿被一只熊背走。到了熊居住的山洞，姑娘并未受到熊的伤害，反而得到熊的精心照顾。后来，姑娘就与公熊长期生活在一起，并生了一个儿子。熊儿长大后力大过人，他为民除掉了老虎、恶龙、百头魔鬼蟒盖和两个害人鬼[②]。

蒙古族的神话传说中也有人与熊结合繁衍后代的传说：一个年轻女子被困在山林中，绝望时一只灰熊拯救了她，给她带来食物。后来熊与她同居，生了一只熊，这就是柴达木蒙古族称的“天狗”[③]。

怒族中有关于人蛇婚配生人的传说：古代，有母女四人来到山上打柴，在背柴时好似有啥东西压着似的背不起来。她们回头一看，见一条大蛇。蛇开口对她们说：“你们中间哪一个人能做我的老婆，以后你们背柴就永远轻松了。”母亲问三个女儿，大女儿和二女儿不愿意，三女儿为了使母亲不被柴压垮，就答应嫁给蛇。后来，蛇和那个姑娘结了婚，生了许多后代，他们分住在老母登、果科、普洛等地，成了蛇氏族[④]。

流传在永宁纳西族中的洪水神话则是一个“人猴婚配生人”的氏族起源故事。神话中说：大洪水过后，人类和各种动物都被淹死了，唯一幸免于难的一个男子，名叫曹德鲁若，他遵从神谕，向从天上下凡来洗澡的仙女柴红吉吉美求爱并结为夫妻。柴红吉吉美从天上带来五谷的种子，在人间辛勤劳动，过着美好的生活。但柴红吉吉美的大姐木默甲子美因曹德鲁若没有选中她做伴侣而怀恨在心。她先用计让曹德鲁若在野外中毒昏迷，然后又指派一只公猴去柴红吉吉美那里，欺骗她说曹德鲁若已经死去，并要同她结为伴侣。柴红吉吉美信以为真，答应了公猴的要求。后来，他们生下了一半像人一半像猴的二男二女。这二男二女又相互婚配，繁衍后代，今天永宁的纳西族就

① 包海青《萨满教猫头鹰崇拜文化传统与族源传说——蒙古族猫头鹰始祖型族源传说起源探讨》，《内蒙古民族大学学报》（社会科学版）2010 年第 5 期。

② 萨音塔娜整理《达斡尔民间故事选》，内蒙古人民出版社 1987 年版。

③ 阿尤喜、依赫《蒙古人的几种熊崇拜习俗》，《蒙古学信息》1990 年第 3 期。

④ 《民族问题五种丛书》云南省编委会编《怒族社会历史调查》，云南人民出版社 1981 年版。

是他们的子孙①。

傈僳族蛇氏族相传，古时姐妹两人与巨蛇婚配，所生子女便叫蛇氏族——雷府扒。猴氏族则说，一位姑娘走入深山，与猿猴婚配，所生后代即为猴氏族——弥扒②。

土家族地区广为流传着人虎婚配繁衍出族群的神话：很久以前，一个住在山洞里的牧羊姑娘，外出牧羊时总遭狼的袭击。一天，她发愿说谁能帮她赶走狼、放好羊就嫁给谁。话音刚落，突然跑来一只白虎把狼撵得无影无踪。晚上姑娘将羊赶进洞里，那只虎也跟着进到洞并眨眼变成一个英俊小伙子，于是姑娘与他成了亲。这只白虎与牧羊姑娘共生了七男七女，姑娘教他们称白虎为“利巴”，土家语就是父亲，本意为虎父。从此，土家人就繁衍起来了③。

三、蛋生人

在西部少数民族中还有一类蛋生人的神话传说。这其实是动物生人说的一种变型。原始初民关于人从蛋生的信仰源于他们对鸟类和其他动物蛋的一种直观联想。鸟蛋可以孵出小鸟、龟蛋可以孵出小龟、蛇蛋可以孵出小蛇，这在原始初民们看来是非常神秘的，因而由此联想到蛋也可以生人。纳西族的《东巴经》、苗族古歌《蝶母诞生》、侗族古歌《侗族祖先哪里来》和摩梭人的创世史诗《盘答歌》中有关于“蛋生人”的记载④。

纳西族的《东巴经》中记录着较为原始的人从蛋生的故事：

人类是从天孵抱的蛋里生出来的，
人类是从地孵抱的蛋里生出来的，
它的体质还混沌不清，
它的体质渐渐温暖起来。
身体温暖变成气，
气变成了露珠。
露珠变成了六滴，

---

① 詹承绪著《永宁纳西族的阿注婚姻和母系家庭》，上海人民出版社1980年版。

② 何星亮著《图腾与中国文化》，江苏人民出版社2008年版。

③ 朝晖《从虎图腾到祭虎与忌虎——土家族“虎文化”现象简论》，《民族论坛》1994年第2期。

④ 陶阳、牟钟秀著《中国创世神话》，上海人民出版社2006年版。

一滴落入海里，

海失海忍出来了。

海失海忍是世上的第一个人种，是人类的先祖。

流传于云南宁蒗县的《昂姑咪》中有一则关于永宁纳西女始祖起源的传说，实际上是“蛋生人”的一种变型，即“猴吞蛋卵生人”：天地刚分开之初，地上没有万物，也没有人，只有一个又深又黑的喇踏海和一座又高又大的喇踏山，天上则有一只叫格儿美的神鹰。一天，神鹰在一个洞里下了一个发光的大蛋，被一只猴子（天神和地母所生的孩子）发现。随后，猴子将大蛋吞下肚去。后来，鹰蛋从猴子的肚脐眼里飞出来，撞在悬崖上砸得粉碎，蛋壳、蛋白、蛋黄四处飞散，变成了各种动物。蛋核没有撞烂，变成了一个美丽的姑娘，她就是永宁纳西族的始祖昂姑咪①。

苗族古歌《蝶母诞生》中说：蝴蝶从枫树里孕育出来之后，跟泡沫婚配，生了十二个蛋。这些蛋孵化出人、兽、神。这首古歌不但认为人类的先祖来自卵，甚至认为兽类和神也都是卵生的。

侗族古歌《侗族祖先哪里来》中说：龟婆孵蛋，世上有人烟。蛋生的第一个男子名叫松恩，蛋生的第一个女子名叫松桑。二人婚配，生出了龙、蛇、虎、豹、猴、猫、熊、雷和姜良、姜妹等十二个孩子，号称“松恩十二子”。这是初民的一种原始观念，即认为人和其他动物、某些自然现象等都是一母所生的兄弟。

流传于青藏高原的史诗《格萨尔》中也有关于宇宙天地和人类自身起源于蛋的故事：在开天辟地之时，有两只鸟儿从沟中飞来，一个说“斯巴”（世界、世间）本来就无，一个说斯巴本来就有，随后就在有无之间造鸟窝，生下了十八颗鸟卵。其中以三颗白卵为基础形成了天界，以三颗黄卵为基础形成了念界，以三颗绿卵为基础形成了龙界。这大概就是藏族原始苯教宇宙观所说的“三界”的来历。另外六颗鸟卵滚落到人间，从而形成了藏族原始六氏族。剩下三颗是铁卵，由天、念、龙神铁匠来锻打，中间打开一条缝，有的说里面有一只大鹏鸟，有的说里面是只虎，有的说里面是獐子，有的说里

① 杨福泉《纳西族的“生命三段论”》，《云南民族大学学报》（哲学社会科学版）2006 年第 5 期。

面是黄牛，有的说里面是一个人①。

第二节　动物图腾及其崇拜的多样性

人类在与动物的长期互动过程中，形成了各式各样的关系。其中之一就是相信人与某些动物具有神秘的血缘关系，并把这些动物看成是自己的祖先或氏族的象征加以崇拜，这些动物就成了图腾动物。今天，在中国的西部，许多少数民族的文化中仍有动物图腾崇拜或其崇拜的遗迹存在。动物图腾及其崇拜的多样性有两方面的含义：一是指西部少数民族中有着丰富的动物图腾文化，动物图腾中的动物种类繁多，例如常见的图腾动物有虎、熊、鹿、狼、狗、牛、蛇、鸟、蛙等；二是同一个民族的动物图腾多样化，例如彝族、苗族支系众多，各支系崇拜的动物图腾不同，崇拜图腾的习俗也不同。下面以主要的图腾动物为线索，介绍西部少数民族文化中的动物图腾现象及其崇拜的多样性。与之相关的一些神话、传说、史诗等，在《中国西部民族文化通志·文学卷》中已有详述，下文不再赘述。

一、虎图腾及其崇拜的多样性

中国虎崇拜见于六七千年前的考古资料和之后的古史记载，神话传说见于《山海经》等。《山海经》中多处记载了与虎有关的神话传说，如有学者认为，声名卓著的西王母，即西羌的母虎女神图腾。从西王母居玉山，“其状如人，豹尾，虎齿而善啸。蓬发戴胜”看，她是母虎女神；从“人面虎身，有文有尾，皆白处之”看，她又是白虎女神。她不但长相凶猛如虎，而且是管理疫病的“司天之厉及五残”的刑神②。

从考古学和民族学的资料看，许多氏族和部落曾经把虎视为自己的祖先、亲族或保护神而虔诚顶礼膜拜，以虎作为自己氏族和部落的名称。虎是西部地区许多民族的图腾之一，如彝族、傈僳族、纳西族、白族、怒族、普米族、哈尼族、傣族、德昂族、土家族和鄂伦春族等，均以虎或曾以虎为图腾。

---

① 何天慧《〈格萨尔〉原始文化特征——动物崇拜》，《西藏艺术研究》1994年第4期。

② 汪玢玲著《中国虎文化研究》，东北师范大学出版社1999年版。

彝族《梅葛》等中不仅认为虎是彝族的图腾，还把虎描述为万物之源①。

彝族称虎为“罗”（另有弄、乐、洛、拉、腊、浪、勒、牢、老、捞、李、列、黎、卢、鹿等不同方言和别译），称公虎为“罗颇”（彝语“颇”之意为公、雄）；称母虎为“罗摩”或“罗莫”（“摩”“莫”之意均为母、雌）。古代彝族，大多自称“罗罗”。《山海经·海外北经》载：“有青兽焉，状如虎，名曰罗罗。”因此，罗罗意为“虎人”或“虎族”。在漫长的历史进程中，彝族迁徙频繁、分支较多。时至今日，分布在云南的彝族仍有自称为“罗罗”的，同时，男人自称“罗颇”，女人自称“罗摩”②。

分布于乌蒙山脉中部自称为“纳苏”的彝族，其分布地中的乌蒙山主峰“乌蒙雪山”在纳苏方言中称“熬弄本”（“熬”为雄猛、威武之意，“弄”为虎之意，“本”为山之意），意思为猛虎山或猛虎氏族地区的山。以此山为中心，四周与虎有关的彝族地名还多有存留。

云南武定县发窝乡大永西彝村西侧有一座树木茂密的高山，为大水山村李姓彝族历代供放祖灵筒的地方。当地彝族称此山为“阿奔本”（“阿奔”意为曾祖、祖先），意为祖先山。当地人将此山彝名翻译为汉名则直呼“黑虎山”。

彝族既认为自己生为虎族人，死后亦还原为虎，故视虎为祖先的化身。而祖先是保佑子孙后代的，他们同样将虎作为保护神。武定县发窝乡大西邑、小西邑两个彝族村寨间有一座山，当地彝族称此山为“香曲本”（“曲”意为烧、燃），意为“烧香山”。新中国成立前，每逢农历二月初八，两村各户均自带一只壮鸡或小胖猪一头，到“香典本”顶一石虎像前烧香祭献。该县己衣乡志海彝族村的左右两侧各立有一尊高一米多的石虎，左为公虎，右为母虎，两虎均龇牙张嘴，分别注视东南方与西南方，为该村的守护神。每逢农历大年初一、六月二十四及七月半，全村各户均要前往分别祭献两虎。大年初一祭献年猪头，六月二十四祭献羊膀，七月半祭献壮鸡。祭献时烧香，往虎口里倒酒，还将祭品让虎衔着，然后磕头祈祷，求虎保佑人畜平安、五谷丰登。

虎是彝族图腾，因而彝族还认为虎是自己的祖先。哀牢山区的“罗罗”，

---

① 李云峰，李子贤，杨甫旺主编《“梅葛”的文化学解读》，云南大学出版社 2007 年版。

② 朱琚元著《彝族文化研究文萃》，云南民族出版社 2007 年版。

过去每家均供奉一幅巫师绘制的祖先画像，彝族称此为“涅罗摩”，意为母虎祖灵，以表示自己的祖先是虎母。过去，彝族巫师、首领披虎皮，以象征虎族。南诏以虎皮为礼服，据樊绰《蛮书》卷七载，“大虫（虎），南诏所披皮”。《新五代史·四夷附录》说，贵州彝族先民“首领披虎皮”。凡此说明，古时彝族认为自己是虎的子孙，与虎有血缘关系，因而披虎皮象征自己是虎族①。

傣族历史上有众多动物图腾，如蛇、鸟、狗、象、牛、狮、虎等，也不乏关于虎图腾的传说②。例如，云南西双版纳、德宏等地区就流传着“傣族与虎有血缘关系的传说”。

如果从图腾文化的历史角度去审视，那么至今在傣族现实生活中，虎图腾的文化印迹依然可见，如文身。文身，作为傣族古老的一种文化现象，它的缘起在西双版纳民间有各种传说，其中和虎有关的传说不少。在临沧地区孟定一带的农村，人们把文身统称为“刻奢”，其意为“虎纹文身”。过去，人们认为以虎纹文身，象征英武勇敢，甚至还有护身和至尊显贵的功能。所以，历史上在封建土司统治的傣族社会中，尽管傣胞均视虎为“百兽之王”，但虎纹文身仅限于王室贵族。此外，傣族还以虎象征权威，傣族地区的土司署，有的以虎头为印，有的土司的仪仗都有虎旗，沿滇西的德宏至西双版纳，再南下至红河西岸的金平勐拉，历史上都有虎旗。

和虎图腾文化遗迹密切相关的，是至今傣族民间仍存在的虎崇拜。孟定允冒寨称寨子保护神为“笼奢”，意为“森林里的虎神”。该寨的埃南生称“以虎为神是祖辈传下来的，祖辈还说我们祖先是从今天的缅甸那边搬来的，虎神也是跟着搬迁来的”。虎崇拜在红河流域两岸的傣族中也有遗存。地处红河上游的元江县甘庄坝曼弄寨的一个姓李的家族，自称祖宗是虎，对老虎极为尊敬，世代相传“如果见到有人把虎打死了，要用白布去盖虎尸，并下跪为虎哭丧”。在红河西岸的金平县勐拉旧勐、新勐一带，姓王的人家的“王”，是对民族外部而言的，在傣族内部对姓王的人家皆以“陶奢”称之，其意就是“与老虎同名的人家”③。

---

① 李云峰、李子贤、杨甫旺主编《“梅葛”的文化学解读》，云南大学出版社 2007 年版。

② 朱德普《傣族的虎图腾》，《民族研究》1995 年第 6 期。

③ 朱德普《傣族的虎图腾》，《民族研究》1995 年第 6 期。

虎也是土家族图腾。土家族尤其崇尚白虎。这一图腾源自其祖先廪君巴人的白虎图腾，廪君氏首领巴务相以虎自称，首举虎图腾旗帜。《后汉书·西南夷列传》载："廪君死，魂魄世化为白虎，巴氏以虎饮人血，遂以人祀焉。"土家族先民的白虎图腾历经数千年的传承演变，对土家族文化的产生和形成，起到了不容忽视的历史作用，直到今日，人们还能清晰地看到这种图腾文化的遗迹。例如，在湘鄂川黔交界的土家族地区，人们立庙祭奉白帝天王。土家族祭祀白帝天王，他们认为白帝天王是其远祖廪君化成的白虎神，白虎神被视为土家族的祖先神①。

土家族的虎图腾及其崇拜还见于神话传说以及日常的生产生活中②。

以虎或白虎为族徽、为姓氏、为地名，是土家族先民虎图腾的一种表现。据《元文类·招捕》记载，"必际县"为"必际人"居地。民国《大定县志》卷五说，黔西北毕节县是因居"比跻人而得名"。以上地名可能就是土家族自称的变体写法。"虎"亦是土家族最早出现的姓，他们不仅以虎为姓还以虎为名。湘西永顺土家族族谱中说，他们来到永顺的祖先，一个叫铜老虎，一个叫铁老虎。保靖土家族的三个祖公，老大叫飞山虎，老二叫过山虎，老三叫爬山虎。土家族至今仍喜欢以虎取名，以示其为虎之后，并求虎祖庇荫，使裔孙繁衍、地方兴旺。土家族小孩生降生时，接生婆用白线给小孩扎脐带，不用剪刀。白线，意即白虎之须，象征婴儿是白虎的子孙。宜昌长阳土家族结婚时，男方正屋大方桌上要铺虎毯，祭祀虎祖。

土家族过传统节日时要跳摆手舞，摆手堂神桌上要供奉雕像或虎皮，跳者要披虎皮（现改为披土家锦被，代表虎皮五彩色）。过年祭祖时亦要将虎皮供奉于神桌中央，且要禁闻猫声（猫就代表虎）。

在衣、食、住、行诸方面，以虎为祥瑞的观念已成为土家族传统物质民俗观念的一部分。在土家族地区，人们衣着尚黑、尚青蓝、尚白，这很可能与土家族先民穴居及崇拜白虎有关。小孩喜欢穿虎头鞋，戴虎头帽。土家人凡背小孩夜行，必须用锅烟墨在小孩额上画一个"王"字，以示与虎同族。凡此种种，意在驱恶辟邪，显示虎族后代之雄风。

---

① 伦玉敏、黄浩《土家族白虎崇拜与汉族虎信仰之关系溯考》，《青海民族大学学报》（社会科学版）2011 年第 2 期。

② 王朝晖《从虎图腾到祭虎与忌虎——土家族"虎文化"现象简论》，《民族论坛》1994 年第 2 期。

生活在云南西部的普米族也以虎为图腾。普米族的巫师过去又称“丁巴”，故他们信奉的原始宗教称为“丁巴教”（后来不用“丁巴”这个名称，而改称巫师为“韩规”或“师毕”）。“丁”指土地，“巴”指普米，丁巴教指普米土地上的宗教。丁巴这一称谓是从巴丁剌木女神的名称转化而来的。巴丁剌木女神实际是普米族崇拜的母系氏族的始祖。对巴丁剌木的信仰，还包含着更深的寓意。“巴”是族称，“丁”是土地，“剌”是虎，“木”是女性。全意为“普米土地上的母虎神”。普米族崇拜虎，尤其是白虎，生活中喜欢以含虎之意的字词给人命名，也喜欢用它给所居住的村寨、山脉、河流命名。例如，许多普米族女子起名为“巴丁”或“剌木”，把首领或土司称作“剌他”。剌巴村前有一条河，名为“剌巴基”，即虎河。河下游十公里处，有一村名“剌住窝”，意为“群虎村”。宁蒗县巴尔桥乡有一村寨名叫“剌夸”，意为“虎爪印村”。剌夸村东三公里处，有一山岗叫“剌夺”，意为“见虎山”……普米族自古禁止打虎，把虎当作祖先来崇拜，他们对巴丁剌木女神的崇拜，是白虎崇拜的一种反映，其渊源是图腾崇拜。

普米族也以十二生肖纪年纪日，他们以属虎之年为吉利之年，以属虎之日为吉利之日，以属虎之年、日新生的婴儿为贵。修房建屋、婚丧礼仪、出行贸易等，多选在虎日进行，以期吉祥如意。在发生战争时，以虎头旗为军旗，选虎日出战，象征勇猛有虎威，能克敌制胜[①]。

白族以白虎为图腾。在云南祥云县禾甸一带的白族中流传着这样一个故事：从前，有一位美丽的白族姑娘，一夕，梦与虎交，惊醒后发现有了身孕。后来，她生下一个男孩。孩子生而无父，即以虎为姓，取名罗尚才（白语“罗”即虎）。罗尚才成年后，化为一只大白虎跑进山林。这只大白虎虽然样子可怕，却处处保护白族，从不伤生害命。今祥云县大淜村、上赤村罗、骆二姓，自称是罗尚才的直系后代，至今互不通婚。有的白族自称“劳之劳农”（意即虎儿虎女），视虎为祖。在大湖村罗家祖祠里画有一只大白虎，过去，白族认为通过供奉白虎，便可求得风调雨顺、人畜兴旺、四季平安。他们修房造屋、男婚女嫁等，以虎日为吉；老人寿终择墓地以虎形为最好。白族打猎不打虎，若被老虎吃了，他们认为是“成仙”。一些白族为孩子取的名字与

① 严汝娴、陈久金著《普米族》，民族出版社 1986 年版。

虎有关，一些白族儿童以穿“虎头鞋”、戴“虎头帽”为荣①。

在云南怒江的白族支系勒墨人中，有三分之二的人属虎氏族，过去，他们认为自己的祖先是虎变来的，并以自己是虎氏族的子孙而自豪。至今，在虎氏族的婚姻俗中还保留着崇虎的特征。结婚当天，女方要送给新郎家一背篓大米饭、一坛酒、六十至一百块天心米做成的粑粑，尤其是要送一只去掉内脏的小猪或一个猪头，在猪嘴里必须塞进一块粑粑。小猪嘴里衔粑粑，象征老虎用嘴寻找食物，表明自己是虎的子孙②。

傈僳族崇拜的图腾种类较多，其氏族图腾有虎、熊、猴、羊、蛇、鸟、鱼、鸡、蜜蜂、羊、麻、茶、竹、柚木、霜、火、犁、船等二十多种。民间对于各个氏族的各种崇拜物均有种种传说。例如，虎氏族认为他们的女祖先上山打柴，遇到一只大老虎，虎变为一个青年男子与之婚配，后来所生的子女都取名“腊扒”，即虎氏族。虎氏族成员上山不准猎虎。之后，虎即成为这一氏族崇拜的祖先神，并成为其区别于其他氏族的标志③。

西南地区的拉祜族也是一个崇尚图腾的民族。其图腾崇拜类型可分为全民性、地域性或支系性、家族性三种，虎图腾就是一种全民性的动物图腾。族称“拉祜”中的“拉”在拉祜语中有“虎”的意思。

虎是纳西族最早崇拜的图腾，这在纳西族的东巴经中有记载④。

东巴经中的《虎的来历》里有这样的表述：“不知道老虎的来历，就不要妄谈老虎的事情。天上的青龙是老虎的祖父，人间养着的白脸猫是老虎的祖母，虎头是天给的，虎皮是大地给的，虎骨是石头给的，虎肉是土给的，虎眼是月亮给的，虎肺是太阳给的……”可以说虎身上集中了万物之灵气，体现了纳西族对虎的崇拜意识。在东巴经书中，几乎每卷卷首都有一虎头，意为“远古之时”，“拉”（纳西语的虎）是人类的始祖。

东巴经《杀猛妖的经书》中这样叙述：“蒙昧时代的人类是由老虎从居那若罗山带领下来的。”《祭拉姆道场经》中说：“翠英吉姆的双脚化为浓烟，浓烟袅袅飘散成巨掌赤虎，永远守护着深山老林。”

---

① 杨俊峰著《图腾崇拜文化》（下），大众文艺出版社 2009 年版。

② 杨镇圭著《白族文化史》，云南民族出版社 2002 年版。

③ 《傈僳族简史》编写组编《傈僳族简史》，云南人民出版社 1983 年版。

④ 杨杰宏《纳西族的图腾崇拜及其传承关系》，载白庚胜、和自兴主编《玉振金声探东巴——国际东巴文化艺术学术研讨会论文集》，社会科学文献出版社 2002 年版。

纳西族先民不仅崇拜虎，而且自诩为老虎的后裔。纳西族先民多以虎为姓，一直沿袭到后世土司。“虎的骨头大，土司的祖根”。后来把虎的含义引申为“贤能”“英雄”。时至今日，纳西族聚居区有好些地名、村名皆以虎命名，如“拉宝”“拉市”“拉缥里”“拉普”，从中可以看到纳西族先民虎图腾崇拜的遗迹。

哈尼族作为古代氐羌人的后裔，也以虎作为图腾。哈尼族关于虎、龙、鹰图腾崇拜的神话传说很多，如《塔婆取种》的神话传说，把人和虎等动物的血缘关系连在一起，作为一种民族意识流传至今，是古代哈尼族祖先有过虎等动物图腾崇拜的例证。《塔婆取种》中讲道：“天地初开，哈尼族始祖母塔婆在‘虎尼虎纳’岩洞里，先后生下二十一个孩子。可她的孩子们先后分别变成了虎、豹、龙、鹰、猿等飞禽走兽，离开了塔婆阿妈……”这则神话传说反映了哈尼族早期的虎等动物图腾崇拜。即便到了今天，一些哈尼族村寨仍在每年农历二月第一个虎日宰花黄牛祭献虎山。而很多村寨则保留着集体祭祀石虎的习俗，并将石虎作为村寨的守护神。在这些村寨的寨神树下方，盖有一间简易的房屋，屋内供奉着两只石虎，一公一母，共同守护着村寨人畜的安康。每年正月要杀一只大红公鸡献祭。在云南的元阳、红河等地的部分哈尼族村寨旁，立有石虎。每年农历二月间，选属虎日，由村中的寨老们主持祭祀。所需祭祀品为一只大红公鸡。此祭祀属全村公祭活动，费用由全村各户分担。参祭的人向石虎磕头，祈求石虎守护村寨、保护禽畜，使五谷丰登。老虎以村寨保护神的面目出现，是哈尼族虎图腾崇拜的具体体现[①]。

另外，从哈尼族的族称中我们也能窥视到哈尼族虎图腾崇拜的遗迹。哈尼族之“哈尼”一词是构成飞禽走兽、人和女性的名称的词素，一般不拆开单独使用，但两个音都有独立意义。就“哈”而言，它在哈尼语中含有强悍、勇猛的意思，表示自己也像动物一样强悍、勇猛。这是因为，远古时期的哈尼人，居住在莽莽原始森林中，终日与群兽为伍，生命安全受到威胁而无力抵御，对这些猛兽由恐惧进而产生崇拜的心理。基于这种认识，哈尼族先民才以这些动物的名称来自称。“哈”成为氏族徽号。也正是因为如此，不少专

---

① 龙倮贵《试析哈尼族动物图腾崇拜》，《红河学院学报》2010年第3期。

家认为“虎”是哈尼族的原始图腾[①]。

云南省西双版纳傣族自治州勐腊、景洪两地分布有克木人：勐腊县的克木人主要分布在南腊河以南的部分地区；景洪市的克木人主要分布在流沙河上游半山区。经调查，勐腊、景洪的克木人至今还有十八个氏族，各氏族都以动物或植物命名。在这十八个氏族中，以动物命名的有十六个，以植物命名的有两个。其中，有虎氏族及其传说[②]。

分布在云南怒江傈僳族自治州的泸水、福贡、贡山、兰坪县和迪庆藏族自治州的维西县，以及西藏自治区的察隅县等地的怒族，其各氏族名称大多以动植物的名称来冠名，并在氏族起源的传说中，把该动植物视为本氏族的祖先或与本氏族有内在渊源关系的灵物而加以特殊保护或崇拜。在贡山，怒族民间图腾动物主要有虎、熊、鹿、猴、鼠、蛇、乌鸦等。其中的虎氏族是最引以为自豪也最引人羡慕的氏族。虎氏族的成员上山狩猎时，要首先说明自己的身份，请老虎不要随便伤害自己，以此来保护自己[③]。

生活于西藏喜马拉雅东部山区的珞巴族中的一些部落也以虎为图腾。崩尼部落的神话说道：部落中的一位姑娘尼英有一次在山中遇见一只老虎，该虎经常给她送肉，随后有了感情，结为夫妻，生儿育女，繁衍成后来的巴德（虎）氏族。在以虎为图腾的氏族和部落中，不能直接称虎，只能尊称其为哥哥、叔叔或爷爷。狩猎中如无意而打死了老虎，要在家中设虎灵堂，供奉祭品，还要像埋葬长辈一样举行隆重的丧葬仪式[④]。

主要分布在内蒙古自治区呼伦贝尔市鄂伦春自治旗、布特哈旗、莫力达瓦达斡尔族自治旗等地的鄂伦春族中的一些部落也以虎为图腾。相传，古时候有几个猎人共同出猎，其中有个小猎手什么也没打着。夜间露宿林中时，有一只老虎常在他们周围走动，猎人们认为他们中间定有命运不好的人，或得罪了老虎。于是大家商定：每人把自己的帽子扔到离宿营地不远的地方，如果老虎衔去谁的帽子，定是和谁有仇。第二天，其他人的帽子都在，唯独这个小猎手的帽子被老虎衔走了。大家便逼着小猎手留下，然后各自走开。

---

① 毛佑全《哈尼族原始图腾及其族称》，《思想战线》1982 年第 6 期。

② 高立士《克木人的图腾崇拜与氏族外婚制》，《思想战线》1986 年第 2 期。

③ 彭兆清《怒族的图腾崇拜与图腾神话》，《云南社会主义学院学报》2003 年第 2 期。

④ 于乃昌《痴迷的信仰与痴迷的艺术——珞巴族的原始宗教与文化》，《中国藏学》1989 年第 2 期。

小猎手心里害怕，就爬到一棵大树上。老虎在下面来回走动，吓得小猎手不敢下来。后来他饿得不行，想爬下来回家，刚跳下地就遇到了嘴里衔着他帽子的那只老虎。可是老虎并没有伤害他，却把一只前掌伸出来，小猎手一看，有根刺扎在掌心上，小猎手这时才明白，是让他给拔刺。他急忙给老虎拔出了刺，并给它包扎好伤口，之后，老虎感激地摇着尾巴走了。不一会儿，老虎衔来了犴、狍子等猎物扔给小猎手。小猎手搬不动，老虎就让小猎手骑在自己的背上，又驮上抓来的猎物，一直把他送回家。母亲见儿子回来了，惊奇地问："你怎么一个人回来了?"小猎手把这趟出猎中遇到的事情告诉了妈妈。妈妈连忙说："这是你搭救了老虎，老虎也搭救了你，往后咱们要敬重它，它也会保佑咱们的"。从此猎人们都开始尊敬地称老虎为"乌塔其"，以虎为图腾①。

二、熊图腾及其崇拜的多样性

熊图腾及其崇拜是欧亚大陆及北美史前宗教信仰的中心主题之一。作为女神宗教的史前信仰之所以崇拜熊，是由于熊的冬眠春出习性，非常明显又有规律性地体现着大地母神的自然节律。叶舒宪先生甚至提出了从"龙的传人"到"熊的传人"之新观点，为文化寻根带来了新的纵深视野②。

研究表明，以熊为图腾的民族主要为北方民族和山地民族，在西部主要有鄂温克族、鄂伦春族、达斡尔族、维吾尔族和怒族等。

在中国西部，鄂温克族主要分布在内蒙古自治区，居住在大兴安岭和呼伦贝尔草原。过去，鄂温克族认为"人熊同源"，把熊当成自己的祖先崇拜。他们根据自己的推测，创造了许多熊由人变的传说，说熊原来也是人，只是因为后来犯了天条，触怒了天神才被贬为兽，叫它用四条腿走路。鄂温克族同情熊的遭遇，对它极为尊敬，直到现在还叫公熊为"合克"（对父辈的最高称呼），叫母熊为"额握"（对母辈的最高称呼）。起初，鄂温克族禁止猎熊，只是后来出于生存才不得不把熊作为猎物捕食。但是，人们把熊打死后，绝对不准说熊死了，而只能说"它睡觉了"，猎熊用的枪也不准叫枪，只能说是"吹火器"（鄂温克语称"呼翁吉"），剥皮、割肉用的刀，不准叫刀，只能叫"刻勒根吉"，即是说这是什么也切不动的钝刀。鄂温克族禁止食用熊的脑、

---

① 关小云、王宏刚著《鄂伦春族萨满教调查》，辽宁人民出版社1998年版。

② 叶舒宪著《熊图腾——中华祖先神话探源》，上海锦绣文章出版社2007年版。

眼、心、肝，肺和食道，这是因为他们认为这些部位都是熊的灵魂所在。鄂温克族在吃完熊肉之后，还要举行葬熊仪式①。

如前所述，鄂伦春族不仅以虎为图腾，也以熊为图腾。在鄂伦春族的神话传说中，人与熊是有着血缘关系的。鄂伦春族把母熊称为“思聂嘿”（鄂伦春语，意为大娘），以此类推，把公熊称为“阿玛哈”（鄂伦春语，意为大爷）。鄂伦春古歌中唱道：

你是善良的阿玛哈，你是好心的思聂嘿。

你要多赐给我们猎物，保佑我们幸福生活。

我们误伤了你，千万不要怨恨我们。

你是兴安岭上的英雄，肠子流出来还在施威。

鄂伦春不敢提你的名。

你是我们民族的祖先，应保佑儿孙们幸福。

请接受我们的厚礼，带给死去的祖先。

当猎人打到熊归来后，人们会聚集在猎人家里先举行特殊的仪式，再享用熊肉。食完熊肉后要举行“古落衣仁”仪式，即葬熊仪式②。

达斡尔族在出猎时有不能直呼“熊”的禁忌，而要称公熊为“额特日肯”（老头子），称母熊为“阿提日堪”（老太婆），算是一种较为亲密的称呼③。

怒族关于熊氏族来源的一种传说是：原先熊氏族先辈住在怒江下游一带，在一次打猎活动中，追着一头受伤的熊，一直跟到如今的贡山县迪麻洛一带。到这里后，发现是一片较理想的土地，便陆续从原来居住的地方搬迁到了这一带。他们认为是熊所带来的好运，引他们到这里来定居的，从而把熊当作这一氏族的图腾来纪念④。

三、鹿图腾及其崇拜的多样性

中国是世界上鹿类动物的发源地之一，梅花鹿、麋鹿、水鹿、马鹿、白唇鹿等的原产地皆在中国。而且，人工养鹿的历史也很悠久。中国各民族在

---

① 胡绍增、张振华主编、王咏曦著《北方渔猎民族丛考》，齐齐哈尔科学出版社1990年版。

② 关小云、王宏刚著《鄂伦春族萨满教调查》，辽宁人民出版社1998年版。

③ 吴宝良《达斡尔族图腾试析》，《中央民族学院学报》1990年第2期。

④ 彭兆清《怒族的图腾崇拜与图腾神谱》，《云南社会主义学院学报》2003年第2期。

与鹿打交道的过程中形成了丰富多彩的鹿文化，其中就包含大量的鹿图腾崇拜。

在西部，尤其在北方，一些草原或森林民族以鹿为图腾，留下了许多神话传说与民风民俗。

蒙古族是一个信仰多图腾的民族，鹿是他们的主要图腾物之一。

主要分布于蒙古高原的鹿石是指经过人工敲凿雕刻加工而成的刻有鹿图案的碑状石刻。如同蒙古高原早期岩画一样，鹿石是从远古时代传下来的原始信仰，是图腾崇拜的产物。

早期鹿石的上部线纹或顶上刻有太阳和月亮的图案，可以解释为上天的象征及对它的崇拜，是蒙古族先民持有的鹿具有穿越天、地、神三界的神力的观念的表现。考古资料表明，多数鹿石位于古代墓地附近或矗立于墓葬地表建筑的东边，因此，鹿石也是墓葬的石碑或碑状标志，是氏族里有地位之人的安葬纪念碑。在这里，鹿由崇拜对象成为古代蒙古高原氏族首领和世袭贵族等有权势一族的象征，进而形象化地出现在氏族隆重葬礼的石碑上。自古以来，在蒙古高原狩猎民族文化中，鹿与鹿崇拜文化占有特殊的地位。阴山岩画上的鹿岩画，红山文化遗址的各种鹿形纹样的器物、装饰品以及蒙古高原青铜器上的鹿形器物等，应该说与鹿石有血脉相承的关系。蒙古族认为鹿是一种长寿动物，说“没有老死的鹿”。因此，把它作为氏族繁荣兴旺的象征，在大葬的石碑上凿刻留存，并加以崇拜。鹿石的作用，还与古代狩猎民族的萨满教信仰和仪式有关。民族志资料表明，蒙古族先民每逢祭祀祖先，举行狩猎仪式，或者遇到自然灾害时都要祭祀鹿石①。

在蒙古族民间艺术中，鹿是一个重要表现对象。诸如绘有或刻有各种鹿形纹样、图案的手工艺品、生活器具和用鹿角制成的配饰、吉祥物等。在蒙古族民间舞蹈和游戏中，有各种形式的“鹿舞”和以鹿为主题的游戏和儿歌。“鹿棋”是在蒙古族民间传承最广的棋弈形式。据专家统计，蒙古族民间的鹿棋在种类上多达 124 种。蒙古族对鹿角十分崇拜，人们常把鹿角当作吉祥物悬挂于蒙古包上，当作配饰或护身符佩于身上。同时，以鹿角象征男根，家中若生男婴则以“鹿角”喻之，或将鹿角挂于男婴摇篮上。此外，鹿的胛骨、

① 僧格《鹿石与蒙古人的鹿崇拜文化》，《世界宗教文化》2014 年第 6 期。

踝骨、头盖骨也是人们敬仰的神物①。

鹿崇拜在满族、鄂温克族、鄂伦春族等西北猎牧民族中也普遍存在。

四、狼图腾及其崇拜的多样性

狼是犬科动物中体型最大的一种。其适应性很强，分布范围广泛，能在多种环境中生活，森林、草原、高山、峡谷、丘陵、荒漠都有狼的踪迹。狼是极为成功的猎手，它们依靠合作，能够捕杀比自己身体大得多的动物。大约在4万年前，人类与狼就有了关系，到距今约一万年的最后一个冰川期结束时，这种关系更趋完善和不可逆转地建立起来。据推测，可能是在更新世时期，生态条件的变化促使早期的人类向北半球迁徙。在北半球，大量可作为食物的有蹄类动物轻易可获，在捕猎动物方面，除了包括剑齿虎在内的大型猫科动物，只有狼算是人类存在的竞争对手。一万多年前，狼被驯化成现在的犬——人类的忠实朋友②。

历史上，狼在中国曾广泛存在，如今主要分布在我国西北人口较少的牧业区及西藏广大地区。因而，狼图腾文化现象也主要存在于西部的北方草原地区。狼是古代北方草原地区众多游牧部落或联盟共有的图腾动物。由于草原民族飘游不定的游牧生活方式，先民们对直接威胁他们生存的狼群感到深深的恐惧，同时又羡慕和钦佩狼的勇猛无畏、坚韧耐劳和集体协作精神，遂产生了对游荡的狼群的敬畏与崇拜，创造出狼图腾崇拜的神话。在阿尔泰语系诸民族先民中，突厥语族民族和蒙古语族民族中的狼图腾神话较为集中，相比之下，满—通古斯语族民族中狼兽祖崇拜及其神话传说较少，熊崇拜及熊兽祖神话传说更为突出③。

隋唐时，北方最强大的少数民族是突厥族。突厥狼图腾神话传说较早地被搜集整理。蒙古族曾以狼为图腾加以崇拜的痕迹也见于文献和民俗中。如《元朝秘史》中载，苍狼与白鹿相配，生下了蒙古族的祖先巴塔赤罕。从此，这些苍狼的后代们生生不息、日益强盛。

狼图腾崇拜源远流长，曾是一些民族、部落文化的组成部分。究其原因，除诸多民族、部落间的迁徙融合十分频繁，政治、经济、文化相互交往与影

① 王其格《红山诸文化的“鹿”与北方民族鹿崇拜习俗》，《赤峰学院学报》（汉文哲学社会科学版）2008年第1期。

② 马建章、杨广涛、马逸清《中国狼文化研究》，《野生动物》2005年第2期。

③ 那木吉拉著《狼图腾——阿尔泰兽祖神话探源》，民族出版社2009年版。

响的因素外，因战争或外交的需要，若干民族、部落可能结成联盟，这就可能造成某一大的社群或联盟供奉一个图腾或崇拜物的现象。可以说，狼图腾文化是古代北方草原游牧地区一些民族、部落的共同财富。

无论是关于保护着乌古斯的军队所向披靡的苍狼表现出的巨大神力的神话传说，还是把维吾尔族的先民带到水草丰美的大草原的狼的神话的传说，都反映了维吾尔族对狼的崇拜，把狼作为图腾。在维吾尔人的日常生活中至今仍有一些崇尚狼的习俗、以狼为图腾之遗迹①。

五、狗图腾及其崇拜的多样性

如前所述，狗是由狼直接或间接进化而来的。动物学界主要有三种观点：第一种观点认为狗是野狗的后代。考古学家和动物学家研究发现，史前人类从事狩猎和采集活动时，在猎杀了大动物后，野狗就会等待着分食动物的残体或骨头。野狗的这种觅食方法，使之与人类建立友伴关系成为可能。从现代的印度贱狗与澳洲野狗相似的形态特征中，可以看到由野狗演化成现代家狗的痕迹。从发现的野狗化石和家狗化石的比较中，也可以看到野狗的确有演变成家狗的趋势。第二种观点认为狗是由中国狼、印度狼、欧洲狼、北美狼等在不同地区被分别驯化而来的，共有十种类型。英国动物学家朱丽叶·克拉顿－布罗克（Juliot. Clutton-Brock）在其《家畜的进化》一书就持有这种观点。狗与狼不仅形态基本相似，而且两者杂交可以产生可育后代，这证明了狗与狼的亲缘关系很近。第三种观点认为狗是狼、豺等犬属动物杂交的后代。当人类还在从事游动的狩猎生活时，部落迁移后，常常遗弃大量的动物骨骼以及其他烤焦了的可食废弃物，吸引了狼、豺和其他犬属动物追随其后。当人类从游猎转为定居后，这类动物仍然在部落或村庄周围游荡或栖息。经过相当长的一段时间，原始人与狼、豺等犬属动物建立起了稳定的感情联系。它们参与人类的狩猎活动，帮助追逐野兽，担任警戒任务，逐渐依赖于协助人的活动而生存下来。现代有些品种的狗，形态特征与狼、豺等极其相似。从狼、豺等犬属动物的头骨化石与狗的头骨化石之比较中可以看到，它们头骨确实有相似之处，狼、豺等犬属动物确实有进化为狗的可能性②。

在动物世界里，狗是人类最早驯化的动物，也是与人类性情最相投的动

① 热内依·达吾提《维吾尔族对图腾——狼的崇拜》，《新疆大学学报》（哲学社会科学版）1991年第1期。

② 周长生、侯琳《狗的起源及进化》，《大自然》1994年第4期。

物。狗在新石器时代就已经被驯化了。在我国发现的新石器时代的遗址中，西安半坡遗址、河南下王岗遗址、浙江河姆渡遗址等，都发现了家养狗的化石。在下王岗以及商代都城之一的殷（今安阳）等地，还发现了人和狗合葬墓。这充分说明，狗在遥远的古代就已经被人类所驯养，成为人类的伙伴，帮助人类进行捕猎等。我国最早的狗图纹，曾被考证认为是出土于甘肃临洮辛店距今约3000年的文化遗址中，陶器上的动物图纹中的狗图纹。这些图纹中的狗有大有小，而且姿态不一[①]。

由于狗与人类关系密切，世界上的许多民族以狗为图腾，形成了狗崇拜文化。中国古代的《山海经》或许是世界上最早记载有以狗为图腾之部落的文献[②]。

在西部，以狗为图腾的民族主要有苗族、瑶族、藏族、壮族、佤族等。

居住于贵州东北部与湖南湘西地区的苗族，即旧称的红苗，流传有一则犬图腾神话：湘西与黔东北相传石姓苗人有祖公带犬开荒，天火烧山。人酣睡未醒，犬跳入水中，全身浸湿，然后将毛上的水抖落在草上，反复多次，使火熄灭。同时，以吠声叫醒主人。祖公免于难，即拜犬为祖[③]。

今天，对狗的崇拜仍存在于苗族的生活中，“抬狗求雨”就是其中的一例。在贵州黔东南州施秉县的苗寨龙塘，每年遇到干旱时，村民就要举行抬狗求雨的仪式。通常的做法是：选择一只生育过的年轻母狗，给狗穿上新衣服，两个人抬着狗，敲锣打鼓走家串巷求雨[④]。以狗作祖先图腾的苗族，当遇到久旱无雨的年份，就会向无所不能的先祖图腾求助，期盼其保佑风调雨顺，并能禳灾除害、赐福村民。

苗族对狗的崇拜还反映在其神话传说与传统节日之中。每年农历七月十三日，居住在我国清水江和都柳江上游的苗族，都要过吃新节。节日这天，家家都用新谷做饭。天破晓后，带上米饭和祭品到田间，祭毕先人后，立即舀三大碗香喷喷的白米饭给狗吃，然后他们自己才尝新。这种敬狗习俗，源

---

① 周长生、侯琳《狗的起源及进化》，《大自然》1994年第4期。

② 金宝忱《从犬氏族看狗图腾与北方狩猎民族的关系》，《黑龙江民族丛刊》1988年第2期。

③ 吴晓东著《苗族图腾与神话》，社会科学文献出版社2002年版。

④ 陶淑琴《“五溪蛮”地区“抬狗求雨”民俗仪式的人类学意义》，《贵州苗族研究》2014年第2期。

于狗在这一天将谷种从天上带到人间的民间传说。

瑶族也以狗为图腾，并形成了丰富多彩的图腾传说（如关于盘瓠的传说说以及狗因救人而成为族群图腾的传说等）。

狗崇拜的遗迹仍然存在于今天的瑶族社会中，典型的如过“盘王节”。在云南红河地区，盘王节是瑶族为祭祀本民族的共同始祖盘瓠而举行的盛大民族节日。每年的农历十月十六日是盘王节举行的时间，节期三天。届时，瑶族村村寨寨打扫干净，家家户户清洗被褥衣物和打扫自家房屋，请祭司杀羊、猪、鸡来祭献始祖盘瓠王，祈求盘瓠王保佑人们平平安安。然后大家敲锣打鼓，载歌载舞，通宵达旦，以歌舞取悦盘瓠王，使其保佑瑶家兴旺。这既是一个纪念祖先、共庆丰收的节庆活动，又是一个祭献始祖盘瓠王的宗教祭祀活动。除了这个节日外，红河瑶族平时在饮食、服饰等方面也不时透露出对盘瓠王的崇拜。如全民禁止打狗、禁吃狗肉，道公和师公法器上要雕刻狗图案花纹、法衣上必绘画狗图案，在女子服饰上绣狗花纹与狗牙形，男子上衣后襟要绣一块正方形的五色花纹，谓之“盘王印”。吃新米饭时，祭献谷神和祖先之后的第一碗饭要先喂狗①。

壮族也是一个以狗图腾为崇拜物的族群。狗作为壮族原始社会图腾崇拜的一种，自古就有记载。在商代，壮族的先民就曾向商王进贡过狗。这在《逸周书》中就有记载，可见狗在壮族先民的生活中享有极高的荣誉。同时，狗又是壮族先民心中的灵物，可用狗占卜吉凶。如张守节在《史记正义》中说：“（越人）鸡卜法，用鸡一、狗一，生，祝愿讫，即杀鸡狗煮熟，又祭。”此外，在现代壮族地区的一些江河流域（如左江及其支流明江沿岸）的壁画中也刻有不计其数的狗图案，可见壮族及其先民和狗的关系十分密切②。另外，在壮族的民间神话传说和现实生活中还存在大量的狗崇拜和狗图腾的遗迹。

过去，来宾县城附近的水落村的中央立有一石狗头，吻部向前突出，此为社公像，每逢农历二月初二社日用牛头等供祭。此外，春节、农历七月十四、八月十五都祭此石像。崇左一带的壮族在春节时要把草编成狗形，并披以饰带，在村里供奉。

---

① 龙倮贵《滇南红河瑶族民间信仰文化述略》，《宗教学研究》2011 年第 4 期。

② 李晓霞、宋力行《广西上林壮族石狗崇拜的源与流》，《广东技术师范学院学报》（社会科学版）2014 年第 9 期。

桂西地区的壮族民间有《谷种与狗尾巴》的传说：古时候，因地上没有谷子，人能吃的东西越来越少，人们就派九尾狗上天找谷种。狗在天宫门前的晒谷场上用九条尾巴沾满谷子，结果被天上的人砍去了八条尾巴，仅剩下一条尾巴，终于把一些谷种带回人间。人们为了纪念狗的功劳，就饲养它。很多地方在每年收获季节尝新米时，必让狗先食，如广西南丹拉易乡壮族尝新谷祭神前一定让狗先吃些新米饭。左江流域崖壁画上有的狗像有刺，狗尾巴上的刺尤其明显，很可能就与桂西壮族民间流传的狗尾巴沾谷种到人间的传说有关①。

壮族对狗的崇拜也反映在其现实生活中。如广西象州县壮族在春节期间有戴狗面具跳舞之俗。靖西县的壮族有在春节抬狗像给各家各户拜新年送吉祥的习俗。

作为狗图腾及其崇拜衍生物的石狗崇拜仍大量存在于广西的壮族生活中。研究表明，在广西的大新、田阳、忻城、来宾、合山、上林、都安、象州、金秀、荔浦等县（市）有较多的石狗，博白县有少量石狗。仅在上思县就发现石狗雕像100尊以上。直到现在，忻城县的一些壮族农民在新建房屋时仍有在大门两侧立石狗的习俗。石狗大都为砂岩雕刻而成，立于村头或房屋大门的两侧，其形态为前腿向前伸直，后腿弯曲呈蹲坐状，昂头，嘴或露牙或不露，尾巴往上翘贴于背后，多数石狗露出雄性生殖器。石狗所对的方向与村向或房屋大门的方向一致。石狗的高度在35—85厘米之间，明显地具有守护村庄或房屋和辟邪的象征意义②。

分布于云南西南部的佤族也是一个崇拜狗的民族，有许多与狗图腾及其崇拜相关的史料和文化现象存在。

考古学的研究表明，距今3000多年的云南沧源岩画是佤族先民的杰作，壁画中出现了大量狗的图案，是佤族以狗为图腾与石崇拜结合的产物。崖画上的狗，既是世俗的狗，也是佤族神祇世界里的特殊动物，是现实世界与迷幻世界的有机结合。沧源一带，民间有所谓的“狗带来谷种”“狗家族”和

---

① 陈文领博《壮族石狗考略——兼谈壮族先民的图腾及其演变》，《广西民族研究》1992年第2期。

② 陈文领博《壮族石狗考略——兼谈壮族先民的图腾及其演变》，《广西民族研究》1992年第2期。

“狗部落”等传说以及地理名称等进一步证实佤族狗崇拜的存在①。

藏族也是一个崇尚狗、爱狗的民族。关于藏族的狗图腾，在古代的汉文典籍中就有记载，由此可以看出狗图腾在藏族先民的部落中就已被崇拜、敬仰。除了文献记载藏族的部分先民以狗为图腾外，在民间也有关于狗图腾及其崇拜的神话传说。《青稞种子的来历》即为一例。在这一故事中，狗将青稞种子带到了人间。从此，藏族开始种植青稞。为了感谢给他们送来青稞种子的狗，他们在每年收完青稞，吃新青稞面做的糌粑时，都要先捏一团糌粑喂狗。一直到今天，从来没有人改变过这个规矩②。

在藏族民间故事中，狗还是助人为乐、神通广大的动物。狗一出现，就标志着人的命运的好转，情形开始向着好的方面发展。

居住在西藏墨脱地区的珞巴族，狩猎所得是他们的重要生活来源，因此他们特别注意请猎神和祭猎神的仪式。珞巴人的猎神就是猎狗。相传古时候有位珞巴族猎人，非常喜欢自己的猎狗，猎狗也处处帮助自己的主人，使他能猎取到世界上所有的野兽。猎人和他的狗之间，比兄弟还亲密，比朋友还忠诚。猎人的老婆却是个刁钻古怪的女人，常常想出一些莫名其妙的办法折磨自己的丈夫。一天，她要她的丈夫射一头没有骨头的野兽给她吃。猎人听了妻子的话，非常为难，只好去找猎狗商量。猎狗说：“天上的煞青热乌拉倒是没有骨头，不过那家伙非常厉害，它有五个脑袋，一千只眼睛，有时候吃太阳，有时候吃月亮。”猎狗为了帮助主人射到这没有骨头的怪物反而被怪物吃了。即便如此，猎狗的灵魂仍然保佑着猎人获得食物。就是从那时起，猎狗变成了猎人们的保护神。也就是从那时起，珞巴族人民每次打猎都要举行祭祀猎犬神的仪式③。

六、牛图腾及其崇拜的多样性

在西部，许多少数民族，如苗族、藏族、壮族、土家族、傣族和蒙古族等以牛为图腾，形成了爱牛、敬牛、拜牛的习俗。

苗族崇尚牛，以牛为图腾，这在其神话传说和现实生活中都得到了反映。下文中关于苗族的牛图腾及其崇拜的资料主要来源于沈飞的《试论苗族牛角

① 赵明生《佤族的狗崇拜》，《民族艺术研究》2004 年第 1 期。

② 中央民族学院少数民族语言文学系藏语文教研室藏族文学小组编《藏族民间故事选》，上海文艺出版社 1980 年版。

③ 杨俊峰著《图腾崇拜文化》（下），大众文艺出版社 2009 年版。

图腾文化》一文[①]。

牛不仅帮助苗族迁徙和农耕，还在改变自然中发挥着巨大的作用。苗族的创世神话《春耕图》就通过牛耕来解释山川地貌的形成原因。作品叙述洪荒时代，开辟大地的英雄用神牛犁无垠的土地，“犁头翻起的泥土，高的成了绵亘千里的山脉，低处成为广袤的平原，有水的地方变成江河。犁完大地后，有的说犁耙和牛都变成了大山，有的说神兽变成牛成石头”。这无疑是苗族人民牛耕生活的回忆。

苗族的牛图腾和对牛的崇拜可以追溯到蚩尤部落时代。历史上，苗族祖先蚩尤部落的牛崇拜极为盛行。在苗族的现实生活中仍留有蚩尤图腾崇拜的遗迹。云南楚雄、丽江等地流传蚩尤为苗族始祖的故事，敬奉蚩尤。苗族的“跳月”就有古代蚩尤部落的遗风。

牛成了民族的保护神和民族的标志，并在其服饰、器物、居所、节庆和日常生活中皆有反映。

壮族作为一个稻作民族，很早就与牛发生联系。有学者认为，在壮族的历史上，曾经出现过一个强大的牛图腾部族[②]。研究表明，壮族中的“韦”和“莫”两大姓氏，就源自原始时代奉“水牛”为图腾的水牛部落和奉“黄牛”为图腾的黄牛部落[③]。壮族在后来的生活中也有图腾崇拜的遗迹，如祭祀石牛求雨、牛王节和凿齿等。

在云南省文山州麻栗坡县壮族聚居的县城东面约一公里处，有一座羊角老山，南端有大王岩崖画，描有牛、羊及人物的形象。画中有三头水牛，有三个人面对着牛跳舞，似乎在向牛祝福与祈祷，还有一人屈腿半蹲，好像在向牛示意。据考古工作者鉴定，大王岩崖画是距今4000多年前新石器时代壮族先民所绘制的。该地是牛图腾祭祀仪式的遗址，也是壮族牛图腾的见证与依据[④]。

牛图腾是傣族最早的动物图腾，大量存在于傣族古代的神话、传说和民间故事之中，在今天的民风民俗中仍有留存[⑤]。

---

① 沈飞《试论苗族牛角图腾文化》，《贵州民族研究》1991年第1期。

② 丘振声著《壮族图腾考》，广西人民出版社2006年版。

③ 卢敏飞《壮族“牛魂节”“祭祖节”探因》，《广西民族研究》1998年第3期。

④ 龙符《云南壮族的“牛崇拜"与“牛图腾"文化》，《文山师范高等专科学校学报》2009年第3期。

⑤ 刀承华《傣族古代文学中的动物图腾崇拜》，《中央民族大学学报》（哲学社会科学版）2009年第4期。

德宏州潞西市傣族村寨“大湾”以牛和象作为村寨的保护神。这也正是傣族牛图腾崇拜的体现。

蒙古族中也曾有以牛为图腾的氏族、部族。这在一些古老的神话传说中得到了反映[①]。

蒙古族对牛的崇拜还体现在其日常生活中，主要表现为山神牛的崇拜、对水神牛的崇拜、对牛的某一部位（乳房、牛皮、牛角等）的崇拜。因为蒙古族把牛看成是一方山水之神，是某山某水的代表，所以人们利用祭拜山水来表达崇牛的意识，寄托人们对牛神的祈求[②]。

藏族则以青藏高原上最为常见的牦牛为图腾。众所周知，牦牛是由野牦牛驯化而来的。在古代，野牦牛是西藏高原上数量多而且极为凶猛的野生动物，与藏族生活关系密切。藏族的牦牛图腾崇拜见于藏族聚居地区的民间传说、文献记载以及民俗之中。藏族尤其崇尚白牦牛，并认为牦牛角也是有神性的[③]。

除上述民族外，西部的一些民族也有牛图腾崇拜，如土家族、仫佬族等。

土家族以犀牛为图腾，其崇拜习俗源远流长，始于商周，至今留存。今渝东南酉水流域仍广布犀牛崇拜现象，尤其崇拜犀牛潭。《同治增修酉阳直隶州总志》记载：“龙池一名犀牛潭，在州北三十里龙池铺，以此得名，八景内所谓龙池伏脉者也。案此池纵广十余亩，内有三穴，水色澄清，泛涨不盈，旱干不涸，相传犀牛宅其中。”土家族民众认为犀牛神可镇水，保一方平安。除有犀牛潭外，在渝东南酉水流域等地有许多以犀牛冠名的地名，如犀牛洞、犀牛山等。这些都是土家族犀牛图腾崇拜，视犀牛为神圣之物的具体表现[④]。

仫佬族对牛的崇拜在其一年一度的隆重节日——依饭节中有所体现。依饭节是仫佬族欢庆丰收、祈祷吉祥平安的节日。在节日里，人们要请来依饭唱师（艺人）唱傩戏。仫佬族认为牛是农家之宝，一年四季耕种功劳最大，应敬奉在先。祭祀时，每家都要摆出各种各样的供品，其中有用芋头、红薯

① 波·少布《蒙古族的崇牛意识》，《民间文学论坛》1997 年第 1 期。

② 罗彩娟《壮族与蒙古族崇牛习俗的比较研究》，《广西民族学院学报》（哲学社会科学版）2004 年第 3 期。

③ 谢继胜《牦牛图腾型藏族族源神话探索》，《西藏研究》1986 年第 3 期。

④ 白俊奎《土家族“犀牛”图腾崇拜体现的生命意识与儒家伦理思想研究——以渝东南湘鄂渝黔边区酉水流域为例》，《重庆工商大学学报》（社会科学版）2007 年第 3 期。

做的牛。在祭祀仪式中，还要表演《七圣牛哥》。人们把用芋头、红薯做的牛摆在表演区中央。一位道公戴上牛哥面具扮演牛哥，手持牛鞭围着“牛群”歌舞，从四处把牛群赶拢来，免得牛丢了，表示牧牛。表演结束后，各家各户把“牛”拿回去分给家人享用。人们认为吃了这些用芋头、红薯做的牛，就会受到牛神的保佑，平安大吉。这些可能是从古越人牛图腾祭祀仪式中衍生出来的，既表达了人们对牛的喜爱与崇敬的感情，又带有农耕时代的印记①。

七、蛇（龙）图腾及其崇拜的多样性

蛇图腾与龙图腾虽不能等同，但它们之间的关系十分密切，有的学者认为龙图腾是由蛇图腾演化而来的。例如，闻一多在《伏羲考》中说，龙是一种图腾，是一种虚拟的生物，因为它是由许多不同的图腾糅合成的一种综合体。龙图腾，不论其局部像什么动物，它的主干部分和基本形态却是蛇。这表明在当初那众图腾单体林立的时代，蛇图腾较为强大，龙图腾便是蛇图腾融合了许多弱小图腾单体后形成的。相传伏羲和女娲都是人首蛇身。除了神话传说外，还有来自于考古学的证据，例如新石器时期的仰韶、红山、良渚等文化类型中出现大量蛇崇拜和龙图腾的纹饰雏形，反映出了所谓的“龙蛇同宗”。对蛇的崇敬并没有因为龙图腾的出现而销声匿迹。至今，中国云南的苗族、侗族等少数民族依然将女娲作为始祖加以崇拜②。西部的一些少数民族如傣族、彝族、壮族和土家族仍以蛇为图腾。因而以下将西部少数民族的蛇、龙图腾放在一起加以论述。

傣族素有“水民族”之称，他们是依水而居的稻作民族，过着渔猎和种植水稻的生活。傣族认为水里有龙，而蛇是龙的同类，因此他们认为，在身上文上蛇形图案，到江河中打鱼时，不会被龙吃掉。《说苑·奉使》谓其“剪发纹身，斓然成章，以象龙子者，将避水神也”。一些傣族地区至今仍传着蛇图腾氏族部落与其他氏族图腾部落相融合的故事。

广西北部的侗族也以蛇为图腾，并有关于蛇图腾的传说和蛇崇拜的风俗。

过元宵节时，凡较大的侗寨都要举行集体性的祭祀女神“萨堂”（意为“原始祖母”）仪式。其过程大致如此：先让一德高望重的老年妇女给女神斟

① 丘振声著《壮族图腾考》，广西人民出版社 2006 年版。

② 赵峰生《出土文物里蛇崇拜到龙图腾的演变》，《东方收藏》2013 年第 4 期。

茶化纸，接着由身穿织有蛇头、蛇尾、蛇鳞、水波、花草图案古装的数十名中老年人，在神坛前的石板坪跳蛇行舞（大家臂挽臂或手拉手地围成圆圈，模仿蛇匍匐而行、徐徐回旋的动作）。炎夏，若发现虫灾蔓延或久旱不雨，禾苗大片枯萎，多以寨子为单位，用茅草、藤条编成大蛇的形象，举着其漫游田间，俗谓“舞草蛇”或称“舞草龙”，亦仿蛇爬行、左弯右曲寻食或昂头、晃身、甩尾溅水等姿态。人们希望通过这些活动，表达对蛇神崇敬之意，以求灭虫抗旱保苗及人畜兴旺①。

与傣族、侗族同属壮侗语系的壮族也有蛇（龙）图腾或蛇（龙）崇拜的文化现象存在。

龙作为壮族先民的图腾之一，在其发展过程中经历了图额—蛟龙—蛇龙—风水龙四个发展阶段。在图额阶段，古越人对龙的认识比较模糊，他们认为图额是与雷王、人祖同时诞生的住在深渊里、管理地下的神物，没有一个具体的形态。人比图额力量大，用火打败了它。在蛟龙阶段，蛟龙呈鳄鱼状，卵生，是水中之君。人们断发文身为蛟龙之状，以像龙子龙孙。此时形成了以媚龙、崇龙为主题的水乡龙文化。在龙神面前，人类是弱小的，甚至有“以人祭蛟”的祭祀活动。在蛇龙阶段，龙呈蛇形，甚至龙小时候就是蛇。龙往往是人收养的，人对龙有恩，龙对人报恩。在风水龙阶段，壮族社会的龙文化又来了一次大转折。人们崇龙，希望龙给自己带来好风水、好运气。此时的龙神文化。已吸纳了中原汉族龙神文化观念，并与当地的民间巫教结合，形成了具有岭南巫教神秘文化色彩的壮族风水龙文化②。

壮族的蛇图腾及其崇拜，除了反映在大量的有关蛇（龙）的神话传说中之外，在壮族历史考古器物中也有所反映。广西境内出土的新石器时代的一些陶器，纹饰以绳纹为主，疑为蛇形纹饰的规范化、艺术化。广西恭城出土了具有地方特色的蛇斗蛙纹樽等。这些都反映了古代壮族社会原始部族中崇拜蛇的历史文化现象③。

彝族也是一个崇龙拜蛇的民族，也以龙（蛇）作为自己的图腾之一。彝

---

① 陈维刚《广西侗族的蛇图腾崇拜》，《广西民族学院学报》（社会科学版）1982年第4期。

② 邵志忠《图额·蛟龙·蛇龙·风水龙——壮族龙图腾及其文化演变初探》，《民族艺术》1994年第2期。

③ 黄达武《壮族古代蛇图腾崇拜初探》，《广西民族研究》1991年第1期。

族民俗中普遍存在着对蛇的崇拜，彝族妇女服饰图案中有蛇形纹。云南省楚雄市西舍路乡彝族姑娘出嫁，由马缨花树或松树做成的木蛇是娘家最贵重的陪嫁物。而马缨花木或松木这两种木料同时又是当地彝族甚至整个哀牢山区彝族用来做祖先灵位的材料。因此，木蛇除了具有生殖崇拜的象征意义外，又有图腾和祖先崇拜的含义①。

四川东南部黔江的土家族人也与蛇有着不解之缘。千百年来，土家族形成了独特的蛇文化。土家族最早崇拜的图腾是蛇，人们把蛇当作神供奉，至今还有“屋基蛇打不得”的说法。土家族对蛇不直呼其名，而是尊称其为“钱串子”“金串子”②。

八、鸟图腾及其崇拜的多样性

鸟是人类最早崇拜的动物之一，其主要原因可能是鸟具有高超的飞翔技能。许多大鸟不仅飞得快飞得远，还能在高空中翱翔。因此，给原始初民这样一种感觉：鸟是天空中的灵物，是离上天最近的动物，是穿梭于天地之间的使者，也是人与神的沟通者。因而鸟就成了许多民族的图腾。

在西部，以鸟为图腾或崇拜鸟的民族有苗族、壮族等。

苗族对鸟图腾的崇拜在神话传说、族群的自称、服饰以及民间舞蹈等许多方面得到了体现。

黔东南苗族创世古歌《开天辟地》中说，上古之时，天地小如斗笠、撮箕，后来由巨鸟“科啼班哄、乐啼孵抱、天地才有现在这么大”。日食和月食，苗族说是“鹫鸟吃太阳，老鹰吃月亮”。创世古歌《十二个蛋》中说，人类和万物的祖母蝴蝶妈妈生下十二个蛋，由鹡宇鸟孵了十二冬，才孵出人类和万物③。

黔中一带苗族妇女的饰物——背牌，上有两处直接与苗族古代的鸟图腾有关联的图纹：一个是背牌前面即贴在人体前胸部分中间的“雀鸟眼”图纹，另一个是背牌中段即贴在人体双肩上的“鸟翅膀”图纹。在黔东南苗族妇女的服饰、头饰中，至今仍然保留了不少鸟的形象。比如榕江县八开一带的苗族，有一种盛装用鸟毛饰边，称为“鸟衣”④。

① 李世康《蛇与彝族文化》，《大自然》2001年第3期。
② 欧阳军《土家人与蛇文化》，《蛇志》1993年第4期。
③ 杨鹍国《龙·鸟·牛》，《贵州社会科学》1992年第1期。
④ 李子和《苗族鸟图腾崇拜刍议》，《贵州民族研究》1986年第4期。

贵州丹寨县的苗族自称“嘎闹”，“闹”的苗语意为鸟，即以鸟为图腾之部落。他们身着百鸟衣服，演奏古老的原始乐器，模仿鸟儿起舞。

在历史上，壮族先民把鸟当作图腾，把鸟的羽毛当作神物，视为珍宝。据《逸周书·王会篇》载，当时生活在岭西地区的一些百越支系，以“翠羽”作为贡品，献给中原的殷、周王朝。鸟的羽毛，壮族先民插在头上或编成羽冠作为头饰，或织成衣裳穿在身上。插羽毛、戴羽冠、穿羽衣，把自己打扮成为鸟的样子。这是对鸟图腾的认同与崇拜的一种表现形式①。

现在，红水河沿岸的马山、都安等壮族村寨中还传颂鸟王为民殉难的神话传说。那里的人们将每年农历七月二十定为“鸟王节”。有许多关于鸟王的神话传说，它们所讲的或是壮族先民拯救了鸟的故事，或是鸟拯救了壮族先民的故事。因此，作为图腾神的鸟王，既被看作鸟类的保护神，也被看作壮族先民的保护神。而后者却是更主要的。

在现实生活中，鸟图腾以鸟纹（含凤凰纹）的形式大量出现在壮族的传统壮锦、布贴、蜡染和剪纸中。这些鸟纹，有的是具体的形象，有的被抽象为图案，有的为群像（如百鸟朝凤），有的与其他纹样相配（如布谷催春、双凤朝阳），等等。这是鸟图腾民族长期感情积淀的结果，也是鸟图腾崇拜的一个象征②。

九、鱼图腾及其崇拜的多样性

在西部，许多少数民族以鱼为图腾，典型的如布依族、水族和侗族等。

布依族先民以鱼为图腾崇拜物，这在布依族民间文学和民间习俗中都有遗存。布依族古代祖先与鱼有血缘关系的原始观念，屡见于布依族的神话传说之中③。

在现实生活中，布依族以鱼作为祭品的习俗，也是布依族原始先民以鱼为图腾的印迹。黔西南一带布依族过大年（春节），有用“干（枯）鱼”祭祖的风俗。黔中、黔西一带布依族在安葬过世的老人时，前来祭奠的至亲要送三桌祭品：一桌“荤”（猪肉类）、一桌“素”（果品类）和一桌“面”（水产类）。“面”桌是用米面捏成鱼、虾、蟹等水产物的造型，其中鱼的造型最大且突出，这显然是先民以鱼为祭品的习俗的遗存，是一种氏族成员通

① 丘振声《壮族鸟图腾考》，《民族艺术》1993年第4期。

② 丘振声《壮族鸟图腾考》，《民族艺术》1993年第4期。

③ 谷因《布依族鱼图腾崇拜溯源》，《民族研究》1999年第1期。

过食图腾动物而吸收图腾的一份力量的具体体现①。另外，布依族的鱼图腾崇拜还反映在他们的民族服饰及蜡染中。服饰、蜡染中常见的菱形、三角形等实际上是抽象化的鱼图腾图案。

水族在创世神话、民族自称、节日、婚丧嫁娶、民族服饰等方面都表现出鱼图腾崇拜的印迹②。

水族《人类起源》神话云：洪荒年代，避身于葫芦瓜内，在恶浪中漂流沉浮的兄妹俩，有幸得到双鱼的承托才逃过劫难而成为再创人烟的始祖。换句话说，没有鱼，就没有水族的祖先。

水族自称为“虽”，与水书五行中“水”的音、义相同。正因为水是生命之源，鱼水相依；鱼能充饥果腹、增加营养、增强体能、提高智力，对族群繁衍产生了至关重要的影响；加上鱼机敏、繁殖力强，使水族由对鱼的依存关系幻化为鱼赋予了生命，形成了没有鱼就没有水族，没有鱼就没有水族的子孙后裔的观念，总是希望自己的族群像鱼群一样繁盛而机敏。

水族在年节祭祖和丧葬祭祀活动中有一个“忌荤吃素”习俗，但“忌荤”只忌禽畜兽类之肉，不忌水产的鱼虾类，而且以鱼为至珍的供祭品。水族祭祖过去只限于有血缘关系的氏族成员参加，外嫁的女子也要回家共同进餐。祭祖的供鱼加工方式有三种：一是鱼包韭菜；二是炕鱼或干鱼，即志书所谓“祭以枯鱼”；三是煮全鱼。

水族在婚嫁礼仪活动中也离不开鱼，新郎迎亲前送到新娘家的礼物中就有罩鱼笼和金刚藤叶。这里的鱼笼表示捕鱼活动，而金刚藤叶则象征鱼。

在水族日常生活中，鱼的图案随处可见。

水族妇女习惯在儿童的帽子、围兜上绣鱼的图案，希望借助神秘祥瑞之力来守护孩子的灵魂，使之平安健康。妇女在自己的围腰、胸牌、鞋、背带上刺绣鱼的图案，则期冀如愿以偿生下可爱的孩子。

丧葬垒坟之后，要由孝子虔诚地将熟鱼子撒在新坟封土之上，并祈祷子子孙孙像鱼群一样人丁兴旺。

鱼也是侗族崇拜的图腾物之一。这在侗族的创世神话、节庆习俗、婚丧嫁娶、建筑、服饰等方面都有所反映③。

---

① 谷因《布依族鱼图腾崇拜溯源》，《民族研究》1999 年第 1 期。

② 潘朝霖《水族鱼图腾析》，《广西民族研究》2001 年第 3 期。

③ 陈维刚《广西侗族的鱼图腾崇拜》，《广西民族研究》1990 年第 4 期。

居住在广西的侗族有一则关于鱼造就了侗族祖先的传说。古时候，有两兄妹在屋后的菜园挖土，园旁池塘里的一条大鲤鱼说："五天后要发洪水，到时你们两兄妹要躲到葫芦里。"第六天果然洪水滔滔，兄妹俩急忙躲进葫芦。十天过后，洪水退去，兄妹俩从葫芦里出来后，发现大地一片荒凉，这时大鲤鱼又说："如今世间已绝人烟，你们兄妹要婚配造人。"兄妹成婚后，妻子生下一团肉，他们把它切成很多小片，四处抛撒。忽然一阵大风吹来，这些小片都变成男男女女，成了侗家人的老祖宗。

侗族每年农历六月过"初六节"，各家的老年人都要带一盘炒干鱼、一碗糯饭到自家的"娘田"，即祖先开辟的或较大的一块水稻田边祭鱼神，祈求保佑禾壮鱼肥。每年农历十一月过"冬至节"，各家的老年人都用酸汤煮鱼或清炖鱼、糌粑祭祖，祈求保佑新年粮鱼丰收。

青年男女订婚，男方家送女方家的礼物中有腌酸鱼。过去，夫妻婚后多年不育，家长要择吉日，打一碗洁水内盛几条活鱼仔，做一块鱼形的大糍粑祭祀求育。若小孩体弱多病，父亲要择吉日，背上小孩并请师公一道到水潭边拜祭鱼神。接着，给小孩换名字。比如，男孩叫鱼生或鱼魂、鱼保、鱼旺，女孩叫鱼妹或鱼美、鱼花、鱼丽等，寓意从今起寄托在鱼神名下，平安无恙。

各地家有年逾花甲的老人，儿孙要常备几坛乃至十几坛腌酸鱼，待老人去世办白喜酒时待客食用。

侗族还把鱼图腾雕刻于建筑或绣于服饰上。寨中鼓楼、河上风雨桥、山坳风雨亭的栋梁木大都绘有水波游鱼，其瓦梁檐角多塑立翘尾鱼。鼓楼旁的石板坪、溪涧上的石板桥、路旁的石板围成的泉水井、大户人家的祖墓石碑也刻各种鱼形。庙宇神台、大型芦笙音筒绘有或雕有水波游鱼。妇女自制的床毡四沿织有许多头尾相连的长体鱼。姑娘自制的送给小伙子作为定情信物的花带子织有两鱼共头或两鱼并排的图纹。姑娘佩戴的银质手镯、梳子、簪等刻有两鱼并排图案。小孩帽后挂的银铃多刻跃鱼或鱼头。小伙子提的画眉笼之门框、中老年人的竹烟盒、烟杆均刻有小鱼等。

在陇南白马藏族的传统文化中也有明显的鱼图腾崇拜遗存。现存的服饰图案、妇女首饰、岩画、生活用品、建筑装饰中传递出鱼图腾崇拜的符号特征。这些服饰图案中巧妙地融入了鱼的造型。在百褶衣前襟处，把鱼与鱼鳞的造型巧妙地结合在一起形成了一个规则的三角形图案。百褶衣的背部有一个抽象的倒三角形的图案，外形上十分接近鱼形，并且三角形两边线交叉之后在顶端继续延伸，形如鱼的尾部，使鱼的形象更加鲜明。白马人的坎肩、短衫的纽扣用银制成鱼形。白马藏族妇女戴的耳坠外形如鱼，特别是耳坠下半部分的三个小坠子，戴上时形如三条灵动的小鱼，翩翩起舞。白马藏族妇女在节日或婚庆期间都佩戴鱼骨牌头饰与鱼骨牌胸饰。以上诸种现象表明白马藏族曾以鱼为图腾①。

十、蛙图腾及其崇拜的多样性

蛙是壮族的图腾之一，在壮族民间流传有许多关于蛙图腾及其崇拜的神话故事②。

由于在一些神话传说中，蛙与人有血缘关系，因此在现实生活中不少壮族有不吃青蛙的习俗。红水河两岸的壮族老年人常告诉小孩子不能伤害青蛙、蛤蟆。民间流传着“不抓青蛙，不怕雷公打”，“打蛤蟆要遭雷公劈”之类的谚语。这些无疑都是壮族先民对蛙图腾崇拜与禁忌心理的遗传。

壮族的蛙图腾崇拜还表现在其民族节日和民间舞蹈中③。

“蛙婆节”，又叫“蚂拐（青蛙）节”，是红水河流域壮族民间一个古老而独特的传统节日。节庆活动持续一个月之久。每年农历的正月初一，人们一大早就开始敲着铜锣、成群结队去田里找冬眠的蚂拐。据说，最先找到蚂拐的那个人，便被称为雷王的女婿“蚂拐郎”，他将成为该年蚂拐的首领。首领要带着大家点燃烟花爆竹，向雷王报告人间祭拜蚂拐的喜讯。人们把这只蚂拐接回村，放入花轿中。正月初一到月底，白天，孩子们抬着蚂拐游村，挨家挨户地祈福送喜；晚上，把它抬到蚂拐亭下，人们跳着蚂拐舞、唱起蚂拐歌，为蚂拐守灵。活动持续到第二十五天，便是蚂拐节的高潮了。在那一天，人们选择一个吉时，把花轿抬到蚂拐下葬的地方，打开去年埋葬蚂拐的宝棺，观其骨头的颜色：如果呈金黄色，便预示今年风调雨顺，全村人击鼓狂欢；如果蛙骨呈灰色或黑色，则表示该年的年景不好，人们就烧香祈拜，让蚂拐神保佑村民，灭灾降福。接着便举行“埋蚂拐”仪式。随后，男女老少一起围着篝火唱歌跳舞，送蚂拐的灵魂上天。人们通宵达旦，尽情狂欢。

蚂拐舞可以分为祭祀舞蹈、征战舞蹈、劳动舞蹈三部分，分别表现敬拜

---

① 豆海红《陇南白马藏族服饰鱼图腾探源》，《天水师范学院学报》2014 年第 4 期。

② 丘振声《壮族蛙图腾神话》，《民族艺术》1992 年第 4 期。

③ 张淼《浅析壮族蛙图腾——蛙图腾在壮族文化中的地位和作用》，《乐府新声——沈阳音乐学院学报》2012 年第 4 期。

蚂拐、歌颂蚂拐的英雄精神、模拟蚂拐耙田以及捕虫等劳动场面。

作为蛙图腾祭祀仪式的歌舞是图腾祭祀仪式的直接产物，而流行于壮族地区的蛙婆节，就是典型的蛙图腾祭祀仪式，是蛙图腾的具体表现。

彝族作为一个信仰多图腾的民族，蛙也是其图腾物之一。

在云南、四川的彝族地区存在主题相似、细节有别的有关洪水泛滥、青蛙救人、兄妹成婚、繁衍后人的传说，反映了彝族先民的蛙图腾与生殖崇拜①。

彝族视蛙为灵物，民间禁忌打蛙和吃蛙肉，认为若犯忌会招来暴雨，受蛙诅咒而遇凶险。

以蛙为图腾的民族在西部还有许多，如土族、纳西族、佤族等，其图腾崇拜的痕迹仍保留在他们的创世神话、族群起源传说、民族节日、民间舞蹈以及民间雕刻刺绣中②。

除了图腾崇拜外，蛙崇拜还与人类的两大需求，即食物的生产和族群自身的繁衍密切相关。春天，雨水总是伴随着蛙声到来，为农业生产提供了基本的条件。远古先民认为是蛙带来了春雨，因而崇拜蛙。另外，蛙本身的一些生物学特性，如强大的繁殖能力，隆起的腹部类似于孕妇的肚腹等，使得古代先民以蛙象征女性的生殖能力，因而进行生殖崇拜。

十一、其他图腾动物及其崇拜

在西部，除了上述谈到的图腾动物外，还有一些其他动物，如猴、猪和象等，是或者说曾经是某些少数民族的图腾。

如前所述，藏族有“猕猴变人”的神话，并认为，由猕猴变成的人便是藏民族的始祖。因此，早期的藏族先民把猕猴作为他们的图腾来加以崇拜。最新的考古发现材料也印证了这一点：“1990 年在对拉萨曲贡村新石器时代遗址的发掘中，出土了一件异常罕见的附着于陶器上的猴面贴饰，其贴饰为浮雕样式，猴的眼、鼻孔和嘴均以锥刺出，造型生动。这件猴面饰品显然非一般意义上的艺术品，当与曲贡人的精神生活及某种祖先或灵物崇拜有关”③。

白马藏族中有“猴子抢姑娘”的传说。学者们认为，所谓的“猴子抢姑娘”或是“猿猴抢婚”的故事，最早产生于我国古代西部的氐羌族群，并以

① 杨甫旺《彝族蛙崇拜与生殖文化初探》，《民族艺术研究》1997 年第 6 期。

② 鄂崇荣《试论中国少数民族中的蛙崇拜》，《青海社会科学》2004 年第 5 期。

③ 石硕著《藏族族源与藏东古文明》，四川人民出版社 2001 年版。

民族图腾神话的面貌出现，反映了白马藏族的猴图腾崇拜。另外，在白马藏族民间故事中，还有金丝猴知恩图报，帮助白马藏族人喜林逃避官兵迫害的故事《金丝猴的传说》等。这些故事也同样带有白马藏族原始图腾和自然信仰的族群记忆①。

云南省怒江傈僳族自治州兰坪县兔峨乡自称“扰揉”的怒族认为人是由猴子变来的，猴子是人的祖先，以猴为图腾。因此，他们对猴子有一种特殊的感情，从来不捉拿、不伤害猴子②。

纳西族历史上也曾以猴为图腾，并形成了与猴图腾崇拜相关的民族起源的三种类型：“两猴交配生人”型、“猴吞蛋卵生人”型和“人猴婚配生人”型。它们在民间传说和东巴经中都有反映③。

猪图腾崇拜可能起源于野猪图腾崇拜，因为凶猛的野猪是人们惧怕、崇拜的对象。

在珞巴族的米古巴部落的神话中，猪的形象是氏族女性始祖，是生育和繁衍的期望。神话中说，太阳的女儿冬尼海依把自己的孩子托付给一头老母猪抚养。母猪老了，临死前嘱咐孩子，待她死后，把她的肉切成一块一块的，用竹叶包起来，分放在东西南北四方。母猪死后，孩子按照母猪的话做了，从此，凡放猪肉的地方便出现了村寨和人家。这就是米古巴部落各氏族的来源④。

珞巴族的米日人也认为自己的祖先是猪生的。有一则传说：一天，米日村的珞巴族带着猎狗上山打猎，遇到一头野猪，野猪钻进了自己居住的洞穴中，人们追到洞中，野猪不见影，却看见一个婴儿。人们把婴儿抱回村喂养。小孩长得特别快，最后成了米日人的土王。米日人都成了他的后裔。野猪因此也就成了其崇拜的图腾之一。在现实生活中，米日人一般忌讳捕食野猪。即使在没有其他野兽捕食时，在捕猎到野猪后，也绝不会马上就吃，而要放

① 杨军、蒲向明《白马藏族“猴玃抢婚”型故事及其文化内涵——以陇南白马藏族故事〈猴子抢姑娘〉为中心》，《西安石油大学学报》（社会科学版）2015年第5期。

② 龚友德、李绍恩《兰坪怒族的自然崇拜和图腾崇拜》，《中央民族学院学报》1986年第1期。

③ 杨福泉《纳西族的“生命三段论”》，《云南民族大学学报》（哲学社会科学版）2006年第5期。

④ 牟海芳《猪图腾神话的演变与图腾崇拜观念的变异》，《四川教育学院学报》2009年第7期。

一个晚上后才能食用。他们认为野猪刚打死，其灵魂还存在于肉体内，这时吃了肉，就把灵魂也吃了，就会遭祖神猪灵的惩罚[①]。

羊是羌民族自古以来崇拜的图腾之一，且有一个庞大的崇羊系统：族号“羌”字从“羊”，甲骨文为“人头顶羊角”之形；羌族女性多取“姜”姓，“姜”字亦从“羊”；羌族释比作法时往往要将羊皮背心翻过来穿，手中击鼓，鼓面用羊皮制作，还要在鼓面上画上一只羊头。羌族又崇拜象征太阳的白石，且往往将白石与带角羊头共置，作为敬拜的图腾[②]。

彝族先民也曾以岩羊或绵羊为图腾。以岩羊为图腾者，传说他们的祖先进山打猎，在崖底发现站在岩层中的岩羊，当举箭欲射之时，射箭者被岩羊蹬下一块石头砸死，于是认为岩羊是老祖宗所变，其后代便奉岩羊为图腾。以绵羊为图腾者，传说他们的祖先进山干活，路上不慎踩了长蛇，长蛇便把他的身子紧紧缠住。危难之际，适逢绵羊经过，把蛇踩死，才救了他们的祖先，于是他们的后代便崇拜绵羊，奉绵羊为图腾[③]。

大象是现存最大的陆生动物，自然会引起人们的崇拜。傣族就是一个崇尚大象的民族，从古至今形成了丰富的象文化。在傣族的古代文化中，大象不仅是图腾，还是开天辟地时镇天定地的英雄。

象图腾还渗透到了傣族的日常生活和宗教文化中。傣族用篾编并裱上白纸的“白象”到佛寺做赕。傣族的白象舞是具有悠久历史的民间舞蹈。有的傣族村寨在村口的照壁上画象的图形或雕塑象的模型作为村寨守护神。景洪的曼波寨尊大象为寨神，定期进行祭祀。据推测，大象是这个寨子中一部分人的祖先的图腾。西双版纳许多地方的“勐神”中就有“召掌拍”（白象神），如勐腊的三十二位勐神中，召掌拍排名第三。如今，德宏地区潞西市的一些傣族村寨仍以象为村寨保护神。这些都是傣族古代象图腾崇拜的遗迹[④]。

---

① 刘志群《珞巴族原始文化》（上），《民族艺术》1997 年第 1 期。

② 白剑《羌族崇羊：变相的太阳神崇拜——兼释伏羲生死及“未羊" 图腾内涵》，《阿坝师范高等专科学校学报》2013 年第 1 期。

③ 杨俊峰著《图腾崇拜文化》（下），大众文艺出版社 2009 年版。

④ 刀承华《傣族古代文学中的动物图腾崇拜》，《中央民族大学学报》（哲学社会科学版）2009 年第 4 期。

第七章　采集渔猎文化

狩猎—采集类型是人类经济生活中最古老的类型，可以说是一切经济类型的先驱，它几乎伴随人类度过了人类历史95%以上的时间[①]。据推测，公元前1万年左右，世界人口约1000万，全部为狩猎采集者。到公元1500年左右，世界人口增加至3.5亿，狩猎采集人口仅为10%，主要集中在北美、南美南部、澳大利亚、非洲南部、西伯利亚东北部以及东南亚。1960年，世界人口增至30亿，狩猎采集人口所占世界人口的比例下降至0.001%，呈星点状分布于亚洲热带地区、非洲及北美洲的少数地区。由此可见，当人类进入到食物生产阶段后，这一群体在所占人口的比例及其地域分布上都在逐渐缩小，尤其是进入工业社会以后，这种缩小的趋势在加剧[②]。在当代，可能有25万人口（在68亿世界人口中所占比例很小）仍旧以觅食为生。他们只有在世界的边远地区——冰天雪地的北极冻原、沙漠和难以进入的森林——才能见到[③]。就中国西部民族的整体情况而言，历史上，他们毫无疑问都经历过相当长的采集渔猎经济时期，因为采集渔猎乃是人类生计方式演化历程的最早阶段，西部民族也不会例外。由于采集渔猎在西部民族的经济生活中所具有的普遍性及重要性，围绕着这一生计类型，各民族创造出了具有丰富生态内涵的采集渔猎文化。随着生态和社会环境的变化，如同世界上的其他采集渔猎民族一样，西部各民族的采集渔猎亦不可避免地出现了萎缩的趋势，逐渐被后来产生发展起来的其他生计所取代或部分取代。时至今日，中国西部民族中已然没有完全意义上的采集渔猎民族了。

---

① 杨庭硕、罗康隆、潘盛之著《民族、文化与生境》，贵州人民出版社1992年版。

② 崔明昆《论狩猎采集文化的生态适应》，《思想战线》2002年第3期。

③ ［美］威廉·A. 哈维兰等著，陈相超、冯然等译，瞿铁鹏、潘天舒校审《文化人类学：人类的挑战》，机械工业出版社2014年版。

但是，作为一种已经延续了上万年的文化模式，人们一直给予其极大关注。这是因为人类曾经是从狩猎采集阶段发展而来的，人类社会与文化的许多方面具有这一生存方式的特点[①]。民族文化的一些方面仍带有由这一经济类型所造成的“文化残存”，诸如民族的语言、认知能力、技能、信仰、习俗的基本构架等，都有一些是与发端于这一经济类型的生产需要相关的内容[②]。因此，如果我们要知道我们是谁和我们以前是怎样的，如果我们要理解环境与文化的关系，如果我们要理解自农业和畜牧业发展以来生产食物的社会制度，我们就应当首先回顾最古老和最普遍的完整的人类生活方式，即采集渔猎[③]。如果以今天人类取得的文明成果来看，这一时期的文明成果似乎是微不足道的。然而，它却显示了人类祖先所走过的最初的文明轨迹，对人类文明后来的发展有着十分重要的意义[④]。接下来，本章将从采集渔猎的生态适应及采集渔猎的三个重要组成部分即采集、狩猎、捕鱼入手，对中国西部民族的采集渔猎文化进行相关介绍。

第一节　采集渔猎的生态适应

这里所说的“适应”是指地球上的生物种群通过自身变化与周围环境达成协调并繁衍下去的过程。人类的适应则包括生物性适应和文化适应[⑤]。人与动物最重要的差异之一，即人主要是通过文化适应而非生物性适应来达成生态与社会环境之和谐。这种和谐关系的构建在很大程度上依仗于人类的生产生活方式。可以说，相比于动物简单的觅食行为，人类的生计方式是一套复杂的文化系统，是一种具有文化意义和文化价值的生态适应方式。采集渔猎便是人类对于生态环境的文化适应的最初形式。它伴随着人类社会文化的发展而发生变化。其影响范围已不仅仅局限于完全从事采集渔猎的各个民族。它也成了众多西部民族生计策略中的重要辅助生业及生态适应方式之一。

---

① 崔明昆《论狩猎采集文化的生态适应》，《思想战线》2002 年第 3 期。

② 杨庭硕、罗康隆、潘盛之著《民族、文化与生境》，贵州人民出版社 1992 年版。

③ ［美］威廉·A. 哈维兰著，瞿铁鹏、张钰译《文化人类学》，上海社会科学院出版社 2006 年版。

④ 崔明昆《文明演进中环境问题的生态人类学透视》，《云南师范大学学报》（哲学社会科学版）2001 年第 4 期。

⑤ 庄孔韶主编《人类学概论》，中国人民大学出版社 2006 年版。

一、纯采集渔猎民族的生态适应

采集渔猎与生态密切相关，或者说，没有哪一种人类的生计方式比采集渔猎更加依赖于对生态环境的无条件依赖，即所谓的“靠山吃山，靠水吃水”。采集渔猎民族所摄取的食物全部来自于自然界，捕获的对象是自然界既定的，收获的丰寡也完全受控于栖息地的生态食物链所能提供的动植物资源的数量的多少[①]。狩猎—采集经济的突出特点在于：人们在从事这种经济活动的过程中，不直接改变已经形成的生态环境，也不打乱原有生物互相关联的生物链，人类仅在其伴生生物的正常生息间获取生产和生活资料[②]。

（一）采集渔猎的生态基础及类型

采集渔猎生计曾广泛地分布于中国西部地区，这从许多古代先民所创作的岩画作品中便可获知。众多古代岩画中都包含着古人对采集渔猎活动的细致描绘，动植物及人物形象刻画栩栩如生，反映了人类采集渔猎经济时代的生产生活场景。依据20世纪初的民族调查资料，中国西部民族中尚有鄂伦春族、鄂温克族、独龙族、珞巴族、瑶族布努人、拉祜族苦聪人等仍较为完整地维系着采集渔猎生计[③]。从这些采集渔猎民族的分布地域上看，集中于西部的两块区域，一是大兴安岭林区，二是西南山地林区。

大兴安岭及西南林区是中国森林资源的主要分布地域，两地的森林蓄积量占到全国的一半以上。森林是地球上生物多样性的基因宝库，丰富的动植物资源为各民族从事采集渔猎生计奠定了良好的生态基础。先看大兴安岭林区的情况。据20世纪80年代的野生动物资源调查报告，该区域内共有陆栖脊椎动物394种：兽类55种，属6目16科，以啮齿类最多，其次是食肉类；鸟类241种及18种亚种，雀科鸟类最多，有30种，其次是鸭科鸟类，有27种；鱼类84种，分属于10科，其中鲤科鱼类51种；两栖类7种；爬行类7种[④]。在植物资源方面，该区已查明森林植物1626种：苔类植物53种，隶属于18科29属；藓类植物136种，隶属于29科73属；蕨类植物60种，隶属于17科30属；裸子植物16种，隶属于3科6属；被子植物1361种，其中双

① 江帆著《生态民俗学》，黑龙江人民出版社2003年版。

② 杨庭硕、罗康隆、潘盛之著《民族、文化与生境》，贵州人民出版社1992年版。

③ 杨庭硕、罗康隆、潘盛之著《民族、文化与生境》，贵州人民出版社1992年版。

④ 大安兴岭地区野生动物资源保护办公室《大兴安岭地区野生动物资源调查报告》，《自然资源研究》1986年第1期。

子叶植物1077种，隶属于81科373属，单子叶植物284种，隶属于18科120属。此外，还有多种地衣植物①。再看西南地区，以拉祜族苦聪人所生活的哀牢山区为例。该区域内目前已知有各类动物800余种：哺乳动物86种、鸟类323种、爬行动物39种、两栖类26种、昆虫300余种。据《哀牢山自然保护区综合考察报告集》的调查结果，哀牢山仅高等植物就有1486种，隶属于207科720属：裸子植物有15种，隶属于7科12属；被子植物有1344种，隶属于165科647属；蕨类植物有127种，隶属于35科61属②。

从整体上看，大兴安岭与西南山地林区的动植物资源都比较丰富，但由于生态环境的不同，两地还是具有一定的差别。这种差别具体体现在选择动物资源还是选择植物资源来作为主要的生计资源上。由于大兴安岭林区地理位置偏北，冬季严寒漫长，植物的生长周期长，植物的采集利用受到了极大的制约，但鄂伦春族、鄂温克族基于对当地丰富动物资源的有效利用，形成了一种以渔猎为主的文化形态。狩猎是最主要的生计活动，捕鱼也十分重要，植物的采集则相对次之。西南山地林区最鲜明的特征在于受地形的分隔及海拔垂直分布的影响，在有限空间内生态系统的动植物资源分布的多样性，也就为各西南采集渔猎民族从事狩猎、采集及捕鱼三者并重的生计方式创造了良好的资源条件。相比于渔猎生计，西南采集渔猎民族对植物的利用程度更高，可利用的植物种类也更丰富，在其经济生活中所占的比例也更大。

（二）纯采集渔猎民族的适应方式

基于对丰富动植物资源的有效利用，西部采集渔猎民族对于生态环境的文化适应往往呈现出一些明显的特点。下面将以鄂伦春族这一典型的采集渔猎民族为例进行说明。鄂伦春族源于古代室韦人，特别是北室韦和钵室韦。《隋书》载：“（室韦）饶獐鹿，射猎为务，食肉衣皮。凿冰没水中，而网射负鳖。”③ 至元代，内外兴安岭一带的游猎民族被统称为“林木中百姓”，其时，这里“土地旷阔，人民散居……无井市城郭，逐水草为居，以射猎为业”④。清末《东三省政略》载：“鄂伦春……其族皆散处内兴安岭山中，以

① 孙明学主编《大兴安岭森林植物》，东北林业大学出版社2006年版。

② 张正全《哀牢山自然保护区生物多样性现状及保护管理对策》，《林业调查规划》2007年第3期。

③ 〔唐〕魏徵、令狐德棻撰《隋书·列传第四十九》，中华书局1973年版。

④ 〔明〕宋濂等撰《元史·地理志二》，中华书局1976年版。

捕猎为业"[1]。直至20世纪50年代，鄂伦春族仍以采集渔猎为生，猎物是他们赖以生存的主要生活来源[2]。

1. 移动性

渔猎生计的首要特点在于其频繁的移动性，在年度周期及一定地理范围内流动和迁徙，故而采集渔猎又被称为"游猎"。总的说来，野生动植物资源的丰富程度因生态环境而异，呈现出时空分布上的不均衡性，因而采集渔猎的移动性必然会受到时空之限制。从时间上看，这种流动性的生活具有季节性，一般是随着季节变化而迁移。在热带地区主要与植物的生长周期有关，在高纬度的各个地区则主要与动物的季节性迁徙有关[3]。从空间上看，采集渔猎民族的移动并不是随意的，而是被严格地限定在一定的区域之内的。狩猎采集群体都有自己的领地，流动通常在其领地内部进行。也就是说，领地是获取食物的场所，但对于作为其获食手段的狩猎采集渔猎来说，流动是必不可少的[4]。影响移动距离的一个关键因素是水源地的位置。在可获得的食物和水源地之间不能有太远的距离，以免取水所耗费的能量无法为食物所补充[5]。如果采集渔猎民族饲养马匹、驯鹿等草食性动物作为辅助狩猎的役畜，那么对草场及牧场的选择也必将是一个需要重点考虑的方面。这是因为，采集渔猎民并不会采集或生产过多的饲料，牲畜的饲料主要还是通过野牧的方式获取。

《中华全国风俗志》记载："（鄂伦春族）住所迁徙不定，逐鸟兽而居，大都在有山有河之处。此处鸟兽猎尽，即迁移他处。冬季多住于山之阳，夏季多住于河之滨也。"[6] 鄂伦春族会根据季节不同、野兽活动和出没的情况而经常转移居住地点，聚落经常变化。聚落位置的选择受地理环境的影响甚大，因而选址时要考虑水源、地貌、气候、资源等因素。其中，猎场、水、草是

---

① 内蒙古少数民族社会历史调查组、中国科学院内蒙古分院历史研究所编《达翰尔、鄂温克、鄂伦春、赫哲史料摘抄》，1961年印。

② 龚强《黑龙江冰雪文化礼赞（五）——鄂伦春人·游猎·民间艺术》，《黑龙江史志》2006年第5期。

③ ［日］佐佐木高明、石毛直道、原子令三文，罗二虎译《人类的传统生业》，《农业考古》1998年第3期。

④ ［日］佐佐木高明、石毛直道、原子令三文，罗二虎译《人类的传统生业》，《农业考古》1998年第3期。

⑤ ［美］威廉·A. 哈维兰等著，陈相超、冯然等译，瞿铁鹏、潘天舒校审《文化人类学：人类的挑战》，机械工业出版社2014年版。

⑥ 胡朴安著《中华全国风俗志》，气象出版社2013年版。

必须考虑的三个要素。其一，居住点必须选在野兽多的猎场附近，以方便生产及获取生存资料。因主要狩猎对象是马鹿，所以，马鹿四季活动的区域和规律就是部族迁徙时所要参考的主要依据。春天马鹿在草早吐芽的向阳山谷和树枝早吐芽的地带活动，夏天喜欢到河里、水泡子里洗澡和吃藻类，或到沼泽地带盐碱滩舐盐碱，秋天会到柞树林食其果实，猎人就根据这些规律把部族迁到相应地点的附近。其二，为了满足人和马的需要，居住点必须选在水源充足的地方。其三，居住点必须靠近草场。马是鄂伦春族的交通工具和生产工具，因此，他们非常注重马的饲养。鄂伦春族的猎马大都是野放天牧，居住地的周围必须适合放牧。为了给马找到好的牧场，仙人柱春天就建于那些青草发芽早的山南坡向阳地带，秋天则选择水流过后长二茬草的地方[①]。

2. 小规模的社会群体

采集渔猎民族的社会群体通常被称为“队群”（band），是一种较为简单的社会组织，群体规模一般较小。“负载能力”（carrying capacity）被认为是限定队群规模的生态原因。其是指在一定食物获取技术水平上，那些可获取的资源所能供养的人数。负载能力不仅与即时的食物和水源有关，还与获取它们的工具和劳动有关，并受到这些资源长期和短期波动的影响[②]。据研究，狩猎采集的经济模式由于土地载能较低，每平方公里所能供养的人口在0.01到0.05之间，并只能维持30%~70%的资源消耗。利用过度会使资源的再生和代偿的周期变长，破坏人口与资源的平衡。由于这种较低的土地载能，狩猎采集群规模不可能很大。一般来说，狩猎采集群体的理想人数在15—50人之间，平均为25人。这被认为是最佳生存规模[③]。

历史上，鄂伦春族曾有过称作“穆昆”和“乌力楞”的父系氏族及子氏族，直至清朝初期仍保留着较为完整的形态。穆昆有“穆显达”（氏族长），管理氏族内部事务，每年召开“穆昆乃岳苏”（氏族大会），续家谱和解决氏族中的大事[④]。由于父系氏族穆昆人数增多，又分成若干个子氏族——乌力

① 于学斌《文化人类学视野中的鄂伦春族居住文化》，《内蒙古社会科学》（汉文版）2006年第3期。

② ［美］威廉·A. 哈维兰等著，陈相超、冯然等译，瞿铁鹏、潘天舒校审《文化人类学：人类的挑战》，机械工业出版社2014年版。

③ ［加］陈淳《最佳觅食模式与农业起源研究》，《农业考古》1994年第3期。

④ 赵复兴《鄂伦春族历史简述》，《内蒙古社会科学》1981年第1期。

楞。乌力楞，鄂伦春语的含义是“子孙们”，指同一祖先所传的几代子孙。一个乌力楞就是一个父系大家族，包括三代到四代同一祖先的后嗣①。鄂伦春族的乌力楞组织通常由六七户人家组成，少则由三四户组成，最多不过十几户。每一个乌力楞就像一个小社会②。乌力楞的规模不能太大，因为受到环境负载能力的制约，猎场和牧场所提供的猎物及牧草资源总是有限的，不能负荷过多的人口。但乌力楞的规模亦不能过小，这主要是出于群体内部的互助性质来进行考量的。面对变幻莫测的生态环境，个人及单个家庭的能力亦是有限的，为了生存，必须依仗群体成员之间的互助，包括应对食物短缺、防范灾害以及心理层面上相互慰藉等。

3. 灵活的性别分工

简单地说，狩猎采集是以男人打猎，女人采集野生植物、果品及捕捉些一小动物为主的生活形态③。这种性别分工是和男性与女性之间存在的生理差异相适应的，是人类社会文化中最原初、最普遍的劳动分工形式。由于受到怀孕和哺乳因素的影响，妇女不得不避开或者被排除在狩猎之外。由于她们的生理特点和狩猎的危险性，她们就自然成为可食用植物食品的采集者④。但是，这种男性狩猎与女性采集的区分也并不是绝对的，更不是由先天的生理特征所决定的。《朔方备乘·考订龙沙纪略》记载：“鄂伦春妇女，皆勇决善射。客至，腰数矢上马，获雉兔，作炙以饷。”⑤ 由此可见，同男子一样，鄂伦春族妇女同样掌握了高超的狩猎技巧，狩猎并不是一项仅由男性独立开展的活动。同样，采集亦不是专属于女性的工作，男性有时也会参与其中。

鄂伦春族十分重视对孩童采集渔猎技能的传承教育。儿时的口传、模仿、学习及实践也相应地造成了男女分工的存在。当男孩长到两三岁时，

① 《鄂伦春族简史》编写组编《鄂伦春族简史》，内蒙古人民出版社 1983 年版。

② 何群《定居化过程：文化碰撞的悲喜剧——1958 年前后的鄂伦春社会》，《满语研究》2007 年第 3 期。

③ ［日］祖父江考男文，陈昌华译《文化人类学的若干问题概述》，《贵州民族研究》1996 年第 3 期。

④ ［美］吉姆·麦里曼文，尹铁超译《人类学与部落民族研究——过去的经验及未来的模式》，《满语研究》2001 年第 2 期。

⑤ 内蒙古少数民族社会历史调查组、中国科学院内蒙古分院历史研究所编《达翰尔、鄂温克、鄂伦春、赫哲史料摘抄》，1961 年印。

母亲就用桦树皮剪出许多飞禽走兽的图案（“阿尼哈”）让孩子识别[①]，男孩五六岁时，开始玩狩猎游戏，七八岁时练习骑马、寻马、遛马，十岁以后开始盘枪（练习瞄准），并使用火枪或单响步枪去猎取飞鸟及灰鼠一类的小动物，十一二岁跟着长辈到猎场帮助狩猎生产，十五六岁就可以成长为一个能够单独进行狩猎的猎手了。女孩则从小就要随母亲或老年妇女出去采集，要辨认可食用的野菜、野果及块根植物。她们还要学会剥取及加工桦树皮，学习鞣皮和制作各种皮制品，还要学会在皮制品和桦树制品上刺绣或雕刻图案和花纹[②]。

4. 平等主义与食物分享

平等是觅食社会的一个重要特点。因为觅食者必须经常迁徙，只携带生活必需品。在这样的情况下，他们很少有机会积累奢侈品和剩余物品。没有谁能拥有比别人多得多的物品这一事实有助于消除个体地位的差异[③]。从性别上看，在狩猎和采集社会中，女性与男性在社会和政治地位上基本平等。虽然肉类比蔬菜更受到人们的珍视，但是妇女的平等地位与整个社会的生存有着直接的联系[④]。从年龄上看，具有丰富采集渔猎知识及经验的老年人往往会成为群体的领导者，但是这种领导遵循的是平等主义原则，领导者与群体成员之间没有权利上的差别，更不存在所谓的地位特权。鄂伦春族的乌力楞，就建立在平等主义的民主原则之上。每次出猎时都要民主推举“塔坦达”（狩猎生产的组织者和领导者）。塔坦达一般是在集体中年龄最大、辈分最高、狩猎经验丰富并有威信的长者。他在处理和解决各种问题时，都要跟大家共同商量，并听取大家的意见。塔坦达没有任何特权，除管理集体中的事务外，也和其他成员一样参加生产，往往起早贪黑，比别人更辛苦一些[⑤]。

食物共享是采集渔猎群体平等主义最重要的表现之一。作为一种文化特质，在分配生存所必需的资源方面，食物分享具有明显的维系族群生存

① 刘翠兰《论鄂伦春族妇女在社会生活中的进步作用》，《黑龙江民族丛刊》1996年第3期。

② 《鄂伦春族简史》编写组编《鄂伦春族简史》，内蒙古人民出版社1983年版。

③ ［美］威廉·A. 哈维兰等著，陈相超、冯然等译，瞿铁鹏、潘天舒校审《文化人类学：人类的挑战》，机械工业出版社2014年版。

④ ［美］吉姆·麦里曼文，尹铁超译《人类学与部落民族研究——过去的经验及未来的模式》，《满语研究》2001年第2期。

⑤ 《鄂伦春族简史》编写组编《鄂伦春族简史》，内蒙古人民出版社1983年版。

与发展的价值[①]。在采集方面，一旦采集到一定数量的食品，如何保存就会成为很大的问题。因为食品会腐烂，尤其是肉类。同时，人的囤积也被认为是有悖于团体意识的行为。分享和平等地分配食品，尤其是肉，是一种适应性行为。成功的狩猎是零星和偶然的行为，狩猎的不可预测性意味着在一个团体中，人们不管年龄大小和能力强弱，都必须平均分享猎物[②]。在生产成果不确定的情况下，有限的猎物平均分享，具有互通有无、相互接济、共渡难关、求得生存的社会功能。事实上，平均分配过程中的损失，只是暂时的，很快就会得到补偿——在另一个时空中又从他人那里分享到食物。从某种意义上说，肉食分享实际上是为将来储备食物的方法[③]。“乌恰吞”，鄂伦春语是平均分配的意思。当猎获到肥大的野兽，如熊、犴、野猪时，都是由乌力楞的人共同消费。届时，妇女负责把野兽整个煮熟，并进行分配。她们把兽肉的各部分搭配好，分别盛在一个个桦皮盆里。首先要照顾老年人，把比较好的送给他们，然后再给其余的人。包括小孩在内，人人有份。“有肉匀着吃，有皮分着穿”的鄂伦春族谚语，就是对这种平均分配制度的生动写照[④]。“尼玛都伦”是赠送的意思，当一个猎手打到猎物后，正好遇到另一个一无所获的猎手时，一定要分一半猎物给他。同样，即使不同乌力楞的两个狩猎组在同一个猎场相遇，如果其中有一个组没有打到猎物，那么另一个组就会慷慨地把自己所获猎物的一半送给对方。捕鱼的组织方式和分配方式与狩猎基本相同，大家常常分工协作，平均分配。每到采集的季节，妇女总是把采集到的野菜、野果晒干之后，分送给大家，尤其是鳏寡孤独者[⑤]。鄂伦春族的“奥伦”（高脚仓房）里面储备着一些粮食、兽肉、肉干、野菜、野果以及其他生活物品，无人看管。如果有人因

---

① ［美］威廉·A. 哈维兰著，瞿铁鹏、张钰译《文化人类学》，上海社会科学院出版社 2006 年版。

② ［美］吉姆·麦里曼文，尹铁超译《人类学与部落民族研究——过去的经验及未来的模式》，《满语研究》2001 年第 2 期。

③ 罗承松著《拉祜族苦聪人——对哀牢山中部一个人群生活方式的研究》，中国社会科学出版社 2014 年版。

④ 《鄂伦春族简史》编写组编《鄂伦春族简史》，内蒙古人民出版社 1983 年版。

⑤ 尤明慧、刘亚玲《鄂伦春族文化人格镜鉴》，《重庆科技学院学报》（社会科学版）2005 年第 3 期。

没有打到猎物而断粮，可以不经主人同意去取食物[①]。

（三）丰裕的采集渔猎社会

长久以来，人们对采集渔猎民族的生存状态总是持有一种偏见和误解，认为采集渔猎民的生活十分贫穷，常常忍受着饥荒，终日为食物而不断奔波劳碌，认为这种生活是“落后”“原始”和“不发达”的象征。但是，民族志研究者对非洲狩猎采集民布须曼人的饮食生活和生产活动的详细调查结果表明，其平均劳动时间仅为2.4—4.6小时，每人每日获热量2000—2140千卡。中国西部民族中也有相似的案例。20世纪50年代的民族调查显示，独龙族的狩猎捕获量是相当可观的。一个名叫茂斗的人与其父茂捧一年打到的野牛、岩羊、麂子、山驴等大型动物的数量在70只以上，足够当时他家13口人吃5个月。有时，两个人出去打猎，半天之内就能猎获3只麂子。叶明滴的父亲叶明及，一年猎获的野兽肉约六七十背，足够当时他家12口人吃6个月。有一次，他们集体狩猎遇到成群的野牛去吃卤水，一次就猎获40多头[②]。在采集方面，独龙族每年有2—5个月以此为生。具体以丙当氏族的情况来看，该氏族由妇女采集储藏的野生食物达7500余斤，可供全氏族38人食用97天。这已超了一个季度的食物需要量，而季节性的、零星的食物采集尚未计算在内[③]。这些关于采集渔猎民族的调查及研究，使得人们大大改变了对采集渔猎的传统认识。这也是美国人类学家塞林斯提出“原初的丰裕社会”（Original Affluent Society）概念的原因所在。

面对时髦的“增长论”，塞林斯对西方工业文明作为增长高峰和“其他社会的目标”提出质疑。他指出，与原始人个体所拥有的能源和资源相比，现代人是贫困交加的穷人，而狩猎者与采集者的社会无异于“原初的丰裕社会”[④]。“在食品及工具生产方面，他们每天的工作总量远低于其他社会中的人们，他们比起新石器时代或其他‘更高’的生产方式有更多闲暇，甚至常能在白天睡觉。猎人们并不对匮乏感到恐惧。在手段与目标间有正常与可行

---

① 《中国少数民族社会历史调查资料丛刊》修订编辑委员会编《鄂伦春族社会历史调查》（一），民族出版社2009年版。

② 《中国少数民族社会历史调查资料丛刊》修订编辑委员会编《独龙族社会历史调查》（一），民族出版社2009年版。

③ 李根蟠、黄崇岳、卢勋《再论我国原始农业的起源》，《中国农史》1981年创刊号。

④ 崔明昆《论采集渔猎文化的生态适应》，《思想战线》2002年第3期。

的比例：人们的‘经济需求’不是无限制的，而他们的生产手段足以实现那些目标。同时，他们的迁徙限制了贪欲的增长。是故，他们生活在一种我们谈到的‘物质的丰裕状态’之中。因为通常无须超乎寻常的生产性努力，他们的需求便可轻易地得到满足。”① 尽管这种观点有其价值取向，但是采集渔猎无疑是一种十分成功的人类生计方式，“曾使人类生活得很健康，并保证了营养需要”②。并且，“狩猎—采集经济虽然延续了三百万年，但地球表面的生态环境并未受到严重破坏，也就是说该类型的生产方式不会导致生态危机”③。作为一种人类极佳的且不会对生态造成负荷的文化适应方式，采集渔猎生计在处理人与自然的相互关系时体现了其合理性及可持续性。这对于解决当今现代工业社会所带来的环境污染、生物多样性减少、生态危机等问题依然具有重要的参考和借鉴价值。

二、兼事采集渔猎民族的生态适应

在生产食物的社会中，尽管采集渔猎已不是最主要的生计方式，人们的生产生活之必需品也并不完完全全地依赖于此，但采集渔猎仍然作为多样化生计策略中的重要组成部分。在不断的劳动实践过程中，各民族继承并发扬着具有丰富内涵的采集渔猎文化。这种文化同样具备了许多生态适应方面的特质。

（一）农业民族的采集渔猎

一般说来，人类的农业生计包含着两种不同的类型：一是刀耕火种农业，二是精耕农业。尽管这两种农业类型具有众多的差异之处，但就采集渔猎活动而言，经营农业的民族都将其作为重要的生计补充，作为副业以调节生活之需。

许多农业民族都有着不少关于采集渔猎生活的历史记忆，说明其曾经历过采集渔猎的发展阶段。这从一些民族的神话、史诗及古歌中可以反映出来。拉祜族内部的农业发展呈现较大差异，有的以灌溉稻作为主，有的则从事刀耕火种。但在拉祜语中，“拉祜”是烤吃虎肉的意思，以“拉祜”命名，是取“猎虎的民族”之意，以此说明拉祜族与游猎生产之间的密切关系。拉祜

① ［美］塞林斯著，邱延亮译《原初丰裕社会》，转引自许宝强、汪晖选编《发展的幻象》，中央编译出版社 2001 年版。

② 庄孔韶主编《人类学概论》，中国人民大学出版社 2006 年版。

③ 杨庭硕、罗康隆、潘盛之著《民族、文化与生境》，贵州人民出版社 1992 年版。

族创世神话《牡帕密帕》精彩而又详细地描述了拉祜族祖先是怎样与游猎生产结下不解之缘的。天神厄莎开天辟地，创造了人类和百鸟百兽。但是，百鸟在天上飞，百兽在地上吼。而人类一方面受鸟兽的威胁，另一方面却难以找到食物。为了保护人类并给其提供生活资料，厄莎便让百鸟百兽成为人类围猎的对象，使拉祜族通过狩猎来解决吃穿问题。拉祜族古歌中还提及，他们的祖先生活在“北基南基”（拉祜古地名，传说中的拉祜族发祥地之一），那里美丽富饶，有山有水、多鸟多兽，狩猎条件十分优越。先民们白天撵山（打猎），晚上下扣子。他们不建寨子，不盖房子，天天打猎。今天在这座山，明天在那座山，天天围着山头转[①]。哈尼族的史诗《哈尼阿培聪坡坡》说，在虎尼虎那时代的祖先，知母不知父，兄弟姐妹不知是谁，他们撵跑豹子就搬进岩洞，吓走大蟒就住进岩洞，他们看见猴子摘果吃就学着摘来吃，看见竹鼠刨笋也跟着刨来尝，学着穿山甲的满身鳞甲也穿起树叶遮体。天上的雷劈在大树上烧起不熄的大火，先祖把火种捧回山洞保存起来。惹斗领着大家去打猎，从这山跑到那山，遇着大象把它撵下深涧，遇到鹿子敲断它的脊梁，见着豹子扛起木棒吆喝。先祖来到河边，看见飞虎捕鱼，他们也学着跳进河里捕鱼。大群先祖围在火堆边，手里的青鱼跳进火堆中，转眼被烧黄。先祖拿来尝一尝，味道比生食鲜美，从此知道熟肉比生肉香[②]。

一些民族从采集渔猎到农业的生计变迁时间晚，较多地保留着采集渔猎的文化特点。这从有关历史文献及民族历史传说中亦可见到。不少明清时期的文献记载了一些农业民族的采集渔猎情况，至少说明在这一时期内，采集渔猎生计仍是这些民族最主要的生计活动，农业是后来才发展起来的。如景泰《云南图经志书》载：“有名栗粟（傈僳）者，……居山林，无室居，不事产业。常带药箭弓弩，猎取禽兽，其妇人则掘取草林之根以给日食。”[③]《南诏野史》载：“力些，即傈僳。衣麻布披毡，岩居穴处，利刀毒矢，刻不离身，登山捷若猿猱，以土和蜜充饥，得野兽即生食，尤善弩，每令其妇负

---

① 李根《从游猎到游耕：拉祜族传统生产方式的发展与演变》，《广西民族学院学报》（哲学社会科学版）2000 年第 3 期。

② 杨六金《人类学视野下的哈尼/阿卡农耕文化探析》，《学术探索》2012 年第 4 期。

③ 〔明〕陈文撰，李春龙、刘景毛校注《云南图经志书校注》（卷四），云南民族出版社 2002 年版。

小木盾前行，自后射之，中盾而不伤妇。”① 清代《永北府志》言：“（傈傈）身佩刀弩，猎獐、麂以为食，网鸟、雀以资生。”《丽江府志》又言：“（傈傈）猎取野兽为食，食尽即迁，居无定所。”② 据此可知，直至明末清初，傈傈族还是比较典型的采集渔猎民族。民族学资料与文献记载往往是一致的。根据独龙族的口头传说，其大约在二百年前才开始从采集渔猎经济向农业经济过渡，在有些地方，这一过渡直至20世纪50年代也尚未完成。如马必力氏族关于族源的传说中讲，他们的祖先的一支从怒江沿马必力河迁到茂当居住时，仍以狩猎为生。后来追一只马鹿至狄巴当，发现这里土质好，把带来的种子种上，长得很好，于是居住下来，成了茂顶家族。原居住在江勒、勐旲的两个氏族，也是因出猎来到独龙河上游，见这里有森林、台地，并试种青稞成功，遂迁居于此。凯而郤氏族之迁居独龙河，也有类似的经历。可见，这些氏族在迁居独龙河之前，都是以采集渔猎为生的③。

对生态环境的文化适应是农业民族中盛行采集渔猎生计的最重要的原因。刀耕火种民族对采集的依赖程度很大，采集种类十分丰富。大面积的森林和休闲地为人们提供了丰富的采集食物资源，从这个意义上说，采集本身就是刀耕火种的一个组成部分。采集是农业的补充，又可以节约农地和劳动力，而且还使得食物种类丰富多样。每年3月至8月，由于旧粮将吃完，新粮又未成熟，即所谓“青黄不接”的时期，人们常常面临缺粮的困难，因此这一段时间的采集尤其重要，往往成为充饥度荒的手段。刀耕火种农业常遭旱涝虫兽之灾，受灾的年头，就只有依靠采集和狩猎为生了④。尽管精耕农业的集约化程度更高，农作物收获也更稳定，但采集仍是精耕农业民族获取食物的重要方式，同样是应对缺粮、饥荒及灾害的重要措施之一。这与刀耕火种民族的情况是极为一致的。以稻作民族水族为例，一般是在年成不好或缺粮的时节，如四五月“青黄不接”，缺粮者到山上去采集野生植物来充饥。遇到收成不好的年头，有的家庭几乎有两三个月完全靠采集来维持生活⑤。农业民族

① 〔明〕杨慎撰《南诏野史·南诏各种蛮夷》，成文出版社1968年版。

② 方国瑜主编《云南史料丛刊》（第十三卷），云南大学出版社2001年版。

③ 李根蟠、黄崇岳、卢勋《再论我国原始农业的起源》，《中国农史》1981年创刊号。

④ 尹绍亭著《人与森林——生态人类学视野中的刀耕火种》，云南教育出版社2000年版。

⑤ 蒙爱军《水族传统生计方式及其变迁》，《中央民族大学学报》（哲学社会科学版）2008年第3期。

的狩猎同采集一样不可缺少，在某种意义上甚至比采集更为重要。其狩猎活动可分为两类：一类是以捕食鸟兽为目的的狩猎活动，主要是获取动物性食物，以满足人们肉食之需要，增加蛋白质、脂肪等营养物质的摄入；另一类是为了保护农作物而开展的狩猎活动，以抗击、减轻鸟兽的侵害，保证农业的丰收。云南省碧江县的怒族人在砍火山的时候，一般都随身携带弩弓和扣子等打猎工具，打山老鼠、射飞鸟等，到苞谷成熟时，又为了保护庄稼而猎取小动物①。此外，一些民族还会采集食用危害农作物和人畜的各种害虫，从而减少害虫数量，客观上起到了保护农林植物、保护生物多样性的作用。

（二）游牧民族的采集渔猎

在游牧民族的生产生活中，采集渔猎业是一种起辅助作用的经济形式，但在其历史发展中曾发挥过非常关键的作用。后来，由于畜牧业的发展，采集渔猎业才逐步降到了相对次要的地位，但仍作为畜牧业的重要补充而长期存在。现以蒙古族为例说明。

从族源上看，蒙古族与古代室韦人有着密切关系，特别是其中的蒙兀室韦。南北朝至唐代初期，室韦人从事着渔猎业，其居住区河湖星罗棋布，深山密林禽兽众多，具有从事渔猎生产的良好条件。室韦人以鱼为主要食物之一，用兽皮缝制衣服，衣食起居均与渔猎业有关②。12 世纪时，蒙古族的经济主要是狩猎业和游牧业，并有“林木百姓”和“有毛毡帐裙的百姓”的区分③。苏联学者符拉基米尔佐夫将这一时代的蒙古部落分为“森林或狩猎部落群”和“草原或畜牧部落群”。“‘森林’居民主要从事狩猎，但也没有放弃渔捞”，“缝兽皮做衣服，使用滑雪板，喝树汁”。“11—13 世纪的蒙古游牧民主要从事畜牧和狩猎。他们是游牧民，同时又是狩猎民，但他们的经济生活的基础毕竟是畜牧业”④。显然，在这种复合经济中，畜牧业占据着主导地位，而狩猎业作为补充经济则依附于畜牧业。但狩猎业没有因为处于从属地位而在蒙古族生活中销声匿迹，恰恰相反，经过各个历史阶段，狩猎业得以延续下来⑤。直至民国时期，

---

① 李根蟠、黄崇岳、卢勋《再论我国原始农业的起源》，《中国农史》1981 年创刊号。

② 张久和《室韦的经济和社会状况》，《内蒙古社会科学》1998 年第 1 期。

③ 常宝军《试谈蒙古族的狩猎》，《黑龙江民族丛刊》1989 年第 3 期。

④ ［苏］符拉基米尔佐夫著，刘荣焌译《蒙古社会制度史》，中国社会科学出版社 1980 年版。

⑤ 常宝军《试谈蒙古族的狩猎》，《黑龙江民族丛刊》1989 年第 3 期。

蒙古族仍十分善于狩猎。如《中华全国风俗志》记载：“（蒙古族）射飞逐走，性命以之。每于丛林灌莽之中，迹禽兽之所住，虽冒至险，历甚劳，所不计也。故见兽辄喜，击鲜指动，为蒙人之特性。”[①] 蒙古族长期从事的采集渔猎活动显示出一种应对生态及社会环境的适应性特征。

一是作为补充经济。一方面，狩猎业为蒙古族提供了大量的食物、皮毛，为畜牧业发展提供了条件。否则，人们为了生存需要宰杀大量的牲畜，在牲畜数量有限的条件下，如无狩猎业的肉类补充，畜牧业就会崩溃[②]。“11 至 13 世纪的蒙古人，还不能依靠单一的游牧经济生活，必须猎取各种野兽和部分地从事渔捞，来补充食物的不足。在困难时刻，甚至还要吃草根。”[③] 狩猎和捕鱼是这个时期蒙古地区各部居民经济生活的补充手段或重要生活来源[④]，“他们通过打猎获得他们食物的一大部分”[⑤]。另一方面，游牧经济具有不稳定性（或脆弱性）。复杂的气候条件、频发的灾害、社会的动荡等都有可能使人们失去生活基础。这时，能够维持生存的途径便是狩猎、捕捞和采集[⑥]。例如，1445 年（正统十年）也先部发生饥荒，该部首领派人到红崖子山围猎。又如，1579 年（万历七年），察哈尔部下了大雪，牲畜大批死亡，又缺乏粮食，他们主要通过打猎度过了荒年[⑦]。由此可见采集渔猎生计在蒙古族经济结构中的重要性。

二是灭狼除害。狼是危害草原牧畜尤其是羊群的大敌，定期举行狩猎活动是灭狼除害的有效手段。每年春季，蒙古族都要举行大规模的围猎活动，捕杀野狼，保护人畜的安全。蒙古族对于逐狼保畜的勇敢行为有许多明确的奖励办法。例如，对于猎杀野狼、拯救羊群的人，其应得报酬为“百头取上等羊一头或中等羊二头，三十头取中等羊一头。若羊超百头，亦循此例取给”；“在遭狼袭击的羊群中，救出羊十只以上的人，除给他遭狼杀死的羊只

---

① 胡朴安著《中华全国风俗志》，气象出版社 2013 年版。

② 波·少布《蒙古族的狩猎习俗》，《黑龙江民族丛刊》1995 年第 4 期。

③ ［苏］符拉基米尔佐夫著，刘荣焌译《蒙古社会制度史》，中国社会科学出版社 1980 年版。

④ 《蒙古族简史》编写组编《蒙古族简史》，内蒙古人民出版社 1985 年版。

⑤ ［英］道森编，吕浦译，周良霄注《出使蒙古记》，中国社会科学出版社 1983 年版。

⑥ 乌峰、崔俊芳《早期蒙古的狩猎业与生态》，《内蒙古社会科学》（汉文版）2005 年第 4 期。

⑦ 《蒙古族简史》编写组编《蒙古族简史》，内蒙古人民出版社 1985 年版。

外，另加一只健全的羊，作为奖赏。被救出的羊不满十只的话，只给予五支箭作为奖赏”[①]。

三是军事练兵。狩猎之举是蒙古人操练兵马的手段之一[②]。狩猎是锻炼人的意志、培养勇敢精神、加强组织纪律、检验人的技能的机会。对待猎物如同对待敌人一样展开厮杀，这对培养一支训练有素的军队大有裨益[③]。“成吉思汗极其重视狩猎，他常说，行猎是军队将官的正当职司，能够从中得到教益和训练。他们应当学习猎人如何追赶猎物，如何猎取它，怎样摆开阵势，怎样视人数多寡进行围捕。蒙古族要想行猎时，总是先派探子去探看有什么野兽可猎及其数量多寡。当他们不打仗时，他们老是那么热衷于狩猎，并且鼓励他们的军队从事这一活动：这不单为的是猎取野兽，也为的是习惯狩猎锻炼，熟悉弓马和吃苦耐劳。”[④] 正是这种带有军事演习性质的围猎，对提高蒙古铁骑的战斗素质，起到了不可估量的作用，为一系列军事行动的成功奠定了基础[⑤]。

四是作为娱乐活动。蒙古国建立后，围猎逐渐变为一种带有娱乐性质的活动。《元史》载：“冬春之交，天子或亲幸近郊，纵鹰博击，以为游豫之度，谓之飞放。”[⑥] 近代，蒙古族有五月初五狩猎娱乐之习俗，继承了古代狩猎娱乐之遗风。猎日，人们会聚于指定的猎场，模仿古代作战阵势，分兵把口，随“昂沁达”（猎长）“咚”（螺号）音调指令，策马驱犬，通力合围，将被围的猎物逐一射杀[⑦]。人们在狩猎中将赛马、射箭、摔跤三项技艺全部表现出来，在广阔的原野上骑马追赶猎物，相互角逐，用角弓对准猎物射杀，与凶猛的野兽拼搏[⑧]。

---

① 谷文双《试论狩猎活动在蒙古族传统经济中的地位与作用》，《黑龙江民族丛刊》1999 年第 1 期。

② 常宝军《试谈蒙古族的狩猎》，《黑龙江民族丛刊》1989 年第 3 期。

③ 扎格尔《蒙古族狩猎习俗》，《内蒙古师范大学学报》（哲学社会科学版）2002 年第 1 期。

④ ［伊朗］志费尼著，何高济译《世界征服者史》，内蒙古人民出版社 1980 年版。

⑤ 常宝军《试谈蒙古族的狩猎》，《黑龙江民族丛刊》1989 年第 3 期。

⑥ 〔明〕宋濂等撰《元史・志第四十九》，中华书局 1976 年版。

⑦ 常宝军《试谈蒙古族的狩猎》，《黑龙江民族丛刊》1989 年第 3 期。

⑧ 波・少布《蒙古族的狩猎习俗》，《黑龙江民族丛刊》1995 年第 4 期。

第二节　采集

采集是人类最早的生计活动之一，可以说是伴随着人类的产生而产生的。长久以来，猎获的动物被认为是采集渔猎人群的主要食物来源。这种观点是一种误解，正如恩格斯所指出的："像书籍中所描写的专事打猎的民族，换一句话说，即专靠打猎为生的民族，是从未有过的。因为靠打猎所得的东西来维持生活，是极其靠不住的"①。与渔猎相比，采集对象较多，收获稳定，渔猎的对象相对分散、流动，收获很不稳定②。因此，采集所具有的优越性使其成了采集渔猎经济形态的重要内容。"当代觅食者的日常饮食中有60%~70%是素食"，这"在一个群体的生存中起到了重要作用"③。从总体上看，中国西部民族的采集生业十分丰富，并呈现出一些明显的特点：第一，采集的季节性特征十分突出，因时而异；第二，除了徒手采集之外，采集所用的工具往往就地取材，易于制作，简单轻便；第三，采集的对象主要是野生植物资源，也包括菌类和昆虫，种类多样。

一、采集季节

野生植物是采集的主要对象，植物的发芽结果、花开花落、荣枯繁衰体现着物候变化的周期性规律，因而采集具有强烈的季节性特征。只有熟悉、掌握植物生长繁衍的物候历，针对不同种类的植物及时地开展采集活动，才会有所收获。

鄂伦春族、鄂温克族和达斡尔族居住在寒冷的北方地区，无霜期很短，只能在春、夏、秋三季开展采集活动。先看鄂伦春族的情况。春暖花开的时节，各种野菜丛生，嫩叶可食。此时多采集植物的嫩枝、叶子和花朵。夏天仍然采集叶子和花，同时采挖药材。秋后果实累累，块根也长大了，此时要挖掘块根，攀枝摘果。秋季是鄂伦春族最繁忙的采集季节。冬天大雪封山，采集活动就很少了。人们除现采现吃外，必须有一定的贮藏措施，如采集量最大的是柳蒿菜和山芹菜，除当时鲜食的之外，其余都晒干，足够一冬食用。

① ［德］恩格斯著，张仲实译《家庭私有制和国家的起源》，人民出版社1954年版。

② 宋兆麟著《最后的捕猎者》，山东画报出版社2001年版。

③ ［美］威廉·A. 哈维兰等著，陈相超、冯然等译，瞿铁鹏、潘天舒校审《文化人类学：人类的挑战》，机械工业出版社2014年版。

稠李子也可晒干，冬天煮粥、煮肉时吃。在盛夏剥取桦树皮，然后卷起来存放，或者用石头压平，冬天加工桦树皮制品①。鄂温克族春天多采摘植物的嫩芽、枝叶，往往随采随食；夏天采集野花、枝叶、蘑菇和木耳；秋天收获果实，挖掘块根②。达斡尔族春夏季节以采集野菜、木耳和蘑菇为主，秋季则以采集野果为主③。

西南地区气候温暖，植物生长受限较少，一年四季均可以采集。独龙族根据植物的生长季节、特点和成熟时间，进行季节性的采集生产活动。块根类植物的成熟时间一般在秋冬两季，采集时间为每年的八月至第二年的四月之间。野菜类植物的生长时间在春夏季节，采集时间在每年的四至六月。夏秋季节是野生树果成熟的季节，漫山遍野生长着各种可食野果。七至十月是采集各种树果的最佳季节，采集野果的时间有时也延至十一月。莓类野果的采集时间在五至七月。畜食类植物的采集时间一般在三至十一月，此类植物最多的时候是在六至九月。菌类生长的季节大都是夏季，采集时间一般在六至八月④。珞巴族的采集活动有一定的季节性，如一月和二月主要采集竹笋，三至十月采集各种野果⑤。苦聪人春天采山花、尖芽，夏天采蘑菇、竹笋，秋天采鲜果、块根，冬天采拾干果⑥。哈尼族采集一般集中在春夏秋三季，春天是采集的最佳季节。春采山花、尖芽，夏采蘑菇、竹笋，秋采鲜果、块根⑦。

二、采集工具及方法

“在觅食者当中，妇女的工作通常是采集和加工各种各样的蔬食”⑧，但

① 宋兆麟著《最后的捕猎者》，山东画报出版社2001年版。

② 张璇如、陈伯霖、谷文双、白凤岐编《北方民族渔猎经济文化研究》，吉林人民出版社2005年版。

③ 毅松《达斡尔族的采集饮食文化》，《内蒙古社会科学》（文史哲版）1992年第5期。

④ 李金明《独龙族野生植物利用的传统知识研究》，《学术探索》2012年第4期。

⑤ 陈立明《珞巴族的传统文化与环境保护》，《西藏大学学报》（社会科学版）2009年第4期。

⑥ 罗承松著《拉祜族苦聪人——对哀牢山中部一个人群生活方式的研究》，中国社会科学出版社2014年版。

⑦ 黄绍文、何作庆《哈尼族传统采集狩猎与生物多样性》，《中央民族大学学报》（自然科学版）2008年第2期。

⑧ ［美］威廉·A. 哈维兰等著，陈相超、冯然等译，瞿铁鹏、潘天舒校审《文化人类学：人类的挑战》，机械工业出版社2014年版。

男性从事采集工作的情况也极为普遍，采集生业中的性别区分不是绝对的。针对不同的采集对象，男性和女性也存在着一定程度上的分工合作，当然这也不是绝对的。一般说来，寻找、挖取地下的块根类植物是男性的工作，而新鲜的野菜野果则属于女性的采集范围。这种性别上的采集劳动分工，直接体现于对采集工具的选择上，女性的采集工具轻便小巧，男性使用的工具要稍微大一些。采集者使用的采集工具从木棒、竹签到长刀、砍刀、木锄、铁锄均有。植物的茎、叶、花、果，通常以手摘，用筐背回。对于块根之类，则要用刀、木棒、锄等工具挖掘。这些工具看似简单，却能带来稳定且丰硕的采集收获。在各种采集工具中，木器、竹器、藤器、石器及骨器占了很大的比例。其制作材料就来源于当地生态环境中的各种产出，制作及使用都十分方便。金属器具的使用，极大地提高了采集的劳动效率，但过度采集亦会破坏生物多样性。就采集而言，长辈的言传身教甚为重要，也需要在采集活动中不断实践，积累丰富的采集知识和经验，因时间、地点和采集种类的不同而熟练运用相应的方法。

老年妇女是鄂伦春族采集的领导者和指挥者，由她们率领着乌力楞的女性成员（有时也包括儿童）进行采集。她们没有固定的采集场所，也没有划定采集地段。采集野菜、野果一般用手。挖掘植物块根用“乌勒文”（长约一米，一头削尖的木棒）。采集小粒果类用“古约文”（用桦树皮做的带锯齿的桶，用有齿的一端把果粒刮入桶内）。采集高大的树上的果实时，往往把树砍倒以后再采摘。采到的野菜装在叫作“乌它汉”和“库的浅”的皮口袋里，野果装在叫作“木灵开依”的桦皮桶里①。

鄂温克族的采集活动，多由老年妇女带领全乌力楞的妇女和儿童参加，也有单独进行采集的，有时成年男子也会帮忙。带孩子采集一方面是为了多采集一些，另一方面是为了让孩子在实地接受一些采集知识。在集体采集时，老年妇女一边示范一边讲解什么植物有毒、什么植物能生吃等。平时用手采摘野菜、野果，手持木杆敲打橡子、榛子及松子，用铁斧砍倒高大的植物再采摘其种子或果实，对埋在地下的块根植物，用一端削尖的木棍来挖掘。这种木棍是临时削制的，用完后随即扔掉。他们还把桦皮桶系在腰部，把采集

① 《鄂伦春族简史》编写组编《鄂伦春族简史》，内蒙古人民出版社 1983 年版。

到的野菜和野果放到桶里[1]。

达斡尔族的采集以妇女为主，通常是七八人或二十来人相约，可步行前往，也可套上大轮车，共同前去采集。通常会带上小刀、桦皮桶、柳筐、布口袋。达斡尔族妇女由于穿着长襟外衣，在采集野菜时，先把采到的野菜放在前大襟兜住，采到一定量后，再放入布口袋里[2]。

独龙族的采集，无论是参与采集的人员还是采集的种类都不受限制，主要以家庭为单位进行。到达山上以后，妇女所采集的多为植物的茎、叶，男子负责寻找和挖掘块根类植物。这个工作更艰巨，也更费力。在归途中，采集物由男子背负。小孩的分工也很清楚：小男孩必须跟随父亲或父辈亲属去挖掘块根，主动去山林之中，寻找自己认识的植物，学习采集经验；小女孩则要帮助母亲采集植物的茎、叶，照顾弟弟妹妹，帮助打水、生火、做饭，向母亲学习采集和加工知识等。至于采集方法，对植物的茎和叶，以手掐摘为主，掐摘有困难的就用刀割。植物的块根，用简陋的工具挖掘。最早使用的是木棒或竹签。后来，铁器在独龙江流域地区得到广泛的运用，他们就使用铁锄、铁刀之类的铁制工具进行挖掘，效率和速度都有很大的提高[3]。

苦聪人的采集活动多由女性完成，女孩从十岁左右开始就背着小箩筐、带着尖刀跟随大人进山采集野菜、野果。采集工具主要有尖棍、竹刀、尖刀、镰刀、砍刀、箩筐。采集有个体采集和三五成群的结队采集两种形式。除季节性强的采集对象之外，没有固定的采集时间和地点，随到随采。一年四季，见到可食性的野生植物，任何人都可以采摘。遇到鸡纵之类大家比较乐意采集的东西，若其还没有充分成长，假以时日会长得更大的，则折点小树枝盖在上面，别人见了便知道已经有主，就不会采摘[4]。

哈尼族女子从十一二岁起就背着一只小背箩，带着一把镰刀到深山老林里采集各类蕨菜和鲜果。采集的工具主要是木棒、砍刀、弯刀、镰刀等。独自采集或三五成群去采集。除了季节性强的采集对象外，没有固定时间和地

---

① 张璇如、陈伯霖、谷文双、白凤岐编《北方民族渔猎经济文化研究》，吉林人民出版社 2005 年版。

② 毅松《达斡尔族的采集饮食文化》，《内蒙古社会科学》（文史哲版）1992 年第 5 期。

③ 罗钰著《云南物质文化·采集渔猎卷》，云南教育出版社 1996 年版。

④ 罗承松著《拉祜族苦聪人——对哀牢山中部一个人群生活方式的研究》，中国社会科学出版社 2014 年版。

点，随到随采。一年四季，上山砍柴或下田劳作，见到可食用的野生植物，任何人都可以采摘。果实、蘑菇之类，如果先到者发现时尚未成熟，不能采摘，只要做个其已有主的标记，后来者就不会去采摘了①。

西部民族捕捉昆虫的工具与方法也十分独到，富于情趣性，更兼具地方和民族特色。蚂蚱、蟋蟀、蝉、蚂蚁、蜂等皆是人们捕捉的对象。其中，最精彩、最普遍的要数捕蜂采蜜。彝族、苗族、景颇族、傈僳族、拉祜族、哈尼族、傣族、佤族、布朗族、怒族、阿昌族等民族均精通采蛹、采蜜。蜂蛹的采集多在秋季，以野蜂为主，这时蜂蛹最多，时机最恰当。同时也采蜜。采蜂以男子居多，以火攻为上，从古至今一脉相承②。《岭表录异》所述："大蜂结房于山林间，其大如巨钟，其中数百层。土人采时，须以草衣蔽体，以捍毒螫。复以烟火熏散蜂母，乃敢攀缘崖木，断其蒂。"③

三、采集种类的多样性

从对象上看，西部民族的采集呈现出多样性的特点。采集对象包括种类众多的野生植物、菌类及昆虫。这种多样性正是建立在各民族所处生态系统的生物多样性基础之上的，两者呈现出一种正相关的关系。西南地区在生物多样性方面特征显著，故而西南民族的采集种类更加多样，采集频率也更高。

（一）植物类

西部民族采集的野生植物类别非常丰富，"树上地下、山里水中"应有尽有。经过长期的认知、实践及总结，各民族熟识植物的生长特性，知晓植物生长的生态环境，形成并积累了许多关于野生植物的采集知识，针对不同种类的植物进行合理采集及利用。

1. 食用植物

在野生植物的采集中，采集食用植物具有极为重要的作用。它是众多西部民族应对缺粮、灾荒，改善日常饮食结构的有效举措之一，是采集经济的主要组成部分。同时，野生可食性植物资源种类多、数量多，又能再生，且受污染轻，具有较高的营养价值和医疗功效。随着近年资源危机的加剧和人们对保健、绿色食品需求量的增长，该资源开发、加工、利用日益受到人们

---

① 黄绍文、何作庆《哈尼族传统采集狩猎与生物多样性》，《中央民族大学学报》（自然科学版）2008年第2期。

② 罗钰著《云南物质文化·采集渔猎卷》，云南教育出版社1996年版。

③ 〔唐〕刘恂撰，鲁迅校勘《岭表录异》（卷下），广东人民出版社1983年版。

的重视①。

鄂伦春族生活的地域森林密布、植物丛生，在河边、山坡和草甸周围生长着许许多多可食的野生植物，为采集提供了极其丰富的资源。鄂伦春族主要采集、食用“昆毕尔”（柳蒿菜）、“吭古乐”（老山芹）、“都鲁奔斤”（四方菜）、“地老出”（黄花菜）、“包包鲁努阿”（鸡爪菜）、“九千仙”（狍耳菜）、“宽口努阿”（山菠菜）、“昆阿醋”（空心菜）、“戈拉力”（灰菜）、“克鲁高拉依拉吉”（鸡尾菜）等。这些菜可以熬、煮吃，盛夏时也可晒干。晒具有柳条帘子、桦皮。晒干后装在桦皮桶、桦皮篓和犴皮口袋里，吊在仙人柱、仓库内，供冬天食用。块根类的可食用野生植物相对较少。“昭格达”（红花根），呈圆球状，类似蒜头，既可生食，又能煮粥。“阿巴达哈”长在草甸上，根大如拳头，吃法与昭格达相同。“依克西”，类似萝卜，甜脆，可生吃，但吃多了倒胃。此外还有“麦满斤”“卧古特”“满格达”等。可供食用的野果十分丰富，分鲜果和干果两类。鲜果有都柿、“英额格特”（稠李子）、“莫力格特”（山丁子）、“古得格特”（高丽果）、“腾布诺”（山樱桃）、“阿力玛”（山酸梨）、“嘎呼古石”（刺木果）、“莫醋”（山葡萄）、“翁普鲁”（山里红）、草莓等。干果有“库力格达”（松子）、“卡阿吐”（核桃）、“喜喜格特”（榛子）、山丁子核、松子等。调味品有“翁特”（野葱）、“卡列拉”（野韭菜）等，一般是现采现吃，也可晒干贮藏起来。鄂伦春族还食用野韭菜花②。

内蒙古呼伦贝尔地区的鄂温克族中的大部分人从事畜牧业，另有一部分人游猎并养殖驯鹿。由于游猎、游牧民族的饮食结构均以乳、肉为主，经常性的迁徙和畜牧业生产方式决定了他们对周围可食用野菜关注较少。据调查统计，当地鄂温克族民间作为蔬菜食用的野生植物共有 10 科 15 属 23 种（表 7－1）。虽然种类不多，但对本民族传统食物结构起到一定的调节作用③。

---

① 侯传伟、李自刚、黄纪念《野生食用植物资源开发利用中的问题与建议》，《河南农业科学》1998 年第 8 期。

② 宋兆麟著《最后的捕猎者》，山东画报出版社 2001 年版。

③ 乌尼尔、哈斯巴根《内蒙古呼伦贝尔鄂温克族民间野菜资源调查》，《中国野生植物资源》2005 年第 6 期。

表 7－1　鄂温克族采集食用的野菜

菜名	食用部位	食用方法
展枝沙参	嫩茎、叶	炒、做汤或凉拌
轮叶沙参	嫩茎、叶	炒、做汤或凉拌
荠苨	嫩茎、叶	炒、做汤或凉拌
糙葶韭	叶	做汤，兼做调味品
野韭	叶、花	叶、花做汤、腌制，兼做调味品
山韭	叶	做汤，兼做调味品
茖葱	叶	做汤
柳叶蒿	叶、嫩茎	炖、煮后凉拌
伏水碎米荠	全株	凉拌
莲座蓟	根	直接食用
柳兰	嫩茎、叶	做汤
小黄花菜	花蕾	煮后炒、炖
短毛独活	嫩茎、叶	做汤
山丹鳞	茎	直接食用
钝叶瓦松	肉质叶	直接食用
山杏	果	炒
蕨	嫩茎、叶	炒或做汤
小酸模	嫩茎、叶	直接食用
东北酸模	嫩茎、叶	直接食用
凸尖蒲公英	嫩叶	生食或煮后凉拌
蒲公英	嫩叶	生食或煮后凉拌
狭叶荨麻	嫩茎、叶	做汤、煮后凉拌
麻叶荨麻	嫩茎、叶	做汤、煮后凉拌

额济纳荒漠地区地处内蒙古阿拉善盟额济纳旗。该地区有沙漠、戈壁和低山残丘，植被稀疏。蒙古族牧民具有从当地贫乏的植物区系中选择野生植物用于食用的传统。据调查，当地牧民作为粮食食用的植物有沙蓬、准噶尔沙蒿和“盐爪爪”的种子、“矮大黄”的肉质根，作为蔬菜食用的植物有8种（表7－2），作为水果食用的植物包括小果白刺、白刺、大白刺、黑果枸杞、羊角子草、白麻的鲜果。可食用的植物种类较少，但产量较大①。

表7－2 额济纳蒙古族牧民采集食用的野菜

汉语名	食用部位	食用方法
蒙古韭	嫩叶、花序	凉拌、炒、做馅、腌制
碱韭	嫩叶、花序	炒、做汤、调味
芥	嫩叶	腌制
毛果群心菜	嫩叶	凉拌
钝叶独行菜	嫩叶	腌制
羊角子草	嫩叶	凉拌、炖菜
山苦荬	嫩叶	凉拌
亚洲蒲公英	嫩叶	凉拌

位于青海互助土族自治县的北山森林公园植物资源丰富，被誉为“青海高原上的植物王国”。生活在周边的土族居民也常常采集、食用各种野菜野果。据调查，当地土族民间野生食用植物共有31种（表7－3）②。

① 哈斯巴根、苏亚拉图、满良等《额济纳蒙古族传统野生食用植物及其开发利用和民族生态学意义》，《内蒙古师范大学学报》（自然科学·汉文版）2005年第4期。

② 拉本、尚军、苏旭《青海互助土族民间利用野生植物调查》，《湖北农业科学》2012年第16期。

表 7－3　土族采集的野生食用植物

俗名	学名	食用部位	食用方法
花花菜	蒲公英	叶	沸水烫后凉拌、炒食、煲汤、做馅
山苦菜	苦菜	嫩叶	沸水烫后凉拌、放入汤中食用
苦苦菜	苣荬菜	嫩苗	沸水烫后凉拌、放入汤中食用
刺草	飞廉	幼苗、嫩茎、叶	沸水烫后凉拌、放入汤中食用
马刺盖	刺尔菜	幼苗、嫩茎、叶	直接炒食、煮后放料拌食
苦菜	乳苣	幼苗、嫩叶	沸水烫后凉拌、放入汤中食用
荠菜	荠菜	幼茎、叶	直接炒食、做汤、凉拌、做馅
辣辣根	独行菜	全草	根部可生食、凉拌，地上部分可做汤
沼生蔊草	风花菜	幼苗	放入汤面中增色、与其他菜炒食、做馅
野荞麦	苦荞麦	果实、嫩茎、叶	放入汤面中食用、凉拌，嫩茎、叶同鸡蛋等炒食
鼻拉沓	皱叶酸模	幼苗、嫩茎、叶	生食、夹在饼中食用，嫩茎、叶凉拌
酸揪揪	酸模叶蓼	嫩苗、嫩茎、叶	生食、夹在饼中食用，嫩茎、叶凉拌
地软	地皮菜	全株	炒鸡蛋、清炒、做馅、放入汤中食用
头发菜	发菜	全株	做馅、炒食、做汤
灰条菜	藜	嫩茎、叶	沸水烫后放入汤面中增色
渐尖藜	尖头叶藜	幼苗、嫩茎、叶	放入汤面中增色，沸水烫后凉拌，嫩茎、叶做汤和做馅

（续表 7－3）

俗名	学名	食用部位	食用方法
水灰菜	灰绿藜	嫩茎、叶	做汤、沸水烫后凉拌、做馅
野苜蓿	草木樨	幼茎、叶	水煮后放佐料夹在饼中食用，幼茎叶可用沸水烫后凉拌
草豆	歪头菜	嫩茎、叶	嫩茎、叶直接炒食、做馅
野葵	野葵	幼苗、嫩茎、叶、种子、花	幼苗与其他菜炒食，嫩茎、叶、花沸水烫后凉拌
野西瓜秧	野西瓜苗	嫩茎、叶、花、果实	果实生食，嫩茎、叶及花做汤或放入汤面中食用
宝盖	宝盖菜	嫩茎、叶	凉拌
薄荷	薄荷	嫩茎、叶	凉拌
指甲花	凤仙花	嫩茎、叶	与其他菜炒食
野韭菜	野韭	嫩茎、叶	炒鸡蛋、放入汤面中食用
野苋菜	反枝苋	嫩苗	与其他菜炒食、沸水烫后凉拌
蕨麻	鹅绒委陵菜	根、嫩茎、叶	根生食或凉拌，嫩茎、叶做汤或炒食
猪耳朵	平车前	嫩茎、叶	做汤、与其他菜炒食
麦蓝菜	麦蓝菜	嫩茎、叶	炒食
繁缕	鹅肠菜	嫩苗	煮后凉拌、放入汤面中食用、做馅
娘娘菜	娘娘菜	嫩茎、叶	炒食、做馅

独龙族对野生食用植物的依赖性极强，特别偏爱块根、块茎类植物，用以代替粮食或补充粮食的不足。调查表明，独龙族的饮食中粮食和野生食物各占一半，他们的采集经济仅次于农业经济（种植业），位居第二。独龙族采集的食用植物种类达百余种，而经常食用的有 24 种（表 7－4）。野生食用植物中最重要的是董棕，它曾经是独龙族的主食之一，现在仍然是饥荒时的重要代粮植物。它的可食部分称为董棕粉，是从髓心中提取出来的淀粉，为独

龙族喜爱的一种食物[①]。

表 7－4 独龙族采集的常用野生食用植物

汉语名	食用部位	食用方法
观音坐莲	根状茎	煮、烤或蒸
荠菜	全株	煮
碎米荠	全草	煮
大百合	鳞茎	加工后煮或蒸
董棕	髓心	加工后烤
野芋	块茎	烤、煮或蒸
鸡嗉子果	果	生食或酿酒
福贡龙竹	笋	煮或加工后做汤
参薯	块茎	煮或蒸
黄独	块茎	加工后煮或蒸
五叶薯蓣	块茎	煮或蒸
木瓜榕	果	生食
斜依箭竹	笋	煮或加工后做汤
弩刀箭竹	笋	煮或加工后做汤
蕺菜	根状茎、叶	生食或煮
野核桃	种仁	生食或烤
川百合	鳞茎	煮或蒸
西南鹿药	嫩茎、叶	煮或做汤
管花鹿药	嫩茎、叶	煮
长柱鹿药	嫩茎、叶	煮或做汤
紫花鹿药	嫩茎、叶	煮或做汤
窄瓣鹿药	嫩茎、叶	煮
粉葛	块根	生食或提取淀粉
鼻涕果	果	生食

采集在苦聪人的经济生活中占第二位，农作物的产量仅够收获季节食用，

① 龙春林、李恒、周翊兰等《高黎贡山地区民族植物学的初步研究 Ⅱ. 独龙族》，《云南植物研究》1999 年第 S1 期。

家庭成员一到春耕季节便要靠采集度日①。苦聪人主要采集野核桃、野茶果、木姜子、豆腐渣果、野枇杷、野梨果、松子、移依果、山楂果、阳桃、鸡嗉子果、黄泡、杨梅、鸡心果、于天果、橄榄、株栗、野板栗、野芭蕉、白花、滕菜花、刺苞菜、象耳朵叶、树头菜、臭屁菜、香椿、土锅菜、鸡脚菜、甜菜、枸杞、苦笋、黄笋、蕨菜、鱼腥草、野荞菜、菊花、野薄荷、蒲公英、金钱草、灯芯草、红参、水芹菜、细桠菜、野山药、山毛薯、黄苦拉、葛根、何首乌、大麻芋、天东、补冬根等②。

生活在云南西南部山区的景颇族，有丰富的山区生活经验和采集知识。据调查统计，景颇族采集食用的植物十分广泛，有 94 种，其中野菜 55 种、野果 39 种（表 7－5），这些植物生长在田边地角、高山及深箐中③。

表 7－5　景颇族采集食用的部分野菜及野果

（1）野菜

景颇语名	汉语名	采集时间	食用部位	食用方法
阿耐木	香菜	全年	全株	凉拌、煮汤
王兰	水芹菜	全年	全株	凉拌、煮汤
蒲棍		4—5 月	嫩叶	腌、炒
蒲满		3—5 月	茎、叶	拌酸菜
格抓由	圭令菜	4—5 月	茎、叶	煮
拿久		全年	叶	煮、煎
采板		1—2 月	嫩叶	蒸后漂洗凉拌
育合		6—7 月	根、茎、叶	煮
崩补锐	丝瓜尖	5—6 月	茎、叶	生食、烧、煮
蒲材		5—6 月	茎、叶	拌其他野菜
扑吐	空筒菜	5—6 月	茎、叶	凉拌
三格菜		4—5 月	茎	先用灶灰水泡，漂洗后炒

① 《中国少数民族社会历史调查资料丛刊》修订编辑委员会编《拉祜族社会历史调查》（二），民族出版社 2009 年版。

② 罗承松著《拉祜族苦聪人——对哀牢山中部一个人群生活方式的研究》，中国社会科学出版社 2014 年版。

③ 罗钰著《云南物质文化・采集渔猎卷》，云南教育出版社 1996 年版。

（续表 7－5）

景颇语名	汉语名	采集时间	食用部位	食用方法
吾落米	刺竹笋	2—8 月	茎	拌食
蒲腊哈	缅芫荽	2—8 月	叶	拌食
胡内科		4—5 月	茎、叶	煮
哀古	丝瓜果	5—6 月	茎、叶	炒
亢正	金竹笋	5—7 月	茎	炒、煮汤
难旦	苦笋	4—6 月	嫩叶	炒、煮
张年	红酸椿	全年	全株	揉挤除水分，煮、炒均可
轻考		全年	根状茎	煮
崩恰	山姜	全年	块根	煮、腌
石笔		全年	茎、叶	炒、煮
兰彪好		全年	茎	舂食
作哄	染饭花	2—3 月	花	掺饭
格纯	水蕨菜	3—6 月	茎、叶	炒、煮
得浪姆	蕨菜	3—5 月	茎、叶	炒、煮
哦芒	乔木酸	9—11 月	叶	炒、煮鱼最佳
崩漏石笔		7—8 月	叶	拌其他野菜
恩诺科贝		4—5 月	根	煮
哦作堵苦虐	老鼠金瓜	5—6 月	果、茎、叶	煮、炒、生食
丁耐		1—3 月	茎	煮
木云		3—4 月	茎、叶	煮
科厅理		3—4 月	根、茎、叶	炒、炖肉
能彪	桦菜	全年	嫩叶	煮、炒
娃皮		全年	茎、叶	先蒸后舂
纳巴		7—10 月	叶	与其他野菜一起凉拌
店张		全年（3—5 月最佳）	茎、叶	煮
难莫		10—4 月	叶	煮
可鸾		3—4 月	叶	煮
丁决	鱼腥草	4—5 月	根、茎、叶	凉拌、煮

（续表 7－5）

景颇语名	汉语名	采集时间	食用部位	食用方法
连胡哈	毛叶子	全年	叶	煮鱼、肉
邦喷满		2—4 月	花	先煮后炒
石丙号	炮仗叶	全年	叶	拌豆豉
木宽纳		7—8 月	叶	先蒸后舂

（2）野果

景颇语名	汉语名	采集季节	食用味道	食用方法
松乃石	山梨	2—3 月	酸甜	生食
木毛石	野木瓜	3—4 月	酸	生食
石仓木石		4 月	酸甜	生食
施搓石		7—8 月	酸	生食
施洞石		7—8 月	酸	生食
聘石		7—8 月		生食
施罗石		7—8 月	酸	生食
施作石	杨梅	5—7 月	酸	生食
汤虐石		2—3 月		生食
蒲占石		7—8 月		生食
漫仲石	烟泡果	2—3 月		生食
木棍石	纽子果	2 月		生食、拌食
施谬石	酸泡果	2—3 月		剥皮拌饭
施来石	黄泡果	4—5 月		生食
杨梅石	小杨梅	3—5 月		生食
彪磨石	酸杨梅	3—4 月		生食
石蓬	梨	8—9 月		生食
施可	李	7—9 月		生食
施胡	桃	7—9 月		生食
施争	黄果	9—10 月		生食

（续表 7－5）

景颇语名	汉语名	采集季节	食用味道	食用方法
补石	核桃	3—5 月		去皮食核、肉
山坡石	山坡金	2—4 月		生食
洋娃石		7—8 月		生食
门车石	牛肚子果	5—6 月		去皮食内核
木矮石		7—8 月	极甜	生食
毛着石		7—8 月	甜	食核、肉
门甘石		7—8 月	酸	生食
木果石		7—8 月	酸	生食
王石		3—4 月	甜	生食
提苍石		3—4 月	酸	生食
格拉石	酸木瓜	3—5 月	酸	生食
施乌石		6—7 月	酸甜	生食
必吹石		5—6 月	苦、回甜	蘸盐
木扎	酸杷果	7—8 月		处理后掺饭
难木普占石		1—3 月	酸甜	生食
格润果		1—3 月	酸	生食
争石	尖梨	1—3 月	涩	烧
冷年石		1—2 月	酸涩	生食
施苍石		2—4 月		生食

基诺族是世居山区的民族，旧时以刀耕火种的旱地农业谋生，需要通过采集来补充食物。山区种植蔬菜不易，采集植物作为菜肴的补充十分必要。基诺族食用的菜蔬水果绝大部分来自周围的山林。基诺族采集的食用植物分为块根（茎）、野菜、竹笋、果子等几大类（表 7－6）[①]。

① 尹绍亭《基诺族刀耕火种的民族生态学研究》（续），《农业考古》1998 年第 2 期。

表 7－6　基诺族采集的野生食用植物

(1) 块根（茎）

名称	味道或口感	采集时间	加工方法
四棱	略涩	5—6 月	切片泡水数小时去涩味，然后蒸或煮
青山药	香嫩	4—5 月	切片晒至半干，以煮最佳
绿山药	香嫩	4—5 月	切片晒至半干，以煮最佳
硬壳山药	甜	4—5 月	剥皮后蒸、煮
黄山药	有臭味	4—5 月	切片泡水数小时去涩味，然后蒸或煮
蓑衣包	稍麻	4—5 月	切片泡水去涩味，然后蒸或煮
山堆堆	涩	1—12 月	切片泡水一天，其间换水若干次，之后切细煮，煮后泡冷水，再煮或蒸，以去涩味和毒素
山羊头	涩	1—12 月	切片泡水一天，其间换水若干次，之后切细煮，煮后泡冷水，再煮或蒸，以去涩味和毒素
黄金	苦	1—12 月	切片泡水一天，其间换水若干次，之后切细煮，煮后泡冷水，再煮或蒸，以去涩味和毒素（亦可加石灰水或火灰水煮，以去涩毒）
芭蕉根	涩	1—12 月	切片泡水，然后蒸或煮
魔芋	麻	10—12 月	切片泡水，然后蒸或煮，亦可晒干舂成粉做魔芋豆腐
藤萝卜	涩	6—8 月	切片泡水后蒸或炒

(2) 野菜

菜名	食用部位	菜名	食用部位
象耳朵菜	嫩叶	烂潭菜	叶
青树	叶	鱼腥草	根
犁板菜	叶	野豌豆	叶
野荞菜	叶	野细豌豆	叶
刺菜	叶	臭菜	嫩枝尖
细苦菜	叶	麻芋秆	叶、茎
水芹菜	叶	野猫花	花
薄荷	叶	香椿	嫩枝尖

（续表7－6）

菜名	食用部位	菜名	食用部位
苦凉菜	叶、根、茎	鸡屎绿叶菜	叶
火草菜	叶、根、茎	甜草	叶、茎
谷叉菜	叶、根、茎	董棕	嫩茎、蕊
奶浆菜	叶、根、茎	藤篾	嫩茎、蕊
干结结草	叶、嫩尖	大苦藤叶	叶
马蹄跟	叶、根	细苦藤叶	叶
树头菜	叶	刺五加	叶
火筒叶	叶	苦列留	叶
白花	花	大刀豆	豆、叶
泡掌花	花、叶	车皮藤	嫩尖
芭蕉	花、蕊、果	麻根	根
满子盐细	叶	橄榄皮	皮
备注：绝大部分野菜一年四季均可采集，但以一二季度最多			

（3）竹笋

笋名	采集时间	加工方法
甜竹笋 黄竹笋 茅竹笋 白竹笋 苦竹笋 斑竹笋 金竹笋 掉竹笋 大炮竹笋 细炮竹笋 过江竹笋 娥篾竹笋 麻金竹笋	大部分笋类的采集时间在6—10月，苦竹可早至4月	1. 新鲜吃法：去壳，洗净，切成片或丝，煮或炒，或煮后凉拌；苦笋等可直接烧食 2. 制作酸笋：去壳，洗净，切成片或丝，放入罐中，加盐水，并加入少量米饭，使其发酵变酸，半年后可食用，可贮存二至三年 3. 压笋：切成片后，塞入竹筒压紧，三四个月后可食 4. 泡笋：将笋尖切细，泡两夜后煮食，或将笋剖为数片，泡三夜，冲洗，用篾片串挂起来，四五天后炒或煮 5. 浪笋：切成片，放入垫有芭蕉叶的竹篮内，冲水，以芭蕉叶覆盖，四五天后可食 6. 笋花：切成细丝，在沸水中稍微烫一下，晒成干丝贮存，吃时以水泡软后或炒或煮 7. 竹半笋：把笋尖剖成两半，煮后晒干贮存

（4）果子

果名	食用味道	采集时间	果名	食用味道	采集时间
杧果	甜、麻、酸甜	6—7 月	鸡嗉果	甜	6—8 月
毛荔枝	酸甜	6—7 月	公鸡卵果	甜	7—9 月
三瓣果	酸甜	7—8 月	象耳朵果	甜	4—8 月
歪屁股果	酸	1—12 月	白叶黑	涩	8—10 月
酸布果	酸甜	6—8 月	青果	酸	8—10 月
阿利阿思	酸甜	6—8 月	山多依	酸涩	7—9 月
涩布拉	酸涩	11—12 月	涩梨	涩	9—11 月
哈旦	酸甜	6—8 月	乌鸦果	酸	8—10 月
禾努	酸甜	6—8 月	篾不榴果	酸甜	6—9 月
大酸苔	酸涩	9—11 月	金凉果	酸涩	5—6 月
黄桑果	甜	4—5 月	细酸苔	酸	7—9 月
羊屎果	酸甜	5—6 月	狼仓果	甜中带麻	3—5 月
此外，还有芭蕉、黄果、橘子、小橘子、泡果、香瓜、黄牙、木瓜、橄榄、油瓜等					

居住在红河流域的傣族支系“花腰傣”有丰富的野菜采集知识，食用的野蔬种类较为丰富，共有 72 种，归属 44 科 59 属。野菜是花腰傣最重要的采集植物。这不仅表现在采集种类的多样性上，也表现在采集的经常性上。作为稻作农业的一种补充，野菜的采集不仅可以节约土地和劳力，还可使食物种类更为丰富。花腰傣采集的植物中，茎叶类野菜种类最多，包括草本野菜和木本野菜，共 50 种，占野菜总量的 71.43%，是花腰傣采集、食用野菜的主体①。花腰傣经常采集、食用的植物可参见表 7－7。

① 崔明昆《云南新平花腰傣野菜采集的生态人类学研究》，《吉首大学学报》（社会科学版）2004 年第 4 期。

表 7－7　花腰傣经常采集、食用的植物

汉语名	食用部位	食用方法
攀枝花	雄蕊	浸泡后炒、凉拌
野芭蕉	花、假茎芯	漂洗后炒、煮
芋	花序秆	剥去花秆表皮后煮
大白花杜鹃	花瓣	沸水捞后炒
虾子花	花	沸水捞后炒
大花老鸦嘴	花	沸水捞后炒
尖叶榕	花序托	沸水捞后炒
地瓜	花序托	沸水捞后炒
石榴	萼片	浸泡后炒
水葫芦	花、叶柄	沸水捞后炒
苦刺花	花	沸水捞后炒
空心莲子草	嫩茎、叶	煮后凉拌
刺苋	嫩茎、叶	炒、煮汤
皱果苋	嫩茎、叶	炒、煮汤
青葙	嫩茎、叶	炒
苦荞	嫩茎、叶	炒、煮汤
酸模叶蓼	嫩茎、叶	煮后凉拌
毛蓼	嫩茎、叶	作为佐料
水蓼	嫩茎、叶	炒
“革命菜”	嫩茎、叶	炒、煮汤
山苦菜	嫩茎、叶	炒
“滇南千里光”	嫩茎、叶	炒
苦苣菜	嫩茎、叶	炒、煮汤
荠菜	嫩茎、叶	炒、煮汤
鱼腥草	茎、叶	凉拌

（续表 7－7）

汉语名	食用部位	食用方法
田字苹	嫩茎、叶	煮汤
酢浆草	嫩茎、叶	炒、凉拌
龙葵	嫩叶	煮、炒鸡蛋
堇菜	嫩叶	凉拌
马齿苋	嫩茎、叶	炒、煮汤
积雪草	全株	炒鸡蛋、煮汤
刺芫荽	嫩茎、叶	佐料
水芹	全株	炒、凉拌
球兰	嫩茎、叶花序	煮汤
荆芥	嫩茎、叶	炒、凉拌、煮汤
薄荷	全株	佐料
黄金凤	嫩茎、叶	炒、煮汤
倒提壶	嫩叶	炒
木蝴蝶	嫩叶	凉拌
假通草	嫩叶	炒
霸王鞭	嫩茎芯	炒
仙人掌	茎	炒、煮汤
叶下珠	嫩叶	炒
大果榕	嫩叶	炒、煮蚕豆
番木瓜	嫩茎、叶、果	凉拌
车前草	嫩茎、叶	炒
落葵	嫩茎、叶	炒、煮汤
臭牡丹	嫩茎、叶	炒、煮汤
树头菜	嫩茎、叶	腌制
杧果	嫩叶、果	炒、煮汤

（续表7－7）

汉语名	食用部位	食用方法
黄连木	嫩茎、叶	炒、煮汤
盐肤木	嫩叶	炒
土茯苓	嫩茎、叶	凉拌、煮汤
芦荟	嫩叶	炒、煮汤
臭菜	嫩茎、叶	炒鸡蛋、煮汤
窄叶泽泻	嫩叶	炒、凉拌
鸭跖草	嫩茎、叶	炒
鸭舌草	嫩茎、叶	炒
菜蕨	嫩叶	炒
星毛蕨	嫩叶	炒
蕨菜	嫩叶	炒
水茄	果	油炸后炒或煮汤
刺天茄	果	油炸后炒或煮
酸角	荚果	制酸汤、煮汤
山药	块茎	煮
魔芋	块茎	制成豆腐状的食品
芭蕉芋	块茎	煮
葛藤	块根	煮
龙竹	笋	浸泡后炒、腌制
勃氏甜龙竹	笋	浸泡后炒、腌制

哀牢山区植物种类丰富，为哈尼族的采集提供了良好的自然资源，使采集成为哈尼族不可缺少的物质生产活动方式。哈尼族常见的食用植物主要有杜鹃花、攀枝花、芭蕉花、树头菜、野茶果、臭菜、香椿、土锅菜、鸡脚菜、甜菜、枸杞、松子、野梅、橄榄、木姜子、番龙眼、野核桃、野梨、野芭蕉、竹笋、寄生植物树花、蕨菜、苦刺花、菊花、车前草、鱼腥草、野荞叶、刺黄泡、野草莓、野百合、野葡萄、红参、水芹、三叶菜、细叶菜、野慈姑、

苦马菜、野薄荷、野山药、蒲公英、金钱草、灯芯草、松萝茶等[①]。

佤族采集食用的野菜、野果非常丰富。野菜有上百种，如野茶、蕨菜、野生蕁、枇杷菜、水芋干菜、芦子藤菜、鱼木树菜、韭菜、五加皮菜、鸭距菜、黑花野韭、野荞菜、野芫荽、卷叶青菜、茨头菜、大黄、土血竭、野芹菜、黄花虎掌草、南陆菜、豇豆、番瓜藤、小黄菜、毛罗勒、大刀菜、猪儿菜、苣荬菜、香椿、薄荷、酸芹菜、鼠尾莪、蔓苎麻、莴苣、水香菜、鱼骨头菜、爬楼藤、灰菜、小米菜、鱼腥草、岩瓜藤、野芭蕉等。野果也有数十种，如枇杷果、元江栗、猴子眼袋果、小鸡嗉子果、野柿子、野樱桃、棉絮果、货郎果、火麻子、桐子果、山李子、番石榴、野核桃、野杧果、天干果、藤芭蕉、碎米果、细藤子果、羊奶果、野棕榈果、无花果、野葡萄、橄榄、杨梅、枸橼果、盐酸果等[②]。

2. 药用植物

民族民间传统医药知识不仅在历史上曾经对本民族的生存和发展起到了相当大的作用，而且就目前而言，全世界尚有相当一部分人口还完全以民族或民间传统医药作为他们健康的主要保障[③]。西部民族绝大部分的传统药物都来源于对野生植物的采集。采集药用野生植物是利用野生植物资源的重要途径之一。

通过民间调查和植物采集，内蒙古呼伦贝尔地区鄂温克族采集使用的野生药用植物共计 17 种（表 7－8）。当地鄂温克族对药用植物的选择利用，与他们长期生活于山林草地从事游猎生产的历史不无关系。这也反映了鄂温克族的医药文化特色。例如，由于狩猎活动中容易受伤，鄂温克族很重视珍珠梅和鹿蹄草对外部创伤的治疗作用[④]。

---

① 黄绍文、何作庆《哈尼族传统采集狩猎与生物多样性》，《中央民族大学学报》（自然科学版）2008 年第 2 期。

② 魏德明著《佤族文化史》，云南民族出版社 2001 年版。

③ 淮虎银、裴盛基《药用民族植物学及其研究进展》，《植物学报》2002 年第 2 期。

④ 乌尼尔、春亮、哈斯巴根《内蒙古呼伦贝尔地区鄂温克族民间药用植物调查》，《中国野生植物资源》2008 年第 6 期。

表 7－8　鄂温克族采集的野生药用植物

汉语名	药用部位	治疗疾病或功效	药用方法
冷蒿	全草	肺热	水煎服
白山蒿	全草，但主要用根	咳嗽、肺热	水煎服
白桦	树皮	痢病	将树皮灰用温水送服
东北岩高兰	全草	肝病	水煎服
草麻黄	全草	风湿、腰腿疼	泡酒后饮用
尖叶假龙胆	全草	心脏病	嚼服或煎服
烟管蓟	花序	黄水疮	水煎洗患处或碾碎涂患处
平车前	全草	外用消炎、止血；内服治肺病	碾碎外敷；晒干后用水煎服
稠李	果核、树皮	果核治胃黏膜损伤及其他肠胃病；树皮治牙疼	果核嚼碎服用；树皮咬在牙齿间，片刻可减轻痛感
鹿蹄草	全草	烫伤	碾碎涂患处，内服亦可
华北大黄	茎、根	上火、便秘	茎嚼服，吐渣；根以水煎服
迎红杜鹃	叶、茎	气管炎、支气管炎	水煎服
山刺玫	带花枝条	手脚发凉	水煎服
地榆	全草	腹泻	水煎服
多裂叶荆芥	全草，但主要用花	口舌生疮	植物灰涂于患处
珍珠梅	叶	外伤消炎、止痛	水煎服或碾碎敷患处
亚洲百里香	全草	咳嗽、感冒	水煎服

蒙古族在实践中积累了丰富的防病治病的传统知识和经验。这些传统的民间药用植物知识和经验是蒙医药的重要组成部分。厄鲁特是卫拉特蒙古诸部中古老的部落之一，中国的厄鲁特蒙古族主要聚居于新疆的昭苏县、尼勒克县、额敏县等地。据调查，新疆厄鲁特蒙古族采集使用的野生药用植物共

有40种（表7－9）。蒙古族较多食用肉食和奶食等高脂肪食物、嗜好饮用奶茶和烈性酒、牧区生活没有规律等都容易引发高血压。牧区的卫生条件、不稳定的气候条件、牧民的饮食习惯等容易引发各种消化道疾病、呼吸系统疾病、感冒、风湿病、皮肤病。当地的畜牧业生产不仅要跋山涉水，每天还要跟牲畜打交道，牧民经常受各种外伤。故而，当地民间提供的关于植物的药用功效包括健胃、助消化、祛痰、清肺、清热解毒、退烧、败火、止血疗伤、降压等方面①。

表7－9　厄鲁特蒙古族采集的野生药用植物

汉语名	药用部位	治疗疾病或功效	药用方法
蓍	地上部位	腹泻	水煎服
新疆乌头	根	虫牙、牙痛	少量塞入蛀孔内
准噶尔乌头	根	虫牙、牙痛	少量塞入蛀孔内
高山羊角芹	嫩茎	高血压	水煎服
软紫草	根	创伤	粉碎后涂患处
大籽蒿	地上部位	发烧、食滞（油脂）、痔疮、尿闭	水煎服
红果小檗	果汁	眼睛发红	挤出汁液滴入眼内
欧野青茅	叶汁	创伤	挤出汁液涂患处
新疆党参	根	补身体虚弱	水煎服
黄果山楂	果汁	肿块	挤出果汁涂患处
红果山楂	果汁	肿块	挤出果汁涂患处
蓝枝麻黄	根	清热解毒、“乌兰”病（少儿“水痘”）	水煎后加山羊奶服用
准噶尔阿魏	根	助消化、止胃痛	水煎服
伊贝母	鳞茎	祛痰、咳嗽	水煎服
天山龙胆	地上部位	上火、血热	水煎服

① 巴音达拉、嘎日桑敖力布、哈斯巴根《新疆厄鲁特蒙古族药用民族植物学的研究》，《中国民族民间医药》2010年第3期。

（续表 7－9）

汉语名	药用部位	治疗疾病或功效	药用方法
草原老鹳草	地上部位	高血压	与黄刺玫的根合用、熬茶饮用
甘草	根	咳嗽	水煎服
阿尔泰独活	根	创伤	粉碎后涂患处、用水煎液洗伤口
沙棘	果实	清肺、败胃火	水煎服
土木香	根	小肠热、咳嗽	水煎服
新疆方枝柏	叶	皮肤瘙痒、儿童感冒	水煎液洗浴、水煎服
二色藁本	根	退烧、降血压	水煎服、水煎服并用水煎液洗伤口
截萼忍冬	果实、根	清热解毒	鲜食果实或水煎服
亚洲薄荷	地上部位	退烧	躺在适量鲜株上、水煎服或洗浴
芦苇	花序	清热解毒、止咳	水煎服
亚洲车前	叶	腿脚肿、创伤	直接贴于脚底、直接贴于患处
蒙古白头翁	花	虫牙	塞入蛀孔内
天山大黄	根	退烧、治疗烧伤	水煎服、粉碎后涂患处
黑果茶藨	果实、根	高血压	水煎服或鲜食果实
腺齿蔷薇	根	降血压	与草原老鹳草合用、熬茶饮用
树莓	果实、根	清热解毒、降血压	鲜食果实、水煎服
雪莲	全草	风湿关节疼痛、胃病	水煎液洗浴并泡酒饮用、泡酒饮用
田野苦荬菜	叶乳汁	“古依”病（千日疮或“瘊子”）	挤出乳汁涂患处
西伯利亚花楸	叶	健胃	晒干后食用
天山绣线菊	茎叶	“查合拉”病（春季发于青少年面部的一种癣类皮肤病）	火烫时分泌出的汁液涂患处

（续表 7-9）

汉语名	药用部位	治疗疾病或功效	药用方法
窄苞蒲公英	花葶汁	创伤	纵向劈开后敷患处
沼泽蕨	根	高血压、内火	水煎服
麻叶荨麻	全草	风湿引发的关节疼痛、皮肤瘙痒	水煎服；水煎液洗浴
异株荨麻	全草	风湿引发的关节疼痛、皮肤瘙痒	水煎服；水煎液洗浴
苍耳	地上部位	腹泻	水煎液洗脚和小腿

药用植物的采集利用是基诺族利用生物多样性的重要方面。因为在基诺族生活的基诺山区，现代医药并不十分普遍，传统医药仍然占据主导地位。根据调查，基诺族常用的野生药用植物种类有60—70种（表7-10），它们大多与其他药物配伍使用。基诺族用于治疗常见病的药用植物种类较多，如用于治疗咳嗽、腹痛、跌打损伤、骨折等的药物多达10多种①。

表 7-10　基诺族采集的部分野生药用植物

汉语名	药用部位	治疗疾病
糖胶树	叶、树皮	咳嗽
木棉	树皮	骨折、跌打损伤
苏木	芯材	风湿、胸痛、跌打损伤、贫血
沼兰	全草	肝炎、胃肠溃疡
臭牡丹	根及茎的地下部分	风湿、痔疮
地胆草	根茎	风湿
棋子豆	种子	腹痛
粗叶榕	根	月经不调、腹痛

① 龙春林、阿部卓、王红等《基诺族传统文化中的生物多样性管理与利用》，《云南植物研究》1999年第2期。

（续表7－10）

汉语名	药用部位	治疗疾病
胡蔓藤	叶	关节炎
活血丹	全草	刺入肉内不出、结石
蕺菜	全草	咳嗽、肺炎、支气管炎
阴石蕨	根茎	骨折
鸢尾	根茎	肝炎、胃肠溃疡
狭叶巴戟	根皮	皮肤过敏、漆毒
朝天罐	根	水肿
余甘子	果	咳嗽、咽喉痛
鹅掌金星草	根	肺结核
波边车前	全草	肺炎、消化不良
火炭母	全草	肝炎、胃肠溃疡
毛诃子	果实	口唇干燥、喉咙痛
马鞭草	全草	膀胱炎、骨折

花腰傣的居住地属于干热河谷区，植被较为稀疏，但哀牢山上丰富的植物种类中蕴藏着丰富的药用植物资源。历史上由于卫生条件差，以疟疾为代表的流行病盛行，加之缺医少药，花腰傣在与疾病的斗争中，就近采集植物治病，积累了丰富的药用植物知识。田野调查中收集到的花腰傣常用的药用植物有53种，归属50属33科（表7－11）。花腰傣使用的药用植物大多具有治疗跌打损伤、消化道疾病、皮肤病和清热解毒等功效。这与他们生活的红河峡谷的生态环境密切相关：哀牢山山高坡陡，道路崎岖，人们在上山砍柴或狩猎采集的过程中难免跌打损伤。同时，由于炎热的河谷气候和稻作生计方式使得疟疾、消化道疾病和皮肤病等成为多发性疾病。上述药用植物的使用以鲜用为主。可以说，这种就近取药、现取现用的方式是对当地生态环境

的一种适应[①]。

表 7－11　花腰傣采集的药用植物

汉语名	治疗疾病或功效
刺天茄	胃痛、咽喉炎
龙葵	消肿、排石
假烟叶树	消肿解毒、治疗疟疾
下田菊	消肿化瘀
胜红蓟	消肿、止血
金纽扣	消炎、止痛、治疗烂脚丫
异叶臭铃丹	消炎散瘀、治疗感冒发烧
鲤肠	消肿、止血、治疗烂脚丫
希签	治刀伤、解毒镇痛
青蒿	感冒、刀伤
飞机草	烂脚丫
臭菜	祛风湿
落葵	毒疮
车前草	清热利尿
鱼腥草	清热、消肿
古钩藤	止鼻血、消毒疮
球兰	消炎
酢浆草	消肿、止痛、除痱子
水芹	解毒、止血、降压
刺芫荽	感冒、蛇伤
积雪草	止血利尿、活血化瘀

① 崔明昆著《象征与思维——新平傣族的植物世界》，云南人民出版社 2011 年版。

（续表 7－11）

汉语名	治疗疾病或功效
马齿苋	清热解毒、治痢疾
黄泡刺	腹泻
土茯苓	胃痛
鸭舌草	消肿止痛
仙人掌	消肿解毒、利尿
鸭跖草	解毒、消炎、止痛
刺苋	肠炎
土牛藤	跌打损伤
空心莲子草	清热解毒
酸角	健胃消食
决明	清肝明目、去脓化瘀
攀枝花	肠炎
臭牡丹	祛风、消肿
马鞭草	清热解毒、治疟疾
黑面神	湿疹、皮炎
余甘子	消炎止血
铁苋菜	利水消肿、治痢止泻
假虎刺	根泡酒治牙痛
大叶千斤拔	风湿关节痛
露兜树	肾炎、水肿
小驳骨	跌打损伤
白花夏枯荣	愈合伤口
黄花香茶菜	烂脚丫
接骨木	跌打损伤

（续表 7－11）

汉语名	治疗疾病或功效
血满草	跌打损伤
西南冷水花	毒疮
菟丝子	补肝肾、治腹泻
石菖蒲	滋补
犁头尖	蛇伤、跌打损伤
假麻黄	清热利尿
五爪金龙	跌打损伤
槲蕨	跌打损伤

贵州麻山地区属于典型的喀斯特山区，世居于此的苗族在医疗等方面经常利用野外植物资源。其采集利用的野生药用植物共有 22 科 37 种（表 7－12）。在当地苗族所使用的药用野生植物中，具备止血、消肿等功能的植物较多。这跟当地陡峭的喀斯特地貌也有一定关系。苗族在生活、劳作时易刮伤或跌伤，使其积极探索并使用了具备以上药用功能的植物[①]。

表 7－12　麻山地区苗族采集的部分野生药用植物

药名	药用部位	治疗疾病或功效
山莓	叶	接骨
一年蓬	根	胃疼
野艾蒿	根	清热
小蓬草	茎、叶	消肿
苍耳	叶	蚊叮、化脓
青蒿	叶	止鼻血
烟管头草	叶	冻疮

① 王宁《贵州麻山地区宗地乡苗族聚集地野生植物资源利用分析》，《生态科学》2013 年第 5 期。

（续表7－12）

药名	药用部位	治疗疾病或功效
鬼针草	叶	止血
黄花蒿	全株	消肿
何首乌	茎、根	安神、养血等
药百合	叶	腹胀
野葱	全株	消肿
四齿四棱草	全株	跌打损伤
车前	叶	蚊叮、化脓
喜树	果实	解毒散结
盐肌木	果实	肠胃不适
天南星	根	消肿
贵州石仙桃	全株	清热
粗脉石仙桃	全株	清热
龙芽草	根、叶	止血
元宝草	叶	止血
漆树	茎	腹疼
石龙芮	花、果实	眼病
毛茛	根	胃疼、腹泻
贵州卷柏	叶	止血
绞股蓝	叶	消肿
珠芽景天	叶	家畜脚伤
虎耳草	叶	止血
酢浆草	叶	小孩昏迷
粗叶榕	茎	补药
女贞	果实	滋阴养血
多头苦荬菜	全株	消肿、止血

3. 饮料植物

在野生植物中，有相当一部分植物作为饮品的原料被采集利用。这些野生饮料植物可以作为茶的代用品和添加品以及酿酒的重要原料，直接冲煮或加工后供人们饮用。饮料植物不仅含有丰富的维生素、矿物元素、蛋白质、氨基酸等多种成分，而且还具有预防和治疗感冒、结石、糖尿病、动脉硬化、心血管疾病及止痛、消炎、抗癌等多种功效，对人们的身体，尤其对那些依赖野生植物的原住民的卫生保健有着重要作用①。

鄂伦春族有喝茶的习惯。较早饮用的茶以小黄芪为主。每年秋季采一些小黄芪，晒干后存放起来，抓一把放进茶壶中，烧开即可饮用，味道清香。也有把刺莓果叶和花采来晒干后泡水喝的。其他饮料还有五味子汤和桦树汁（“苏乌色”）等。五味子汤是用野生植物五味子加水煮成的。其味酸甜可口，不仅解渴也能治疗一些疾病。桦树汁味清甜，是极佳的天然饮料。四五月份，桦树汁液非常丰富，只要在树根处砍一个小口，插上一根草棍，树汁顺着草棍慢慢流下，很快就能接满一桦皮桶②。

饮茶是蒙古族的嗜好之一，茶叶是他们日常生活的必需品。在蒙古族民间广泛流传着“宁可一日无餐，不可一日无茶”的俗语，体现了饮茶对蒙古族，尤其对蒙古族牧民的重要性。蒙古族牧民出于饮茶的需要，选择了一些植物作茶叶的代用品或添加品③。植物的茶用是内蒙古阿鲁科尔沁旗蒙古族利用野生植物的主要方式之一。采茶、制茶是当地牧民日常生活中的必要劳动，每年要投入一定的人力和物力。人们在秋天见面时，除了谈论牲畜和草场外，谈论最多的就是有关采制“茶叶”的事情。这表明了植物的茶用在他们的生产与生活中的特殊地位。根据分类鉴定，阿鲁科尔沁旗蒙古族民间的野生茶用植物共有 14 种（表 7 – 13）④。

---

① 潘玉梅、刘宏茂、许再富《西双版纳傣族传统饮料植物利用的研究》，《云南植物研究》2006 年第 6 期。

② 李德洙主编《中国少数民族文化史》，辽宁人民出版社 1994 年版。

③ 哈斯巴根《蒙古族传统茶用植物的初步调查研究》，《云南植物研究》1990 年第 1 期。

④ 哈斯巴根、苏亚拉图、音扎布《内蒙古阿鲁科尔沁旗蒙古族民间茶用植物的民族植物学研究》，《内蒙古师范大学学报》（自然科学 · 汉文版）1996 年第 4 期。

表 7－13　阿鲁科尔沁旗蒙古族采集的野生茶用植物

汉语名	茶用部位	采集时间
元宝槭	木质部	全年
东北木蓼	根	全年
达乌里胡枝子	茎、叶、花	夏、秋
山荆子	叶	早春、秋
列当	全株	夏、秋
芍药	果皮	秋、冬
委陵菜	地上部分	秋
西伯利亚杏	根	秋、冬
华北石韦	叶	全年
蒙古栎	树皮、叶	秋
山刺玫	叶	5 月
黄芩	茎、叶	6—7 月
地榆	枯茎、根	秋、冬
文冠果	木质部、叶	全年

由于元江干热河谷气候不适宜茶叶生长，而哀牢山山高坡陡，也不便于种植茶叶，故而花腰傣并没有栽培茶叶以备茶用。但是，在日常生活中，人们常常去野外采集各种植物来作为茶的替代品。花腰傣常用的饮料植物主要有石榴、野坝子和九里香。这些植物大都具有清热解毒、消炎散瘀之功效，具有饮用与药用的双重作用①。西双版纳的傣族同样有饮用野生植物的习惯。根据对当地两个傣族村寨利用传统饮料植物的调查，其传统饮料植物共有 114 种，隶属 43 科 93 属，其中有 100 种为野生植物，采集利用的种类十分丰富②。生活在德宏地区的傣族也会采集利用一些野生的饮料植物，如野香橼。傣语称野香橼为“骂芸”，在傣乡村寨园地上、江河堤上、山野旷地上都有分布。野香橼在当地终年常绿，随时有叶可采。饮用时，具有浓烈的柠檬和柑橘香味，沁人心脾③。

① 崔明昆著《象征与思维——新平傣族的植物世界》，云南人民出版社 2011 年版。

② 潘玉梅、刘宏茂、许再富《西双版纳傣族传统饮料植物利用的研究》，《云南植物研究》2006 年第 6 期。

③ 许本汉《德宏傣族的三种茶用植物》，《云南农业科技》1991 年第 3 期。

酿酒也是野生饮料植物的重要用途之一。人类酿酒的历史表明，酿酒起源于人类的采集渔猎时代，与人类的采集业密切相关，是采集业发展的产物[①]。据推测，可能是人类在采集活动中把剩下的果实保存起来，经过日晒发酵而积水为酒的[②]。鄂伦春族、鄂温克族生活在气候严寒的北方，常以饮酒来避寒驱乏。鄂伦春族早期饮用的酒，是用都柿果酿制的[③]。野生都柿，鄂伦春语称“吉厄物”，七月成熟，果实颗粒状，呈灰蓝色，味酸甜。都柿可以保存，装在桦皮桶等容器内，埋到地下，待天冷取出，不仅酸甜味美，还有酒的醇香味[④]。鄂伦春族酿制都柿酒的方法还有两种：一种是将一块木板放在桦皮盆内，用布包好成熟的都柿果，两手在木板上不停地挤压揉捏布包中的都柿果，促使其果汁流入盆里，发酵后即可饮用；另一种是将成熟的都柿果放到桦皮桶内，加盖封好，两手上下左右使劲摇晃桦皮桶，让都柿果在桶内破碎，促其发酵酿出都柿酒[⑤]。鄂温克族在秋天大量采摘野生都柿果，存放在桦皮桶内。在气温高的情况下，数日后桦皮桶内的都柿就发酵了，散发出清香，人们往往兑水后饮用，据说这就是都柿酒。当地还有一种“熊醉红豆”，如黄豆大，酸甜，采集后放在桦皮篓里，加盖，三五天即会发酵，酒味更浓，然后掺水，为熊醉红豆酒，人们常年饮用[⑥]。西南地区，使用野果野菜酿酒的民族也不少。苦聪人会用野生的马蹄、董棕和拉西米等作物作为酿酒的原料。酿法是先将原料舂成粉，蒸后冷却，放入酒曲，再盖上芭蕉叶，待其发酵三四天后，再用木筒蒸，便可以蒸出酒来[⑦]。独龙族也会酿造董棕酒。阿昌族以山上的野生植物为原料制酒，还有用山上的一种野菜和糯米制成的药酒[⑧]。

另外，酒曲的发明亦与采集有密切关系。侗族很早就发现和掌握了用酒曲来酿酒的工艺，其先民在采集野果、植物的过程中偶然发现某种野藤流出

---

① 陈伯霖、麻秀荣《北方渔猎民族采集业与酿酒的起源》，《黑龙江民族丛刊》2002年第4期。

② 宋兆麟著《中国原始社会史》，文物出版社1983年版。

③ 李德洙主编《中国少数民族文化史》，辽宁人民出版社1994年版。

④ 韩有峰主编《鄂伦春族风俗志》，中央民族学院出版社1991年版。

⑤ 陈伯霖、麻秀荣《北方渔猎民族采集业与酿酒的起源》，《黑龙江民族丛刊》2002年第4期。

⑥ 宋兆麟著《中国风俗通史·原始社会卷》，上海文艺出版社2001年版。

⑦ 《中国少数民族社会历史调查资料丛刊》修订编辑委员会编《拉祜族社会历史调查》(二)，民族出版社2009年版。

⑧ 汪宁生著《古俗新研》，敦煌文艺出版社2001年版。

的浆汁对人体有益，自然发酵后可以成为发酵剂[①]。流传于云南禄劝县一带的彝文歌谣《酒药歌》中详细记述了制作酒曲的十二种野生草药："古时酒药十二味。六味在岩上，岩上挖得着；六味在山地，山地挖得着……一味'乱头发'，二味老黄芩，三味龙胆草，四味是柴胡，五味是茜草，六味一把香，七味是兰勾，八味地土瓜，九味'碎米子'，十味是提勾，十一味辣子面，十二味是草乌。一共十二味，煮成好酒药。"宣威一带农村制作酒曲则用十三种草药：朝天罐、巴岩香、四块瓦、羊角花、青木香、青皮香、满山香、一把地香、白地瓜、星秀草、花椒果、黄秆草、大火草[②]。傈僳族以野生苦草（紫苦草、龙胆草）为主要原料配制酒曲。将苦草舂碎捏成团，在甑子里蒸透，在竹筐中放置数日，发酵后即成酒曲。其风俗歌《请工调》中这样唱道："别为蒸酒难过，别为蒸酒发愁……到山梁上瞧瞧，到山坡上看看……找来药草交给你，拔回苦草递给你……苦草蒸了三天，药草发酵七夜……阿妹可以蒸酒啦，老妹可以泡酒啦。"[③]

4. 染色植物

在对野生植物的采集利用中，染色植物一直扮演着重要的角色。从衣服、食物到工具、工艺品，甚至是人体的美容装饰，都少不了植物染料的参与[④]。西部民族采集利用各种野生染料植物，是与其生存的生态环境相适应的结果，构成了采集生计的另一重要部分。一般说来，染色植物有文身染齿、染布和染饭等几种常用功能。

傣族文身染齿的习俗由来已久，据史料记载，"男子断发文身，妇人跣足染齿"[⑤]。意大利旅行家马可·波罗在其游记中比较详细地记述了金齿州（傣族地区）的文身方法："男子刺黑线纹于臂、腿下，刺之法，结五针为一束，

---

① 李德洙主编《中国少数民族文化史》，辽宁人民出版社 1994 年版。

② 云南省民间文学集成编辑办公室编《云南彝族歌谣集成》，云南民族出版社 1986 年版。

③ 云南省民间文学集成编辑办公室、保山地区民间文学集成小组编《傈僳族风俗歌集成》，云南民族出版社 1988 年版。

④ 张国学、裴盛基、李炳钧《民族植物学方法在民族民间染色植物研究中的应用》，《云南植物研究》2003 年增刊。

⑤ 方国瑜主编《云南史料丛刊》（第六卷），云南大学出版社 2000 年版。

刺肉出血，然后用一种黑色颜料涂擦其上，既擦永不磨灭。”① 根据田野调查的资料，这种“黑色颜料”极有可能是其采集的野生蓝靛。花腰傣文身时，将蓝靛叶在火上煮熬后用其染液涂抹在伤口上即可②。唐代《蛮书》曾记载傣族先民“黑齿蛮”以“漆”漆齿，所言之漆实乃一种植物脂制成的颜料，长期染涂可使颜色不褪，是一种染制黑齿的方法。另一种染齿的方法则是咀嚼染料植物。花腰傣妇女常使用四种植物来染齿（表 7－14）。方法较为简单，只需将植物的嫩叶或浆果在口中长期嚼含即可将牙齿染黑。染齿最常用的植物是纤花耳草，由于它生长在田埂上，采集极为方便，每年 2 月至 4 月妇女在田里干活时很容易采集到这一植物。进入 4 月中旬，纤花耳草在田埂上很难找到，妇女到路边或山上林缘采集鸡矢藤和云南鸡矢藤的叶继续染齿。秋季以后，上述三种植物都进入果实期，植物的茎叶生长缓慢。而这时正是生长在哀牢山上的毛木防己的果实成熟期，因而 9 至 11 月妇女们主要靠该植物的果实染齿③。

表 7－14　花腰傣妇女采集的野生染齿植物

汉语名	使用部位	生境	采集时间
纤花耳草	茎叶	田埂	2—3 月
鸡矢藤	叶	江边林缘	4—8 月
云南鸡矢藤	叶	江边林缘	4—8 月
毛木防己	核果	哀牢山上	9—10 月

侗布是侗族使用最广、使用年代久远的一种纺织品。侗族制作的侗布有多种颜色，染制蓝色侗布相对简单，只需用“傍嗯”染液染色；而紫红色侗布需在蓝色侗布之上再用染液染制，这种染液被称作“梁”（“多梁”“侗梁”）。傍嗯染液的制作需要七种原料，除杨梅是栽培植物外，其余均为采集的野生染色植物。在制作染液梁所使用的四种植物中，檫木既栽培也靠采集，

① ［意］马可·波罗口述，［意］鲁思梯谦笔录，陈开俊等译《马可·波罗游记》，福建人民出版社 1981 年版。

② 崔明昆著《象征与思维——新平傣族的植物世界》，云南人民出版社 2011 年版。

③ 崔明昆著《象征与思维——新平傣族的植物世界》，云南人民出版社 2011 年版。

另外三种也都是采自于野外（表7－15）[①]。

表7－15　侗族制作“傍嗯”和“梁”染液所采集的野生染布植物

（1）“傍嗯”染液

汉语名	添加方法	使用部位
虎杖	切成小片	根
薄叶新耳草	粉碎成小段	全株
地稔	粉碎成小段	全株
稻草梗	粉碎成小段	茎、叶
鸡眼草	粉碎成小段	全株
鸭跖草	粉碎成小段	全株

（2）“梁”染液

汉语名	添加方法	使用部位
薯莨	切成片状	块茎
狭叶润楠	切成小段	树皮
虎杖	切成小片	根
檫木	切成小段	树皮

云南罗平县多依村布依族有一种有趣的特色食物——花米饭。它是由红、紫、白、黑、黄、绿六种不同颜色的糯米经蒸煮后形成的。其中的红、紫、黑、黄、绿五种颜色都是用植物染成的，经过染色后的五色糯米与未经染色的糯米混合蒸熟，便形成了色香味美的“六色饭”。经调查，当地布依族用来染饭的野生植物有5种（表7－16）[②]。

① 刘光华、佘朝文、曾汉元等《染制侗布的民族植物学研究》，《广西植物》2013年第3期。

② 崔明昆、赵文娟、孙敏、朱丽娟《布依族染色植物资源的民族植物学研究——以云南罗平县多依村调查为例》，《云南师范大学学报》（自然科学版）2011年第4期。

表 7－16　布依族采集的野生染饭植物

汉语名	利用部位	染出颜色	采集时间
茜草	根	红	夏末秋初
滇紫草	茎、叶	紫	3—4 月
南烛	叶	黑	全年
密蒙花	花序	黄	3—4 月
苎麻	叶	绿	全年

5. 用材植物

在对野生植物的采集利用中，用材植物也是十分重要的一种类型。这些用材植物来源广、种类多，可以制作各种生产生活用具和工艺品，也可以用于建造房屋居所，是许多西部民族社会生活中不可或缺的重要资源。

北方地区盛产桦树，鄂伦春语、鄂温克语称之为“查巴”，是一种耐寒性落叶乔木，树皮薄，韧性好，易于剥取，容易制作，再生能力强，其木质部分还可做容器。根据摩尔根和马克思的研究，人类利用树皮是从蒙昧时期开始的，那时人类用树皮纤维制作绳索，也利用树皮建造房屋①。鄂伦春族、鄂温克族及达斡尔族基于对桦树的采集利用，形成了一种颇具特色的桦树皮文化。桦树皮文化是狩猎、捕鱼和采集经济形态下的产物，其历史久远，相当发达。据考古发现，最早的桦树皮器皿是内蒙古扎赉诺尔所出土的器皿残片，距今已有一万年左右②。不少古代文献亦有关于桦树皮制品的记述。《隋书》和《北史》均载“（钵室韦人）用桦皮盖屋”③。其后，关于北方古代民族使用桦树制品的记述逐渐增多，所记录的种类也更为详尽。至清代，《龙沙纪略》载：“鄂伦春地宜桦。冠、履、器具、庐帐、舟渡，皆以桦树皮为之”④。

① ［德］马克思著，中国科学院历史研究所翻译组译《摩尔根〈古代社会〉一书摘要》，人民出版社 1965 年版。

② 哈纳斯《原始文化的瑰宝——桦树皮文化》，《内蒙古师范大学学报》（哲学社会科学版）2004 年第 4 期。

③ 〔唐〕魏徵、令狐德棻撰《隋书·列传第四十九》，中华书局 1973 年版；〔唐〕李延寿撰《北史·列传第八十二》，中华书局 1974 年版。

④ 〔清〕杨宾、方式济、吴桭臣撰，周诚望、董惠敏、赵江平标注《龙江三纪》，黑龙江人民出版社 1985 年版。

《黑龙江外记》亦云："山谷多桦木，土人以为箭笴，为鞍版，为刀柄，皮以贴弓，为车盖，为穹庐，为扎哈。纵缝之如栲栳，大担水，小盛米面，谓之桦皮斗"①。

农历五六月份是剥取桦树皮的季节，这时桦树皮水分增多，变软，柔韧性强，容易剥落。剥取桦树皮的工具及工序都非常简单，早期工具是薄石片，有了金属工具后改用猎刀。妇女们选择树干笔直、树面较光泽、无硬结的树，根据待制器物的尺寸量出长度，然后在树干的上下各划一圈，中间再竖划一刀，稍稍一撬，整张桦树皮便剥落了下来。剥下的桦树皮要进行精心细致的加工。首先去掉上面白色的表皮，将凹凸不平的部分剥去，再将桦树皮翻转过来，让平滑的里面成为器物的表面。然后经处理使桦树皮变软以便裁剪，既可以用水煮或隔水蒸的方法，也可以用火烤的方法使之变软。桦树皮经蒸煮处理后柔软耐用。最后将它们摞起压平，根据需要进行裁剪。桦树皮制品的制作并不复杂，将桦树皮裁剪完以后稍加整理即可。对接处采用两种方法连接：一是缝合法。缝制所用的针最初是骨针、骨锥，后来改用钢针、钢锥。缝合所用的线是用马尾和线麻混合搓成的线。这些线都不易沤烂。二是咬合法。将对接处的桦树皮剪成锯齿状，两片桦树皮互相穿插咬合。最后，在对接处涂上兽油用火烘烤，使其不易断裂和渗水②。

桦树皮制品具有轻便耐用、防潮性能好、不易变形、不开裂等特点，非常适合于居无定所、经常迁徙的渔猎生活的需要。同时，桦树皮制品还具有取材方便、造价低廉、容易加工等特点，这也为桦树皮制品的广泛使用提供了条件。

根据生活、生产的需要，桦树皮或桦树皮制品大致有以下几种用途：一是用作生产工具。网漂子、鱼饵罐、篓、桶、采集斗（"古约文"）、船、狍哨等都是用桦树皮制作的重要的生产工具。二是用作服饰或盛具。如桦树皮制作的鞋子、帽子、斗笠、帽盒等。三是用作饮食器具。盛饭的碗和盆、装水的桶都是用桦树皮制作的。人们用这些容器储存水、粮食、野果、盐、酒等，而且桦树皮制品贮存物品较之其他容器有很多的优点，如桦树皮碗、碟容易清洗，而且能保持食品的原味，用它装浆果也不会变质。四是用作建材。

① 〔清〕西清撰，梁信义、周诚望注释《黑龙江外记》，黑龙江人民出版社 1984 年版。

② 于学斌《北方民族的桦树皮文化：历史学考古学民族学的会通》，《满语研究》2006 年第 1 期。

撮罗子、地窨子、土房等建筑都曾用桦树皮覆盖房顶，即便是蒙古包最初也是用桦树皮围成的，后来采用毛毡。使用最为广泛的是撮罗子，夏天的撮罗子整个外围都是用桦树皮围成的。六是用作容器，盛装各种物品。七是用作生活工具。日常的生活用品如斗、撮子、漏斗等都是桦树皮制作的。八是用作摇篮。九是用作玩具。用桦树皮剪制成各种玩具，一般为动物、人物等，供儿童们游戏，这种玩具鄂伦春族称为“阿尼哈”，达斡尔族称为“哈尼卡”。桦树皮还可制作猎棋棋盘，这种猎棋鄂伦春族称为“围犸猊棋”，达斡尔族、鄂温克族称为“鹿棋”。十是用于特定场合。桦树皮或制作成神偶、神像、假面具，或用来包裹神偶、神像。在丧葬中，桦树皮可以用来裹尸体。十一是作为燃料或卷之为烛，谓之“桦烛”[①]。

较之北方地区，西南地区各民族最常见的用材植物当属竹类。尽管一些民族已有栽培种植的竹类，但由于竹类使用范围广、用材量大，更需要采集野生竹子来满足日常生产生活之需，而当地丰富的野生竹类则为各民族提供了大量的用材资源。关于西部民族采集利用的竹类及其竹文化，详见本书的其他章节，在此不再赘述。

6. 民俗植物

由于采集在西部民族经济生活中具有重要地位，采集的植物往往与恋爱婚姻、宗教仪式、民俗活动等也有着密切的关系，并对某些植物赋予特殊的文化内涵。

许多西部民族常用植物的根、茎、叶、果来“以物表意”、传递信息，特别是在青年男女的感情交流中，这类植物的使用十分广泛且富有深意。白族勒墨人的小伙会以“媒泻”向女方求婚。媒泻以红纸作为封皮，内装采集而来的两小段一样长的金竹、一个完整的大蒜、两个辣椒、两片嫩绿的树叶、草烟少许，外部再用一种红色的小藤扎好。媒泻中各种物品所表达的含义不同：金竹表示双方地位平等、大蒜表示团结且永不分离、辣椒表示我火热爱着你、绿叶表示爱情永远长青、草烟表示我会爱护你。傈僳族的青年男女相爱后用“来苏”来沟通、交流感情。来苏内包裹的物品，以植物最多。例如，男方送给女方时，杜鹃花表示问候、茅草表示挑选、粉团花表示你像花一样

---

① 于学斌《北方民族的桦树皮文化：历史学考古学民族学的会通》，《满语研究》2006 年第 1 期。

美丽、麻秆表示推心置腹的爱、杉木树叶表示这是祖先的规矩、草烟表示这是称心如意的实话、蒿枝叶表示等你的回话。景颇族载瓦支系的青年男女常以“曼哈”表达爱意。曼哈少则由一二十种植物组成，多则达三四十种植物，常用的有二十余种植物，绝大多数为采集的野生植物。下面以一件“曼哈”来说明（表7－17）[①]。

表7－17 景颇族的一件“曼哈”

汉语名	景颇语名	含义	译文
蒜	蒜	打算	我打算
树根	省名	深深，引申为诚心、诚恳	诚诚恳恳
姜	唱	和你、跟你	和你
石栎科树叶	苗娃	“苗”意为迫切、急切，引申为心情迫切	（我的心情）是迫切的
羊蹄甲树叶	班聂	“聂”即暖、热，意为心热、高兴	也是高兴的
赤豆	使将	“将”意为不理睬，两粒赤豆引申为不要不理睬	你不要不理睬我
黄豆	奴	“奴”意为细致、详细，两粒黄豆引申为相当仔细	我们可以仔细谈谈
玉米	克铎	“铎”意为来，两粒玉米引申为一定要来	你一定要来
茅草（根）	在命	“在命”即意为想念，根表示深深地	深深地想念你
短序越橘叶	丁日歪	“丁”意为唯一，引申为一定要准时	（请你）准时到来
（薄）竹叶	埋窝	“窝”意为要你，引申为要求你	要求你做到（准时来）
竹子	瓦	“瓦”意为谈话、交谈，引申为谈谈	（让我们）具体地谈谈吧

① 罗钰著《云南物质文化·采集渔猎卷》，云南教育出版社1996年版。

（续表 7－17）

汉语名	景颇语名	含义	译文
毛竹叶	瓦哈	“哈”意为悄悄，引申为悄悄地谈、不要让别人知道	谈什么别人是不知道的
莠竹叶	一层	“一层”意为捏，引申为暗示	你心里明白就行了
蕨叶	德滥	“德滥”意为玩、串，引申为做客	来我这儿做客吧
火炭树叶	普日歪	“日歪”意为到了，引申为到时候	到了那时候
桦桃树叶	尾	“尾”意为承担责任，引申为实现、不改变	不再改变、让我们去实现
锥栗树叶	则	“则”意为考虑，引申为好好考虑一下	请好好地考虑一下吧
杏叶防风	家	“家”意为不是假的，引申为讲的都是真话	这些都是真心话
清明菜	门斋	“斋”意为赔偿，引申为承担、负担	至于经济费用我来承担好了
芦竹	正	“正”意为逼，引申为恳求	我恳请你
皂荚叶	堪	“堪”意为保证，引申为向你保证	我可以做出保证
破布木树叶	扑曼	“曼”意为正确、确实，引申为确实、可靠	这确实是可靠的
竹节木叶	到	“到”意为同意，引申为同意我说的吗	同意我说的吗？（请回信）

许多西部民族在开展宗教祭祀活动时，都要采集野生植物作为祭品或用具。这些植物发挥着沟通鬼神的作用。比如，野山茶叶煮出来的茶水是哈尼族进行各种祭祀活动的供品，金竹、细黄竹、毛竹、棕树、槟榔、蓝靛、桃

子、李子、梨、樱桃、桤树、大杜鹃花、臭油果、锥栗、毛毛树、柳树、槐桃树、七里花香、蜂蜜花、野芭蕉树、山魔芋、藤子果叶、芦苇、野姜叶、车前草、菖蒲、蕨草等植物则是不同祭祀活动的供品，将黄泡刺、尖刀草、蒿枝绑在一起做可驱鬼避邪的扫把①。景颇族祭“能尚”时，采集的植物主要有四种：芭蕉叶、竹子、麻栗树枝及茅草。布朗族每个家庭中都供奉着一个家神，称作“奔哈美”。供奉给家神的都是一些采集来的植物，如芭蕉叶、菠萝叶及甘蔗叶等。彝族撒尼支系“祭密枝”时，一定要采摘一些栗树枝进行祭祀②。

（二）菌类

野生菌是西部民族常采集食用的另一类“蔬菜”，含有丰富的矿质元素、氨基酸及蛋白质等，具有较好的食用和药用价值。菌类多生长于茂密的山林之中，西部地区森林资源丰富，野生菌类的蕴藏量十分庞大。这为各民族采集食用菌类提供了良好条件。其采集食用种类十分丰富。

四川冕宁多续藏族常食用的菌有鸡油菌、鸡纵菌、奶浆菌、刷把菌、石灰菌、牛肚子菌、牛舌片菌、羊肚子菌、羊耳朵菌、青皮菌、胭脂菌、荞巴菌、见风蓝菌、鸡屁股菌、黄罗伞菌、一窝燕菌、茅草菌、露水菌、苞谷菌等③。珞巴族采集的菌类包括木耳和各类蘑菇。独龙江两岸盛产菌类，独龙族采食的菌多达二十余种，有青头菌、腊栗菌、荞面菌、鸡油菌、喇叭菌、虎掌菌、香菌、胭脂菌、白参、冷菇、苞谷菌、牛肝菌、鸡纵、一窝鸡、鸡纵花、松茸、干巴菌、树窝、木耳、银耳、扫帚菌、羊肝菌等④。苦聪人采集食用的菌主要有木耳、香菌、白参、马屁泡、大红菌、奶浆菌、青头菌、羊肝菌、牛肝菌、黄念头、鸡纵、松茸、干巴菌、白辣菌等⑤。哈尼族常食用的野生菌主要是木耳、香菌、蘑菇、牛肝菌、干巴菌、羊奶菌、青头菌、白参、

---

① 黄绍文、何作庆《哈尼族传统采集狩猎与生物多样性》，《中央民族大学学报》（自然科学版）2008 年第 2 期。

② 罗钰著《云南物质文化·采集渔猎卷》，云南教育出版社 1996 年版。

③ 袁晓文《多续藏族的地方性知识》，《西藏民族学院学报》（哲学社会科学版）2011 年第 4 期。

④ 李金明《独龙族野生植物利用的传统知识研究》，《学术探索》2012 年第 4 期。

⑤ 罗承松著《拉祜族苦聪人——对哀牢山中部一个人群生活方式的研究》，中国社会科学出版社 2014 年版。

松茸等[①]。基诺族采集的野生菌有蚂蚁骨堆菌、鸡坳、奶浆菌、大红菌、小火炭菌、大火炭菌、辣菌、马皮包、牛舌头菌、木耳、半个菌、筛子菌、白参、酸菌、八大柴、脆脚菌等十余种[②]。佤族食用的菌有马类菌、白生蚝菌、木耳、珊瑚菌、黄鸡坳、灵芝、红头菌、大菌子、青头菌、黄球菌、马衣泡、大脚菌、皮叶菌、鸡坳等二十几种[③]。德昂族采集的菌有鸡坳、鸡坳花、木耳、扫帚菌、枇杷菌、香菌等[④]。云南苗族食用的菌则有木耳、白参、香菇、鸡坳、酸菌、青头菌、牛肝菌、干巴菌等[⑤]。

（三）昆虫类

除了采集食用野生植物和菌类外，昆虫也是许多西部民族采食的对象，且采食的种类繁多。昆虫是地球上种类最多且生物量巨大的生物类群。它的食物转换率高、繁殖速度快、蛋白质含量高，有的还有特殊的保健功能。中国是食用昆虫历史最悠久的国家之一，许多西部民族很早就有采集昆虫为食的传统，并有不少相关的文献记载。早在唐代，刘询的《岭表异录》就曾记载："交广溪垌间酋长多收蚁卵，淘泽令净，卤以为酱。"[⑥] 明景泰《云南图经志书》载顺宁府之蒲蛮："土蜂、蛇虺、虾蟆、蜻蜓、蜘蛛、蝼蚁、水虫，无所不食。"[⑦] 清代赵学敏的《本草纲目拾遗》引《滇南各甸土司记》云："棕虫产腾越州外各土司中，穴居棕木中，食其根脂汁，状如海参，粗如臂，色黑。土人以为珍馔。土司饷贵客，必向各垌丁索取此虫作供，连棕木数尺解送，剖木取之。"[⑧]

时至今日，不少西部民族有采集食用昆虫的传统，形成了丰富多彩的食虫文化。基诺族有采集食用昆虫的传统，并视之为美味。据初步统计，基诺

---

① 黄绍文、何作庆《哈尼族传统采集狩猎与生物多样性》，《中央民族大学学报》（自然科学版）2008 年第 2 期。

② 尹绍亭《基诺族刀耕火种的民族生态学研究》（续），《农业考古》1998 年第 2 期。

③ 魏德明著《佤族文化史》，云南民族出版社 2001 年版。

④ 俞茹著《德昂族文化史》，云南民族出版社 1999 年版。

⑤ 熊玉有著《苗族文化史》，云南民族出版社 2003 年版。

⑥ 〔唐〕刘恂撰，鲁迅校勘《岭表录异》（卷下），广东人民出版社 1983 年版。

⑦ 〔明〕陈文撰，李春龙、刘景毛校注《云南图经志书校注》（卷四），云南民族出版社 2002 年版。

⑧ 〔清〕赵学敏撰《本草纲目拾遗》（卷十），中国中医药出版社 2007 年版。

族采集食用十余种昆虫（表 7－18）[①]。苦聪人采集食用的昆虫主要有蜂蛹、竹虫、蝉蛹、蚂蚁、蚂蚱等[②]。蜂蛹、竹蛹、蝉蛹、蚂蚱等也是哈尼族定期采集食用的对象[③]。佤族采集食用的昆虫有蟋蟀、蚂蚱、蝼蛄、蝉、水蚕、土蜂、竹蛆、柴虫（包括红毛虫、扫把虫、冬瓜树虫、艾登树虫等）、芭蕉虫、飞蚂蚁等[④]。

表 7－18　基诺族采集食用的部分昆虫

名称	采集季节	食用方法
竹蝗、蚱蜢	若虫期，4—10 月	油炸
蝉	幼虫期，2—10 月	火烧或油炸
蚂蚁	产卵期	炒、炸、烧、煮汤均可
白蚁	11—4 月	去翅后油炸
蟋蟀	4—10 月	油炸或炒食
蝗虫、蚂蚱	若虫期，4—10 月	油炸
竹节虫	2—11 月	油炸
黄翅大白蚁	11—4 月	去翅后油炸
土白蚁	11—4 月	去翅后油炸
竹虫、竹笋蛾	蛹期，3—9 月	油炸
胡蜂	3—11 月	油炸

① 龙春林、阿部卓、王红等《基诺族传统文化中的生物多样性管理与利用》，《云南植物研究》1999 年第 2 期。

② 罗承松著《拉祜族苦聪人——对哀牢山中部一个人群生活方式的研究》，中国社会科学出版社 2014 年版。

③ 黄绍文、何作庆《哈尼族传统采集狩猎与生物多样性》，《中央民族大学学报》（自然科学版）2008 年第 2 期。

④ 陈国庆《佤族食俗》，《民俗研究》1995 年第 2 期。

第三节　狩猎

狩猎，又称捕猎、打猎、行猎，是采集渔猎经济的重要组成部分。在很长的一段历史时期中，人类依靠狩猎活动来获取肉食。这对人类的生存发展有着极为关键的作用。人类要进行狩猎活动，必须要从其所处的生态环境中获取野生动物，即狩猎对象——猎物。20 世纪 50 年代以前，西部民族所猎取的猎物种类十分丰富，大致可分为兽类、鸟类和爬行两栖类。兽类主要有虎、豹、熊、狼、豺狗、猞猁、貉、獾、野猫、狐狸、花面狸、貂、黄鼬、山狗、穿山甲、水獭、旱獭、刺猬、豪猪、野猪、野马、野驴、野牛、羚牛、野骆驼、羚羊、岩羊、黄羊、麋鹿、马鹿、驼鹿、麝鹿、麂、獐、狍、猴、兔、灰鼠、松鼠、竹鼠、山鼠、香鼠、花鼠等；鸟类主要有野鸡、雉鸡、原鸡、竹鸡、锦鸡、树鸡、乌鸡、秧鸡、棒鸡、飞龙、野鸭、鹧鸪、白鹇、鹌鹑、鹰、隼、猫头鹰、天鹅、大雁、鹤、斑鸠、松雀、鱼雀、画眉、山雀等；爬行两栖类主要有蛇、蜥蜴、青蛙、石蚌等。20 世纪 50 年代之后，其中的部分动物已被列为国家保护动物，成为禁猎对象。但历史上，针对这些种类繁多、习性不同的猎物，众多西部民族在长期的狩猎实践中，逐步积累了丰富的狩猎经验和狩猎知识，创造发展出极具特色的狩猎生态文化类型。本节将从狩猎季节与猎场、猎具、狩猎方法、狩猎组织与猎物的分配及利用、狩猎仪式与禁忌等几个部分对西部民族的狩猎生计及文化进行概述。

一、狩猎季节与猎场

狩猎与动物的繁殖、生长周期及迁徙过程密切相关。出于生计活动的实际需要，各狩猎民族往往会依据候鸟的迁徙往来、蛰伏动物的冬眠春醒等自然现象来认识动物的活动规律，在不断验证的基础上总结出针对当地生态环境的物候历法，用以指导狩猎实践，并依据气候或节气的变化而划分出不同的狩猎季节及时间。

鄂伦春族将一年中的大部分时间划分为四个狩猎期：二月至三月为“鹿胎期”，五月至六月为“鹿茸期”，九月至落雪前为“鹿尾期”，落雪后为“打皮子期”。当然，并不是“打皮子期”以外的时间都猎鹿，只是一种象征性的称法。这四个狩猎期是游猎的黄金时期，特别是“打皮子期”，所以又被称为“红围期”[①]。鄂温克族猎民将一年划分为与狩猎相关的六个时段“诺勒吉”（二月至三月），为打鹿胎季节；“农念”（四月至五月），为割鹿茸的季节；“允喀”（六月至七月），为蹲碱场猎鹿的季节；“保罗”（八月至九月），为猎取鹿鞭、晾兽肉的时节；“西格勒”（十月至十一月），河水封冻，落雪又不大，为狩猎黄金时节；“土格”（十二月至翌年一月），天气酷寒，雪深及腰，为狩猎活动的停止期[②]。达斡尔族一年四季均出猎。春夏主要是打鹿，目的是获取鹿茸等名贵药材。秋天打狍子，获取肉食和兽皮。冬天则打紫貂、松鼠等细毛皮兽，所获兽皮大多用于出售。冬末春初，猎取鹿胎[③]。蒙古族围猎通常在自秋至冬的几个月进行，春天冰消雪化时则进行所谓的“飞放”，即用放鹰隼的办法捕捉水禽和野兽[④]。每年春季为科尔沁地区蒙古族的狩猎旺季，一般从农历正月十六开始到五月十五日止。在此期间，要根据猎物的活动规律及天气情况选择狩猎日期[⑤]。

傈僳族根据物候特征把一年分为十个月，即花开月（三月）、鸟叫月（四月）、烧山月（五月）、饥荒月（六月）、采集月（七、八月）、收获月（九、十月）、煮酒月（十一月）、狩猎月（十二月）、过年月（一月）、盖房月（二月）[⑥]。除狩猎月常上山打猎外，在收获月、煮酒月、过年月及盖房月也偶尔上山狩猎，花开月、鸟叫月、烧山月则禁止上山狩猎[⑦]。独龙族的狩猎活动主要在冬春两季进行。冬季农作物收获完毕，生产活动少，而且气候逐渐寒冷，高山上开始降雪，毒蛇纷纷下到江边过冬，大部分野兽也移到雪线以下，此时上山打猎，被毒蛇咬伤的可能性小，捕获率也比较高[⑧]。凉山彝族在农历三月至五月猎捕獐、鹿、麂等，因为这时草青叶茂，这些野兽都出来觅食；农历八、九月份玉米、荞麦成熟，野猪、熊吃得膘肥体壮，正是捕杀之时；十

---

① 都永浩《定居前鄂伦春族的游猎经济》，《黑龙江民族丛刊》1992 年第 3 期。

② 孔繁志著《敖鲁古雅的鄂温克人》，天津古籍出版社 1994 年版。

③ 谷文双、马国利《达斡尔族狩猎业考述》，《黑龙江民族丛刊》1997 年第 4 期。

④ 《蒙古族简史》编写组编《蒙古族简史》，内蒙古人民出版社 1985 年版。

⑤ 白德林《蒙古族狩猎文化考述》，《内蒙古民族大学学报》（社会科学版）2006 年第 1 期。

⑥ 《傈僳族简史》编写组编《傈僳族简史》，云南省人民出版社 1983 年版。

⑦ 艾怀森《高黎贡山地区的傈僳族狩猎文化与生物多样性保护》，《云南地理环境研究》1999 年第 1 期。

⑧ 尹绍亭著《人与森林——生态人类学视野中的刀耕火种》，云南教育出版社 2000 年版。

月至腊月则捕杀熊等。在云、贵、桂的广大彝族聚居地区，狩猎时节一般是在农闲时节的农历十月至次年二月①。

一般说来，茂密的山林都是狩猎的场所，一些民族也没有明确的“猎场”概念。如鄂伦春族认为“猎场是老天爷的”。因此，他们从来没有划定猎场，到什么地方去狩猎都行。不过他们的氏族部落总是在一定的河流流域范围之内活动，大体上也就在这个范围内打猎，不到别的氏族部落范围内去。这是因为熟悉的环境才易于猎取野兽。各氏族部落之间谁也不去侵犯谁。不同氏族部落的人们在同一猎场相遇，他们也不发生争执。如果是一先一后到达这个猎场，一般是后来者让给先来者。而先来者总是邀请对方留下，一起狩猎②。

但是，对于另一些民族来说，情况就不同了，其猎场的范围十分明确。门巴族猎场分公有猎场和私人猎场。公有猎场，有的由某一个村社所占有，有的由两个相邻的村社所占有，还有不属于任何村社的无主猎区。无主猎区一般离村庄较远，树大林深，道路难行，较少有人前往。村社成员可以自由进入属于本村的公有猎场或无主猎区行猎，猎物归本人所有。外村人要在本村猎场行猎，需事先征得该村头人的同意，捕捉到猎物后，按习惯应将部分猎物留给该村作为回报。门巴族的私人猎场有两类：一类是本属无主猎区，由于某猎户常去行猎，久而久之便据为己有，并得到其他村民的认可；另一类是用财物从他人手中换来的。到私人猎场行猎，向猎场主人打声招呼即可，但应分给猎场主人一部分猎物，习惯上是给猎获物的一只前腿和一块板油，不然会引起纠纷③。独龙族也有固定的村寨的猎场。其是指本村寨地界之内海拔 1800 米以上的地带。这一地带人迹罕至，森林茂密，所以各种动物比较多。在一般情况下，村寨成员只能在本村猎场打猎而不能到外村猎场打猎，除非在捕猎时动物逃到外村地界，才可以一直追击。个人可以像号占林地一样号占打猎场所，但只限于在本村寨的猎场之内号占。其方法一般是：以刀剥去大树树皮，在树干上刻出锯齿形花纹，或在路口将两个木桩架成交叉形

---

① 杨甫旺《彝族狩猎文化刍论》，《楚雄师范学院学报》2010 年第 8 期。

② 《鄂伦春族简史》编写组编《鄂伦春族简史》，内蒙古人民出版社 1983 年版。

③ 张宗显主编《西藏民俗》，甘肃人民出版社 2004 年版。

状作为标志。一经号定，其他人就不能再到此打猎[①]。20 世纪 50 年代以前，景颇族的“崩早”（意为山的主人，或译为山官）管辖着其“辖区”内的一切对内、对外的事务。崩早的辖区之间有着确定的界线，辖区之间不得任意逾越，更不准越界狩猎。只有本区成员才能在本区域内狩猎，故而辖区即为猎场。如果外区域成员越界进行狩猎活动，将受到山官的惩罚。逾越者必须赔偿，严重的还会引起相互间的械斗[②]。

猎场的选择也与狩猎季节及猎物的活动规律有关。比如，鄂温克族打鹿茸一般是在 5 月中旬至 6 月中旬。这个时期内鹿一般不在密林里，主要是在散林、有草场的地区。打鹿胎则是从 2 月开始至 4 月下旬。这时猎人需要到密林深处去寻找鹿踪，伺机猎获[③]。景颇族熟知野猪的生活习性，将狩猎野猪的时间和地点紧密联系在一起：当年 11 月至次年 3 月到向阳坡打，3 月至 6 月到山洼的阴凉处打，6 月至 11 月到旱谷地、苞谷地周围去打[④]。相应地，这些不同的狩猎场所便成了这一时间段内的猎场。

二、猎具

迄今为止，人类至少经历了四个狩猎工具阶段。第一阶段起始于石器时代，人们运用石块、竹木及动物骨骼等制造猎具，以近距离的打击与刺杀工具为主。第二阶段以长程武器（如弓箭）为代表。运用这些工具，人类可以在较远距离射杀动物，使猎人既可避免被动物发现，又可避免遭到野兽的袭击，降低了狩猎活动的风险。第三阶段是运用驯化后的动物、陷阱及铁制工具等进行狩猎，使得人类的狩猎手段更加丰富，大大提高了狩猎的成功率。第四阶段是运用枪支弹药，能够使猎人更加容易地捕杀动物，捕杀效率相当惊人，但同时也造成了对野生动物资源的严重破坏，引起了物种灭绝、生物多样性减少等问题。西部民族的狩猎工具可谓五花八门，形状、大小、材质等各不相同，制作过程繁简各异，涵盖了上述四个阶段中所使用的各种猎具。但就整体情况而言，这些猎具的制作原料多来源于当地生态环境中的各种物产，即所谓的“物尽其用”。以下部分，将介绍几种具有代表性的猎具。

---

① 尹绍亭著《人与森林——生态人类学视野中的刀耕火种》，云南教育出版社 2000 年版。

② 罗钰著《云南物质文化 · 采集渔猎卷》，云南教育出版社 1996 年版。

③ 周玲《鄂温克族的生产习俗》，《长春师院学报》（社会科学版）1994 年第 3 期。

④ 罗钰著《云南物质文化 · 采集渔猎卷》，云南教育出版社 1996 年版。

（一）弓箭

弓箭的使用，是人类历史上的一次大进步。历史上几乎所有的狩猎民族都将弓箭作为基本的狩猎工具。正如恩格斯所言："弓箭对于蒙昧时代，正如铁剑对于野蛮时代和火器对于文明时代一样，乃是决定性的武器。"① 当时，弓箭是一种有较高技术水平的复合工具，可以在一定距离内射杀野兽，可以躲在隐蔽处偷袭，可以面对面地射杀，也可以射击空中的飞鸟，从而使猎获物数量也显著增加②。

在火器传入之前，弓箭是鄂伦春族最重要的生产工具，"木弓"和"桦矢"组合使用。"弓以黄瓤木为之，性直不弯，长五尺，盈握为度。用麻绳或皮作弦，驰则直，亦如矢。矢以蜂桦为之，长视左手至左肩。镞长视食指，本窄末宽约四分。低答以木为之，长六尺余，头贯利刃如枪。"③ 根据 20 世纪 50 年代的调查，鄂伦春族制作弓背的木料有两种，一种是落叶松木，另一种是"包马子"木。弓弦最初是用鹿、犴、狍子的筋搓绳制作的。箭杆是用"包马子"或南北条等硬质木料制作的。箭头早期是用鹿、犴的骨制作，有了铁以后，用铁打制。箭尾夹有三片羽翎④。鄂温克族把弓叫作"波勒"。弓是双层的，里层是黑桦木，外层是落叶松，两层木头中间夹以犴、鹿的筋，用细鳞鱼皮熬成胶粘住。弓弦是鹿皮制的。早期的箭头是兽骨制的，后来有了铁箭头。箭身叫"奥克苏勒"，箭头叫"结特"，箭尾叫"斯嗯"⑤。达斡尔族称弓为"纳莫"，多以桦木或榆木为原料，弦多以虎筋或狍筋制作。用于猎获大野兽的弓叫作"瓦德热讷莫"，是用藤木做的。为增强弓力并使之结实耐用，还要用胶把两层弓木片粘在一起，外面再包上蛇皮。箭被称作"索木"。箭杆以硬质树条或藤竹为原料，箭头配以铁镞（"奇日达勒"），箭尾嵌上两排对称的雕毛⑥。弓箭为蒙古族传统的狩猎工具。箭头由用石、骨制发展到用金属制，箭弓由竹弓发展到牛角弓，弓弦为牛筋或其他野兽筋所制，箭杆为桦

---

① ［德］恩格斯著，张仲实译《家庭、私有制和国家的起源》，人民出版社 1954 年版。

② 罗钰著《云南物质文化·采集渔猎卷》，云南教育出版社 1996 年版。

③ 〔清〕曹廷杰撰，丛佩远、赵鸣岐编《曹廷杰集》，中华书局 1985 年版。

④ 《中国少数民族社会历史调查资料丛刊》修订编辑委员会编《鄂伦春族社会历史调查》（二），民族出版社 2009 年版。

⑤ 《民族问题五种丛书》内蒙古自治区编辑组编《鄂温克族社会历史调查》，内蒙古人民出版社 1986 年版。

⑥ 谷文双、马国利《达斡尔族狩猎业考述》，《黑龙江民族丛刊》1997 年第 4 期。

木或其他结实耐用的木料所制[1]。珞巴族的弓一般用竹板弯制而成，长短不一，拉力不等。弓弦用麻绳或野生植物纤维拧成。箭杆用竹板劈成条削成或用小竹竿制作。箭头有铁镞和竹镞之分，一般有梭镖形、菱形、弹头形三种类型，分为有毒和无毒两种。箭的尾部附着有用鹰翎或竹片做成的箭羽。箭筒用竹筒制作，皮索则用兽皮制成[2]。独龙族的弓箭制作精巧。弓背、弓柄分别用坚硬质佳的岩桑和栗木制成，弓弦用麻反扭成绳。箭包由猴皮、熊皮、竹子等制成。箭头用雪山实心竹削制，质地坚硬，分为无毒和有毒两种[3]。

弩是在弓的基础上发展而来的，比弓射得远，并且准确平稳。傈僳族把弩分成六部分：弩杠（弩身）、弓臂（弩片）、弩弦、弩弦口、箭槽、弩机。其中，弩身要选用“牙妞”“客吃”木为原料，弓臂以坚韧、弹性好的“恰斯”“布杂”木为原料，弩弦以深山采回的野麻为原料，搓成麻绳，弩机则以牛的后肢骨制成。所制造的弩箭，共有三种：普通（竹）箭、铁簇箭和毒箭[4]。佤族的射弩由弩、箭、箭包三部分组成。弩床用料大多为青冈、栗木或其他硬木，弩批用弹性和韧性极好的岩桑、火神、绵木、竹等制成月牙形，弩弦用麻线或牛皮筋制作，“发芽”即扳机用牛骨制作。弩箭用竹子削制，因箭镞不同而分为竹头箭、铁头箭和毒箭。箭的尾翼呈三角形，用竹片削制而成。箭包用兽皮缝制或竹筒削制[5]。广西巴马的瑶族制作弩弓首选十里香（月橘），其次是黄阳木，做弩身则用“马力光”木或“米锥木”（金刚木）。弩绳（弦）是用麻绳做，选用当地产的青麻。制作箭杆选用楠竹、杠竹的竹节间距大的部分，箭羽以薄长的竹片制成[6]。

珞巴族、傈僳族、怒族、独龙族、景颇族、拉祜族、哈尼族、基诺族、傣族、佤族等常制备毒箭，多以植物制毒，颇具特色。如珞巴族的毒箭是将一种名叫“雪山一枝篙”的植物和另外一种名叫“果比”的野果切碎晾干再

---

① 邢莉《蒙古族的狩猎》，《内蒙古民族学院学报》（哲社版）1995 年第 2 期。

② 王国兴《珞巴族的弓箭与狩猎》，《西藏体育》1995 年第 1 期。

③ 高志英著《独龙族社会文化与观念嬗变研究》，云南人民出版社 2009 年版。

④ 罗钰著《云南物质文化·采集渔猎卷》，云南教育出版社 1996 年版。

⑤ 赵晓江、杨玲玲《佤族的射弩》，《云南民族学院学报》（哲学社会科学版）1993 年第 3 期。

⑥ 仪德刚、张柏春《广西巴马县瑶族制弩方法的调查》，《中国科技史料》2003 年第 3 期。

碾成粉末装入兽角或竹筒，掺尿浸泡、发酵，然后将箭镞浸入其中制成的①。傈僳族的毒箭使用乌头类药物，毒箭射中动物时，剧毒的乌头碱渗入其体内，即刻毒发死亡。还有一种铁毒箭镞，具有更强的穿透力，专门射杀大型兽类。拉祜族的毒箭，使用的箭药是“箭毒树”。敷毒的方法有两种：其一是将竹箭钉入“箭毒树”，使其箭头沾有毒质；其二是砍开“箭毒树”，用魔芋茎的汁液作为黏合剂，将“箭毒树”汁黏附于箭头上②。佤族制作毒箭，箭头用毒汁浸泡，毒汁是用一种叫“狗挠草”的植物根与鸡屎、锅烟灰和黑火药按一定比例配在一起制成的。这种箭毒性极烈，可“见血封喉”③。僜人用一种叫“太衣”的野生植物配制箭毒。每年六月山上积雪融化后，把“太衣”块根放在石头上，再用一块小石头磨成粉末即为箭药④。

弹弓，即团土为丸，用弓弹出。时至今日，弹弓在傈僳族、景颇族、阿昌族、哈尼族、基诺族、傣族、德昂族、布朗族等民族之中仍很常见。弹弓由弹（弹丸）、弓（发射器）、弹巢三部分构成。弹丸用天然的石子或泥土捏制而成，制作弓的材料大多选用竹子，弹巢则以皮革或竹片制作。例如，哈尼族的弹弓以竹片制作，弓宽约四厘米、长约一米，用藤篾做弓绳，弓绳中点编一小型篾箕，将石子放在其中，发射时，石子弹出，击中目标⑤。苦聪人的弹弓用竹片制作，取一根长约一米、宽约四厘米的竹片，两端稍微削窄，用竹篾做弓绳，竹篾中间缝一块皮革，石子夹在皮革中间⑥。

（二）刀具

刀是一种广泛应用的工具，被称为“万能猎具”，具有极强的实用性：出猎时可以制作多种猎具，远行时是逢山开路、遇水架桥的好工具，遇上险情又可作为防身格斗的武器，捕获野兽后剥皮、开膛、割肉、剔骨也少不了它。

云南各民族使用的长刀，可以分为尖头型和平头型两类。使用平头型长

---

① 王国兴《珞巴族的弓箭与狩猎》，《西藏体育》1995年第1期。

② 罗钰著《云南物质文化·采集渔猎卷》，云南教育出版社1996年版。

③ 赵晓江、杨玲玲《佤族的射弩》，《云南民族学院学报》（哲学社会科学版）1993年第3期。

④ 张宗显主编《西藏民俗》，甘肃人民出版社2004年版。

⑤ 黄绍文、王晏《从人类生态学的视角看哈尼族的采集与狩猎》，《红河学院学报》2009年第6期。

⑥ 罗承松著《拉祜族苦聪人——对哀牢山中部一个人群生活方式的研究》，中国社会科学出版社2014年版。

刀的有傈僳族、怒族、独龙族、景颇族、阿昌族、德昂族等。刀身长80—90厘米，宽约4厘米，刀头平如折断；握柄长15—18厘米，截面为圆形，通常为竹柄，稍好者有铜丝包嵌，为银柄或象牙柄。阿昌族的“阿昌刀”的做工十分精良，据说上好的长刀既可削铁如泥，又可柔韧系腰。长刀有鞘，又分为单鞘、双鞘两种：单鞘是在一木板片上缠以棕丝制成的；双鞘以两片木板合成，中空，刀插于其中。使用尖头长刀的主要有拉祜族、哈尼族、基诺族、傣族、佤族、布朗族等。尖头型长刀较平头型长刀短，刀头为尖锐柳叶状，刀鞘也分单鞘、双鞘，以双鞘者居多，砍、刺均可。砍刀，铁质木柄，刀身一般长25—30厘米，前宽后窄，宽处8厘米许，窄处6—7厘米，柄长20厘米左右。砍刀主要用于砍柴、砍树，效率较长刀高，在生产、生活、架桥、狩猎工具的制作等方面仍少不了它。其他类刀具，器形小，方便携带，临时急用也很有效，可以切削，是制作小型捕兽、禽器具时常用的工具①。

（三）猎枪

猎枪的获取，一般有两种方式：一是靠交换获得，二是自己制造。猎枪使猎人的狩猎能力及效率大大提高，不少西部民族都有使用猎枪狩猎的传统。但是，对猎枪无限制地使用，对猎物的滥捕滥杀，会严重破坏当地的生态系统循环，造成无法挽回的生态后果。

至迟在18世纪中叶，鄂伦春族已开始使用枪支。最初传入的火枪称作鸟枪，点燃火绳引爆的称火绳枪，点燃火镰引爆的称火镰枪，此后又有了枪击撞击炮子引火的炮子枪，射程为五六十米。19世纪末，步枪传入鄂伦春族地区，使用最普遍的是俄式单响枪“别拉弹克”，杀伤力很大，使用也较方便，用铜壳铅头子弹，不用现装弹药，也不必带火种，雨雪天照常使用，射程150—200米。20世纪初，更为先进的步枪传入，最初是连珠枪，后来又传入了套筒枪和三八式枪，射程一般为400米。清朝末年，别拉弹克枪已占居优势，20世纪50年代以前，其他步枪与别拉弹克枪并用②。鄂伦春族使用猎枪时还有一种辅助性的工具，叫“西将湖”（枪架）。这种枪架是用松木制成的。制作枪架时，先将一根长约1.5米的树干劈成两半，将劈开的扁面刮平，外面刮圆，然后将两个扁面对接起来，在距上端40厘米左右的地方钻孔，再

① 罗钰著《云南物质文化·采集渔猎卷》，云南教育出版社1996年版。

② 都永浩《定居前鄂伦春族的游猎经济》，《黑龙江民族丛刊》1992年第3期。

用皮条连接在一起即告完成。枪架的用途主要有两种：一是打枪时把枪支起来，用于瞄准；二是在枪架上装上锋利的铁枪头，用来刺杀被打伤的野兽[①]。

鄂温克族最早使用的猎枪是燧石枪，有两种：一种是打大子弹的，名叫"图鲁克"，射程50—100米；另一种是打小子弹的，名叫"乌鲁木苦得"。燧石枪的子弹是铅弹，还需配置很多其他配件，如以桦皮制作并镶嵌铁片的火药瓶"纳都鲁斯科"、弹袋"布扯路苦"、火药定量器"妹鲁基"、扎眼的小签子等。20世纪初，鄂温克族引入了"别拉弹克"枪，射程达到150—500米。不久后，又有了连珠枪，射程达到300—1000米。之后，又传入套筒枪、七九枪、三八式枪、九九式枪、临七九枪等，使猎获动物的数量大大增加。鄂温克族猎人，每人都有一套做子弹的工具，冬季打小动物时所用的子弹都是自己买铅、火药、炮子，用旧弹壳制作的[②]。

景颇族会制作猎枪所必备的火药和枪弹。制作火药，第一步是制硝。找到硝土后，用竹篾编一个一人多高的大竹篮，四面用竹笋壳围住，下部用竹管接一出水口，把土倒入篮内，灌水溶解，水流入铁锅中，架上火烧，使硝水蒸发，再将铁锅中提炼过的硝土溶解，再蒸发。如此重复几次以后，锅底上便有一层灰白色的硝。合成火药的第二种原料是硫黄，主要通过交换获取。第三种原料是木炭。砍来一些如拇指粗细的榆树枝，呈集束式直立堆积后点燃，待点燃后，用一个破损有缺口的瓦盆从一侧轻轻罩下，过一会儿用泥封死，第二天揭开盆，便可以得到质量很高的木炭。将木炭碾细成粉末，按"一硝二磺三木炭"的比例，放到木臼中轻轻地舂，让其混合，便制成了火药。火药枪的枪弹有铁质、铅质两种。铅弹多利用废旧铅回收后制成，经熔炼后得到粗铅，铸成条形，使用时用长刀切断，锤打成圆粒，就制成铅弹。铁弹多是小型散弹，制作简单，将炽热的铁汁往平坦的地上一抖，铁汁飞溅，迅速凝固成球形，这些大小不等的铁粒便是铁砂弹[③]。

20世纪50年代以前，贵州平塘上莫乡的布依族使用自己制造的火药和猎枪。火药，布依语称"泥"。先从当地硝硐中取硝土，装入挖好的大井，用木

---

① 张璇如、陈伯霖、谷文双、白凤岐编《北方民族渔猎经济文化研究》，吉林人民出版社2005年版。

② 《民族问题五种丛书》内蒙古自治区编辑组编《鄂温克族社会历史调查》，内蒙古人民出版社1986年版。

③ 罗钰著《云南物质文化·采集渔猎卷》，云南教育出版社1996年版。

棒搅拌。沉淀后，从大井底部用竹筒把硝水引进旁边的小井中，再沉淀一次，然后舀进铁锅中熬干，剩下的黑色结晶体就是第一道硝。接着把它捏成硝坨，割狼鸡草（“导昆”）烧成灰装入箩筐中用水渗下，再与硝坨放入铁锅中熬一次。熬干之后，原来的黑色硝坨变成了乳白色的结晶体，即制造火药必不可少的硝。然后将硝与用杉树烧成的炭、硫黄三种原料，按照“硝一两、硫黄一两、木炭三两”的比例配好，放入木碓，加水后舂，取出又放入锅中炒干，用筛子筛成细面，火药就制成了。猎枪，布依语称“兰重”。用铁烧锻，打成圆柱形铁条，用头部呈锋利扁刃状的车杆从铁条一端慢慢转下，转到距铁条底部约半寸时为止，再从铁条侧面钻一个小洞，将另一条短小的空铁条插入洞内，即成枪筒，枪筒装上枪托和枪机，猎枪就制作完成。猎枪用的子弹是铁粒，布依语称为“兰留”①。

侗族也善于制造火药枪，侗语称火药枪为“凶”，又称火枪或土枪。最初是用皮绳点火，后改进为“弓机”（扳机）击打“火底”（“纸炮”）点火。先将生铁反复锻造，制成圆筒形或六棱形枪身，然后钻出枪筒，并在筒底部制一“鱼嘴”（点火机件），又在枪尖上置一“准星”，再配上“弓机”“舌头”（扳机条）、通条和木柄枪托等配件，用铜箍或铁箍箍紧即成。用小指粗的钢筋或铁条截成一寸长的“子弹”。火药枪射程为五十米左右②。

（四）陷阱与拟声工具

人类最早使用的陷阱是天然形成的深坑、陡峭的悬崖以及泥泞的沼泽等，后来人们开始有意识地设置陷阱，发明出人工陷阱、网、黏胶、夹具、扣子、重力器、木笼、地签、地箭等更为精巧精致的捕兽捕鸟工具。这些形形色色的猎具可视作广义上的陷阱。拟声工具多以竹木、兽骨、金属等制成，吹奏时可模拟发出动物的叫声，进而迷惑飞禽野兽，引诱猎物靠近或者使猎人更易接近猎物，是一类十分有效且有趣的猎具。关于陷阱与拟声工具的制作和使用，在论述狩猎方法时再具体介绍。

（五）辅猎动物

所谓辅猎动物，就是经人类驯化后，用以辅助狩猎的各种禽兽。西部民族所驯养的辅猎动物种类很多，重要的有马、驯鹿、犬、鹰等，都是狩猎的

---

① 伍文义《浅谈布依族古代狩猎习俗——平塘县上莫乡专业猎户的个案分析》，《贵州民族学院学报》（哲学社会科学版）2000 年第 1 期。

② 欧潮泉、姜大谦编著《侗族文化辞典》，华夏文化艺术出版社 2002 年版。

好帮手。

清代，鄂伦春族有“使鹿”和“使马”二部之别。其中，“鹿”特指驯鹿，俗称“四不像”。“俄伦春役之如牛马，有事哨之则来，舐以盐则去，部人赖之，不杀也……土人饲以石花，即苔也。”[①] 这种动物性情温驯，宽大而尖锐锐的蹄瓣适于在雪地行走，攀登山林，也可以负重乘骑。驯鹿对于鄂伦春族的狩猎生产具有重要意义，它解决了游猎中生产、生活资料以及猎获物的驮运问题。鄂伦春族普遍的说法是，他们在黑龙江北岸居住时，是使用驯鹿的。过江以后，因没有可供驯鹿吃的苔藓，就逐渐改为使用马匹了[②]。有了马以后，除搬迁、驮运猎物外，猎人出猎、追捕野兽、猎归都是骑马，马成为他们的主要交通工具。鄂伦春族不用粮食之类的马料喂马，而是用兽肉当马料。一般是把狍、鹿、犴之肉切成小块煮熟，拌上食盐喂马，有的马也食生肉。每匹马冬季喂50—60斤肉，就会膘肥体壮，驮东西或骑用时就很有劲[③]。

鄂温克族是中国目前唯一饲养驯鹿的民族，驯鹿最早是他们由勒拿河迁移时带来的，他们把驯鹿叫“鄂伦”，俗称“四不像”。传说在很早以前，有八个猎人在山中打猎，捉住了六只“索格召”（野生驯鹿）幼崽，带回部落后搭了栏杆圈起来，并喂藓苔养活它们，以后逐渐繁殖，才成了鄂温克族的家养驯鹿。驯鹿高一米以上，体重一百五十公斤左右，分白色、纯黑、灰色、杂色等。冬季里它的毛变得稠密而且长，尾巴较短，公、母都有美丽的茸角。它的蹄阔而且大，善走沼泽与冰雪地，载重百余斤可日行二三十公里，是猎人狩猎、搬家时的主要运输工具。搬家时，驯鹿群驮着老年人、小孩及东西，排成长队，由一只专门驮运“玛鲁”神的驯鹿为先导[④]。

狗的驯化源起于狩猎，又服务于狩猎，擅长狩猎的民族都会驯养猎犬。“如果没有猎狗，就等于是瞎子，如果没有猎狗，就等于是聋子”，这是鄂伦春族、鄂温克族等民族谚语中对猎狗作用的精练总结。狗是他们出门远猎随行的动物。狗的多少及驯养水平的高低代表了他们狩猎生产力水平的高低。狗在狩猎中主要有以下几种功能：一是嗅踪。狗嗅觉灵敏，几里之外野兽的

---

① 〔清〕西清撰，梁信义、周诚望注释《黑龙江外记》，黑龙江人民出版社1984年版。

② 《鄂伦春族简史》编写组编《鄂伦春族简史》，内蒙古人民出版社1983年版。

③ 赵复兴《鄂伦春族古老的陆上交通工具》，《内蒙古社会科学》1998年第1期。

④ 周玲《鄂温克族的生产习俗》，《长春师院学报》（社会科学版）1994年第3期。

气味都能嗅到，能够根据气味辨别动物的走向，并据此寻找到动物的位置。二是捕猎。狗活动灵敏，奔跑速度快，除了助猎外亦能直接参与狩猎生产中的捕捉动物活动。三是守卫。无论是生产，还是日常生活，狗都是猎人的伙伴和忠实卫士[①]。蒙古族非常喜欢用猎犬捕捉野兽，草原上的猎犬体形修长、健壮、力大，反应灵敏、速度快，敢于和狼等凶兽搏斗，而又能将其巧妙捕获。每条犬的素质不同，狩猎时会承担不同的使命：嗅觉灵敏的，负责嗅踪；速度快而耐力好的，负责追赶；善于捕咬的，负责捕获[②]。狗是纳西族撵山的好帮手。狗的叫声是狗的语言，能不能理解它的语言，是衡量一个猎手水平高低的标准之一。猎狗在找猎物时，一旦发现猎物的行踪，就会有较长间隔才发出低声欢叫；等到它把猎物追出来的时候，就会发出一种很兴奋的、急促的叫声；长时间追不上猎物而进入相持阶段，则发出一种比较平缓的、节奏相对稳定的、连续的叫声；猎狗始终在一个地方奋力地叫着，则表示猎物已经上树且被狗围困[③]。傈僳族对猎狗十分重视，他们认为一条好猎狗，可以顶得上十个好猎手。一只嗅觉灵敏、听觉较好且体格健壮的猎狗，能及早发现动物，并迅速觅踪追击，对野兽纠缠不休，具有胆大、凶猛、忠诚的品质。这样的狗往往会为猎人的捕猎立下汗马功劳。好猎狗从猛兽爪下救出主人的例子很多[④]。

鹰是一种猛禽，素有空中狮虎之称，性情凶猛，亦被人类驯化而进行狩猎活动。契丹人酷爱猎鹰，最好的鹰有两种，即海东青和玉爪骏。《三朝北盟会编》载："海东青者，出五国，五国之东接大海，自海东而来者，谓之海东青，小而俊健，爪白者尤以为异。"[⑤] 达斡尔族崇尚骑射游猎，养鹰、驯鹰便成了习俗。达斡尔族将驯养的猎鹰分为"扎布塔"和"库如新"，前者是指当年孵出的鹰，后者是指一年以上，已经脱过毛，长出灰色新羽毛的鹰[⑥]。蒙古族常用的猎鹰分为两种：一种称"俄德勒呼"，专门用来猎获野兔等小型兽类。这种鹰性情凶悍，动作矫健。另一种鹰谓"海青"，专门用来捕捉雉、沙

---

① 于学斌《北方渔猎民族养狗使狗的文化阐释》，《北方文物》2004 年第 1 期。

② 常宝军《试谈蒙古族的狩猎》，《黑龙江民族丛刊》1989 年第 3 期。

③ 《人文丽江》编委会编《纳西族民俗通论》，云南美术出版社 2007 年版。

④ 罗钰著《云南物质文化 ·采集渔猎卷》，云南教育出版社 1996 年版。

⑤ 〔宋〕徐梦莘撰《三朝北盟会编·政宣上帙三》，上海古籍出版社 1987 年版。

⑥ 吴依桑《达斡尔族的狩猎特点——鹰猎》，《内蒙古社会科学》（文史哲版）1988 年第 4 期。

鸡、野鸭、大雁等。这种鹰飞行敏捷，能从高空向下垂直俯冲捕捉猎物。蒙古族还有放鹰习惯，农历四月将猎鹰放回草原，让其在自然环境中褪换羽毛。放飞前喂它新鲜肉，然后托在右手，到旷野默祷鹰的赞语，盼其羽毛丰满后如期归来①。哈萨克族善于利用猛禽捕捉飞禽走兽，其猎鹰有布尔克提（金鹰）、哈尔射尔（苍鹰）、拉什（游隼）等十余种。其中，哈萨克族驯养最多、最有代表性的是金鹰。哈萨克族将捕猎能力超众的猎鹰视为吉祥之物，称为“神鸟”，视作自己的亲密伙伴②。柯尔克孜族将飞禽分为直喙和曲喙两大类别。曲喙的飞禽多以肉食为主，有着强有力的钩状喙和利爪，视力极佳，飞行速度极快，能以每小时近200公里的速度向猎物俯冲。鹰、鹞、鸢、隼、雕都属于曲喙飞禽。柯尔克孜族的猎鹰就是从这几种猛禽中择优驯养出来的③。纳西族有驯化猎隼的传统。这种体型小、凶猛的飞禽，经过驯养可以用来捕鸟④。

（六）其他猎具

除了上述的狩猎工具外，西部民族中还有一些比较特别的猎具，如滑雪板、扎枪、吹枪、布鲁、飞石索等。

滑雪板，也称踏板，古称为“木”或“木马”，是北方民族冬季雪上交通工具，也是重要的狩猎工具。《隋书》载室韦：“地多积雪，惧陷坑穽，骑木而行。”⑤《元一统志》载“木马”：“形如弹弓，长四尺，阔五寸，一左一右，系于两足，激而行之雪中冰上，可及奔马。”⑥《史集》记述“森林兀良合惕部落”时写道：“因为在他们国内，山和森林很多，而且雪下得很大，所以冬天他们在雪面上打到许多野兽。他们制造一种叫作察纳的特别的板子，站立在那板上，用皮带做成缰绳，（将它拴在板的前端），然后手拿着棒，以棒撑地，（滑行）于雪面上，有如水上行舟。他们就这样用察纳（滑雪板）驰逐于原野上下，追杀山牛等动物。除自己踏着的察纳外，他们还拖着连接

---

① 常宝军《试谈蒙古族的狩猎》，《黑龙江民族丛刊》1989年第3期。

② 拜山·纳马兹别《哈萨克族猎鹰初探》，《伊犁师范学院学报》（社会科学版）1994年第4期。

③ 张涛《柯尔克孜族的鹰猎文化》，《西域研究》2002年第2期。

④ 罗钰著《云南物质文化·采集渔猎卷》，云南教育出版社1996年版。

⑤ 〔唐〕魏徵、令狐德棻撰《隋书·列传第四十九》，中华书局1973年版。

⑥ 〔元〕孛兰肸等撰，赵万里校辑《元一统志·辽阳等行中书省》，中华书局1966年版。

起来的另一些察纳走，他们将打杀的野兽放在上面。即使放上两三千曼（重荷），花不了多大力气就可以轻快地行走在雪层上。”[①] 在地形复杂的山地森林之中，在冰封大地的雪原之上，滑雪板具有无比的优越性。在山岭间，滑雪板是便于追逐野兽的工具，雪越大越深，滑行的速度越快，而野兽则相反，雪越深越大，野兽就越跑不动[②]。鄂伦春族、鄂温克族、达斡尔族的滑雪板的特征和功能基本一致，均为长方形，板中间钉有皮带，用于捆缚双脚。它的前端向上翘起，功能是分开雪，使滑雪板的头部不会在滑行中插进雪里。滑雪板都用煮过的、质轻而坚实的木料制成，但是不同的民族制作的滑雪板仍然存在细微的差别。鄂伦春族称滑雪板为“亭那”，有皮制和木制两种。皮制的滑雪板是用鹿皮和野猪皮制作的。不经过鞣制的鹿皮和野猪皮非常坚硬，将其剪成长方形，在皮子的上方绑一根皮绳，人站在其上拽着皮绳往前滑。木制的滑雪板是用煮过的桦木、落叶松、刨马子树或柞木板制成的，有长短两种，长滑雪板长约200厘米，短滑雪板长约100厘米，均宽约20厘米，厚约5厘米，前端上翘，尾部贴地。长滑雪板速度快，适宜在平坦或浅软的雪地上行走。短滑雪板灵活，适宜在山上林中和深厚较硬的雪地上使用。鄂温克族称滑雪板为“金勒”，早年的滑雪板没有犴皮，称为“卡亚玛”，后来在滑雪板的底部钉犴皮，毛朝下。用质轻而结实的松树制作，长约160厘米，宽17厘米，板厚1.5厘米。前端呈弯状，后端呈坡形，中间有一绑脚的带子。达斡尔族称滑雪板为“肯古楞”，用质轻而坚固的松木板制作，宽约13厘米，厚约3厘米，长达120厘米，前端呈尖翘状，常用野猪生皮贴包底面，以提高滑速和减轻上坡时的阻力[③]。

扎枪可能是除石器和木棒以外人类最早使用的狩猎工具之一，用以从近处刺杀野兽。鄂伦春族的扎枪，枪头最初是石制和骨制的，后来又出现了铜制和铁制的。未使用火枪前，扎枪的长度与身高相仿，与弓箭配合使用；使用火枪后，扎枪主要用于在近处刺杀野兽，有的枪架也装上了扎枪[④]。鄂温克族早期的扎枪是将一木杆削尖，或在木杆的一头安上石镞或骨镞，铁器传入

---

① ［波斯］拉施特主编，余大均、周建奇译《史集》（第一卷·第一分册），商务印书馆1983年版。

② 于学斌《北方渔猎民族的滑雪狩猎文化》，《黑龙江民族丛刊》2005年第5期。

③ 于学斌《北方渔猎民族的滑雪狩猎文化》，《黑龙江民族丛刊》2005年第5期。

④ 都永浩《定居前鄂伦春族的游猎经济》，《黑龙江民族丛刊》1992年第3期。

后，则用铁制的扎枪头①。达斡尔族的“玛热莫”，实际上是一种扎枪，枪头铁质，长约一尺，呈菱形，尖头两面均开刃，枪杆为木柄，长六七尺②。

吹枪，苗语叫“盏炮”，是流行于云南文山一带的一种狩猎工具。使用时，把子弹放入枪筒，在枪筒的一端用力吹气，使子弹击中目标。最初是用当地盛产的一种叫“通花”（苗语叫“勒”）的草本植物的秆制作枪管，用植物的种子当作子弹来对付鸟兽。后来，为增强对鸟兽的杀伤力，枪管逐渐由通花秆变为长100—150厘米、直径2—3厘米的竹节，子弹由植物的种子变为泥丸③。

“布鲁”是蒙古语的音译，意为“投掷”。布鲁柄一般用榆木或山榆木等硬质木制作，呈前端弯曲的镰刀柄状，全长二尺余。木柄制作加工时除选用自然弯木削制打磨外，还有直木压弯的处理方法。将直径一寸余粗的湿榆木一端压弯120度，系牢干透后，固定成自然的弧度，然后削制打磨，再用油熏成黄色，即成为坚固耐用的布鲁柄。布鲁以首端形制区分，有四种类型。其一为链锤布鲁，亦称摆锤布鲁，即布鲁柄有弯弧的一端以皮条或牛筋条连接一个直径3—4厘米的桃形实心铜锤，使用时一般不离手。其二为蒜头布鲁，即在曲柄的一端镶嵌蒜瓣形铜或铁质锤击头，使用时可不离手锤击猎物，也可抛出投击猎物。其三为锡铁布鲁，亦称铁首布鲁，即在木柄弯弧的首端镶套一个锡铁箍，以坚固首端，加重锤击力，使用方法同蒜头布鲁。其四为扁弧布鲁，大多为自然弯木或树结部位削制打磨而成，呈扁弧状，器身较宽，一侧出刃，主要为投掷击打奔跑的猎物之用。其在空中运行的弧度较大，投掷技巧性也很强④。

纳西族支系摩梭人的飞石索，基本上有两种：一种是单股飞石索，长五六十厘米，一头拴有较大的石球。投掷时，先用右手使其旋转，然后根据一定角度向狩猎对象甩去，石球引索而出。另一种是双股飞石索，绳长约130厘米，中间编有凹兜供盛小弹丸或石子，每次1—3枚。使用时，将有套的一端套在大拇指上，另一头握在拇指和食指之间，也利用旋转方法，到一定角

---

① 都永浩《定居前鄂伦春族的游猎经济》，《黑龙江民族丛刊》1992年第3期。
② 谷文双、马国利《达斡尔族狩猎业考述》，《黑龙江民族丛刊》1997年第4期。
③ 王萍、周山彦《云南苗族吹枪发展探析》，《文山学院学报》2012年第3期。
④ 安丽《蒙古族的狩猎工具——布鲁及源流》，《内蒙古文物考古》2004年第2期。

度松开飞石索一端，把石球丢出去。这种飞石索射程在50—100米之间①。

三、狩猎方法

狩猎方法即捕获猎物时所运用的各种方式和手段。熟悉自然界中野生动物的生活习性，了解它们的生活规律，针对某些可利用的环节，因时因地使用恰当的狩猎方法，既省力，收效又高。

（一）围猎

围猎，又称围山、撵山、打围等，是人类最早对付野兽的方法之一。围猎时，猎人手持猎具，猎犬随行，发出响动以惊扰野兽，有意识地将野兽赶往预先设好的陷阱或埋伏之处而伺机捕获。围仅仅是一种形式，在围猎过程中常常与其他狩猎方法同时使用。

围猎是鄂伦春族经常使用的一种狩猎方法。围猎时，一般需要猎狗的配合。当猎狗将熊、虎、野猪、狍子等围住时，猎人乘机猎杀。在围猎过程中，猎人们根据动物的习性和活动规律，有的直接出击，有的埋伏于野兽必经之处伏击，有的紧追因受惊而奔跑的野兽②。

鄂温克族的打猎方式是由酋长率领全部落的人，围住一座大山，慢慢把围山的圈子缩小，最后把野兽都集中在一个地方，再用弓箭射死野兽。有些鄂温克族使用“奥克”即麻绳套子围猎。围猎时一个或几个村子联合起来共同进行。一般在二、三、四月和七、八、九月进行。每次十天至十五天，妇女也参加，负责赶车、做饭等。围猎的人一般分成三部分：一部分是马队，从河边向山沟一带围；一部分老人、妇女，在山上一边敲盆一边呐喊，吓唬野兽，把围圈缩小；另一部分潜伏在套子的附近。有时一次跑来二三十只狍子，套子效果好，狍子一过就套住脖子。套住后用弓箭或刀子杀死狍子。之后再设下套子，捕捉更多的野兽③。

达斡尔族集体围山时，在总围猎长“阿维达”的指挥下，持弓骑马的猎手们包围预定的山林，逐步缩小包围圈，射杀被围的各种野兽。或者用三面包围的方法，把野兽赶向事先布下套子、地箭和陷阱的山口④。

蒙古族有大型围猎之俗。参加围猎的人数，少则百人以上，多则几万人，

---

① 严汝娴、宋兆麟著《永宁纳西族的母系制》，云南人民出版社1983年版。

② 都永浩《定居前鄂伦春族的游猎经济》，《黑龙江民族论丛》1992年第3期。

③ 《鄂温克族简史》编写组编《鄂温克族简史》，内蒙古人民出版社1983年版。

④ 《达斡尔族简史》编写组编《达斡尔族简史》，内蒙古人民出版社1986年版。

由“阿宾达”（狩猎首领）负责指挥。围猎程序分为出猎、围圈、射杀、收场等环节。出猎：召集全体猎户会议，阿宾达训话，讲明围猎的时间、地点、任务、路线、分工及注意事项。围圈：猎队按照指定的路线向中心猎区围拢。射杀：围圈围到事先规定的范围时，根据阿宾达的统一号令，开始行猎。收场：行猎结束，按猎队的分工清理猎获物，要把所有的猎物集中到一起，按种类分别摆成堆[①]。蒙古族还有两种较特别的围猎方法——冰猎和火猎。冰猎的猎场必须靠近江河湖泊，三面合围，将野兽追逐至光滑如镜的坚冰上，狂奔的野兽行至冰面纷纷跌倒，猎人利用“登爪”，在冰上步履迅速，猎犬团团围住野兽，猎物很难逃脱猎人之手。秋冬之际，草木干枯，草原上的野兽群集藏匿于茂密的芦苇丛等处。猎人根据野兽的出没痕迹，选好猎场，等到适宜火猎的有风天气，便包围猎场，从上风口点火，风助火燃，野兽受不了烟熏火燎，顺风逃窜，下风口的猎人堵截围捕迎面而来的野兽[②]。

门巴族冬季捕猎野牛、狗熊、野猪需要六七名或十名以上猎手，在大家推选的一位经验丰富的猎手的带领下，带上狩猎工具、猎犬和充足的干粮，向深山老林进发。集体行猎多采用围猎的形式，猎手在野牛经常活动的地方设置伏击圈，其他猎手指挥猎犬将野牛驱赶到伏击圈内射杀。猎获到野牛，便在山上点燃浓烟向村人报信。村人看见浓烟，便会结队进山背肉[③]。

珞巴族集体出猎前，要在由村中老人主持的会议上，决定集体出猎的时间。出猎当天，行猎的猎人分成两队：一队为优秀射手，埋伏在野兽可能经过的地方；一队为缺乏狩猎经验的年轻人，主要负责驱赶野兽。驱赶之人在一定范围内围成半圆形，人喊犬吠，把包围圈缩小。野兽一旦走到猎手埋伏的地方，就遭到伏击，毒箭齐发，如被射中，百步立毙[④]。

傈僳族的围猎是一种带有很强的娱乐性质的狩猎形式。进入秋季，由老猎人带领全村的年轻人，到传统的狩猎山上，在山顶的每一个路口上留一个射手，其余的人在山麓中放猎犬。猎犬向上追赶动物，当动物跑到山顶时，

---

① 波·少布《蒙古族的狩猎习俗》，《黑龙江民族论丛》1995年第2期。

② 常宝军《试谈蒙古族的狩猎》，《黑龙江民族丛刊》1989年第3期。

③ 张宗显主编《西藏民俗》，甘肃人民出版社2004年版。

④ 李坚尚、刘芳贤著《珞巴族的社会和文化》，四川民族出版社1992年版。

射手便射杀之[①]。

怒族围猎的主要对象是熊、野猪及喜欢群居的岩羊、麂子、山驴等动物。猎人一般选择两面是峭壁、出口近悬崖的地方为围猎的目的地。捕猎前，猎人们放出猎狗四面出击，猎人们手持火把，吹响号角，狂敲竹木器物，吼声震天，用弩弓、滚木、礌石等击打猎物，吓得猎物惊惶失措，只好沿猎人设计的线路逃命。当猎物逃到悬崖处，就成群地坠崖而亡[②]。

纳西族的围猎一般在初冬季节举行，人数少则几十人，多则上百人。围猎人员多是身强力壮的青年男子。围猎地点也多选在野兽较多且适合围猎的山上。围猎开始时，根据人数多寡决定包围圈的大小。随着包围圈不断缩小，野兽渐渐地被赶到一个便于猎杀的地点。这时便开始猎杀[③]。

基诺族集体"撵山"时，地点和时间都由村寨的老猎人和长老择定，并允许妇女参加。进山后，猎手在野兽出没的地方四面包围，道口设下埋伏。妇女和半大的孩子则进入包围圈内驱赶。他们有的用树叶吹出与野兽的叫声极为相似的声音来引诱野兽；有的大声吆喝、敲击物品，惊吓野兽。当野兽被撵得从各个道口窜出时，要么撞到事先置好的捕兽网里，要么掉进挖好的陷阱里。在一些主要道口，埋伏好的猎手就用弩箭和火药枪射击[④]。

土家族称围山打猎为"赶仗"，于每年农历的正月初一至十五进行。赶仗由猎主或老猎手主持，进行严密分工，一般分成五个小组：一是侦察组，负责侦察野兽的行踪，叫"理脚迹"；二是环网组，负责结绳张网，叫"安壕"；三是堵卡组，负责阻击野兽，叫"坐欠"；四是闹山组，负责赶山驱兽，叫"梳山"；五是围场组，人数不限，男女老少都可以参加。围场确定后，各组分路出发，各就各位，迅速形成严密的包围圈，将野兽包围起来。每天少则围一次，多则围两三次[⑤]。

布依族的"撵山"，一般选在冬季、春初"三月三"、夏末薅秧过后的

---

① 艾怀森《高黎贡山地区的傈僳族狩猎文化与生物多样性保护》，《云南地理环境研究》1999 年第 1 期。

② 陶天麟著《怒族文化史》，云南民族出版社 1997 年版。

③ 《人文丽江》编委会编《纳西族民俗通论》，云南美术出版社 2007 年版。

④ 中共云南省委宣传部编《活在丛林山水间——云南民族采集渔猎》，云南教育出版社 2000 年版。

⑤ 湖南省龙山县民族事务委员会编、田荆贵主编《中国土家族习俗》，中国文史出版社 1991 年版。

“六月六”、秋初庄稼未成熟的“七月半”等农事稍空的时节。最理想是在雨后天晴的日子，这时最容易发现兽类脚印。撵山前，寨上的青壮年便相互联络，召集猎手并带上几只“骂倒”（撵山狗、猎狗），约定好时间和地点。参加人数不限，但二三十人最佳。找几个会“理脚印”的人，带着猎狗钻进刺林草蓬进行“遂力”（跟踪、搜索、侦察）。有猎枪的人分别去守坳口、山梁或野兽经常路过的山坡小路，布依语叫“朗嘎”（坐卡、守山卡）。当发现兽迹时，便用小竹管或芦苇秆做一支小哨，吹出均匀的有节奏的“吱吱”声。猎狗嗅到野兽气味后，便发出激烈的狂吠。听到信号，守卡的人便做好准备，装上火药，推弹上膛。被惊动逃出的野兽，路过谁的“朗嘎”，谁就发射。头卡不中或未击中要害，第二卡仍继续射击，直到野兽被猎获为止①。

侗族赶山围猎的狩猎方式，亦称“撵山”。赶山围猎的组织者称“行头人”。此人应具有很强的组织指挥能力和丰富的狩猎经验，枪法准。参加赶山围猎的人员有严密的分工：年轻力壮、奔跑速度快且有识别野兽脚印经验的，带着猎犬专司“理脚印”之职；枪法好的人，在野兽必经之处埋伏隐蔽，守候关卡，静待野兽经过时开枪射击；其他大部分人分散进山吆喝，赶野兽出山，并随时向行头人和守关卡的人大声报告野兽的逃遁方向、距离关卡多远等消息②。

水族的集体狩猎活动，俗称“撵山”，多在秋冬季节进行。村寨中的猎手邀约在一起，扛着火枪，带上猎犬（“撵山狗”），到深山老林中寻找野兽。一旦发现猎物的踪迹，便由有经验的猎手分析野兽的行踪，并安排大家分别把守各个路口，然后由一部分人带着猎狗去撵野兽，野兽听到人吼狗吠，就会惊慌逃窜。一旦逃至射手伏击之处，就可能被击毙或捕获③。

布朗族的集体围猎，有所分工，一些人带着猎狗负责轰撵，一些人持明火枪、弩箭埋伏于野兽经常出没的路口。狩猎时，负责轰撵的人在林间乱吼乱叫或吹响牛角号，猎狗则四处寻嗅，若发现野兽足迹，立即狂叫起来。这时，野兽往往受惊逃窜，轰撵者以呼叫的方式向伏击的人发出信号，指示野兽逃跑的方向④。

---

① 蒙泽民《布依族的“撵山”》，《贵州民族研究》1982 年第 3 期。

② 欧潮泉、姜大谦编著《侗族文化辞典》，华夏文化艺术出版社 2002 年版。

③ 何积全主编《水族民俗探幽》，四川民族出版社 1992 年版。

④ 穆文春主编《布朗族文化大观》，云南民族出版社 1999 年版。

湘西城步苗族围猎时人数不多，分散在野兽活动地带的四周，扇面迂回，一个人或几个人守住野兽必经之路，或山坳，或路口，潜伏以待，观察动静，见机行事。进入猎场，人们首先分头寻找、辨认野兽蹄印痕迹。一旦发现，便由有经验的猎首指挥，调遣人手分头往野兽必经之路守卡，形成一个包围圈，称为围场。放猎狗的人带着猎狗追踪，放狗人系整个围场的总调度和总指挥，经验丰富，凭蹄印能知晓野兽的藏匿方式和活动规律。他带着猎狗一路呼喊，当猎狗准确嗅到野兽的气味时，便狂吠起来。此刻各路守卡的猎手都手扣猎枪扳机，做好准备。一旦野兽在自己据守的路卡前露头，便会出其不意，迎头一枪把它射倒。倘若野兽未被打中或受伤逃出围场，猎首就灵活机动地实施新的方案，组织第二次围场。众人迂回疾进，各自守卡。放猎狗的人继续放狗跟踪急追，直到获得猎物①。

广西桂林瑶族围猎时，狩猎头人安排身强力壮、枪法好、经验丰富的猎手将围猎的山场隘口守住，称之为守卡。另一些人带着猎狗去喊山，猎狗在前嗅野兽气味，猎人提着火铳在后追赶。一旦猎狗嗅着野兽气味，立即狂吠不止，追得猎物满山跑。守卡人根据猎狗的叫声判断远近、方位，推断猎物去向，随时做好射击准备。待野兽出现在隘口，进入射击范围后，即开枪射击。猎获野兽后，猎人大声呼喊，朝天放枪，通知各山隘的守卡人，撤卡回寨。此时，即使时间还早，也不再赶山猎兽。这一习俗称为“打和山”，意即和和气气，山神赐予什么就要什么②。

（二）陷猎

陷猎就是运用各种陷阱来捕获猎物的方法。这里所谓的陷阱也是一种广义的称谓，包含了人工陷阱、捕网、黏胶、扣子、夹具、重力器、地箭（弩、枪）等类别。这些陷猎方式，都是使飞禽走兽“误入歧途”、受伤、死亡或无法逃脱。同时，猎人会根据狩猎经验及猎物的生活习俗，将陷阱设置于鸟兽常出没之处，常施以诱饵、覆以伪装，猎物陷入陷阱后就难以脱身。

1. 人工陷阱

人工陷阱是为捕捉野兽而挖掘的深坑，再覆盖伪装物，踩在上面就掉入坑中。鄂伦春族使用“窨趟子”捕鹿，就是筑起一道高约两米的木栅栏，短

---

① 张正清《城步苗族猎俗记趣》，《民族论坛》1996 年第 4 期。

② 刘代汉、何新凤、吴江萍等《桂林瑶族狩猎传统习俗中的生态意识及其社会功能》，《桂林师范高等专科学校学报》2010 年第 3 期。

则几里，长则几十里，其间留出多处一米左右宽的缺口，在缺口处挖出两米多深的菜窖形的土坑，然后用草、树枝或树叶把坑口伪装起来。当鹿路经此地越不过栅栏时，见有缺口就会急忙通过，踏上窖口就会掉入窖内①。鄂温克族猎人挖一个两米多深，一米多宽的陷阱，有的阱底还插上削尖的木棒，阱面加以伪装，置放一些草或者树枝，有时还印上假蹄印。野兽经过之时便会落入陷阱中，被木棒刺中或者摔伤，难以脱身②。

珞巴族的陷阱，是挖一人多深的坑，坑底下倒插竹箭，上面覆盖树枝和草，再铺上泥土及其他伪装。野兽一旦经过，就会陷入其内，被竹签扎死③。怒族所挖的陷阱比猎物稍大一些，陷阱内埋上竹签或毒竹签，开口处零星地搭几根树枝，树枝上用野草盖严，再在野草上撒些泥土以迷惑猎物。猎物只要掉进陷阱就会被竹签刺死④。彝族制作的陷阱是二丈来深、肚大口小的陷洞，在洞底插竹签，洞口用树叶等伪装。当野兽踏入洞口时即落入洞中被竹签刺死、刺伤⑤。设陷阱是哈尼族捕捉大型野兽时常用的方法。挖一个大而深的凹坑，坑中支起箭头朝上的毒箭，然后在坑口搭上轻软的篾条或枝叶，其上覆盖杂草。当猎物途经时会落进坑里，被竹签刺伤，猎物即便不死也无法逃脱⑥。苦聪人会挖一个长、宽、深各两米的坑，坑壁垂直光滑，在陷阱上搭细小的枯枝，铺盖一层腐质土，撒上落叶进行伪装，放上诱饵，野兽取食时便会掉入陷阱⑦。

侗族的陷阱有两种：一种是挖一个深坑，在其上搭若干小树枝、野草、枯叶、细土等伪装物，野兽一旦经过便会掉进坑内而被猎获；另一种是在山中选一小块地种植苞谷、红薯、洋芋等，在其周围挖一圈深坑并伪装起来，野兽来偷食这些农作物时，便坠入深坑而无法逃脱⑧。布朗族使用设陷阱的方

① 韩有峰《鄂伦春族的传统狩猎方法》，《黑龙江民族丛刊》1989 年第 3 期。

② 陈伯霖《鄂温克族的传统狩猎方式》，《黑龙江民族丛刊》1999 年第 4 期。

③ 李坚尚、刘芳贤著《珞巴族的社会和文化》四川民族出版社 1992 年版。

④ 陶天麟著《怒族文化史》，云南民族出版社 1997 年版。

⑤ 杨甫旺《彝族狩猎文化刍论》，《楚雄师范学院学报》2010 年第 8 期。

⑥ 黄绍文、王晏《从人类生态学的视角看哈尼族的采集与狩猎》，《红河学院学报》2012 年第 6 期。

⑦ 罗承松著《拉祜族苦聪人——对哀牢山中部一个人群生活方式的研究》，中国社会科学出版社 2014 年版。

⑧ 欧潮泉、姜大谦编著《侗族文化辞典》，华夏文化艺术出版社 2002 年版。

法捕猎，捕猎对象以马鹿、麂子为主。猎人挖掘一个深约两米、一米五米见方的土坑，尽量使坑沿近于垂直，坑底插满四五十厘米长的尖竹签，坑口须伪装，与周围环境无二，再洒上一些盐水。马鹿、麂子来舔盐时，跌入坑内，为竹签所伤而不得出①。

2. 网

以网设置陷阱，野兽撞击后网迅速收缩或落下，顿时网住禽兽，使之难以逃离。傈僳族喜欢在冬春两季用一种长方形的网来捕捉斑鸠，傈僳语叫“阿谷本”，是用麻搓成细若钢针的线织成的。网眼两指许，长五六米，宽三四米。为提高网捕能力，降低能见度，网还用灶灰水沸煮漂白，悬挂时鸟不易觉察。斑鸠翻越山岭有一定的规律，不经过山顶，而是从两山之间的垭口飞过。飞越垭口时，从离地面一米左右的空中一掠而过。猎人在垭口窄处的两边栽上一根约一米高的粗木桩，在木桩上绑一根约四米高的竹竿，将网拴到竿上。为保证网面展开，竹竿必须硬、直，并由力大、反应灵敏的猎人把住。斑鸠飞越垭口的时候，成群结队地一掠而过，纷纷撞到网上。这时，猎人就要赶快持住手中的网竿包抄过去，使撞于网上的斑鸠被包裹住，不会飞走。由于尼龙线的普及，又出现了挂网。这种网宽两三米，长度不定，用两根长竿将其固定，犹如“门”字形。网由透明尼龙绳织成，鸟不易察觉，飞经此地时，一头钻入网眼之中，短时间内其颈毛死死卡在网眼上，进退不得。在挂网的基础上，又有一种扑网，多为彝族、白族等使用，网面上方有挂钩，鸟群一撞动网面，网便会脱钩并自上而下地扑将下来，将鸟群罩于网内②。

鄂温克族常以网捕貂。网用麻线结成，中有木环支撑。貂栖息于树洞中，张网于树洞口，然后用烟熏貂，貂出洞则坠入网中。貂入网后乱窜，使网端扣绳收紧，愈动愈紧，不易逃脱。有时也张网于貂经常出没的道上③。傈僳族、拉祜族、哈尼族、佤族、傣族等民族常用兽网来猎取鹿、麂子、羚羊等。兽网是用小指粗细的麻绳编织而成的，每眼直径约十五厘米许，网宽约两米、长一百米至两百米不等。网多设于山坳或山梁之上，下端以桩固定，上端隔一两米撑一支杆。若网受到撞击，便会向撞击方向扑下，把兽网住④。

---

① 罗钰著《云南物质文化·采集渔猎卷》，云南教育出版社 1996 年版。
② 罗钰著《云南物质文化·采集渔猎卷》，云南教育出版社 1996 年版。
③ 陈伯霖《鄂温克族的传统狩猎方式》，《黑龙江民族丛刊》1999 年第 4 期。
④ 罗钰著《云南物质文化·采集渔猎卷》，云南教育出版社 1996 年版。

3. 黏胶

捕鸟用的黏胶常以植物汁液为原料，用土法加工而成，黏性很强，鸟一碰上便无法起飞。彝族制作黏胶，是将桐油和松香等原料混合，以文火加热，搅拌均匀，起丝即可。布朗族则用一种榕树（俗称大青树）流出的白汁，放到烧热的油锅中搅拌均匀，即成黏胶。景颇族用的黏胶，是一种白叶子的树之根流出的白汁，经火烤以后的浓缩物。傈僳族经常使用两种树汁的混合物制作黏胶，一种是漆树或板栗树上寄生物流出的黏液（“翁能如斯”），另一种是深山老箐中生长的一种流白汁的白树木果（“斯勒枯”）。采回树汁以后，将两种树汁混合，煮后便可制成一种黏性很强的胶[①]。纳西族生活的区域，有一种寄生植物，生物学上称“槲寄生”，纳西语叫“干参”。这种植物会分泌一种白色液体，干后就变成了一种黏力很强的黏胶，可用来捕鸟[②]。

傣族的“支火雀”即是以黏胶捕鸟。每年中秋前后，在四周敞亮的田坝中央，选定一棵枝叶繁茂、高大如伞的杧果树或酸角树，备好“子条”（一种黏性极强的寄生植物的浆，多取自杉松寄生物）。头一天黄昏时分，将子条裹在一根粗若手指、长二三尺的干棍上，放置在树顶枝叶间，次早拂晓前隐藏在树丫间等候。火雀落在子条上，人们只管撑开布袋子，不慌不忙地装火雀[③]。每年秋末冬初，广西金秀县的瑶族会设置鸟盆猎捕鸟类。所谓鸟盆，就是将一段树干剖成两半，将中间挖空，做成食槽。其内径一般宽六寸、长一尺、深四寸。盆内装上水，中间纵向架一根离水面半寸的细棍，在棍上涂一种以冬青科植物的树皮制成的黏性极大的黏胶。鸟盆多设在树木较稀少、背风向阳的山坡上。放置鸟盆的这段时间，山上所有的水源和支流都用枝叶盖上，仅留一条涓涓细流经竹子做成的渡槽流经鸟盆，以此引诱小鸟取水。当鸟站在鸟盆中的棍子上饮水时，就被胶黏住，再也飞不起来了[④]。

4. 夹具

夹具，即捕猎用的夹子。兽类一旦碰到机关，机关便自动弹起，夹住兽脚，使之难以逃跑。夹子有竹制、木制和铁制之分。基诺族、布朗族的捕鼠

---

① 罗钰著《云南物质文化・采集渔猎卷》，云南教育出版社1996年版。

② 《人文丽江》编委会编《纳西族民俗通论》，云南美术出版社2007年版。

③ 毛佑全《滇南傣乡习俗拾零》，《山茶》1981年第1期。

④ 李汉华、卢立仁、张忠如《广西金秀县瑶山林区鸟类调查初报》，《广西师范大学学报》（自然科学版）1982年试刊号。

竹夹由呈三角形的竹设备、竹弓和两根削尖的竹探针组成。使用时，弯曲竹弓，系紧，将探针尖交叉后，插入土中直立。鼠经过时绊动探针，锐角形夹口立即夹下，使鼠无法挣脱。竹夹因用材丰富、制作简单、便于安置，实用价值很高①。

鄂伦春族的木夹有三种形制，即长方形夹子、筒形夹子及三角形夹子②。鄂温克族用木材做夹子，称作“属日克”，是猎取灰鼠的主要工具。若灰鼠踩在夹子的平板上就会被夹子夹住，无法挣脱③。达斡尔族用木夹子捕貂，猎人在貂穴附近以鱼为饵设下木夹子，当貂出洞觅食时就会被夹住④。

铁夹以铁齿咬合猎物，酷似猫咬鼠状，又被称为“铁猫”。对于中小型野兽，如野兔、大松鼠、野猫、花面狸等，哈尼族以隐藏方式设置铁夹，当它们踩进铁夹口时，锯齿形的铁夹自动夹住四肢，使之无法逃脱⑤。苦聪人称金属夹板为“豹夹”，安放豹夹后，进行伪装。当野兽经过时，脚触动机关，带锯齿的金属夹板弹起，卡住野兽的脚⑥。壮族的铁猫是一种由两根带齿弧形铁条做成的夹子，重几斤到十几斤，两端有簧。野兽踩上去，马上被夹住⑦。布依族设置铁猫时，要挖一个土坑，放入铁猫，上盖树叶和土做掩护。当野物踏入时，铁猫自动夹住野兽的脚⑧。苗族的铁猫通常下设一个铁圈，上有可展开的两扇铁齿，内置机关，系有铁链。野兽路过，踩中则被夹住，难以脱身⑨。

5. 扣子

扣子，又称扣索、套索、套子等。其制作基于力学原理，广泛利用了弹力和摩擦力。鸟兽误入经过伪装的套索，即被套住，动弹不得。鄂伦春族的

---

① 罗钰著《云南物质文化·采集渔猎卷》，云南教育出版社 1996 年版。

② 宋兆麟著《最后的捕猎者》，山东画报出版社 2001 年版。

③ 陈伯霖《鄂温克族的传统狩猎方式》，《黑龙江民族丛刊》1999 年第 4 期。

④ 谷文双、马国利《达斡尔族狩猎业考述》，《黑龙江民族丛刊》1997 年第 4 期。

⑤ 黄绍文、王晏《从人类生态学的视角看哈尼族的采集与狩猎》，《红河学院学报》2012 年第 6 期。

⑥ 罗承松著《拉祜族苦聪人——对哀牢山中部一个人群生活方式的研究》，中国社会科学出版社 2014 年版。

⑦ 梁庭望编著《壮族风俗志》，中央民族学院出版社 1987 年版。

⑧ 伍文义《浅谈布依族古代狩猎习俗——平塘县上莫乡专业猎户的个案分析》，《贵州民族学院学报》（哲学社会科学版）2000 年第 1 期。

⑨ 熊玉有著《苗族文化史》，云南民族出版社 2003 年版。

“佐脚”就是用手指粗细的铁丝做成的一个套子，主要用来捕鹿。下在鹿经常经过的道上，鹿踩进套子内，蹄子就被套住。打猞猁的套子是用细铁丝做成的，直径一尺左右。套子的一头要系于横木杆或小树干上。猞猁为捕捉野兔，经常循兔道追寻，猎人只要在兔道上设好套子，就能套住猞猁[①]。20世纪之前，查巴奇及阿伦河流域的鄂温克族会用麻绳设套子。设置时，把一个个绳套系在长杆上，再将长杆连接起来，立在山脚下形成长长的一排套子。一部分人将野兽往下绳套的地方轰赶，另一部分人敲盆恫吓野兽，促使其突奔闯绳套，还有一部分人潜伏在绳套附近，待野兽慌张闯套子被套住脖子时将其擒住[②]。蒙古族猎取走兽用铁丝套，在兽道上架套索，将其捕获，猎取飞禽则通常用马尾套。乌裕河流域的蒙古族在人迹罕见的湖泊里设置浮套，天鹅、大雁等集群嬉戏时，常钻入套索而被擒获[③]。

珞巴族称设栅栏下套为“梭戈木”。将树干和枝杈砍倒，堵塞多条通道，仅留下一处或数条通道，在道口设置小门，门口装上铁丝或绳索做的活套，并加以伪装。待野兽通过，触动机关，活套就会套住脖子，如若挣扎，越勒越紧，直到勒死。还有一种设套称为“莫数”，分脚套和脖套两种，无须砍伐树木和增设路障，只要在野兽出没的地方安上活套子，上面放些掩蔽物，一旦野兽经过，就会被套住头或脚[④]。傈僳族猎人侦察好灵猫行走的小道以后，便沿其道掘一个长方形小坑，长约20厘米、宽约15厘米、深约10厘米。坑内栽几根小桩，小桩稍低于坑口，上面放横档，旁边装一个弓形竹片，与横档相连，再把一根竹子弯曲，拴一个活扣，活扣沿小坑布开，竹竿弯曲以后，以一根小棍在弓形片的弓背及下方横条处靠微小的摩擦力卡住，然后放土、杂草、树叶之类的伪装物，与四周环境无异，同时还要在坑前横一个树枝，高约四厘米。灵猫经过此处时，若踩中坑上的横档，弓形竹片下端的横条滑下、小棍脱出、竹竿绷直、绳扣扯紧，将灵猫套住脖子吊于竿上[⑤]。彝族的套子可分为吊套和踏套两种，以棕绳或麻绳结成活套。吊套系于横搭的树杈上，套离地面四五寸高，并在活套上做些伪装。当野兽经过此处时，头即落入套

---

① 韩有峰《鄂伦春族的传统狩猎方法》，《黑龙江民族丛刊》1989年第3期。
② 陈伯霖《鄂温克族的传统狩猎方式》，《黑龙江民族丛刊》1999年第4期。
③ 常宝军《试谈蒙古族的狩猎》，《黑龙江民族丛刊》1989年第3期。
④ 李坚尚、刘芳贤著《珞巴族的社会和文化》，四川民族出版社1992年版。
⑤ 罗钰著《云南物质文化·采集渔猎卷》，云南教育出版社1996年版。

内，被树杈弹吊于空中。踏套则是在地上挖掘四五寸深的地洞，把活套平放在洞口，再在上面做些伪装。当野兽踏住活套时即被套吊于空中。凉山彝族使用套子套取“阿乌鸟”，用马尾毛编成活结套，上有活结数十个，两端各系于一个树桩上。阿乌鸟陷入套中，套索上的活结自然收紧①。苦聪人的扣子分踏扣和钻扣两种。踏扣用线或绳子做一个活套，一端固定在树上，另一端拴在富有弹性的树枝上，活套下面设置机关，放上诱饵。当猎物取食时，触动机关，树枝弹开，活套将猎物的脚勒住。钻扣是用棕丝或马尾搓成细绳，做成活套，其周围放诱饵并加以伪装。当猎物进套子取食时，脖子被活套勒住，越使劲挣扎，扣子收得越紧②。

侗族的“安套”是用一根较粗的绳索，在一端扎上活结埋于地下，安上机关，再用茅草、树枝、树叶、细土等物伪装好，将绳索的另一端系在富有弹性的树干上。猎物经过此处，其脚踏而触发机关时，脚便被活结套住，树干弹起，猎物被悬空吊起。还有一种鸟套，侗语称为“娃”或“练”，多用马尾编制，也有用棕丝编制的，一般有八至十个套眼。安置时，在离地面四五厘米高的地方架一根小木棍，在其上约一厘米处将套拉好。当鸟站在木棍上歇息时会误将头或脚伸进套眼里，鸟再次起飞时，套眼会自动收缩③。

布朗族常在林间小道上挖一个深坑，用树枝、干草掩盖起来，在坑上安置绳套，绳的另一端拴在压弯的树枝上。猎物踩到绳索，连接绳套另一端的弯树枝立刻往上弹起，使绳套收缩，紧紧套住动物的肢体，动物一挣扎便陷入暗坑内动弹不得，成为猎人的“战利品”④。苗族的拉杆和连扣也属于套索。使用拉杆时，将有弹性的杆拉弯，用绳拴住，系上圈套，并设机关。动物前来踩碰，绳圈立即收缩将其套住，并随杆弹起，将动物悬吊起来，使之难以逃脱。连扣用马尾做成，只用于捕捉鸟雀。用马尾编一扁绳，上织一排活扣，用时将扁绳系于细棒两端，逐一打开连扣。因活扣较细，鸟雀以为只是一根可踩的细棒，踩上去以后，活扣会套住脚或脖子，越挣扎套得越紧，

① 杨甫旺《彝族狩猎文化刍论》，《楚雄师范学院学报》2010年第8期。

② 罗承松著《拉祜族苦聪人——对哀牢山中部一个人群生活方式的研究》，中国社会科学出版社2014年版。

③ 欧潮泉、姜大谦编著《侗族文化辞典》，华夏文化艺术出版社2002年版。

④ 穆文春主编《布朗族文化大观》，云南民族出版社1999年版。

难以逃脱①。

6. 重力器

所谓重力器，是指借助重力，待猎物触碰机关，便能以压、打等方式砸伤、砸死野兽。常见的重力器有压木（板）、打棒、石板等。鄂伦春族使用的拍子即为压板。在两个木片之间横套一个木卡具，并且在卡具后端插一块肉当诱饵。当动物来啃食诱饵时，卡具脱落，木片倾倒，将动物压死②。苦聪人使用的压木有两种。其一，选一块长宽、质量适中的木板，一端落地，另一端用木棍支撑，木棍设有机关并施放诱饵，猎物触动机关后，木板迅速下落压住猎物。其二，砍多根直径三四十厘米，长两米的木头，搭一个木楼，把木头堆放在木楼上，木楼下面设置机关，放诱饵，启动机关，木楼下塌，木头滚下，将野兽压住③。

基诺族的重力器采用双股支撑，由摩擦销将其稳定住，一旦绊绳（绊棍）被踩下，摩擦销便滑脱，支撑柱上的横条跌落，圆木随之坠下击中兽类。布朗族制作的压木属于三角均衡，即以支撑木撑住圆木，另一水平向以小根木条撑住，斜向再以一根小木条撑住（均有缺口）④。侗族的“塌鸟”捕鸟方法，是在地上撒上小米、稻谷、苞谷等饵料，其上斜置一块伪装好的木板，在饵料与木板之间设置机关，当雀飞到斜板下的平地觅食时，机关自动打开，木板塌下而将雀鸟捕获⑤。

傣族的木板压，制作时先用竹片编成一个长宽均为两米的薄板，再绑上十余根五六寸粗细的木柱，总重量达三四百斤，再选择适当处所，架起一个约两米高、两米宽的木架，从木架横梁上挂下一个绳套，套内放上一根与横梁相交的长木。架设时将盖板撑起，悬挂在长木一端，另一端系一根木棍，再把木棍压扣在木框上面。该绳向下穿过盖板接在一个罩网上，罩网边缘被埋在地下，网内罩住充当活饵的猪崽。猛兽听见猪叫声，探身进入盖板下面，便会触动罩网下的木棍，木棍翻出木框，使长木失去平衡，盖板下砸，往往

① 熊玉有著《苗族文化史》，云南民族出版社 2003 年版。

② 宋兆麟著《最后的捕猎者》，山东画报出版社 2001 年版。

③ 罗承松著《拉祜族苦聪人——对哀牢山中部一个人群生活方式的研究》，中国社会科学出版社 2014 年版。

④ 罗钰著《云南物质文化·采集渔猎卷》，云南教育出版社 1996 年版。

⑤ 欧潮泉、姜大谦编著《侗族文化辞典》，华夏文化艺术出版社 2002 年版。

会将猛兽砸伤或压死①。

傈僳族、怒族、景颇族常使用的打棒，由凹月形槽和有一定重量的木棒组成，有的木棒打击处还装有尖锐的竹签，以增强杀伤力。凹月槽中段处有一个十厘米见方的小孔，装置踩板，踩板与牵绳相连，绳另一端将打棒一头悬起，距地二三十厘米，触动踩板，打棒落下，击中野兽。

珞巴族的“阿德固”，即石压子，分大型、小型两种。大型的用来捕狗熊，须架起较粗大的树干，上面放上巨石，并把牛、猪的蹄骨等放在石压子下。当熊前来吃兽骨时，触动机关，便会被石压子压死。另一种是小型的，构造原理基本相同，只是简单些，用来捕小动物②。僜人用石板压捕山雀和山鼠。方法简便，即在石板一端用小木棍支撑，再用一块竹片做成活闩，在竹片的一端放上食物，当鼠、雀吃食物时会拉动竹片，牵倒支棍，压住鼠、雀③。傈僳族、怒族用一个三角形的物体来支撑石板，一端放置饵料，若饵料被食，平衡受到破坏，石板立即压下④。彝族的石板压，是用拇指粗的树枝砍削成“扣子”，支撑石块，设下机关，放入诱饵，猎物经过取诱饵时，触动机关，石块压下打死猎物⑤。苗族的夹板多是在平地上置一块石板，设带诱饵的机关，动物来吃，拉动机关，石板就会迅速将动物盖住或压死⑥。

7. 木笼

一些民族还会制作木笼，猎物进入，碰到机关，笼门关闭，便无法脱身。珞巴族常设大木笼以捕捉猴子。在猴子经常出没的树上，用木条做一个很大的笼子，里面放上生玉米和水果，上面设一个活动门。当猴子进去时，隐蔽起来的猎人就拉动绳子，把门关上⑦。傈僳族的“造棚”，是用一些树干绑扎一个一两米见方的大栅栏笼。做好木笼以后，要将笼固定在大树上，或者在地上打桩，使其牢固难以移动。在笼的一面要留门洞，门可用厚木板制作，也可由粗木棒绑扎而成，既可上下滑动，又不会摇摆，但轻易打不开。门上

---

① 高耀亭、蒋宗耀《西双版纳傣族人民狩猎方法介绍》，《生物学杂志》1959 年第 7 期。

② 李坚尚、刘芳贤著《珞巴族的社会和文化》，四川民族出版社 1992 年版。

③ 张宗显主编《西藏民俗》，甘肃人民出版社 2004 年版。

④ 罗钰著《云南物质文化·采集渔猎卷》，云南教育出版社 1996 年版。

⑤ 杨甫旺《彝族狩猎文化刍论》，《楚雄师范学院学报》2010 年第 8 期。

⑥ 熊玉有著《苗族文化史》，云南民族出版社 2003 年版。

⑦ 李坚尚、刘芳贤著《珞巴族的社会和文化》，四川民族出版社 1992 年版。

穿孔系绳，绳的另一端拴在栅笼顶部的杠杆的一端，这样，压低一端杠杆就可升起笼门。设置时，用竹篾做成圆圈连接栅笼内的踩板或牵绳，上系一包玉米，用草或土掩盖住牵绳，在栅笼四周撒玉米粒，诱使猎物前来①。苦聪人的豹厩是用木头搭建的，里面放入猪、羊等诱兽，并设置机关。当野兽进入豹厩猎食时，厩门自动关闭②。

8. 地签

地签是将削好的签子插入地面或插在斜坡上，野兽误入或触及机关后，即被刺伤或刺死。蒙古族的签子是将柳条、竹子或芦苇的一端削尖，斜插在兽道上，野兔之类的小兽夜晚跳窜时，被签子刺入胸膛或划破肚皮而毙命③。僜人猎取狗熊的方法是在水边安尖桩。狗熊喝水时踩上竹片，活闩立即脱落，尖桩则倒向水边，狗熊受到惊吓向前跳，正好跳在尖桩上被刺死④。

傈僳族使用的竹签有两种。一种称作“惊响竹签”，常置于山边、箐边、陡坡下，用实心竹削出两端尖的竹签，斜插于地，布下一个面积不等的竹签阵。再找一段带节的竹子，左右各剖去一部分，纵剖一刀成为两片，互相拍击能发出巨大响声。将一片固定于地，另一片用绳向上引呈弯曲状，用绊绳与牵绳连接。牵动绊绳，两片竹片迅速拍合，发出响声，可惊动野兽，使其陷入竹签阵中而被刺中。另一种称为“垂饵地签”，主要用来对付熊。选取一棵较粗、木质较硬的树，砍去顶梢，留下一个很高的树桩。桩顶砍凹，再取两根树枝绑成一个人字梯，另架一个略短的梯横于桩顶凹陷处，横梯的另一端绑上诱饵，横梯下方的地上则插满尖竹签。熊上钩后，撕咬诱饵，横梯砸下，熊掉到竹签阵上。景颇族对付猴群，常设置竹签阵。每年旱谷收割完毕，便在谷堆旁插上竹签，再用草和树枝遮住竹签。待猴子出动偷食，猎人突然敲盆敲锣、放枪鸣炮、大声呐喊，猴子被吓得惊慌失措，夺路而逃，被四周的竹签刺伤，猎人便将其活捉⑤。

苦聪人的“利刀”是把竹片削成尖刀状，插于斜坡之上，锋利的一端向

---

① 罗钰著《云南物质文化·采集渔猎卷》，云南教育出版社 1996 年版。

② 罗承松著《拉祜族苦聪人——对哀牢山中部一个人群生活方式的研究》，中国社会科学出版社 2014 年版。

③ 常宝军《试谈蒙古族的狩猎》，《黑龙江民族丛刊》1989 年第 3 期。

④ 张宗显主编《西藏民俗》，甘肃人民出版社 2004 年版。

⑤ 罗钰著《云南物质文化·采集渔猎卷》，云南教育出版社 1996 年版。

上，加以伪装。野兽从坡上滑下时，利刀便会刺入其胸部或腹部[①]。傣族所下的地签，是在坡边竖上三四米高、一端分叉的粗木柱，在杈上横架一根长约一米的细棍，两端各系一个较大的绳圈。然后选两根七八米长的粗木，平行放置在一根细棍下系的绳圈内，另一个绳圈附近挂食饵。正对粗木的坡地上，埋有四五个削尖的竹片。猛兽来吃饵肉，走上粗木，到接近绳圈处，由于本身重量而致使细棍失去平衡，绳圈脱落，粗木下降，所埋下的尖竹片便刺入猛兽腹部[②]。

9. 地箭（弩、枪）

地箭、地弩及地枪，是将弓弩或枪支置于地面，设置机关，触碰后，箭或子弹飞出，击中猎物。鄂伦春族、鄂温克族、达斡尔族使用地箭狩猎。这种地箭，在文献中亦有记载："弓（地箭）之使用尤精，法于觅得野兽踪迹后，辨为何种，即将其弓安置其地，高与兽胸相当，并设法使野兽经过之时，必绊其弓线，绊则弩发成擒。"[③] 鄂伦春族的地箭长三尺，有锋利的铁箭头，弓长五尺，用松木制作。使用时，用一条横木把弓张开，将箭放在上面，横木上有一个插销，用绳拴上。野兽过来触动绳索后，箭脱弦而出[④]。鄂温克族使用一种叫"阿浪阿"的地箭。其构造和弓箭一样，是设置在野兽必经之路上的伏箭[⑤]。达斡尔族也会使用地箭，称作"阿郎嘎"[⑥]。

珞巴族使用的"古马"，即地箭。一旦猎物走过，接触到机关，箭就自动射出。地箭是用称为"达白"的竹子，削尖、熏烤后加工制作而成的竹箭[⑦]。怒族猎虎豹的地弩杀伤力很大，有效射程可达 200 米左右。设置方法是先挖一个宽 60 多厘米、长 100 厘米、深 30 厘米的坑，用木桩固定弓身，在扳机上系一根细而韧的线，在线的另一端拴上诱饵，只要猎物去吃诱饵，便会带动

---

① 罗承松著《拉祜族苦聪人——对哀牢山中部一个人群生活方式的研究》，中国社会科学出版社 2014 年版。

② 高耀亭、蒋宗耀《西双版纳傣族人民狩猎方法介绍》，《生物学杂志》1959 年第 7 期。

③ 内蒙古少数民族社会历史调查组、中国科学院内蒙古分院历史研究所编《达斡尔、鄂温克、鄂伦春、赫哲史料摘抄》，1961 年印。

④ 《中国少数民族社会历史调查资料丛刊》修订编辑委员会编《鄂伦春族社会历史调查》（一），民族出版社 2009 年版。

⑤ 周玲《鄂温克族的生产习俗》，《长春师院学报》（社会科学版）1994 年第 3 期。

⑥ 谷文双、马国利《达斡尔族狩猎业考述》，《黑龙江民族丛刊》1997 年第 4 期。

⑦ 李坚尚、刘芳贤著《珞巴族的社会和文化》，四川民族出版社 1992 年版。

扳机，使毒箭射出[①]。地弩，纳西族语称为“看都”。设置时，弩上放置“毒本”（纳西语，意为“涂上毒药的箭”）。猎物一旦踩到机关就会中毒箭而亡。这种毒，纳西语叫“都老”，即草乌[②]。

基诺族往往将一强弩隐藏于地上，或凌空高架固定好。拉满弓，箭槽内配上毒箭，用绳牵紧扳机，再用一条绊绳与牵绳相连。野兽一被绊倒，牵动扳机，箭即射出。野兽一被射中，便不可再逃了[③]。傣族设置地枪的方法是竖立两块上端劈开的木桩，将实弹枪夹放在木桩上，高约到人的膝盖部位。用一个小竹弓把弓弦挂在枪下，在弓背中央系上一条末端连有小木棍的麻绳，用力拉棍使弓背弯到扳机前面。在地枪前方三四米处另插一个木桩，系一根小木棍。猛兽经过，碰动撞线会使二棍分开，竹弓的反作用力拉回弓背，扣响扳机[④]。湖南芷江的侗族会安毒箭来射杀猛兽。设置时，用剧毒草药涂在箭头上，用藤蔓连接毒箭的发射机关。猛兽碰到藤蔓，弓箭即刻发射[⑤]。

（三）诱猎

诱猎是指人们利用自然界中野生动物“同性相斥、异性相吸”的原理，或者模仿动物的某种特征，以各种伪装手段迷惑野生动物，从而进行捕杀的狩猎方式。

“以禽兽吸引禽兽”的方式是用野生或驯养的禽兽来引诱同类禽兽，使猎人能够顺利接近猎物而捕获之。鄂温克族外出狩猎时携带着已经驯养好的“诱鹿”，他们在诱鹿角上松散地缠上皮条，然后把它放入野鹿群中。当诱鹿同野鹿顶架角斗时，野鹿的两角便被皮条缠住，不能随便活动。这时，猎人便乘机将野鹿打死。傣族猎人常常抱一只已经人工驯化好的公鸡进山猎野鸡。先让公鸡鸣叫，鸡以为有公鸡叫，必有母鸡至，也就前来凑热闹，猎人便伺机将野鸡活捉。凉山地区的彝族猎人用“鸡媒”捕获野鸡。每年从清明到六月份正是野鸡的交尾和孵蛋期，这时猎人将雄性鸡媒带到山林，利用此时野鸡同性相斥、异性相吸的习性，逗引鸡媒鸣叫，吸引山上的野公鸡前来挑战

---

① 陶天麟著《怒族文化史》，云南民族出版社 1997 年版。

② 《人文丽江》编委会编《纳西族民俗通论》，云南美术出版社 2007 年版。

③ 刘怡、白忠明主编、云南省民族事务委员会编《基诺族文化大观》，云南民族出版社 1999 年版。

④ 高耀亭、蒋宗耀《西双版纳傣族人民狩猎方法介绍》，《生物学杂志》1959 年第 7 期。

⑤ 欧潮泉、姜大谦编著《侗族文化辞典》，华夏文化艺术出版社 2002 年版。

争斗。猎人身披草衣蹲在旁边，当它们酣战之时，伺机用手将其活捉或用网套住[①]。傈僳族使用的“诱子”是经过驯化的成年白腹雄锦鸡。在白腹锦鸡发情季节，猎人将诱子带到地势较高的山头，在诱子周围装好捕猎器具后，让诱子鸣叫，招来雄鸡争斗，以便捕获。用此方法，猎人可一个山头接一个山头地猎捕。捕过一次后，隔7天又可沿原来的路线再捕一次[②]。侗族使用的媒鸟有金鸡、竹鸡、画眉等，使用方法有两种。一是自由施放法。将媒鸟施放在同类雀鸟经常出没的地方，雄鸟闻其叫声而聚拢过来，狩猎者放出猎狗追击或投掷石块使之受惊，待其腾空飞起时举铳射杀。二是开笼引诱法。将媒鸟拴在笼内，将鸟笼置于灌木丛、草丛中，把笼门打开，主人引逗媒鸟啼叫，雄鸟听到后便进笼寻找雌鸟，雄鸟进笼，碰撞机关，笼门自动滑下而将雄鸟捕获[③]。苗族、彝族、傈僳族等也会利用画眉、野鸡、鸠、麻雀、雕等媒鸟来诱捕其同类[④]。

“模拟禽兽形象”的方式，即“伪装术”，是狩猎民利用动物的生态特征装扮成某种动物，或者穿戴有若干动物特征的服饰，如头上插鸡翎、戴兽角、反披兽皮、身后着尾等对其进行迷惑[⑤]。鄂伦春族和鄂温克族在猎取狍、鹿时，往往将自己伪装成猎物的样子。猎人们均穿着毛朝外的狍皮或鹿皮衣裤，头戴狍头皮带角和耳朵的帽子，模拟它们的动作和形态，潜伏在草丛中悄悄接近猎物。达斡尔族猎人也常常戴狍头皮或狐狸皮以及狼皮制成的兽头帽子，酷似动物的头部，平时保暖，狩猎时用来作诱兽物[⑥]。

“模拟禽兽鸣叫”的方式，即模仿禽兽的鸣叫，来引诱禽兽靠近，缩短猎人与野兽的距离，尔后再进行捕杀。起初狩猎民族用口腔发音来模拟动物的叫声，以此来迷惑禽兽，引诱禽兽靠近，或者接近禽兽时不使其发觉。鄂伦春族曾用口技的方法，模仿狼嚎狍叫，以此来招引野兽[⑦]。

鹿哨，鄂伦春族和鄂温克族称之为“乌力安”，是用桦木制成的一种拟声

---

① 陈伯霖、唐戈《谈诱猎方式》，《黑龙江民族丛刊》1999年第2期。

② 艾怀森《高黎贡山地区的傈僳族狩猎文化与生物多样性保护》，《云南地理环境研究》1999年第1期。

③ 欧潮泉、姜大谦编著《侗族文化辞典》，华夏文化艺术出版社2002年版。

④ 罗钰著《云南物质文化·采集渔猎卷》，云南教育出版社1996年版。

⑤ 江帆著《生态民俗学》，黑龙江人民出版社2003年版。

⑥ 陈伯霖、唐戈《谈诱猎方式》，《黑龙江民族丛刊》1999年第2期。

⑦ 陈伯霖、唐戈《谈诱猎方式》，《黑龙江民族丛刊》1999年第2期。

工具，长约40厘米，一头粗一头细，形似牛角，中间是空的，吸吮成声，和公鹿的叫声一样。秋季八九月，是鹿的交配期，这时公鹿到处寻找母鹿，鹿相互鸣叫寻觅对方。猎人躲藏在密林中吹鹿哨，模拟公鹿的叫声，母鹿为了寻找配偶闻声而至，公鹿以为其他公鹿要来强占母鹿，会主动向这个方向跑来。猎人边吹鹿哨边向鹿接近，诱鹿向自已靠近，待鹿走近而又无警觉之时，猎人便举枪刺杀之。狍哨，将桦树皮缠成指甲大小，把一头剪成半圆形即成，非常小巧，鄂伦春族和鄂温克族称之为“皮卡兰”。每年五六月，是母狍产仔季节，猎人口含狍哨，吹出狍仔的叫声，母狍误认为是幼仔唤母吃奶，就急忙奔回。有时，猎人也吹奏出幼仔的惨叫声，母狍以为有其他野兽伤害其仔，便急忙前来解围，这就正中了猎人的圈套。鄂伦春族和鄂温克族还有诱犴的拟声工具犴哨，用白桦树皮做成，犹如喇叭状。秋季八九月是犴的发情期，这时猎人吹犴哨模拟母犴或公犴的鸣叫声，以此来吸引犴。这种诱猎方法他们称为“叫犴”。猎人发出模拟声，犴在很远的地方就能听到，于是犴就向这个方向跑来。有时，猎人还要“补叫”，以免犴辨别不出发音的方向。当犴接近之时，猎人便伺机将其射杀①。达斡尔族的口笛有狍笛和鹿笛两种。鹿笛是把白桦木片削光滑后贴在一起，外面裹上白桦树皮制成的。在鹿交尾期，猎人学牡鹿叫声来呼唤牝鹿。在猎取狍子时也经常使用诱捕法，并以特制的狍哨作为引诱狍子的工具②。

景颇族曾使用麂哨（“时比”）引诱麂子。所谓麂哨，就是一个拇指粗细的、长约10厘米的小竹筒，一端刻了一个缺口，对缺口一吹，竹哨便会发出细小轻微的“叽叽”之声。这是用来模拟小麂子叫声的。每年农历三四月份，母麂生了小麂子，要把小麂子藏于蕨类之下隐蔽处，小麂子饿了，不知危险，便会“叽叽”地叫，唤母麂回来。景颇族用“时比”模仿小麂子的叫声，母麂一听到这种声音便会不顾一切地回到藏小麂子之处，便被猎人诱捕③。傣族发明出一种水鹿笛，吹奏时能发出公水鹿的声音，借以诱捕母水鹿。还有一种鸡哨，以一节毛竹制成。吹奏时能发出母野鸡的声音，并且随着吹奏者用力的轻重缓急、抑扬顿挫，发出带有节奏的鸡鸣之声。“母鸡”一唱，公鸡自然纷纷前来，猎人届时就可以举弩而射之。哀牢山区的彝族有一种以树叶制

① 陈伯霖、唐戈《谈诱猎方式》，《黑龙江民族丛刊》1999年第2期。
② 谷文双、马国利《达斡尔族狩猎业考述》，《黑龙江民族丛刊》1997年第4期。
③ 罗钰著《云南物质文化·采集渔猎卷》，云南教育出版社1996年版。

作的鸟哨，在雌鸟盘旋的树下，模仿雄鸟的叫声，等雌鸟降临时将其射杀[①]。对于野鹿、麂子、岩羊等凶性不强的野兽，哈尼族猎人常用树叶或短笛吹出猎物的叫声，诱惑它们自动来撞上枪口[②]。苦聪人的哨筒一般用金竹或黄牛角做成，猎人发现附近有麂子、岩羊、野鹿或白鹇、野鸡等猎物时，用哨筒或树叶模拟动物的叫声，猎物寻声而来，进入事先设好的伏击圈内而被捕杀[③]。

此外，还有一些其他的诱猎方式。如鄂伦春族和鄂温克族观察到野鹿在初春经常活动于山的阳坡，因为这个地方草先生长出来，早晚来啃草，猎人就在秋末的时候放火烧毁一些阳坡上的草地，化草木为肥料，使此地在第二年春天早早长出又嫩又绿的野草，引诱野鹿前来觅食。猎人事先在附近埋伏好，当野鹿埋头吃草时，以弓箭射杀之。人们称这种方法为“放火引野兽，熏烟寻鹿角”。鄂伦春族和鄂温克族猎人还常常利用鹿和犴喜欢舐盐碱土的习性，人工造一些盐碱地，引诱野鹿或犴前来舐食。猎人事先埋伏在四周，乘鹿或犴舐盐碱土并不戒备之时将其射杀[④]。

（四）犬猎与鹰猎

犬猎和鹰猎，是人们利用自然界中动物间相克的原理而发展出的狩猎方式，即驯化猎犬和猎鹰来追踪、捕获猎物。

狗活动灵敏，奔跑速度快，不仅能帮助主人圈住狍、鹿等，有时也能圈住熊、虎、狼和野猪等，尤其擅长捕捉狐狸、狍子、獾子、貉子和兔子等[⑤]。鄂伦春族猎人捕获较为幼小的野猪时，猎狗会一拥而上，分别在野猪的前后左右狂吠不止，使野猪顾此失彼，不知向哪只猎狗发起攻击。此时，野猪身后的猎狗就会突然发起攻击。而野猪为了保护自己，只得拼命地来回窜动，一旦停止，就会遭到猎狗的攻击。当野猪疲惫时，就只能趴在原地不动，这时猎狗则会一拥而上，野猪疲于应付。直到此时，猎人才乘机上前猎杀目

---

① 江帆著《生态民俗学》，黑龙江人民出版社 2003 年版。

② 黄绍文、王晏《从人类生态学的视角看哈尼族的采集与狩猎》，《红河学院学报》2012 年第 6 期。

③ 罗承松著《拉祜族苦聪人——对哀牢山中部一个人群生活方式的研究》，中国社会科学出版社 2014 年版。

④ 陈伯霖、唐戈《谈诱猎方式》，《黑龙江民族丛刊》1999 年第 2 期。

⑤ 于学斌《北方渔猎民族养狗使狗的文化阐释》，《北方文物》2004 年第 1 期。

标[1]。蒙古族也常用猎犬捕猎。《马可·波罗游记》载：“（忽必烈）大汗出猎时，其一男爵古尼赤（管犬人）将所部万人，携犬五千头，从右行。别一男爵古尼赤率所部从左行。相约并途行。中间留有围道，广二日程，围中禽兽无不被捕者。”[2] 彝族捕猎獐子时，猎人纵犬入林猛追，獐子被追捕得无力再逃，只得爬上树梢。此时，狗在树下狂叫，猎人在棕绳的一端打个活结，轻轻地抛上树梢套在獐子的头上，活结收紧，人一拉，獐子就落到地上，猎犬随即飞奔上前咬住獐子的脖颈[3]。

放鹰是达斡尔族最为爱好的一种狩猎娱乐活动，春季和冬季是放鹰的最好季节。猎手骑着马，胳膊上托着猎鹰，在山野里捕捉野鸡，好鹰还可以捉到野兔、狐狸。猎鹰见到野兔，一挫身一起翅，猎手立刻撒手，大喊一声，猎鹰如离弦之箭般扑向猎物。抓住兔子之类的猎物时，猎鹰先用一只爪子抓住其臀部，再用另一只爪子抓住其脑袋，两只爪子齐用劲对折，猎物便很快闷死[4]。鹰猎是哈萨克族的传统狩猎技艺，称为“萨亚提”。架鹰出猎，多在冬季雪后，以捕猎狐狸最多。猎人掌握狐狸的大致行踪后，架起猎鹰到达预定地点，一般选择在高地之上，便于猎鹰从高处俯冲。其余的人手提长棍，狂呼怪叫，打草惊狐。见到出逃的狐狸后，猎人便迅速摘下猎鹰的套头，解开鹰腿上的皮绳，随之往上一抛，猎鹰立即展开双翼，腾空而起，扑向猎物。猎鹰俯冲向下，用一只爪抓住狐狸的臀部，再用另一只爪子抓住其尖嘴或头顶，双爪用力一拉，折断脊骨，同时以锐利的钩嘴掏去双眼。有些力大的鹰，俯冲后将猎物抓至半空，再扔到地面[5]。柯尔克孜族放鹰行猎的时间大多是秋末冬初，尤其是雪后放晴更是放鹰的大好时机。出猎前，要给猎鹰戴上眼罩，因为猎鹰遇到猎物时，会躁动不安，好的猎鹰能感触到上空猎物的飞临。鹰的烈性被激起后，摘去眼罩，目露凶光，来回转动身躯，扇动翅膀，俯身起

---

① 张延庆、方征《传统的消逝与情怀的眷恋——以鄂伦春传统狩猎文化变迁为例》，《中南民族大学学报》（人文社会科学版）2011 年第 1 期。

② ［意］马可·波罗口述，［意］鲁思梯谦笔录，陈开俊等译《马可·波罗游记》，福建人民出版社 1981 年版。

③ 杨甫旺《彝族狩猎文化刍论》，《楚雄师范学院学报》2010 年第 8 期。

④ 吴依桑《达斡尔族的狩猎特点——鹰猎》，《内蒙古社会科学》（文史哲版）1988 年第 4 期。

⑤ 拜山·纳马兹别《哈萨克族猎鹰初探》，《伊犁师范学院学报》（社会科学版）1994 年第 4 期。

飞，冲天而起，在猎物上空高飞低翔，俯冲直下，抓住猎物，飞回主人身旁[①]。

（五）其他狩猎方法

除了上述方法外，西部民族中还有其他狩猎方法，如追猎、水猎、穴猎和夜猎等。在此归为一类论述。

追猎，即是跟踪、追寻野兽的狩猎方法。马的使用极大地提高了猎人的移动速度，且节省体力。鄂伦春族精于饲养马匹，更善于骑马追猎猎物。怀胎的母鹿就可以追猎之法猎取。此时的母鹿体重难行，猎人可以骑马追上。公鹿也可追猎之法猎取。公鹿长有茸角，行动不便，无法匿于密林之中，通常都在猎人的视野范围之内，只要骑马追一段时间，公鹿就难逃厄运。野猪在秋季交尾后开始变胖，跑不远，追逐几公里后，便疲惫不堪，此时便有了猎杀的机会。虎是一种十分凶猛的动物，虽然动作机敏，速度极快，但长距离奔跑能力差，猎人只要骑马追逐，几个小时即可追上。一些小动物也可追猎，比如跑出洞外的貂就可以骑马追捕。短腿的貂的速度不快，在冬天可以觅迹尾追，很快就可捉住[②]。蒙古族的雪上追猎，通常三五骑，也有单骑，在茫茫的雪原上，围追困兽，然后将精疲力竭的野兽用“布鲁”击毙[③]。一些民族，如鄂伦春族会使用滑雪板来追捕猎物。尤其在春季打狍子，没有滑雪板简直就是寸步难行。在平缓的山坡和草甸上狩猎，猎人都是乘滑雪板来追逐狍子，滑速很快，见到狍子很快就能把它追上[④]。

水猎，泛指各种与水有关的狩猎方法。鄂伦春族和鄂温克族猎人使用遛河捕猎法，即驾驶桦皮船或木筏子顺水遛河，主要捕猎鹿、犴。夏季炎热，鹿、犴常到水泡或河里去乘凉或吃水草，猎人划着桦皮船顺流而下，无声无息地接近猎物。由于桦皮船速度快，响声小，不易被动物发现，捕猎效果很好[⑤]。鄂伦春族猎人猎取水獭时，常砸一个冰窟，把水拦起来，让水充满水獭

① 张涛《柯尔克孜族的鹰猎文化》，《西域研究》2002 年第 2 期。

② 都永浩《定居前鄂伦春族的游猎经济》，《黑龙江民族丛刊》1992 年第 3 期。

③ 常宝军《试谈蒙古族的狩猎》，《黑龙江民族丛刊》1989 年第 3 期。

④ 《中国少数民族社会历史调查资料丛刊》修订编辑委员会编《鄂伦春族社会历史调查》（二），民族出版社 2009 年版。

⑤ 韩有峰《鄂伦春族的传统狩猎方法》，《黑龙江民族丛刊》1989 年第 3 期；陈伯霖《鄂温克族的传统狩猎方式》，《黑龙江民族丛刊》1999 年第 4 期。

窝，水獭不能长时间待在水中，只好钻出水面，猎人此时即可猎捕[①]。

穴猎是指利用天然形成的洞穴，将藏于洞穴中的猎物引出洞口，从而猎取之。冬天，熊冬眠于洞中，俗称“坐洞”或“蹲仓”。熊所蹲的“仓”有两种：一种是树干上的洞，俗称“天仓”；另一种是岩洞或地洞，俗称“地仓”[②]。有经验的鄂伦春族猎手能够准确地判断洞内是否有熊。当熊听到响动出洞之际，即可射杀。但有时熊是不肯出洞的，这时就要用许多方法引诱它出来。比如让猎狗挑逗，往里扔石头、木棍，或往里扔燃烧的草捆、木块。实在引诱不出，有些猎人还冒着极大的危险直接捅[③]。鄂温克族猎取洞中之熊，称作“揣仓”。猎人发现熊仓后，往仓内扔烟头或熏烟，或者用木棍伸进仓里乱捅，或者用大斧猛击树干，震醒里面的睡熊，想方设法驱赶它从仓里爬出。待熊大半身探出仓外时，猎人及时射杀或用扎枪猛刺，使熊毙命[④]。蒙古族的穴猎一般选择雨裂、冲沟、丘陵陡坡等有洞穴的地理环境。有洞穴的一侧留作通道，猎人从远处三面合围，逐渐缩小包围圈，将野兽向洞穴一侧驱赶，野兽钻入洞后，猎人用长钩伸进洞穴往外钩，如果这种办法未能奏效，便让专门穴猎的犬进洞，捕捉野兽并拖出洞外。这种办法仍不奏效，则采用烟熏办法一举捕获。即用干柴引燃牛粪于洞门，产生浓烟后，封住洞口，洞穴内野兽因缺氧而窒息，昏死于洞口。少顷，扒开封洞之物，便获得了猎物[⑤]。摩梭人冬季猎熊有一套特殊的技巧。入冬后，熊多冬眠于树洞内，猎手们先围住大树，多数人埋伏在四周，有人以尖木棒堵住洞口，有人烧火向洞里吹烟，或者以斧子敲击树洞，不断给熊以刺激。待熊要出洞时，站在洞口的猎手就用铁矛直刺熊的肺腑[⑥]。景颇族穴猎豪猪时，常用烟熏之法。猎人找到豪猪洞后，先用树枝将多个洞口封死，然后在仅留的洞口处燃起火堆，使火烟一个劲地往洞里灌。没过多久，豪猪已被呛死在离洞口不远处，猎人伸手就可取出。布朗族、基诺族不仅用烟熏的办法捕豪猪，还用这种方法捕捉

---

① 都永浩《定居前鄂伦春族的游猎经济》，《黑龙江民族丛刊》1992 年第 3 期。

② 陈伯霖《鄂温克族的传统狩猎方式》，《黑龙江民族丛刊》1999 年第 4 期。

③ 都永浩《定居前鄂伦春族的游猎经济》，《黑龙江民族丛刊》1992 年第 3 期。

④ 陈伯霖《鄂温克族的传统狩猎方式》，《黑龙江民族丛刊》1999 年第 4 期。

⑤ 常宝军《试谈蒙古族的狩猎》，《黑龙江民族丛刊》1989 年第 3 期。

⑥ 严汝娴、宋兆麟著《永宁纳西族的母系制》，云南人民出版社 1983 年版。

竹鼠[①]。

夜猎即是在夜间捕杀猎物。鄂伦春族在夜间打狍子时，一旦发现猎物，就用灯光照射它。这时，狍子就会一动不动站在原地，猎手们可以从容不迫地瞄准射击[②]。苦聪人主要用夜猎的方式捕猎破脸狗（花面狐）、石蚌、竹鸡、野鸡等在夜间看到亮光就静止不动的猎物。石蚌白天钻进有水的石洞中，夜间蹲在水边觅食，很容易被抓捕。竹鸡和野鸡喜欢群居，夜间紧挨在一起栖息在树枝上，猎人在树下选择合适的角度，在猎枪中放入多粒干棕树果或豌豆，有时一枪能打下数十只[③]。

四、狩猎组织与猎物的分配及利用

从狩猎生产本身看，狩猎活动有着猎物的品种、数量不确定的特点。个体狩猎具有较强的随机性，但猎物的获取更加不稳定。集体狩猎则需要集体出动，进行有效的分工与协作，以此来对付凶猛的禽兽，克服高风险环境因素所造成的不利影响，确保狩猎活动的成功率，减少人员意外死伤情况的发生。因此，狩猎组织的形成，具有重要的社会意义。集体狩猎会涉及猎物的分配问题。由于猎物是靠猎人们的共同劳动所捕获的，所以一般采取共同分配的形式，使出猎者都能劳有所获，甚至某些未能参加狩猎的人都可以分得一份，表现出人类在早期渔猎采集时代，以共同分享来应对不确定自然风险之遗风。狩猎作为一种生计活动，猎物必须满足人类的各种生产生活之需要。对猎物的利用方式，便是人类攫取自然资源为己用的直接体现。

（一）狩猎组织

狩猎组织，是人们在狩猎活动中所形成的劳动协作团体。狩猎组织的成员往往会选择一名经验丰富、有威望的猎人作为首领（猎首），来领导整个狩猎活动。猎首对狩猎组织的管理基于习惯法，成员之间平等互助，并无权责上的实际差别。

17 世纪以前，鄂伦春族的“乌力楞”既是消费组织，又是进行狩猎经济

① 中共云南省委宣传部编《活在丛林山水间——云南民族采集渔猎》，云南教育出版社 2000 年版。

② 张延庆、方征《传统的消逝与情怀的眷恋——以鄂伦春传统狩猎文化变迁为例》，《中南民族大学学报》（人文社会科学版）2011 年第 1 期。

③ 罗承松著《拉祜族苦聪人——对哀牢山中部一个人群生活方式的研究》，中国社会科学出版社 2014 年版。

生产的狩猎组织，常开展集体狩猎活动。后来，乌力楞的血缘关系逐渐淡化，转为基于地缘关系组建，成为由多个来自不同氏族、家族的成员所组成的地域性群体，乌力楞的含义变为“住在一起的人们”或“大伙”。乌力楞的成员集体游猎时，游猎组织称为“安嘎”，人数不等，一般为四五人或六七人，多则十余人。每个安嘎都有一位领导者“塔坦达”，选拔条件较严格，一般为有丰富的狩猎经验、有威望、有组织能力且年龄长、辈分高的猎人。他有一位副手“乌纠鲁达”，亦为经验丰富的猎手。塔坦达与乌纠鲁达有明确的分工：塔坦达领导狩猎生产，由他根据大家的意见，决定游猎的方向、时间、野营地、欲捕捉的野兽种类、方法及猎物的分配等；乌纠鲁达则遵守各禁忌、保护马匹以及调节安嘎成员间的纠纷等。塔坦达和乌纠鲁达主要靠民主原则、习惯法和禁忌领导众人，善于听取大家的意见，所以能保持内部的团结合作。后来，随着基于地缘关系组建的乌力楞的发展，特别是私人占有的出现，安嘎游猎的目的已不是为了乌力楞的集体消费，甚至安嘎仅仅是一种形式，到猎场后基本上是个体游猎。这样，塔坦达的选举也不像原先那样严格，只要一人提名，并且条件合适，即可当选①。

明末清初，每个鄂温克族村子都有许多小组“塔坦”（也有火堆之意），它是以在一堆火旁吃一锅饭为原则，从围绕每个火堆生活的人中选出年岁较大的人当“火长”（“塔坦达”）。各个火堆联合选举总的围猎首领，叫“阿围达”。他一定要有围猎经验，下套子技术好，知道哪个山有野兽。清朝末期，索伦鄂温克族的大家族“毛哄”是其进行集体狩猎生产的单位，一个或几个毛哄的人联合起来围猎。围猎分成许多小组，各行猎组联合起来要选举一位总的围猎首领阿围达。直至20世纪50年代以前，雅库特（驯鹿）鄂温克族仍从事着游猎生产，生产活动由乌力楞来进行组织。每个乌力楞都有自己的族长（“新玛玛楞”，意为公道人、正确者），一般由年长的男子担任，应是生产经验丰富和有魄力的人。乌力楞内如遇到重大问题，则要通过由老年人组成的乌力楞会议来商议。族长是游猎生产的指挥者和参加者，做总体安排，统一分配任务，指定每个人要去的地方，成员无条件地服从。由族长分配去同一个地方打猎的人叫“安格那加”（同猎者），一般由四五个人组成。在同猎者中，选出一位年老且经验丰富的人，做临时的“行猎长”。行猎长在打猎

---

① 都永浩《定居前鄂伦春族的游猎经济》，《黑龙江民族丛刊》1992年第3期。

期间，掌握时间、风向、布置力量，按习惯道德规范监督猎人遵守纪律，维护团结[①]。

达斡尔族经常组织本“哈拉”（老氏族）所属“莫昆”（新氏族）全体成员参加围山狩猎活动。开展这种兼有古代军事训练性质的大型集体狩猎活动时，会推举一位长老担任总“阿维达”（总围猎长），所属每个莫昆也要选出一名富有经验的猎手，作为各自的阿维达[②]。“塔坦”（生产组）是达斡尔族按照自愿的原则合伙组成的一种临时性狩猎组织。猎手们民主推举一位年纪最大、狩猎经验最多的长者来担任“塔坦达”（生产组长），并让年龄最小的成员当伙夫。凡是参加集体狩猎的成员，都要共同参加劳动，即使是塔坦达也不能例外[③]。

蒙古族曾按部落进行围猎，一个部落或者几个部落联合起来组织活动。后来，按努图克、旗、盟为单位进行围猎，多数以旗为单位组织。集体围猎由“阿宾达”（狩猎首领）负责实施，一切听从统一指挥，众人不准各行其是。参加的猎户要分成若干队，各队均有指定的围猎方位、路线、任务、时间[④]。

土家族所崇拜的猎神“禾撮”又被称为“梅山”，“梅山会”是为开展狩猎活动而设的狩猎组织。凡是喜爱打猎的地方都有梅山会，多以村寨为单位，也有联村组建的。因为打猎要添置猎具，要组织梅山祭祀，尤其是捕捉凶猛暴烈的禽兽，单枪匹马不能成事，必须邀伙聚众，在围猎中常有意外伤亡事故发生，需集体研究对策，必要时还得承担经济责任，所以土家族猎人热衷于组织梅山会，选举干练有谋的老猎人为会长，主持、召集围山打猎和祭祀梅山事务。比如什么时候开始围猎、每次围猎的山头地点、祭祀活动规模大小、所需资金筹措等等，都由梅山会的成员共同决定。梅山会没有“理事”，更没有“常委”，只要有事研究，会员个个必到。会长或者猎头要比一般人考虑得更多一些，会议的中心议题由他提出，讨论的最后议案由他拍板[⑤]。

为了有效地围捕大野兽，广西苗族往往组织起来，成立鸟枪会、打猎组

---

① 《鄂温克族简史》编写组编《鄂温克族简史》，内蒙古人民出版社 1983 年版。

② 《达斡尔族简史》编写组编《达斡尔族简史》，内蒙古人民出版社 1986 年版。

③ 谷文双、马国利《达斡尔族狩猎业考述》，《黑龙江民族丛刊》1997 年第 4 期。

④ 波·少布《蒙古族的狩猎习俗》，《黑龙江民族论丛》1995 年第 2 期。

⑤ 罗士松著《土家族渔猎》，中央民族大学出版社 2009 年版。

等群众团体。这些团体往往以村寨为单位建立。若碰上猛兽，需要邻近几个寨子联合行动，由各寨狩猎组织的负责人协商后确定行动方案。这些负责人称为“猎头”，由竞选产生，任期一年。其竞选方式在苗山各地大致相同，以比试枪法为主要项目。以融水县四荣乡东田村小东江寨为例，每年大年初一是竞选猎头的日子。太阳刚出山，猎手们扛着猎枪，背着弹袋，穿着节日盛装，会集到寨东大木桥上参加猎头的竞选。离桥八十米处的小山坡上竖着宽、高各一米的彩色虎靶。众猎手以年龄大小为序，每人向虎靶打一枪，打中虎心者为优胜。若只有一人打中，他就是本届猎头；若不止一人打中，再进行射飞鸟比赛，以决胜负。公证人在几位优胜者的猎枪上系条红布，尔后放九只小鸟上天，待小鸟飞到约五十米高处时开枪射击，每人也只能打一枪，先打中者为胜，他便成为本届猎头①。

（二）猎物的分配方法

猎物的分配是狩猎活动中的一项重要内容，在集体性的狩猎活动中较为重要。猎物的分配大多是依据“平均分配，见者有份”的原则来实行的，但在具体操作过程中又会有某些差异。

如前文中所提到的，鄂伦春族曾实行过按人数平均分配猎物的方式，无论男女老少均可获得一份。但随着“乌力楞”的变化及狩猎组织“安嘎”的出现，按户平均分配或按猎手平均分配的方式逐渐占据了重要地位。当安嘎成员出外狩猎时，他们所猎获的野兽均在乌力楞内按户平均分配，不论成员是否参加狩猎生产，均可得到一份，主要针对的是兽肉的分配，由“塔坦达”或猎手主持。对于皮张的分配，一般采取轮流赠送的方式。以安嘎为单位的分配有两种方式，一种是以一个安嘎为单位进行平均分配，一种是以一个乌力楞中的几个安嘎为单位联合起来进行平均分配。对于一部分作为商品的猎物，则是将它们出售以后，在猎手中平均分配现金。直至 20 世纪 50 年代，不论谁猎获野兽，一般都要把头、腿、肋骨、心、肝、舌头等一起煮熟，请全乌力楞的人共同享用。共同消费的遗风，还体现于对鳏寡孤独的照顾上。猎人们回到乌力楞后都要给这些人分配一份猎物，有时他们所得甚至比出猎者还要多些。如果寡妇参加集体出猎，她可以同其他猎手一样分得一份，而

---

① 过伟编《广西民俗》，甘肃人民出版社 2003 年版。

有夫之妇最多只能得到半份[①]。

鄂温克族实行猎物的平均分配制度，称作“宝来的日恩”。猎人打回兽肉，按户数平均分成若干份，不论是否参加劳动，是否有劳动力，每一户都能分得一份。一部分作为商品的猎物则在市场上换回日用品或货币以后，仍然在乌力楞内分配，每个劳动力得一份，孤儿、寡妇及失去劳动力的人得半份。对鳏寡孤独者，社会有义务养活他们，用鄂温克语说，就是“尼玛的无楞”（无条件被抚养）。共同出猎的人，打中野兽者，无权要皮张，一定要先将皮张给没有打中野兽的人。猎获的麋鹿，鹿肉基本是按户平分，但麋鹿身上特别好吃的部分，还有更细致的分配方法。对熊的分配有些不同，如两人扛回一只熊，打中者分熊的前半身，熊的后半身、熊头和熊皮要给未打中者，并分两天请全乌力楞的人共同食用[②]。

达斡尔族联合围猎后分配狩猎产品，要先由总围猎长“阿维达”亲自指挥，按照“莫昆”（氏族）的数目将猎物分成大致相同的若干堆，之后再由各“莫昆阿维达”将猎物平均分配给每一个猎手。在村屯附近捕猎小动物时，猎手往往采取个人单独出猎的方式，猎物除个人占有外，也与亲朋或邻居共享[③]。

蒙古族分配猎获物时有不同的分类方法：“甘古干好必”一般为一份猎物精肉或猎物某一肢的带骨肉；“失如勒合”是指将猎物之肉串在树枝上用篝火烧熟后分给众人；“珠勒都”即猎物的头部和气管、食道、心肺，一般不许分给别人而留给猎人自己[④]。哈萨克族的猎物分配，见者均有份，除野兽的头和毛皮给打死野兽的人外，兽肉分给每个狩猎者，包括猎犬都可得到一份，就是过路的人，也可分一份[⑤]。

藏族集体组织去狩猎时，猎物平分，但领头打猎的出色猎手可以多分一份，携带帐篷的也可多得一份作为报酬。如打到野牛，除肉平均分外，领头人可多分一条牛尾，携带枪支弹药的人有时也可以多分一份。如打到野牦牛，

---

① 《鄂伦春族简史》编写组编《鄂伦春族简史》，内蒙古人民出版社 1983 年版。

② 《鄂温克族简史》编写组编《鄂温克族简史》，内蒙古人民出版社 1983 年版。

③ 谷文双、马国利《达斡尔族狩猎业考述》，《黑龙江民族丛刊》1997 年第 4 期。

④ 扎格尔《蒙古族狩猎习俗》，《内蒙古师范大学学报》（哲学社会科学版）2002 年第 1 期。

⑤ 热合木江·沙吾提编著《哈萨克族传统习俗文化》，伊犁人民出版社 2000 年版。

在野牛前胸或尾巴被割下之前，遇到过路人也要分给他一份。打到岩羊时，在皮子未扒下之前，遇到过路人也分给其一份。猎杀野驴后，在把野驴内脏取出并扔出七步以外之前，要是突然来了一个外人，也要分给他一份野驴肉①。

门巴族猎人按习惯将兽肉均分成若干份，单独打到野兽或围猎时首先命中猎物的人可分得双份，其他人一律一份，小孩也有一份。对于皮张或熊胆，第一个命中猎物的人有优先分得的权利，不过拿了这些，就不能再多得一份兽肉。如果第一个射中的猎手放弃获取皮张，则待皮张出卖或交换后将钱物均分。如果分肉时被行人撞见，或在背肉途中遇到行人，不管熟识与否，都要赠送一些肉给他。村中无力狩猎的人家，每户也能分到一些兽肉②。

珞巴族各部落的猎物分配虽有所不同，但都保留平均分配的特点。巴达姆部落集体行猎这一天猎获到的所有猎物，必须全部交到村内公房“莫休普”内，分配给村里无力行猎的老人们。在平时的集体行猎中，所有的猎获物也是直接送到莫休普。猎人归来后，把猎物交给老人，老人取出一部分煮熟，先供外出行猎的人享用，再留下一部分供老人们以后食用，其余部分平均分给出猎的人。第一个射中猎物的猎手，除得到均分的一份肉外，还能得到猎物的头和角。布瑞、崩尼和崩如部落集体行猎所获猎物按户平分，若是几个人合伙打猎，猎获物则按猎手数均分。第一个射中者可另得野兽头和角。如果两人射中，第二个射中的人可另得野兽下腭。猎获物一般就在猎获地点分配，猎获者要把自己所获肉的大部分送给亲戚朋友。米古巴部落集体狩猎的分配方式中，第一个射中者可独享一条前腿、一半排骨、半个肺、半个胃、一半带尾巴的后臀、部分板油和一对连皮带骨的角和耳朵，其余部分均分。如果是两人射中猎物，第二人除可分得自己的一份肉外，还可得到该猎物的皮张。倘若这人行猎时的猎狗是借别人的，兽皮则归猎狗的主人。对于猎物的其他部分，只要是在行猎中出过力或送过供品的人家，均可分得一份。猎手会主动送一部分肉给村内的老弱病残贫穷家庭。个人行猎打到的猎物一般归自己，如果是在他人的猎场所获，则需将猎获物的胸部、喉管和部分板油送给猎场主人。如果有人碰巧看见猎人猎获野兽，猎人会将猎物的一半送给

① 张宗显主编《西藏民俗》，甘肃人民出版社 2004 年版。

② 张宗显主编《西藏民俗》，甘肃人民出版社 2004 年版。

目击者，倘若目击者太多，猎人则留下一半或三分之一，把其余部分送给众人享用①。

僜人猎取野牛、狗熊等时，兽头、皮张归射手。麝香、熊胆等有时归射手，有时与兽肉一起由参猎者平分，内脏和蹄子切成小块在火上烤成肉干后平分。猎手们在回家路上若遇到熟人，要送给他一点兽肉。带回家的兽肉要分送邻居、亲朋好友一些，或请亲朋来家里聚餐。肉多时要把腿部的好肉送到岳父家，供老人享用②。

傈僳族个人猎捕到动物后，平均分给全村人或邀约大伙一起享用，但头及皮张归猎人。三四人上山捕获的猎物，肉平均分配，头、皮及其他有重要价值的部分（如熊胆、麝香等）归射中动物者。集体围猎时，以猎手为单位平均分配猎物，所有内脏归猎犬，并且还要从每个动物身上割一小块瘦肉给猎犬，头脚及皮张归射中猎物的人。其他民族的人或外村人遇上围猎也可以分到同等的一份。最后还要留一份给猎神③。

独龙族所猎获猎物的头、皮和一条后腿，优先分给击中者表示奖励，其余的按平均分配原则进行分配，将猎获品的各个部分，按参加狩猎的人数等分。但是，参加狩猎的人，要从自己分到的猎获品中，拿出一部分进行再分配，分给未参加狩猎的家庭④。

在彝族狩猎习俗中，兽肉见者有份，不能出售给别人。四川凉山彝族有句格言："头年猎肉分不均，来年打猎无人跟。"捕捉到野兽时，猎物就地剥皮，肺、头、四蹄及后腿肉装入狩猎者随身携带的麻袋里带回家，其余的部分必须见者有份，并当场割块肉给猎狗以示奖赏。分猎物时，如果肉已分完又有人来，即使装入口袋的后腿肉也要拿出来分给他人。云南双柏彝族猎到野兽，不分男女老幼，只要是见到猎物倒地的人，都可以分得一份。俐咪支系的传统是：捕获猎物无论大小，当场剥皮分肉，凡参加追猎者，人人有份，就是见到分肉，见者亦有一份；猎狗是有功者，必须有一份；如猎到麂子，

---

① 张宗显主编《西藏民俗》，甘肃人民出版社 2004 年版。

② 张宗显主编《西藏民俗》，甘肃人民出版社 2004 年版。

③ 艾怀森《高黎贡山地区的傈僳族狩猎文化与生物多样性保护》，《云南地理环境研究》1999 年第 1 期。

④ 《中国少数民族社会历史调查资料丛刊》修订编辑委员会编《独龙族社会历史调查》（一），民族出版社 2009 年版。

麂子头归猎狗的主人。云南峨山彝族集体狩猎，猎物皮归捕获者，肉则所有人均分。哀牢山地区的彝族集体围猎，禁止女性参加，但若她们在牧羊或拾柴时碰巧遇到分配猎获物，则可以分到一份[①]。

白族勒墨人常集体狩猎，打到猎物后，在山上解剖，一起分肉。猎物的头、皮、右腿及心、肝、肺各一半分给射中猎物者，其余平均分配。回来的路上遇到的人，都要割给他一块肉，否则认为以后就会打不到猎物[②]。

景颇族集体围猎，对第一枪打中走兽者，一定要把兽头、兽皮和一条后腿分给他，另一条后腿作为礼物送给山官。其余的部分平均分配。猎狗也得到一份。分配时闯入者也应分一份。单人出猎，猎到大兽时，应分一些给亲戚朋友，让他们和自己一同分享[③]。

拉祜族捕到大兽之后的分配原则是：头归猎获者，兽脖归猎获者的姐姐，每个铁匠得一块（作为对铁匠平时为大家修枪的答谢），其余部分平均分配[④]。苦聪人强调与寻食生活相适应的平等互助，猎物实行见者有份的分配原则。猎手可以占有猎物的头、脚、内脏，其他部分必须在参与者中进行平均分配。参与分配的人员可以是本群体的，也可以是偶遇的[⑤]。

基诺族集体狩猎时猎得体型大的野兽，如马鹿之类，必须在山上剥皮分割，分给大家。第一枪打中野兽的猎手，得兽头、一条腿、一条脊肉及兽皮（若猎到熊，猎手分得熊皮的三分之一）。其余的分成三份，打中第一枪的又得一份，但这一份必须一分为二，到家以后拿出一半，请邻居、亲朋好友来一起享受，另一半分给本家族所有成员[⑥]。

土家族赶仗结束后，由猎主和老猎人主持，对猎物进行分配。兽头从颈砍下，分给打死猎物的枪手，内脏与四肢分给闹山的人，肉按各场参与的人数，本着见者有份的原则，平均分配。为了分配公平，防止挑选，每份肉都

---

① 罗承松《思茅少数民族的狩猎巫术》，《思茅师范高等专科学校学报》2002 年第 1 期。

② 杨新旗、段伶、花四波编译《白族勒墨人原始宗教实录》，云南民族出版社 2006 年版。

③ 罗钰著《云南物质文化 · 采集渔猎卷》，云南教育出版社 1996 年版。

④ 罗钰著《云南物质文化 · 采集渔猎卷》，云南教育出版社 1996 年版。

⑤ 罗承松著《拉祜族苦聪人——对哀牢山中部一个人群生活方式的研究》，中国社会科学出版社 2014 年版。

⑥ 罗钰著《云南物质文化 · 采集渔猎卷》，云南教育出版社 1996 年版。

系上了一条棕叶提绳，放在簸箕内，让提绳露在外面，再盖上一只簸箕，见绳不见肉，而后将簸箕转几圈，各人拿绳取肉，均无异议①。

布朗族对猎获物的分配都是三等分后再分配。集体狩猎时，射中野兽的猎手能得到兽体的三分之一和兽头，其余部分由大家分配（包括猎狗在内）。兽头由猎手煮熟，另外加上一碗最好的肉，剁细以后众人分享。兽皮也必须按人数切成块分配，一人一块。单独出猎，猎获小兽，有前来参观者须分一点给他们或者邀约他们共餐。猎获大兽须邀请寨人帮忙抬回，要分给帮抬者三分之一，自己得三分之二，但是这三分之二必须分给本民族成员，所以猎手最后留下的仅只是兽头和兽皮②。

贵州平塘上莫乡的布依族的猎物分配有“隔山打猎，见者一份”的说法。猎人们在追打野物时，在山上看的人，只要“吆喝”一声就算参加，分配猎物时也有一份。除猎人首领得兽头外，其余部分按人数多少平均分配，连猎狗分得的数量都与猎人相同③。

侗族的猎物分配的规矩和顺序是：猎物之头分给第一个射中猎物者，若第二个射手补枪才将猎物打死，则将猎物的颈分给第二个射手，猎物之脚分给理脚印者。然后，将猎物按参加围猎的人数和猎犬的只数进行平均分配。若路人听见枪响，并在将猎物捆绑抬离猎物倒地断气之处时赶到，则视为参猎者，享有参与分配猎物之权。但若猎物较小不好分配，除头和脚外，其余部分用于“打平伙”（聚餐）④。

水族打得猎物，就依照古老的习俗，将头割下给首先击中猎物的猎手，其余部分按人与狗数量均分，即使临时参与搭帮的人也同样得到一份⑤。毛南族的猎物分配也是见者有份，第一个击中猎物的射手多分得兽头、尾巴和四肢。射手将尾巴插在自家大门边的板壁上，头骨装在大门边专设的竹笼里⑥。仫佬族猎人也实行平均分配，由指挥者列出名单，将猎手的名字写在纸上，

---

① 湖南省龙山县民族事务委员会编、田荆贵主编《中国土家族习俗》，中国文史出版社1991年版。

② 罗钰著《云南物质文化·采集渔猎卷》，云南教育出版社1996年版。

③ 伍文义《浅谈布依族古代狩猎习俗——平塘县上莫乡专业猎户的个案分析》，《贵州民族学院学报》（哲学社会科学版）2000年第1期。

④ 欧潮泉、姜大谦编著《侗族文化辞典》，华夏文化艺术出版社2002年版。

⑤ 何积全主编《水族民俗探幽》，四川民族出版社1992年版。

⑥ 过伟编《广西民俗》，甘肃人民出版社2003年版。

每张纸上写一个人的名字，之后，将纸折叠，随机在每份肉上各放一张纸，写有自己名字的纸在哪份肉上，自己就取哪一份。若捕获不多，就宰杀并剁成肉粒熬汤分吃，每人一碗，人人尝鲜①。

“沿山打兽，见者有份”是湘西城步苗族捕获猎物后所共同遵守的规矩，不论男女老少，一律按人数多少进行平均分配，路过或看见打猎的人也可分到一份兽肉，捕获猎物的枪手可以得双份。有的地方，枪手只分一份，但兽头、兽皮归枪手。切割兽头时，要将兽耳向后拉直压倒，于耳所倒之处切割②。

瑶族山民不论狩猎出力大小，凡碰上的人都可分得一份。捕得猎物，众人可以品尝。猎物煮好后，遇上的人都可以吃几块。民间认为这是“吃口”，越吃越有，今后容易获猎。如果分配后将猎物出售而不留部分供自家人食用，就很难再打到野兽了③。

（三）猎物的利用方式

作为一种生存资源，猎物的首要功能是满足人们日常的生产生活需求。对于从事狩猎生计的民族而言，“食兽肉”与“衣兽皮”的生活习俗十分普遍，现仅以鄂伦春族、鄂温克族、达斡尔族三个民族论之。

1. 食兽肉

鄂伦春族过去以食狍、鹿、犴、野猪、熊等肉为主，其中食用最多的是狍子肉。食肉的方法很多，最常见的是手扒肉，即把肉切成大块，煮得很嫩，中间还带血色就蘸盐水吃。烤肉是将木棍削尖，把肉插上，烤得焦黄即可食用。烧肉是把肉扔在火里，烧得外黑里红即为恰到好处。炖肉是把肉切成小块炖煮，味道格外鲜美。晒肉干是把肉切成小块，煮熟晒干，或把肉切成条用烟熏后风干。肉干可以长期保存。还有一种吃法叫作“阿素”，即把剔骨狍头肉、狍肺、狍脑煮熟后切成小块，和在一起，浇上野猪油。他们也爱生吃狍、鹿肝，以保养和增强视力。野猪肉和熊肉脂肪很多，用以炼油保存。在严冬季节出猎，喝一碗热熊油，就会全身发热④。

兽肉是鄂温克族的主食。夏天多打大兽如犴、鹿、狍子等，所以肉食较

① 过伟编《广西民俗》，甘肃人民出版社 2003 年版。

② 张正清《城步苗族猎俗记趣》，《民族论坛》1994 年第 4 期。

③ 过伟编《广西民俗》，甘肃人民出版社 2003 年版。

④ 《鄂伦春族简史》编写组编《鄂伦春族简史》，内蒙古人民出版社 1983 年版。

多。鄂温克族吃犴、鹿、狍子、熊、野猪、猞猁、灰鼠、獐子、鸭子、飞龙、乌鸡、野鸡、雁等动物的肉，不吃貂、狼、狐、鼬、山狗等肉。他们认为生吃犴、鹿、狍子肝和肾最为营养，熟食则有煮、烧、熬汤等吃法。夏季打到野兽多的时候，除鲜食外，还晒成肉干储存。肉干有熟干和生干两种：熟干是煮熟后晒成干，五斤鲜肉，可晒成一斤干；生干是把生肉切成细条，稍加食盐晒成干，三斤鲜肉可晒一斤干。猎人在山中，也会把鲜肉晒到树枝上，以后趁闲去取。据说肉干烧后食用味最美①。

在达斡尔族的饮食文化中，兽肉和飞禽肉历来被视作肉食中的上品，包括狍子、鹿、犴、黄羊、兔子、野猪、野鸡、鹌鹑、野鸭和沙半鸡等。对肉食品的加工和制作有蒸、煮、晒、烤等多种传统方法。达斡尔族在饮食习惯中，尚保留着生吃新鲜狍肝、狍肾和牛羊重瓣胃的古老遗习。人们认为，生吃动物的内脏可以保留其原有的营养成分，能够起到增强视力和养胃健脾的作用。达斡尔族普遍喜欢吃烤新鲜狍肉和手扒肉。手扒肉是每年除夕晚餐上家家必吃的佳肴。达斡尔族还善于晒兽肉干，吃时泡煮或油煎加工。野鸡和兔子的肉是调制“大乐布达”（荞面饸饹）鲜汤的上品。飞龙、乌鸡和野鸭等野味则是下酒好菜②。

2. *衣兽皮*

鄂伦春族的游猎生活，最需要耐寒经磨的服装。过去他们的衣着都是用狍、鹿、犴皮制作的，其中狍皮制品最多。妇女是鞣皮和制作皮制品的能手。她们鞣皮的方法，是把狍肝捣烂，涂在皮板上发酵，然后刮去腐烂的污垢，再用鞣皮工具鞣制，皮子就柔软耐用了。她们将狍、鹿、犴筋晾干，用木槌砸成纤维，再搓成线。这种线结实耐磨。用狍皮制作的“苏恩”（皮袍）样式很讲究。皮袍带大襟，袍边、袖口都镶有薄皮边，女皮袍面上还绣有精美的花纹和“吉哈布顿”（项圈）。“依力格依”（去毛的狍皮衣）是夏天穿的短上衣。“额勒开依”（皮裤），冬天穿的用带毛的皮张做，夏天穿的用去毛的皮张做。“乌鲁达”（狍皮被）是出外打猎时不可缺少的装备，鄂伦春族“每以狍皮置为囊，野处露宿，全身入囊，不畏风雪”，说的就是这种狍皮被。“灭塔哈”（皮帽）是按狍头皮原样做的，这种帽子既带有鲜明的民族特色，

① 《民族问题五种丛书》内蒙古自治区编辑组编《鄂温克族社会历史调查》，内蒙古人民出版社 1986 年版。

② 谷文双《达斡尔族传统狩猎文化考述》，《内蒙古社会科学》1998 年第 6 期。

又很美观暖和。还可以用狍腿皮制作“其哈密”（皮靴）、“师克吐恩”（皮褥子）、“考胡鲁”（手套）、“卡巴达拉嘎”（烟荷包）和“卡皮参”（皮背包）等①。

鄂温克族在生活中充分利用了野兽皮，他们的衣帽鞋靴、被褥等都是用兽皮做的，是很好的手工艺品，也用兽皮制各种用具。如冬季犴皮上衣叫“奈雅玛”，犴皮裤叫“耶什它姆”，套裤去毛的叫“阿拉木什”，毛朝外的叫“奥老黑”，犴腿靴子叫“和木楚热”，夏天上衣叫“坡利套”，短裤子叫“和勒刻衣”，帽子叫“阿功”，不带毛的夏靴叫“奥老西”，有毛皮里的手套叫“乌达皮西”，去毛的叫“别里洽克”，用犴、鹿、熊、野猪等各种皮子做的毛皮褥叫“依斯坦”，犴腿毛褥子叫“陶克南南”，犴鹿毛做的小型垫子叫“库玛兰”，狍皮或驯鹿皮做的小儿防寒衣叫“给布给罕”，狍皮被叫“好啦”，犴皮腰带叫“卡培”，皮烟口袋叫“卡布吐克”，大小口袋叫“图儒格儒克”，钱褡子叫“音漠格”，驯鹿笼头叫“乌黑”，犴皮手提包叫“都格套克”②。

达斡尔族男子酷爱穿着由野兽皮毛制成的皮装。冬季通常穿“布贡奇德力”，是一种皮制的长袍。外出行猎者多穿“果罗贡”，是一种毛朝外的皮袍，可以作为迷惑和引诱野兽的伪装。有时，在皮袍的外面再套上一件鹿皮或犴皮马褂，更加保暖。“罕奇日特”是冬季外出劳动时戴的一种皮套袖，可以保暖护手。春秋两季穿的皮袍叫“哈日密”。这种皮袍长至膝盖，采用春、夏或秋初猎取的狍之皮制作。皮袍前后下摆正中均有开衩，通常将开衩一端掖在腰上，以便于骑马和劳动。下身则一年四季均穿皮裤，采用相应季节的兽皮制作。在外出劳动时，还要穿上皮套裤，叫“随毕”，既能保护裤子不受磨损，又能抗寒护膝。“密雅特玛格勒”是一种皮帽，通常以狍头皮、狐狸头皮、狼头皮或猞猁头皮为原料制作③。

此外，鄂伦春族、鄂温克族、达斡尔族等民族还广泛地使用兽皮作为住屋的遮蔽物。鄂伦春族和鄂温克族居住的“仙人柱”，其冬季覆盖物是狍皮围子，达斡尔族的“珠克查”也以狍皮覆盖之。

---

① 《鄂伦春族简史》编写组编《鄂伦春族简史》，内蒙古人民出版社1983年版。

② 《民族问题五种丛书》内蒙古自治区编辑组编《鄂温克族社会历史调查》，内蒙古人民出版社1986年版。

③ 谷文双《达斡尔族传统狩猎文化考述》，《内蒙古社会科学》1998年第6期。

五、狩猎仪式与禁忌

过去，在西部许多民族的观念中，各种飞禽走兽不仅具有灵魂，而且还有专门的神灵来进行管理。“在狩猎中，一切不是决定于猎人的灵敏和膂力，而是决定于神秘的力量，是这个神秘的力量把动物交到猎人的手里”①。对于狩猎活动，鬼神与人的关系有着决定性的意义，人们若想有所收获，就必须有所付出，进行补偿，就必须谨慎从事，心存敬畏。“因而，猎杀这些珍贵的或危险的鸟兽时，比猎杀用处不大和不太重要的动物要遵守更多的戒规，履行更多的礼仪。”② 种种祭祀仪式及禁忌，在一定程度上阻止了对野生动物的滥捕滥杀，起到了生态保护的作用。

（一）狩猎仪式

总的说来，猎祭的目的主要有三：一是祈求和感谢神灵的赐予，二是驱逐阻挠狩猎的“恶鬼”，三是为猎物安魂及谢罪。

熊是鄂伦春族崇拜的图腾之一，他们猎到熊以后，有一种特殊仪式。熊头是不能食用的，必须留在猎获它的地方。然后猎人们假哭着把熊抬回乌力楞，集合全乌力楞的人举行吃熊肉的仪式。吃完以后再假哭一番，并像对待死人那样对它祈祷。之后要把吃肉后剩下的熊骨全部收集起来，按照风葬的仪式把它抬到猎获处，与熊头一起安葬在树架上③。

鄂温克族猎人长期打不到野兽时，要由萨满施巫术“求福”。猎人准备两只野鸭，把飞禽的五脏等献在祖先神前，并将柳条编成赤鹿或麋鹿状。求福的人把枪弹头取掉，减少火药，用枪打柳条编的鹿。打完后，猎人假装剥兽皮，取出心、肝、肺，第二天搭一个棚，把这些东西放在棚上，他们认为这样就可以打到野兽了④。

过去，达斡尔族凡进山的狩猎组和伐木组，或出远门的人员，为了择定启程日期，经常以烧兽畜肩胛骨，验其裂纹顺逆的方式来辨测吉凶。纹理顺则出发，逆则缓行⑤。清代山区猎民每年有三月和八月两次小祭、三年一次的

---

① ［法］列维－布留尔著，丁由译《原始思维》，商务印书馆 1981 年版。

② ［英］詹·乔·弗雷泽著，徐育新、汪培基、张泽石译，汪培基校《金枝》（上册），大众文艺出版社 1998 年版。

③ 《鄂伦春族简史》编写组编《鄂伦春族简史》，内蒙古人民出版社 1983 年版。

④ 吕光天著《北方民族原始社会形态研究》，宁夏人民出版社 1981 年版。

⑤ 丁石庆《达斡尔族狩猎文化之成因分析》，《北方文物》2006 年第 2 期。

大祭，求山神保佑人们免遭猛兽之害并获得狩猎生产的丰收。猎户们还供奉着“巴特何巴日肯”，是专司狩猎事宜的神灵，即猎神①。

蒙古族狩猎必须遵循猎仪。狩猎出发前，先祭祀长角鹿画像，人们将长角鹿视为众兽之王，向其祈祷，希望赐予猎物，使出猎丰收。然后以不同祭品分别祭祀“甘珠嘎”（鞍鞘绳）：西南面的鞘绳系狐狸皮，西北面的鞘绳系四条羊肋骨，东南面的鞘绳系绸缎带，东北面的鞘绳系一块羊脊骨。点燃四盏佛灯、四炷草香，并致祭词。再举行弓箭祭，对出猎用的弓、箭、箭袋进行修整，用鲜奶、奶酪、奶油、羊肉祭祀，择吉日往弓箭上抹鲜血。最后举行“安都固”祭的火净仪式。猎人牵着马，从蒙古包或庭院后面走出，以顺时针方向绕三圈。在住所前点燃两堆篝火，猎人与猎犬从火堆中间走过，家人用带刺的木板夹一下猎人的衣服后襟和猎犬的嘴巴，同时稍用火燎一下猎犬的尾巴。到达猎场后，还必须向猎神“玛纳罕”献祭②。

哈萨克族曾认为山狍野鹿、豺狼虎豹都是上天的“牲畜”，只有祭天才能得到猎物。各地在狩猎之前，都要进行专门的祈祷和“召唤猎物”的烟祭，祈求上天赐下猎物，使人们“出有所猎，归有所获”③。

四川冕宁的多续藏族到了打猎那一天，要捉一只红公鸡，在赶山狗身上从左到右绕三圈，以祈求打猎顺利，平安归来，一般朝哪个山打猎就朝哪个方向敬。以前有锅庄，要在锅庄左边供一个石头——“赶山菩萨”，敬过后杀鸡，把鸡血滴在赶山菩萨上，鸡脖上的羽毛也粘在上面。打猎回来以后，要将猎物的心、肝肉及四肢上的肉撕下，煮熟后敬献赶山菩萨④。

珞巴族猎人在狩猎前一天要在家念经祷告。念经时，将过去所猎获的野牛角、岩羊角、黄羊角及其他野兽的头骨摆在灶的周围，杀一只鸡或者一头猪，将血涂抹在兽角、头骨上，边涂边念咒语。念罢，将祭牲向灶石上撞几下，向灶神祷告，祈求出猎平安，满载而归。启程出猎时，狩猎的组织者必须在灶神前放一点酥油，从火塘内取出几块木炭，放在酥油上，再在上面撒上一些苞谷面，恳请灶神的庇佑。猎人到达猎区后，便砍三至九种带刺的青

---

① 谷文双《达斡尔族传统狩猎文化考述》，《内蒙古社会科学》1998 年第 6 期。

② 波·少布《蒙古族的狩猎习俗》，《黑龙江民族丛刊》1995 年第 4 期。

③ 热合木江·沙吾提编著《哈萨克族传统习俗文化》，伊犁人民出版社 2009 年版。

④ 袁晓文《多续藏族的地方性知识》，《西藏民族学院学报》（哲学社会科学版）2011 年第 4 期。

枝绿叶，把它们用藤条捆绑在一起，边捆边念咒语，目的是把野鬼挡在猎区外。然后将那些未能参加打猎的人家所送的鸡、猪杀掉，将血涂抹在树枝及弓箭上，最好能粘上几根毛。大家把肉吃掉，吃肉时还要念诵经文。狩猎结束时，也要祈祷祭祀①。

傈僳族猎手一般都供奉山神及猎神。山神主管山中的动物，猎神则保佑猎人捕猎动物。每年农历六月初六，全村人一起到山神庙（山房）中杀鸡或羊祭祀山神，祈祷山神保佑飞禽走兽兴旺发展。每年立秋后，猎户也要选吉日举行山神祭，祈求山神“开山”供猎户狩猎。上山围猎后，猎人会在射杀第一只动物的地方烧起篝火，将猎物的四肢取下烧烤，烧熟后先割下九小块肉，向除村庄以外的方向丢三块感谢山神，丢三块进火塘以感谢火神，剩下的三块留给路边的野鬼。猎神分为家中的猎神与山中的猎神，秋季狩猎前，用鸡祭祀家中的猎神，每年第一次猎捕到的动物也要用来祭祀山中的猎神②。

怒族男子在出猎前一定要祭猎神。祭神活动一般由族长、巫师或其他有经验的老猎人主持，祭品多为米饭、鸡蛋、酒、肉、面做的动物模型。摆好祭品后，主祭者便开始祭猎神，并领猎队共唱《猎神歌》，唱完后还要在离各种野兽模型数十步远的地方，用弩弓射祭品。用这种方式来探问猎神是否愿意给他们猎物。如果猎人射到哪种模型，就意味着这次能捕到相应的猎物，反之，如击不中目标，则意味着这次行动将一无所获③。羚牛被怒族怒苏人视为猎神的化身，猎人把猎获的羚牛背回家，在跨进门槛前，必须先用门槛压死一只鸡，作为献给猎神的祭品。之后要把羚牛的头悬挂在屋子里专门挂猎物头颅或犄角的神柱上，进行祭拜，借此表达对猎神的感激和敬畏④。

独龙族在猎前和猎后要举行“达牟欧”祭，达牟欧类似一种山神。祭祀时，用玉米粉、稗子粉和荞麦粉等，捏成虎、豹、熊、鹿、岩羊、野牛和野猪等动物模型，在模型上披上麻布，陈列在大树下，由有经验的猎人主祭。祭毕还进行射击表演，以测验山神是否愿意放出他的动物。射者要在一百米

---

① 林继富《珞巴族灶神论析》，《民间文学论坛》1996 年第 2 期。

② 艾怀森《高黎贡山地区的傈僳族狩猎文化与生物多样性保护》，《云南地理环境研究》1999 年第 1 期。

③ 陶天麟著《怒族文化史》，云南民族出版社 1997 年版。

④ 陈海宏、郑明钧、谭丽亚《怒族传统生态伦理思想探析》，《大理学院学报》2012 年第 7 期。

以外的地方，射击用木炭画在树干上的各种动物图形。他们认为击中什么便可以猎到什么[①]。

纳西族有祭猎神“利”的习俗。迎请猎神时，猎人在一棵树上画一个猎神，把公鸡冠的血涂在猎神画像的嘴上，接着吹响牛角号，口念祭词。之后，猎手瞄准猎神画像射击。如果能射中猎神的嘴巴并折断树枝，就意味着猎神会帮助猎手捕获猎物。猎到猎物后也要祭猎神，用火烧兽肉，置于杜鹃之叶上，放在猎神树前祭祀[②]。

彝族的支系很多，各支系的猎神祭祀差别很大，以下仅以阿武支系的祭猎神为例。阿武支系祭祀猎神和山神是合在一起的，时间大都在每年农历的正月初二，是以寨为单位的集体祭祀活动。先以活猪祭山，祭完后主祭人去请猎神。猎神“鲁特”的化身是藏在附近石缝之中的一块圆形石头，也称山祖石。请来猎神以后，用水洗净，再用绿叶包裹，放到一棵神树下。接着，大家将各种供品供奉于猎神的化身前，主祭人诵念祈祝词，希望在新的一年里猎到更多的野兽[③]。

白族勒墨人祭祀猎神由主猎手在家里祭。猎手捕捉到猎物后，绘制长约一尺的木牌，代表猎物，把它插在主屋正面的篾墙上。祭祀时，把猎物的头、皮、腿及装有鸡蛋、米、盐、荞米花、谷米花等祭品的簸箕放在柜子上。另备酒一瓶，挂在柜子边的篾墙上。猎手倒酒喝，含在嘴里，在木牌上喷三口，然后开始念祭词祭祀[④]。

阿昌族供奉猎神之所，一般在“庙坡”之中。这是一片神山，无房无舍，仅有一小片树林。行猎之前来这里，先献米、水，然后杀一只白鸡祭献，在此卜卦确定可在什么地方打到什么野兽，然后折一小枝带走。如果应验了，还必须把兽的头、脚带回献祭，以示感谢[⑤]。

每年农历的正月初五是云南澜沧拉祜族的集体祭猎日。男人们集中到寨子附近的一棵大树下，先用刀把树皮剥开，用木炭在树干上画各种飞禽走兽。

---

① 《中国少数民族社会历史调查资料丛刊》修订编辑委员会编《独龙族社会历史调查》（一），民族出版社 2009 年版。

② 和春云《论纳西族狩猎文化与休闲体育》，《前言》2011 年第 10 期。

③ 罗钰著《云南物质文化·采集渔猎卷》，云南教育出版社 1996 年版。

④ 杨新旗、段伶、花四波编译《白族勒墨人原始宗教实录》，云南民族出版社 2006 年版。

⑤ 罗钰著《云南物质文化·采集渔猎卷》，云南教育出版社 1996 年版。

画完以后，每个参加者要从自己身上取下一件物品，供奉到大树之下，燃起蜡烛，跪拜祭祀。完毕后，大家退到距树二三十米远的地方，朝画在树干上的动物图像打一枪或射一箭。据说，这时射中什么图像，那么这次狩猎就一定能打到什么动物①。猎神，苦聪人称“沙尼”，分别供奉在高山、室内和畲巴林中。山上的猎神供奉在高山之上，以大树或石头为标志，进山捕猎或在山间行走都要祭献。家中的猎神供奉在室内某个角落，以箩筐为标志，不能随意触摸。出猎前要祭祀，获得猎物要先抬到猎神前献祭，头脚煮熟后把肉剥光，余下的骨头也要放进箩筐里进行祭献。畲巴林中的猎神供奉在村寨神林中，以大树或石头为标志，每年畲巴节进行隆重献祭。苦聪人对误猎之物要举行相关的仪式，弥补自己的过失，求得猎神的谅解。如猎获熊、豹子、老虎等凶猛动物，还要举行禳解仪式，祈求猛兽灵魂的谅解及猎神的护佑，避免遭受野兽的报复②。

云南西双版纳的哈尼族支系僾尼人猎获到大兽后，猎人从猎物的脖子、身和脚三处拔下三根毛，将毛粘在一根木棍之上做成小刷状，用此刷从头到脚刷三次，表示已将猎物的灵魂扫除，也把一些污秽去除了，才可将猎物背回寨子。进寨以后，猎人要径自进入户内，来到男寝室内专门供祭猎神的地方（哈尼语为“厚梅”），接着用竹筒装上盐、水、米三种祭品，祭祀动物之主“迷萨其萨”，以示答谢③。

基诺族认为掌管狩猎的神有“稍斯”（掌管比麂子大的动物）、“扣英”（掌管比麂子小的动物）和“厚交”（掌管鸟禽之类的动物）。故而，猎手在家中要设置三个祭祀台，分别祭祀。一般说来，祭祀稍斯比较隆重，其中又以获猎野牛最为隆重。猎到野牛，要敲击竹筒以示庆祝，野牛头要用鲜花、银饰披挂以后，方可抬入寨子。这天，全寨要停止一切生产活动，杀鸡、杀猪祭祀稍斯。集体行猎，当猎物少或猎不到时，就要集体举行驱逐恶鬼的仪式。届时，全寨男子都要参加。先用泥捏出各类动物塑像，放入一个用芭蕉叶、树皮、竹子做成的“轿子”中，供于社神之前，然后杀鸡、杀猪祭祀，大家跪拜祈求猎神赐给猎物。祭祀毕，男子们进行驱鬼活动。他们先由自己

---

① 罗钰著《云南物质文化·采集渔猎卷》，云南教育出版社 1996 年版。

② 罗承松著《拉祜族苦聪人——对哀牢山中部一个人群生活方式的研究》，中国社会科学出版社 2014 年版。

③ 罗钰著《云南物质文化·采集渔猎卷》，云南教育出版社 1996 年版。

家开始，跳出跳进作驱赶状，继而追出家门，由寨内向寨外驱赶一遍。驱赶之中，也把“轿子”送至寨外，象征着恶鬼已被驱除，下一次出猎肯定可以满载而归①。

农历正月初一“赶仗”前，土家族要请猎王神“禾撮”。请的时候，以三人或五人为一小组，组成若干小组，每人都备好鸟铳、火把。派若干小组分头登上村寨周围的各个山头，由猎主率领一至三个小组到远离村寨的中心围猎场请猎王神。请时，领头人连喊三声，最后一声众人一齐呼喊，接着鸣放一排鸟铳。这样走一段、喊三声、鸣一枪，直至把猎王神请回村寨。预先等在周围山上的人，只要听到喊声和枪声，也一齐呼喊和鸣枪。最后，各路队伍会集于“猎王神屋”前，众人连呼三声，鞭炮、鸟铳齐放，猎王就位，请神结束②。

傣族出猎前，要由负责祭祀猎神的祭师“摩反”把猎手集中在猎神殿前，用绿叶和草绳祭祀。祭时，摩反朗诵祭词。摩反朗诵完毕，顺手摘下一根新鲜的树枝，扫一扫各个猎手的猎具，象征猎神的祝福③。

贵州平塘上莫乡的布依族猎人有敬山神的祭仪。每年正月初一，首领猎人要用一只公鸡敬供山神，请山神保佑在新的一年里有更大的收获。祭祀用的公鸡不拔毛，敬供时用火来烧。猎获野猪之类的动物后，也要敬山神。在猎人家中的院子里摆上八仙桌，用升子装上大米放在桌上，升内插三炷香和神灵牌位，称为“插香米”。再放上四个酒碗，一个饭碗，三至五张纸钱，猎枪也放在供桌上。仪式由猎人首领主持，把野猪头放在供桌中央，并念祭词祷告。然后，烧化纸钱和牌位，把碗中的酒全部倒在地上。至此，仪式结束。如果一个人从青年时代起就以打猎为生，并担任首领之职，到中年或老年后不想打猎了，还要举行“交班”仪式。这一仪式是把家里积存的野猪头骨都拿到山上有水的地方烧化，称为“放下煤山”④。

佤族猎人猎到野兽后要一路鸣枪将野兽抬回村寨，全寨人都要到寨门迎

---

① 罗钰著《云南物质文化·采集渔猎卷》，云南教育出版社 1996 年版。

② 湖南省龙山县民族事务委员会编、田荆贵主编《中国土家族习俗》，中国文史出版社 1991 年版。

③ 中共云南省委宣传部编《活在丛林山水间——云南民族采集渔猎》，云南教育出版社 2000 年版。

④ 伍文义《浅谈布依族古代狩猎习俗——平塘县上莫乡专业猎户的个案分析》，《贵州民族学院学报》（哲学社会科学版）2000 年第 1 期。

接。猎人将野兽架在寨心广场上，当晚全寨人举行祭祀，向猎神谢恩并围着火塘以歌舞娱神。如果猎获物是熊、野猪、麂子、马鹿等，要杀一头小猪祭祀猎神。如果是豹子，全寨要大祭三天，将豹头供在木鼓房内，豹皮挂在树上，待三天后将豹皮送到寨外，以示送走豹子的灵魂[①]。

祭祀山神（狩猎神）是广西桂林瑶族狩猎前举行的一项重要仪式，可分为三个步骤。一是“安神坛”。建坛时，用石头砌一个高两米左右，面积为三至五平方米的神坛。神坛上放置树木或钟乳石，或用木头雕刻神像，作为山神之象征。“安神”仪式要请师公，设坛主人要将先置办好的香烛酒肉、一只活公鸡等供品摆在神位前。尔后，师公开始作法事，杀鸡敬献，将鸡血淋山神像上，接着焚烧纸钱，祈求狩猎平安，赐予各种野兽。二是“猎前祭拜”。狩猎头人带领持枪的猎手们来到神坛，猎手倒穿蓑衣，左右脚草鞋互换着穿。神台上摆着糍粑、水酒、肉等祭品，头人宰杀一只公鸡作为祭牲，将血滴在神坛前，倒放神像，口念咒语。三是“猎后谢神”。猎得猎物后，猎人抬着猎物到神坛前，将倒放的山神像扶正放好，由头人焚香化纸，众人三拜山神，以示感谢[②]。

（二）狩猎禁忌

所谓禁忌就是对人的某些言行的忌讳，以避免因这些言行而造成不利后果或危险。狩猎文化中的禁忌，就是把人们约定俗成的那些被视为有碍于狩猎活动正常开展的言行加以忌讳。其目的在于避免人们的行为给狩猎带来不利的后果或危险，以保证人们的公共利益不受侵害，使狩猎活动顺利进行，并确保狩猎者与狩猎成果的安全[③]。

鄂伦春族认为熊与自已有着一种血缘亲族的关系，在称谓上把熊尊称为“太帖”（祖母）、“阿玛哈”（舅父）或“雅亚”（祖父），而不能直呼其名[④]。鄂伦春族语中虎为“塔斯喀”，但都不直呼其名，而称为“乌塔气”（太爷）、“博日坎”（神）或“长尾巴”等。对狼也不直呼其名（“克斯克”），而叫

① 中共云南省委宣传部编《活在丛林山水间——云南民族采集渔猎》，云南教育出版社 2000 年版。

② 刘代汉、何新凤、吴江萍等《桂林瑶族狩猎传统习俗中的生态意识及其社会功能》，《桂林师范高等专科学校学报》2010 年第 3 期。

③ 姚兴奇《门巴族狩猎文化中的禁忌》，《西藏研究》1998 年第 1 期。

④ 《鄂伦春族简史》编写组编《鄂伦春族简史》，内蒙古人民出版社 1983 年版。

"嗡"（狼的吼叫声）或"大尾巴"[①]。鄂伦春族还有很多相关禁忌：狩猎前不能说能打到多少猎物；犴骨不能随使乱扔，应扔到河里；丧偶后，三年内不能吃犴肠和犴头肉；出猎时烧火做饭，不烧迸火星的木头，不往火里洒水；打到大的野兽，心脏和舌头要连着，煮时也如此；劈柴不能劈成长的；在狩猎过程中禁止吵闹和打架，不准打正在交配中的野兽；猎人禁止进入产房[②]。

鄂温克族忌讳狩猎前把猎事告诉别人，忌讳说"我们去打围"，更忌讳告诉别人打猎的地点和方向，就是自己家里的人也不例外。出猎的日期遵照"七不出，八不入"的习俗，逢七日、十七日、二十七日忌讳出门打猎。狩猎期间，忌讳给家捎信，家里也不能捎东西来；忌讳把木棍横放在经过的路上；忌讳烧迸火的木柴，烧的木柴喜短忌长；不准唱歌、跳舞或吵闹；做饭不可拖响炊具，盛饭时不可刮响锅；忌讳猎人之间不团结，忌讳出猎中互相吵闹或打架；见了野兽也不能乱指乱说，打到野兽绝对不能表示高兴[③]。

达斡尔族称虎为"诺音古热斯"（官兽或兽之王），或者借用满语称之为"塔斯格"，不能直呼本名"巴日"，在山里发现虎的足迹后要绕着走；称公熊为"额特日肯"（老头子），称母熊为"阿提日堪"（老婆子），忌讳称呼本名"博布格"；在吃饭和走山路时不能谈狼或呼唤狼的名字[④]。

按蒙古族的习惯法，春不合围，夏不搜群，保证野生动物交配繁殖；入冬下雪之前、春季雪融之后，禁止狩猎；不得捕杀、惊动怀孕或带幼仔的野生动物；狩猎不能一网打尽，每次围猎必须放生所猎各种动物至少一雌一雄，幼仔要全部放走；不猎或少猎雌性动物[⑤]。在狩猎过程中，特别忌讳打伤、砸伤猎物的头颅；忌讳把猎物之肉放置于野外；忌讳遇到长相怪异的动物；忌讳发生口角；禁止私藏猎物[⑥]。

哈萨克族狩猎前，不能说出猎的日期，也不能争吵磕碰；谈及飞禽走兽，

---

① 尤明慧、刘亚玲《鄂伦春族文化人格镜鉴》，《重庆科技学院学报》（社会科学版）2005 年第 3 期。

② 万星《鄂伦春族的生产禁忌》，《黑龙江民族丛刊》1996 年第 3 期。

③ 魏金伦、施宣圆主编《民间禁忌》，广东教育出版社 2003 年版。

④ 谷文双《达斡尔族传统狩猎文化考述》，《内蒙古社会科学》1998 年第 6 期。

⑤ 宝力高《论蒙古族传统生态文化》，《内蒙古师范大学学报》（哲学社会科学版）2006 年第 1 期。

⑥ 牛雅琴、胡格吉夫《论蒙古族动植物崇拜文化》，《内蒙古民族大学学报》（社会科学版）2009 年第 5 期。

不能口出秽言，即使某座山上没有野兽，也不能直言“没有”；特别忌讳在家里谈论打猎的事，人们谈及猎物时也尽量避讳直呼其名[①]。

门巴族狩猎文化中的禁忌习俗：行猎前一天忌讳与妻子同房；行猎期间忌讳妻子有外遇；行猎前三天忌讳家中扫地；行猎前三天忌讳外人入家；行猎期间忌讳弄脏灶台；行猎期间忌讳洗刷锅碗；行猎期间忌讳家中制酒；行猎期间忌讳家中杀牲；行猎期间忌讳家人在劳动中碰伤身体任何部位；行猎途中忌讳有人尾随；行猎途中忌讳与人争斗；祭祀和制毒时忌讳外人闯入；忌讳将猎获物的头角抛置山野；忌讳将猎获物的头角送人；忌讳外人触摸悬挂在灶壁上的野兽头角；忌讳将狩猎工具借人；忌讳外人触摸狩猎工具；忌讳外人触摸狩猎灵物（野兽面具等）[②]。

珞巴族的狩猎禁忌主要体现在语言禁忌和行为禁忌两个方面。语言禁忌首先表现为不能直呼野兽的名称，而要使用隐语。如崩尼和崩如部落在外出狩猎时，不能像平时那样称呼獐子为“秀贡”，而要改称为“阿蒙”，意为“很细的东西”；布瑞部落则改称“姆希耶”，意为“细嫩竹梢”等。博嘎尔部落不能直称猴子为“雪别”，而改为“乌佑阿窝”，意为“机灵的孩子”。语言禁忌还表现为行猎前夜猎人不能与妻子讲话；出猎时不能声张；外人不能打听猎人的去向，家人也不能给外人讲；行猎时谨言慎行，不能说错话；狩猎回家后，一天内不能与家人说话；崩如、崩尼部落安放地套捕獐子，一天内不能与人说话，如架设围栏捕野牛，十天内不能与人说话。在行为禁忌中，各氏族和部落不得猎图腾动物；制毒切忌他人知晓，任何人不能偷看；出猎前夜，禁止与妻子同床；个人或小集体行猎时，要天不亮就出发，不能让外人知晓，不能让人发现下套和安放毒箭；猎人离家后，门口插放鲜树枝，三日内外人不得入内；狩猎期间，家人不扫地、洗衣、杀牲，禁止到庄稼地里去干活；妻子在月经期间，猎人不能外出行猎；猎人经过的路，月经期妇女不能走；第一次猎获野兽，不能拿到他人家里，其他人可以到猎人家里共享；新的一年吃到第一次猎获物后，不能出远门，更不能过河等[③]。

傈僳族上山狩猎有许多禁忌。如各氏族不猎自己的图腾动物（虎氏族不猎虎，猴氏族不猎猴等）；忌讳猎杀怀孕的动物；多是到狩猎季节才上山狩

---

① 热合木江·沙吾提编著《哈萨克族传统习俗文化》，伊犁人民出版社 2009 年版。

② 姚兴奇《门巴族狩猎文化中的禁忌》，《西藏研究》1998 年第 1 期。

③ 张宗显主编《西藏民俗》，甘肃人民出版社 2004 年版。

猎，农忙季节不打猎；忌讳猎杀杜鹃、八哥等有益动物[①]；家中有孕妇或病人的男子不能出猎；家遇丧事，死者如非正常死亡，一年不得出猎，若是老人去世，则当月不得出猎[②]。

独龙族凡出猎前须遵守如下禁忌：须洗澡换干净衣服；出猎者不得与女人同房；妻子怀孕，丈夫不得出猎；遇见其他狩猎队伍不得搭话；猎人间不得争吵；家人不得谈论狩猎之事；猎人出门一个时辰后，家里人才能扫地；火塘上最好不要烧水，因为若不注意将水滴落在火塘里被视为是不吉利的[③]。

纳西族出猎忌讳遇到妇人；牧人则最忌讳从猎人的营地前经过；出猎时，不得射杀怀孕或正在交配的动物，不得闹矛盾，不得大声喧哗[④]；猎取野兽后，不得在山泉边杀死[⑤]。

四川凉山彝族捕捉到野兽时不能说捕到什么兽，只能用暗语交流，还要赶快扎个草兽，插在所捕获的兽身上，然后把它甩掉，代表“此兽跑了”，意思是没有捕捉野兽。云南石屏彝族男子单独出猎，要摘一片树叶衔在嘴里，以示要去找吃草的动物，遇到路人要装聋作哑，默不作声，路人见其肩扛猎枪，自会让路[⑥]。有的支系猎到野兽，不论多少，当天都要吃完，不能腌干巴；有的支系在吃猎物肉时，不管多少，吃饱或吃不饱，都忌说“够了”或“饱了”之类的话，要说不够吃[⑦]。

拉祜族男人外出狩猎，妇女不得外出劳作；妇女穿过的衣服不得做补丁补在男人的衣服上，不得穿、戴妇女穿过的衣服、鞋和帽子参与狩猎；在追踪受伤的猎物时，忌妻子有孕的男人走在前面；忌平时寨内发生乱性行为；

---

① 艾怀森《高黎贡山地区的傈僳族狩猎文化与生物多样性保护》，《云南地理环境研究》1999 年第 1 期。

② 中共云南省委宣传部编《活在丛林山水间——云南民族采集渔猎》，云南教育出版社 2000 年版。

③ 刘达成著《独龙族》，民族出版社 1998 年版。

④ 《人文丽江》编委会编《纳西族民俗通论》，云南美术出版社 2007 年版。

⑤ 中共云南省委宣传部编《活在丛林山水间——云南民族采集渔猎》，云南教育出版社 2000 年版。

⑥ 杨甫旺《彝族狩猎文化刍论》，《楚雄师范学院学报》2010 年第 8 期。

⑦ 罗承松《思茅少数民族的狩猎巫术》，《思茅师范高等专科学校学报》2002 年第 1 期。

忌妇女跨过猎具[①]。苦聪人忌猎怀胎或哺乳的雌性动物，吃肉时忌说“吃不完”“吃饱了”之类的话[②]。

哈尼族狩猎途中，忌讳成年女性插嘴或与她们相遇；家有经期女性或孕妇的男子不能参与狩猎活动；父母刚过世的人家、家中曾被野兽咬伤的人也不能参与集体狩猎；准备出山时忌讳磨刀和说不吉利的话；参加狩猎活动的人不能随便打小鸟，以免因小失大[③]。另外，出猎时要用纸或草塞住枪口，以避免无意中触犯鬼神，还忌伤白鹇鸟，不捕杀进入村寨神林的野兽[④]。

苗族狩猎严禁妇女参加；出猎中，不准取不义之财；出猎带的东西，不能说重，只能说轻，再重也要显得轻松；集体出猎，管理伙食、看东西的后勤人员，忌先吃饭，一定要与大家同吃[⑤]。

瑶族的狩猎活动有许多严格的禁忌，如忌讳女子参加狩猎；忌讳在狩猎中贪心、选三挑四、嫌小嫌瘦；忌讳在猎归途中将猎物随意丢甩；猎物不论大小，一律两人共抬，而且不准换肩；忌讳在猎场内挠痒和随地吐口水；忌讳在出猎路上遇见女子和高声说笑；忌讳跨越猎枪，使用射过乌鸦的枪或用猎枪射乌鸦；忌讳在食用野兽时，抢食、划拳、大声交谈、说“吃饱了”或“不好吃”之类的话[⑥]。

四川冕宁的多续藏族打猎要选日子，属虎与属蛇的日子不能赶山；天亮时悄悄出门，路上最好不要碰到人；上山前一切不吉利的话都不能说[⑦]。珞巴族狩猎时忌讳碰上外人，万一碰上时要迅速悄悄走开，下捕兽器忌外人看

① 罗承松《思茅少数民族的狩猎巫术》，《思茅师范高等专科学校学报》2002 年第 1 期。

② 罗承松著《拉祜族苦聪人——对哀牢山中部一个人群生活方式的研究》，中国社会科学出版社 2014 年版。

③ 黄绍文、何作庆《哈尼族传统采集狩猎与生物多样性》，《中央民族大学学报》（自然科学版）2008 年第 2 期。

④ 中共云南省委宣传部编《活在丛林山水间——云南民族采集渔猎》，云南教育出版社 2000 年版。

⑤ 罗钰著《云南物质文化·采集渔猎卷》，云南教育出版社 1996 年版。

⑥ 黄海著《瑶山研究》，贵州人民出版社 1997 年版。

⑦ 袁晓文《多续藏族的地方性知识》，《西藏民族学院学报》（哲学社会科学版）2011 年第 4 期。

见[①]。僜巴人禁止未生育过的妇女吃兽肉[②]。景颇族妇女不能触摸或者跨越男子的长刀、火药枪及其他狩猎用具[③]。基诺族下了套子以后，任何人都不能从上面跨过，尤其是女人；猎人回来以后不能喝酒，夫妻不能同床，拿去用的刀子要放到箩筐里并藏在隐蔽的地方，不能拿出来用[④]。佤族认为上山狩猎，每餐所做的野味都要吃完，不得带回家，自己没用过的猎具，不能借给他人。布依族忌捕杀布谷鸟。壮族出猎时不准女人参加，女人看见狩猎队伍时，不得打招呼或说话；进山狩猎时不能讲不吉利的话，也不能说丑话、坏话[⑤]。布朗族带到野外吃的午饭不能包腌菜，因为布朗语中"腌菜"与"扑空"音同；在出猎途中遇见不愉快的事，如看见别人吵架，猎人便会折返回家[⑥]。

第四节　捕鱼

捕鱼也是采集渔猎经济中的重要组成部分。正如柯斯文所指出的："捕鱼在经济上曾起过或仍起着极为重大的作用，然而，捕鱼永远是和狩猎相结合的。"[⑦] 因此，捕鱼常与狩猎并置，合称渔猎。捕鱼活动与狩猎活动相比较，有相似之处，又有不同之处。其相似之处在于，两者都是以野生动物资源为获取对象的生计类型。不同之处则体现在两个方面：一是捕鱼业是以水生动物为捕捞对象，而不同于狩猎经济中所猎取的飞禽走兽，故而从事捕鱼生计的民族常近水而居，即所谓的"靠水吃水"；二是捕鱼具有相当的稳定性，具有收获数量多、捕获容易、危险系数小等优点，而狩猎打不到猎物的情况时常发生，并不像捕鱼那般有保证。因而，捕鱼作为狩猎生计的补充，是人类获取动物蛋白质的另一重要来源，是一种特殊的"狩猎"活动。本节将从捕鱼季节与渔场、渔具与捕鱼方法、鱼神崇拜及仪式三个方面对西部民族的捕

---

① 魏金伦、施宣圆主编《民间禁忌》，广东教育出版社 2003 年版。

② 王昭武《西藏僜巴人原始生活纪实》，《贵州民族研究》1993 年第 3 期。

③ 罗钰著《云南物质文化·采集渔猎卷》，云南教育出版社 1996 年版。

④ 蔡婷婷《基诺族物质生产民俗研究》，《学理论》2011 年第 26 期。

⑤ 中共云南省委宣传部编《活在丛林山水间——云南民族采集渔猎》，云南教育出版社 2000 年版。

⑥ 穆文春主编《布朗族文化大观》，云南民族出版社 1999 年版。

⑦ ［苏］柯斯文著，张锡彤译《原始文化史纲》，生活·读书·新知三联书店 1955 年版。

鱼生计及文化进行介绍。

一、捕鱼季节与渔场

与采集、狩猎生计一样，捕鱼也具有强烈的季节性，不同季节，鱼类的活动规律也不同。因此，从事渔业生产的西部民族往往依据这一规律，以不同的捕鱼方式来进行相应的捕鱼活动。

鄂伦春族的捕鱼活动，依四季而变化。春季鱼产子，异常活跃，都逆流而上，到岸边浅滩产子，这时水清河浅，是叉鱼的好季节。夏季河涨水深，鱼在河底游动，一般适合垂钓。秋天河水下降，鱼也顺水而游，可以用网捞。冬天江河封冻，捕鱼方法也有很大改变①。

独龙族每年主要在三个时节捕鱼：四月桃花开的时候，在太阳刚出时、中午、太阳落山时、晚上天黑不久、午夜这几个时段捕鱼；吃青玉米时，又是一次鱼汛，不分时段，随时均可捕捉；九月，江水清了，就可用鱼叉叉鱼②。

京族的渔期分旺季和淡季，每年农历二月至七月是产鱼最多的季节，即旺季。农历八月以后至十月中旬左右，鱼群多游至远洋，或潜于深海，捕获难，产量少，故称淡季。捕鱼分春、夏、秋三个生产季节。春季捕鱼的时间，一般是在农历正月中旬至清明节前后。在此期间，天气暖和，鱼群发育成熟后寻找产卵和孵化幼鱼场所，因而游近海边，形成鱼汛。夏季捕鱼，一般是指农历三月中至五月中这段时间，人们称这段时间为夏季汛期。秋季捕鱼的时间是农历七月上旬至九月底，这个鱼汛期的长短，是随海洋气候变化而定的。通常是起几天风浪，海水浑浊之后，出现鱼群，最宜捕获③。

渔场，即开展捕鱼的场所。与狩猎相似，水生动物资源丰富的溪流、江河、湖泊、海洋等水域皆可成为专门的渔场。但在一些西部民族中，基于习惯法，渔场的划分十分明确，从而保证了渔业生产的持续开展。

鄂伦春族并不划定氏族、家庭公社和地域公社的渔场，不论哪个氏族的

① 宋兆麟著《最后的捕猎者》，山东画报出版社 2001 年版。

② 《中国少数民族社会历史调查资料丛刊》修订编辑委员会编《独龙族社会历史调查》（二），云南民族出版社 2009 年版。

③ 《中国少数民族社会历史调查资料丛刊》修订编辑委员会编《广西京族社会历史调查》，民族出版社 2009 年版。

人，到什么地方捕鱼都行[①]。但在小河上挡上“鱼梁”（一种拦截水流以捕鱼的设施）以后，用这个鱼梁所捕的鱼归参加挡鱼梁的几个人所有。有时一条河上挡几个鱼梁，有的挡在上游，有的挡在下游，也不会产生矛盾[②]。

20世纪50年代以前，生活于独龙江的独龙族的氏族观念很强，划出特定江段作为渔场，即“鱼口子”。这些渔场有明显的界线，各氏族之间不得越界使用或侵占，倘若违规，轻则必须赔偿，重则引发氏族纠纷。鱼口子，独龙语称为“得寡”，为独龙江上的河湾、水流回旋处，或一段江面，这些地方鱼较为集中。鱼口子是独龙族中的氏族领导统一协商后划定并延续下来的，每个家族均有固定的鱼口子，家族成员只能在划定的区域内捕鱼。由于鱼口子为家族共有，家族成员捕到鱼以后，除留一部分自己食用以外，还要给别的家庭成员送去一些，表示这是在公共的地方捕来的，必须人人有份[③]。

在云、贵两省相交的地区，居住着彝族、侗族和壮族，他们流行着一种“打标”为记的乡规民约，大家都必须遵守，无视者将会受到社会舆论的谴责，甚至被处罚。打标有很多种，鱼标便是其中之一。秋季稻子收割完后，河水减少，湾塘、深潭往往成为鱼过冬的场所。打标者看中某一河湾，认为此处鱼会集中过冬，就在此段河面铺盖树枝、稻草、嫩叶，使鱼便于躲藏和觅食，等到春节前夕再进行捕捞。做好准备工作后，主人便在湾塘边插一根长杆，割一束河边的野草，打个结悬挂起来，以示这里已有主人，请其他人不要再来此捕鱼或垂钓[④]。

二、渔具与捕鱼方法

渔具与采集、狩猎工具一样，有着古老而悠久的历史，是人类最早制作的一批实用工具。在西部民族的渔具中，竹木器具占了一定的比重。这些工具的制作材料大多源于当地生态系统，也是所谓“物尽其用”的一种体现。同时，知晓鱼类的生活习性，熟悉水域的生态环境，运用适当的渔具，则是确保捕鱼活动成功的关键所在。

---

① 《中国少数民族社会历史调查资料丛刊》修订编辑委员会编《鄂伦春族社会历史调查》（一），民族出版社2009年版。

② 《中国少数民族社会历史调查资料丛刊》修订编辑委员会编《鄂伦春族社会历史调查》（二），民族出版社2009年版。

③ 罗钰著《云南物质文化·采集渔猎卷》，云南教育出版社1996年版。

④ 罗钰著《云南物质文化·采集渔猎卷》，云南教育出版社1996年版。

1. “竭泽而渔”

“竭泽而渔”，可能是最为古老的一种捕鱼方法，指的是采用人工排水的方法来捕鱼。具体说来，这种方法就是先将河沟的前后用石块和泥土堵死，然后用各种可以盛水的器物，把水沟中的水排尽。待堤坝内的水位下降，河沟里的鱼就难以逃生，只能被捕。

每年七八月份鱼汛之期，独龙族会将河流的支流引入另一条新渠。这种捕鱼方法，独龙语称为“近期四”。把水原来的流向堵塞，使之流向另一渠道，原来流水的地方便逐渐干涸。干涸之后，人们便可以用手抓鱼，或分段接鱼笼捕鱼①。

纳西族有一种被称为“三桶追逐”的捕鱼活动，是在大河沟进行的。人们先将河沟分成若干段堤闸，又在第一堤闸处搭上踏板，将桶成排或重叠配置戽水。三桶追逐，即由六名大汉用十二根绳索，甩动着能装百余斤水的三只大桶戽水。戽水时三只水桶按一定的顺序相继而下，水柱连续不断地泼出去。当戽水戽到鱼奔窜时，人们便要在戽堤内放置一种叫“增格”的粗眼竹筲，用来拦鱼，以防将鱼戽出。待水戽干见底时，只见鱼直往增格里钻，人们便可随意捕捉②。

傣族捕鱼使用的是一种类似瓢的工具。这种瓢，傣语称为“卡作”，是一个截面呈椭圆形的竹编的筐，与一根长柄相连。使用时，人站立水中，双手持住长竿，不断向堤外舀水，由于其力臂较长，舀水不费力，还能加快速度，缩短捕鱼的时间③。

侗族常在溪流塘岔中以杂草、泥沙等围住四周后，用盆桶将水戽干，将其中的各种水生动物捞出，围、捞时切忌高声大叫。或者在水塘上游筑一道临时堤坝将水拦住，然后迅速将浅水塘的水放干而将鱼捉住④。

2. 网鱼

渔网是最重要的捕鱼工具之一，运用十分广泛。渔网多以纤维植物为原料，从早期的徒手编织发展到使用织网工具编织，织网工艺得以改善，渔网

---

① 杨毓骧、杨奇威著《雪域下的民族》，云南教育出版社 2009 年版。

② 中共云南省委宣传部编《活在丛林山水间——云南民族采集渔猎》，云南教育出版社 2000 年版。

③ 罗钰著《云南物质文化·采集渔猎卷》，云南教育出版社 1996 年版。

④ 欧潮泉、姜大谦编著《侗族文化辞典》，华夏文化艺术出版社 2002 年版。

种类不断丰富，捕捞技术也不断进步。

秋季，鄂伦春族多以渔网捕鱼。渔网种类不多，有抄网、挂网和甩网三种。前者是在池塘和小河沟里捞鱼，后两者在浑水中捕鱼。织渔网的原料是从外地传入的，主要用麻，也用树皮。冬天，以网捕鱼的方法比较特殊，当地酷寒，结冰早，为了捕鱼必须先凿一个冰窟窿，然后以木棒搅动，使水旋转，水温上升，鱼纷纷聚来，这时用抄网捞取。过去，鄂伦春族还曾赤身入水，举网捞鱼[①]。

鄂温克族的渔网种类有回水网、拉网、挂网、旋网、待河网、母猪网等。回水网，其捕鱼时间是在春季开河后近 20 天内，以夜晚出鱼为多。这段时间河水浑浊，由于春季鱼都是逆水游向江河上游，河边的回旋之流又加快了鱼向上游游动的速度。回水网就是利用这个原理，借助于江河中自然形成的回旋之流，或把柳条捆土块扔进河中，叠成一块小坝，在其下游形成的回旋之流中进行捕鱼的一种网具。使用时，将一长约三米的锥形网筒固定在两根长短不一的桦木杆上，用一根长绳从长杆细头穿过短杆一头再拉向长杆粗头，形成菜刀形的框。再从网筒底部及中部引两根线至长杆粗头，把网下到水流回旋处，人一只手扶着长杆粗头，另一只手拿着两根网线坐在岸边。当鱼入网时，人能借助于手中的线感觉到鱼的撞网信号。拉网，分为大拉网和小拉网，大拉网高约四米，小拉网高不到两米。一片网的长度从十几米至二十几米不等，小拉网一般由三四个网片连接组成，大拉网则要用到十来个至二十来个网片不等。明水期下拉网，由船拉着网，顺流或逆流兜一圈拉上岸，下小拉网时也有人直接下水拉着走的。11 月初，水面上冻冰约厚二指时，是冬季捕鱼的旺季。尤其在江汊、河汊中，在水流的作用下，水面上一层薄冰流动，互相摩擦碰撞产生声响，鱼群由于害怕流凌而躲入其中。此时冰是透明的，主持围网捕鱼的首领“阿围达”根据冰下鱼的情况，确定下网的方向，指挥人们凿用于下网的冰眼，直径约一米。从冰眼向两个方向，把两根长木杆扎进冰下，用网线将拉网系于木杆上，再在木杆所插之处凿冰眼，用钩子向前移动木杆，木杆每走三四个冰眼，拉一次网，最后用拉网把鱼群围住，在网两头的合拢处，凿一个大冰眼，作为出网口。挂网，用蓖麻搓线做网纲，上网纲系桦树皮做网漂，下网纲用铁丝做网坠，网眼以三至七眼较为普遍。

---

① 宋兆麟著《最后的捕猎者》，山东画报出版社 2001 年版。

明水期下挂网，多为两人合作，一人划船，一人下网。下挂网时，有的采用冰下走杆的办法，有的则将挂网横拦或顺水放置于江汊、河汊处。旋网，多在春季使用，网用棉网线织成，坠子以铅加工制成。织好的旋网要放入带猪血的锅中煮后晾干，这样做一是解决棉线使用时互相粘连而不易打开的问题，二是延长使用寿命。待河网，从春季开河后至结冰前都可下，秋季时由于鱼顺河而下，捕鱼量多于其他季节。其是在江河的急流处，把网筒挂在拦河的钢丝绳上撑开，由于水流湍急，鱼游到网口上游，稍不注意就被急流冲进网筒中。“母猪网”，其网面上有很多细长的小网兜，这些网兜形似母猪的乳头，因而得名①。

达斡尔族使用的渔网有拉网、挂网、旋网和袖网等。用拉网捕鱼，主要集中在春秋两季的鱼汛期，冬季也可以凿冰下网捕鱼。拉网有大小之分，小拉网长约六十米，由三四片网连接而成，大拉网长达数百米，由十几片至二十几片网连接而成。每片网长约十五米，宽约两米，网眼的直径通常在六厘米左右。拉网一般以棉线或麻线作为原料，用手工编织而成。棉线滤水快，抗腐烂，而且轻便；麻线坚韧，不易断，但容易腐烂。拉网的上部和下端，用八或六股粗线织成网纲（“克齐德额司”）。网漂（“花尔旦”），用木板或树皮制作，系在网的上纲上，其间距通常在一两米左右。网坠（“楚宽”），主要有陶质和铅质两种，系在网的底纲上，使网的底部下沉，其间距通常在两米左右。下网捕鱼，需要几人甚至十几人通力合作才能完成。下网时，一人在岸边沙滩上拿住网的后套，其余的人坐上船，其中两人划桨，一人掌舵，一人撒网漂，一人撒网纲，边划船边下网。以挂网捕鱼，通常集中在春秋两季。挂网有两种：一种是用生丝织成的，称为“丝挂子”；一种是用棉线织成的，叫作“线挂子”。下网时，把挂网横张在水中，鱼在游动时看不见网线，鱼头一旦钻进网眼里，网挂在鱼鳃上，鱼便进退不得。旋网是一种立锥形的网具，网口处有网兜。下网时，人站在江岸的跳板上或乘舟行至水深流稳的水域，先将豆饼投到水中，等鱼来食时甩网，然后抽网绳，使网兜合拢，将鱼捕获。袖网，用棉线或麻线编织而成。这种网具，网口较大，顶部较小，呈圆锥状。当江河涨水时，鱼随水流游进两岸的坑洼地带或干河汊子。落水

---

① 建军《鄂温克族的传统渔业经济》，《内蒙古社会科学》（汉文版），1998 年第 3 期。

时，鱼又随水流从入口处游出。可在水流的出入口，下袖网来堵鱼[①]。

渔网，维吾尔族支系罗布人称为“古力玛”。其主要材料是罗布麻。他们夏天划着“卡盆”独木舟去自己预先确定的地方撒网，冬天结冰的时候，用斧头凿开冰面后撒网[②]。

云南通海的蒙古族使用最广泛的捕鱼工具是撒网。撒网是一张长五六米，宽两三米的长方形网，一端有长绳收拢网口，另一端向内折二三十厘米，底坠铅坠。操作撒网时，持网人立于船头或岸边，将网担于臂上，右手牵网头，用劲呈弧状抛出，网头便可形成一个不规则的圆形入水。网入水后，剖面呈圆锥形下沉，从而将鱼罩住。当撒网人慢慢收提系网的长绳时，网口因铅坠重力的作用，渐渐收拢，鱼在网内受惊乱撞，撞到网口折缝之处，被铅坠挤压，便动弹不得[③]。

哈萨克族的网具，有拉网、挂网、扳网等。拉网，过去用麻线织成，长四五十米，上网系着许多浮漂，下网有网坠、网兜，网眼多在八九厘米以上。使用时，顺水拉网，船在前面划，渔网在船尾撒，鱼入网，纲绳抖动，选择一片平坦的滩头起网，有时鱼儿挂得满满的，人拉不动，还得用马来拉。挂网，长二三十米，多在小河、湖泊、芦苇荡里使用，选择水流比较平缓，鱼群密集或必经之地下网，两端固定，使网不被冲走。有时发现鱼群游动，挂网临时可作拉网使用，两三人手执纲绳，顺水拉动。扳网，又叫扳臂，是一种小型网具，周围用绳子系在网杆上，网设纲绳，渔人选择河边鱼群的通路，在水中用木头、树枝、草坯筑一短坝，与河岸垂直，挡住湍急的河水，坝下便成回旋之流，将扳网沉于回旋之流中，手执纲绳，静坐等候。鱼进网，纲绳即动，渔人迅疾扳网，将网提出水面，逮住大鱼[④]。

傈僳族、怒族、独龙族使用一种被称为“夹网”的捕鱼工具。因其网面为凹面，两侧拴竿，使用时竿端放于肩上，提网时双臂有夹的动作，故而命名为夹网。夹网网面宽约两米，长约三米，两端拴于两根长三米以上的竹竿前端，令网面凹陷呈勺状。使用时，人站立于水边，面向河流的漩涡处，左

---

① 张璇如、陈伯霖、谷文双、白凤岐编《北方民族渔猎经济文化研究》，吉林人民出版社 2005 年版。

② 艾力·艾买提《罗布人的渔猎文化及其变迁问题》，《西夏研究》2011 年第 1 期。

③ 罗钰著《云南物质文化·采集渔猎卷》，云南教育出版社 1996 年版。

④ 热合木江·沙吾提编著《哈萨克族传统习俗文化》，伊犁人民出版社 2009 年版。

肩担一竿，右肩担一竿，并用双手扶住，弯腰将网尽力送向河心。网入水以后，挺胸，双手扶稳竹竿移网向岸。由于人的肩部总是高于网面，网出水时，呈一把大勺状，鱼坠于网底凹陷处，挣扎亦难以脱身①。

傈僳族使用过一种罾网。织网用的细麻绳，织网前用灶灰沸煮，然后漂白晾干，经过这样的处理，麻绳变得净白柔软。接下来将处理过的麻绳编织成一个漏斗状的渔网，漏斗口直径约两米，全长三至四米。网口处的网眼最大，越到下部网眼越密越小，网底部的网眼仅容一指通过。留下一小段可以松紧的取鱼口（使用时绑住，取鱼时松开）。大多在春季使用这种罾网。选择江水回旋之处，或巨石拦住江水之处，或江水转弯之处，这些地方鱼比较集中。在岸边，还必须搭一个网架，网架由两根长竹或松树干构成，一端绑在一起，另一端用竹篾绑到一个可以移动的简易架子上。再沿罾网口绑一条藤篾，拴上几根绳子。绳子的一端系于网架上，另一端拴到一个木轮上。用脚踏或手转动被绳缠绕的木轮，罾网即升起，反之则下降。捕鱼时，用网架提网放入江中。隔一段时间，估计鱼入网后便转动木轮，将罾网慢慢升起。捕到鱼后，捕鱼者便乘坐独木舟或筏子，到网边解开下面的取鱼口，将鱼取出，放到竹笼中②。

独龙族使用一种长方形的网，独龙语称“普加”，一般长十米左右，宽两米左右，是用麻线编织的。网眼有大小之分，最大能容三指，网的一端用竹节作漂，一边系小石为坠。捕鱼时选择水流平缓的岸边深潭撒网，傍晚撒、清晨收③。

纳西族支系摩梭人的渔网分为围网和挂网。这两种网早先均采用本地出产的黄麻，经剥、泡、煮、漂等工序，再搓成细绳编织而成，均系手工操作。大型围网长达一百多米，宽三米多，要十几个人一起行动才可拽动。捕鱼时，选出有经验者指挥，先以独木舟运网至湖中徐徐下网，把网两端的拽绳送到岸上，大家分成两组合力拽绳把网拖至岸边，随后用箩筐之类将鱼捞起。设置挂网，称为“安网”。黄昏时分，以舟为载体，将挂网放至湖中，就像在水中设置了一道网墙。晚上鱼游经这里，头一下子钻进网眼之中，进退不得，挣扎亦不得脱。第二天放网者乘舟前去收网，收网时为避免网混乱打结，将

---

① 罗钰著《云南物质文化·采集渔猎卷》，云南教育出版社 1996 年版。

② 罗钰著《云南物质文化·采集渔猎卷》，云南教育出版社 1996 年版。

③ 杨毓骧、杨奇威著《雪域下的民族》，云南教育出版社 2009 年版。

竹棍顺势插入网眼，同时也把卡住的鱼取下[①]。

以罩网笼捕鱼是洱海地区白族的一种特别的捕鱼方法。洱海北部，洱源河从这里流入洱海，水浅底平，水温高，水草丰富，特别适于鱼类生长，鱼的数量也很多，所以在这里特别适合设置罩网笼。罩网笼由一个架子和一条网组成。架子呈圆锥形。网沿着架子围一圈。架子的另一端系有多股绳，牵绳以后网面呈兜状。使用时，人立于船头，船徐行或停止，双手提圆锥尖顶，使圆面向下罩去，然后左手扶住架使之不倒，右手操一长杆，往圆网中心搅一下，目的是使鱼四散而逃，误入边侧，随后顺手牵起多股绳，形成兜状，鱼即落入其中，此时将架提上船，把鱼捉尽。罩网笼捕鱼，多为男子操作，技术要领为围、搅、提[②]。

云南西双版纳的傣族擅长以围网捕鱼。人泅水或登筏牵一端网绳，到达一定的距离，弧形返回，交岸上拽绳之人，网便在水中形成了一个近半圆的弧，岸上分两组人各扯一端网绳往岸方向拽牵，鱼被围于网中直至被捕捞[③]。云南金平傣族的渔网，可分为撒网、沉网、捞网、拦网等。渔网多用野生或自种的麻搓成线后编织而成。网织好后，要用家畜（猪、狗、牛等）之血浸染并晒干，这样渔网就更为牢固，不易扯破，经久耐用[④]。

住在都柳江和龙江沿岸的水族，用自己编织的拦河网、刮网、泡网等捕鱼。过去，多用野生葛麻或构皮麻加工成线，以桐油渍过，或以鸡蛋清上浆，用以织网。经加工的网线耐水耐拉，可大大提高渔网使用寿命。渔网的网脚处有若干网坠，是用锡或铅浇铸而成的小圆柱体，可将网拉坠于水底。网捕时，一叶小舟梭巡于河面，渔人不时向河心撒下渔网，被罩于网底的鱼便无法逃生。有的渔人用两副拦河网将河拦腰隔出一段，使被隔出的水域中的鱼无法上下逃逸，然后用刮网反复搜捕。刮网的网脚缀有网坠，两个人分别在河两岸拉住渔网，顺河拉着走，鱼儿无处可逃，便会落入网中。在小河溪沟里捕鱼，使用的渔网主要是泡网。这是一种双层渔网，内层网眼稀、外层网眼密。夜间将泡网放在沟溪静水处，鱼儿游过，不知不觉由内网游到外网，

---

① 罗钰著《云南物质文化·采集渔猎卷》，云南教育出版社1996年版。

② 罗钰著《云南物质文化·采集渔猎卷》，云南教育出版社1996年版。

③ 罗钰著《云南物质文化·采集渔猎卷》，云南教育出版社1996年版。

④ 和少英、刀洁著《守望国境线上的家园：金平傣族的社会文化》，云南大学出版社2007年版。

因网眼变密，鱼的头部嵌入网眼，一挣扎，两鳃即被网线卡住，再也无法溜走[①]。

京族使用的网具，主要有拉网、塞网、鲎网、鲨鱼网等。拉网作业不受季节性限制，操作简单，男女均可参加。拉网作业属曳地网作业，在沿海进行捕捞。拉网有大小两种：大的由六张罾网织成，网眼小而密；小的由四张罾网织成，网眼大而疏。捕鱼时，渔民首先乘竹排放网，然后由岸上的两组人同时将网慢慢拉起，就可把鱼捕获。大拉网需要三四十人共同操作，小拉网也需要二三十人共同操作。塞网，又名闸网或雍网，是京族使用的最大渔网。塞网分疏网和密网两种，以青麻线织成，网眼较疏的称疏网，网眼较密的称密网。塞网通常设在海滩上。操作时把人分为三组，各组又分人号桩、插桩、拉网、挂网和挑沙土等。海潮涨到相对稳定时，把网放下围成半圆形，海潮退时，可以开始捕鱼。鲎网也是一种大型渔网，专为捕鲎之用，属定刺网作业。鲨鱼网也属定刺网作业，分大小两种，由网线、网浮、竹筒、网坠、网纲等几个部分构成[②]。

3. 钓鱼

钓具一般由竿、线、漂、钩组成。过去，竿常由竹或树枝制成。线一般由纤维植物或野兽的筋或毛制成。漂主要是用于观察鱼咬钩的情况。钩的形态各不相同，甚至更有不用鱼钩垂钓者。另外，对钓鱼而言，饵料的选择也十分重要且多样。

鄂伦春族钓鱼，多半在夏、秋两季。其利用铁丝弯制鱼钩，饵食有蚯蚓、蝈蝈，鱼线以犴筋线和马尾加工而成。钓鱼，白天与晚上均可，白天钓鱼使用鱼漂，晚上则下暗钩，次日清晨来取鱼。滚钩是在一根很长的绳子上，每隔一米左右下系一绳，绳端拴一鱼钩。钓鱼时，先将长绳两头拴在河对岸的树上，鱼钩垂入水中，钩上放置饵食，也有装上毒饵的。还有一种毛钩，鱼线上也拴一个小鱼钩，钩上不装饵食，而是拴一束狐狸毛，鱼一见到毛钩在水中游动，就追踪而至，狠狠咬住毛钩不放，钓鱼者再把鱼拉上岸[③]。

鄂温克族称钓鱼为“额莫贺其仁”，钓鱼的方法也很多。据说早期钓鱼

---

① 何积全主编《水族民俗探幽》，四川民族出版社 1992 年版。

② 《中国少数民族社会历史调查资料丛刊》修订编辑委员会编《广西京族社会历史调查》，民族出版社 2009 年版。

③ 宋兆麟著《最后的捕猎者》，山东画报出版社 2001 年版。

时，以小块狍子皮做鱼饵，拉动鱼竿使狍皮在水面上逆水划动，像老鼠凫水，鱼游来吞食，被狍皮内的鱼钩钩住。撅奋钩钓鱼，要用二尺来长的小木杆和鱼线，线上绑一个大鱼钩，傍晚以活青蛙作为鱼饵下钩，第二日清晨起钩。静水中垂钓多用鱼漂，在江河中则分有漂和无漂两种。有漂者多以蝗虫、小柳根鱼做鱼饵，顺水而行。无漂则有重坠，过去曾用螺母做坠子，也用牙膏皮熔化后做铅坠，多以蚯蚓为鱼饵。底钩，又叫懒钩或甩线等，白天晚上均可进行。底钩都有一重坠，离重坠一米左右开始绑鱼钩，每隔一尺左右绑一根短线，线头上绑三四个鱼钩，多以蚯蚓为鱼饵。下底钩时，在旁边插一个半米高的细柳条棍，柳条棍顶部固定带弹簧的小铃铛，把底钩线拉紧拴在柳条棍中部，当鱼咬钩后拉动鱼线使柳条棍振动，铃铛响起，便可起钩并将鱼取出。来钩是用长约四米、宽约五厘米的竹片，通过一个弯头，呈直角固定在约三米长的木杆上，从竹片一端起，每隔半米固定一个钩子。钩鱼时，把来钩下入冰下，以冰眼为中心转圈划动来钩鱼。还有一种独特的滑车钓鱼法。滑车是取两个圆铁皮罐头盒的底部，圆心处各钻一孔，以此孔作为旋转孔。圆心至圆周的中间，每隔六分之一圆弧钻一个孔，共六个孔。将六根柳条棍中心钻孔后，垫在两个圆盘中间，使圆盘的六个孔和柳条棍的中心孔对齐，再穿入六根铁丝，用铁丝两头固定。在其中一个圆盘圆心至圆周的中间再钻一个孔，固定摇手。从两个圆盘中心孔，穿入一条螺杆作为旋转轴，螺杆一头带螺纹，先在螺纹处拧入一个螺帽，把螺杆穿入鱼竿上的支架，再拧一个螺帽固定。鱼竿上用细铁丝做几个走线孔，缠上线即可使用。遛滑车时，把铜片剪成鱼形，使其一面凹一面凸，在凹面内焊铅使其增加重量。两头各钻一小孔，前孔和鱼线之间用一个能随意旋转之物连接。把三个大号鱼钩焊在一起，形似船锚，绑在后孔附近。使用时，由于水流的作用，铜片任意旋转，像一条逆水游动的小鱼，后面的鱼钩像摆动的鱼尾，大鱼看到后，想吃“小鱼”，遂被钩住①。

达斡尔族使用钝钩、快钩、大马哈鱼钩、狗鱼钩、漂钩等钓具来钓鱼。钝钩，下钝钩时节从小满开始，至白露结束。其用两厘米粗的硬铜丝弯成，下钩时拴在数十丈长的铁丝上。铁丝的一头系在树根上，另一头绑在石头上，每盘铁丝上挂钝钩三十把，其间距通常在五六尺左右。下钩时，还要系上木

① 建军《鄂温克族的传统渔业经济》，《内蒙古社会科学》（汉文版），1998 年第 3 期。

棍，作为漂子。快钩，钩尖锐利，一盘快钩可拴钩一二百把之多。进入伏天后，水温增高，快钩的钩绳、钩纲容易腐烂，人们就不再使用。下大马哈鱼钩的时节从每年秋分前后的鱼汛期开始，到霜降江面流凌时为止。每盘钩的钩数最少二百多把，多的达三四百把，每天遛钩一次。狗鱼钩用二寸铁丝做成，下钩时系在琵琶绳上，不用钓竿。漂钩，主要在夜间使用，用二寸长的铁丝做成，用鼠皮做鱼食，拴在琵琶绳上，用二丈长竿做鱼竿①。

珞巴族称垂钓为“色基”，不用钓钩，而是用削成枣核状的小竹棍，中间吊线，两棍相交处放上钓饵。当鱼吞食后，垂钓人拉动吊线，小竹棍便横摆过来，卡住鱼嘴，把鱼钓起。还有一种放套子钓鱼，称为“巴基”。用数根马尾搓成一条线，然后结成活套拴在钓线上。垂钓时，在套上放上诱饵，鱼来觅食，触动活套，鱼便被套住②。

傈僳族、怒族等使用串钩钓鱼，但不用鱼竿。捕鱼者从山上采来野麻，轻轻刮去绿皮和芯，搓成一根长达五六十米的主钓线，再绑上十多根五六十厘米长的副钓线，拴好钩，穿上饵料（主要蚂蚁、蟋蟀、蝗虫或肉），在主钓绳端拴一块一百克左右的卵石，用力抛向江心，另一端系在岸边的礁石或者树上，也可以打一个桩，系到桩上。放好后，人可离开，隔一两小时去紧一次钓绳，目的是把吞钩的鱼钩得更紧。到了黄昏，便可以扯紧钓绳，徐徐将主绳收回③。傈僳族还使用扣钓，采用坚硬的小如缝衣针的竹签或磨尖的鱼骨、马胡椒树的刺、黄连树的刺等作为钓针。在离水边一米左右的地方，插一根弹性十分好的弹竿，弹竿上拴两根细而耐久牢固的特制麻线。长绳是钓绳，上面有短小的副绳，副绳上拴上钓针，钓针上穿上饵料，把钓针别于中间。短绳则用来拴滑脱器，滑脱器是一固定在岸边的树杈上且容易滑脱的竹片，靠弯曲弹竿的力量固定住，鱼一咬钩，长绳一扯，牵动短绳，滑脱器滑出，弹竿绷直，鱼针便会紧紧地横卡在鱼的腮部或鱼肚内。随后，人们便将鱼捕获④。

独龙族的鱼钩一般分为三种。第一种用岩桑握弯为钩，上套虎、豹爪，

---

① 张璇如、陈伯霖、谷文双、白凤岐编《北方民族渔猎经济文化研究》，吉林人民出版社2005年版。

② 李坚尚、刘芳贤著《珞巴族的社会和文化》，四川民族出版社1992年版。

③ 罗钰著《云南物质文化·采集渔猎卷》，云南教育出版社1996年版。

④ 罗钰著《云南物质文化·采集渔猎卷》，云南教育出版社1996年版。

以六爪为一束，以石为坠，投在鱼群中间，撒小虫为诱饵，鱼群游至争食，等大鱼来到，使劲一拉绳索即可戳住。第二种用鹰爪或兽骨制作，将之插入野芋中，并用芋叶包裹，埋入火塘灰中，待芋皮焦心熟时取出，趁柔软之际随意捏弯成钩，用棕丝拴扎后晾干固定，于细纹石上磨至锋利。捕鱼时大钩用大条烤香的兽肉作为诱饵，中钩用野鸡肠作为诱饵，小钩用蚱蜢、土蚕、蚁王、蜂蛹、蝉作为诱饵，有坠无漂，视竿顶点动或手心触觉便知鱼已上钩。第三种是取两厘米左右的细竹，将棕丝系于中间，两端用食物作为诱饵，待鱼吞下立即拉线，把鱼抓住。还有一种是不用钩，用丝线穿鱼食系于竹尖端，轻轻刺进江边石洞里，待鱼吃饵时立即拉上来。用这种方法钓鱼，一般是在五六月份鱼群产卵之季①。

景颇族的钓具是自制的，钓绳是用山上的野麻搓成的，钩是自己用钢针弯成的，钓竿则是弹性很好的竹子或树枝，但不使用漂。到干季枯水季节，他们便潜入密林中的山涧边，寻找深潭之中的鱼群。这些深潭中，生活着一种“挑手鱼”（一种平鳍鳅类，背鳍上有尖刺，用手捕捉时其尖刺会展开，会刺伤人手，故称其为“挑手鱼”）。在钩上穿以昆虫、肉、野果之类作为鱼饵。雨天，景颇族设置的是半自动式的鱼竿，先在岸边的水中，插稳一个小木桩，木桩上有缺口，岸上设一根弹性好的弯曲钓竿，钓绳拴成一长一短，长者拴钩穿饵入水，静待鱼来吞食，短者拴一个饵形薄竹片，把饵形竹片卡入木桩缺口处，鱼吞饵以后必然扯动长绳，长绳扯动短绳，短绳将竹片滑出缺口，弹竿迅速绷直，将鱼钓起悬于竿上②。

傣族将鱼刺或植物刺用麻绳系住，穿上饵投入江中，鱼吞下肚以后，被刺卡住，随后便被捕获③。侗族称钓鱼为“西罢”，用有倒钩的钓钩钩上鱼饵放进河中或大鱼塘里，诱鱼吃饵，进而将其捕获。钓钩有排钓、单竿钓、车钓等，鱼饵有菜油饼、蚯蚓、巴岩虫等④。水族喜欢垂钓，并总结了一系列钓鱼经验。夏秋天热水暖，鱼虾生命力旺盛，活动频繁，食量猛增，是垂钓的最佳季节。春夜突降大雨，河水暴涨，身居洞穴躲冬的“拐子”（角鱼）纷纷出洞觅食。垂钓者此时下钩，鱼闻到香饵，不顾一切地猛扑抢食，即被钓

① 杨毓骧、杨奇威著《雪域下的民族》，云南教育出版社 2009 年版。

② 罗钰著《云南物质文化·采集渔猎卷》，云南教育出版社 1996 年版。

③ 罗钰著《云南物质文化·采集渔猎卷》，云南教育出版社 1996 年版。

④ 欧潮泉、姜大谦编著《侗族文化辞典》，华夏文化艺术出版社 2002 年版。

起。而在水塘里钓鱼，以雨后初晴的傍晚最佳[①]。

每年干季，小溪清澈见底，这时是布朗族钓鱼的好时机。但是，水太清了也不行，所以必须在上游制造一点塌方，使水变得混浊。垂钓的竿，不管哪种树枝，一般有拇指粗细即可。钓线是山上采来的野葛麻经刮、搓制成的细麻绳。挖回蚯蚓以后，用小竹签自蚯蚓口入而尾出，系上一个结，使蚯蚓不易滑脱。另外还要准备一个口较大的小箩接鱼。垂钓时，右手持竿，将饵放入水中，轻轻抖动，或来回拖动饵食，鱼便前来咬饵，手上有感觉便可迅速提抽钓竿，鱼一出水面，左手立即送箩接住。布朗族有的支系垂钓时也不用鱼钩，只需从山上采回野麻搓成细绳，穿上蚯蚓之类的食饵，系绳于手指粗细的小棍上，将饵放到有鱼的洞口，来回拖动。当鱼冲出洞吞食饵时，竿有所晃动，趁竿动之时赶快提起竿线，顺势用竹箩一接，如配合默契、协调，鱼也就落到鱼箩之中[②]。

4. 叉鱼与砍鱼

鱼叉，也称鱼镖。将鱼叉掷出以后，刺中鱼身而将其捕获，即为叉鱼。砍鱼，就是用刀具砍杀鱼类。西部民族所用的鱼叉和砍刀的形制样式各具特色，但使用时的要领都在于“快、准、狠”，以迅雷不及掩耳之势将鱼捕获。

鄂伦春族在春季普遍使用叉鱼的方法捕鱼。鱼叉有两种形式：一种是连柄叉，即在桦木或松木杆上安一个固定的铁叉，叉头有双齿、三齿和五齿之分，均有倒钩；另一种是脱柄叉，也是木柄，但是柄端有一或二槽，外箍以皮条，前面或插入推钩或有柄叉头，两者均有倒钩。这两种叉头均有一孔，可拴长绳，绳端握在捕鱼者手中。当刺中鱼后，由于鱼负痛挣扎，又有水的阻碍，使叉头与木柄脱节，但是后边有绳索相连，人们可引绳取鱼。叉鱼时，可以在岸上掷叉，也可以乘桦皮船叉鱼。入夜必须举起桦皮火把，因为鱼有趋光习性，这样既能引诱鱼群前来，又能观察鱼浪方向，伺机投叉。初冬时节，还有一种隔冰叉鱼法。当冰刚刚封住河面后，冰不太厚，人踏之有声，冰下能看到游鱼的动向。这时在冰上追逐鱼群，发现后投掷鱼叉，往往百发百中。但隔冰叉鱼很危险，为了安全起见，还要携带一根横叉。一旦冰裂使人落水，捕鱼者可横置此叉，使自己不致沉入水中[③]。

---

① 何积全主编《水族民俗探幽》，四川民族出版社 1992 年版。

② 罗钰著《云南物质文化·采集渔猎卷》，云南教育出版社 1996 年版。

③ 宋兆麟著《最后的捕猎者》，山东画报出版社 2001 年版。

鄂温克族称叉鱼为“斯热热仁”，鱼叉（“斯热”）是自己用铁制成的，有三齿或四齿，三齿为多，齿端带有倒刺。另外还使用形似鱼钩的钩子（“高浩”），齿端也带倒刺。两者均带四米来长的桦木柄，柄的另一端系一根长绳（如是活柄，长绳直接绑在鱼叉上），以防叉到大鱼时被拖走。在明水期，捕鱼人根据鱼在水中的波纹、所冒的气泡及水草的摇动，来判断鱼的品种，并用鱼叉将其叉住。夜间叉鱼需两三人合作，可步行，也可划船，一人拿火把照明，吸引鱼来，另外的人以鱼叉叉鱼。冬季叉鱼，冰薄些时，在江河深水处，可随处用冰穿凿冰眼，用冰捞子把碎冰捞出后，叉鱼者趴在冰面上，用透明的袋子把头蒙上，以便看清水中的游鱼，并用鱼叉把鱼叉住。冰层加厚后的叉鱼方法叫“布日阔特格仁”，就是在较深的江河的窄流处，横着凿一道冰眼，把树枝插入冰眼，构成一道栅栏，栅栏中间留一缺口，缺口处凿一个直径近一米的冰眼，顺河来回游动的鱼只能通过该处。在这个冰眼上面搭一个窝棚，以便看清冰眼下的鱼。鱼多时，夜间在窝棚内点上灯，鱼被灯光吸引到冰眼下方时，把鱼叉住①。

达斡尔族把鱼叉叫作“司额热”，把叉鱼叫作“格热得贝”，多在江水清澈的秋季进行。冰上叉鱼也很普遍，有溜冰叉鱼和凿冰叉鱼两种。当江水刚冻二指厚时，宜于溜冰叉鱼，渔民滑行于冰面上，见到大鱼则掷下鱼叉，将其叉出冰面。当冰层加厚后，又可以凿冰叉鱼。渔民守候在事先凿好的冰眼旁边，当鱼游至冰眼呼吸时将之叉出②。

纳西族的叉鱼杆由叉杆、包头、叉鱼针、针索和收杆索等几部分组合而成。每年农历二三月为最佳的叉鱼季节。此时，春江水暖，鱼多在浅水区游动，且江水清澈，视线好，叉鱼者最易发现鱼和捕鱼。叉鱼的最佳时段是日出前后两个钟头左右，或下午太阳偏西至黄昏③。

摩梭人的鱼镖有两种形式。一种是全部由木料制成的，镖头很尖，并带有一两个倒钩。这是最原始的鱼镖形式。另一种是在木杆上安一个活动式镖头，镖头有倒钩，另有一孔用来系绳索，绳索尾端握在手中。当刺中鱼后，镖头与木杆脱节，人们引绳取鱼。这就是带索镖或脱头镖。后来，鱼叉有相

---

① 建军《鄂温克族的传统渔业经济》，《内蒙古社会科学》（汉文版），1998 年第 3 期。

② 张璇如、陈伯霖、谷文双、白凤岐编《北方民族渔猎经济文化研究》，吉林人民出版社 2005 年版。

③ 《人文丽江》编委会编《纳西族民俗通论》，云南美术出版社 2007 年版。

当发展，除用天然的树杈制作鱼叉外，还利用铁打制双齿、三齿鱼叉，都有倒钩。每年三月，泸沽湖里的鱼纷纷游往岸边浅滩产卵。这时，附近的摩梭人就利用木棒打鱼，或者用长约六十厘米、宽约五厘米的木制的鱼刀砍鱼。这种工具，人手一把，男女都能熟练地使用，每击必中，刀不虚发①。

傈僳族、怒族、独龙族使用的锚状鱼叉，由四个长柄鱼钩状的叉和木柄组成，叉尖长约二十厘米，宽十厘米，使用时将四个长柄鱼钩分四个方向绑于距长杆的尖端一二十厘米之处，杆尾系上长绳。投掷时，持叉者握杆中段，目视鱼游向和停留之处，发现目标即使劲抛出。这种鱼叉在鱼比较集中的洞穴、礁石等处均可投掷使用。鱼叉掷出以后，要迅速牵绳后拽，将被尖钩钩住的鱼拖上岸来②。

彝族、白族等民族常使用束状鱼叉，一般是将八至二十根不等、长约二十厘米的钢棒捆成一束，顶端锐尖，上有倒刺，后装一长木柄，尾端连一绳系于手腕。投掷时，右手持其中部，叉尖向下，高于肩，发现鱼以后，用劲抛出叉，直刺鱼体，刺中以后，牵动绳索拖回③。

傣族的砍鱼技术十分娴熟。当雨季过后，河里的水少而清。一到晚上，村寨里的青年常身背小小篾箩，手握长刀和火把，沿河岸边朝上游走，每见栖息的鱼就举刀砍下。有的鱼被砍成两段，有的鱼被砍伤，砍鱼者便伸手将鱼捞起，丢进身后的篾箩④。

云南罗平八大河乡的布依族所使用的鱼叉，由叉头和木柄组成，叉头为铁质，三叉，状如手掌，无倒刺。使用时，双手持木柄，使劲向目标下切以后，迅速挑起叉头，便可将鱼抛到岸上⑤。

水族的鱼叉乃竹柄铁叉，叉口四寸见方，有四齿，多在秋冬两季使用。此时，沟溪水小而清澈，一些小鱼栖于水里的枯枝烂叶丛中或岩洞边，渔人悄悄涉入溪中，看准鱼儿躲藏之处，快速而准确地一叉，鱼即毙命⑥。

---

① 严汝娴、宋兆麟著《永宁纳西族的母系制》，云南人民出版社 1983 年版。

② 罗钰著《云南物质文化·采集渔猎卷》，云南教育出版社 1996 年版。

③ 罗钰著《云南物质文化·采集渔猎卷》，云南教育出版社 1996 年版。

④ 杨知勇、秦家华、李子贤编《云南少数民族生产习俗志》，云南民族出版社 1990 年版。

⑤ 罗钰著《云南物质文化·采集渔猎卷》，云南教育出版社 1996 年版。

⑥ 何积全主编《水族民俗探幽》，四川民族出版社 1992 年版。

5. 鱼篓捕鱼

鱼篓、鱼笼、鱼筌、鱼箔、鱼囤、鱼房等捕鱼工具，多以柳条或竹条而制成。其形态、种类各异，但使用方法极为一致，都是针对鱼类而制作的“陷阱”，鱼一旦进入，便有进无出，无法逃脱。

立夏以后，鱼群逆流而上，利用这一特点，鄂伦春族发明了“挡鱼梁”捕鱼法。挡鱼梁是在河汊处用柳条编成堤坝状，使水沿着鱼梁的开口处流动，开口的上方安置一个柳条编制的鱼筌。鱼群春天逆水而游，秋天顺水而下，穿过鱼梁以后即自投罗网，纷纷陷入鱼筌之中，而鱼筌的开口处装有倒须式盖，鱼能入不能出①。鄂温克族和达斡尔族也使用挡鱼梁的方法来捕鱼。

达斡尔族的鱼囤，用薄木板围成直径一尺半左右、高四指的圆圈，用桦树皮或薄铁皮做底，上面用马尾纱或细麻绳编织成盖，中间开圆孔。把鱼囤放在二三尺深的水中，放上用谷糠做成的鱼饵，每半小时起鱼囤一次②。

哈萨克族的鱼篓为用柳条编的长方形或圆柱形篓，篓壁开有一个洞，洞口内编制倒叉。在小河上的清水口内或鱼群游动必经之地，将鱼篓倒扣于水中，篓底压上石头，防止被水冲走。鱼钻入篓中，有进无出，渔人即可伸手捉住。还有一种“迷魂阵”，即在小河上用柳条编织的篱笆横截河面，柳篱中设置一两个用柳条编制的圈来围圈猎鱼，上有口，口内有倒刺，鱼儿可顺口钻入篱中后，极难逃出篱外③。

珞巴族将放鱼笼称为“德尔中”。鱼笼用竹篾编制而成，头大尾小，笼的入口处装有倒刺，逆水安放。鱼进入后，因倒刺挡住，不能出去。这种鱼笼规格不一，大的长约两米，口部直径达一米。放挂笼则称为“阿热索”，挂笼是用一根竹子做成的，尾部保留竹节，将竹子劈成若干竹片，在竹片上再用竹篾编成漏斗状，两边穿两根绳子或藤条固定，放置在河水的落差处，水与鱼一起冲入挂笼内④。

怒族的鱼篓是一个杯状的竹编器，纵向以竹条为骨，横向则以竹篾密密缠绕而成。口大的一端的直径约三十厘米，内设有倒刺，口小的一端直径约

---

① 宋兆麟著《最后的捕猎者》，山东画报出版社 2001 年版。

② 张璇如、陈伯霖、谷文双、白凤岐编《北方民族渔猎经济文化研究》，吉林人民出版社 2005 年版。

③ 热合木江·沙吾提编著《哈萨克族传统习俗文化》，伊犁人民出版社 2009 年版。

④ 李坚尚、刘芳贤著《珞巴族的社会和文化》，四川民族出版社 1992 年版。

八厘米，用于掏鱼和放饵，使用时可用草塞紧，通常高约七十厘米。设置时，口小的一端系一根长绳，内放一两块卵石和饵料，用草塞紧端口，紧牵绳索，奋力将鱼篓抛入江中，鱼觅食由大口进入篓中，在倒刺的阻拦下，鱼只能进去而出不来①。

用竹篾编制的鱼笼罩鱼，独龙语称“阿伤”。鱼笼有大小之分，椭圆形，用藤篾和实心竹编制，有两层，内层留有直径三厘米的笼口，尖端削锋利，笼口呈漏斗状，内外层用竹皮扎缠，笼内悬烧过的青苞谷、兽肉或鱼虫作为诱饵，鱼闻到气味后，就围笼觅食，从内层笼口争先入内，只能进不能出。笼身的另一端相互交叉，能开能合。每年鱼群至岸边浅水的石洞产卵时，独龙族男子每人背上七八个笼，在江边浅水石洞下放置，一两天去看一次，收笼时收获颇丰。六七月独龙江水猛涨，水变浑，鱼群喜向各支流游去，此时把鱼笼放置于支流与江水的交汇外，隔日收笼时，其内的收获也不少。早晨，在没有暗藏鱼笼的支流，独龙族将竹箩置于江边，逐石洞把鱼赶到竹箩里。这种捕鱼方法叫“安普拉阿科”。有的人夜间把鱼箩悬挂在箐沟瀑布下，鱼跌入箩中并沉没箩底，天明收箩时也硕果累累②。

纳西族称鱼笼为“箕篼笼”，这是一种前头宽，呈喇叭状，后尾窄的竹笼，前笼中间设一小口，每次仅容一条鱼通过，又因入口为反口状，进易出难。鱼笼放在河道或海堰入口处，笼尾朝水流上方，笼头朝下方，让水从笼头入口处流出。鱼笼两边用泥巴封实。这样，沿河而上的鱼群进入笼中后，便无法再脱身离去③。

洱海地区白族的鱼篓用竹丝编制而成，外形呈喇叭状，大小无固定尺寸。鱼篓由喇叭口、倒刺口和篓身组成，长九十厘米左右，喇叭口直径五六十厘米不等，倒刺口直径与篓身直径相同，约为三十厘米。设置这种形体较大的鱼篓时，大口朝流水方向，放于山涧入洱海处，或有流水的田地沟渠中，鱼进入喇叭口以后，过倒刺入篓身，即不得出④。

景颇族的鱼篓十分简单，器形小，景颇族语称之为“崩沙”。崩沙的制作是以龙竹的一节为单位，无固定准确的尺寸。龙竹以节为底，掏空，编制时

① 罗钰著《云南物质文化·采集渔猎卷》，云南教育出版社1996年版。

② 杨毓骧、杨奇威著《雪域下的民族》，云南教育出版社2009年版。

③ 《人文丽江》编委会编《纳西族民俗通论》，云南美术出版社2007年版。

④ 罗钰著《云南物质文化·采集渔猎卷》，云南教育出版社1996年版。

用草团塞住，将竹段剖成若干细条，内放一块大卵石，撑开竹条，用竹（藤）条编上几道箍，箍的间距大致相等，此时倒出卵石，抛弃不用。编好口后，再用竹条编一圈锥形倒刺，锥尖朝向笼内，绑扎好。这样鱼只能进而不得出。放置时，先在河中打桩，再把鱼篓逆水固定在桩上，游鱼逆水奋进，进入篓中，便被捕获①。

西双版纳傣族使用的鱼篓，可以分为五种类型。双耳型。长约一米，直径约四十厘米，编制方法为经纬交织，故孔均为方孔。在放置时以双耳抵住沟渠两侧，使进鱼的可能性增大。密缠型。主要特点是经纬编织紧密缠绕，使小鱼入内也难以逃脱，此类鱼篓大小不一，大者长近一米，小者仅四五十厘米。细长型。体细但较长，以等长竹条围成圈状后，用篾条由底至口螺旋形缠绕而成。双体型。鱼篓以纵向竹条为主，间缠横向竹条，由两个锥形篓合成。水流经过时，由于被塞住的瓶口和细竹条的阻力，其尾部入口处与地面平行，这里阻力小，鱼易集中，其逆水前进便稳入篓中。粗糙型。主要特点是加工简单，竹子剖开以后，随便缠绕横向篾条即成。使用时将鱼篓竖立放置在田埂或有一定落差之处，鱼随水跌入以后便难以逃脱②。

云南盈江盏西乡的傈僳族、景颇族、傣族等使用着一种“建房待鱼”的捕捞方法。这种“鱼房子”是一间间简易的竹房，大小不等，常见的为二至四平方米。选一处平坦、流水稍浅的地方，用竹笆围起二至四平方米的范围，在流水上方留出几个装有倒刺的通道，用桩固定，水面堆放树枝和稻草，搭上简单的顶，形成一个房屋状的阴暗空间，成为人工建造的鱼类栖息所。江中的鱼类觅食以后纷纷找黑暗处躲藏，便从通道进入，因通道外有亮光，鱼不愿出去，这样隔上一段时间，便可以去捕捞一次。捕时，先用草塞住通道，用竹箩在其间进行捕捞③。

侗族的“鱼转”（“峦”“万”），又称“鱼筌”“鱼箭”，竹制，内有倒须，前端为圆形喇叭口，后端收尾并用绳索将转尾捆住扎紧，鱼能进不能出。使用时，在小溪水流较急而又较窄的地方，用溪河里的石头、细沙将有倒须的竹制鱼转固定好，再用水草、野菜等将鱼转伪装起来，然后从下游用木棒

---

① 罗钰著《云南物质文化·采集渔猎卷》，云南教育出版社 1996 年版。

② 罗钰著《云南物质文化·采集渔猎卷》，云南教育出版社 1996 年版。

③ 罗钰著《云南物质文化·采集渔猎卷》，云南教育出版社 1996 年版。

将鱼赶进鱼转里，而将鱼捕获[①]。

水族的倒须笼以竹编成，形如长筒，口呈喇叭状。进口向内有由竹签倒须围成的“篱笆”，尾部出口用篾球塞住。下雨后，河水涨而浑浊时，把倒须笼卡在小河沟内，喇叭口迎着水流方向。渔人从上游向下撵鱼，鱼受惊往下窜逃，游进笼口后，由于有倒须挡住，就无法逆流而出[②]。

壮族的鱼笱是一种喇叭形的竹篓，长约一米，一头宽约一尺五寸，编有倒竹篾，呈漏斗形，尾部宽五六寸。使用时，在田塍或小溪的堤坝中间开小口，把鱼笱安放在缺口下，喇叭对着上游，笱尾用草堵住，用石块或木桩固定好。当鱼随水经过漏斗，进去之后既不能进，也不能退[③]。

渔箔是京族最主要的渔具，是用木条和细竹围插而成的，分头、身、尾三个部分，形状像只龙虾，头大、身细长、尾圆小。头部里面有个空间叫作“篱构”。尾部有三个连接成螺旋状的节叫作“箔漏”，第一个箔漏大，第二个箔漏小，第三个箔漏最小。篱构与箔漏的连接处叫作“疏篱”[④]。

云南镇康一带的德昂族，用竹编制鱼笼，有喇叭状的，有水壶状的。喇叭状鱼笼，德昂语称“娃格戛”，用一根粗竹制成，竹节以上剖成细条，四周扎以二三十道竹环，直到笼口。水壶状鱼笼，德昂语称“格戛”，用细竹片编制而成，设有竹盖，两侧有耳，以系藤带，笼底开一小门，小门内侧编扎多条小竹棍，形成竹排。鱼入笼之后竹排关闭，便无法出来[⑤]。

6. 罩鱼

罩笼捕鱼的原理是缩小鱼的活动范围，从而便于捕捉。这一方式可视作鱼篓捕鱼的变形。都是以鱼笼为捕捉工具，但两者的不同点在于：鱼篓捕鱼是“请鱼入瓮”，处于一种被动的态势，等待鱼自行进入圈套，而罩笼捕鱼往往是主动出击，罩住鱼后从容捕获。

以罩笼捕鱼，鄂伦春族称为扣鱼。以柳条为经，以兽筋为纬，编成口小底大的鱼罩。扣鱼前先搅浑水，鱼乱跑，人们握着罩口，在水中扣鱼，扣住

① 欧潮泉、姜大谦编著《侗族文化辞典》，华夏文化艺术出版社2002年版。

② 何积全主编《水族民俗探幽》，四川民族出版社1992年版。

③ 梁庭望编著《壮族风俗志》，中央民族学院出版社1987年版。

④ 《中国少数民族社会历史调查资料丛刊》修订编辑委员会编《广西京族社会历史调查》，民族出版社2009年版。

⑤ 俞茹著《德昂族文化史》，云南民族出版社1999年版。

以后从口部取出[①]。鄂温克族罩鱼用的罩子（“替荣库”）是用柳条编成的，下口粗、上口细，状如圆筒。从下口罩住鱼后，从上口把手伸进罩内将鱼取出。罩鱼的时间是进入五月以后，河水上涨，鱼类等进入浅水处，而易于捕获[②]。夏季，达斡尔族到泡子、河套或河滩用鱼罩捕鱼。鱼罩，达斡尔语称作“达若勒”，用手指粗细的柳条编成，高约二尺，下口大，上口小，无底，呈下粗上细的圆筒状[③]。

纳西族罩鱼一般在秋季夜间进行。这一时节鱼儿肥大，喜欢在浅水处游动。罩鱼工具为一两头通风的圆竹篮，上窄下宽，四周密封。罩鱼时，以绳索系罩鱼具于脖前，不能触水，手拿水电，缓缓行进，一旦照到鱼群，光束不能随处移动，要固定在鱼群处，鱼群以为是自然光而一动不动。罩鱼者把握时机，迅速罩下[④]。侗族用竹编两头通的圆筒形鱼罩，将鱼罩住，然后捕捉之[⑤]。壮族的鱼罩笼，适于在浅水鱼塘中捕鱼。这种鸟笼形的渔具，下无底，顶端开有圆形小口，直径七八寸，笼壁用厚竹片做成，用藤条或者薄竹片绑牢。使用时，手抓笼具小口往水里罩，如果听到扑腾声，说明罩到了鱼，便从顶上伸手去抓[⑥]。

7. 鱼床捕鱼

鱼床，又称鱼帘子，是用竹子剖成细丝，编制成一块透水的竹篱笆，架到流水下，一端略高出水面，让水从篱笆上流过，水漏鱼留，因酷似床、帘，捕获的鱼躺于其上，故而名之。

独龙族以鱼帘捕鱼有两种方式。一种是筑坝，中间开一口将竹帘一端置于出水口下，另一端弯叠成半圆形露于外，用木架支撑。鱼群游至水口便被冲下，落入竹帘内即被捕获。独龙族把这种捕鱼方法称为“欧和”。另一种则是利用天然的瀑布，将钩形竹帘挂于出水口。春季来临时，鱼群游经，纵身跃起，落入钩形竹帘被夹住，即可捕获。这种捕鱼工具，独龙语称“白”[⑦]。

---

① 宋兆麟著《最后的捕猎者》，山东画报出版社2001年版。

② 建军《鄂温克族的传统渔业经济》，《内蒙古社会科学》（汉文版），1998年第3期。

③ 张璇如、陈伯霖、谷文双、白凤岐编《北方民族渔猎经济文化研究》，吉林人民出版社2005年版。

④ 《人文丽江》编委会编《纳西族民俗通论》，云南美术出版社2007年版。

⑤ 欧潮泉、姜大谦编著《侗族文化辞典》，华夏文化艺术出版社2002年版。

⑥ 梁庭望编著《壮族风俗志》，中央民族学院出版社1987年版。

⑦ 杨毓骧、杨奇威著《雪域下的民族》，云南教育出版社2009年版。

阿昌族的鱼床多设置在靠山一侧，靠山的地方多有供灌溉的沟渠。鱼床设在距沟头约两米的地方，用一棵空心大树的树干将沟头与鱼床相连，让水从中流过并流向鱼床，水流走之后，鱼留于鱼床上。之所以要选中空的树干，是因为水流被截断以后，速度减慢，流入一个管状物（空心树）之后，光滑的壁使流速增快，类似吸管，使鱼被吸入并最终落在竹床之上①。

云南盈江的傣族擅长使用鱼床捕鱼。先选定一处江面宽而浅的地方，在江中打几根竹桩或木桩，桩与桩之间绑上一些带枝的竹子、树枝，富含泥沙的江水两三天便在木桩处形成了一个人工小坝，形成了一定落差。然后选择靠岸一侧架一个架子、编一个鱼床放在上面，让水流过。鱼游过此处便被冲上鱼床②。壮族常断河堵流，安置鱼床。当鱼群顺水而下，游入鱼床之中，人们便去捕捉③。侗族称“安梁坠鱼”的捕鱼方式为“拢”。在水流湍急的河段中，用石头垒砌一段“八”字形的拦河堤，在八字的开口处架上支架，铺上竹帘即成“鱼梁”。鱼随波逐流而下，坠入鱼梁，安梁人即可捞取④。

8. 撮鱼

所谓撮鱼，即一般所指的捞鱼，就是用能透水的器具在水中淘捕鱼类。大体说来，撮鱼用具可以分为软式和硬式两种。软式撮具，就是以架子配合网兜类的渔具，如抄网、撮网、网兜之类。硬式撮具指的是以竹或其他类似材料编制成的渔具，质地较硬⑤。

怒族的撮网是一张三米见方的网，下端折起一段，设坠，上端拴一根长竿。使用时，顺水流放下，持竿向上游方向撮去，鱼被撮到以后进入折缝之中而被捕获。白族的软式撮具，形体较为宽大，架子呈半圆形，有一根长竿，适合于浅水中使用。使用时，人站水中，持住长竿，向前推行，鱼类躲避不及，便被撮入网中。云南勐腊瑶族制作撮网的架子，以竹弯制而成，形状酷似网球拍，缝上网以后，便可前去捞捕。傣族使用一种带三角形架子的网兜，用竹或树枝，随便弯个圈，缝上网兜后，就可用来捕鱼。云南勐海的布朗族

① 罗钰著《云南物质文化·采集渔猎卷》，云南教育出版社 1996 年版。

② 罗钰著《云南物质文化·采集渔猎卷》，云南教育出版社 1996 年版。

③ 杨知勇、秦家华、李子贤编《云南少数民族生产习俗志》，云南民族出版社 1990 年版。

④ 欧潮泉、姜大谦编著《侗族文化辞典》，华夏文化艺术出版社 2002 年版。

⑤ 罗钰著《云南物质文化·采集渔猎卷》，云南教育出版社 1996 年版。

和偻尼人的三角形撮具，会在两腰上加一根横档，以便于手握，使捕捞顺利进行[①]。捞兜是侗族必备的捞鱼工具，侗语称“就”，用麻线或尼龙线编制成网格式漏斗状[②]。水族的抬网即扳罾，也属于软式撮具，是一种用竹竿做支架的方形渔网。一般在春、夏雨后河水暴涨而浑浊时，将抬网放入水中，网中放一些香饵，鱼儿游过，被香饵诱入网中觅食。此时将网抬起，鱼不及逃走，便被抬出水面，乖乖就擒[③]。

在硬式撮具中，最常见的是一种以细竹丝编成的一个口为等边三角形的捕捞渔具，在西双版纳地区最为常见。使用时，将此三角形撮鱼具放入水中，人走到前面一段以后，返身往回走，驱赶鱼往撮具方向游，待到达撮具时，将撮鱼具抬起，便可得鱼。元江流域的傣族使用一种撮箕状的捕捞工具，口沿前端有一个高出的拱形竿，以一根长竿系撮箕底部和拱形竿顶，无须下水便可以进行捕捞。捕捞时，人双手持住长竿，以撮箕深入沟渠之中刮行一段以后，提上岸来，即可捕到小鱼[④]。

9. 毒鱼

“毒鱼”，又称“闹鱼”或“药鱼”，即向水中投毒，使鱼中毒而获取之。一些民族常以野生植物来毒鱼。用植物毒鱼，短时间内会对水域的水质产生影响，但由于有毒植物不同于化学毒素，在流水自净功能的净化作用下，一段时间后水域生态环境会恢复正常，因而并不会造成严重污染。

景颇族毒鱼使用的有毒植物，称为“则里干”，俗称“闹鱼藤”，是一种藤本植物，以根效果最佳。使用时，用石块砸碎，在河水中淘洗，河水变得微微发黑，小鱼便一条一条浮起，大鱼也浮到水面大口呼吸，便可将鱼捕获[⑤]。基诺族捕鱼时，通常在河道旁边找来一些植物，如带刺的树木“胡枯卢刺”、藤子“窝刺”、小树“刺池”、树叶“忽米扩颇”。这些植物的茎干或藤叶经敲打后流出汁液，对河中生物具有一定的毒性，人们就利用这些植物的毒性来让河中某一段的鱼漂浮起来，从而抓住这些鱼[⑥]。

---

① 罗钰著《云南物质文化·采集渔猎卷》，云南教育出版社1996年版。

② 欧潮泉、姜大谦著《侗族文化辞典》，华夏文化艺术出版社2002年版。

③ 何积全主编《水族民俗探幽》，四川民族出版社1992年版。

④ 罗钰著《云南物质文化·采集渔猎卷》，云南教育出版社1996年版。

⑤ 罗钰著《云南物质文化·采集渔猎卷》，云南教育出版社1996年版。

⑥ 朱映占《基诺族传统生态文化及其变迁》，《原生态民族文化学刊》，2011年第1期。

傣族常用的鱼药有核桃皮、龙舌兰、棱子金刚（俗称霸王鞭）等含浆植物。毒鱼时，将鱼药砍碎，丢进水里，水里的鱼吸着浆汁就会晕过去，纷纷翻到水面。此时，药鱼人只管下水捞鱼[①]。侗族闹鱼是将大霜树叶或辣蓼菜捣烂，加少许水后与捶碎的茶油饼或桐油饼拌匀，再将其撒到溪、河里，或将此药草置于近干枯的溪、河中直接捣碎，药汁顺水流入深潭，鱼吃到"闹药"后即翻白漂于水面[②]。

布朗族用来毒鱼的植物叫"泡"，是一种豆科植物，最佳的使用部分是根[③]。佤族用来毒鱼的植物有两种，即倒钩刺与冲天子。以倒钩刺为主，因为毒性不大，鱼只是处于昏迷状态，然后再用渔网、竹篮将鱼捞起。而冲天子毒性大，对鱼类和水生动物杀伤过重，一般是禁止使用的[④]。

10. 鱼鹰与水獭

一些西部民族积累了驯化鱼鹰（鸬鹚）和水獭的传统经验，以之作为重要的捕鱼工具，使之成为捕鱼活动的好帮手。

纳西族将鱼鹰称为"打冷雷"。捕鱼之前，先让它空腹，进入捕鱼区后，渔民一声令下，等候在船舷上的鱼鹰扎入水中。鱼鹰水性好，可在水底下寻食长达十多分钟，眼睛锐利，速度快，目标以大鱼为主。为防止鱼鹰吞食大鱼，渔民在其颈上套一竹圈。鱼鹰叼着鱼后，立刻跳上船来，渔民便把鱼拿出[⑤]。白族善于圈养鱼鹰，白语称为"窝"。鱼鹰嘴长，尖端呈钩状，十分适于捕鱼；脖有喉囊，便于储食；爪为四趾，趾间有蹼，善游泳。清晨，白族渔民开笼将鱼鹰驱于船上，在其脖间系一绳环，防止其将捕到的大鱼吞下。船行至有鱼处，渔夫挥竿赶鱼鹰，鱼鹰急泅水下，奋力寻捕鱼类。捕捉中，鱼鹰可将小鱼吞下，大鱼受到脖环限制，含于口中，则被渔夫取出。

侗族驯养鸬鹚捕鱼，捕时用一条小麻绳将鸬鹚的颈部轻轻地捆住，以防它吃饱了而不再叼鱼。晚上，渔民带上鸬鹚，划小船而行，在船头点燃松明子引路，当鸬鹚发现鱼儿在水里游动之后，它自会潜入水中将鱼叼上船来。

---

① 杨知勇、秦家华、李子贤编《云南少数民族生产习俗志》，云南民族出版社 1990 年版。

② 欧潮泉、姜大谦编著《侗族文化辞典》，华夏文化艺术出版社 2002 年版。

③ 罗钰著《云南物质文化·采集渔猎卷》，云南教育出版社 1996 年版。

④ 魏德明著《佤族文化史》，云南民族出版社 2001 年版。

⑤ 《人文丽江》编委会编《纳西族民俗通论》，云南美术出版社 2007 年版。

若鸬鹚叼到大鱼，另一只或几只会主动去帮忙，共同把鱼儿叼出水面让主人接住。湖南芷江的侗族还驯化水獭叼鱼。水獭是一种野生食鱼动物，人们将抓住的小水獭精心驯养。训练时，先用渔网把鱼罩住，然后放水獭进网抓鱼，抓住一条，就喂它一小块鱼。如此循环往复，使其形成条件反射，便可带其下河捕鱼，使之成为捕鱼好手①。水族也有饲养鸬鹚和水獭捕鱼的。用鸬鹚捕鱼时，要用细绳将其脖颈套住。鸬鹚叼住鱼时无法下咽，只能交给主人。鸬鹚捕捉的鱼一般不大，有时两只鸬鹚会合作叼住一条大鱼。水獭则可以捕捉体形较大的鱼②。

11. 渔船

渔船（舟、筏）的使用，是人类技术史上的一次重大突破，使得捕鱼活动不再仅仅局限于近水浅滩地带，而可深入到水域的中心地带。借助渔船捕鱼，渔民的捕鱼种类和数量更加丰富，对于其他捕鱼工具和方法的运用也更加得心应手。

鄂伦春族的桦皮船，制作时以白桦皮与樟木为原料，桦树皮做船底和船帮，樟木做船架。要选择最光滑的一段桦树皮制作船身。把三块桦树皮接起来，一张压一张，作为船底，选四块桦树皮作为船帮。桦树皮之间，有时用木钉使之相接，有时用线缝连，再涂以松脂，防其漏水。鄂温克族制作桦皮船时，以红松根为线缝制，针孔和接头处涂上松油渗桦皮油为原料熬成的黑色混合油。船身很轻，平时放在河边，一个人划也很便捷③。

西藏曲水俊巴渔村的藏族渔民用牛皮船捕鱼。小牛皮船，用四张生牛皮缝制而成，绷在胳膊粗的木杆上，略呈长方形。缝制牛皮船的线多用牛筋和线绳，缝完以后，用牛油合缝，见水不渗。双桨摆渡，不摆渡时，双桨又成为背船的工具④。白族使用的则是一种能适应深水和浅水两种环境的平底船。这种船特别适于在洱海区域使用⑤。壮族在河湖中捕鱼，过去坐的是以一大段木头挖成的刳木舟，后来用木板拼造小船，船缝是用橄榄糖泥来堵的。橄榄糖泥不怕水泡，干了之后滴水不漏。还有一种藤舟，用藤条绑紧木板做成，

---

① 欧潮泉、姜大谦编著《侗族文化辞典》，华夏文化艺术出版社 2002 年版。
② 何积全主编《水族民俗探幽》，四川民族出版社 1992 年版。
③ 吕天光《论北方渔猎民族的桦树皮文化》，《社会科学战线》1983 年第 4 期。
④ 张宗显主编《西藏民俗》，甘肃人民出版社 2004 年版。
⑤ 罗钰著《云南物质文化·采集渔猎卷》，云南教育出版社 1996 年版。

船缝用晒干的海茜草堵住，遇水发涨，把缝堵得严严实实的[1]。

12. 其他水生动物的捕捉方法

此外，针对其他的水生动物，如黄鳝、田螺、沙虫等，一些西部民族也有独特的捕捉工具及方法。

黄鳝，也称为鳝鱼，长条形，头似蛇，尾尖粗，长度因年龄而异，体色黄，眼小，体表有黏液，较滑，只有一个腮孔，是在淡水中生活的合腮科动物。云南新平、元江的傣族常放置黄鳝笼捕黄鳝。黄鳝笼可以分为竹筒形和立方体形。竹筒形笼用一段竹筒制成，在筒口处编制一个与竹筒口径大体相同的倒刺。竹编的立方体形笼，高约十二厘米，长、宽均在十厘米左右，笼的一面留一个四厘米粗的孔，内置倒刺，顶部留孔，配以盖，使用时把盖用篾扎紧。投放黄鳝笼，要在笼中放少许诱饵，黄鳝嗅到饵料，沿孔进入，因倒刺阻挡而逃不出来[2]。

哈尼族使用竹钳来捕捉黄鳝。竹钳由长约七十厘米、厚近一厘米的竹片制成，中间有一个接点，似钳，尖端刻出尖齿，防止黄鳝滑脱，握端稍长，便于用力握住、夹住黄鳝。拾田螺，也是哈尼族最具特点的渔业活动之一。拾田螺无须费太大的力气，只需掌握好时机，弯腰便可拾得[3]。

京族善于挖取沙虫。沙虫学名星虫，是一种环节海生动物，身体略呈圆筒形，环节不分明，表面有纵横皱纹，生活在海底泥沙中和礁石的缝隙中。挖沙虫的工具男女有别，女性一般用一种专用的沙虫锹来挖。这种锹只有普通铁锹的一半大小，比较轻便，可挑可挖。由于沙虫生活在泥沙洞穴之中且移动迅速，因而要求使用者既能识别其裸露在沙面上的洞眼，又要在挖的过程中动作敏捷，不能拖泥带水。男性挖沙虫的工具主要是铲。用铲挖沙虫需要的是体力。他们常常是整片整片地翻挖沙地，但效率相对较低[4]。

三、鱼神等崇拜及仪式

在许多西部民族的信仰体系中，“鱼的意义是双重的，它既是自然的，又是观念的。当以它作为食物时，它是自然的鱼；而把它当作某种观念意义的寄托时，它就成为一种神秘的崇拜对象了。因此，鱼与人的关系并非只是人

---

① 梁庭望编著《壮族风俗志》，中央民族学院出版社1987年版。

② 罗钰著《云南物质文化·采集渔猎卷》，云南教育出版社1996年版。

③ 罗钰著《云南物质文化·采集渔猎卷》，云南教育出版社1996年版。

④ 马居里、陈家柳《京族——与海为伴》，《今日民族》2006年第3期。

与自然之间的一般关系，更值得注意的还在于它是一种超现实的神秘关系”[①]。这种鱼与人之间的神秘关系，直接体现在人们对于鱼神、水（海）神等的崇拜之上，并且通过仪式化的祭祀活动，祈求神灵的恩赐，保佑生产平安顺利、生活健康富足，客观上也起到了保护渔业资源的作用。

傈僳族在捕鱼前，首先在江边搭好捕鱼架子，安放好渔网吊杆。在准备工作完成后，便可举行祭祀鱼神的活动。仪式过程大体是：杀一头小猪，烫去皮毛，剥去蹄甲，将猪肚剖开，取出内脏，放到一个很大的竹片编的簸箕内，架到捕鱼架子上祭祀鱼神。在跪拜之时，祭祀者要念祈祝词。祭祀完毕以后，众人一起吃肉饮酒，然后下网捕鱼。每当捕到很大的鱼，也要举行一次简单的祭祀活动。祭祀时，先把大鱼的头砍下，放置在江边或者是家中，献上一大碗酒，表示求得水神对捕获大鱼的谅解[②]。

相传，白族的鱼神是创世神“劳泰”和“劳谷”的五个女儿和五个儿子。他们在创世初期，从蚂蚁乘木过江、蜘蛛织网中得到启示，造船扎筏，织网打鱼，成了渔民。后代子孙把他俩奉为鱼神，并尊为本主。在白族的传统观念中，奇螺、怪鱼和怪蛇均可变幻为龙，龙也可变幻为鱼蛇，所以鱼蛇均是白族先民的图腾。白族对鱼有特殊感情，特别敬畏与众不同的巨鱼和怪鱼。每当春天下洱海捕捞，都要先祭水神。据说主管洱海安宁的水神叫囊聪独秀洱海灵帝，又称龙神之母[③]。

广西侗族的传统观念认为，水中的鱼不是一般动物，而是最洁净吉利的、能给人们消灾赐福的超自然存在物，并视为鱼神。关于鱼神的崇拜，在社会生活各方面均有体现。若小孩“失魂”，父亲要打一碗洁水，内盛几条活鱼仔，装一碗糯米饭带到溪、河边祭鱼神，为小孩“招魂”。回家后，炒鱼仔给小孩吃，认为这样做能使小孩像鱼儿那样洁净活泼，健康成长。若小孩常病、食欲不振、体弱面黄，父亲要择吉日，背上小孩并请师公一道到水潭边拜祭鱼神。祭时，其父先在水潭边摆一碗清水，内盛几条活鱼仔，一碗糯米饭，再手把手地教小孩向水潭作揖，然后由师公向水潭念祭词。祭回，即煮鱼仔给小孩吃，并给小孩戴上刻有小鱼及“易养成人”四字的铜手镯或颈圈，作

① 赵沛霖著《兴的源起——历史积淀与诗歌艺术》，中国社会科学出版社 1987 年版。

② 罗钰著《云南物质文化·采集渔猎卷》，云南教育出版社 1996 年版。

③ 中共云南省委宣传部编《活在丛林山水间——云南民族采集渔猎》，云南教育出版社 2000 年版。

为鱼神护身的象征。每年农历六月过“初六节”，家家老年人要带一盘炒干鱼、一碗糯米饭到自家的“娘田”，即祖先开辟的或较大的一块水稻田边祭鱼神，祈求其保佑禾壮鱼肥[①]。

每年的农历三月初七，云南大姚湾碧乡的傣族要过传统的“窝巴节”，以祭祀“鱼神”，祈求渔业和水稻丰收。“窝”意为“聚会”，“巴”意为“鱼”，“窝巴”即“鱼的聚会”，最早的地点是在巴拉河口的河滩上。节日开始，随着三声炮响，长号、唢呐、芦笙齐鸣。由一名傣族长老指挥，两名傣族青年抬着两条木制大鱼，一红一青，走到江边河滩后，众人用碗和盆去江中打水泼鱼，长老燃上香，用饭、肉、酒献祭鱼神，长老念诵祭经。念毕，将木鱼放入江中，由小伙子在江边水中拖上拖下。长老用松枝在盆里蘸上水，轻轻地洒在众人头上，人们便开始互相泼水祝福[②]。

侗族“闹鱼”之前，要在寨老（“引头人”）的带领下，来到闹鱼的地点，设祭坛烧香化纸祭祀水神、溪神、河神，并念祭词。祭毕，村民将鱼药投入水中，闹鱼便开始了。结束后，寨老还要再次向水神、溪神和河神进行祷告[③]。

按照京族传统的习惯，在每年农历十二月二十日至二十八日，要隆重地举行“做年晚福”的仪式，由组织渔业生产的“网头”主持拜神，祈求海神保佑来年生产安全和取得丰收。到春节这天，他们还宰猪饮酒，欢聚一堂，京族群众称之为“还愿”[④]。

佤族将渔网织好后，要将其染上家畜（主要是牛、猪）之血，晒干，然后才能捕鱼。用新网捕鱼，要先举行“艾惹布”祭祀活动，即洁身、遵守相应禁忌并祈祷后，再悄悄用新渔网去捕鱼，当日往返。凡捕到的鱼，都要先祭火塘，然后全家关起门来，把鱼全部吃掉，吃剩的鱼骨要丢进火塘里烧掉，不得让猪狗等家畜吃。否则便认为是对鱼神和渔网的不敬，以后再也捕不到鱼[⑤]。

---

① 陈维刚《广西侗族的鱼图腾崇拜》，《广西民族研究》1990 年第 4 期。

② 刘祖鑫《金沙江河谷傣族泼水节的历史记忆与文化认同》，《云南师范大学学报》（哲学社会科学版）2010 年第 5 期。

③ 罗康隆、谭卫华《侗族社会的“鱼”及其文化的田野调查》，《怀化学院学报》2008 年第 1 期。

④ 《中国少数民族社会历史调查资料丛刊》修订编辑委员会编《广西京族社会历史调查》，民族出版社 2009 年版。

⑤ 魏德明著《佤族文化史》，云南民族出版社 2001 年版。

第八章　传统生态知识的科学阐释

前面各章节所展示的是西部少数民族的传统生态文化（或知识），这些文化（知识）与生态学有怎样的关联，是学者、读者都十分感兴趣的问题。本章以傣族的自然生态观、哈尼族生存空间格局、傈僳族的狩猎知识和藏族的高山游牧的个案为例，应用生态学中的生态系统生态学原理、生态景观理论、种群生态学的逻辑斯蒂增长原理（最大持续产量）、种群生态学的“剩余种群”理论和群落生态学的“中度干扰”等理论对上述传统生态知识进行科学阐释，以回应人们对传统生态知识与生态学关系问题的关注。本章资料主要来源于《民族生态学理论方法与个案研究》[①] 以及相关研究。

第一节　西双版纳傣族的自然生态观

自然生态观是人们对人与自然生态环境的关系的看法或理解，其作用就是处理人与自然之间的关系。由于自然环境对不同的民族有着各种不同的影响和作用，因而各民族对人与自然的关系会有不同的理解。但是，对于许多的原住民来讲，由于普遍信仰“万物有灵”，在看待人与自然的关系问题时，往往把自然界看作是神的体现。因而，人们将自然界当作神来崇拜，把自然界视为神圣不可侵犯的。基于这种把自然神化了的生态观，人们往往会以各种方式进行祈祷和献祭，以祈求自然的赐福，并安抚主宰自然力的神以及时降雨与驱逐旱灾、消灭地震、结束瘟疫和洪水等灾害。这种看似简单的生态观，其中含有深刻的生态学原理。

① 崔明昆编著《民族生态学理论方法与个案研究》，知识产权出版社2014年版。

一、自然生态环境与生态观

西双版纳位于云南南部，介于北纬21°08′—22°36′，东经99°56′—101°50′之间。由于受西南季风的控制和东南季风的影响，该地区常年日照充足，年平均气温在21℃，降雨量充沛，一年内分旱季和雨季。雨季从每年5月至10月，旱季则从每年的11月至次年4月。雨季降水量占全年降水的80%以上。

傣族居住的低地坝区属热带雨林和季雨林区。这里河流纵横交错、土壤肥沃，适宜种植水稻。作为“百越”民族之一的傣族是最早培植水稻的民族之一。水稻的种植，不仅涉及稻与水的关系或人与稻田的关系，而且涉及人、水、田、林、气候与植被等的复杂关系。当地傣族在长期与大自然相处的过程中，认识到人是自然界的产物，是大自然的后代。傣族的谚语说：“森林是父亲，大地是母亲，天地间谷子是至高无上的。”在看待人与自然的关系时，他们认为人与自然是和谐共处的关系，并将这种关系按其重要性排列如下：森林—水—水田—粮—人，并进一步解释，“有了森林才有水，有了水才会有田，有了田才会有粮食，有了粮食才会有人的生命”。因此，人们要能很好地生存，就必须尊重自然，保护好森林和水源①。郭家骥教授对西双版纳景洪市勐罕镇曼远村的田野调查资料也在一定程度上反映了这一生态观。在曼远村，通晓本民族历史文化而又充当着沟通人神联系之中介角色的祭师“波章”老人对调查者讲：“大青树在所有傣族地区都是神树，没有人敢砍。人一旦触犯了大青树，非死即病。”②

二、自然生态观的生态学原理

傣族的这一自然生态观对人与自然关系的认识包含生态学的许多原理。生态系统生态学理论认为，生态系统是在一定的空间和时间范围内，由生物的和非生物的成分构成，并不断进行着物质循环和能量流动的功能单位。生物成分包括生产者（主要指绿色植物）、消费者（主要指以其他生物为食的各种动物）和分解者（主要是菌类以及一些原生动物）；非生物成分包括无机物、有机化合物和气候因素等。物质循环和能量流动是生态系统的两大功能。生产者（绿色植物）从土壤中获取氮、磷、钾等矿物元素，在阳光的作用下

---

① 郭家骥《西双版纳傣族的水信仰、水崇拜、水知识及相关用水习俗研究》，《贵州民族研究》2009第3期。

② 郭家骥《云南少数民族的生态文化与可持续发展》，《云南社会科学》2001第4期。

将二氧化碳和水等无机物合成为有机物。动物以植物为食（食草动物以绿色植物为食，而肉食性动物又以食草动物为食），各种动植物的残体则是菌类的营养来源，它们将有机物分解为可供植物生长所需的无机物（营养物质）。植物所固定的能量通过一系列的取食和被取食的关系在生态系统中传递，这就是食物链。食物链是生态系统营养结构的形象体现，通过食物链和食物网把生物与非生物、生产者与消费者、消费者与消费者连成一个整体，反映了生态系统中各生物有机体之间的营养位置和相互关系。各生物成分通过食物网发生直接和间接的联系，保持着生态系统结构和功能的稳定性。

傣族的这一自然生态观把人看成是自然界中的一员，是自然界的产物。从生态系统生态学的角度来讲，人属于生态系统中的消费者，是生态系统的组成成分之一。同样，人也是生态系统营养结构，即食物链中的一个环节。人是异养生物，自身不能制造养料，必须凭借植物或其他动物才能生存。因此，人为了生存，就必须狩猎采集或种植作物、饲养牲畜。对于傣族来说，种田栽稻谷是基本的生计方式，而种田就需要水。在长期的实践中，傣族还认识到了森林与水的关系。在傣族看来，人在自然界中的位置不是“主人”，而是“仆人”。大自然中山林、河流、动物、植物、田地和稻米等不仅仅是自然界（生态系统）的构成要素，还是“有灵之物”，如寨神、勐神、水神、谷神、树神等，并形成了丰富的鬼神崇拜文化。这种鬼神崇拜的实质就是人对自然的崇拜。鬼神文化的加入，使得傣族的传统自然生态观中多了一个成分，起到了协调人与自然的关系的作用，以确保生态系统的平衡和人类繁衍生息。也就是说，人只有通过祭祀神灵，才能在神灵的保佑下生存和发展。如果人自认为是自然的主人，可以凌驾于自然之上，肆意地践踏和破坏自然，将会触犯神灵，受到神灵的惩罚，最终遭到大自然的报复。

这种朴实的生态观，再加上西双版纳傣族信奉南传上座部佛教，孕育了傣族热爱自然、保护森林、保护动物、爱惜粮食的美德，保护了当地的生态环境。然而，随着市场经济对傣族传统自然生态观的冲击，尤其是橡胶树的大量种植，造成了许多热带雨林的消失，生态环境有进一步恶化的趋势。

第二节　哀牢山哈尼族生存空间格局的生态学意义

哀牢梯田是世界上最为壮观的山地农业景观之一。哀牢山地处亚热带，山体高耸，气候、土壤和植被分异明显。生活在哀牢山上的哈尼族顺山势而造的梯田近乎完美地体现了人与大自然的和谐。因此，从生态学角度解读梯田文化，揭示其中的生态学原理，具有重要的民族生态学意义。

一、自然生态环境

哀牢山脉斜贯云南亚热带中部500余公里，是云贵高原、横断山脉和青藏高原三大自然地理区域的接合部。哀牢山山高谷深、沟壑纵横、山地连绵，最高海拔2939.6米，最低海拔76.4米，相对高差2800余米。

哈尼族大多居住于哀牢山的南段。这里纬度较低，具有明显的亚热带气候的特点，年均降雨量约1400毫米。降雨和气温随海拔高度的变化而变化，在哈尼族的分布区内，海拔1800米以上的地区，年平均气温约11.6℃，全年日照约1000小时，霜期1.7天。这类高山区多云雾阴雨。海拔1400—1800米之间的地区，平均气温15℃，全年日照约1630小时，霜期1.2天。这类中山区降雨量较充沛，气候温和。海拔600—1400米之间，平均气温18℃，全年日照约2020小时，基本无霜期。这类低山区降雨量充沛，气候较热。海拔600米以下，平均气温25℃，全年日照约2430小时，无霜。这类河谷区降雨量少，降雨量小于蒸发量，气候炎热干旱①。

当地有寒温带、亚热带和热带（干热河谷带）的立体气候和植被类型。哈尼族在层峦叠嶂的高山之中挖沟开渠、筑埂造田，创造了举世瞩目的哀牢梯田，形成了优美的生态景观。

二、生存空间的生态学原理

作为人工生态系统的哀牢梯田是镶嵌在哀牢山腰上的一片彩带，完全融入山地自然生态系统之中，成为哀牢山的组成部分，构成了“高山森林—中山村寨—低山梯田—谷底河流”四位一体的生态系统。

哈尼族的这种“四位一体”的景观是一个由自然生态系统和人工生态系统组成的复合体，具有“天人合一”的属性，形成了具有生态学意义的生存空间格局：森林所处位置最高，位于高山地段；村寨建在半山腰的向阳坡地上；梯田位于村寨的下面；最下面的则是干热河谷和川流不息的红河。哈尼族的谚语“要种田在山下，要生娃娃在山腰”是对这种高山森林—村寨—梯田—河谷格局的生态学阐释。低山气候炎热潮湿，适应稻作生长，故而辟为

① 云南省元阳县志编纂委员会编《元阳县志》，贵州人民出版社1990年版。

层层梯田。半山腰冬暖夏凉，湿度适宜，生活环境远远优于炎热潮湿的低海拔河谷地带和阴雨连绵、寒冷潮湿的高山地带，适宜人类的生存繁衍①。从生态学的角度讲，村寨和梯田属于人工生态系统，森林和河流属于自然生态系统。这种人工与自然生态系统的有机结合，较好地反映了各生态系统之间物质循环和能量流动功能的协调性。

在物质循环方面，水的循环是一个关键。位于山顶的森林生态系统所涵养的水源为村寨生态系统和梯田生态系统提供了充足的水资源保障，村寨使用过的生活污水流入梯田起到肥田的作用，被梯田所利用后多余的水流入河谷、进入河流。在这一过程中，水通过梯田、地表等蒸发作用，以及通过水稻等植物的蒸腾作用回到大气中，并以雨的形式又回到森林、地表或梯田，从而完成其循环。图 8－1 表示以水的循环为代表的物质在四个生态系统中的小循环和与大气之间的大循环②。

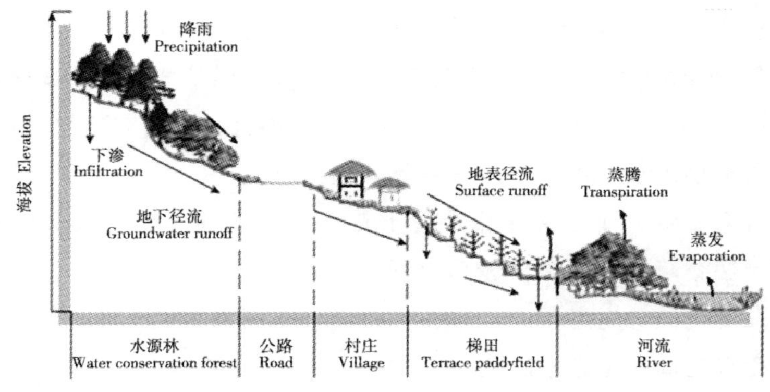

图 8－1　哀牢梯田复合生态系统的垂直结构及其以水循环为代表的物质循环

生态系统中的能量流动是沿食物链进行的。系统的能量最初来源是太阳能，森林生态系统和梯田生态系统内的绿色植物将太阳能转化固定为化学能，形成可供人、家畜和野生动物利用的能量和有机物质，并输入村寨生态系统，从而维持了村寨生态系统的稳定。同时，村寨生态系统通过向梯田生态系统输入人力、畜力等能量和各种技术及其物质，使梯田生态系统保持稳定，并不断地向村寨生态系统提供其所需物质和能量。

---

① 王清华《哀牢山自然生态与哈尼族生存空间格局》，《云南社会科学》1998 年第 2 期。

② 姚敏、崔保山《哈尼梯田湿地生态系统的垂直特征》，《生态学报》2006 年第 7 期。

作为初级生产者的高山森林，既是梯田稻作的水源地，也是村民的狩猎采集地。高山森林中的植物资源为动物的生存提供了食物，丰富的动植物资源又为哈尼族提供了丰富的食物来源。研究资料表明，直到20世纪50年代初期，狩猎仍是哈尼族定期举行的一项重要活动。另外，历史上哈尼族很少种植蔬菜，直到今天也只在宅旁地角种植青菜、白菜、瓜、豆等少数蔬菜，基本没有专门的菜地和菜园。食用的蔬菜以野菜为主，种类包括蘑菇、块根、块茎、叶、花、果等，有上百种之多。今天，梯田生产的粮食仍是哈尼族的主要能量来源。

在以村寨生态系统为核心所形成的复合生态系统中，人在维持四个系统间的平衡时起着关键性的作用。哈尼族通过他们的文化，有效地调节着四个系统间的物质循环和能量流动，保持其稳定性。哈尼族在开凿梯田的过程中，形成了以山神、树神、水神为主要祭祀对象的自然生态观。哈尼族认为山有山神、森林有树神、水里有水神，它们既是梯田的守护者，也是山间一切生灵的主宰者，因此人们要敬奉神灵。通过祭祀，祈求神灵保佑稻谷丰收、牲畜兴旺、寨民安康。这种对自然的崇拜，有效地保护了森林、水源和梯田，从而维持了各个生态系统之间的平衡。

村寨前的半山辟为梯田，不仅是由于下半山区较热，气候适于稻谷生长，还是出于梯田农业管理的需要。高山森林为梯田提供的水源沿着层层梯田自上而下顺序灌溉，而高层梯田的入口处的管理成为梯田用水和农耕正常运转的关键。沿高山流下来的沟水往往夹带碎石、泥沙，于是人们在沟水入田处挖可以沉淀沙石的坑，以此清除沙石，有效地防止了梯田碎石的堆积。结合山水的灌溉，哈尼族还发明了独特的施肥方法——冲肥。冲肥有两种，一是冲寨塘肥，二是冲山水肥。哈尼族村寨中都有一个大水塘，用以储存家禽及牲畜的粪便、垃圾、灶灰。栽秧时节，将山水引入寨塘，经搅拌后再将乌黑恶臭的肥水顺沟冲下流入梯田。这就是冲寨塘肥。每年雨季初临，正是稻谷拔节抽穗之时，在高山森林中积蓄沤了一年的枯叶、动物粪便顺山而下，流入山腰水沟。这时，正是梯田需要追肥的时候。届时，村寨的男女老少一起出动，将漫山随雨水而来的水肥在人们的疏导下注入梯田，这就是所谓的“赶沟”，即冲山水肥①。

---

① 王清华《哀牢山自然生态与哈尼族生存空间格局》，《云南社会科学》1998年第2期。

哀牢梯田这种“高山森林—中山村庄—低山梯田—谷底河流”四位一体的垂直生态系统，是哈尼族顺应自然，将人工生态系统融于自然生态系统的杰作，是天人合一的典范，因而成为农业可持续发展和生态美学研究不可多得的对象。

第三节　高黎贡山傈僳族狩猎的生态知识

傈僳族是我国西南地区的古老民族之一。据文献记载，其是古羌人的后裔之一。8 世纪以前，傈僳族居住在四川雅砻江及川滇交界的金沙江的广大地区，此后又逐渐向云南西北部的澜沧江和怒江迁徙。傈僳族人民因此自豪地说他们是金沙江、澜沧江、怒江的“三江主人”①。

一、自然生态环境与万物有灵观

高黎贡山位于云南西部，是青藏高原的南延部分和横断山脉的组成部分，它北起西藏，南达缅甸，绵延 600 余公里。由于山体高大，沟谷纵深，生态环境多样，高黎贡山有着丰富的动物资源。

傈僳族是一个传统宗教观念保留较为完整的族群，他们信仰“万物有灵”，认为宇宙山川、动物植物都有神灵主宰。在傈僳族的观念中，山有山神、树有树灵、水有水神，自然崇拜成为傈僳族宗教信仰的显著特征。傈僳族先民在远古的生存环境中，逐渐形成超自然的精灵“尼”的观念，诸如“俄瓜尼”（天神）、“米斯尼”（山神）、“划尼”（猎神）等。主要的精灵尼达 30 多种，并认为尼附着在自然物中，尼既是傈僳族信仰的基础，也体现了傈僳族万物有灵观念的特质。尼是傈僳族信奉的神秘力量，尼主宰着他们的信仰世界。傈僳族相信尼能支配世间一切事物，认为尼能保护族群的生存、发展。在傈僳族信奉的众多尼中，米斯尼即山神是至上神，是万物之主，天地间气候的变化、日月的盈亏、山河的变异、动植物的生长、人类的命运，都由万能的米斯尼主宰支配。傈僳族在打猎之前，要请“尼扒”举行祭米斯尼仪式，以祈求山神保护狩猎有成。傈僳族猎手在捕获到猎物后，就要吹响牛角号，向米斯尼致谢②。

---

① 《傈僳族简史》编写组编《傈僳族简史》，云南人民出版社 1983 年版。

② 张泽洪《中国西南的傈僳族及其宗教信仰》，《宗教学研究》2006 年第 3 期。

傈僳族这种自然崇拜，尤其是米斯尼崇拜在傈僳族的狩猎实践中起到了维持动物种群稳定、保护生物多样性的作用。

居住在高黎贡山的傈僳族如今虽以农耕作为主要的生计方式，但狩猎与采集在他们的经济生活中一直占有相当重要的地位。一方面，高黎贡山丰富多样的动植物资源为其狩猎采集提供了基础；另一方面，狩猎采集也是其农耕生计的必要补充。因此，当地傈僳族在长期适应山地森林的过程中积累了丰富的狩猎和保护动物的生态知识①。

二、“围山”的生态学原理

傈僳族把狩猎叫作“围山”。每年立秋后，猎户择吉日到“山房”（山神庙）中祭祀米斯尼（山神），祈求山神“开山”供猎户狩猎。祭祀后，猎人便在山上放置许多捕兽扣，第二天一早便去“转山”（逐个查看）。如果第二天就捕到猎物，猎人就把捕到的第一只猎物做上标记释放回大自然，然后开始正式的捕猎活动，直到捕到那只带有标记的动物就“封山”，即停止狩猎活动。最后，猎人还要按规定把这只动物带到“山户”中祭祀山神与猎神。如果第二天没有捕到任何猎物，说明山神没有开山，需要十五天后再次祭祀山神祈求开山。如果第二次祈求开山仍一无所获，说明今年山神动怒，不宜狩猎，要赶紧转向别的营生。

这种围山的实践活动包含着深刻的生态学原理：首先，立秋后开山，有利于动物的繁殖和种群的数量增长，因为春秋季为大多数动物的繁殖期和哺乳期；其次，如果连续两次没有捕到动物，说明该区域内动物的种群数量很少，当年不捕猎才有利于动物种群的繁衍和数量的恢复；最后，当再次捕到第一只捕到并做过标记后又放回大自然的动物时，狩猎活动就停止的做法与保护生物学中的“最大持续产量”原理不谋而合。

最大持续产量（Maximum Sustainable Yield，MSY）原理是使生物种群的数量增长率保持最大值。根据逻辑斯蒂方程，以种群数 N 对种群变化率 dN/dt 作图，可得一条抛物线图（图 8－2）。从图上可知，该曲线在 N＝K/2 处，即种群的数量 N 达到环境容量 K 的一半时，有一个拐点。在拐点上，dN/dt 最大；在拐点前，dN/dt 随种群数的增加而上升；在拐点后，dN/dt 随种群增加

① 艾怀森《高黎贡山地区的傈僳族狩猎文化与生物多样性保护》，《云南地理环境研究》1999 年第 1 期。

而下降。也就是说，当某一种群数量处于环境容量的一半时，种群达到最大增长率，即最大持续产量。如果面对的是一个人类还没有开发利用的生物资源种群，其数量稳定并接近于环境容量K，从理论上讲，这一种群的增长率为零，因而也就没有持续产量可言。对于这样的一个种群首先应该猎取，方能使其数量从环境容量上降下来，以使种群的增长率大于零，这才有所谓的“剩余产量”可供持续猎取。按最大持续产量原理，当种群数量下降到环境容量的一半时，才是能提供最大持续产量的最适种群水平。相反，当种群数量低于环境容量的一半时，如果还继续猎取的话，不但种群数量会逐渐减少，而且持续产量会逐渐降低，该种群在该区域甚至会濒临灭绝。傈僳族在狩猎活动中捕到第一只猎物后便给其做上标记，再将其放归自然，当再次捕到这一猎物时就停止狩猎的传统文化，在客观上起到了维持猎物种群“最大持续产量”的作用。这是因为在一定区域范围内，根据数量统计学原理推算，当捕获的动物数量达到环境容量的一半时，基本上就能捕到这只已做过标记的动物。值得一提的是，最大持续产量原理只是从理论上告知人们最大持续产量的最适种群水平，而没有考虑种群的年龄、性别结构等因素。而傈僳族的狩猎活动不仅在客观上符合最大持续产量原理，同时还考虑到了动物的繁殖期和哺乳期。

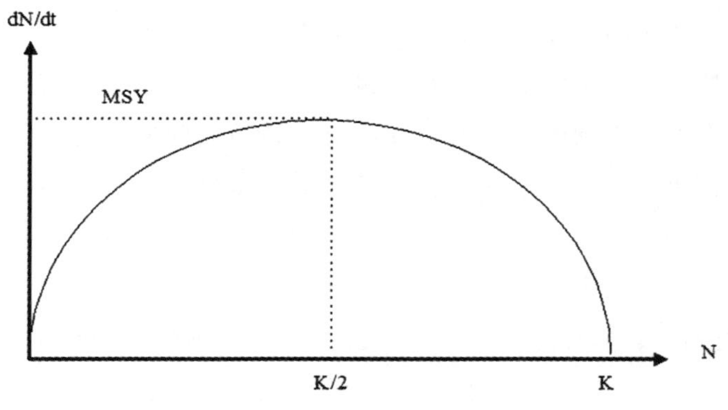

图8-2　最大持续产量原理

三、“诱子使用禁忌”的生态学原理

“诱子”是经傈僳族猎人驯化后的成年白腹雄锦鸡。在白腹锦鸡发情季节，猎人将诱子带到地势较高的山头，在诱子周围装好捕猎器具后，便轻轻挑逗诱子，让诱子鸣叫，招来雄鸡争斗，以便捕获。用此方法，猎人可一个

山头接一个山头地猎捕。捕过一次后，隔七天又可沿原来的路线再捕一次。按规矩，一年中不能连续捕三次，否则认为会灾祸临头。这就是诱子使用的禁忌。

鸟类行为生态学的研究表明，在许多鸟类中，如雉鸟、雷鸟、大山雀、歌带鸟等种群中存在着一定数量的剩余个体。以白腹锦鸡为代表的雉科动物的雄鸟有强烈的占巢意识，而且一般一只占巢的雄鸟都拥有二至四只雌鸟。也就是说，在这样的一个小区域内，平均约有两只有生殖能力的雄鸟没有自己的领地和配偶，这些既没有领地也没有配偶的游荡者就是种群中的剩余个体。当占巢的雄鸟被捕走后，那些游荡的雄鸟便会在三至六天内补充到这些巢中。因此在同一区域内捕走两只雄性白腹锦鸡后，环境中还会有至少一只雄鸡与雌鸡们完成繁殖过程。另外，对雷鸟的研究也得出了类似的结果。雷鸟在每年秋季开始建立领地，雄鸟保卫领地直到第二年的夏季为止。当人为地移走或猎杀占有领地的雄鸟后，这些空出的领地很快会被那些没有领地的雄鸟所占据。尽管被猎杀的雄鸟很多，到第二年春季为止，雷鸟的种群繁殖密度仍保持在上一年秋季的水平①。上述鸟类繁殖行为的研究表明，诱子一年中不能连续使用三次的禁忌是具有合理性的，因为这样一来，在客观上捕获的只是两只剩余个体，并不会影响到白腹锦鸡的繁殖和来年种群数量的稳定。

上述两个例子说明，即使我们用科学的观点来看待传统知识，其中所包含的生态学原理也是令人惊叹的。虽然传统文化中对同一事物的理解和解释与生态学完全不同，但其生态结果却可能是一致的。例如，生态学家应用最大持续产量原理来指导渔业捕捞、采伐森林、放牧等生产活动，以便获得不得超过资源承载能力的最大持续产量，从而保证资源的可持续利用。傈僳族则使用祭祀山神、请求山神开恩准予狩猎围山，并在捕到第一只做过标记的动物时停止捕猎而封山，从而做到不过度捕杀猎物，以便达到可以永续狩猎的目的。这或许是科学与传统知识的殊途同归之典范。

第四节 藏族高山游牧的生态学原理

这里的“高山游牧”是指我国青藏高原海拔在3500米以上的高寒山区的

---

① 邓光美主编《鸟类学》，北京师范大学出版社1995年版。

藏族所从事的一种生计方式。

藏族是中国古老的民族之一，也是青藏高原的主人，其族源是远古时期生活在青藏高原上的原住民。今天的藏族是青藏高原上的原住民在其长期的历史发展过程中，不断融合、吸收周边其他民族成分而逐渐形成的。青藏高原不仅是藏族的发源地，而且也是人类发祥地之一①。

青藏高原海拔高，终年低温缺氧，自然环境严酷。为了在这样的环境中生存与发展，藏族早在历史上就经过文化调适，创造了一整套适应当地自然环境的生态智慧。高山游牧中的生态知识就是其最好的表现。

高山游牧是为适应青藏高原垂直梯度上气候、土壤和植被变化而产生的特殊生计方式。在这种类型的生计方式中，藏族牧民根据季节的变化，周而复始地在低海拔的草场和高海拔的草场之间往返迁徙放牧，即“垂直迁移”放牧。

青藏高原上，牦牛、犏牛和藏绵羊是主要牲畜。由于地处高原，植被随着季节和海拔高度的变化而变化，因此放牧的空间随着季节的变化而变化。藏族将其放牧的草地划分为“冷季草场”（村寨牧场）和“暖季草场”（高山牧场），即所谓的“两季放牧系统”。冬季，藏族主要利用低海拔的冷季草场，夏季则利用高海拔的暖季草场。在地形差异较大的地区，在春夏的过渡期和秋冬的过渡期还使用过渡草场或半坡牧场，即形成所谓的“三季放牧系统”②。

游牧常常被认为是“不合理”或“不经济”地利用草原资源的“落后”的生计方式，并被视为引起草原退化的重要原因之一。事实果真如此吗？人类学和生态学的研究给出了否定的答案。其实，作为一种生计方式，“游牧”已经存在了上千年，它是牧民对极端生存环境——高寒或干旱草地的一种适应。

一、游牧与“中度干扰”假说

研究表明，大多数游牧社会中，传统的游牧民往往能成功地管理他们居住区域的多样性环境。为了适应青藏高原恶劣的环境条件，藏族利用草地资源的传统适应策略就是迁移，即从牧草资源相对缺乏地带向牧草资源充裕地

① 苏发祥著《藏族历史》，巴蜀书社2002年版。

② 吴宁《川西草地的传统利用——关于游牧的辩驳》，《山地学报》2004年第6期。

带的迁移，这样就形成了在不同草场和水源之间结合季节变化和其他生态变量迁移的时空格局。牲畜和牧民本身的生存都要依赖于这种放牧场所的迁移。畜牧的可移动性也就成为青藏高原畜牧经济和土地利用的基本特征，并成为藏族牧民的重要生存策略①。

对川西藏族聚居地区的研究表明，在确定迁移放牧的时间表时，藏族牧民首先要考虑牧草的发育阶段，以使放牧活动不至于影响牧草的再生能力②。

春末夏初的出牧时间往往能够与牧草的物候期很好地对应，即在牧草返青后的 12—18 天之间，这时草群高度在 5—10 厘米之间。在山地的半游牧地区，这一时段往往是 4 月下旬或 5 月上旬，而在游牧区则是 5 月底到 6 月初。这时，禾本科植物已经分蘖，双子叶植物已全面返青生长，植物恢复生长所消耗的养分也已得到恢复，因此放牧对植物再生的负面作用已大为降低。

同样，秋天终止放牧的时间也是必须要考虑的因素，因为它会影响到草场第二年的生产力。如果停止放牧太晚，将会减少植物在冬季的养分储存，从而导致来年的减产。因此，牧民返回冬草场的时间通常在牧草停止生长前 30 天，即在 9 月底到 10 月中旬。

在夏秋时节的高山牧场，牧民也要在大致相同的海拔高度上沿水平方向移动，即搬动帐篷 3—5 次。一般来说，牲畜多的家庭搬动帐篷的次数也多，而搬动帐篷次数越多的家庭，牲畜也生长得越好。

另外，在草地管理中，藏族还有一种独特的方法，即放火烧山。在云南的西北部，进入秋季后藏族要放火焚烧海拔 3900 米以上的高山牧场。其目的有两个：一是增加土壤养分；二是控制高山矮生杜鹃（*Rhododendron proteoides*）的蔓延，以免其侵占草场③。这是一种维护高山草场的有效方法。

种群生态学的逻辑斯蒂模型表明，任何环境都存在一个环境容量值，即 K 值，亦称环境承载力。长期在一块草地放牧必然超过环境容量而导致牧场的退化，同时也使边远地带的草地资源得不到应有的利用。因此，许多人认为，移动式放牧管理是人类为适应恶劣环境条件（如干旱和寒冷）所采取的

---

① 吴宁《川西草地的传统利用——关于游牧的辩驳》，《山地学报》2004 年第 6 期。

② 吴宁《川西草地的传统利用——关于游牧的辩驳》，《山地学报》2004 年第 6 期。

③ 吴兆录、许又凯、蔡传涛等《滇西北藏民（族）利用植物资源的实践和理念》，《西南林学院学报》2005 年第 3 期。

一种优化途径，也可能是在环境极端条件下开发利用草地资源而又无须大规模资金投入的唯一方式。就生物多样性保护而言，游牧迁移是人类开发利用环境异质性（包括空间上的和时间上的）的典型例证。因此，游牧是当地人为适应严酷环境而采取的一种生存策略，从而保证牲畜能最大限度地利用特定时空的草场资源①。因而，有学者认为，在这种传统的利用草场的状态下，放牧可以被看作是对草地生态系统的自然影响②。草地生态系统在轻度或中度放牧作用下，可保持草原生态系统的稳定性和植物物种长期的平衡关系。超过这一限度的保护反而会抑制某些植物生长，使得少数种类成长为具有优势的种类，最后造成物种多样性的降低和生产力的下降③。生态学的“中度干扰”假说支持了这一观点。

中度干扰假说（intermediate disturbance hypothesis）由美国生态学家康奈尔（J. H. Connell）于 1978 年提出。该假说认为中等程度的干扰水平能维持较高的物种多样性。如果干扰频率频繁，则先锋种不能发展到演替中期，因而物种多样性较低；如果干扰间隔期很长，使演替过程发展到顶级期，多样性也不高；只有中等干扰程度使多样性维持最高水平。在底质为砾石的潮间带的实验研究证明了中度干扰假说④。

高原畜牧生态学的研究也支持中度干扰假说。放牧强度对高寒草甸群落补偿能力的影响研究表明，中度放牧的草场（草甸）物种丰富度指数和多样性指数最高⑤。放牧季节及放牧强度对高寒草地植物多样性的影响研究表明，放牧的时段长度不同、季节不同，同样的载畜量对冬季牧场和夏季牧场物种多样性的影响是不同的：一般对冬季牧场干扰强度较大，而对夏季牧场干扰较小。我国西部的天然草地冬季牧场一般放牧过度、草地退化，而部分夏季牧场往往放牧利用不足。适度放牧能增加物种的多样性：一方面，家畜有选择的采食抑制了适口牧草的生长，打破了草地群落的竞争平衡，为新物种的

---

① 吴宁《川西草地的传统利用——关于游牧的辩驳》，《山地学报》，2004 年第 6 期。

② 吴宁《川西草地的传统利用——关于游牧的辩驳》，《山地学报》，2004 年第 6 期。

③ 吴宁《川西草地的传统利用——关于游牧的辩驳》，《山地学报》，2004 年第 6 期；J. S. Singh and R. Misra，“Diversity，Dominance，Stability，and Net Production in the Grasslands at Varnish，India，” *Can. Journ. Bot.*，vol. 47，1969.

④ 李博主编《生态学》，高等教育出版社 2000 年版。

⑤ 席博、朱志红、李英年等《放牧强度和生境资源对高寒草甸群落补偿能力的影响》，《兰州大学学报》（自然科学版）2010 年第 1 期。

入侵提供了机会；另一方面，适度放牧造成的斑块效应使微生境多样性增加①。因此，适度（中度）放牧对增强草场植物的多样性，确保草场的更新以便更好地利用草场，提供了生态上的保障。

二、“以牲畜数量论贫富”所蕴含的生态学道理

在游牧社会中普遍存在着“以牲畜数量论贫富”的现象。民族学家和生态学家通常将其看成是一种不利于草原生态平衡的文化习惯。其实，这其中也包含一定的生态学原理。众所周知，草原是一个自然条件较为严酷的生态系统，而雪灾则是影响畜牧业发展的因素之一。作为一种抵御不确定灾害的保险措施，牧民不得不在平时极力扩大他们的牲畜数量，以便在雪灾损失后提供一种保险机制，让余下的种群有足够的数量，保证在短时间内恢复其再生产能力。这一适应机制对于高山游牧来说比对于平地游牧来说更为重要。这是因为低地草原牧民还能在夏秋准备一些过冬的草料。而对于高寒山地来讲，由于生态环境的严酷性，即使在夏天，草的生长也十分有限，没有更多的草可供过冬之用。于是，这种在正常状态下扩大种群数量，不致遭受冻害、疾病和干旱的毁灭性打击的策略，是所有游牧民，尤其是高寒地区的牧民采取的一种生存策略。它类似于动物所采取的“r－选择”生态策略，虽然牛、羊本身均不是“r－选择”的动物②。从这种意义上来讲，“以牲畜数量论贫富”的实质是“以牲畜数量论抵抗灾害的能力”。

上述研究资料表明，在少数民族的传统文化中蕴藏着丰富的环境知识和生态智慧。因此，充分挖掘传统文化中的生态智慧，在对其科学阐释的基础上，将它们结合到民族地区的发展规划中，是保证民族地区可持续发展的重要基础之一，也是民族生态学的任务之一。

除了上述讲到的案例外，在西部还有一些传统的生态知识值得展示。现以傈僳族的“以猴驱猴”为例加以说明。

当苞谷成熟时，山上的猴子常常成群结伙地到苞谷地摘苞谷吃。赶猴靠人力不仅费时费工，而且效果不好，因此很不切实际，所以傈僳族总结出一套驱猴赶猴的办法。具体做法是：将一只经过训练的猴子穿上红衣服，或者缠上红布，再戴上铜铃铛，然后将其放出。该猴子见到猴群就会追随，而猴

① 袁建立、江小蕾、黄文冰等《放牧季节及放牧强度对高寒草地植物多样性的影响》，《草业学报》2004 年第 3 期。

② 吴宁《川西草地的传统利用——关于游牧的辩驳》，《山地学报》，2004 年第 6 期。

群见到装束怪异的猴子就会四处逃窜，这在客观上就起到了驱猴保护庄稼的作用。

驱赶猴群的那只猴子是要经过一番训练的，通常是抓到一只小猴后就进行驯养。开始时，要用绳子把它拴住，而且要使它多和家里人在一起，让它不怕人；第二步是烟雾熏猴：每天晚上将小猴关在一间小屋内，定时用烟草产生的烟雾给它熏烟，使其产生烟瘾。这样经过一段时间后，到了熏烟的时间，小猴就会自动回到每天熏烟的老地方等着人给它熏烟以过足烟瘾。如果它闻不着烟味，就会烦躁不安。到了这个程度，就用不着再拴了，即使是到外面，和猴群玩了一天，到熏烟的时间，它就回来了。这样当苞谷成熟时，就可以给它穿上红衣服并把它放到地里，让它驱赶前来吃苞谷的猴群①。

以猴驱猴所蕴含的生态学原理是：猴子是一种群居性动物，小猴见到同类后就会合群，而经过人工烟草熏烟的猴子，当它犯烟瘾时，又不得不回到村子中接受熏烟。这种以猴驱猴的方式不仅驱猴的效果好，还节省了大量的人力。

---

① 斯琴高娃、李茂林编著《傈傈族风俗志》，中央民族学院出版社 1994 年版。

第九章　生态文化与可持续发展

生态文化在学术界有许多种概念，从生态人类学的角度来讲，文化是人类适应环境的手段或方法，是一个民族对周围自然环境和社会环境的适应体系。所谓生态文化，实质上就是一个民族在适应、利用和改造环境及其被环境所改造的过程中，在文化与自然互动关系的发展过程中所积累和形成的知识和经验，这些知识和经验蕴含和表现在这个民族的宇宙观、生产方式、生活方式、社会组织、宗教信仰和风俗习惯等等之中①。因此，生态文化是一种亲近自然，与生态环境和谐相处的生态智慧。从这种意义上来讲，《中国西部民族文化通志·生态卷》所记载的文化现象都属于生态文化。今天，生态文化与区域的可持续发展有着密切的关系。

“可持续发展”作为一种发展理念或理论正式出现在由联合国世界环境与发展委员会起草的《我们共同的未来》报告中，报告对可持续发展做出如下定义：“可持续发展是既满足当代人的需要，又不对后代满足其需要的能力构成危害的发展”②。可持续发展包含了三个重要的原则，即公平性原则（当代人间的公平、代际间的公平和地区间的公平），持续性原则（对自然资源开发利用保持在资源和环境的承载能力之内）和共同性原则（只有一个地球，地区性问题往往会转化为全球性问题，在尊重各国主权和利益的基础上，制定各国都可以接受的全球性目标和政策）。在可持续发展的三个原则中，生态文化至少涉及公平性原则和持续性原则的内容。因此，西部丰富的民族生态文化在西部的可持续发展中具有十分重要的应用价值。

---

① 郭家骥主编《生态文化与可持续发展》，中国书籍出版社 2004 年版。

② 世界环境与发展委员会编，王之佳、柯金良等译，夏堃堡校《我们共同的未来》，吉林人民出版社 1997 年版。

第一节　环境的变迁与生态文化的丧失

我们今天所面临的是一个环境和文化都在迅速变化的时代，而中国的西部，由于特殊的地球发展历史和现代的地理环境与人为社会环境，这种变化尤为明显。如何处理好西部社会经济发展与生态环境以及民族文化保护是全社会所关注的问题。

一、西部生态环境的脆弱性与环境退化

生态环境脆弱性是景观或生态系统在特定时空尺度上相对于干扰而具有的敏感反应和恢复状态，它是生态系统的固有属性在干扰作用下的表现。生态环境脆弱性包括结构型脆弱性和胁迫型脆弱性。结构型脆弱性主要是由系统自身的结构决定的，主要体现为系统自身的不稳定性和敏感性。胁迫型脆弱性是指导致系统脆弱的驱动力，主要是外部环境扰动对系统造成的不利影响。根据诱发系统脆弱性的各种力量的来源，胁迫型脆弱性又可分为人类活动胁迫型和环境胁迫型两类①。无论是自然系统还是人文系统，生态环境的脆弱性都有以下含义：它表明该系统存在内在的不稳定性；该系统对外界的干扰和变化（自然的或人为的）比较敏感；在外来干扰和外部环境变化的胁迫下，该系统易遭受某种程度的损失或损害，并且难以复原。对自然系统而言，这种损失表现在系统的正常功能被破坏，环境发生退化（如沙漠化、盐碱化等），生物多样性降低等方面。对人为系统而言，它表现为社会或个人在面对各种变化尤其是自然灾害时的无能为力。这种无能为力往往给他们带来巨大的生命或财产损失②。

西部生态环境的脆弱性主要由自然的原因造成。从地球的演化历史来看，今天的西部生态环境，包括第一阶梯的高寒环境和西北的干旱半干旱环境以及西南的高山峡谷及其森林生态系统，无不与青藏高原的隆起密切相关。正如学者们指出的那样："全球（环境）变化的研究如果不考虑青藏高原隆起就难以提出合理的解释。对中国来说，没有青藏高原，中国西部就不会像现在这样干旱，而中国东部也就不会像现在这样湿润。相反地，在长江中下游和

① 高吉喜、吕世海，刘军会著《中国生态交错带》，中国环境科学出版社 2009 年版。

② 刘燕华、李秀彬主编《脆弱生态环境与可持续发展》，商务印书馆 2002 年版。

华南地区就会出现像北非和阿拉伯半岛那样的沙漠气候”①。现在不少人认为西部地区生态环境的现状是人类活动破坏的结果，有的人甚至认为，过去的西部秀美如江南，只要加强保护，种草种树，恢复植被，就可以再造一个江南。这显然是一种误导②。

中国有七大生态环境脆弱区，其中有五个分布在西部，它们分别是北方半干旱—半湿润脆弱区、西北干旱脆弱区、西南山地脆弱区、西南石灰岩山地脆弱区、青藏高原脆弱区，占生态环境脆弱区总面积的82%③。

北方干旱—半湿润脆弱区，北起呼伦贝尔，向西南延伸至河西走廊东端，是我国范围最大的一个脆弱区，也是特征最为显著的一条过渡带。它是我国内陆干旱、半干旱气候向东南湿润、半湿润气候的过渡带，也是森林边缘带、梯度连接带、沙漠边缘带等生态环境的过渡带，生态经济系统的结构、物质、能量的交换处于非均衡状态，变化速率快，恢复原状机会少，抗干扰能力差。历史上，农牧界线变化频繁，水土流失严重，风蚀沙化及各种自然灾害不断。

西北干旱脆弱区，其西部呈环带状，包括天山南麓和昆仑山北麓沙漠边缘区；东部呈条带状，从祁连山以北的河西走廊至罗布泊。该区是我国西部内陆腹地，干旱缺水，植被覆盖率低，大风频繁，风蚀沙化严重，对水资源条件最为敏感。

西南山地脆弱区、西南石灰岩山地脆弱区，包括贵州、云南、广西、四川等，该区域山高坡陡，喀斯特地貌集中。主要问题是干旱及流水侵蚀导致的生态退化及资源利用程度低。尤其是石灰岩山地，地表保水能力差，土层瘠薄，水土容易流失，土地生产能力会降低乃至丧失。

青藏高原脆弱区处于半干旱向半湿润过渡地域，多干旱、低温冷害及强风，土壤风蚀退化及过牧超载严重是主要的生态环境问题。

西部地区土地面积大、人口多，不但是我国重要的资源基地，还是长江、黄河 、黑河、澜沧江、珠江等大江大河的水源地和主要集水区，也是我国多种珍稀野生动植物的重要栖息地。因此，西部地区的生态环境保护与生态建

① 李吉均、方小敏《青藏高原隆起与环境变化研究》，《科学通报》1998 年第 15 期。

② 秦大河、丁一汇、王绍武《中国西部环境演变及其影响研究》，《地学前缘》2002 年第 2 期。

③ 王苏民、林而达、佘之祥主编《中国西部环境演变评估》第三卷《环境演变对中国西部发展的影响及对策》，科学出版社 2002 年版。

设对我国的社会经济发展及建设美丽中国起着举足轻重的作用。

目前，西部地区的生态环境退化现象日趋严重，成为我国许多典型生态环境退化现象的主要分布区域。其一，水生生态系统严重失衡，使原本缺水的西北地区面临更加严重的水资源危机。主要问题有：河流断流现象日趋严重，湖泊萎缩明显，冰川消融、雪线上升加剧，湿地面积萎缩、功能大大削弱，河流、湖泊污染严重，水质恶化加剧。其二，森林生态系统功能衰退。尽管通过实施退耕还林、植树造林等措施，西部地区的森林总面积、森林覆盖率都有了不同程度的提高，但森林生态系统的退化现象却非常突出：一是森林生态系统简单化、人工林和次生林面积增加；二是森林生态系统林龄结构不合理，中熟林和成熟林所占比例小；三是森林生态系统破碎化程度增加，抗干扰能力下降。其三，草原退化严重。西部各省草原过度樵采、滥挖、过垦，草地超载现象非常严重，致使草地退化不断加剧，草地质量不断下降，优良草种类减少，而毒草种类增加。其四，土壤荒漠化面积不断扩大。西部地区土地荒漠化现象以水土流失、盐渍化、沙化和石漠化最为突出。土壤盐渍化和沙化主要发生在西北部地区，石漠化现象主要发生在西南部地区。不断加重的土地退化使西部地区本来可利用的资源不断减少，土地生产力下降，从而对西部地区社会经济的可持续发展带来了巨大影响。其五，生物多样性减少。西部地区独特的地理位置与自然环境，孕育并保存了大批珍稀野生动植物资源。然而，随着西部地区生态环境的不断恶化，野生动植物的生存环境受到了严重破坏，部分珍稀动植物灭绝，而现存的许多珍稀物种也处在濒危的状态①。

西部地区由于自然条件差，生态环境脆弱，对气候变化较敏感，特别是抵御气候灾害的能力差，一旦发生大范围、全局性的气候灾害，可能会强烈冲击社会。西部地区未来社会经济的发展必然面临由人类活动导致的全球气候变暖的可能影响，其中包括由于未来可能发生的极端气候事件如热浪、暴雨、干旱等频率增加而可能引发的一系列社会、经济和环境的影响②。与环境逐步退化同时并存的现象则是西部各少数民族千百年来创造的生态文化的逐

---

① 张文娟、高吉喜《西部生态环境退化现状及恢复重建战略》，《西部论丛》2002年第3期。

② 王苏民、林而达、佘之祥主编《中国西部环境演变评估》第三卷《环境演变对中国西部发展的影响及对策》，科学出版社2002年版。

步消失。

二、生态文化的丧失

如本书各章节的内容所展示，西部各少数民族在适应复杂多样的生态环境过程中创造了各具特色的生态文化，其中包括了爱护自然、保护环境的传统生态知识，它们发挥着规范人们对自然和社会的行为的作用。如傣族、基诺族、哈尼族、傈僳族、彝族、壮族、侗族等少数民族都有神林、神树崇拜，藏族有神（雪）山圣湖崇拜，这些山林湖泊禁忌砍伐和污染，因此周围的生态环境都保护得比较好。纳西族、藏族还有在每年特定时期封山禁猎禁伐的习俗，对保护当地生态环境起到了决定性的作用。藏族传统的禁忌杀生习俗也有利于保护野生动物。傈僳族狩猎中的“围山”与“诱子使用禁忌”则有利于动物种群的数量稳定。新疆荒漠中的坎儿井这一独特的地下水利工程灌溉盆地数十万亩良田，孕育了吐鲁番各族人民，使大片沙漠变成了绿洲。蒙古族的游牧生态文化千百年来维护着草原生态系统功能的稳定。

然而，随着西部社会经济的快速发展和外来文化的影响，各种少数民族的文化正处在消失之中，而地方性生态知识的消失尤为明显。新中国成立以来，尤其是改革开放以来，西部的社会经济实现了跨越式的发展。与此同时，西部也面临着生态环境的退化与民族文化的流失问题。如前所述，西部自然生态环境退化是生态环境的脆弱性所决定的，而人为的原因也加速了生态环境的退化进程。过去，在计划经济体制下，农业上强调以粮为纲，农牧业中追求产量增长，不顾自然资源的承载力，从而造成西部自然资源被破坏，自然环境退化；工业上实行以资源开发为重点的发展战略，导致工业污染，使水土资源流失。市场经济推行初期，以经济效益为核心的发展模式常常导致付出高昂的环境代价。进入21世纪，随着全球化时代的到来，文化之间的交流日益频繁，在强势文化的影响下，西部的民族文化经历着前所未有的冲击。这种生态和社会环境的剧烈变迁加速了民族文化的丧失，尤其是那些西部少数民族敬畏自然、崇拜自然、保护自然的生态文化正在迅速消失。

在生态环境的退化与外来强势文化影响的双重作用下，首先引发了生计方式的变迁，进而引起建立在生计方式基础之上的生态文化的消失。例如，刀耕火种中的传统生态知识随着这一生计方式的消失而丧失，以游牧文化为代表的草原生态文化也将随着牧民的定居而逐渐消失。生计变迁不仅能导致建立在该生计之上传统生态知识的消失，同时又加速了生态环境的退化。现以西双版纳热带雨林橡胶树的大量种植、丽江纳西族生态文化、新疆坎儿井及其生态文化、蒙古族草原游牧文化所面临的问题为例，说明西部生态文化所处的困境。

西双版纳是中国西部生态环境最好的地区之一，地处热带雨林—季雨林区，是世界上生物多样性最丰富的地区之一。该区域土地面积只占中国国土面积的0.2%，植物种类却占整个国家植物种类的25%。西双版纳也是文化多样性最为丰富的地区之一，这里生活着众多的少数民族，包括在坝区居住的傣族和在山区居住的哈尼族、基诺族、瑶族、拉祜族和布朗族等。近年来，西双版纳的生物多样性正在逐渐丧失，现已有109种动物、58种植物濒危，被列为国家重点保护对象。造成这一状况的主要原因是：生物生境丧失、生境破碎化、外来生物入侵、生物资源过度开发、环境污染、全球气候变化以及农业林业的产业化。其中，农业林业产业化对生物多样性的影响越来越大。如近50年来，西双版纳的原始森林大量减少，人工种植的橡胶林逐年增加，引发了当地少数民族传统生计方式的变迁。这种变迁最直接的后果就是传统栽培植物和采集食物的减少和消亡以及与之相适应的生态文化的丧失①。

据多种调查资料可知，20世纪50—60年代，西双版纳地区也和云南的许多地区一样，各民族为了土地的可持续利用、防灾保收、满足多样性的需求等，一直延续着发达的轮歇、轮作、间作和混作农业，每个村落的栽培作物，少则数十种多则上百种。西双版纳为远古越人和濮人集聚地，越人和濮人均为古老的稻作民族，稻作文化积淀深厚。据农科部门的调查统计，云南传统的水陆稻品种有数千种，西双版纳即为稻谷品种的富集地。尽管20世纪50年代之后云南稻作品种迅速减少，然而仅就陆稻品种而言，云南仍然居于全国的首位。至1981年，云南陆稻种植面积尚有10万公顷，收集的陆稻地方品种达1000余种。西双版纳地貌分为盆地（坝子）和山地，民族也呈垂直分布，傣族居住在盆地河谷，布朗族、哈尼族、基诺族、拉祜族等居住在山区。傣族以种植水稻为主，山地民族则主要种植陆稻。西双版纳海拔一千米以下的山地过去曾是山地民族轮歇耕地的主要分布带，最近二三十年，此地带的轮歇地几乎全部被橡胶园所取代，“陆稻王国”变成了“橡胶王国”，悠久的陆稻种植文化面临灭顶之灾，急剧衰落了。例如，生活在西双版纳布朗山的布朗族以人对自然的敬畏、信仰

---

① 尹仑、薛达元《西双版纳橡胶种植对文化多样性的影响——曼山村布朗族个案研究》，《广西民族大学学报》（哲学社会科学版）2013年第2期。

和崇拜为基础，以人对自然的适度利用原则为核心，以人与自然和谐相处的社会制度、习惯法和传统知识为规范。这样的世界观及其行为规范，有效地保护了当地的生态环境，并成为其持续生存和发展的保障。布朗族认为，神灵无处不在，其贯穿于刀耕火种农事活动整个过程的一连串祭祀仪式，祭祀对象主要为主宰生产和祸福的“大鬼”、主宰风雨雷电的“天鬼”、专管陆稻收成好坏的“陆稻鬼”、专管水的“水鬼”、专管树的“树鬼”等。神灵栖息的地方不能随意进出，更不能破坏，所以村寨划定了世世代代严格保护的神林、神山、神树、水源林和风景林等，并制定了村民高度自觉遵守的习惯法，如有人触犯禁忌，破坏了圣地的草木、石头、水源，就要受到惩罚。自然崇拜观念及其行为规范，无疑具有非常正面的价值和积极的意义。橡胶的种植改变了一切。橡胶种植乃是工业社会的产物，这种外来的、现代的生计方式，没有当地民族文化的积淀和传承，与自然和神灵崇拜完全没有关系，对于大自然缺乏敬畏和感恩，只有利用和榨取，这在无形中彻底消解了山地民族的传统自然生态观和行为规范，其生态结果是当地的神林神山几乎消失殆尽。以西双版纳得天独厚十分优越的自然条件而言，本来不应出现干旱频发、河流枯竭、生物多样性明显减少、气候明显变暖等情况，然而不幸的是，这些均已成为现实。西双版纳的变化向人们再次说明了这样一个道理：一旦没有敬畏自然的观念，就可能造成生态环境的恶化①。

纳西族生态文化所面临的挑战是社会变迁所引发的民族生态文化丧失及其生态后果的另一个事例。纳西族有与本民族宗教东巴教密切相关的把自然和人类视为一对兄弟的哲学观念体系，认为人与大自然之间的关系犹如兄弟相互依存，人与自然只有保持这种兄弟似的均衡关系，人类才能得益于自然。如果破坏这种相互依存的和谐关系，对大自然巧取豪夺，那无异于伤了兄弟之情，会遭到大自然的报复。这是纳西族先民在漫长的生产生活实践中总结出的宝贵经验。在这种理智的认识基础上，纳西族民间产生了一整套保护自然生态的习惯法，以此制约着人们对待自然界的行为。长期以来，这种基于纳西族先民人与自然观的观念规范着人们开发利用自然资源的生产活动，逐渐形成了一些非常有益于自然生态环境和人们生活的社会规则、禁律。东巴

① 尹仑、薛达元《西双版纳橡胶种植对文化多样性的影响——曼山村布朗族个案研究》，《广西民族大学学报》（哲学社会科学版）2013 年第 2 期。

经中常见的禁律有：不得在水源之地杀牲宰兽，以免让污血秽水污染水源；不得随意丢弃死禽死畜于野外；不得随意挖土采石；不得在生活用水区洗涤污物；不得在水源旁大小便；不得随意毁林开荒。立夏是自然界植物动物生长发育的关键时期，因此，立夏过后相当长一段时期内禁止砍树和狩猎。纳西族的这种传统习惯法已升华为一种道德观念。过去，在纳西族的观念中，保持水源河流清洁，爱护山林是每个人都必须遵守的社会公德。在纳西族主要聚居区之一的丽江，不仅各乡各村都有保护山林水源的乡规民约，而且各村寨定期推选德高望重的老人组成长老会，督促乡规民约的实施。少年儿童自小就由上辈人谆谆告诫，不得做任何污染、破坏自然环境的事。丽江古城居民在20世纪五六十年代都直接在河里挑水饮用，因为很少有人会往河里扔弃污秽物品。黑龙潭游鱼如梭，有不少甚至游到古城的河沟里，但也没人捕捉。如果有谁触犯了保护水源山林的乡规民约，不管其来头多大，都要受罚。正是由于有了这种传承了千百年的民族传统生态道德观，丽江才有那一片青山绿水，那家家流水、户户花圃的自然和谐美景。直至20世纪50年代早期，丽江还保持了全部土地面积中有73%的林地和12.8%的草山草坡，森林覆盖率达53.7%。如今，对传统信仰、传统生态道德观的漠视，破坏了这种明智的自我约束机制，导致了急功近利意识的恶性膨胀和严重破坏自然生态的行为，致使当地的生态环境和社会环境恶化。如丽江不少村寨在20世纪80年代曾掀起一次次乱砍滥伐风，森林资源损失惨重，对村寨的可持续发展带来不可估量的负面影响①。

社会变迁所引发的文化丧失与生态环境恶化的事例在西部不是个例，而是一种较为普遍的现象。以上所举的为西南地区之例，现以西北的内蒙古草原游牧文化和新疆的坎儿井文化所面临的困境为例，说明迅速消解的传统生态文化以及不断恶化的生态环境。

众所周知，历史上，蒙古高原的游牧文化是在极其恶劣、极端脆弱的自然环境中创造出来的。千百年来，内蒙古高原的游牧文化不仅没有丝毫损伤这一极端脆弱的生态系统，而且游牧还是唯一能改善生态环境的生计方式。牧民在适应草原这一特殊的生态环境条件下，创造了丰富多彩的生态文化，如根据季节的变化而变换放牧场地，把马、黄牛、骆驼、绵羊、山羊等按比

---

① 杨福泉《论我国现代化进程中的少数民族文化保护》，《思想战线》1998年第5期。

例进行合牧，以达到对草地的有效保护与合理利用。“天父地母”的观念决定了牧民对草原进行虔诚保护而非征服的行为，他们深谙“肉体来自青草”的生态学道理，长此以往，形成了保护草原的习惯法，其中包括禁止除草开荒，严禁造成草原荒火，禁止过牧，狩猎结束后，要对伤残的、幼小的和雌性的猎物进行放生等。然而，在全球化的背景下，内蒙古草原正在发生巨大变化：公路取代了草原路，游牧经济迅速向农耕、工商业化转变。农耕和工商业进程都占用土地，与发达地区高地价、高收费相比，辽阔的草原成为许多农耕用地和工业商业圈地的首选，这影响了草原生态系统的稳定。工厂或大规模农耕用地间接地吸引了草原上的廉价劳动力。由此出现一种恶性循环，草原居民进入工厂，导致游牧文明渐渐淡出历史舞台，草原民族也渐被现代进程所同化。在强大外部文化驱动下，游牧文化受到了直接冲击，进而对牧区资源环境造成巨大影响。随着蒙古族游牧经济的衰落，草原出现了另一幅图景：一是生态环境严重退化，表现为林地、草地、耕地不合理利用而导致的荒漠化，生物多样性遭到严重破坏使草原生态系统功能紊乱。二是生态环境恶化，表现为水体、大气污染及生活垃圾处理不当等问题。其生态后果是草原生态整体恶化。继而，牧民生计出现大幅下滑，作为民族文化和精神生活之核心的游牧文化渐渐消失①。

新疆的坎儿井是适应当地特殊的自然环境与地理条件而创造的农业灌溉系统，坎儿井一词在维吾尔语中指“生命之泉”。从古代以来，围绕坎儿井灌溉系统，吐鲁番盆地的人们形成了独特的适应极端干旱环境的生态文化，这一“生命之泉”使得荒漠变成了绿洲，养育了众多的民族。研究也表明，1949 年以前这个地区的维吾尔族乡村的社会结构、生计方式、婚姻丧葬、土地资源使用方式等，均与修建坎儿井以及坎儿井水使用有着密切的关系。在人们的自然生态观念中，坎儿井和水源的观念占有重要的地位。这些观念和由此形成的水资源使用方式，与当代生态环境科学和可持续发展观念的某些认识非常接近，一些与坎儿井修建和维护有直接关系的民间仪式仍然存在于绿洲的某些乡村。然而，坎儿井及其文化目前面临着巨大的危机。其一，坎儿井数量呈不断减少之势。20 世纪 50 年代末，新疆坎儿井数量达 1784 条，

---

① 包庆德、蔚蓝、安昊楠《生态哲学之维：蒙古族游牧文化的生态智慧》，《内蒙古大学学报》（哲学社会科学版）2014 年第 6 期。

年出水量 6.826 亿立方米，灌溉面积达 2.42 万公顷。然而近几十年来，由于人口急剧增加，盲目扩大耕地面积、过度抽取地下水等，使坎儿井的数量急剧减少。到 2003 年，新疆有水的坎儿井数量仅为 614 条，已干涸和断流的有 1170 条，而其中通过维修保护可以恢复的只有 207 条。坎儿井平均每年减少 23 条。图 9－1[①] 反映了吐鲁番盆地有水的坎儿井的数量减少的情况。其二，坎儿井周边生态环境恶化。由于坎儿井数量急剧减少，灌溉水源不足，撂荒弃耕的土地不断增多，加之地下水位不断下降，使得大批胡杨林枯死，红柳灌木基本消失。由于植被的大量减少，生态屏障消失，使本来就很脆弱的生态环境日趋恶化，加速了绿洲向荒漠的演化，从而导致了与坎儿井相关的生态文化的消失。

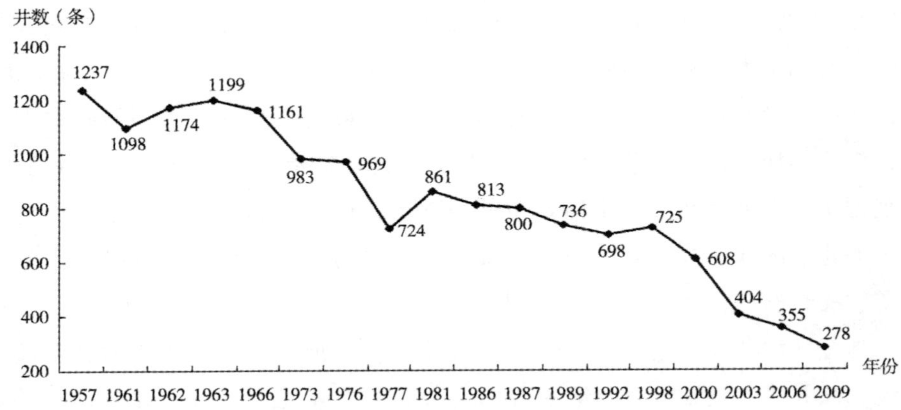

图 9－1　吐鲁番盆地有水坎儿井数量变化

第二节　生态文化与可持续发展

上述个案表明，民族文化和生态、社会环境的关系密切：多样化的生态环境造就了丰富多彩的民族文化；生态环境的退化使得民族文化，尤其是生态文化处在消失的边缘，而社会的变迁所引发少数民族生计方式的变迁加速了生态文化的消失。反过来，民族生态文化的消失又加速了西部脆弱生态环境的退化，从而对西部的区域社会经济可持续发展造成影响。

① 崔峰、王思明、赵英《新疆坎儿井的农业文化遗产价值及其保护利用》，《干旱区资源与环境》2012 年第 2 期。

一、生态文化在可持续发展中的价值

人类学的研究表明，传统生态知识在人类的未来生存发展中起着决定性的作用①。西部丰富的少数民族生态文化是西部民族文化的重要组成部分，在西部的区域社会经济的可持续发展中起着十分重要的作用。可以说，本书中所展示的各少数民族的生态文化对可持续发展都有价值，以下的一些具体的案例则对可持续发展甚至生态环境的治理维护有直接的借鉴或启示作用。

"村社林业"是20世纪80年代由联合国粮食及农业组织提出的概念，旨在吸引当地农民参加与林业有关的活动，如在荒地或农田里种树，对林产品进行加工等，以解决木材和林产品的短缺问题，并增加农民的收入。村社林业的基本特点：一是村民积极、自愿地参与林业活动；二是通过参加各种林业活动创造经济收入，并利用所得的经济收入开展促进社区发展的项目；三是通过参加林业活动提高村民保护环境的意识。而今，村社林业已被作为扩大森林资源的一个新途径，受到世界各国和国际有关机构的广泛重视。中国西部许多少数民族从未将农业与林业分离开来，而是将林业与农业视为一个整体。对西部的许多少数民族来说，树林是他们生存的基础，他们不仅利用天然林，还在村寨之中和村寨周围种树、种竹加以利用，并对树木（森林）的功能进行分类、加以管理，形成了所谓的寨神林、神山林、密枝林、坟山林、龙潭林、水源林和薪柴林等。寨神林等具有神圣色彩的森林禁止砍伐，而薪柴林则由速生树组成，如云南佤族、景颇族、独龙族、怒族等，在休闲地上栽种水冬瓜树，缩短了土地的休闲期。历史上，对森林进行管理主要靠宗教的力量和村规民约，缺乏专门的森林管理者，即便有的村寨中有护林人、管山员，也都是从寨民中产生的兼职人员，他们既种植粮食，又植树护林。由此可见，20世纪下半叶才被现代社会所推崇的村社林业思想和做法，早已深深融入西部许多民族文化之中，并被娴熟地运用于生产实践。西部少数民族传统的村社林业思想和做法给我们实施林业的可持续发展提供了一些有益的启示。一是要在广大农民中大力宣传林农一体、林农不可分的思想，要让农民将植树护林当作一种与种粮一样重要的生存手段和生产活动，彻底改变

---

① S. Hunn Eugene, "The Value of Subsistence for the Future of the World," in Virginia Nazarea, ed., *Ethnoecology-Situated Knowledge/Located Lives*, Tucson: University of Arizona Press, 1999.

那种“种树护林是林业部门的事、与农民无关或关系不大”的观念。二是要将植树护林培养为一种重要的民俗，有机地融入各民族传统文化的深处。在培养的过程中，既要借助科学的力量和市场经济规律，也要借助伦理的、宗教的力量。种树护林一旦成为一种民俗，便会为民众广泛遵守，并代代传承[①]。

西部滇黔桂地区属于典型的喀斯特地貌地带，石漠化严重。在利用当地已经石漠化的土地资源方面，当地的苗族、布依族积累了丰富的传统生态知识，主要表现在以下方面：其一，不轻易触动已有的残存植被，而是在残存植被中见缝插针地种植有一定经济价值的木本植物，如槐树、构树、马桑、桐油树、山苍子、椿树、漆树等。此类野生或半野生的植物在取得经济收益时，只是收取植株的有用部分，如叶、果、花、枝、汁等，无须连年种植和清除残株，也就不必连年翻土，自然就不会扰动脆弱的表土，从而控制了继续石漠化的势头。其二，保持这些木本植物和野生杂草灌丛的自然存在，不强行改变其物种构成。这样做既能加速植被的扩大与恢复，支持多种动植物的生长繁殖，又能拦截从高处自然下泄的水土，使已经石漠化的土地逐步增厚扩宽表土，稳步恢复土地的生产能力，持续稳妥地取得石漠化救治成效。其三，农田用地仅仅限于低洼的溶蚀盆地，靠人工塞住地漏斗的办法，构筑小片的农田，种植农作物，满足粮食供应。一般不盲目扩大农田，十分必要时才动用草坡种粮食，种一年后立即休耕，使之自然恢复。按照这两个民族的办法，不仅可以防止石漠化，而且能救治已经石漠化的土地资源。这对遏制西部喀斯特地区的石漠化趋势，维护脆弱生态系统的稳定具有十分重要的参考价值[②]。

生活在草原上的蒙古族有优良的生态保护意识和传统，反对污染湖泊、河流，严禁滥垦草原、滥伐森林。正是在这种优良意识和传统的维护下，在蒙古族的游牧地带，能够保留下来“蓝天白云、草原森林、湖泊河流、一片

---

① 廖国强《中国少数民族生态观对可持续发展的借鉴和启示》，《云南民族学院学报》（哲学社会科学版）2001 年第 5 期。

② 杨庭硕《论地方性知识的生态价值》，《吉首大学学报》（社会科学版）2004 年第 3 期。

绿色净土”的迷人画卷[①]。当今，在治理草原生态环境时，将蒙古族热爱草原的生态文化与政府的治理措施有机地结合起来，是实现草原可持续性利用的明智举措。

二、弘扬民族生态文化，促进西部生态环境与经济协调发展

从生态人类学的视角来讲，文化是人类适应环境的方法或手段。西部各少数民族在长期适应多样化的生态环境的过程中，创造了丰富多彩的生态文化，尤其在适应脆弱生态环境的过程中，创造了一种发自当地人文化基因的热爱自然、保护自然的生态价值观。西部各少数民族的传统生态价值观是西部各少数民族对人与环境关系的看法，具有规范人们的生态行为、决定人们的生态取向的作用，并产生了与生态保护相关的资源管理制度、乡规民约、生态禁忌等。长期以来，这些生态价值观对保护西部的生态环境、维护西部脆弱生态系统起到了决定性的作用。这些敬畏自然、保护自然和适应自然的生态价值观及其所支配的行动的长期性和广泛性是许多环保法规和举措无法比拟的。

然而，随着该区域社会经济的快速发展和外来文化的影响，民族文化受到了冲击，而地方生态知识受到的冲击尤为明显。因此，通过当地的生态价值观及其乡规民约来约束人们的行为，达到保护生态环境目的的生态文化正面临着巨大的挑战，而合理地保护和延续民族生态价值观，并将其应用于西部的民族区域经济发展，对有效协调民族地区保护与发展的矛盾具有重要的现实意义。

众所周知，在处理发展与环境保护的关系上，西方国家走了一条“先发展后治理”的弯路。我国在改革开放，实现经济腾飞的过程中，也或多或少地走了相似的弯路。这种发展模式虽然可以带来一时的经济发展与繁荣，但从根本和长远意义上来看，却得不偿失，是不可取的。我们知道，生态环境，尤其是脆弱生态环境，一旦遭到破坏，很难恢复到以前的水平，而且投入的环境治理成本远远高于其早期的收益。如何处理开发与保护的关系是实现区域经济发展的一个关键性问题。

就生计方式传承与生态环境保护的关系而言，青藏高原藏族游牧生计，

---

① 麻国庆《草原生态与蒙古族的民间环境知识》，《内蒙古社会科学》（汉文版）2001年第1期。

本质上是一种生态经济，是藏族先民长期适应高原低温、风大，植物生长缓慢的脆弱生态环境所形成的生计方式。因而，这也是有效利用高寒草原的生态智慧，也只有如此，才能有效地保护高寒草原。从这种意义上来讲，在高寒草原上发展游牧经济、传承游牧文化，其实质就是保护青藏高原的生态环境。当然，在发展游牧经济的同时，也可像云南的藏族聚居地区香格里拉那样，将游牧民族生态文化与发展旅游业结合起来，大力发展生态旅游，这样不但提高了当地的经济发展水平，也保护了生态文化和生态环境。除高寒草原以外的其他山区，尤其是半农半牧的过渡区域，其生计方式已经不能满足当代发展的需求。这一区域的少数民族应在国家政策的支持下，谋求改变生计方式，在实现退耕还林的过程中发展当地的特色经济作物，如茶叶、药材、核桃等，来达到脱贫致富的目的。在西部出现的梯田文化是人类在长期的生产过程中创造的伟大奇迹，也是传统耕地农业生产的最高形式，是中华民族生态环保理念的集中体现。如哈尼梯田创造的“高山森林—中山村庄—低山梯田—谷底河流”四位一体的垂直生态系统，是哈尼族顺应自然，将人工生态系统融于自然生态系统的杰作，是天人合一的典范，因而成为农业可持续发展和生态美学研究不可多得的对象。要保护梯田文化，就要保护四位一体垂直生态系统中的基础——高山森林，并要合理地解读哈尼族文化中的以山神、树神、水神为主要祭祀对象的自然生态价值观。哈尼族认为山神，树神、水神既是梯田的守护者，也是山间一切生灵的主宰者，因此人们要敬奉神灵。通过祭祀，祈求神灵保佑梯田，使稻谷丰收、牲畜兴旺、寨民安康。这种对自然的崇拜，有效地保护了森林、水源和梯田，从而维持了系统之间的平衡。西南坝区或平地的稻作农业既是一种集约农业，更是一种生态农业。以傣族的坝区稻作农业为代表的生态观强调人与稻、稻与水、水与森林的相互关系，并在此基础上形成了一系列的保护自然的村规民约。西北地区，如新疆吐鲁番盆地的戈壁滩上的“生命之泉”——坎儿井，是新疆各少数民族依据当地自然地理条件和水文地质特点，利用暗渠引取地下潜流发展干旱区灌溉农业的一大创举。目前，新疆坎儿井仍在当地人们的生产、生活与生态等方面发挥着重要作用，坎儿井每年向绿洲提供近3亿立方米的地下水，形成了一些相对独立的坎儿井灌区，滋润着大面积的土地，在当地农牧业、生产生活中，尤其在农业抗旱减灾中发挥着重要作用。雨季，它可有效地储存多余的降水，防止水灾和水土流失；旱季，储存的雨水既可灌溉农田，又使人畜饮用水得到保障。这对于维护和改善区域绿洲生态环境有着很高的战略意义，充分体现了系统要素之间、人与自然之间和谐的可持续发展理念①。因此，保护坎儿井，有利于维系吐鲁番盆地灌溉农业及保护当地少数民族传统文化。

然而，伴随着外来文化的影响和市场经济的发展，西部各少数民族的文化经历了前所未有的挑战，民族生态文化，尤其是其生态价值观也受到影响。因此，加强对民族生态文化的保护刻不容缓。事实证明，文化的多样性是实现中华民族伟大复兴的中国梦的重要条件。面对西部各少数民族宝贵的生态文化遗产，在给予传统文化充分肯定和尊重的同时，不仅可将地方生态文化纳入政府的保护体系中，更应加强对其的科学引导，让其在西部当前以及未来的社会经济和生态的可持续发展中发挥更为积极的作用。

① 崔峰、王思明、赵英《新疆坎儿井的农业文化遗产价值及其保护利用》，《干旱区资源与环境》2012 年第 2 期。

参考文献

一、中文部分

〔春秋〕墨翟撰，戴红贤译注《墨子·明鬼下》，书海出版社 2001 年版。

〔春秋〕左丘明撰，蒋冀骋标点《左传》，岳麓书社 1988 年版。

〔战国〕吕不韦撰，〔汉〕高诱注《吕氏春秋》，上海书店出版社 1986 年版。

〔西汉〕司马迁撰《史记》，线装书局 2006 年版。

〔东汉〕班固撰《汉书》，中华书局 1962 年版。

〔东汉〕许慎撰《说文解字》，天津古籍出版社 1991 年版。

〔西晋〕常璩撰《华阳国志》，商务印书馆 1938 年版。

〔西晋〕陈寿撰《三国志》，中华书局 1959 年版。

〔北齐〕魏收撰《魏书》，中华书局 1974 年版。

〔唐〕樊绰撰，向达校注《蛮书》，中华书局 1962 年版。

〔唐〕李延寿撰《北史》，中华书局 1974 年版。

〔唐〕刘恂撰，鲁迅校勘《岭表录异》，广东人民出版社 1983 年版。

〔唐〕魏徵、令狐德棻撰《隋书》，中华书局 1973 年版。

〔南宋〕范成大撰《骖鸾录》，中华书局 1985 年版。

〔北宋〕苏颂撰《苏魏公集》，四库全书本。

〔北宋〕王溥撰《唐会要》，中华书局 1955 年版。

〔南宋〕徐梦莘撰《三朝北盟会编》，上海古籍出版社 1987 年版。

〔元〕孛兰肹等撰，赵万里校辑《元一统志》，中华书局 1966 年版。

〔元〕脱脱等撰《辽史》，中华书局 1974 年版。

〔元〕脱脱等撰《金史》，中华书局 1975 年版。

〔明〕陈文撰，李春龙、刘景毛校注《云南图经志书校注》，云南民族出版社 2002 年版。

〔明〕宋濂等撰《元史》，中华书局 1976 年版。

〔明〕王崇古《酌许虏王请乞四事疏》，载《明经世文编》，中华书局 1962 年版。

〔明〕徐光启撰，石声汉校注《农政全书校注》，明文书局 1981 年版。

〔明〕杨慎撰《南诏野史》，成文出版社 1968 年版。

〔明〕朱孟震撰《西南夷风土记》，商务印书馆 1936 年版。

〔清〕爱必达撰《黔南识略》，成文出版社 1968 年版。

〔清〕曹廷杰撰，丛佩远、赵鸣岐编《曹廷杰集》，中华书局 1985 年版。

〔清〕厉鹗撰《辽史拾遗》，中华书局 1985 年版。

〔清〕西清撰，梁信义、周诚望注释《黑龙江外记》，黑龙江人民出版社 1984 年版。

〔清〕杨宾、方式济、吴桭臣撰，周诚望、董惠敏、赵江平标注《龙江三纪》，黑龙江人民出版社 1985 年版。

〔清〕杨复古撰《辽史拾遗补》，中华书局 1985 年版。

〔清〕俞渭修，陈瑜撰（光绪）《黎平府志》，光绪十八年黎平府志局刻本。

〔清〕张瑛撰《兴义府志》，贵州人民出版社 2009 年版。

〔清〕赵学敏撰《本草纲目拾遗》，中国中医药出版社 2007 年版。

《丛书集成续编》（第 54 册），上海书局 1994 年版。

顾宏义、李文整理标校《宋代日记丛编》（二），上海书店出版社 2013 年版。

方国瑜主编《云南史料丛刊》（第六卷），云南大学出版社 2000 年版。

方国瑜主编《云南史料丛刊》（第十二卷），云南大学出版社 2001 年版。

方国瑜主编《云南史料丛刊》（第十三卷），云南大学出版社 2001 年版。

故宫博物院编《清光绪朝中法交涉史料》（卷二），1932 年印。

谷莺《历代三峡诗歌选注》，载《社会科学研究丛刊》（五），1982 年印。

何辑五编著《十年来贵州经济建设》，南京印书馆 1947 年版。

胡朴安著《中华全国风俗志》，气象出版社 2013 年版。

姜定忠编纂《哈尼族史志辑要》，云南民族出版社 2007 年版。

金峰主编《蒙古文献史料资料汇编》，内蒙古人民出版社 1980 年版。

刘锡蕃著《岭表纪蛮》，南天书局有限公司 1987 年版。

内蒙古少数民族社会历史调查组、中国科学院内蒙古分院历史研究所编《达斡尔、鄂温克、鄂伦春、赫哲史料摘抄》，1961 年印。

沈云龙主编《近代中国史料丛刊》第二十三辑。

尹明德著《滇缅北段界务调查报告》，1931 年印。

［奥］弗洛伊德著，文良文化译《图腾与禁忌》，中央编译出版社 2005 年版。

［奥］勒内·沃杰科维茨著，谢继胜译《西藏的神灵和鬼怪》，西藏人民出版社 1993 年版。

［波斯］拉施特主编，余大均、周建奇译《史集》（第一卷·第一分册），商务印书馆 1983 年版。

［德］恩格斯著，张仲实译《家庭私有制和国家的起源》，人民出版社 1954 年版。

［德］马克思著，中国科学院历史研究所翻译组译《摩尔根〈古代社会〉一书摘要》，人民出版社 1965 年版。

［俄］史禄国著，吴有刚、赵复兴、孟克译《北方通古斯的社会组织》，内蒙古人民出版社 1985 年版。

［法］R. 舍普、S. 阿龙、M. 奥热等著，万佚、刘莉译《非正规科学：从大众化知识到人种科学》，生活·读书·新知三联书店 2000 年版。

［法］亨利·奥尔良著，龙云译《云南游记：从东京湾到印度》，云南人民出版社 2001 年版。

［法］列维-布留尔著，丁由译《原始思维》，商务印书馆 1981 年版。

［法］列维-斯特劳斯著，李幼蒸译《野性的思维》，商务印书馆 1997 年版。

［韩］全京秀著，崔海洋、杨洋译《环境人类学》，科学出版社 2015 年版。

［美］本杰明·李·沃尔夫著，高一虹等译《论语言、思维和现实——沃尔夫文集》，湖南教育出版社 2001 年版。

［美］盖利·J. 马丁原著，裴盛基、贺善安编译《民族植物学手册》，云南科技出版社 1998 年版。

［美］康拉德·菲利普·科塔克著，黄剑波、方静文译《人类学：人类多

样性的探索》，中国人民大学出版社 2012 年版。

［美］拉铁摩尔著，唐晓峰译《中国的亚洲内陆边疆》，江苏人民出版社 2008 年版。

［美］摩尔根著，杨东莼等译《古代社会》，商务印书馆 1987 年版。

［美］普洛格、贝茨著，吴爱明、邓勇译《文化演进与人类行为》，辽宁人民出版社 1988 年版。

［美］威廉·A. 哈维兰等著，陈相超、冯然等译，瞿铁鹏、潘天舒校审《文化人类学：人类的挑战》，机械工业出版社 2014 年版。

［美］威廉·A. 哈维兰著，瞿铁鹏、张钰译《文化人类学》，上海社会科学院出版社 2006 年版。

［美］西奥多·W. 舒尔茨著，梁小民译《改造传统农业》，商务印书馆 1987 年版。

［蒙古］策·道尔吉苏荣著《北匈奴》，乌兰巴托出版社 1961 年版。

［日］秋道智弥、市川光雄、大塚柳太郎编，范广融、尹绍亭译《生态人类学》，云南大学出版社 2006 年版。

［日］佐口透著，凌颂纯译《18—19 世纪新疆社会史研究》（上），新疆人民出版社 1983 年版。

［苏］符拉基米尔佐夫著，刘荣焌译《蒙古社会制度史》，中国社会科学出版社 1980 年版。

［苏］柯斯文著，张锡彤译《原始文化史纲》，生活·读书·新知三联书店 1955 年版。

［意］马可·波罗口述，［意］鲁思梯谦笔录，陈开俊等译《马可·波罗游记》，福建人民出版社 1981 年版。

［伊朗］志费尼著，何高济译《世界征服者史》（上册），内蒙古人民出版社 1980 年版。

［印度］沙钦·罗伊著，李坚尚、丛晓明译《珞巴族阿迪人的文化》，西藏人民出版社 1991 年版。

［英］N. W. 西蒙兹著，赵伟钧、周琛、赵灿文等译《作物进化》，农业出版社 1987 年版。

［英］道森编，吕浦译，周良霄注《出使蒙古记》，中国社会科学出版社 1983 年版。

［英］杰拉尔德·G. 马尔滕著，顾朝林、袁晓辉等译校《人类生态学——可持续发展的基本概念》，商务印书馆2012年版。

［英］詹·乔·弗雷泽著，徐育新、汪培基、张泽石译，汪培基校《金枝》（上册），大众文艺出版社1998年版。

《达斡尔族简史》编写组编《达斡尔族简史》，内蒙古人民出版社1986年版。

《德昂族简史》修订本编写组编《德昂族简史》（修订本），民族出版社2008年版。

《侗族简史》修订本编写组编《侗族简史》（修订本），民族出版社2008年版。

《鄂伦春族简史》编写组编《鄂伦春族简史》，内蒙古人民出版社1983年版。

《鄂温克族简史》编写组编《鄂温克族简史》，内蒙古人民出版社1983年版。

《傈僳族简史》编写组编《傈僳族简史》，云南人民出版社1983年版。

《民族问题五种丛书》云南省编辑委员会编《傣族社会历史调查》（西双版纳之三），云南民族出版社1983年版。

《民族问题五种丛书》云南省编辑委员会编《德宏傣族社会历史调查》（三），云南民族出版社1987年版。

《民族问题五种丛书》内蒙古自治区编写组编《鄂温克族社会历史调查》，内蒙古人民出版社1986年版。

《民族问题五种丛书》云南省编辑委员会编《西双版纳傣族社会综合调查》（二），云南民族出版社1984年版。

《民族问题五种丛书》云南省编委会编《怒族社会历史调查》，云南人民出版社1981年版。

余大钧注译《蒙古秘史》，河北人民出版社2001年版。

《蒙古族简史》编写组编《蒙古族简史》，内蒙古人民出版社1985年版。

《人文丽江》编委会编《纳西族民俗通论》，云南美术出版社2007年版。

《中国草地资源》编委会编《中国草地资源》，中国科学技术出版社2006年版。

《中国少数民族社会历史调查资料丛刊》修订编辑委员会编《布朗族社会

历史调查》（二），民族出版社 2009 年版。

《中国少数民族社会历史调查资料丛刊》修订编辑委员会编《鄂伦春族社会历史调查》（一），民族出版社 2009 年版。

《中国少数民族社会历史调查资料丛刊》修订编辑委员会编《鄂伦春族社会历史调查》（二），民族出版社 2009 年版。

《中国少数民族社会历史调查资料丛刊》修订编辑委员会编《独龙族社会历史调查》（一），民族出版社 2009 年版。

《中国少数民族社会历史调查资料丛刊》修订编辑委员会编《独龙族社会历史调查》（二），云南民族出版社 2009 年版。

《中国少数民族社会历史调查资料丛刊》修订编辑委员会编《广西京族社会历史调查》，民族出版社 2009 年版。

《中国少数民族社会历史调查资料丛刊》修订编辑委员会编《拉祜族社会历史调查》（二），民族出版社 2009 年版。

白庚胜、和自兴主编《玉振金声探东巴——国际东巴文化艺术学术研讨会论文集》，社会科学文献出版社 2002 年版。

宝力格主编《草原文化概论》，内蒙古教育出版社 2007 年版。

包庆德著《清代内蒙古地区灾荒研究》，人民出版社 2015 年版。

毕节地区民族事务委员会、毕节地区彝文翻译组编译《物始纪略》（第一集），四川民族出版社 1990 年版。

朝克、汪立珍著《鄂温克族宗教信仰与文化》，中央民族大学出版社 2002 年版。

陈重明等编著《民族植物与文化》，东南大学出版社 2004 年版。

陈烈著《中国祭天文化》，宗教文化出版社 2000 年版。

陈寿朋编著《草原文化的生态魂》，人民出版社 2007 年版。

陈衣、吴善诚、吴功卿、石若屏主编《八桂侗乡风物》，广西民族出版社 1992 年版。

崔明昆编著《民族生态学理论方法与个案研究》，知识产权出版社 2014 年版。

崔明昆著《象征与思维——新平傣族的植物世界》，云南人民出版社 2011 年版。

刀国栋著《傣族历史与文化漫谈》，云南民族出版社 1992 年版。

邓艾著《青藏高原草原牧区生态经济研究》，民族出版社 2005 年版。

邓光美主编《鸟类学》，北京师范大学出版社 1995 年版。

邓敏文、吴浩著《没有国王的王国——侗款研究》，中国社会科学出版社 1995 年版。

段丽萍著《中国少数民族宗教》，云南民族出版社 2002 年版。

俸春华著《澜沧江畔布朗人》，云南民族出版社 2003 年版。

冯祖贻、朱俊明、李双璧等著《侗族文化研究》，贵州人民出版社 1999 年版。

符达升、过竹、韦坚平等著《京族风俗志》，中央民族学院出版社 1993 年版。

高吉喜、吕世海、刘军会著《中国生态交错带》，中国环境科学出版社 2009 年版。

高立士著《西双版纳傣族传统灌溉与环保研究》，云南民族出版社 1999 年版。

高志英著《独龙族社会文化与观念嬗变研究》，云南人民出版社 2009 年版。

格勒著《论藏族文化的起源形成与周围民族的关系》，中山大学出版社 1988 年版。

谷德明著《中国少数民族神话》，中国民间文艺出版社 1987 年版。

关小云、王宏刚著《鄂伦春族萨满教调查》，辽宁人民出版社 1998 年版。

管彦波著《民族地理学》，社会科学文献出版社 2011 年版。

管彦波著《云南稻作源流史》，民族出版社 2005 年版。

广西民族研究所编《广西少数民族地区石刻碑文集》，广西人民出版社 1982 年版。

广西壮族自治区编辑组编《广西京族社会历史调查》，广西民族出版社 1987 年版。

广西壮族自治区编辑组编《广西少数民族地区碑文、契约资料集》，广西民族出版社 1987 年版。

广西壮族自治区编写组编《融水苗族自治县概况》，广西民族出版社 1986 年版。

贵州省民族研究学会、贵州省民族研究所编《贵州民族调查（卷 15）——

贵州少数民族传统精神文明专辑》，1997 年印。

贵州省天柱县志编纂委员会编《天柱县志》，贵州人民出版社 1993 年版。

贵州省文化厅群文处、贵州省群众文化学会编《贵州少数民族节日大观》，贵州民族出版社 1991 年版。

郭大烈、杨世光编《东巴文化论集》，云南人民出版社 1985 年版。

郭郛、［英］李约瑟、成庆泰著《中国古代动物学史》，科学出版社 1999 年版。

郭家骥著，张文力译《西双版纳傣族的稻作文化研究》，云南大学出版社 1998 年版。

郭家骥主编《生态文化与可持续发展》，中国书籍出版社 2004 年版。

国家统计局编《中国统计年鉴 2000》，中国统计出版社 2000 年版。

过伟编《广西民俗》，甘肃人民出版社 2003 年版。

哈·丹碧扎拉桑主编《蒙古民俗学》，辽宁民族出版社 1995 年版。

韩有峰主编《鄂伦春族风俗志》，中央民族学院出版社 1991 年版。

郝时远、张世和、纳日碧力戈著《“驯鹿之乡”敖鲁古雅鄂温克族猎民现状研究——34 年后的追踪调查（1960—1994）》，中国社会科学院民族研究所（内部研究报告），1994 年印。

郝益东著《草原天道：永恒与现代》，中信出版社 2012 年版。

何怀宏编著《生态伦理》，河北大学出版社 2002 年版。

何积全主编《水族民俗探幽》，四川民族出版社 1992 年版。

和少英、刀洁著《守望国境线上的家园：金平傣族的社会文化》，云南大学出版社 2007 年版。

贺卫光著《中国古代游牧民族经济社会文化研究》，甘肃人民出版社 2001 年版。

何星亮著《图腾文化与人类诸文化的起源》，中国文联出版公司 1991 年版。

何星亮著《图腾与中国文化》，江苏人民出版社 2008 年版。

何星亮著《中国自然崇拜》，江苏人民出版社 2008 年版。

何星亮著《中国自然神与自然崇拜》，上海三联书店 1992 年版。

红河哈尼族彝族自治州民族研究所编《红河民族研究文集》（第一辑），云南大学出版社 1991 年版。

湖南省龙山县民族事务委员会编、田荆贵主编《中国土家族习俗》，中国文史出版社 1991 年版。

胡起望、范宏贵著《盘村瑶族：游耕到定居研究》，民族出版社 1983 年版。

胡绍增、张振华主编，王咏曦著《北方渔猎民族丛考》，齐齐哈尔科学杂志社 1990 年版。

胡先骕著《植物分类学简编》，科学技术出版社 1958 年版。

胡自治、牟新待编著《中国草原资源及其培育利用》，农业出版社 1982 年版。

黄海著《瑶山研究》，贵州人民出版社 1997 年版。

黄泽著《西南民族节日文化》，云南教育出版社 1995 年版。

奇格著《古代蒙古法制史》，辽宁民族出版社 1999 年版。

贾兰坡著《中国大陆上的远古居民》，天津人民出版社 1978 年版。

江帆著《生态民俗学》，黑龙江人民出版社 2003 年版。

街顺宝著《绿色象征——文化的植物志》，云南教育出版社 2000 年版。

金秀瑶族自治县民委、县文联、广西师范学院民族民间文学研究所、广西民俗协会编《瑶族风情录》，广西人民出版社 1991 年版。

居阅时、瞿明安著《中国象征文化》，上海人民出版社 2001 年版。

孔繁志著《敖鲁古雅的鄂温克人》，天津古籍出版社 1994 年版。

蓝鸿恩编《壮族民间故事选》，上海文艺出版社 1984 年版。

蓝基椿主编《可爱的龙胜》，广西人民出版社 1994 年版。

李博、雍世鹏、李瑶、刘永江著《中国的草原》，科学出版社 1990 年版。

李博主编《生态学》，高等教育出版社 2000 年版。

李德洙主编《中国少数民族文化史》，辽宁人民出版社 1994 年版。

李家英著《德昂族传统文化与现代文明》，云南民族出版社 2000 年版。

李坚尚、刘芳贤著《珞巴族的社会和文化》，四川民族出版社 1992 年版。

李进参著《拉祜族》，民族出版社 2002 年版。

李茂春主编《新编迪庆风物志》，云南人民出版社 1999 年版。

《黎平县林业志》办公室编《黎平县林业志》，贵州人民出版社 1989 年版。

李孝葱著《中国区域历史地理》，北京大学出版社 2004 年版。

李云峰、李子贤、杨甫旺主编《“梅葛”的文化学解读》，云南大学出版社 2007 年版。

李则芬著《成吉思汗新传》，中华书局 1970 年版。

李子贤编《云南少数民族神话选 · 开天辟地》，云南人民出版社 1990 年版。

梁庭望编著《壮族风俗志》，中央民族学院出版社 1987 年版。

廖国强、何明、袁国友著《中国少数民族生态文化研究》，云南人民出版社 2006 年版。

林幹著《匈奴通史》，人民出版社 1986 年版。

林幹著《中国古代北方民族通论》，内蒙古人民出版社 2007 年版。

林惠祥著《文化人类学》，商务印书馆 2011 年版。

林耀华主编《民族学通论》，中央民族大学出版社 1997 年版。

刘达成著《独龙族》，民族出版社 1998 年版。

刘高等主编《草原文化与现代文明研究》，内蒙古教育出版社 2007 年版。

刘燕华、李秀彬主编《脆弱生态环境与可持续发展》，商务印书馆 2002 年版。

刘尧汉著《彝族社会历史调查研究文集》，民族出版社 1980 年版。

刘怡、白忠明主编，云南省民族事务委员会编《基诺族文化大观》，云南民族出版社 1999 年版。

刘稚、秦榕著《宗教与民俗》，云南人民出版社 2000 年版。

楼望皓著《新疆婚俗》，新疆人民出版社 2006 年版。

吕大吉、何耀华主编《中国各民族原始宗教资料集成：彝族卷 · 白族卷 · 基诺族卷》，中国社会科学出版社 1996 年版。

吕大吉著《宗教学通论新编》，中国社会科学出版社 2010 年版。

吕光天著《北方民族原始社会形态研究》，宁夏人民出版社 1981 年版。

吕光天著《鄂温克族》，民族出版社 1983 年版。

吕光天著《中国北方少数民族》，黑龙江人民出版社 1991 年版。

卢央著《彝族星占学》，云南人民出版社 1989 年版。

罗承松著《拉祜族苦聪人——对哀牢山中部一个人群生活方式的研究》，中国社会科学出版社 2014 年版。

罗士松著《土家族渔猎》，中央民族大学出版社 2009 年版。

罗钰著《云南物质文化・采集渔猎卷》，云南教育出版社 1996 年版。

孟驰北著《草原文化与人类历史》（上卷），国际文化出版公司 1999 年版。

木霁弘、陈保亚、李旭等著《滇藏川“大三角”文化探秘》，云南大学出版社 1992 年版。

穆文春主编《布朗族文化大观》，云南民族出版社 1999 年版。

那木吉拉著《狼图腾——阿尔泰兽祖神话探源》，民族出版社 2009 年版。

南文渊著《高原藏族生态文化》，甘肃民族出版社 2002 年版。

内蒙古自治区文物考古所、鄂尔多斯博物馆编《朱开沟——青铜时代早期遗址发掘报告》，文物出版社 2000 年版。

农业部畜牧兽医司、农科院草原所、中科院自然资源综考会编《中国草地资源数据》，中国农业科技出版社 1994 年版。

欧潮泉、姜大谦编著《侗族文化辞典》，华夏文化艺术出版社 2002 年版。

欧阳若修等著《壮族文学史》（一），广西人民出版社 1986 年版。

祁德川著《景颇族风情》，远方出版社 2002 年版。

黔东南苗族侗族自治州地方志编纂委员会编《黔东南苗族侗族自治州志・林业志》，中国林业出版社 1990 年版。

黔东南州志编委会编《黔东南州志・农业志》，中国林业出版社 1990 年版。

覃彩銮著《壮族干栏文化》，广西民族出版社 1998 年版。

秦家华、周娅编《贝叶文化论集》，云南大学出版社 2004 年版。

丘振声著《壮族图腾考》，广西人民出版社 2006 年版。

全佛编辑部编《佛教的植物》，中国社会科学出版社 2003 年版。

热合木江・沙吾提编著《哈萨克族传统习俗文化》，伊犁人民出版社 2000 年版。

萨音塔娜整理《达斡尔民间故事选》，内蒙古人民出版社 1987 年版。

申茂平著《走进最后的鸟图腾部落：贵州省丹寨县非物质文化遗产探寻》，贵州人民出版社 2006 年版。

世界环境与发展委员会编，王之佳、柯金良等译，夏堃堡校《我们共同的未来》，吉林人民出版社 1997 年版。

石硕著《藏族族源与藏东古文明》，四川人民出版社 2001 年版。

史宗主编，金泽等译《20 世纪西方宗教人类学文选》，上海三联书店 1995 年版。

斯琴高娃、李茂林编著《傈僳族风俗志》，中央民族大学出版社 1994 年版。

宋恩常编《中国少数民族宗教》（初编），云南人民出版社 1985 年版。

宋恩常著《云南少数民族研究文集》，云南人民出版社 1986 年版。

宋兆麟著《中国风俗通史·原始社会卷》，上海文艺出版社 2001 年版。

宋兆麟著《中国原始社会史》，文物出版社 1983 年版。

宋兆麟著《最后的捕猎者》，山东画报出版社 2001 年版。

苏北海著《西域历史地理》，新疆大学出版社 1988 年版。

苏发祥著《藏族历史》，巴蜀书社 2002 年版。

孙明学主编《大兴安岭森林植物》，东北林业大学出版社 2006 年版。

陶天麟著《怒族文化史》，云南民族出版社 1997 年版。

陶阳、牟钟秀著《中国创世神话》，上海人民出版社 2006 年版。

童恩正著《南方文明》，重庆出版社 1998 年版。

汪玢玲著《中国虎文化研究》，东北师范大学出版社 1999 年版。

王恩涌、胡兆量、周尚意编著《中国文化地理》，科学出版社 2008 年版。

王恩涌著《文化地理学》，高等教育出版社 1989 年版。

王恒杰著《傈僳族》，民族出版社 2005 年版。

王明珂著《游牧者的抉择：面对汉帝国的北亚游牧部族》，广西师范大学出版社 2008 年版。

王铭铭主编《西方人类学名著提要》，江西人民出版社 2004 年版。

汪宁生著《古俗新研》，敦煌文艺出版社 2001 年版。

王清华著《梯田文化论——哈尼族的生态农业》，云南大学出版社 1999 年版。

王苏民、林而达、佘之祥主编《中国西部环境演变评估》第三卷《环境演变对中国西部发展的影响及对策》，科学出版社 2002 年版。

王懿之、杨世光编《贝叶文化论》，云南人民出版社 1990 年版。

王正华、和少英著《拉祜族文化史》，云南民族出版社 1999 年版。

王作全主编《三江源区生态环境保护法治化研究》，北京大学出版社 2007 年版。

魏德明著《佤族文化史》，云南民族出版社 2001 年版。

魏金伦、施宣圆主编《民间禁忌》，广东教育出版社 2003 年版。

闻一多著《闻一多全集》（第五卷），湖北人民出版社 1993 年版。

吴承德、贾晔主编《南方山居少数民族现代化探索——融水苗族发展研究》，广西民族出版社 1993 年版。

乌日陶克套胡著《内蒙古游牧经济及其变迁》，中央民族大学出版社 2006 年版。

吴晓东著《苗族图腾与神话》，社会科学文献出版社 2002 年版。

伍雄尚著《纳西族哲学思想论丛》，民族出版社 1990 年版。

吴泽霖总纂《人类学词典》，上海辞书出版社 1991 年版。

西双版纳傣族自治州民族事务委员会编《哈尼族古歌》，云南民族出版社 1992 年版。

向柏松著《中国水崇拜》，上海三联书店 1999 年版。

项英杰等著《中亚：马背上的文化》，浙江人民出版社 1993 年版。

邢莉著《游牧中国：一种北方的生活态度》，新世界出版社 2006 年版。

熊玉有著《苗族文化史》，云南民族出版社 2003 年版。

许宝强、汪晖选编《发展的幻象》，中央编译出版社 2001 年版。

徐祖祥著《瑶族文化史》，云南民族出版社 2001 年版。

严汝娴、陈久金著《普米族》，民族出版社 1986 年版。

严汝娴、宋兆麟著《永宁纳西族的母系制》，云南人民出版社 1983 年版。

杨俊峰著《图腾崇拜文化》（上），大众文艺出版社 2009 年版。

杨俊峰著《图腾崇拜文化》（下），大众文艺出版社 2009 年版。

杨毓骧、杨奇威著《雪域下的民族》，云南教育出版社 2009 年版。

杨知勇、秦家华、李子贤编《云南少数民族生产习俗志》，云南民族出版社 1990 年版。

杨庭硕、罗康隆、潘盛之著《民族、文化与生境》，贵州人民出版社 1992 年版。

杨新旗、段伶、花四波编译《白族勒墨人原始宗教实录》，云南民族出版社 2006 年版。

杨镇圭著《白族文化史》，云南民族出版社 2002 年版。

姚舜安主编《广西民族大全》，广西人民出版社 1991 年版。

叶舒宪著《熊图腾——中华祖先神话探源》，上海锦绣文章出版社 2007 年版。

尹绍亭著《人与森林——生态人类学视野中的刀耕火种》，云南教育出版社 2000 年版。

尹绍亭著《森林孕育的农耕文化——云南刀耕火种志》，云南人民出版社 1994 年版。

尹绍亭著《一个充满争议的文化生态体系——云南刀耕火种研究》，云南人民出版社 1991 年版。

尹绍亭著《云南山地民族文化生态的变迁》，云南教育出版社 2009 年版。

殷伟、任玫编著《中国鱼文化》，文物出版社 2009 年版。

游琪、刘锡诚主编《山岳与象征》，商务印书馆 2004 年版。

游修龄主编《中国农业通史·原始社会卷》，中国农业出版社 2008 年版。

俞茹著《德昂族文化史》，云南民族出版社 1999 年版。

云南省民间文学集成编辑办公室编《云南彝族歌谣集成》，云南民族出版社 1986 年版。

云南省民间文学集成编辑办公室、保山地区民间文学集成小组编《傈僳族风俗歌集成》，云南民族出版社 1988 年版。

云南省民族事务委员会编《傣族文化大观》，云南民族出版社 1999 年版。

云南省少数民族古籍整理出版规划办公室编《哈尼阿培聪坡坡》，云南民族出版社 1986 年版。

云南省元阳县志编纂委员会编《元阳县志》，贵州人民出版社 1990 年版。

扎格尔主编《草原物质文化研究》，内蒙古教育出版社 2007 年版。

詹承绪、张旭著《白族》，民族出版社 1996 年版。

詹承绪著《永宁纳西族的阿注婚姻和母系家庭》，上海人民出版社 1980 年版。

张济民主编《渊源流近——藏族部落习惯法法规及案例辑录》，青海人民出版社 2002 年版。

张景明著《中国北方游牧民族饮食文化研究》，文物出版社 2008 年版。

张立中主编《中国草原畜牧业发展模式研究》，中国农业出版社 2004 年版。

张明华等编著《中国的草原》，商务印书馆 1995 年版。

张璇如、陈伯霖、谷文双、白凤岐编《北方民族渔猎经济文化研究》，吉林人民出版社 2005 年版。

张薰华著《生产力与经济规律》，复旦大学出版社 1989 年版。

张宗显主编《西藏民俗》，甘肃人民出版社 2004 年版。

章祖同、刘起主编《中国重点牧区草地资源及其开发利用》，中国科学技术出版社 1992 年版。

章祖同著《草地资源研究》，内蒙古大学出版社 2004 年版。

赵济、陈传康主编《中国地理》，高等教育出版社 1999 年版。

赵俊臣主编《干热河谷经济学初探》，香港中国经济文化出版社 1992 年版。

赵沛霖著《兴的源起——历史积淀与诗歌艺术》，中国社会科学出版社 1987 年版。

赵文娟著《仪式·消费·生态——云南新平傣族的个案研究》，知识产权出版社 2013 年版。

郑灿、傅元祥等编《中国近代边防史：1840—1919》，西南师范大学出版社 1990 年版。

政协新平彝族傣族自治县委员会编《新平彝族傣族自治县文史资料选辑》（第九辑），玉溪日报社印刷厂 2000 年印。

中共云南省委宣传部编《活在丛林山水间——云南民族采集渔猎》，云南教育出版社 2000 年版。

中共中央马克思、恩格斯、列宁、斯大林著作编译局编《马克思恩格斯选集》（第四卷），人民出版社 1972 年版。

中国大百科全书出版社编《考古学辞典》，知识出版社 1991 年版。

《中国大百科全书》总编辑委员会编《中国大百科全书·民族》，中国大百科全书出版社 1986 年版。

中国科学院地理研究所经济地理研究室编著《中国农业地理总论》，科学出版社 1980 年版。

中国科学院昆明植物所编《云南种子植物名录》（下册），云南人民出版社 1984 年版。

中国科学院民族研究所、云南省民族研究所编《云南省宁蒗彝族自治县永宁纳西族社会及其母权制的调查报告》（宁蒗县纳西族调查材料之三），

1964 年印。

中国科学院民族研究所、云南省民族研究所编《云南省怒江独龙族社会调查》（调查材料之七），1964 年印。

中国科学院中国植物志编辑委员会编《中国植物志》（第 13 卷 · 第 1 分册），科学出版社 1991 年版。

中国科学院自然区划工作委员会编《中国植被区划》，科学出版社 1960 年版。

中国民间文艺研究会上海分会编《民间文艺集刊》（第三集），上海文艺出版社 1982 年版。

《中国植被》编纂委员会编《中国植被》，科学出版社 1995 年版。

中央民族大学民族学与社会学学院、中国少数民族研究中心编《中国民族学纵横》，民族出版社 2003 年版。

中央民族学院少数民族语言文学系藏语文教研室藏族文学小组编《藏族民间故事选》，上海文艺出版社 1980 年版。

周毓华、彭陟焱、王玉玲编著《简明藏族史教程》，民族出版社 2005 年版。

朱琚元著《彝族文化研究文萃》，云南民族出版社 2007 年版。

庄孔韶主编《人类学概论》，中国人民大学出版社 2006 年版。

庄孔韶主编《人类学通论》，山西教育出版社 2001 年版。

二、英文部分

A. M. Khazanov, *Nomads and the Outside World*, Cambridge: Cambridge University Press, 1983.

S. Atran, "The Nature of Folk-Botanical Forms," *American Anthropologist*, vol. 87, 1985.

B. Berlin, D. E. Breedlove, and P. H. Raven, "General Principles of Classification and Nomenclature in Folk Biology," *American Anthropologist*, vol. 75, 1973.

B. Berlin, "Folk Systematics in Relation to Biological Classification and Nomenclature," *Annual Review of Ecology and Systematics*, vol. 4, 1973.

Ceil H. Brown, "Folk Botanical Life-Forms: Their Universality and Growth," *American Anthropologist*, vol. 79, 1977.

H. Conklin, "Hanunóo Color Categories," *Southwestern Journal of Anthropology*, vol. 11, 1955.

H. Conklin, "The Relation of the Hanunóo to the Plant World," PhD Dissertation in Anthropology, Yale University, 1954.

Roy G. D'Andrade, *The Development of Cognitive Anthropology*, London: Cambridge University Press, 1995.

S. Hunn Eugene, "The Value of Subsistence for the Future of the World," in Virginia Nazarea, ed., *Ethnoecology-Situated Knowledge/Located Lives*, Tucson: University of Arizona Press, 1999.

L. J. Louwrens, "Anthropocentrism, Utilitarianism and Supernaturalism," *South African Journal of Ethnology*, vol. 23, 2000.

P. H. Raven, B. Berlin, and D. E. Breedlove, "The Origins of Taxonomy," *Science*, vol. 174, 1971.

Sevyan Vainshtein, *Nomads of South Siberia: The Pastoral Eonomies of Tuva*, Cambridge: Cambridge University Press, 1980.

J. S. Singh and R. Misra, "Diversity, Dominance, Stability, and Net Production in the Grasslands at Varnish, India," *Can. Journ. Bot.*, vol. 47, 1969.

William C. Sturtevant, "Studies in Ethnoscience," *American Anthropologist*, vol. 66, 1964.

Robertson Tara and Beasley Duke, "Cognitive Anthropology," http://cognet.mit. edu/Entry/casson.

Arnold van Gennep, *The Rites of Passage*, trans. by Monica B. Vizedom, Gabrielle L. Caffee, Chicago: University of Chicago Press, 1960.

Virginia D. Nazarea, "A View from a Point: Ethnoecology as Situated Knowledge," in Virginia D. Nazarea, ed., *Ethnoecology-Situated Knowledge/Located Lives*, Tucson: The University of Arizona Press, 1999.

S. Witkowski, C. Brown, and P. Chase, "Where Do Trees Come From?" *Man*, vol. 16, 1981.

后 记

自2010年从瞿明安教授手中接过《中国西部民族文化通志·生态卷》的编写任务，至今已经过去几个年头，交稿时间一拖再拖，作为本卷的主编，本人内心十分不安。究其原因主要有两点：

一是民族生态文化内容繁杂。从生态环境上来讲，中国西部是世界上生态环境多样性最为丰富的地区：从西双版纳的热带雨林到世界屋脊的高寒草原，再到内蒙古的干旱草原；从广西的红树林到云贵高原、江南一带的亚热带常绿阔叶林，再到新疆的干旱荒漠，在西部分布着几乎世界上所有的地形地貌和生态系统的类型。多样化的生态环境，孕育了丰富的民族和民族文化，使得西部成为世界上民族和民族文化多样性最为富集的地区之一。就与环境相适的生计方式而言，西部也几乎包含了世界上所有的生计类型。从大的方面来讲，既有海洋渔业生计，也有采集渔猎生计；既有畜牧生计，又有农耕生计。就生态文化的类型来看，如果按照生态因素来划分，既有大陆文化，也有海洋文化；既有山地文化，也有河流文化；既有森林文化，也有草原文化和荒漠文化；既有动物文化，也有植物文化。如此复杂的生态环境和繁杂的民族生态文化内容，给写作造成了一定的困难。

二是编写过程中人员变化较大。有的作者由于种种原因不得不放弃写作，中途退出，主编不得不重新找人参加编写。

本卷得以完成，是编写组共同努力的结果。书稿编撰的具体分工如下：云南师范大学崔明昆负责“导论”“第三章　植物文化”“第六章　动物文化”“第八章　传统生态知识的科学阐释”和“第九章　生态文化与可持续发展”，以及统稿。云南大学赵文娟负责“第一章　水文化”和“第二章　山谷文化”。云南大学韩汉白负责“第五章　草原文化”。云南大学杨索负责“第四章　森林文化”和“第七章　采集渔猎文化”。在本卷写作提纲的制订过程中，云南大学的尹绍亭教授和瞿明安教授提出了建设性的意见。另外，云南省博物馆的杨雪吟、内蒙古社会科学院的乌尼尔为写作提供了大量参考资料。在此，作为本卷的主编，对为本书的出版付出艰辛劳动的人员一并感谢！

由于时间紧、任务重，加之参编人员的水平有限，错误在所难免，敬请读者指正！书中所引用的文献资料按学术规范已注明了出处，但难免有所遗漏，还望原作者见谅。

崔明昆

2016 年元月于云南师范大学睿智 3 号楼

图书在版编目(CIP)数据

中国西部民族文化通志. 生态卷 / 崔明昆等编著
. -- 昆明 : 云南人民出版社, 2017. 6
ISBN 978-7-222-15618-0

Ⅰ. ①中… Ⅱ. ①崔… Ⅲ. ①民族文化－文化史－西北地区②民族文化－文化史－西南地区③生态环境－文化史－西北地区④生态环境－文化史－西南地区 Ⅳ. ①K28②X321. 2

中国版本图书馆CIP数据核字(2016)第306795号

出 品 人: 李　维　赵石定
策划编辑: 尹　杰
责任编辑: 李　萍
装帧设计: 王曦云
责任校对: 缪　伟　温德辉　霍　红　李　钧　郑可君
责任印制: 洪中丽

中国西部民族文化通志　生态卷
作　者　崔明昆　赵文娟　韩汉白　杨索　编著
出　版　云南出版集团　云南人民出版社
发　行　云南人民出版社
社　址　昆明市环城西路609号
邮　编　650034
网　址　http://ynpress.yunshow.com
E-mail　ynrms@sina.com
开　本　787mm×1092mm　1/16
印　张　36.5
字　数　650千
版　次　2017年6月第1版第1次印刷
印　刷　云南国方印刷有限公司
书　号　ISBN 978-7-222-15618-0
定　价　182.00元

如有图书质量与相关问题请与我社联系
审校部电话0871-64164626　印制科电话0871-64191534